Markus Jachtenfuchs · Bea

Europäische Integration

Markus Jachtenfuchs
Beate Kohler-Koch (Hrsg.)

Europäische Integration

2. Auflage

VS VERLAG FÜR SOZIALWISSENSCHAFTEN

Bibliografische Information Der Deutschen Bibliothek
Die Deutsche Bibliothek verzeichnet diese Publikation in der Deutschen
Nationalbibliografie; detaillierte bibliografische Daten sind im Internet über
<http://dnb.ddb.de> abrufbar.

1. Auflage 1996
2. Auflage 2003
Unveränderter Nachdruck der 2. Auflage Juli 2006

Lektorat: Frank Schindler

Der VS Verlag für Sozialwissenschaften ist ein Unternehmen von
Springer Science+Business Media.
www.vs-verlag.de

Umschlaggestaltung: KünkelLopka Medienentwicklung, Heidelberg
Druck und buchbinderische Verarbeitung: MercedesDruck, Berlin
Gedruckt auf säurefreiem und chlorfrei gebleichtem Papier
Printed in Germany

ISBN-10 3-8100-3845-8
ISBN-13 978-3-8100-3845-6

Inhalt

Vorwort

Ziel des vorliegenden Bandes ist es, zentrale Probleme des europäischen Integrationsprozesses und der Funktionsweise der EU aus
einer theoretischen Perspektive zu untersuchen. Dabei werden vor
allem Querschnittsthemen angesprochen, die in den mittlerweile
zahlreich vorliegenden deutsch- oder englischsprachigen Über-
blicksdarstellungen meist nur am Rande behandelt werden. Er versteht sich somit als eine Ergänzung zu diesen einführenden Wer-
ken.

Bei der zweiten Auflage handelt es sich weitgehend um eine
komplette Neubearbeitung. Lediglich die Beiträge von Peter Graf
Kielmansegg und Fritz Scharpf sind fast unverändert übernommen
worden, im ersten Fall ergänzt durch ein Nachwort, im zweiten in
einer ausführlicheren Fassung, die in der ersten Auflage aus Platzgründen nicht aufgenommen werden konnte. Andere Beiträge
wurden stark überarbeitet bzw. völlig neu verfasst. Auf die Behandlung einzelner Politikfelder haben wir verzichtet, um uns auf
die Funktionsweise des europäischen Mehrebenensystems konzentrieren zu können.

Für ihre Hilfe bei der redaktionellen Arbeit danken wir Berit
Dencker, Robert Eckhoff, Uschi Horn, Sebastian Köllner und
Claudia Nitzschmann. Ebenso geht unser Dank an die Autoren, die
den Entstehungsprozess des Bandes geduldig und produktiv begleitet haben.

Bremen und Mannheim, im März 2003
Markus Jachtenfuchs   *Beate Kohler-Koch*

Autoren

Benz, Arthur: Professor für Allgemeine Politikwissenschaft, Fernuniversität Hagen

Bieling, Hans-Jürgen: Hochschuldozent für Politikwissenschaft, Universität Marburg

Deppe, Frank: Professor für Politikwissenschaft, Universität Marburg

Dyson, Kenneth: Professor of European Studies, University of Bradford

Eberlein, Burkhard: Hochschulassistent für Politikwissenschaft, Technische Universität München

Eder, Klaus: Professor für vergleichende Strukturanalyse, Humboldt Universität zu Berlin

Eising, Rainer: Hochschulassistent für Politikwissenschaft, Fernuniversität Hagen

Falkner, Gerda: Forschungsgruppenleiterin am Max-Planck-Institut für Gesellschaftsforschung, Köln und Leiterin der Abteilung Politikwissenschaft am Institut für Höhere Studien, Wien

Graf Kielmansegg, Peter: Professor emeritus für Politische Wissenschaft, Universität Mannheim

Grande, Edgar: Professor für Politikwissenschaft, Technische Universität München

Hellmann, Gunther: Professur für Politikwissenschaft mit dem Schwerpunkt Außenpolitik westeuropäischer Staaten sowie Außenbeziehungen der Europäischen Union, Universität Frankfurt

Henning, Christian H.C.A.: Professor für Agrarpolitik, Universität Kiel

Hix, Simon: Reader in European Union Politics and Policy, London School of Economics and Political Science

Imig Doug: Associate Professor of Political Science, University of Memphis

Jachtenfuchs, Markus: Professor of Political Science, International University Bremen

Joerges, Christian: Professor of Economic Law, European University Institute Florence

Kohler-Koch, Beate: Professorin für Politische Wissenschaft, Universität Mannheim

Pappi, Frank Urban: Professor für Politische Wissenschaft, Universität Mannheim

Scharpf, Fritz W.: Direktor, Max-Planck-Institut für Gesellschaftsforschung, Köln

Schimmelfennig, Frank: Fellow, Mannheimer Zentrum für europäische Sozialforschung

Tarrow, Sidney: Professor of Government and Sociology, Cornell University

Wagner, Wolfgang: Wissenschaftlicher Mitarbeiter, Hessische Stiftung für Friedens- und Konfliktforschung, Frankfurt

Wallace, Helen: Director, Robert Schuman Centre for Advanced Studies, European University Institute Florence

Wessels, Wolfgang: Professor für Politische Wissenschaft, Universität zu Köln

Markus Jachtenfuchs/Beate Kohler-Koch

Regieren und Institutionenbildung

1 Theoretische Sichtweisen der EU

1.1 Drei klassische Ansätze

Die Möglichkeiten wissenschaftlicher Erkenntnis beruhen auf den dazu verwendeten Theorien. Solche Theorien bieten nicht lediglich alternative Erklärungen ein und des selben Phänomens an, sondern konstruieren auf eine jeweils spezifische Art das zu analysierende Phänomen selbst. Bei genauerem Hinsehen scheinen wissenschaftliche Theorien des selben Phänomens von sehr unterschiedlichen Gegenständen zu handeln, deren Identität kaum zu erkennen ist. Das gilt auch für die Europaforschung. Hier haben sich im Laufe der Zeit drei grundlegend verschiedene Betrachtungsweisen herausgebildet, die außer der Beschäftigung mit der EU nur noch wenig miteinander zu tun haben.

Die *Integrationstheorien* bieten einen primär analytisch ausgerichteten Ansatz, der zu erklären versucht, warum Staaten Handlungskompetenzen an die EU abtreten. In den sechziger Jahren entwickelte sich eine heftige Theoriekonkurrenz zwischen einer gesellschaftsorientierten Variante, dem Neofunktionalismus (Haas 1964) und einer staatsorientierten Variante, dem Intergouvernementalismus (Hoffmann 1966). Obwohl die Kontroverse zwischen beiden Theorien für viele immer noch die strukturierende Dichotomie der Europaforschung darstellt, sind beide Lager seit den neunziger Jahren einander viel näher gekommen, als gemeinhin angenommen wird. Tatsächlich hat sich die Diskussion sehr stark in Richtung eines Standardmodells zwischenstaatlicher Institutionenbildung in der EU entwickelt (Pollack 2001), in dem die zentrale Rolle der Mitgliedstaaten ebenso unbestritten ist wie ihre Anbindung an gesellschaftliche Interessen. Kontroversen drehen sich dagegen weiterhin um die Frage, ob lediglich materielle oder auch ideelle Faktoren integrationspolitische Präferenzen erklären (Jachtenfuchs 2002) und ob die EU-Institutionen selbst die Präferenzen der Mitgliedstaaten verändern (Moravcsik 1998; Sandholtz/Stone Sweet 1998).

Gemeinsam ist dem Neofunktionalismus wie dem Intergouvernementalismus, dass die Herausbildung gemeinschaftlicher Institutionen die zu erklärende abhängige Variable ist. Der ältere Neofunktionalismus war zusätzlich noch stark normativ orientiert. Für ihn war „regionale Integration" und „internationale Organisation" gleichbedeutend mit Fortschritt und Zivilisierung in einem gewaltgeneigten internationalen System und eine wünschenswerte politische Strategie, die der politischen Handlungstheorie des Realismus entgegengesetzt werden konnte. Die neuere Literatur hat diese normative Komponente stark in den Hintergrund gerückt und argumentiert rein analytisch.

Die *Policy-Analyse* hat sich parallel zu den Integrationstheorien, aber weitgehend unabhängig von ihr entwickelt. Sie betrachtet die EU aus einem völlig anderen Blickwinkel. Ihr Ziel ist es zu erklären, wie politische Probleme in einem gegebenen institutionellen Kontext durch spezifische politische Prozesse bearbeitet werden. Da die empirischen Studien eine enorme Komplexität der jeweiligen Politikfelder und eine hohe Varianz zwischen diesen zu Tage gebracht haben, wird bisweilen die Theoriefähigkeit der Policy-Forschung insgesamt angezweifelt (Prätorius 1997). Der normalerweise eingeschlagene Weg der vergleichenden Untersuchung scheint wenig vielversprechend, da es in nicht-experimentellen Studien kaum gelingt, die enorme Vielfalt möglicher Variablen selbst bei anscheinend ähnlichen Staaten zu kontrollieren. Das gilt auch für die Studien zur EU-Politik.

Wenn allerdings der Anspruch auf allgemein gültige Aussagen auf hohem Abstraktionsniveau aufgegeben wird, kann über die Formulierung von Teilbereichstheorien (Scharpf 2000) viel zum Verständnis des EU-Systems beigetragen werden. Dabei wendet sich allerdings der Blick: Die EU-Institutionen, die in den Integrationstheorien als abhängige Variable untersucht werden, sind für die Policy-Forschung die unabhängige Variable. Auch die EUbezogene Policy-Forschung ist primär analytisch ausgerichtet. Trotzdem nimmt die Erörterung normativer Fragen einen breiteren Raum als in der Integrationstheorie ein, da die Unterschiede zwischen den Mitgliedstaaten den Blick darauf lenken, dass es sehr verschiedene Vorstellungen von sachgemäßen und politisch ver nünftigen Problemlösungen gibt. Wenn die Mitgliedstaaten ihre Fachpolitiken aufgrund europäischer Beschlüsse ändern sollen, dann lässt sich kaum die Frage vermeiden, ob es sich dabei um eine Veränderung zum Guten oder zum Schlechten handelt.

Die *Verfassungsdebatte* stellt den dritten traditionellen Ansatz der EU-Forschung dar. Viele würden die einschlägige Literatur nicht zur Klasse theoretischer Betrachtungen zählen, weil sie zum großen Teil im Umfeld der Politikberatung entsteht und dabei Theorien höchstens anwendet aber nicht weiterentwickelt. Es gibt von den Anfängen (Friedrich 1969) bis heute (Abromeit 1998; Schmalz-Bruns 1999; Schmitter 2000) gerade in der EU-Forschung aber auch eine überwiegend theoretische Diskussion, die teils analytisch, teils normativ-theoretisch orientiert ist. Der Prozess der Verfassungsgebung und die konkrete Ausgestaltung einer EU-Verfassung, die eine legitime politische Ordnung unter den gegebenen politischen und gesellschaftlichen Verhältnissen zu schaffen vermag, ist nur ein Teilaspekt der Diskussion. Daneben geht es um die Veränderungen der institutionellen Ordnung des europäischen Systems in seiner Gesamtheit, also vor allem um die Frage, wie die Verfasstheit der EU auf die Verfassungssysteme ihrer Mitgliedstaaten zurückwirkt.

Die Verfassungsdebatte ist selbst in den Rechtswissenschaften nicht mehr ein Feld, das nur aus dem Blickwinkel des klassischen Staatsrechts analysiert wird. Vielmehr hat sich das Verständnis von Konstitutionalisierung erweitert und zielt darauf ab, gerade die Prozesse zu erfassen, die den Übergang von einer Marktverfassung zu einem politischen Ordnungssystem ausmachen (Joerges/Dehousse 2002; Joerges, in diesem Band). Diese Auseinandersetzung mit der europäischen Verfassungswirklichkeit spricht zahlreiche Fragen an, deren Behandlung zur ureigensten Kerndomäne der Politikwissenschaft gehört.

In der Verfassungspolitik sind analytische und normative Fragen eng miteinander verbunden. Hier geht es zum einen um die von der Integrationstheorie analysierten Triebkräfte des Integrationsprozesses und um die von der Policy-Forschung untersuchten Bedingungen effektiver Problemlösung. Dabei werden die Fragen nach den gesellschaftlichen Bedingungen einer politischen Ordnung in der Verfassungsdebatte allerdings nur selten gestellt. Zum anderen geht es um Fragen von Legitimität, Demokratie und Gemeinschaftsbildung, die von den beiden erstgenannten Ansätzen der Integrationsforschung bestenfalls am Rande behandelt werden.

1.2　Regieren als übergreifendes Konzept

Jeder dieser drei Ansätze hat spezifische Erklärungsinteressen und folglich gibt es blinde Flecken an jeweils anderen Stellen. Insgesamt gilt, dass tendenziell die Policy-Forschung politische Institutionen als stabile Rahmenbedingung unterstellt, dass Theorien der internationalen Beziehungen Legitimitätsfragen einen geringen Stellenwert zuweisen, und normative Theorien politischer Institutionen leicht die Anbindung an die Empirie vernachlässigen. Wir werden im Folgenden argumentieren, dass die Frage nach den Bedingungen und Möglichkeiten des Regierens in der EU diese getrennten Diskussionsstränge verbinden und so zu einem besseren Verständnis der EU beitragen kann. Dabei geht es nicht um die Entwicklung einer universellen Integrationstheorie, sondern um eine integrierende Perspektive, mit der die oben diskutierten Probleme der gängigen Theorieansätze vermieden werden können.

In der Wissenschaft wie auch in der Politik hat die Nutzung des Begriffs „Regieren" in den letzten Jahren stark zugenommen. Üblicherweise führt dies zu einer Begriffsausdehnung und zu seiner inhaltlichen Verwässerung. Das gilt noch mehr für den englischen Begriff „governance", den wir aus diesem Grund explizit vermeiden (vgl. ausführlicher Jachtenfuchs/Kohler-Koch 2003). Unser Begriff von Regieren soll drei Kriterien genügen. Er soll *selektiv* sein, d.h. wir plädieren erstens für eine enge Begriffsverwendung, die nicht jede Art von zielgerichtetem Handeln umfasst. Er soll zweitens *analytisch* sein, denn obwohl sozialwissenschaftliche Analyse und Begriffsbildung immer auch normative Dimensionen ansprechen, soll Regieren nicht normativ besetzt sein und präskriptiv verwendet werden wie dies bei der Diskussion um „good governance" und „global governance" der Fall ist. Drittens schließlich sollte der Begriff *umfassend* sein, d.h. nicht auf das Handeln und Unterlassen staatlicher Exekutiven beschränkt werden, damit sowohl die Ausweitung verbindlicher kollektiver Entscheidungen über die Grenzen der Staaten hinaus als auch die enge Verbindung mit nicht-staatlichen Akteuren erfasst werden kann.

Wir definieren deshalb Regieren als den fortwährenden Prozess bewusster politischer Zielbestimmung und Eingriffe zur Gestaltung gesellschaftlicher Zustände (vgl. Kohler-Koch 1993, 2002; March/Olsen 1995; Zürn 1998). Dies stellt einen Kompromiss zwischen einer umfassenden und damit unscharfen und einer eng gefassten Sichtweise dar, die schon konzeptuell Regieren an das Handeln von Staatsorganen bindet. Regieren beinhaltet Zielbestimmung und Entscheidungen über Maßnahmen, die für gesellschaftliche Kollektive und damit auch für solche Individuen oder Gruppen verbindlich sind, die nicht zugestimmt oder sich sogar dagegen ausgesprochen haben.

Wie lässt sich nun mit einem solchen Begriff von Regieren die Europäische Union besser verstehen und was soll in Bezug auf die EU genau erklärt werden? Die Antwort kann in Form von zwei Thesen gegeben werden. Die erste These lautet, dass durch die Art und Weise, wie in der EU Politik betrieben wird, ihre institutionelle Struktur im weiteren Sinne verändert wird. Die institutionelle Struktur der EU ergibt sich nicht lediglich aus den Texten des EU- und des EG-Vertrages, sondern ebenso aus informellen Prinzipien, Regeln, Normen und Verfahren, nach denen sich das Verhalten der Akteure innerhalb der EU orientiert. Die Ähnlichkeit mit der Standarddefinition internationaler Regime (Krasner 1983: 1) ist beabsichtigt. Sie lenkt die Aufmerksamkeit auf die häufig vernachlässigten informellen Aspekte von Institutionen. Gerade Politikwissenschaftler sollten informelle Regeln, Handlungspraxis und gemeinsame Situationsdeutungen nicht aus dem Blick verlieren, denn diese ergänzen und verändern oft die Umsetzung der formalen Vertragstexte.

Verhaltensregeln und Normen werden in einem über lange Jahre verlaufenden Anpassungsprozess immer wieder neu definiert und umgestaltet. Wenn solche Regeln allgemein akzeptiert sind, haben sie die gleiche verhaltensleitende Wirkung wie formale Regeln. Sie entstehen entweder als emergentes Nebenprodukt des normalen Politikprozesses oder durch „inter-institutionelle Vereinbarungen", wie sie bei den Übereinkommen zum Budget oder den Anhörungen der Kommissare vor ihrer Ernennung durch das EP anzutreffen sind. Ein typisches Beispiel für den erstgenannten Typ ist die sogenannte „Komitologie". Zu Beginn handelte es sich dabei um hochgradig kontextspezifische Regelungen in eng be-

grenzten Politikfeldern. Erst als die Vielzahl und die Unterschiedlichkeit der Regelungen als problematisch angesehen wurde, verabschiedete der Rat ein allgemeines Regelwerk, das später noch
durch die Rechtsprechung des Europäischen Gerichtshofes revi-
diert wurde (Dehousse 2002: 214-216). Was als technisch-
pragmatische Einzelfallregelung begann, entwickelte sich im Laufe der Zeit zu einer Institution, die den Kern des Politik- und
Rechtsetzungsprozesses in der EU betrifft und Teil ihrer Verfassungsordnung ist (Joerges/Neyer 1998).

Diese Regeln verändern kognitive und normative Erwartungen
und damit das Verhalten der Akteure im EU-System. Sie sind Teil
der „Spielregeln" (North 1993: 12) nach denen die EU funktioniert
und somit Institutionen, die den Vertragstexten nicht nachstehen.
Diese konstitutionelle Dimension des alltäglichen Regierens wird
üblicherweise jedoch weder von der Policy-Forschung, noch von
den Integrationstheorien und auch nicht von der Verfassungsdis-
kussion erfasst.

Die zweite These lautet, dass Regieren in der EU auch den
Verlauf des Integrationsprozesses verändert. Wir begrenzen den
Begriff der Integration dabei nicht auf die enge Definition der
Kompetenzübertragung[1], sondern beziehen ihn auch auf die informellen Veränderungen in der Zusammenarbeit zwischen Mitgliedstaaten und den EU Institutionen. Hierzu tragen nicht zuletzt all
jene Faktoren bei, die aus der EU einen „Kommunikationsver-
bund" gemacht haben (von Bogdandy 2000). Sowohl die Pflichten
zur regelmäßigen Berichterstattung als auch das System von
„benchmarking" und „monitoring", das bei den neuen Formen der
gemeinschaftlichen Politikkoordinierung angewandt wird (Lin-
senmann/Meyer 2002), erhöhen das Informationsniveau der Mitgliedstaaten übereinander und die Aufmerksamkeit füreinander.
Zwar wird dadurch die formale Autonomie eines Mitgliedstaates
nur berührt, wenn auf Berichtspflichten auch Sanktionen für abweichendes Verhalten folgen. Aber die Verbreitung von Informationen und die Offenlegung von Verhaltenskriterien, die als sach-
gemäß und politisch angemessen beurteilt werden, setzen politi-

---

1   Bis heute ist die Definition von Lindberg meinungsbildend, wonach politische
    Integration mit der Herausbildung eines kollektiven Entscheidungssystems
    gleichgesetzt wird (Lindberg 1970: 650).

sche Akteure unter Druck. Abweichendes Verhalten muss sowohl gegenüber den Partnern als auch innenpolitisch gerechtfertigt werden. Das hohe Niveau verfügbarer Informationen über die jeweilige Situation in den Mitgliedstaaten fördert aber nicht nur die wechselseitige Kontrolle, sondern auch ein besseres Verständnis für die Handlungszwänge der anderen und trägt zu einer Handlungsorientierung der „diffusen Reziprozität" (Keohane 1986) bei, die wiederum gemeinschaftsförderlich ist.

Dieser Mechanismus ist aus den Untersuchungen über die Wirkung internationaler Regime wohl bekannt. Der entscheidende Unterschied ist jedoch, dass Regime in der Regel nur auf einzelne Sachbereiche beschränkt sind, während die EU nahezu universell tätig ist. In ihr sind die Mitgliedstaaten in ein umfassendes System gegenseitiger Kommunikation und Beobachtung eingebettet, in dem sich die Mitgliedstaaten gegenseitig beobachten und an ihre Pflichten als Mitglieder einer umfassenden Gemeinschaft erinnern. Der sozialisierende Effekt sollte somit stärker sein als bei themenspezifischen Regimen.

Darüber hinaus hat die EU bestimmte Handlungsprinzipien entwickelt und auch vertraglich verankert, die eine enge Kooperation zwischen den politisch Verantwortlichen und betroffenen gesellschaftlichen Gruppen verankert haben. Dies gilt vor allem für das Prinzip der „Partnerschaft", das bei der Umsetzung der europäischen Strukturfonds zu einer engen Vernetzung der Akteure der EU, mit denen der Mitgliedstaaten und regionalen Gebietskörperschaften sowie mit nicht-staatlichen Organisationen geführt hat. Solche Politiknetzwerke tragen dazu bei, dass vorhandene Interessengegensätze durch Ausdifferenzierung kleingearbeitet und über Lernprozesse einer gemeinschaftsverträglichen Lösung zugeführt werden (Heinelt et al. 2003).

All diese Mechanismen verändern nicht nur die Leistungen des EU-Systems, sondern verändern auch die gemeinschaftliche Verfassungswirklichkeit und die Bedingungen einer weiterführenden Integration.

2   Regieren in der EU – gleich und unvergleichlich

2.1   Zur Gestalt des Mehrebenensystems

Die Struktur des politischen Systems der EU ist verantwortlich für den Verlauf der politischen Prozesse und die Substanz der Politikergebnisse. Um diese Zusammenhänge zu verdeutlichen, müssen diejenigen Charakteristika des politischen Systems benannt werden, die spezifische Effekte erzeugen. Dies sollte zu möglichst konkreten Aussagen führen und nicht bei banalen Verallgemeinerungen stehen bleiben. Die recht abstrakte Frage, ob die EU eher als internationale Organisation oder als föderales System einzustufen ist, ist ebenfalls müßig und führt nur zu der mehr ideologischen als analytischen Auseinandersetzung über die wahre Natur der EU. Die EU ist in der Tat ein System „sui generis", doch diese Einordnung ist analytisch insofern wenig fruchtbar, weil man damit die Singularität seines Untersuchungsgegenstandes postuliert und bei einer Fallzahl von n=1 Generalisierungen weder sinnvoll noch überprüfbar sind. Wenn man sich dagegen auf einzelne, wesentliche Elemente des politischen Systems der EU bezieht, ergeben sich Möglichkeiten des Vergleichs, die die Grundsatzdebatte über die Natur der EU gleichsam unterlaufen. Um die Herausarbeitung dieser Elemente geht es im Folgenden.

Schon auf den ersten Blick fallen die großen Unterschiede zwischen den Politikbereichen ins Auge. In der gängigen politischen Terminologie handelt es sich dabei um die drei Pfeiler der Union, nach einer anderen eingespielten politikwissenschaftlichen Unterscheidung geht es um die Problemfelder Wohlfahrt, Sicherheit und Herrschaft (Czempiel 1981: 198). Diese Unterscheidung erfasst grundsätzlich unterschiedliche Problemhaushalte, die über die in der Policy-Forschung üblichen Unterschiede zwischen einzelnen Politikfelder weit hinaus gehen. So sind die typischen supranationalen Elemente, welche die europäische Kooperation von anderen internationalen Organisationen unterscheiden, nur im ersten Pfeiler, der EG, verankert. Weder das Initiativmonopol der Kommission, noch das legislative Mitentscheidungsrecht des EP oder die rechtliche Kontrolle des EuGH spielen im zweiten oder dritten Pfeiler eine Rolle. Trotz dieser erheblichen Unterschiede ist unsere

These, dass die Unterscheidung nach den drei Pfeilern analytisch in die falsche Richtung führt und auch die beobachtete Segmentierung der einzelnen Politikfelder nicht zu einer Segmentierung der Analyse führen sollte. In allen Fällen gibt es eine Gleichzeitigkeit von Elementen zwischenstaatlicher Kooperation und europäischer Innenpolitik und wenn man schon Differenzierungen auf der Makroebene einführt, so ist die Unterscheidung zwischen einem supranationalen und einem „transgouvernementalen" (Wallace 2002) Bereich ertragreicher.

Im gesamten EU-System spielen die Mitgliedstaaten eine sehr wichtige Rolle. Autoren, die versucht haben die Kompetenzverteilung zwischen EU und Mitgliedstaaten im Zeitverlauf zu erfassen, verorten die gegenwärtige Union ungefähr in der Mitte zwischen rein mitgliedstaatlicher Kontrolle und exklusiver EU-Kompetenz (Schmidt 1999; Schmitter 1996). Auch sie beobachten erhebliche Variationen zwischen den Politikfeldern. Nach einem halben Jahrhundert europäischer Integration kann man weder einen unaufhaltsamen Trend zur Zentralisierung noch eindeutige Indizien für eine erneut stärkere Kontrolle durch die Mitgliedstaaten feststellen. Vielmehr werden zwar immer mehr Politikbereiche in die gemeinschaftliche Verantwortung einbezogen, doch die Zuständigkeit bleibt bis auf wenige Ausnahmen (hierzu zählt vor allem die Währungspolitik) auf die verschiedenen Ebenen des europäischen Mehrebenensystems verteilt. Dabei behalten die Mitgliedstaaten als kollektiver Akteur eine entscheidende Rolle im Politikprozess und sie verfügen nach wie vor über die Kompetenz-Kompetenz.

Ganz anders sieht das Bild aus, wenn man nicht auf die Formulierung von Politik, sondern auf den Prozess des politischen Machterwerbs schaut. Nicht nur der Kampf um Macht in den Mitgliedstaaten, sondern auch der Kampf um die Besetzung der politischen Schlüsselstellungen in der EU findet nahezu ausschließlich auf der Ebene der Mitgliedstaaten statt. Obwohl sich die Homogenität der politischen Gruppen im Europäischen Parlament stetig erhöht hat (vgl. Hix, in diesem Band), hat sich selbst bei den Wahlen der Europaparlamentarier kein europäischer Raum des politischen Wettbewerbs gebildet. Die Zersplitterung in nationale politische Räume ist noch deutlicher bei der Auswahl der Mitglieder der anderen wichtigen EU-Organe, nämlich Kommission,

EuGH und Europäische Zentralbank. Gleiches gilt für die zentralen Ausschüsse und Agenturen der EG. Nicht nur für den Machterwerb, sondern auch für die Machtausübung ist die genuin europäische Dimension marginal. Veränderungen in der parteipolitischen Zusammensetzung des Europaparlaments haben nur geringe Auswirkungen auf die Politikergebnisse und die bedeutenden politischen Debatten finden überwiegend im mitgliedstaatlichen Rahmen statt. Die europäische Öffentlichkeit ist fragmentiert und kurzlebig (Eder, in diesem Band).

Zwar hat sich die EU in vieler Hinsicht eher in Richtung eines föderalen Staates denn einer internationalen Organisation entwickelt. Doch die Ähnlichkeit ist immer noch beschränkt, denn die beiden zentralen Ressourcen moderner Staatlichkeit, das Gewalt- und das Steuermonopol, sind in der EU fest in mitgliedstaatlicher Hand. Daran ändert auch die Gewährung der sogenannten „Eigenmittel" der EU nichts, denn die der EU zur Verfügung stehende Finanzausstattung wird vom Rat – also von den Mitgliedstaaten – festgelegt. Selbst die aus funktionalen Gründen durchaus gebotene Harmonisierung von Steuern, die den Binnenmarkt unmittelbar betreffen, ist abgesehen von der Mehrwertsteuer im Ansatz steckengeblieben (Genschel 2002). Ähnlich sieht die Situation bei Polizei und Militär aus. Die Entwicklungen der letzten Jahre im Bereich der Sicherheits- und Verteidigungspolitik haben zwar erstmals nach dem Scheitern der EVG 1954 einen deutlichen Integrationsschub gebracht, doch während es sich bei der EVG um die Einrichtung einer supranationalen Armee handelte, sind die jetzt entstehenden Strukturen zwischenstaatlicher Natur (vgl. Wagner/Hellmann, in diesem Band). Auch der schnelle Wandel im Bereich Inneres und Justiz schafft keine supranationalen, sondern zwischenstaatliche Strukturen, auch wenn diese sehr eng verzahnt sind und weitreichende Befugnisse erlangt haben. Somit verfügt die EU nicht über die beiden wichtigsten Ressourcen des klassischen Staates: das legitime Monopol physischer Gewaltanwendung und das Recht der eigenständigen Steuererhebung.

Insgesamt ist das politische System der EU weder durch hierarchische noch durch majoritäre Entscheidungsprozesse gekennzeichnet. Es dominiert der Entscheidungstyp der Verhandlung, bei dem Vereinbarungen zwischen gleichzeitig unabhängigen und interdependenten Akteuren weitgehend konsensual zustande kommen. Verhandlungen spielen auch in der staatlichen Politik neben Entscheidungen über Mehrheitsabstimmungen eine zentrale Rolle. Aber der Unterschied liegt darin, dass staatliche Politik sich nicht nur auf das Gewalt- und Steuermonopol stützen kann, sondern auch über eine politische Legitimation verfügt, die der EU fehlt. Die Verhandlungen in der EU sind daher in besonderem Maße darauf angewiesen, dass die prekäre Balance zwischen Autonomieschonung und Gemeinschaftsverträglichkeit gehalten wird (Scharpf 1993). Da ein entscheidungs- oder implementationsunwilliger Mitgliedstaat weder von den EU-Institutionen noch den anderen Mitgliedstaaten letztlich gezwungen werden kann, weil Gewaltandrohung und Gewaltanwendung ausgeschlossen sind, müssen EU-Entscheidungen sensibel auf die Wahrung mitgliedstaatlicher Autonomie achten. Alle Mitgliedstaaten sind daran interessiert, denn selbst wenn sie im konkreten Einzelfall aus inhaltlichen Gründen den Widerstand eines anderen Mitgliedstaates überwinden möchten, so lehnen sie Zwang ab, denn sie könnten sich angesichts der auf Dauer angelegten Zusammenarbeit in der EU schnell in einer ähnlichen Position befinden.

Die einseitige Beachtung von autonomieschonenden Verfahrensprinzipien würde aber die Lösung von kollektiven Entscheidungsproblemen erschweren. Deshalb ist gemeinschaftsverträgliches Handeln im Interesse der Mitgliedstaaten. Entsprechend sind Autonomieschonung und Gemeinschaftsverträglichkeit nicht lediglich charakteristische Phänomene des tatsächlichen Entscheidungsprozesses, sondern sie sind als konfligierende normative Prinzipien im Institutionensystem der EU verankert. Im supranationalen Pfeiler wird die Spannung zwischen den beiden Prinzipien am besten durch das institutionelle Zusammenspiel zwischen Kommission und Rat verkörpert (Wallace, in diesem Band). Hier ist das Prinzip der Gemeinschaftsverträglichkeit erheblich stärker ausgeprägt als in den zwischenstaatlich organisierten Pfeilern der EU. Während früher Supranationalität als der Normalfall der Gemeinschaft und die zwischenstaatliche Willensbildung als temporäre Abweichung oder Vorstufe zur tieferen Integration angesehen wurde, kann man heute durchaus von ihrer Dauerhaftigkeit ausgehen. Die zwischenstaatlichen Kooperationsstrukturen der EU sind Ausdruck der Autonomiebedürfnisse der Mitgliedstaaten und die Zusammenarbeit in den Bereichen Sicherheit und Herrschaft wird aus diesem Grund nicht ohne weiteres und nicht in absehbarer Zeit in den supranationalen Bereich übernommen werden.

Die Verteilung politischer Kompetenzen für ein und den gleichen Politikbereich auf verschiedene Handlungsebenen ist ein weiteres Charakteristikum europäischer Politik. Für das Verständnis des Regierens in der EU ist aber die Vorstellung eines aus mehreren sauber voneinander getrennten Schichten bestehenden Mehrebenensystems eher hinderlich. Die EU entspricht keineswegs dem idealtypischen Modell des dualen US-Föderalismus, sondern ist wie im deutschen Föderalismus durch die Verflechtung der Ebenen gekennzeichnet (Scharpf 1985). In beiden Systemen überlagern institutionelle Eigeninteressen die substantiellen Interessen in den jeweiligen Politikentscheidungen, so dass die Akteure in beiden Systemen zur Autonomieschonung auf Kosten der Gemeinschaftsverträglichkeit neigen.

Man sollte die Gemeinsamkeiten zwischen deutschem und europäischem Föderalismus aber auch nicht überschätzen. In Deutschland sind die Bundes- und die Länderebene durch die Allgegenwart des politischen Parteienwettbewerbs, der alle Ebenen übergreift, miteinander verbunden. Dadurch werden die verfassungsmäßig angelegten institutionellen Konflikte zwischen den Ebenen häufig durch die parteipolitischen Konflikte zwischen Regierung und Opposition transformiert (Lehmbruch 2000). Angesichts der Schwäche politischer Parteien in der EU und der Irrelevanz des politischen Wettbewerbs für die Besetzung der Machtpositionen auf der EU-Ebene entfällt dieser ebenenübergreifende Faktor in der europäischen Politik. Die parteipolitische Fraktionierung im Rat und die Bedingungen des „divided government" sind für die Politik der EU von untergeordneter Bedeutung (Benz 2003). Aus der besonderen Konstruktion der gemeinschaftlichen Willensbildung können die Regierungen der Mitgliedstaaten einen zusätzlichen Autonomiegewinn verbuchen. Sie können gegenüber Interessengruppen oder Regionalregierungen auf die Zwänge der Kompromissbildung im EU-Verhandlungssystem verweisen und die Notwendigkeit der Selbstbindung taktisch einsetzen, um innenpolitischen Handlungsspielraum zu gewinnen. Kurz: Im europäischen Mehrebenensystem sind die Ebenen locker, im deutschen Föderalismus dagegen eng gekoppelt (Benz, in diesem Band). Eben diese lose Kopplung mag einer der Gründe dafür sein, dass die Problemlösungsfähigkeit der europäischen Mehrebenenpolitik erheblich höher ist, als dies vielfach erwartet wurde (Grande/Jachtenfuchs 2000).

Die Abwesenheit politisch mächtiger Parteien auf der EU-Ebene, die oft als eine der wichtigsten strukturellen Ursachen des sogenannten Demokratiedefizits angesehen wird, ist somit ein wesentlicher Faktor zur Erleichterung zwischenstaatlicher Zusammenarbeit. Die Unterschiede in der Logik des Parteienwettbewerbs sind sicherlich nicht der einzige Unterschied zwischen dem deutschen und dem europäischen Föderalismus. Sie sollten aber als Illustration genügen, um zu zeigen, dass mit der Bezeichnung „Mehrebenensystem" weder seine Funktionsweise eindeutig charakterisiert wird, noch eine Erklärung für typische Prozessabläufe geboten wird. Es ist vielmehr notwendig, Funktionsmechanismen der politischen Willensbildung zu finden, wie sie der Parteienwettbewerb darstellt. Unter diesem Blickwinkel lässt sich die EU auch in vergleichender Perspektive analysieren.

2.2 Formen des Regierens im europäischen Mehrebenensystem

Die intellektuelle Herausforderung des Mehrebenenmodells besteht darin, dass es nicht um die bloße Ver- und Aufteilung von Handlungskompetenzen auf verschiedene Ebenen geht, sondern um die Verknüpfung verschiedener politischer Willensbildungsstränge zu einem Gesamtprozess des Regierens (Hooghe/Marks 2001: 3-4).

Die Verträge bieten eine Reihe von Mechanismen an, um den Wunsch nach mitgliedstaatlicher Autonomie mit dem Interesse an einer effizienten gemeinschaftlichen Entscheidungsfindung in Einklang zu bringen. Die Beschäftigung mit den gemeinschaftlichen Entscheidungsverfahren zeigt jedoch nur, in welchem Ausmaß die Regierungen der Mitgliedstaaten und die EU-Institutionen (vor allem Kommission und Parlament) bereits Teil eines umfassenden Gesamtsystems geworden sind. Wie dabei mit politischer Verantwortlichkeit und der politischen Auseinandersetzung mit gesellschaftlichen Kräften umgegangen wird, erfährt man so jedoch nicht. Die Regierungen sind ihren Parlamenten und den

Wählern verantwortlich. In föderalen Systemen müssen sie zudem die Positionen der Gliedstaaten berücksichtigen. Zudem sind Regierungen gehalten, mit privaten Akteuren zusammenzuarbeiten, um ihre Politik an gesellschaftlichen Anforderungen auszurichten. Dieses Schnittstellenmanagement zwischen öffentlichen und privaten Akteuren ist sowohl für die Mitgliedstaaten als auch für die EU eine Herausforderung, während die Aufgabe, die nationalen Systeme demokratischer Verantwortung an die veränderten Bedingungen eines Mehrebenensystems anzupassen, allein auf den Mitgliedstaaten lastet.

Vor allem die nationalen Parlamente stehen unter Anpassungsdruck. Wollen sie ihren Anspruch auf demokratische Kontrolle nicht aufgeben, dann müssen sie ihre Interessen wirkungsvoll in die europäischen politischen Verhandlungsprozesse einbringen. Unabhängig von ihrer jeweiligen verfassungsrechtlichen Stellung und den institutionellen Anpassungsstrategien, die sie gewählt haben, befinden sich die nationalen Parlamente in einem „Verhandlungs-Verantwortlichkeits-Dilemma" (Benz 2003). Die Verhandlungen im Rat sind „mixed-motive games", bei denen jeder Teilnehmer zwar eine Kollektiventscheidung anstrebt, gleichzeitig jedoch um die Wahrung seiner eigenen Interessen kämpft. Verhandlungsflexibilität, die auch ein politikfeldübergreifendes Geben und Nehmen oder die Zurückstellung unmittelbarer Interessen zugunsten zukünftiger Gewinne einschließt, erleichtert die Einigung im Rat.

Doch der Preis für diesen Effizienzgewinn ist ein Kontrollverlust der nationalen Parlamente. Während die Opposition weiterhin auf mehr Transparenz und mehr Mitwirkungsrechte pocht, haben sich die Mehrheitsparteien mit informellen Verfahren arrangiert, die ihnen eine faktische Einflussnahme sichern. Der kritische Dialog zwischen Regierung und Mehrheitsfraktion hat sich als effizientes Instrument erwiesen, um Interessen der Mehrheitsfraktion in die Verhandlungen der Regierung einzubringen. Er funktioniert aber dann am besten, wenn beide Seiten vermeiden, ihre unterschiedlichen Positionen öffentlich zu machen. So entsteht ein erneuter Zielkonflikt, nämlich diesmal zwischen effizienter parlamentarischer Einflussnahme auf der einen Seite und Transparenz und öffentlicher Verantwortlichkeit auf der anderen Seite. Ein Anzeichen für eine gewisse Verselbständigung parlamentarischer

Kontrolle, die mit mehr Öffentlichkeit verträglich wäre, ist die Einrichtung von Verbindungsbüros der mitgliedstaatlichen Parlamente in Brüssel, die diesen erlaubt, an den Regierungen vorbei zu eigenständigen Akteuren im europäischen System zu werden.

Die Ansiedlung politischer Zuständigkeiten auf unterschiedlichen Ebenen des EU-Systems hat die gesellschaftlichen Akteure dazu bewogen, ebenfalls überall im Mehrebenensystem präsent zu sein. So wie die nationalen Interessengruppen sich europäisch organisiert haben, nutzen inzwischen auch die Euroverbände und große Unternehmen die Möglichkeit, Zugang zu Entscheidungsträgern sowohl auf der europäischen als auch auf der mitgliedstaatlichen Ebene zu finden. Sie finden Gehör, wenn sie aus der Einschätzung ihrer Gesprächspartner zu einer effizienten und angemessenen Problemlösung beitragen können. Die Vervielfältigung der potentiellen Zugangsmöglichkeiten kann aber nur gewinnbringend genutzt werden, wenn eine Interessengruppe über ausreichende Ressourcen verfügt, um kontinuierlich auf allen Ebenen Kontakte zu pflegen und differenziert auf unterschiedliche Ansprechpartner einzugehen.

Die europäischen Institutionen, allen voran die Kommission, haben schon immer die Einbeziehung von Interessengruppen in die europäische Politik befürwortet. Das entscheidende Argument war, dass über die Mitwirkung von Interessengruppen Betroffene und Experten zu Gehör kämen, wodurch die Suche nach angemessenen Problemlösungsstrategien nur erleichtert werde. Inzwischen hat sich die Diskussion weiterentwickelt und es geht nicht mehr nur um die Qualität der politischen Maßnahmen, die der EU Legitimität über Leistung verleiht, sondern auch um Partizipation als Ausdruck von Bürgernähe, d.h. um die sogenannte „input"-Legitimität (Kommission 2000: 5). So plädiert das Weißbuch zum europäischen Regieren entschieden für eine intensivere Einbindung gesellschaftlicher Akteure (Kommission 2001: 4).

Das besonders charakteristische Merkmal des Regierens in der EU ist die Organisation der Willensbildung in Netzwerken. Knotenpunkte sind die zahlreichen Ausschüsse im EU-System. Sie sind Vehikel der Kommunikation und fördern eine Kultur des Dialogs und der wechselseitigen Überzeugung. Dafür gibt es zwei Gründe. Der erste ist, dass im Gegensatz zur parlamentarischen Demokratie die Vielzahl unterschiedlicher Interessen nicht als

Ausdruck konkurrierender weltanschaulicher Positionen interpretiert und auf diese Weise gebündelt werden können.

Weil dieser Weg der Interessenaggregation verschlossen ist und ohnehin die europäische Willensbildung nicht nach dem Muster des Parteienwettbewerbs organisiert ist, kann auch nicht nach dem Prinzip majoritärer Abstimmung entschieden werden. Die zentralen Entscheidungsorgane funktionieren aufgrund ihrer Struktur und ihres Selbstverständnisses vielmehr nach dem Konsensprinzip: Die Kommission ist nach ihrer eigenen Auffassung und den an sie gerichteten Erwartungen ein unpolitisches technokratisches Gremium, der Rat agiert infolge der stetigen Regierungswechsel im Kreis der fünfzehn Mitgliedstaaten faktisch wie eine Allparteienregierung, und das Europäische Parlament ist aufgrund der Mehrheitserfordernisse immer wieder zu einer großen Koalition gezwungen, wenn es Einfluss haben will. Auf diese Weise verhindert schon die Logik der Interessenvermittlung innerhalb jeder einzelnen Institution und noch mehr die Interaktion zwischen den Institutionen im Gesamtsystem der EU die Ausrichtung des Politikprozesses nach parteipolitischen Lagern.

Der zweite Grund besteht darin, dass bei neu auftauchenden Problemen und angesichts der unterschiedlichen Situationsbedingungen in fünfzehn Mitgliedstaaten die Kunst vor allem darin besteht, ein Problem überhaupt erst einmal präzise zu definieren. Schon aus diesem Grund ist die Hinzuziehung von Experten und das Argumentieren als Interaktionsstil wichtig. Es ist allgemein akzeptiert, dass die Kommission bei der Analyse der Sachlage die Führung übernimmt. Beratende Ausschüsse helfen ihr beim Entwurf von Entscheidungsvorlagen und gleichermaßen wird von den Komitologie-Ausschüssen erwartet, dass sie die politische Umsetzung durch das ihnen verfügbare Expertenwissen unterstützen. Der EG-Vertrag verpflichtet die Kommission, „insbesondere alle auf wissenschaftliche Ergebnisse gestützten neuen Entwicklungen" zu berücksichtigen (Art. 95 (3) EGV). Diese Vorschrift, die sich expressis verbis auf die Bereiche Gesundheit, Sicherheit, Umweltschutz und Verbraucherschutz bezieht, wird inzwischen als allgemein gültige Verpflichtung zur Hinzuziehung wissenschaftlicher Experten interpretiert (Dehousse 2002: 14).

Sobald es jedoch darum geht, über akzeptable und angemessene Problemlösungen zu verhandeln, stößt der deliberative Modus an seine Grenzen. Der Interaktionsmodus wechselt von der Argumentation zum Aushandeln und die Regierungsvertreter treten in den Vordergrund, weil sie und nicht die Kommission als diejenigen betrachtet werden, die am besten die Fragen der Kompatibilität europäischer Regelungen mit den gesellschaftlichen und politischen Zuständen der Mitgliedstaaten beurteilen können und diese Entscheidungen letztlich auch zu verantworten haben. Aber selbst dann sind überzeugende Argumente in Verbindung mit konsensualem Wissen der Schlüssel zum Verhandlungserfolg.

3 Regieren, Integration und Systemtransformation

3.1 Zwei Entwicklungslogiken der Integration

3.1.1 Die konventionelle Sichtweise: Verfassungspolitik schafft Möglichkeiten und Grenzen des Regierens

Der Verlauf des Integrationsprozesses liest sich wie eine Geschichte von Vertragsreformen, bei der die Zuständigkeit und Verantwortlichkeit der Gemeinschaftsinstitutionen jeweils neu definiert wurde. Nach diesem Verständnis ging es bei den Verfassungsreformen der EU immer darum, auf die aufgetretenen institutionellen Defizite und Krisen angemessen zu reagieren. Die aufeinanderfolgenden Vertragsänderungen dienten vor allem zwei Zielen: der Verringerung des Demokratiedefizits und der Verbesserung der gemeinschaftlichen Problemlösungsfähigkeit. Dem ersten Ziel diente die Direktwahl des Europäischen Parlaments sowie die Vergrößerung seines Einflusses auf den EU-Haushalt und die Aufwertung seiner gesetzgeberischen Kompetenzen. Dem zweiten Ziel diente die Ausweitung der gemeinsamen Zuständigkeiten von der Schaffung eines Gemeinsamen Marktes hin zu der heute fast vollständigen Palette öffentlicher Aufgaben. Um angesichts der Expansion von Aufgaben und der Verdoppelung der Mitgliederzahl Handlungsblockaden zu vermeiden, wurden die Entscheidungsprozesse durch die Ausdehnung der qualifizierten Mehrheitsabstimmung, die Neugewichtung der Stimmenverteilung

im Rat und die Einführung flexibler Kooperationsformen angepasst.

Diese funktionalistische Interpretation entspricht auch weitgehend den öffentlichen Begründungen der europäischen Verfassungspolitik. Es sind aber auch andere, unausgesprochene Ziele
damit verbunden (Hooghe/Marks 2001: 71-74; Wolf 2000). Letztlich geht es dabei um die Befreiung der Exekutiven von der Rück-
bindung an gesellschaftliche Akteure. Der Kompetenztransfer auf
die europäische Ebene dient nicht nur der Verbesserung kollektiver Handlungsfähigkeit. Die Mehrebenenpolitik erlaubt es auch,
sich dem Druck innerstaatlicher Interessengruppen mit dem Hinweis auf die Konsenszwänge der europäischen Politik zu entziehen
(Grande 1996). Unpopuläre Entscheidungen lassen sich leicht auf
europäische Zwänge schieben. Dieser Effekt der Selbstbindung
gilt nicht nur für die Gegenwart, sondern auch für die Zukunft.
Aufgrund des Konsenserfordernisses bei Vertragsänderungen sind
einmal getroffene Entscheidungen nur schwer zu revidieren. So
lassen sich auch künftige Regierungen, die abweichende Präferenzen repräsentieren, binden.

3.1.2 Die alternative Sichtweise: Regieren verändert die
Verfassungswirklichkeit

Die klassische Sichtweise, nach der die Verfassung die Art und
Weise des Regierens bestimmt, wollen wir erweitern. Unsere These ist, dass die Verfassungswirklichkeit nicht ausschließlich durch
konstitutionelle Politik in zwischenstaatlichen Konferenzen geprägt wird, sondern auch durch inkrementelle Veränderungen in
der Praxis des Regierens. Dieser Inkrementalismus verdeckt leicht
die darunter liegenden verfassungspolitischen Motive. „... [I]nte-
grationists promote their ambitions by stealth" schreibt der Economist und nennt es eine „brilliant, but also sinister strategy" (The
Economist 2002: 33), dass bei der Festlegung einer Politik verfassungsändernde Korrekturen unter einer Masse technischer, scheinbar langweiliger Details verborgen sind, so dass die Zustimmung
leicht durch die Ermüdung der Akteure zu erreichen ist.

Ein typisches Beispiel ist die Handhabung der Verwaltungs-
kommunikation, die den Informationsfluss zwischen den staatlichen Stellen und der Kommission regelt (ausführlicher von Bog-

dandy 2000). Es ist funktional sinnvoll, bereits im Stadium der Vorüberlegungen Rechtsetzungsinitiativen abzublocken, die zu einer Behinderung des Binnenmarktes führen könnten und durch eine nachträgliche Harmonisierungsregelung wieder korrigiert werden müssten. So wurde zunächst für den Bereich der technischen Standardisierung eine Notifizierungspflicht eingeführt, nach der die Mitgliedstaaten schon während der Entwurfsphase und in jedem weiteren wichtigen Stadium des Legislativprozesses eine einschlägige Regulierungsinitiative an die Kommission zu melden haben. Bevor nicht die Kommission und andere Mitgliedstaaten Gelegenheit zur Reaktion hatten, dürfen keine neuen mitgliedstaatlichen Regulierungen verabschiedet werden. Falls die Kommission eine EU-Verordnung einem mitgliedstaatlichen Rechtsakt vorzieht, darf das mitgliedstaatliche Vorhaben nicht weiter verfolgt werden.

Diese präventive Kontrolle hat sich in den letzten Jahren in drei Richtungen ausgeweitet und bedeutet inzwischen einen erheblichen Eingriff in die Regulierungsautonomie der Mitgliedstaaten. Die Kommission hat eine zentrale Stellung in dem Prozess erhalten, weil sie für die Durchführung des Verfahrens zuständig ist, eng mit dem zuständigen Ständigen Ausschuss zusammenarbeitet und vor allem die Einspruchsrechte privater Wirtschaftsteilnehmer kanalisiert. Weiterhin wurde der Anwendungsbereich dieser Regelungen erweitert. Am wichtigsten ist aber, dass die effektive Durchsetzung dadurch erreicht wurde, dass der Europäische Gerichtshof die Direktwirkung der einschlägigen Richtlinien bejaht hat und sich die Mitgliedstaaten folglich nicht mehr ihrer rechtlichen Verpflichtung entziehen können.

So hat eine zunächst rein technisch und unbedeutend wirkende Regelung eine weitreichende Wirkung entfaltet, welche die legislative Autonomie der Mitgliedstaaten de jure und de facto erheblich einschränkt. Der verbesserte Informationsfluss hat auch dazu geführt, dass die mitgliedstaatlichen Verwaltungen besser über Gesetzgebungsinitiativen in ihrem Umfeld informiert sind und dass sie zunehmend geneigt sind, diese bei ihren eigenen Vorhaben zu berücksichtigen.

Ein anderer Fall, der illustriert, wie Verfahrensvorschriften und institutionelle Reformen ineinander greifen, stammt aus dem Bereich der Sozialpolitik. Aus wirtschaftlichen wie aus politischen

Gründen war die europäische Sozialpolitik lange ein Stiefkind der Integration (vgl. Falkner, in diesem Band). Dies lässt sich durch den Vorrang der Marktschaffung vor der Marktregulierung, die ungleiche Verteilung der Verhandlungsmacht zwischen den Sozialpartnern und dem Unwillen der Mitgliedstaaten, ihre sozialpolitische Autonomie aufzugeben, erklären. Solange Einstimmigkeit vorgeschrieben war, haben sich vor allem die Arbeitgeber darauf verlassen, dass sozialpolitische Initiativen leicht zu blockieren waren. Nach der schrittweisen Einführung der qualifizierten Mehrheitsentscheidung änderten nicht nur die Regierungen, sondern auch die Sozialpartner unter Einschluss der Arbeitgeberverbände ihre Einstellung. Sie stimmten der Aufwertung des sozialen Dialoges zu und unterstützten die Kommissionsinitiative, ein neues und innovatives korporatistisches Verfahren zu schaffen, das dann mit wenigen Änderungen in den Maastrichter Vertrag aufgenommen wurde. Im Ergebnis haben nun Arbeitgeber und Gewerkschaften das Recht, vertragliche Vereinbarungen abzuschließen und die Durchführung solcher Vereinbarungen durch einen Beschluss des Rates absichern zu lassen (Art. 138, 139 EGV; vgl. ausführlich Falkner 2000). Die Vertragsbestimmungen rücken die Sozialpartner in eine privilegierte Position. Sie verleihen ihnen ein Initiativrecht, das ansonsten der Kommission vorbehalten ist und ermächtigen sie bindende Vereinbarungen auszuhandeln, wozu sonst nur der Rat, unter Mitwirkung von Kommission und Europäischem Parlament, befugt ist.

Für das hier entwickelte Argument ist es ohne Belang, dass es bisher nur zweimal (beim Elternurlaub und bei atypischen Beschäftigungsverhältnissen) zu solchen bindenden Vereinbarungen kam, denn dies lag vor allem an den politischen und wirtschaftlichen Kontextbedingungen. Viel bedeutsamer ist, dass kleine Veränderungen in den Verfahrensbestimmungen auf der EU-Ebene beträchtliche Auswirkungen im Gesamtsystem hatten. Angesichts der Möglichkeit, dass der Rat künftig rascher entscheiden könnte, konnte die Kommission die Sozialpartner leicht von den Vorteilen eurokorporatistischer Strukturen überzeugen und mit ihnen eine Koalition bilden, der es gelang, ihre Interessen in den Verhandlungen des Maastrichter Vertrages erfolgreich durchzusetzen. Die Anwendung der neuen Vertragsvorschriften hat zu einer Aufwertung der Sozialpartner geführt, die nun die zentralen Akteure in einem Prozess der „ausgehandelten Gesetzgebung" (Falkner 2000: 719) geworden sind.

Das neue Verfahren verändert nicht nur die Kräfteverhältnisse zwischen den Akteuren auf der europäischen Ebene, sondern hat auch Auswirkungen auf die Politik in den Mitgliedstaaten. So hat die korporatistische „policy community" auf der EU-Ebene Einfluss auf die mitgliedstaatlichen Systeme der Interessenvermittlung. Die Einbeziehung der Sozialpartner in die Politik-Implementation wird abgestützt durch geteilte normative Ideensysteme, die „Sozialpartnerschaft" in den Rang einer unbestrittenen „Leitidee" (Hauriou 1965) erheben, durch grenzüberschreitende institutionalisierte Kommunikations- und Interaktionsmuster und durch das Recht (Falkner 2002). So bestimmt Art. 137 (4) EGV, dass ein Mitgliedstaat den Sozialpartnern auf gemeinsamen Antrag die Durchführung bestimmter Richtlinien übertragen kann. Zudem propagieren einige Richtlinien explizit die Einbeziehung der Sozialpartner in die Umsetzung durch die Mitgliedstaaten mit dem Argument, dass die Sozialpartner am besten wüssten, was nützlich und angemessen ist.

Der Eurokorporatismus auf EU-Ebene führt im Bereich der Sozialpolitik einige neue Elemente des Regierens ein. Hierzu zählen vertragliche Vereinbarungen, die anerkannt werden, auch wenn sie nicht rechtlich kodifiziert sind, und die Einbeziehungen der Sozialpartner sowohl in die Formulierung als auch in die Implementierung von Politik. Noch ausgeprägter sind diese Prinzipien bei der „Methode der offenen Koordinierung". Bei ihr handelt es sich um „sanftes Regieren", das auf Verhaltenslenkung durch Lernen und Überzeugung abzielt. Die Methode der offenen Koordinierung beruht auf dem Austausch von Informationen in technischen Angelegenheiten und Verfahrensfragen, auf Übereinkünften über Verhaltensleitlinien sowie teilweise auf gemeinsamen Überwachungs- und Evaluierungsverfahren.

Diese sanfte Form der Verhaltenssteuerung wurde mit viel theoretischen und politischen Vorschusslorbeeren bedacht. Man erwartet, dass auf diese Weise Entscheidungsblockaden vermieden und der träge Gesetzgebungsprozess beschleunigt wird. Außerdem könnten so die Bedürfnisse der beteiligten Akteure besser berücksichtigt werden, was der Qualität der politischen Maßnahmen zugute kommt und eine bessere Implementation gewährleistet. Weil

sie als autonomieschonend eingeschätzt werden ist es nicht verwunderlich, dass die neuen Verfahren in der Sozialpolitik und dort
vor allem in der Beschäftigungspolitik eingeführt wurden. In genau diesen Bereichen sahen sich die Regierungen einem starken
Druck ausgesetzt, mit innovativen Maßnahmen die akute Beschäf-
tigungskrise zu meistern, waren aber nicht bereit, auf ihre autonomen Gestaltungsspielräume zu verzichten.

Angesichts der konstant hohen Arbeitslosigkeit tat der Europäische Rat 1994 einen ersten Schritt, indem er einem intergouvernementalen Informationsaustausch zustimmte. Dieser Ansatz wurde durch die Inkorporierung in den Amsterdamer Vertrag ver-
rechtlicht und weiterentwickelt. Es entstanden ein differenzierteres
Verfahren und eine institutionelle Infrastruktur. Diese Konstitutionalisierung eines ursprünglich informellen Verfahrens schaffte
keinerlei Gesetzgebungskompetenzen. Es geht lediglich um Berichtspflichten, die Festsetzung von Leitlinien, die Prüfung, Bewertung und schließlich die Kommentierung der nationalen Beschäftigungspolitik in Form von Empfehlungen. Es ist ein Kom-
munikationsverfahren, an dem alle beteiligt sind: Der Europäische
Rat gibt Orientierung, der Rat entscheidet, die Kommission schlägt
vor und das Europäische Parlament wird ebenso wie der Wirt-
schafts- und Sozialausschuss, der Ausschuss der Regionen und der
Beschäftigungsausschuss gehört.

Die eurokorporatistischen Verfahren in der Sozialpolitik wurden von einigen als lediglich symbolische Aktionen abgetan (Leib-
fried/Pierson 2000: 273), von anderen dagegen als Schritt zu einer
Neustrukturierung des Verhältnisses von Staat und Wirtschaft gewertet (Deppe et al. 2003). Nach den Kriterien einer normativen
Demokratietheorie handelt es sich um eine Form des Regierens,
die deutlich von den Grundprinzipien der parlamentarischen Demokratie abweicht (Greven 2000). Die Vorstellung, dass nur diejenigen zur Teilnahme an der Formulierung und Durchführung
von Politiken berechtigt sind, die die Kosten der Umsetzung zu
tragen haben, widerspricht dem Grundsatz der Gleichheit der Bürger. Des Weiteren wird ein Verstoß gegen die Prinzipien der
Rechtstaatlichkeit und eine Verwässerung der europäischen Supranationalität gesehen: Ein „deliberativer Supranationalimus", der
die Entscheidung über politische Ziele und die Mittel ihrer Erreichung lediglich freiwilligen Vereinbarungen überlässt, untergräbt

nach dieser Sichtweise die Basis des Gemeinschaftssystems (Weiler 1999; kritisch Joerges 2002: 28-31; Joerges, in diesem Band).

Derart weitreichende Schlussfolgerungen erscheinen allerdings verfrüht. Bislang sind die neuen Verfahren lediglich von begrenzter Wichtigkeit, da sie nur in wenigen Fällen und überhaupt nur in zwei Politikbereichen, nämlich Umwelt- und Sozialpolitik angewandt werden. Eine empirische Überprüfung ergibt zudem, dass die an sie herangetragenen hohen Erwartungen hinsichtlich Effizienzsteigerung und verbesserter Umsetzung nur sehr bedingt erfüllt werden (Héritier 2002). Es ist deshalb nicht auszuschließen, dass ihr Anwendungsbereich begrenzt bleiben wird und die bestehenden Verfahren schrittweise in die klassische Gemeinschaftsmethode überführt werden.

Ob die neuen Verfahren im Beschäftigungsbereich oder in anderen Teilen der Sozialpolitik der Anfang oder bereits das Ende einer Entwicklung sind, ist alles andere als klar (Wallace 2002: 32). In der Vergangenheit hat die Kommission häufig versucht, die Zusammenarbeit zwischen den Mitgliedstaaten durch Studien, ausführliche Stellungnahmen oder die Organisation von Konsultationsprozessen zu fördern. Einige Beobachter sehen in diesem Prozess ein evolutionäres Muster, das schrittweise im Laufe der Zeit zu einer Vergemeinschaftung führt (Maurer et al. 2003). Aus einer anderen Perspektive wird argumentiert, dass die Methode der offenen Koordinierung Zeichen einer Politikwende ist, die sich im bestehenden Institutionensystem teilweise bereits vollzogen hat, denn in der täglichen Praxis wird Rechtsetzung und Hierarchie durch Deliberation und ausgehandelte Implementation ergänzt und teilweise ersetzt. So beruht die Effektivität der Komitologie-Verfahren ganz wesentlich auf einem deliberativen Problemlösungsansatz (Joerges/Neyer 1998). Darüber hinaus wird die Bereitschaft der Staaten zur Befolgung des Gemeinschaftsrechts durch „horizontale Erzwingung" gefördert, d.h. dass man bei Verstößen in der Rechtsumsetzung auf den Rechtsweg verzichtet und statt dessen die Implementation durch Verhandlungen zwischen den Mitgliedstaaten unter Einschaltung der Kommission zu erreichen sucht (Neyer/Wolf 2003; Snyder 1993).

Ein Ergebnis dieser Verfahren liegt allerdings auf der Hand. Die Kommission verliert durch sie mitnichten an Einfluss. Im Gegenteil: Es ist die Kommission, welche die Sozialpartner ermuntert und in die Lage versetzt, politische Initiativen zu entwickeln. Die Kommission stellt auch die Infrastruktur zum Austausch von Informationen und Wissen bereit, sie baut Expertennetzwerke auf und sorgt für ihren Bestand und ihre weitere Entwicklung, sie wirkt als Prozessmanager und rührt die Werbetrommel für die Verbreitung von gemeinsamen Ideen. Es sieht eher so aus, als hätte die Kommission dadurch den Boden zurückgewonnen, den sie durch die Einführung des Mitentscheidungsverfahrens an Parlament und Rat verloren hat.

Die Verfahren haben einen doppelten Effekt. Zum einen unterstützen sie den Trend zur Informalität und zum selektiven Aufbau von Politiknetzen. Dies verringert die Transparenz und somit die Verantwortlichkeit des Regierens. Zum anderen fördern sie die Transnationalisierung des europäischen Systems. Die Mitgliedstaaten verlieren vor allem gegenüber ressourcenstarken Akteuren ihre Fähigkeit zur nationalen Interessenaggregation. Da nicht alle gesellschaftlichen Akteure die gleichen Chancen haben, sich transnational zu organisieren und ihre Belange auf europäischer Ebene wirksam zu Gehör zu bringen, wirkt sich dies nicht nur auf die Verfahren, sondern auch auf die Substanz des Regierens aus.

3.2   Europäisierung und Integration

Die Integrationsforschung hat jahrzehntelang den Aufbau eines supranationalen Institutionensystems verfolgt und dabei die Frage nach den Rückwirkungen auf die politischen und gesellschaftlichen Systeme der Mitgliedstaaten vernachlässigt. Erst mit der Zunahme europäischer Regulierung seit Mitte der achtziger Jahre und dem daraus resultierenden gesteigerten Interesse an der Policy-Analyse hat sich die Europäisierungsforschung schnell zu einer breiten Diskussion entwickelt. Da sie aber sehr unterschiedliche Phänomene untersucht und von sehr verschiedenen theoretischen Ansätzen ausgeht, hat sich bislang kein einheitliches begriffliches Verständnis entwickelt (Eising, in diesem Band). Europäisierung hat viele Gesichter, von denen die Regulierung einzelner Politikbereiche und insbesondere die Produktion von Gemeinschaftsgütern nur deshalb besser sichtbar ist, weil sich eine größere Forschergruppe damit beschäftigt hat (Héritier 2002). In unserem eigenen Verständnis hat Europäisierung drei unterschiedliche Aspekte (vgl. dagegen Olsen 2001).

Die am weitesten verbreitete Sichtweise definiert Europäisierung „as the process of influence deriving from European decisions and impacting member states' policies and political and administrative structures" (Héritier 2001: 3). Diese Definition vermeidet die in der EU-Forschung so häufigen teleologischen Konnotationen und überlässt es der empirischen Überprüfung, ob es eine Konvergenz von Politikergebnissen gibt und ob eine Internalisierung der Steuerungslogik der EU stattfindet. In dieser Sichtweise bildet die supranationale Gesetzgebung der EU den Ausgangspunkt der Entwicklungsdynamik, deren Rückwirkungen auf die einzelnen Mitgliedstaaten dann vergleichend untersucht wird.

Ein anderer Ansatz betrachtet Europäisierung als Teilaspekt eines umfassenden Prozesses der Transformation staatlich organisierter Systeme. Anhand der EU lassen sich Prozesse der „ungleichen Denationalisierung" (Zürn 1998) besonders gut beobachten. Diese Prozesse haben den paradoxen Effekt, dass sie einerseits staatliche Autonomie und Steuerungsfähigkeit untergraben, andererseits aber staatliche Exekutiven auch unabhängiger von gesellschaftlicher Kontrolle machen. Es geht um die Veränderung von Staatlichkeit, wenn auf überstaatlicher Ebene regiert wird (Kohler-Koch/Eising 1999). Im Vergleich zur erstgenannten Sichtweise von Europäisierung geht es hier weniger um die Veränderung sektoraler Politiken oder administrativer Strukturen, sondern um Fragen der politischen Ökonomie, der Bedeutungsverschiebung von Grenzen (Albert/Brock 2000) und der Zukunft der repräsentativen Demokratie.

Eine dritte Forschungsperspektive sieht die EU-Integration und den gleichzeitigen Wandel in den Mitgliedstaaten in einem umfassenderen Zusammenhang und fragt nach den langfristigen Prozessen der gesellschaftlichen, wirtschaftlichen und politischen Restrukturierung Europas in der Tradition Rokkans (Flora 2000). Hier geht es nicht wie bei der üblichen Betrachtung der europäischen Integration um die von staatlicher Politik ausgelösten Veränderungen, sondern um die Dynamik gesellschaftlicher Prozesse, die – wie das Beispiel europäischer Protestbewegungen zeigt – neue, transnationale Konfliktlinien entstehen lassen und die gege-

benen politischen Strukturen grundsätzlich in Frage stellen könnten (Tarrow 2003).

Die weit überwiegende Zahl der Arbeiten zur Europäisierung
konzentriert sich auf den erstgenannten Bereich, und zwar vorwiegend auf die Veränderung von Politiken und erst in zweiter Linie
auf die Veränderung von administrativen Strukturen oder In-
teressenvermittlungssystemen. Aber selbst in diesem relativ eng
begrenzten und thematisch kohärenten Untersuchungsfeld bestehen trotz einer Vielzahl an empirischen Studien erhebliche Mei-
nungsunterschiede über Ursachen und Wirkungen der Europäisierung. Allein schon die Vielfalt der realen Erscheinungsformen
macht es schwer zu verallgemeinerungsfähigen Aussagen zu gelangen. Die lange und historisch sehr unterschiedlich verlaufene
Verfassungsgeschichte der europäischen Staaten stellt die Weichen
für Europäisierung jeweils anders und es ist nicht immer bere-
chenbar, ob nationale Akteure ihre institutionellen Traditionen ei-
sern verteidigen oder als Ballast aus der Vergangenheit gerne über
Bord werfen (Olsen 2001).

Man kann aber festhalten, dass die Veränderung in der Wahrnehmung öffentlicher Aufgaben entlang spezifischer nationaler
Entwicklungslinien erfolgt. Selbst unter vergleichbaren externen
und internen Kontextbedingungen haben die Mitgliedstaaten sehr
unterschiedlich auf identische Vorgaben durch die EU reagiert
(Héritier/Knill 2001: 257). Das liegt vor allem daran, dass sowohl
mitgliedstaatliche als auch subnationale Akteure bei der Umsetzung über einen beträchtlichen Spielraum verfügen und dass die
Anpassungskosten zwischen und sogar innerhalb der Mitgliedstaaten stark variieren. Zudem wirkt sich aus, ob sich geforderte
Veränderungen im Rahmen gängiger Praktiken bewegen oder ob
sie den Kernbestand mitgliedstaatlicher Verwaltungstraditionen in
Frage stellen (Knill 2002: 41-45).

Damit lässt sich allerdings immer noch nicht erklären, warum
deutsche Verwaltungen tendenziell hinhaltenden Widerstand leisten, während man in Großbritannien zu weitreichenden Anpassungen bereits ist (Conzelmann 2002; Lang 2003). Dynamik und
Reichweite des Wandels erklärt sich zum einen aus den Konstellationen von Struktureigenschaften (Knill 2002: 45-47) und zum anderen aus den vorherrschenden ideellen Prädispositionen gegenüber institutionellem Wandel (Kohler-Koch 2001: 97). Folgen-

reich ist der jeweils unterschiedliche, spezifische Problemlösungsansatz eines Staates, der entweder auf die flexible Erprobung unterschiedlicher institutioneller Lösungen oder die Bewahrung erprobter Ordnungsstrukturen ausgerichtet ist.

Auch wenn die vorliegenden empirischen Studien ein sehr buntes Bild ergeben, so zeichnen sich doch eindeutige Muster ab. Jahrzehntelanger Systemabgleich und Harmonisierungsversuche durch die EU haben in den Mitgliedstaaten zwar unübersehbare Spuren hinterlassen, aber keine Vereinheitlichung bewirkt. Dies gilt in besonderem Maße für Politiken und administrative Strukturen. Es gilt aber auch, wenn man die Gesamtstrukturen des Regierens in den Blick nimmt. Auch hier hat die europäische Politik die Mitgliedstaaten zur Anpassung gezwungen. Empirische Untersuchungen zeigen die hohe Intensität auf, mit der mitgliedstaatliche Institutionen in den Prozess der Vorbereitung, Aushandlung, Umsetzung und Kontrolle europäischer Entscheidungen eingebunden sind (Wessels 2000; Wessels, in diesem Band). Aber die Verlagerung der Aufmerksamkeit und die Umlenkung von Ressourcen von der nationalen auf die europäische Ebene und der Zwang zur administrativen Anpassung haben nicht zu dramatischen Veränderungen im institutionellen Gesamtsystem der Mitgliedstaaten geführt. Vielmehr sind die überkommenen Strukturen widerstandsfähig und können offenbar flexibel genug auf die europäische Politik reagieren, ohne dass fundamentale Veränderungen nötig wären (Maurer et al. 2003).

Auch diese Aussagen beziehen sich lediglich darauf, wie Regierungen ihre interne Organisation verändert haben, um für den Umgang mit europäischer Politik gewappnet zu sein. Um ein Bild des Gesamtsystems zu erlangen, muss man die Analyse umfassender anlegen und die Verschiebung der Grenze zwischen öffentlichem und privatem Bereich, den Wandel in der Verantwortlichkeit von Politik, die Veränderungen im Verhältnis zwischen Exekutive und Legislative, die Reorganisation der Interessenvermittlung und eine mögliche Restrukturierung der Öffentlichkeit mit einbeziehen. Dabei steht man vor der Schwierigkeit, dass nicht alle diese Bereiche gleichermaßen erforscht sind und die verfügbaren Ergebnisse wiederum ein gemischtes Bild ergeben. Nicht zuletzt ergibt sich das Problem, die Veränderungen in den einzelnen Teilbereichen in ihrer Bedeutung zu gewichten und aus widersprüchlichen Einzelergebnissen ein Gesamtbild zu formen.

Der im Binnenmarktprogramm verankerte Vorrang von Liberalisierung und Deregulierung grenzt tendenziell die Möglichkeiten politischer Steuerung ein. Auch die Wirtschafts- und Währungsunion und vor allem der Stabilitätspakt haben den Regierungen massive Einschränkungen auferlegt. Man darf bei einer Gesamtbeurteilung des Verhältnisses zwischen EU und Mitgliedstaaten aber nicht übersehen, dass letztere über den Umweg einer umfassenden Re-Regulierung auf europäischer Ebene politisch gestalten und zudem die distributive und re-distributive Sozialpolitik weitestgehend unter mitgliedstaatlicher Kontrolle behalten haben. Zwar ist der finanzielle Gestaltungsspielraum der Regierungen durch die gemeinschaftlichen Anforderungen an stabile Haushaltsführung und Geldwertstabilität deutlich eingeschränkt, aber die Wahl der Mittel zur Erreichung dieser Ziele bleibt den Mitgliedstaaten überlassen. Zudem lässt sich argumentieren, dass die einschlägigen Vertragsbestimmungen lediglich ein politischer Ausdruck der Grundprinzipien solider Wirtschaftspolitik sind, die ansonsten durch die Marktkräfte in einer internationalisierten Ökonomie durchgesetzt würden.

Die Wirtschafts- und Währungsunion stellt zwar eine einschneidende Einschränkung nationalen Regierens dar, aber bei ihr handelt es sich um eine Selbstbindung der Staaten, die das innerstaatliche Kräftegleichgewicht nicht wesentlich verändert. Dies verschiebt sich eher durch die Ermächtigung wirtschaftlicher Akteure im Binnenmarkt und durch die ungleichen Zugangsmöglichkeiten für Interessenverbände im Mehrebenensystem. Der Autonomiegewinn dieser Akteure führt mit zu einem Wandel in der Rolle des Staates von einer politischen Integrationsinstanz mit überlegenen Machtressourcen zu einem Moderator zwischen machtvollen gesellschaftlichen Interessen. Das sich herausbildende System kann man als Regieren im Netzwerk bezeichnen (Eising/Kohler-Koch 1999: 6; Kohler-Koch 1999: 25-26).

Auch die Balance zwischen Exekutive und Legislative wurde durch den Integrationsprozess verschoben. In dem Ausmaß, in dem die regulativen Aktivitäten der EU zugenommen haben, haben die mitgliedstaatlichen Parlamente die Fähigkeit verloren, die politische Tagesordnung zu gestalten. Zudem macht es die Funktionsweise der Ratsverhandlungen und des Ausschusswesens für die Regierungen einfach, der parlamentarischen Kontrolle zu entgehen. Zwar haben die mitgliedstaatlichen Parlamente versucht, durch institutionelle Reformen diesem Kontrollverlust zu begegnen, doch weitgehend ohne Erfolg. Es gelang ihnen nicht, den Zielkonflikt zwischen parlamentarischer Kontrolle und der notwendigen Flexibilität des EU-Entscheidungsprozesses so zu lösen, dass gleichzeitig noch Transparenz und damit demokratische Verantwortlichkeit gesichert ist (Benz 2003).

Diese Entwicklung ist nicht auf die EU beschränkt, sondern findet sich auch in anderen Bereichen internationaler Regulierung. Die komplizierten technischen Sachverhalte, die bei vielen politischen Regulierungen wie z.B. denen der Finanzmärkte zu beachten sind, fördert die Entwicklung von homogenen Expertengruppen auf der internationalen Ebene. Obwohl sie formal Teil eines staatlichen Ministeriums sind, kontrollieren sie den Zugang zu den einschlägigen internationalen Foren und verfügen gemeinsam über exklusives Wissen und Kontakte. Sie werden in einen internationalen Klub hineinsozialisiert und gewinnen Autonomie gegenüber ihren Auftraggebern, weil sie sich der faktischen Kontrolle, sei es durch das Parlament oder durch das eigene Ministerium, entziehen können (Lütz 2002: 328-330).

Die Unabhängigkeit der internationalisierten Technokraten von politischer Kontrolle kontrastiert deutlich mit der immer noch provinziellen Welt politischer Parteien. Parteien organisieren sich zum Erwerb politischer Macht und obwohl die Wahrnehmung öffentlicher Aufgaben weitgehend durch die Politik auf europäischer Ebene vorbestimmt ist, wird politische Macht nach wie vor in nationalen Wahlen erworben und verloren (vgl. Hix, in diesem Band). Zwar sind die nationalen Parteiensysteme in Bewegung geraten, aber es gibt keine Hinweise dafür, dass dieser Wandel in irgendeiner Weise durch die Europäische Union verursacht sein könnte (Mair 2000). Zwar taucht die EU in den Parteiprogrammen auf, aber es fällt den Parteien in der Regel schwer, die Aufmerksamkeit eines primär innenpolitisch interessierten Publikums auf die damit verbundenen politischen Alternativen zu lenken. Die Vorstellungen der Bürger von Europa sind, abgesehen von den Eliten, sehr einfach strukturiert und weisen eine stark nationale Färbung auf (Medrano 2003). Das geringe politische Interesse der Bevölkerung äußert sich in einer geringen Wahlbeteiligung, die häufig noch deutlich niedriger liegt als bei nationalen „Neben-

wahlen", wie Landtags- oder Kommunalwahlen, und darin, dass
sich politischer Protest vor allem innenpolitisch ausdrückt (vgl.
Imig/Tarrow, in diesem Band). Ein informierter und aufgeklärter
Demos, der eine zentrale Voraussetzung für einen demokratischen
politischen Prozess ist (Dahl 1989: 111-112), fehlt.

4   Schlussfolgerungen

Die Integration Europas bildet seit langem den Gegenstand intensiver theoretischer Debatten und empirischer Untersuchungen.
Während dieser Zeit haben sich drei grundlegend unterschiedliche
Sichtweisen auf den Integrationsprozess entwickelt. Alle drei haben Wesentliches zum besseren Verständnis dieses Prozesses beigetragen, aber alle drei verfügen auch über systematische blinde
Flecken. Daran ist zunächst nichts Schlechtes, denn Theorien können nur dann zum besseren Verständnis sozialer Phänomene beitragen, wenn sie bezogen auf die jeweilige Fragestellung Wichtiges von Unwichtigem unterscheiden. Aber es gibt drei Themen,
die für das Verständnis der Funktionsweise der EU und deren
Auswirkungen auf Bürger, Interessengruppen und Mitgliedstaaten
wichtig sind und trotzdem weder von den Integrationstheorien,
noch von der Policy-Forschung oder der Verfassungsdebatte angemessen behandelt werden. Erst die Frage nach den Bedingungen
und Möglichkeiten des Regierens unter heutigen Bedingungen, so
unser Argument, rückt diese Themen an den ihnen zukommenden
Platz und vermag sie richtig zu kontextualisieren.

Das erste Thema umfasst Fragen von Demokratie, Legitimität
und normativen Bewertungsmaßstäben für eine angemessene politische Ordnung. Da die Integrationstheorien die Bedingungen zwischenstaatlicher Zusammenarbeit aufarbeiten, verschließen sich
sowohl Neofunktionalismus als auch Intergouvernementalismus
weitgehend normativen Fragen. Kooperation und Frieden ist für
sie ein Wert an sich, und so wird die Wahl der Kooperationsform
zu einer nachgeordneten Frage, für deren Bewertung keine Maßstäbe entwickelt werden. Dass gerade eine im Sinne der Verrege-
lung und Zivilisierung der internationalen Beziehungen grundsätzlich positiv zu bewertende intensive Kooperation nachteilig für

die innerstaatliche Demokratie sein kann, fällt bei dieser Betrachtungsweise aus dem Blick. Dies gilt nicht alleine für die EU, sondern insgesamt für das Regieren durch internationale Institutionen. Die Policy-Forschung untersucht ihrerseits zwar die Bedingungen und Möglichkeiten effizienter und effektiver Problemlösung, vernachlässigt aber die Frage, wie diese Politik auch verantwortlich gestaltet werden könnte. Genau dies ist der Gegenstand der Verfassungsdebatte, aber diese geht oft all zu leicht über Machtfragen und die gesellschaftlichen Voraussetzungen von Institutionen hinweg.

Zweitens betrachtet der hier vertretene Ansatz das EU-System als Ganzes und beschränkt sich weder auf die isolierte Betrachtung von Politikfeldern noch auf die Analyse nur einer Ebene des europäischen Mehrebenensystems. So kann man den allmählichen Wandel der Gesamtstruktur des EU-Systems in den Blick bekommen. Ferner lässt sich in diesem Ansatz vermeiden, dass das Mehrebenensystem als Nullsummenspiel zwischen den einzelnen Ebenen begriffen wird.

Drittens schließlich kann der in der Integrationsforschung lange vernachlässigte Begriff der politischen Macht wieder in die Debatte eingeführt werden. Die Logik des Parteienwettbewerbs ist nicht nur für den innerstaatlichen Machterwerb interessant, sondern hat auch wichtige Folgen für substantielle Politikergebnisse und politische Verantwortlichkeit im Gesamtsystem der EU, die von den in den Internationalen Beziehungen verwurzelten Integrationstheorien wie auch von der Policy-Forschung leicht übersehen werden.

So entsteht zwar keine neue umfassende Integrationstheorie, aber eine über die traditionellen Theorien hinausgehende Sichtweise des Integrationsprozesses. Da der Erklärungsgegenstand nicht „die EU an sich" ist, sondern Erscheinungsformen des Regierens wie „Netzwerke" oder „lose gekoppelte Systeme", sind Theorieansätze und Befunde aus der vergleichenden Regierungslehre übertragbar und die Theorieentwicklung und empirischen Ergebnisse der Europaforschung sind dann auch jenseits des engen Anwendungsbereiches der EU von Interesse. Sie tragen insgesamt zu einer theoriegeleiteten Untersuchung des Regierens innerhalb und jenseits des Staates bei, die für vergleichende empirische Untersuchungen offen ist. Eine solche Sichtweise kann auch helfen uns daran zu erinnern, dass mit der Europäischen Union nicht nur eine Institution zur Reduktion von grenzüberschreitenden Transaktionskosten und zur effizienteren Problembearbeitung und Konfliktmanagement im Entstehen begriffen ist, sondern eine normative politische Ordnung, die individuelle und kollektive Lebenschancen entscheidend prägt. Diese Ordnung entsteht nicht nur auf Regierungskonferenzen oder Verfassungskonventen unter den Augen der Öffentlichkeit, sondern in kleinen, scheinbar belanglosen Schritten hinter unserem Rücken. Diese stille Revolution führt langsam zu einem Wandel von Staatlichkeit in Europa. Die Beschäftigung mit dem Regieren in Europa sollte nicht nur zu einem besseren Verständnis der zugrundeliegenden Prozesse und ihrer möglichen Ergebnisse führen, sondern uns auch daran erinnern, dass es hier nicht nur um die Suche nach effizienten Institutionen geht, sondern auch um eine politisch legitime Ordnung.

Literatur

Abromeit, Heidrun 1998: Democracy in Europe. How to Legitimize Politics in a Non-State Polity, Oxford.

Albert, Mathias/Brock, Lothar 2000: Debordering the World of States: New Spaces in International Relations, in: Albert, Mathias/Brock, Lothar/Wolf, Klaus Dieter (Hrsg.): Civilizing World Politics. Society and Community Beyond the State, Lanham, 19-43.

Benz, Arthur 2003: Compound Representation in EU Multi-Level Governance, in: Kohler-Koch, Beate (Hrsg.): Linking EU and National Governance, Oxford, i.E.

Bogdandy, Armin von 2000: Information und Kommunikation in der Europäischen Union: föderale Strukturen in supranationalem Umfeld, in: Hoffmann-Riem, Wolfgang/Schmidt-Aßmann, Eberhard (Hrsg.): Verwaltungsrecht in der Informationsgesellschaft, Baden-Baden, 133-194.

Conzelmann, Thomas 2002: Große Räume, kleine Räume: Europäisierte Regionalpolitik in Deutschland und Großbritannien, Baden-Baden.

Czempiel, Ernst-Otto 1981: Internationale Politik. Ein Konfliktmodell, Paderborn.

Dahl, Robert A. 1989: Democracy and Its Critics, New Haven.

Dehousse, Renaud 2002: Misfits: EU Law and the Transformation of European Governance, Jean Monnet Working Paper 2/02, New York University School of Law.

Deppe, Frank/Felder, Michael/Tidow, Stefan 2003: Structuring the State – The Case of European Employment Policy, in: Kohler-Koch, Beate (Hrsg.): Linking EU and National Governance, Oxford, i.E.

Eising, Rainer/Kohler-Koch, Beate 1999: Introduction: Network Governance in the European Union, in: Kohler-Koch, Beate/Eising, Rainer (Hrsg.): The Transformation of Governance in the European Union, London, 3-13.

Europäische Kommission 2000: The Commission and Non-Governmental Organisations: Building a Stronger Partnership, Discussion Paper, Brussels, 17/03/2000.

Europäische Kommission 2001: Europäisches Regieren. Ein Weißbuch, KOM (2001) 428, Brüssel, 25.7.2001.

Falkner, Gerda 2000: The Council or the Social Partners? EC Social Policy between Diplomacy and Collective Bargaining, in: Journal of European Public Policy 7, 705-724

Falkner, Gerda 2002: Interessendurchsetzung im Mehrebenensystem am Beispiel der EU-Sozialpolitik, Konferenzpapier, Mannheim, 4.-5.7.2002.

Flora, Peter 2000: Externe Grenzbildung und interne Strukturierung – Europa und seine Nationen. Eine Rokkan'sche Forschungsperspektive, in: Berliner Journal für Soziologie 2, 151-166.

Friedrich, Carl J. 1969: Europe: An Emergent Nation?, New York.

Genschel, Philipp 2002: Steuerharmonisierung und Steuerwettbewerb in der Europäischen Union, Frankfurt a.M./New York.

Grande, Edgar 1996: Das Paradox der Schwäche. Forschungspolitik und die Einflusslogik europäischer Politikverpflechtung, in: Jachtenfuchs, Markus/Kohler-Koch, Beate (Hrsg.): Europäische Integration, 1. Auflage, Opladen, 371-397.

Grande, Edgar/Jachtenfuchs, Markus (Hrsg.) 2000: Wie problemlösungsfähig ist die EU? Regieren im europäischen Mehrebenensystem, Baden-Baden.

Greven, Michael Th. 2000: Mitgliedschaft, Grenzen und politischer Raum: Problemdimensionen der Demokratisierung der Europäischen Union, in: Greven, Michael Th. (Hrsg.): Kontingenz und Dezision. Beiträge zur Analyse der politischen Gesellschaft, Opladen, 205-225.

Haas, Ernst 1964: Technocracy, Pluralism, and the New Europe, in: Graubard, Stephen R. (Hrsg.): A New Europe?, Boston, 62-88.

Hauriou, Maurice 1965: Die Theorie der Institution und zwei andere Aufsätze. Hrsg. von Roman Schnur, Berlin.

Heinelt, Hubert/Lang, Jochen/Malek, Tanja/Reissert, Bernd 2003: Policy-Making in Fragmented Systems: How to Explain Success?, in: Kohler-Koch, Beate (Hrsg.): Linking EU and National Governance, Oxford, i.E.

Héritier, Adrienne 2001: Differential Europe: The European Union Impact on National Policymaking, in: Héritier et al.: Differential Europe. The European Union Impact on National Policymaking, Lanham, 1-21.

Héritier, Adrienne 2002: New Modes of Governance in Europe: Policy-Making without Legislating?, in: Héritier, Adrienne (Hrsg.): Common

Goods. Reinventing European and International Governance, Lanham, 185-206.

Héritier, Adrienne/Knill, Christoph 2001: Differential Responses to European Policies: A Comparison, in: Héritier et al.: Differential Europe. The European Union Impact on National Policymaking, Lanham, 257-294.

Hoffmann, Stanley 1966: Obstinate or Obsolete? The Fate of the Nation-State and the Case of Western Europe, in: Daedalus 95, 862-915.

Hooghe, Liesbet/Marks, Gary 2001: Multi-Level Governance and European Integration, Oxford.

Jachtenfuchs, Markus 2002: Die Konstruktion Europas. Verfassungsideen und institutionelle Entwicklung, Baden-Baden.

Jachtenfuchs, Markus/Kohler-Koch, Beate 2003: Governance in der Europäischen Union, in: Benz, Arthur (Hrsg.): Governance, Opladen, i.E.

Joerges, Christian 2002: The Law's Problems with the Governance of the European Market, in: Joerges, Christian/Dehousse, Renaud (Hrsg.): Good Governance in Europe's Integrated Market, Oxford, 3-31.

Joerges, Christian/Dehousse, Renaud (Hrsg.) 2002: Good Governance in Europe's Integrated Market, Oxford.

Joerges, Christian/Neyer, Jürgen 1998: Von intergouvernementalem Verhandeln zur deliberativen Politik: Gründe und Chancen für eine Konstitutionalisierung der europäischen Komitologie, in: Kohler-Koch, Beate (Hrsg.): Regieren in entgrenzten Räumen (PVS-Sonderheft 29/1998), Opladen/Wiesbaden, 207-233.

Keohane, Robert O. 1986: Reciprocity in International Relations, in: International Organization 40, 1-27.

Knill, Christoph 2002: The Europeanisation of National Administrations. Patterns of Institutional Change and Persistence, Cambridge.

Kohler-Koch, Beate 1993: Die Welt regieren ohne Weltregierung, in: Böhret, Carl/Wewer, Göttrik (Hrsg.): Regieren im 21. Jahrhundert. Zwischen Globalisierung und Regionalisierung. Festgabe für Hans-Hermann Hartwich zum 65. Geburtstag, Opladen, 109-141.

Kohler-Koch, Beate 1999: The Evolution and Transformation of European Governance, in: Kohler-Koch, Beate/Eising, Rainer (Hrsg.): The Transformation of Governance in the European Union, London, 14-35.

Kohler-Koch, Beate 2001: On Networks, Travelling Ideas, and Behavioural Inertia, in: Conzelmann, Thomas/Knodt, Michèle (Hrsg.): Regionales Europa – Europäisierte Regionen, Frankfurt, 87-103.

Kohler-Koch, Beate 2002: Linking EU and National Governance, paper presented at the ECPR Conference on European Union Politics, Bordeaux, Sept. 26-28, 2002.

Kohler-Koch, Beate/Eising, Rainer (Hrsg.) 1999: The Transformation of Governance in the European Union, London.

Krasner, Stephen D. 1983: Structural Causes and Regime Consequences. Regimes as Intervening Variables, in: Krasner, Stephen D. (Hrsg.): International Regimes, Ithaca/London, 1-21.

Lang, Jochen 2003: Policy Implementation in a Multi-Level System: The Dynamics of Domestic Response, in: Kohler-Koch, Beate (Hrsg.): Linking EU and National Governance, Oxford, i.E.

Lehmbruch, Gerhard 2000: Parteienwettbewerb im Bundesstaat. Regelsysteme und Spannungslagen im Institutionengefüge der Bundesrepublik Deutschland, 3. Auflage, Wiesbaden.

Leibfried, Stephan/Pierson, Paul 2000: Social Policy: Left to Courts and Markets?, in: Wallace, Helen/Wallace, William (Hrsg.): Policy-Making in the European Union, 4. Auflage, Oxford, 267-292.

Lindberg, Leon N. 1970: Political Integration as a Multidimensional Phenomenon Requiring Multivariate Measurement, in: International Organization 24, Number 4, 649-731.

Linsenmann, Ingo/Meyer, Christoph 2002: Dritter Weg, Übergang oder Teststrecke? Theoretische Konzeption und Praxis der offenen Politikkoordinierung, in: Integration 4, 285-296.

Lütz, Susanne 2002: Der Staat und die Globalisierung von Finanzmärkten. Regulative Politik in Deutschland, Großbritannien und den USA, Frankfurt.

Mair, Peter 2000: The Limited Impact of Europe on National Party Systems, in: Western Europeaen Politics 23(4), 27-51.

March, James G./Olsen, Johan P. 1995: Democratic Governance, New York etc.

Maurer, Andreas/Mitag, Jürgen/Wessels, Wolfgang 2003: National Systems' Adaptation to the EU System: Trends, Offers and Constraints, in: Kohler-Koch, Beate (Hrsg.): Linking EU and National Governance, Oxford, i.E.

Medrano, Juan Díez 2003: Framing Europe. Empire, World War II, and Attitudes toward European Integration in Germany, Spain, and the United Kingdom, Princeton.

Moravcsik, Andrew 1998: The Choice for Europe. Social Purpose and State Power from Messina to Maastricht, Ithaca.

Neyer, Jürgen/Wolf, Dieter 2003: Horizontal Enforcement in the EU: The BSE Case and the Case of State Aid Control, in: Kohler-Koch, Beate (Hrsg.): Linking EU and National Governance, Oxford, i.E.

North, Douglass C. 1993: Institutions and Credible Commitment, in: Journal of Institutional and Theoretical Economics 149, 11-23.

Olsen, Johan P. 2001: The Many Faces of Europeanization, Arena Working Papers WP 01/2.

Pollack, Mark 2001: International Relations Theory and European Integration, in: Journal of Common Market Studies 39, 221-244.

Prätorius, Rainer 1997: Theoriefähigkeit durch Theorieverzicht? Zum staatswissenschaftlichen Ertrag der Policy-Studies, in: Benz, Arthur/Seibel, Wolfgang (Hrsg.): Theorieentwicklung in der Politikwissenschaft. Eine Zwischenbilanz, Baden-Baden, 283-301.

Sandholtz, Wayne/Stone Sweet, Alec (Hrsg.) 1998: European Integration and Supranational Governance, Oxford.

Scharpf, Fritz W. 1985: Die Politikverflechtungsfalle. Europäische Integration und deutscher Föderalismus im Vergleich, in: Scharpf, Fritz W. (1994): Optionen des Föderalismus in Deutschland und Europa, Frankfurt a.M./New York, 11-44.

Scharpf, Fritz W. 1993: Autonomieschonend und gemeinschaftsverträglich. Zur Logik einer europäischen Mehrebenenpolitik, in: Scharpf, Fritz W. (1994): Optionen des Föderalismus in Deutschland und Europa, Frankfurt a.M./New York, 131-155.

Scharpf, Fritz W. 2000: Interaktionsformen. Akteurszentrierter Institutionalismus in der Politikforschung, Opladen.

Schmalz-Bruns, Rainer 1999: Deliberativer Supranationalismus. Demokratisches Regieren jenseits des Nationalstaats, in: Zeitschrift für Internationale Beziehungen 6, 185-244.

Schmidt, Manfred G. 1999: Die Europäisierung öffentlicher Aufgaben, in: Ellwein, Thomas/Holtmann, Everhard (Hrsg.): 50 Jahre Bundesrepublik Deutschland. Rahmenbedingungen – Entwicklungen – Perspektiven, Opladen, 385-399.

Schmitter, Philippe C. 1996: Imagining the Future of the Euro-Polity with the Help of New Concepts, in: Marks, Gary/Scharpf, Fritz W./Schmitter, Philippe C./Streeck, Wolfgang: Governance in the European Union, London etc., 121-150.

Schmitter, Philippe C. 2000: How to Democratize the European Union ... and Why Bother?, Lanham etc.

Snyder, Francis 1993: The Effectiveness of European Community Law. Institutions, Processes, Tools and Techniques, in: Modern Law Review 56, 19-54.

Tarrow, Sidney 2003: Center-Periphery Alignments and Political Contention in Late-Modern Europe, in: Ansell, Chris/di Palma, Giuseppe (Hrsg.): Beyond Center-Periphery, i.E.

The Economist 2002: Why Brussels Isn't Boring, Volume 364, Number 8290, 14.-20. Sept. 2002, 33.

Wallace, Helen 2002: Experiments in European Governance, in: Jachtenfuchs, Markus/Knodt, Michèle (Hrsg.): Regieren in internationalen Institutionen, Opladen, 255-269.

Weiler, Joseph H. H. 1999: Epilogue: „Comitology" as Revolution. Infranationalism, Constitutionalism and Democracy, in: Joerges, Christian/Vos, Ellen (Hrsg.): EU Committees: Social Regulation, Law and Politics, 339-350.

Wessels, Wolfgang 2000: Die Öffnung des Staates. Modelle und Wirklichkeit grenzüberschreitender Verwaltungspraxis 1960-1995, Opladen.

Wolf, Klaus Dieter 2000: Die neue Staatsräson. Zwischenstaatliche Kooperation als Demokratieproblem in der Weltgesellschaft, Baden-Baden.

Zürn, Michael 1998: Regieren jenseits des Nationalstaates. Globalisierung und Denationalisierung als Chance, Frankfurt a.M.

Demokratie und Partizipation

Peter Graf Kielmansegg

Integration und Demokratie

I.

Sozialwissenschaftler neigen zu Dramatisierungen, um ihre Thesen interessanter zu machen, als die Wirklichkeit zu sein scheint. Von einer Legitimitätskrise der Europäischen Union zu sprechen, wäre eine solche Dramatisierung. Aber daß es Anlaß gibt, Fragen zu stellen, läßt sich kaum bestreiten. Wie stehen die europäischen Völker zum Prozeß der europäischen Integration? Wieviel Europa und welche Art von Europa wollen sie? Welche integrationspolitischen Zielsetzungen können mit ihrer Zustimmung rechnen und welche nicht? Ins Normative und Grundsätzliche gewendet: Mit welchen guten, zustimmungsfähigen Gründen läßt sich rechtfertigen, daß die Europäische Union Rechtssetzungsmacht über mehr als 360 Millionen Bürger ausübt?

In den Europadiskussionen jedenfalls der Kernländer der Gemeinschaft haben diese Fragen – Fragen, wenn man sie auf den klassischen Begriff bringen will, nach der Legitimität jener eigentümlich-einzigartigen politischen Ordnung, die die Staaten Westeuropas gemeinsam aufgebaut haben – lange Zeit kaum eine Rolle gespielt. Man war sich, heißt das, der Antwort sicher. Daß das Integrationsprojekt die fälligen Konsequenzen aus einer langen und leidvollen Konfliktgeschichte zog; daß es die gebotene Reaktion Westeuropas auf die Bedrohung aus dem Osten war; daß der gemeinsame Markt im besonderen den europäischen Volkswirtschaften gut bekam – war das nicht alles offensichtlich? Und wenn es offensichtlich war, daß die Einigung Europas dem Frieden und der Wohlfahrt diente, war dann die Legitimitätsfrage nicht auf das Überzeugendste beantwortet?

In der Tat ist – jedenfalls in den Kernländern, wie man noch einmal einschränkend hinzufügen muß – dem Integrationsprojekt eine politisch-moralische Dignität zugeschrieben worden, die es für Einwände nahezu unerreichbar machte. Das gilt, aus verständlichen Gründen, für Deutschland ganz besonders. Über den Fortgang der europäischen Integration wird anders diskutiert werden, das wissen wir spätestens seit den Debatten, die der Maastrichter Vertrag ausgelöst hat. Es mag sein, daß Großbritannien und Dänemark, in der alten Zwölfergemeinschaft die beiden Länder mit der größten Distanz zu Brüssel, die Länder, die die Europadiskussion immer schon kritischer, kontroverser, jedenfalls intensiver geführt haben als die anderen Mitgliedstaaten, dabei gewisse Anstöße gegeben haben. Auch die stetige Erweiterung der Gemeinschaft mag in die gleiche Richtung wirken. Denn sie hat zur Folge, daß es immer mehr Mitgliedstaaten gibt, deren Mitgliedschaft ihre Wurzeln nicht mehr in den Gründungsideen, im Gründungsethos der Nachkriegszeit hat, sondern in einem fast ausschließlich ökonomischen Kalkül. Das könnte die Europadiskussion der Zukunft nachhaltig prägen. Vor allem aber ist es der fortschreitende Integrationsprozeß selbst, der der Legitimitätsfrage eine andere Bedeutung geben wird (Weiler 1991).

Zustimmung zum Fortgang des Integrationsprojektes wird nirgendwo mehr einfach unterstellt werden können. Es gibt mindestens drei Gründe für diese Erwartung. Mit dem Fortgang des Integrationsprozesses wird, erstens, die Mehrheitsregel für die Entscheidungen des Ministerrates zunehmende Bedeutung gewinnen. Mehrheitsentscheidungen im Ministerrat – das heißt nichts anderes, als daß eine Gruppe von Mitgliedstaaten sich gegen andere Mitgliedstaaten durchsetzt. Es liegt auf der Hand, daß Entscheidungen dieser Art Begründungs- und Akzeptanzprobleme mit sich bringen können, die es nicht gab, solange das Einstimmigkeitsprinzip galt[1]. Konfliktkonstellationen von besonderer Brisanz kann man sich leicht ausmalen. Umverteilungsentscheidungen beispielsweise auf der Grundlage der Mehrheitsregel sind in einer Staatengemeinschaft außerordentlich konfliktträchtig.

Fortgang des Integrationsprozesses bedeutet zweitens: die Kompetenzen der Gemeinschaft werden ausgeweitet. Damit aber nimmt auch die Wahrscheinlichkeit zu, daß die Europäische Union

---

1 Weiler formuliert den gleichen Gedanken sehr viel zugespitzter: Die Vetomacht jedes einzelnen Mitgliedstaates sei „the single most legitimating element" der Verfassung der Gemeinschaft gewesen (1991: 189).

Entscheidungen trifft, die als von Brüssel auferlegte Belastungen für die Betroffenen schmerzhaft spürbar werden. Denn die Kompetenzen der Europäischen Union wachsen notwendig in immer sensiblere Bereiche hinein. Man denke an die Möglichkeit eines europäischen Rechtes zur Steuererhebung oder gar eines europäischen Rechtes, über Krieg und Frieden zu entscheiden: Fragen dieser Art werden sich über kurz oder lang stellen.

Und schließlich: Im Fortgang des Integrationsprozesses nimmt die je eigene Handlungsfähigkeit der Mitgliedstaaten ab, ohne daß ihre in der Europäischen Union institutionalisierte Fähigkeit zu gemeinsamem Handeln in gleichem Maße wächst – das hat mit der höheren Komplexität der Entscheidungsprozesse auf der europäischen Ebene zu tun. Die Aufhebung der Kontrollen an den Binnengrenzen, ohne daß adäquate europäische Kapazitäten für die Bekämpfung der organisierten Kriminalität oder wirksame europäische Asylregelungen verfügbar wären, ist ein einschlägiges Beispiel. Auch das wird dazu beitragen, daß die Europäische Union eine zunehmende Rechtfertigungslast zu tragen, mit wachsenden Akzeptanzproblemen zu kämpfen haben wird.

Bei alledem ist außerdem zu bedenken, daß die Europäische Union bisher den meisten Menschen als Autorität, die verbindliche Entscheidungen trifft, die Recht setzt und Rechtsgehorsam verlangt, kaum sichtbar geworden ist, weil sie sich in der Rechtsanwendung gleichsam hinter den Mitgliedstaaten verborgen hält. So wird es aber im Zuge der skizzierten Entwicklungen nicht bleiben. Die Europäische Union wird zunehmend deutlich als das wahrgenommen werden, was sie ist: eine politische Ordnung, die unsere Lebensbedingungen vielfältig rechtlich und faktisch beeinflußt. Und wer sie so wahrnimmt, wird im Konfliktfall fragen, warum er Entscheidungen der fernen europäischen Autoritäten gegen sich gelten lassen muß. Es geht um die Belastbarkeit der Bindungen der Europäer an die Europäische Gemeinschaft.

Viel wissen wir nicht darüber, trotz aller Anstrengungen der Demoskopen. An Sympathien für die Idee der europäischen Einheit im allgemeinen fehlt es nicht, sie ist freilich wenig konturiert. Die Mitgliedschaft des eigenen Landes in der Europäischen Union findet überall, mit deutlich unterschiedlichen Profilen, mehrheitliche Zustimmung. Aber es ist derzeit, bezogen auf die Europäische Union insgesamt, keine sehr eindrucksvolle Mehrheit (54% laut

Eurobarometer vom Juli 1994). Und bedauern würde die Auflösung der Europäischen Gemeinschaft in den meisten Mitgliedstaaten nur eine Minderheit der Befragten (Zeus 1990: 3). Was die
Wahlen zum Europäischen Parlament angeht, so wird man die
niedrige Beteiligungsquote (1994 56,5% – Tendenz seit 1979 fal-
lend) gewiß nicht einfach als Votum gegen Europa interpretieren
können – sie ist vor allem Ausdruck der verbreiteten Überzeugung, daß die Wahlen zum Europäischen Parlament bedeutungslos
weil folgenlos seien. Aber eine enge, lebendige Verbundenheit der
europäischen Wähler mit der Europäischen Union läßt sich aus
den Zahlen jedenfalls auch nicht herauslesen. Nimmt man hinzu,
daß nicht nur die Dänen im ersten Durchgang gegen den Maastrichter Vertrag votiert haben, sondern auch die Franzosen ihn
beinahe verworfen hätten, und daß die Deutschen, gäbe es einen
Volksentscheid über die Währungsunion, ihrer politischen Führung allem Anschein nach die Gefolgschaft aufkündigen würden,
so bleibt nur der Schluß: Die Fundamente der Gemeinschaft sind
so stabil nicht wie man lange Zeit geglaubt hat[2]. Anders ausge-
drückt: Die Bindungen der Europäer an die Gemeinschaft scheinen
nicht sonderlich belastbar zu sein. Wenn aber zugleich zu konstatieren ist, daß die Belastungen unvermeidlich zunehmen, dann
heißt das eben: Die Legitimitätsfrage stellt sich mit einiger Dringlichkeit.

Eine Antwort auf diese Frage kann schon vorab als unzureichend ausgeschlossen werden. Die Europäische Union wird sich
nicht allein durch die Politik, die sie treibt, legitimieren können
(anders Kerremans 1994). In der Sprache der Easton'schen Systemtheorie formuliert: Der Satz, politische Systeme brauchten
nicht nur spezifische, sondern auch diffuse Unterstützung, gilt
auch für die Europäische Union. Gewiß: Spezifische Unterstützung ist gerade für junge politische Systeme wichtig. Die Strategie
der Europäischen Union, der Kommission insbesondere, durch
immer neue Subventions- und Förderprogramme immer neue
Klientele an sich zu binden – unverkennbar eine Strategie der Mobilisierung spezifischer Unterstützung –, läßt sich so erklären.
Aber so sehr die Europäische Union darum bemüht sein muß,

---

2 Topf (1994) bezweifelt demgegenüber, daß man aus den Daten eine Legitimitätsschwäche der Europäischen Union ablesen könne.

Unterstützung für das Integrationsprojekt dadurch zu gewinnen, daß sich europäische Politiken, europäische Problemlösungen ganz konkret bestimmten Gruppen als vorteilhaft darstellen – hinreichend belastbare Bindungen an die Europäische Union, und um die geht es, entwickeln sich nicht allein aus Kosten-Nutzen-Kalkülen. Wie alle politischen Systeme muß auch die Europäische Union Erwartungen enttäuschen, Lasten auferlegen, sich über gegebene Gruppeninteressen hinwegsetzen. Sie ist mithin – wie alle politischen Systeme – auf Loyalitäten angewiesen, die nicht kurzfristig konditioniert sind, eben auf, um noch einmal Easton zu zitieren, diffuse Unterstützung. Für die aber ist die Verfassung der Europäischen Union ein wesentlicher Bezugspunkt.

Eine zustimmungsfähige Verfassung ist sicher keine hinreichende Bedingung dafür, daß sich ein tragfähiges Fundament aus diffuser Unterstützung aufbaut, aber doch jedenfalls eine notwendige. Ohne eine zustimmungsfähige Verfassung wird die Europäische Union ihre Legitimitätsprobleme nicht lösen können. Wie aber sieht eine zustimmungsfähige Verfassung der Europäischen Union aus? Die Frage greift weit aus, zu weit für diesen Beitrag. Wir werden nur eine Spur verfolgen.

II.

Wer von der Legitimitätsschwäche der europäischen Institutionen spricht, davon, daß die Europäische Union eine wachsende Rechtfertigungslast zu tragen habe und sich damit schwer tue, der hat, so scheint es, schon eingestimmt in den Ruf nach einer „Demokratisierung" der Europäischen Union. Liegt nicht auf der Hand, daß hier im Grunde vom viel beschworenen Demokratiedefizit die Rede ist? Und folgt aus der Diagnose „Demokratiedefizit" nicht zwingend das Gebot der Demokratisierung, was immer im einzelnen darunter zu verstehen sein mag? Es empfiehlt sich, nicht gar zu rasch zu deduzieren. Gibt es wirklich ein europäisches Demokratiedefizit? So selbstverständlich ist das nicht, daß man darüber kein Wort mehr zu verlieren brauchte, auch wenn ganz unbestritten und unbestreitbar ist, daß die Europäische Union sich, anders als andere Staatengemeinschaften, den Demokratiemaßstab gefallen lassen muß, weil sie – Recht setzend und Recht durchsetzend – unmittelbar hoheitliche Gewalt ausübt. Und wenn es das Defizit gibt, wie ist es zu beheben? Läßt es sich überhaupt beheben?

Die Europäische Union gründet sich auf Verträge, die die Mitgliedstaaten nach den Regeln, die ihre Verfassungen vorgeben, ratifiziert haben. Dabei haben im Prozeß der Erweiterung und Vertiefung der Europäischen Union Volksentscheide – anders als in der Gründungsphase – eine beträchtliche Rolle gespielt. Was die europäische Gesetzgebung angeht, so ist der Ministerrat nach wie vor die Schlüsselinstanz. Und im Ministerrat sind die Mitgliedstaaten durch ihre Regierungen vertreten, die aus demokratischen Wahlen hervorgehen und in demokratischen Wahlen zur Verantwortung gezogen werden können, deren Recht zur Vertretung ihres Landes nach außen zu bezweifeln die Spielregeln der Demokratie also keinen Anlaß geben. Auch die Mitglieder der Kommission und die Richter des Europäischen Gerichtshofes werden von den Regierungen berufen. Heißt das nicht, zusammengenommen, daß demokratische Legitimität von den Mitgliedstaaten auf die Union übertragen wird?

Es gibt diesen Transfer in der Tat, und er hat für die Europäische Union beträchtliche Bedeutung – davon wird noch genauer zu reden sein. Aber sein Legitimierungspotential ist begrenzt. Aus mindestens zwei Gründen kann aus der demokratischen Legitimität der mitgliedstaatlichen Regierungen nicht einfach demokratische Legitimität der von diesen Regierungen maßgeblich bestimmten Institutionen der Europäischen Union werden. Der erste Grund: Die Parlamentswahlen in den Mitgliedstaaten, aus denen die Regierungen hervorgehen, sind keine europäischen, keine auf Europa ausgerichteten Wahlen. Genauer: Es sind keine Wahlen, in denen konkurrierende Programme europäischer Politik zur Diskussion und Entscheidung gestellt werden, keine Wahlen, in denen über konkurrierende Programme europäischer Politik tatsächlich entschieden wird. Europäische Themen spielen in diesen Wahlen allenfalls gelegentlich und am Rande eine Rolle. Das aber bedeutet, daß es schwierig ist, aus den nationalstaatlichen Parlamentswahlen eine Vollmacht der Regierungen der Mitgliedstaaten für das Geschäft der europäischen Gesetzgebung, das ihnen gemeinsam im Ministerrat zufällt, herzuleiten.

Der zweite Grund: Mit dem Übergang zur Mehrheitsentscheidung im Ministerrat ändern sich die Bedingungen des Transfers demokratischer Legitimität von den Mitgliedstaaten auf die Gemeinschaft grundsätzlich. Wird einstimmig entschieden, so tragen alle Regierungen gemeinsam die Verantwortung für die Entscheidung und jede einzelne kann von ihrem Parlament und ihrer Wählerschaft auch zur Verantwortung gezogen werden – das mag im Einzelfall schwierig oder unwahrscheinlich sein, aber es ist nicht unmöglich. Wird nach der Mehrheitsregel entschieden, so müßten die Regierungen im Ministerrat öffentlich debattieren und öffentlich entscheiden, wie es Parlamente ganz selbstverständlich tun, wenn den Regierungen Verantwortung soll zugerechnet werden können. Diese Voraussetzung aber ist nicht gegeben. Übrigens gilt das gleiche Argument auch bei gebotener Einstimmigkeit immer dann, wenn Minderheiten durch ihr Veto eine Entscheidung verhindern. Insofern haben wir es keineswegs mit einer ganz neuen Problematik zu tun. Aber sie verschärft sich dramatisch, wenn das Mehrheitsprinzip an die Stelle des Konsensprinzips tritt.

Selbst wenn die Zurechenbarkeit gegeben wäre – die Mehrheitsentscheidung im Ministerrat bliebe, so gewichtige praktische Gründe für sie sprechen mögen, eine legitimationstheoretisch fragwürdige Entscheidungsregel. Entscheidet eine nach dem allgemeinen und gleichen Wahlrecht gewählte parlamentarische Körperschaft nach der Mehrheitsregel, so hat das eine in der Demokratienorm wurzelnde Logik für sich. Als Entscheidungsregel, die einer Mehrzahl von Staaten, vertreten durch ihre Regierungen, ein Verfügungsrecht über eine Minderzahl von Staaten einräumt, kann sich das Mehrheitsprinzip keineswegs auf die gleiche Logik berufen.

Mit der Verankerung der gesetzgebenden Gewalt beim Ministerrat, darauf läuft es hinaus, ist das demokratische Prinzip, daß die Regierenden sich in regelmäßig wiederkehrenden Wahlen vor den Regierten zu verantworten haben, im politischen System der Europäischen Union weitgehend suspendiert. Dieses Urteil gewinnt noch einmal an Berechtigung, wenn man die Kommission in die Betrachtungen einbezieht. Sie hat mit ihrem wichtigen Initiativmonopol fraglos bedeutenden Anteil an der europäischen „Regierungsgewalt" – und ist jedem Wählervotum weit entrückt. Das Europäische Parlament andererseits verändert die Bilanz wenig, weil sein Einfluß auf die europäische Gesetzgebung nach wie vor recht begrenzt ist; weil seine Rolle im europäischen Gesetzgebungsprozeß für den Wähler schlechterdings undurchschaubar ist; und schließlich, wichtiger noch: weil es kein europäisches Parteiensystem gibt, das die Steuerung europäischer Politik über Wahlen möglich machte.

Am Ende bleibt also auch für den, der sich nicht mit dem ersten Augenschein begnügt, kein Zweifel daran, daß es ein europäisches Demokratiedefizit gibt. Ein Defizit, gegen das natürlich auch das solide Rechtsfundament der Verträge nicht ins Feld geführt werden kann. Das politische Handeln der Europäischen Union läßt sich immer weniger als bloßer Vollzug einmal getroffener, in ratifizierten Verträgen niedergelegter Programmentscheidungen begreifen und rechtfertigen. Es ist zunehmend diskretionäres Entscheidungshandeln in einem relativ weiten Raum europäischer Politikkompetenz und als solches rechtfertigungsbedürftig. Grundsätzlicher formuliert: Wenn es in der Urformel des demokratischen Zeitalters, wie sie in der amerikanischen Unabhängigkeitserklärung 1776 zuerst geschichtsmächtig wurde, heißt, Regierungen leiteten ihre rechtmäßige Gewalt von der Zustimmung der Regierten her, dann ist damit nicht Zustimmung gemeint, die ein für allemal gewährt wird, sondern Zustimmung, die immer wieder neu gegeben werden muß und entzogen werden kann. Das ,Ja' zu den Verträgen mag rechtlich unwiderruflich sein, als Zustimmung von Regierten zu einer neuen Regierung interpretiert ist es widerruflich.

Das europäische Demokratiedefizit also – ein eindeutiger Befund. Aber in welchem Sinne und bis zu welchem Grade ist ein Gebilde wie die Europäische Union denn überhaupt „demokratiefähig"? Die legitimitätsstiftende Wirkung von Demokratieregeln, darauf verweist diese Frage, ist nichts Selbstverständliches. Sie ist an bestimmte Voraussetzungen gebunden, von denen mindestens eine für unser Problem Schlüsselbedeutung hat. Konsens über das Zusammenleben unter gemeinsam anerkannten – gewählten, nicht oktroyierten – Entscheidungsregeln ist nur möglich als ein Konsens, der eine gemeinsame Antwort auf die Frage einschließt, für wen die Regeln gelten sollen. Und diese Antwort kann nicht beliebig gegeben werden. In ihr artikuliert sich ein demokratiebedeutsames Bewußtsein der Zusammengehörigkeit (Weiler 1991: 186).

Anders und förmlicher: Demokratie gründet sich immer auf ein der Verfassung vorgegebenes, sich selbst als solches begreifendes kollektives Subjekt.

Das jeder demokratischen Verfassung zugrundeliegende Axiom der Volkssouveränität bringt das klar zum Ausdruck. In ihm steckt begrifflich und gedanklich die Prämisse, daß die Antwort auf die Frage, wer das Volk sei, von dem „alle Gewalt ausgeht", immer schon gegeben ist, bevor Staatsgewalt demokratisch organisiert werden kann. Auch die Idee der verfassungsgebenden Gewalt des Volkes setzt diese Prämisse voraus: Nicht die Verfassung ist es, die das Volk definiert, vielmehr gewinnt die Verfassung, gerade umgekehrt, ihre Legitimität aus dem im verfassungsgebenden Akt sich artikulierenden Selbstverständnis einer Gesamtheit von Bürgern, Volk zu sein. Das ist mit dem gleichen Argument normativ zu begründen wie empirisch zu erklären: Nur wenn alle Entscheidungsbetroffenen sich als an einer gemeinsamen, übergreifenden politischen Identität teilhabend begreifen, wird die Unterscheidung zwischen dem zustimmungsfähigen Entscheidungsrecht der Mehrheit und der nicht zustimmungsfähigen Fremdherrschaft möglich. Die Frage nach den Voraussetzungen, an die die legitimitätsstiftende Wirkung von Demokratieregeln gebunden ist, ist im Kern also die Frage nach den Bedingungen der Möglichkeit legitimer Mehrheitsentscheidungen.

Was nun Europa angeht, auch den Westen Europas, der in den letzten vier Jahrzehnten die Europäische Gemeinschaft aufgebaut hat, so wird ein nüchterner Betrachter sich nicht darüber hinwegtäuschen können: Eine politisch belastbare Identität der Europäer als Europäer gibt es nicht, noch nicht, wie man hoffnungsvoll hinzufügen mag – das zeigt sich auch nach einem halben Jahrhundert Integrationspolitik noch in jeder Krise mehr als deutlich. Sie läßt sich auch nicht rasch herbeizwingen oder herbeireden, wie es die Europapolitik in ihrem aktivistischen, konstruktivistischen Impetus immer wieder zu glauben scheint. Wir haben es beim Aufbau der Europäischen Institutionen und bei der „Europäisierung des Bewußtseins" mit zwei ganz verschiedenen, nicht synchronisierbaren geschichtlichen Geschwindigkeiten zu tun. Zwar sind kollektive Identitäten von der hier in Rede stehenden Art keine natürlichen, ein für allemal gegebenen, sondern historische, „künstliche" Phänomene. Wie sie sich herausbilden, läßt sich an der Geschichte der Entwicklung der europäischen Nationen studieren. Aber gerade diese Geschichte zeigt, daß es sich um sehr langwierige Wachstumsprozesse handelt, die – das ist für unser Thema wichtig – im Fall der Nationen in Westeuropa weitgehend abgeschlossen waren, als der Übergang zur Demokratie begann. Jahrzehnte sind für sie kein hinreichendes Zeitmaß. Kollektive Identitäten stehen also nicht einfach zur Disposition der Politik. Es läßt sich wohl Einfluß auf ihre Entwicklung nehmen, aber sie lassen sich nicht nach Belieben und in Zeiträumen, die der Politik verfügbar sind, aufbauen oder zerstören.

Warum gibt es keine belastbare kollektive Identität der Europäer als Europäer? Die Antwort lautet: Es sind Kommunikations-, Erfahrungs- und Erinnerungsgemeinschaften, in denen kollektive Identität sich herausbildet, sich stabilisiert, tradiert wird. Europa, auch das engere Westeuropa, ist keine Kommunikationsgemeinschaft, kaum eine Erinnerungsgemeinschaft und nur sehr begrenzt eine Erfahrungsgemeinschaft.

Europa ist keine Kommunikationsgemeinschaft, weil Europa ein vielsprachiger Kontinent ist – das banalste Faktum ist zugleich das elementarste. Die europäischen Völker leben in ihren Sprachen als je besonderen „Wahrnehmungs- und Verständigungsstrukturen" (Lepsius 1991), und sie werden weiter in ihnen leben, wenn Europa Europa bleibt. Die europäischen Verkehrssprachen, das Englische, weit dahinter das Französische, werden vielleicht einem Drittel der Bevölkerung in den nicht englisch- oder französischsprachigen Ländern Europas leidlich verfügbar sein, aber auch für sie fremde Sprachen bleiben. Die überwiegende Mehrzahl der Europäer kann sich mit der überwiegenden Mehrzahl der Europäer nicht verständigen – daran wird sich allenfalls auf dem allerelementarsten Niveau in der voraussehbaren Zukunft etwas ändern. Das ist kein „technisches" Problem, weil es keine „technische" Lösung dafür gibt. Mit Übersetzerdiensten kann man Regierungskonferenzen arbeitsfähig machen, aber sie können keine Kommunikationsgemeinschaft begründen. Sie sind nichts anderes als Grenzübergänge zwischen partikularen Kommunikationsgemeinschaften.

Gewiß, es gibt mehrsprachige Demokratien. Aber das Problem ist in seinen Dimensionen in keinem Fall dem der europäischen Vielsprachigkeit vergleichbar, auch im indischen nicht, in dem die

Kolonialsprache Englisch die Sprachenvielfalt jedenfalls für praktische Zwecke – noch – einigermaßen überbrückt. Üblicherweise geht es in den uns bekannten mehrsprachigen Demokratien um die Verständigung zwischen zwei oder drei Sprachgemeinschaften, und schon die stellt der Demokratie Aufgaben des Ausgleichs, für die es immer nur prekäre Lösungen gibt. In den Vereinigten Staaten stehen wir möglicherweise an der Schwelle eines dramatischen Übergangs zu einer mindestens regionalen Zweisprachigkeit. Was das für die Fähigkeit der amerikanischen Demokratie, ethnische Minderheiten zu integrieren, bedeutet, steht dahin. Viel spricht jedenfalls dafür, daß die einzigartige Integrationsleistung dieser Demokratie ohne das einigende Band der gemeinsamen englischen Sprache nicht gut denkbar gewesen wäre.

Die Behauptung, daß kollektive politische Identität der Europäer als Europäer keinen Wurzelboden in einer Gemeinsamkeit der Erinnerung habe, bedarf kaum der Begründung. Was war, wird nicht als eine gemeinsame europäische Vergangenheit erinnert, sondern als eine Mehrzahl von Völkergeschichten. Und diese Erinnerung hat ja auch viel mit der europäischen Wirklichkeit zu tun. Daß Napoleon den Franzosen ein anderer ist als den Deutschen; daß die beiden Weltkriege des zwanzigsten Jahrhunderts sich den einen als teuer erkaufte Siege für eine gute Sache, den anderen als selbst verschuldete Katastrophen eingeprägt haben; daß die Engländer sich ihrer Geschichte als einer von der kontinentalen getrennten Inselgeschichte erinnern – all das sind Banalitäten, Banalitäten freilich, die man ernst nehmen muß. Die politisch bedeutsamen Identitätssymbole haben es alle mit den – aus europäischer Sicht – partikularen Erinnerungen an eine partikulare Vergangenheit zu tun.

Erfahrungsgemeinschaft, die dritte Kategorie – sie ist die zukunftsoffenste. Die Erfahrung gemeinsamer Bedrohung im Ost-West-Konflikt der zweiten Hälfte des zwanzigsten Jahrhunderts war eine gemeinsame Erfahrung für die Europäer westlich der Trennungslinie. Aber es ist keineswegs so, daß alle politisch prägenden Erfahrungen etwa der letzten beiden Generationen schon gemeinsame europäische Erfahrungen gewesen wären. Gegenwart wird in Schablonen der Erinnerung wahrgenommen und gedeutet. Und die Schablonen der Erinnerung sind in Europa die Hinterlassenschaft einer Geschichte, die jedes Volk anders erlebt hat. Nt sehr langsam kann sich durch Erfahrungen, die die Europäer als Europäer machen, genauer: in denen sie sich als Europäer wahrnehmen, ein gemeinsamer Erinnerungsbestand aufbauen. Erfahrungen, die die Europäer als Europäer machen – das setzt übrigens auch Abgrenzung vom Nicht-Europäischen voraus, wie denn alle Identitätsbildung elementar mit Abgrenzung zu tun hat. Abgrenzung aber ist unzeitgemäß. In Europa jedenfalls deuten die Zeichen eher auf zunehmende Individualisierung als auf die Ausbildung neuer kollektiver Identitäten hin.

Die Pluralität der Kommunikations-, Erinnerungs- und Erfahrungsgemeinschaften als ein europäisches Grunddatum – das hat Folgen nicht nur für die Möglichkeiten der Entwicklung einer kollektiven politischen Identität der Europäer als Europäer. Vielmehr hat dieses Datum vielfältige Bedeutung für das, was man in einem sehr allgemeinen Sinn die gesellschaftliche Infrastruktur der Demokratie nennen könnte. Der demokratische politische Prozeß erschöpft sich ja nicht in allgemeinen Wahlen. Wesentlich ist für ihn ein dichtes Gefüge von Partizipationsstrukturen, teils organisatorisch verfestigt, teils in Gestalt von Potentialen spontaner Teilnahme. Die Vielfalt der Interessen, der Meinungen, der Werthaltungen einer pluralistischen Gesellschaft kann sich ausreichend nur über eine solche partizipatorische Infrastruktur, nicht in der Wahl von Repräsentativkörperschaften allein zur Geltung bringen; eine Struktur, die sich natürlich nicht unabhängig von den Kommunikationsbedingungen herausbilden kann. Als europäische Struktur existiert sie nicht oder jedenfalls nur sehr rudimentär, und sie wird sich auch in längeren Zeiträumen zu der Dichte nicht fortentwickeln können, die sie in den Nationalstaaten erreicht hat.

In der Begrifflichkeit, die zur Zeit kanonisch ist: Es gibt keine europäische „Zivilgesellschaft"; die Bedingungen ihrer Möglichkeit werden auch in Zukunft zu einem guten Teil an die Kommunikationsgemeinschaften, die wir Nationen nennen, gebunden bleiben. In besonderem Maße gilt das für die „Öffentlichkeit", die ja, als Forum des politischen Diskurses verstanden, ein Kernstück der hier in Rede stehenden Struktur ist. Der von Massenmedien 'tragene öffentliche politische Diskurs, der Politik überhaupt erst 'iner Sache der Allgemeinheit und damit die Demokratie erst 'emokratie macht, bleibt seiner Natur nach an Sprachräume 'n. Einen europäischen Diskurs, getragen von europäischen

Medien, geführt vor einem und mit einem europäischen Publikum
– das mag eine Vision sein, Wirklichkeit ist es nicht.

Am ehesten mag es den organisierten ökonomischen Interessen
gelingen, sich so umzuformieren, daß sie zu einer wirksamen Teilnahme an der europäischen Politik befähigt sind. Aber dieser –
längst in Gang befindliche – Vorgang des Fußfassens in einer neu-
en, weiteren Politikarena läuft zunächst einmal weniger auf eine
Europäisierung der Interessen als auf eine Europäisierung der
Vertretung der gliedstaatlich aggregierten Interessen hinaus. Das
heißt dann auch: Einerseits wird die Struktur der Interessenreprä-
sentation auf der europäischen Ebene eine hochgradig fragmen-
tierte sein, andererseits ist auf dieser Ebene mit einem deutlichen
Ungleichgewicht zwischen den organisierten Interessen und den
über Wahlen vermittelten Interessen zu rechnen.

Die Quintessenz aller unserer Überlegungen läßt sich in einen
kurzen Satz fassen: Eine demokratische Verfassung macht aus der
Europäischen Gemeinschaft noch keine europäische Demokratie.
Das galt für die westeuropäisch-mittelmeerische Zwölfergemeinschaft, die wir bis vor kurzem hatten, und es gilt erst recht für jede
erweiterte Gemeinschaft. Daraus folgt, daß die Nationalstaaten für
die Vermittlung von Legitimität entscheidende Bedeutung behalten: Die Partikularität der politischen Loyalitätsbindungen und die
Partikularität territorialer Interessenaggregation bestimmt die
Struktur der Gemeinschaft. Die europäische Politik muß ihre Legitimation wesentlich aus dieser Struktur gewinnen, eben von den
Mitgliedstaaten.

Damit ist der Nationalstaat nicht – in den Worten de Gaulles –
zu einer „finalité de l'histoire" erklärt. Wohl aber ist gesagt, daß
die Chancen der Demokratie noch immer und für die absehbare
Zukunft aufs engste mit der politischen Form des Nationalstaates
verknüpft sind.

III.

Das skizzierte Dilemma – die Europäische Union braucht demokratische Legitimität, aber sie ist nur in einem sehr begrenzten
Maße „demokratiefähig", oder auch: die Union muß ihre Legiti

mität auch in Zukunft in hohem Maße von den Mitgliedstaaten herleiten, aber die Möglichkeiten des Legitimitätstransfers engen sich im Zuge der Entwicklung der Union zunehmend ein – ist ein wirkliches Dilemma. Es gibt keine institutionellen Arrangements, die es auflösen könnten. Die Europäische Union wird einstweilen mit ihm leben müssen. Und ihre Verfassung wird als eine Form des vernünftigen Umgangs mit ihm zu konzipieren sein. Offenbar hat die Frage, welche Art der Verbindung des föderalen mit dem demokratischen Prinzip dieser dilemmatischen Situation am ehesten gerecht wird, Schlüsselbedeutung. Es liegt nahe zu prüfen, ob aus einer vergleichenden Betrachtung bundesstaatlich verfaßter Demokratien Anregungen für eine Antwort zu gewinnen sind[3]. Auch wenn die Europäische Union kein Bundesstaat ist und vermutlich keiner werden wird – alle Bundesstaaten haben in ihren Verfassungen, unter Bedingungen geringerer Komplexität, ja die gleiche Aufgabe zu lösen gehabt.

Kein Bundesstaat hat sich mit einer einfachen Aufteilung der Zuständigkeiten und der Ressourcen zwischen den Gliedstaaten und dem Bund begnügt. Zur Verfassung des modernen Bundesstaates gehört vielmehr neben der konstitutiven Teilung der Kompetenzen ein institutionelles Arrangement doppelter – nämlich demokratischer und föderaler – Repräsentation[4]: An der Gesetzgebung des Bundes, oft auch an der Ausübung der Regierungsgewalt in einem weiteren Sinn, sind zwei parlamentarische Körperschaften beteiligt – eine Kammer, die, nach allgemeinem und gleichem Wahlrecht gewählt, die Gesamtheit der Bürger repräsentiert, und eine Kammer, in der, jedenfalls der Idee nach, die Gliedstaaten vertreten sind. Das ist uns so vertraut, daß wir leicht vergessen, wie wenig selbstverständlich es eigentlich ist. Die Logik der bundesstaatlichen Konstruktion jedenfalls erfordert nur die Aufteilung der Zuständigkeiten (nebst einem Schlichtungsmechanismus),

3 Ähnlich geht Sbragia vor. Was hier als Verknüpfung des föderalen mit dem demokratischen Prinzip diskutiert wird, erörtert sie als „conflict between the representation of territory and the representation of voters" (1992: 259).
Der Sonderfall Kanada bleibt im folgenden außer Betracht. Der kanadische ʻnat ist extrem schwach, zudem entscheidet über seine Zusammensetzung der ʻnierminister. Das britische Verfassungsmodell hat sich hier der Entwick-ʻiner bundesstaatlichen Verfassung in den Weg gestellt. Eine durchgrei-ʻeform ist noch nicht gelungen.

nicht die Doppelung der Repräsentation mit der ihr innewohnen-
den Asymmetrie – es wirken, jedenfalls verfassungsrechtlich, bekanntlich nur die Länder an den Angelegenheiten des Bundes mit,
nicht umgekehrt. Warum kam es dennoch zur bundesstaatlichen
Zweikammerverfassung? Gibt es für sie nur eine historische Erklärung? Oder auch eine plausible verfassungssystematische oder
demokratietheoretische Deutung? Der amerikanische Fall, in mehr
als einer Hinsicht exemplarisch bedeutsam, ist für die Beantwortung dieser Fragen von besonderem Interesse.

Bekanntlich stand nach dem gescheiterten Konföderationsexpe-
riment der Jahre 1781-1787 der Gündung eines Bundesstaates vor
allem die Furcht der kleineren, bevölkerungsschwächeren Staaten
vor einer Hegemonie der größeren Staaten als Folge einer an der
Wählerzahl orientierten Mandatsverteilung in der gesetzgebenden
Körperschaft entgegen. Kein Problem hat dem Verfassungskonvent von Philadelphia größere Schwierigkeiten bereitet als eben
dieses. Die Lösung wurde schließlich in einer ganz neuen Art von
Zweikammerverfassung gefunden, die dann – wie das amerikanische Bundesstaatsmodell überhaupt – Vorbildbedeutung gewinnen
sollte: Neben das Repräsentantenhaus als Vertretung der Bürgerschaft der Union wurde der Senat, in den jeder Gliedstaat unabhängig von der Zahl seiner Einwohner und Wähler zwei Senatoren
entsandte, als Staatenvertretung gestellt. Wie entscheidend die Anerkennung des Anspruchs der kleinen Staaten auf gleiche Vertretung im Senat für das Zustandekommen der Verfassung war, signalisiert der letzte Halbsatz des Artikels V der Verfassung auf das
deutlichste, der ein Vetorecht für jeden Staat gegen diesbezügliche
Verfassungsänderungen vorsieht: „that no State, without its Con-
sent, shall be deprived of its equal Suffrage in the Senate". Daß
der Senat als Staatenvertretung gedacht war, kommt nicht nur
darin zum Ausdruck, daß in seinem Bauplan das föderale Prinzip
der Gleichheit der Staaten an die Stelle des demokratischen Prinzips der Gleichheit der Stimmbürger tritt, sondern auch darin, daß
die Senatoren ursprünglich und für lange Zeit von den Parlamenten der Staaten gewählt wurden. Dabei ist es, wie man weiß, freilich nicht geblieben. Der wachsende Druck, den das Demokratieprinzip auf das konkurrierende föderale Prinzip ausübte, richtete
sich erstaunlicherweise nicht gegen die dramatische Abweichung
vom Grundsatz des gleichen Wahlrechts für alle Bürger, sonder

gegen die, so wurde es zunehmend wahrgenommen, indirekte Wahl der Senatoren. Mit dem Amendment XVII aus dem Jahr 1913 wurde folglich die direkte Wahl der Senatoren durch die Bürgerschaft der Staaten eingeführt. Dieses demokratisierte Senatsmodell findet sich auch in den bundesstaatlichen Verfassungen der Schweiz und Australiens wieder. Im schweizerischen Ständerat sind die Bürgerschaften der Kantone durch je zwei direkt gewählte Abgeordnete repräsentiert, im australischen Senat die Bürgerschaften der Gliedstaaten durch je zwölf – abweichend von den für die erste Kammer geltenden Regeln nach dem Verhältniswahlrecht gewählte – Senatoren (für das Northern und das Capital Territory sind es nur je zwei).

Das modifizierte, demokratisierte Senatsmodell wirft nun freilich die Frage auf: Handelt es sich hier noch um Teilhabe der Gliedstaaten als Gliedstaaten? Fungieren die Gliedstaaten in diesem Modell nicht einfach nur noch als anders geschnittene, größere Wahlkreise? Und wenn ja, wie läßt sich dann die gravierende Beeinträchtigung der Wahlrechtsgleichheit noch rechtfertigen? Für die Vereinigten Staaten etwa gilt, daß ein Wähler im bevölkerungsärmsten Staat (Wyoming) mit dem gleichen Stimmgewicht an den Senatswahlen beteiligt ist wie fünfundsechzig Wähler im bevölkerungsreichsten Staat (Kalifornien). Und der Senat ist in den USA bekanntlich die politisch gewichtigere der beiden Kammern. Für die Schweiz und Australien ließen sich ähnliche Rechnungen anstellen. Auch in der deutschen bundesstaatlichen Verfassung sieht es trotz einer – sehr moderaten – Abweichung vom Prinzip der Gleichheit der Gliedstaaten nicht grundsätzlich anders aus. Eine bremische Wählerstimme wiegt im Bundesrat etwa dreizehn nordrhein-westfälische Wählerstimmen auf. Rechnerisch können, so wie die Mandate auf die Länder verteilt sind, die Repräsentanten von etwas weniger als 30% der Bevölkerung im Bundesrat über eine Mehrheit verfügen.

Zweifel daran, daß wir es beim demokratisierten Senatsmodell tatsächlich noch mit „Staatenrepräsentation" im ursprünglichen ʾnne zu tun haben, stellen sich insbesondere da ein, wo Parteien, gleichen Parteien, in beiden Kammern die Medien der Reprä-ʾion sind. Parteien bilden ja in aller Regel eine gesellschaftliʾnfliktstruktur ab, die nicht territorial definiert ist. Am auʾn Beispiel etwa ist das leicht deutlich zu machen: Auch im Senat sind Parteien, nicht Gliedstaaten die politischen Akteure, Parteien, die ihren politischen Standort nach den Spielregeln des parlamentarischen Systems bestimmen – sie unterstützen die Regierung oder sie stehen gegen sie. Weniger eindeutig stellen sich die Verhältnisse im amerikanischen Fall dar. Die politische Kohärenz der Parteien, die ja nicht der Logik parlamentarischer Regierungsweise gehorchen müssen, ist viel schwächer, der territoriale Faktor in Gestalt der Bindung eines jeden Abgeordneten an die Interessen seines Wahlkreises ungleich stärker ausgeprägt. Für den Senat mit seinen großen bis sehr großen Wahlkreisen gilt das freilich – paradoxerweise, ist man geneigt zu sagen – weniger als für das Repräsentantenhaus. Aber auch für den Senat ist zu sagen: Es kann höchstens in einem sehr vagen Sinn davon die Rede sein, daß die Senatoren die Gliedstaaten der Union als solche vertreten.

In Deutschland haben wir es, was die dem modernen Bundesstaat eigentümliche Verfassung der Doppelrepräsentation angeht, mit einem „Sonderweg", einem wirklichen Sonderweg zu tun (Graf Kielmansegg 1989). Seit es in Deutschland einen Bundesstaat gibt, also seit 1867, sind die Gliedstaaten im Bundesrat bzw. Reichsrat durch ihre Regierungen vertreten. Unter allen Bundesstaaten hat nur Deutschland diese Lösung gewählt. Die Erklärung liegt in den Bedingungen der Entstehung des monarchisch verfaßten deutschen Bundesstaates 1867/1871. Die – vom Deutschen Bund übernommene – Bundesratslösung entsprach den Gegebenheiten der konstitutionellen, in gewissem Sinn sogar der vorkonstitutionellen Monarchie: Die Exekutive war noch nicht in eine konstitutive Abhängigkeit vom Parlament geraten. Ihr fiel ganz selbstverständlich die Aufgabe der Vertretung des Gliedstaates gegenüber dem Bund zu. Daß man die einmal gewählte Lösung 1919 und 1948/49 beibehielt, ist weniger überraschend als es im Lichte dieser Erklärung zunächst erscheinen mag: Sie entspricht wie keine andere den Interessen der Länder. Die Sachwalter der Länder haben sie denn auch jeweils wieder durchgesetzt.

Damit ist auch schon gesagt: Bei der Bundesratslösung ist die Erwartung, sie werde die territoriale Binnengliederung des Bundesstaates als solche in der politischen Willensbildung zur Geltung bringen, viel plausibler als bei der Senatslösung. Auch bei der Bundesratslösung können freilich, wie der deutsche Fall eindring-lich zeigt, die Parteien, die territoriale Struktur überlagernd, wie der ins Spiel kommen. Im Bundesrat der Bundesrepublik Deutschland ist bekanntlich der Gegensatz zwischen den Regierungsparteien und den Oppositionsparteien der dominante, wenn auch nicht der allein bestimmende. Die Landesregierungen verlieren die Interessen der von ihnen repräsentierten Länder natürlich nicht aus den Augen, am allerwenigsten, wenn es ums Geld geht. Aber in aller Regel ist doch die von parteipolitischen Zugehörigkeiten bestimmte positive oder negative Beziehung zur Bundesregierung das frontenbildende Moment. Nur selten ist der territoriale Faktor stärker als die Einbindung in die Parteifronten.

Welche Einsichten lassen sich aus diesen wenigen vergleichenden Beobachtungen gewinnen? Die Verknüpfung von demokratischem und föderalem Prinzip in der modernen bundesstaatlich verfaßten Demokratie tritt institutionell vor allem in Gestalt der Doppelrepräsentation in Erscheinung. In dieser Gestalt wird sichtbar, daß der demokratische Bundesstaat der Idee nach zugleich eine Republik von Bürgern und eine Republik von Staaten ist (Buchheim 1992). Historisch wurzelt diese Struktur in einer Gründungskonstellation, in der die Kontrolle über den Gründungsprozeß bei den sich zu einer Föderation zusammenschließenden Staaten liegt. Eben weil sie den Gründungsprozeß kontrollieren, können sie über die Teilung der Zuständigkeiten und Ressourcen hinaus ihren Mitwirkungsanspruch in Bundesangelegenheiten durchsetzen. Andere Machtkonstellationen, wie sie sich etwa bei der Entstehung eines Bundesstaates aus der Desintegration eines Einheitsstaates ergeben, müßten andere institutionelle Arrangements zur Folge haben.

Schwieriger wird es, wenn man über die historische Erklärung hinaus nach einer demokratietheoretischen Deutung und Rechtfertigung der bundesstaatlichen Doppelrepräsentation sucht. Die massive Beeinträchtigung des demokratischen Gleichheitsaxioms – Demokratie verlangt politische Gleichheit der Bürger als Individuen – läßt sich nur dann als demokratiekompatibel verstehen, wenn man den Bundescharakter des Gemeinwesens demokratietheoretisch konsequent zu Ende denkt, das heißt hinter der Struktur doppelter Repräsentation auch dem Volkssouverän eine Art von Doppelexistenz zuschreibt. „Alle Gewalt geht vom Volke aus" ist dann zu lesen: Jeder Bürger gehört zwei „Völkern" an, dem „Bundesvolk" und einem „Gliedvolk", die gemeinsam Quelle demokratischer Legitimität sind. In bestimmten bundesstaatlichen Verfahren der Verfassungsänderung tritt dieser Gedanke handgreiflich in Erscheinung. In den Vereinigten Staaten muß jede Verfassungsänderung zunächst von einer Zwei-Drittel-Mehrheit in beiden Häusern des Kongresses und dann von den Parlamenten oder eigens einberufenen Verfassungskonventen von nicht weniger als Dreiviertel aller Gliedstaaten (zur Zeit 39!) ratifiziert werden. In der Schweiz bedarf eine Verfassungsänderung nicht nur einer Mehrheit in einem gesamtschweizerischen Referendum, sondern zusätzlich des sogenannten Ständemehrs, d.h. einer Stimmenmehrheit in einer Mehrzahl von Kantonen. Ähnlich in Australien, wo verfassungsändernde Gesetze nur durch einen Volksentscheid in Kraft gesetzt werden können, der Mehrheiten in vier der sechs Staaten und zugleich im ganzen Land findet. In der repräsentativ-demokratisch verfaßten Bundesrepublik entspricht dem das Erfordernis einer Zwei-Drittel-Mehrheit im Bundesrat. Das sind Regeln, die sich auf die Vorstellung zurückführen lassen, daß die verfassungsgebende Gewalt im Bundesstaat einen doppelten Träger hat: das Volk und die Völker.

Aber was haben solche verfassungssystematischen und demokratietheoretischen Überlegungen noch mit der Wirklichkeit zu tun? Faktisch stellt sich die Doppelrepräsentation im demokratischen Bundesstaat dem Betrachter als eine eigentümlich hybride Struktur dar, die auf kein schlüssiges verfassungs- oder demokratietheoretisches Argument mehr zu gründen ist. Die tatsächlichen Verhältnisse entsprechen den Modellvorstellungen des Bundesstaates als einer Republik von Bürgern und einer Republik von Staaten nur noch schwach. Für die Annahme einer „Doppelexistenz" des Volkssouveräns mag es vor allem in der Schweiz gewisse Grundlagen im Selbstverständnis der Bürger geben. Die Kantone sind Gemeinwesen mit einer eigenen Identität. Es gibt ein distinktes Bewußtsein bürgerschaftlicher Zugehörigkeit zu diesen Gemeinwesen. Für die Länder der Bundesrepublik gilt das ganz sicher nicht – allenfalls Bayern, vielleicht auch die Hansestädte mögen da einen gewissen Sonderstatus haben. Die USA dürften eine mittlere Position einnehmen. Aber auch für die USA ist es sehr zweifelhaft, ob es so etwas wie Staats-Völker, zwischen den kommunalen Zugehörigkeiten auf der einen und der nationalen Zugehörigkeit auf der anderen Seite, gibt.

Was die Doppelstruktur von demokratischer und föderaler Repräsentation angeht, so kann an sich das Bundesratsmodell am ehesten den Anspruch erheben, daß es der Eigenlogik föderaler Repräsentation Raum gebe. Im Bundesrat sind territoriale Einheiten durch gewählte Regierungen vertreten, das heißt als verfaßte, zu einem eigenen politischen Willen befähigte Gemeinwesen. Die Repräsentation der aggregierten Interessen eines Territoriums ist dadurch institutionell gewährleistet. In zweiten Kammern des Senatstyps hingegen vertreten die Senatoren ihre Wähler, wie die Abgeordneten eines jeden demokratischen Parlamentes, als Individuen, ihren Wahlkreis als Segment eines größeren Ganzen und sind dabei, mehr oder weniger stark, eingebunden in Fraktionen. Abweichend von den Modellannahmen formieren sich freilich auch im deutschen Bundesrat die Repräsentanten der Gliedstaaten zu nicht territorial definierten, parteipolitischen Lagern. Und so muß man letzten Endes hier wie dort die gleiche Frage stellen: Wie läßt sich die Außerkraftsetzung des demokratischen Gleichheitsaxioms für die föderale Kammer des Parlaments rechtfertigen?

Wenn man an die Herkunft des Grundsatzes gleichen Stimmrechtes für alle Gliedstaaten in einem Hause des Bundesparlamentes zurückdenkt, dann liegt es nahe, das Argument „Minderheitenschutz" mindestens zu prüfen. Ging es im Verfassungskonvent von Philadelphia nicht um den Schutz der kleinen Staten vor den großen? Gewiß, darum ging es. Aber es sollte sich dann herausstellen, daß es eines besonderen Schutzes der kleinen Staaten gar nicht bedurfte (Dahl 1976: 189ff.). Die politisch bedeutsamen Frontlinien verliefen ganz anders – eine Erfahrung, die auch für andere Bundesstaaten gilt: Die Einwohner kleiner Gliedstaaten sind nirgendwo als solche Angehörige einer Minderheit, die auf den Ungleichheitsfaktor föderaler Repräsentation zu ihrem Schutz angewiesen wäre. So bleibt nur der Hinweis darauf, daß jedenfalls die Bundesratsversion der Doppelrepräsentation zur Stabilisierung 'er politischen Balance zwischen Bund und Ländern, also zur Be- ʰrung der föderalen Struktur selbst beiträgt. Ohne ihre Position ʰundesrat hätten die Länder der Bundesrepublik Deutschland ʰlitische Bedeutung längst weitgehend verloren. Aber das ʰs mit Minderheitenschutz zu tun. Auch hängt dieser Ef- ʰaran, daß alle Gliedstaaten gleich oder mindestens annähernd gleich vertreten sind. Und eine befriedigende Antwort auf die Frage nach der Ratio der Struktur doppelter Repräsentation kann es schon deshalb nicht sein, weil das Bundesratsmodell die Ausnahme und nicht die Regel ist.

IV.

Ist mit alledem zum Thema Europa etwas von Bedeutung gesagt? Zunächst einmal nur dies: Es gibt kein Patentrezept dafür, wie demokratisches und föderales Prinzip zueinander ins Verhältnis zu setzen seien. Europa wird seinen eigenen Weg zu gehen haben. In den bundesstaatlichen Verfassungen, so wie sie sich in den letzten zweihundert Jahren herausgebildet haben, ist einerseits die Gleichrangigkeit der beiden Prinzipien festgeschrieben worden, mit der Folge, daß sie einander entschieden relativieren dürfen: das demokratische Prinzip das föderale, indem es der Autonomie der Teile das Recht der Mehrheit im Ganzen voranstellt; das föderale Prinzip das demokratische, insofern als die Mehrheit im Ganzen nicht einfach nach der demokratischen Gleichheitsregel ausgezählt wird. Andererseits hat sich so etwas wie eine faktische Dominanz des demokratischen Prinzips derart ergeben, daß die Gliedstaaten nicht mehr als solche in der föderalen Kammer des Bundesparlamentes vertreten sind, sondern nur noch als Wahlkreise dienen. Deutschland stellt eine Ausnahme dar, aber es ist sicher kein Zufall, daß der deutsche Bundesrat – anders als die Senate in den USA und Australien[5], anders auch als der Ständerat in der Schweiz – keine völlig gleichberechtigte zweite Kammer ist. Erklärbar ist dies „einerseits – andererseits" nur historisch, nicht von einer Verfassungstheorie des Bundesstaates her.

Daß die Voraussetzungen für die Gleichrangigkeit des demokratischen und des föderalen Prinzips auf der europäischen Ebene

---

5 Australien ist allerdings anders als die Schweiz und die USA eine parlamentarische Demokratie. Eine parlamentarische Demokratie mit einer bundesstaatlichen Zwei-Kammer-Verfassung ist vor die Frage gestellt, welcher Kammer di Regierung verantwortlich sein soll, eine Frage, die in Australien beträchtlic! politische Turbulenzen verursacht hat, während sie in der Bundesrepublik t streitig ist. Das Problem braucht hier nicht weiter behandelt zu werden.

fehlen, wissen wir bereits. Es ergab sich aus unseren Überlegungen zur Demokratiefähigkeit der Europäischen Union. Die spezifische bundesstaatliche, asymmetrische Balance beruht auf Gegebenheiten, von denen Europa weit entfernt ist. Während für die Bundesstaaten in der Regel gilt, daß die Zugehörigkeit zu einem Gliedstaat allenfalls noch ein schwaches, sekundäres Merkmal der politischen Identität der Bürger ist, ist es im europäischen Fall genau umgekehrt: die Zugehörigkeit zur Europäischen Union ist, wenn überhaupt, ein schwaches, sekundäres Merkmal der politischen Identität jener 360 Millionen, die einen europäischen Paß besitzen. Das bedeutet: Der Nationalstaat, gegebenenfalls die Region, die Gemeinde bleiben der primäre Ort für die Entfaltung der Demokratie.

In der Verfassung der Europäischen Union muß also das föderale Prinzip dominieren. Es bestimmt vor allem – und das ist von grundlegender Bedeutung – das Verfahren der „Verfassungsänderung". Die Verfassung ist eben in Wahrheit ein Vertragssystem (Sbragia 1992: 271ff.). Änderungen bedürfen der Zustimmung aller Vertragspartner, während Bundesstaaten auch für Verfassungsänderungen, so hoch die Hürden in aller Regel sind, Mehrheitsentscheidungen gelten lassen[6]. Es ist nicht vorstellbar, daß in europäischen Verfassungsfragen das Vertragsprinzip in absehbarer Zeit durch den Mehrheitsentscheid ersetzt wird. Die Annahme, daß die verfassungsgebende Gewalt für die Europäische Union bei den europäischen Völkern, nicht bei einem europäischen Volk liegt, entspricht den Realitäten. Selbst wenn das Europäische Parlament ein Mitwirkungsrecht in den Verfahren der Änderung, Ergänzung und Fortschreibung der Verträge erhielte, wofür es gute Gründe gibt (Bieber 1994), müßte das Vertragsprinzip diesem Mitwirkungsrecht vorgeordnet bleiben. Gewiß ist die Vetomacht eines jeden Mitglieds in Vertragsfragen eine enge Fessel für die europäische Entwicklung. Und mit jedem neuen Mitglied wird die Fessel enger. Aber die einzige den europäischen Gegebenheiten angemes-

---

nada, Ausnahme von der Regel, müssen alle Provinzen einer Verfassungsänderung zustimmen. Aber auch in Kanada ist der Bund an dem Verfahren als gleichgewichtiger Partner beteiligt. Das gilt für die Europäische Union sene Form des Umgangs mit diesem Problem sind Strategien der sogenannten „variablen Geometrie".

Was die Dominanz des föderalen Prinzips unterhalb der Verfassungsebene, in der europäischen Rechtssetzung, der europäischen Politik des Alltags angeht, so ist sie vor allem natürlich in der Schlüsselrolle des Ministerrates wie des Europäischen Rates festgeschrieben, daneben aber auch – leicht zu übersehen – in den Benennungsrechten der Regierungen der Mitgliedstaaten für Kommission und Europäischen Gerichtshof. Daß eine wirksame Repräsentanz der Gliedstaaten nicht anders als durch ihre Regierungen möglich ist, ist ein Schluß, den das vergleichende Studium der Bundesstaaten nahelegt (Sbragia 1992: 280ff.). Die mitgliedstaatlichen Parlamente könnten allenfalls ergänzend, nicht anstelle der Regierungen ins Spiel gebracht werden, etwa nach dänischem Vorbild, würden dann allerdings die föderale Komponente beträchtlich stärken. Und dabei, da sie an den Prozessen des Aushandelns der Kompromisse nicht beteiligt sein können, die für die Suche nach Kompromißlösungen verfügbaren Bewegungsspielräume vermutlich wesentlich einengen.

Die Variante einer direkt gewählten föderalen Kammer, deren Abgeordnete anders als die Abgeordneten des Europäischen Parlaments von Amts wegen ihre Herkunftsländer zu repräsentieren hätten, mag man durchdenken (Katz 1994). Daß sie sich als praktikabel erwiese, ist kaum zu erwarten. Wenn keine Senatslösung daraus werden sollte, müßte wie im Ministerrat nach Ländern abgestimmt werden. Wie aber läßt sich gewährleisten, daß frei gewählte, in ihrer Zusammensetzung vom Wähler bestimmte mitgliedstaatliche Delegationen sich regelmäßig auf Positionen, die sie für ihre Herkunftsländer vertreten wollen, einigen? Der Verlust an Handlungsfähigkeit wäre vermutlich so beträchtlich, daß von wirksamer, legitimitätsstiftender föderaler Repräsentanz gar nicht mehr die Rede sein könnte. Der Zugewinn an demokratischer Legitimität kann dagegen nicht ins Feld geführt werden, wenn die Prämisse akzeptiert wird, daß föderale Repräsentation ein bestimmendes Element jeder vernünftig konzipierten europäischen Verfassung sein muß.

Föderale Repräsentation in ihrer strengen Form, auch das ha der Blick auf die Verfassungsgeschichte des Bundesstaates g' zeigt, erkennt alle Gliedstaaten als Gleiche an. Die Europäisc

Union hält sich an diese Regel, soweit für Entscheidungen im Ministerrat Einstimmigkeit vorgeschrieben ist. Wird mit „qualifizierter Mehrheit" entschieden, so sind die Stimmrechte der Staaten grob gestuft. Die größten, bevölkerungsreichsten Mitgliedstaaten haben zehn Stimmen, der kleinste, Luxemburg, hat zwei. Läßt man den Sonderfall Luxemburg aus dem Spiel, so ergibt sich, daß ein Bürger des nächst Luxemburg bevölkerungsärmsten Mitgliedstaates, Irland, was das Stimmgewicht seiner Regierung im Ministerrat angeht, etwa sieben Bürgern des bevölkerungsreichsten Mitgliedsstaates, Deutschland, gleichgestellt ist. Die Abweichung von der demokratischen Gleichheitsnorm ist noch immer beträchtlich, aber doch deutlich schwächer als beim deutschen Bundesrat mit seinen ebenfalls gestuften Stimmrechten, von den Gegebenheiten in Australien, der Schweiz, den USA zu schweigen. Mit anderen Worten: Hier verknüpft sich mit dem Modus föderaler Repräsentation doch schon ein vergleichsweise starkes – gemessen am bundesstaatlichen Modell atypisches – Moment der Proportionalität.

Damit wird eine weitere Besonderheit der europäischen Föderationsverfassung sichtbar. Es müssen offenbar besondere Bedingungen gegeben sein, damit in föderativen Staatenbeziehungen die Stärkeren sich auf Gleichheit unter Ungleichen einlassen – auch die europäische Staatenwelt ist natürlich eine Welt der Ungleichheit. Gleichheit ist hinnehmbar, wenn die Staaten einander als Völkerrechtssubjekte gegenüberstehen: eben als völkerrechtliches Prinzip in Gestalt der Regel, daß gemeinsame Beschlüsse nur einstimmig gefaßt werden können, jeder, heißt das, nur sich selbst verpflichten kann oder, weitergehend, ein Vetorecht besitzt. Gleichheit ist auch hinnehmbar in Bundesstaaten, in denen die territoriale Integration so weit fortgeschritten ist, daß die Verpflichtungskraft allgemeinverbindlicher Entscheidungen für das Ganze primär vom demokratischen Mehrheitsprinzip hergeleitet werden ann, und zugleich der Raum möglicher Interessenkonflikte zwi- en den Mitgliedstaaten durch die bundesstaatliche Kompetenz- ilung relativ eng eingegrenzt ist. Die Europäische Union hat Platz irgendwo zwischen diesen beiden Punkten. Die Mit- ten haben sich für bestimmte Politikbereiche einer ge- ausgeübten Rechtssetzungsmacht unterworfen und sich ehrheitsentscheidungen eingelassen. Nach dem Stand der Integration werden Interessen aber auf den meisten Politikfeldern immer noch mitgliedstaatlich und nicht europäisch definiert. Und die Rechtfertigungslast auch für europäische Entscheidungen ist primär von den Mitgliedstaaten zu tragen. Das sind Verhältnisse, in denen föderale Repräsentation sich nicht konsequent an der Maxime der Gleichheit der Gliedstaaten orientieren kann, ohne die größeren unter ihnen zu überfordern.

Anders als in bundesstaatlichen Verfassungen, so haben wir argumentiert, muß das föderale Prinzip in der Verfassung der Europäischen Union nach der Natur der Dinge dominant sein. Aber es muß sich auch auf der europäischen Ebene mit dem demokratischen Prinzip verbinden – nach dem Vorbild der bundesstaatlichen Verfassungen. Zwei Gründe dafür sind schon genannt worden: Eine rein föderative Verfassungsstruktur würde bedeuten, daß die europäische Politik der Steuerung und der Kontrolle nach den Regeln der Demokratie praktisch gänzlich entzogen ist. Das ist unerträglich. Zudem reduziert die Anwendung der Mehrheitsregel im Ministerrat die Möglichkeit des Transfers von Legitimität von den Mitgliedstaaten auf die Union beträchtlich. Ein drittes Argument bleibt hinzuzufügen: Dominanz des Ministerrates bedeutet, daß europäische Politik aus dem Kompromiß zwischen den Partikularinteressen der Mitgliedstaaten hervorgeht. Eine vernünftige europäische Politik, die sich von diesen Interessen löst, kann es nicht geben. Aber als *europäische* Politik wird sie sich nur ausweisen können, wenn sie zugleich auch aus einer europäischen Perspektive konzipiert wird. Das ist Sache der Kommission und des Parlamentes, die ihrer Konstitution gemäß in anderer Weise auf die Idee eines europäischen Gemeinwohls verpflichtet sind als der Ministerrat (Sbragia 1993: 32ff.). Das Parlament muß, um diese Rolle spielen zu können, an den wesentlichen gesetzgebenden Entscheidungen gleichberechtigt, das Initiativrecht eingeschlossen, und vor allem nach jedermann verständlichen Spielregeln mitwirken. Und die Kommission? Ihre Investitur muß stärker, als es mit den geltenden Bestätigungsrechten der Fall ist, eine Sache des Parlamentes werden, um sie von den Regierungen unabhängig zu machen. Je stärker Parlament und Kommission (auch der Gerichtshof ist hier zu nennen) im europäischen Verfassungsgefüge werden, desto mehr müßten sie freilich lernen, daß das ihnen in besonderer Weise anvertraute europäische Gemeinwohl nicht einfach mit einer stetigen Ausweitung der Zuständigkeiten der Gemeinschaft, einer Ausweitung ihres eigenen Tätigkeitsfeldes also, gleichzusetzen ist. Das ist nach der Logik, der Institutionen in ihrer Entwicklung im allgemeinen folgen, nicht sehr wahrscheinlich.

Es wird an diesem Punkt einmal mehr deutlich, daß jeder europäische Verfassungsentwurf in gewissem Sinn hinter der außerordentlichen Komplexität der europäischen Verhältnisse zurückbleibt. War nicht anfangs von der sehr begrenzten „Demokratiefähigkeit" der Vielvölkergemeinschaft Europäische Union die Rede und am Ende dann doch von der Notwendigkeit und Möglichkeit einer Stärkung der demokratischen Komponente im europäischen Verfassungsgefüge? Daß es notwendig sei, in der Verfassungsentwicklung der Europäischen Union ihre Demokratiefähigkeit ein Stück weit – von oben her gewissermaßen – zu fingieren oder auch, freundlicher formuliert, zu antizipieren, um Bedingungen zu schaffen, unter denen sich diese Demokratiefähigkeit – vielleicht – herauszubilden vermag, mag als eine Art von Auflösung des Widerspruchs durchgehen. Aber es bestätigt sich in einer solchen „Auflösung" noch einmal, daß es eine völlig befriedigende Antwort auf die europäische Verfassungsfrage nicht gibt.

Damit sind wir wieder zum Ausgangspunkt zurückgekehrt. Europäische Politik, hieß es am Anfang, braucht den Rückhalt einer legitimen, anerkennenswürdigen und anerkannten, europäischen Verfassungsordnung. Am Ende ist hinzuzufügen: Gewiß. Aber diese Aussage läßt sich auch umkehren. Es ist in der Entwicklungsgeschichte des modernen Bundesstaates nie einfach gewesen, eine überzeugende Verfassungssynthese von föderalem und demokratischem Prinzip zustandezubringen. Im europäischen Fall stellt sich die alte Aufgabe nicht nur ganz neu, sie sträubt sich auch besonders hartnäckig gegen eine schlüssige Lösung. Die Institutionen, durch die das vereinte Europa handelt, und die Regeln, nach denen es handelt, ganz gleich wie sie im einzelnen aussehen, bedürfen dringlich der Beglaubigung durch eine europäische Politik, die immer wieder neu sichtbar macht, wozu Integration gut ist.

Dieser Aufsatz faßt Überlegungen zusammen, systematisiert und erweitert sie, die bereits an anderer Stelle veröffentlicht worden sind: Peter Graf Kielmansegg (1992): Ein Maß für die Größe des Staates; in: FAZ vom 2. Dezember 1992; Peter Graf Kielmansegg (1992): Läßt sich die Europäische Gemeinschaft demokratisch verfassen?; in: Europäische Rundschau 22, S. 23-33; Peter Graf Kielmansegg (1995): Wie tauglich sind Europas Fundamente?; in: FAZ vom 17. Februar 1995.

Literatur

Bieber, Roland 1994: Europa braucht den großen Schiffsputz, in: FAZ vom 3. Dezember 1994.

Buchheim, Hans 1992: Von der Föderation zur Republik souveräner Staaten, in: Haungs, Peter u.a. (Hg.), Civitas. Widmungen für Bernhard Vogel zum 60. Geburtstag (Paderborn), 203-210.

Dahl, Robert A. 1976: Democracy in the United States: Promise and Performance, 3. Aufl. (Chicago).

Everling, Ulrich 1993: Überlegungen zur Struktur der Europäischen Union und zum neuen Europa-Artikel des Gundgesetzes, in: Deutsches Verwaltungsblatt 108, 536-589.

Grimm, Dieter 1992: Der Mangel an europäischer Demokratie, in: Der Spiegel, Heft 43, 57-59.

Katz, Richard 1994: The Problem of Legitimacy in the European Community/European Union; paper presented at the 22nd Annual Joint Sessions of the ECPR.

Kerremans, Bart 1994: Integration, Legitimacy and Institutions in the European Union; paper presented at the 22nd Annual Joint Sessions of the ECPR.

Graf Kielmansegg, Peter 1989: Vom Bundestag zum Bundesrat. Die Länderkammer in der jüngsten deutschen Verfassungsgeschichte, in: Bundesrat (Hrsg.), Vierzig Jahre Bundesrat (Baden-Baden), 43-61.

Lepsius, Rainer M. 1991: Nationalstaat oder Nationalitätenstaat als Modell für die Weiterentwicklung der Europäischen Gemeinschaft, in: Wildenmann, Rudolf (Hrsg.), Staatswerdung Europas? Optionen für eine Europäische Union (Baden-Baden), 19-40.

Reif, Karlheinz 1992: Wahlen, Wähler und Demokratie in der EG, in: Aus Politik und Zeitgeschichte B19, 43-52.

Sbragia, Alberta M. 1992: Thinking about the European Future: The Uses of Comparison, in: dies. (Hrsg.), Europolitics. Institutions and Policymaking in the „New" European Community (Washington, DC), 257-291.

Sbragia, Alberta M. 1993: The European Community: A Balancing Act, in: Publius. The Journal of Federalism 23, 23-38.

Scharpf, Fritz W. 1991: Kann es in Europa eine stabile föderale Balance geben? (Thesen), in: Wildenmann, Rudolf (Hrsg.), Staatswerdung Europas? Optionen für eine Europäische Union (Baden-Baden), 415-428.

Topf, Richard 1994: Democratic Deficit and the Legitimacy of Government in the European Communities: The Role of Collective Identities; paper presented at the 22nd Annual Joint Sessions of the ECPR.

Weiler, Joseph H.H. 1991: Problems of Legitimacy in Post 1992 Europe, in: Außenwirtschaft 46, 411-437.

Wieland, Beate 1991: Verfassungspolitische Probleme der „Staatswerdung Europas", in: Wildenmann, Rudolf (Hrsg.), Staatswerdung Europas? Optionen für eine Europäische Union (Baden-Baden), 429-459.

Williams, Shirley 1991: Sovereignty and Accountability in the European Community, in: Keohane, Robert D.; Hofmann, Stanley (Hrsg.), The New European Community. Decisionmaking and Institutional Change (Boulder), 157-176.

Zeus (Zentrum für Europäische Umfrageanalysen und Studien) 1990: Structure in European Attitudes (Mannheim).

Peter Graf Kielmansegg

Fünf Jahre später –
ein Nachwort zur zweiten Auflage

Fünf Jahre einer lebhaften, dichten, gedankenreichen Diskussion über die europäische Legitimitätsproblematik sind vergangen, seit der Aufsatz „Integration und Demokratie" geschrieben wurde.[1] Kann man ihn unverändert noch einmal drucken? Muss man ihn auf einem neuen Stand der Debatte neu schreiben, was bedeuten würde, dass es ihn, der doch selbst seine Spuren in dieser Diskussion hinterlassen hat, in zwei Fassungen gäbe? Ich habe mich, vor diese Frage gestellt, entschlossen, dem Text von 1995 ein kurzes Nachwort anzuhängen, das einen Blick auf die Literatur der letzten Jahre[2] wirft und ihr den eigenen Beitrag zuordnet.

Im Zentrum meiner Überlegungen stand ein Dilemma – die Europäische Union bedarf auf dem erreichten, erst recht natürlich auf jedem höheren Integrationsniveau demokratischer Legitimation, aber sie ist nicht wirklich demokratiefähig. Ein Demokratiedilemma, Frank Decker hat das zu Recht betont (Decker 2000: 588), ist mehr als ein Demokratiedefizit. Ein Defizit lässt sich beheben, wenn man nur will, ein Dilemma lässt sich nicht einfach auflösen, auch wenn man es will. Angesichts der fröhlichen Zukunftsgewissheit, mit der man – aller praktischen Schwierigkeiten ungeachtet – Jahrzehnte hindurch am Verfassungsgebäude Europas gezimmert hatte, schien mir die These, die Europäische Union werde auf absehbare Zeit nicht wirklich demokratiefähig sein, einer sorgfältigen Begründung zu bedürfen. Diese Begründung stand denn auch im Mittelpunkt meines Aufsatzes. Aber es wurde auch die

---

1 Das Nachwort wurde 2001 geschrieben.
2 Die Literatur bis 1999 ist umfassend und gründlich verarbeitet bei Höreth (1999), der der Legitimationsproblematik eine systematische Studie gewidmet hat. Auch Decker (2000) gibt einen guten Überblick über die Diskussion. Zur angelsächsischen Diskussion siehe Eriksen/Fossum (2000).

Frage gestellt, wie mit dem Dilemma umzugehen sei. Es wurde näherhin, ausgehend von dem allen Bundesstaaten, gleichgültig ob parlamentarisch oder präsidentiell verfasst, eigentümlichen Prinzip der Doppelrepräsentation, gefragt, welche Art der Verknüpfung von föderalem und demokratischem Prinzip der dilemmatischen Verfassungslage am ehesten gerecht werde. Während in allen Bundesstaaten, so mein Kernargument, das demokratische Prinzip inzwischen ein deutliches Übergewicht gewonnen habe, sei für die Europäische Union der Primat des föderalen Prinzips unabdingbar, wenn man auch über die Modi föderaler Repräsentation nachdenken könne. Das demokratische Prinzip könne im europäischen Kontext nur akzessorische Bedeutung haben, eben weil das Parlament kein demokratisches Gemeinwesen repräsentiere und repräsentieren könne. Gleichwohl müsse das Parlament stark genug sein, um den Partikularismen, die die föderale Repräsentation zur Geltung bringe und in Verhandlungen zu Kompromissen führe, eine europäische Gemeinwohlperspektive entgegenzusetzen.

Wer aus diesen Überlegungen eine gewisse Ratlosigkeit herauslas, las sie nicht falsch. Mit dieser Ratlosigkeit bin ich nicht allein. Es fällt der Politikwissenschaft schwer, nicht nur analytisch, sondern auch konstruktiv mit der europäischen Legitimationsproblematik umzugehen. Dass wir ratloser sind, als es frühere Jahrzehnte in europäischen Angelegenheiten zu sein glaubten, hat viel damit zu tun, dass die Erwartung, die EU sei auf dem Weg, ein Staat zu werden, inzwischen weithin geschwunden ist.[3] Alle Fragen, die nach den Institutionen wie die nach den Standards der Legitimität,[4] stellen sich also in gewissem Sinn neu.

Viel wird – im unschönen, eher plumpen Jargon der Systemtheorie – mit der Unterscheidung zwischen input- und output-Legitimität gearbeitet, mit der Unterscheidung, um es in den Worten Lincolns zu sagen, zwischen „government by the people" und „government for the people".[5] Wie tragfähig eine Argumenta-

---

3 Plädoyers für die Entwicklung der Europäischen Union zum Staat sind inzwischen selten geworden, aber es gibt sie noch: Mancini (1998). Als Beispiel für eine entschiedene Gegenstimme Weiler (1998).

4 Zur Frage des Standards siehe Majone (1998)

5 Marcus Höreths Versuch (Höreth 1999), auch noch das dritte Element der Lincoln-Formel als Legitimitätsdimension zu verstehen, verkennt, dass kollektive Identität – und die meint für ihn das „of" – der Legitimitätsdimension des „by"

tion ist, die für die Europäische Union im Wesentlichen auf das Legitimitätspotential des „government for the people" setzt, darüber ist man sich nicht einig.[6] Aber es überwiegt doch, mit guten Gründen, die Auffassung, dass Legitimität nach den Standards der verfassungsstaatlichen Demokratie, an denen sich auch die Europäische Union letztlich messen lassen müsse, eine starke Komponente des „government by the people" zur unverzichtbaren Voraussetzung habe. Damit ist die Frage gestellt, ob es angesichts des weithin unbestrittenen Demokratiedilemmas der Europäischen Union denn überhaupt Handlungsspielräume für Demokratisierungsstrategien gibt.

Die Antworten auf diese Frage sind durchaus unterschiedlich. Der skeptischen Einschätzung, dass alle Demokratisierungsstrategien letztlich am Demokratiedilemma der Europäischen Union scheitern müssen, weshalb jeder Integrationsfortschritt mit Verlusten an demokratischer Substanz bezahlt werde (Greven 1998), steht die Auffassung gegenüber, dass der europäischen Kompromisspolitik aus den Konsultations- und Verhandlungsnetzwerken, in denen sie formuliert werde, durchaus eine Art von demokratischer Legitimität zuwachse (Héritier 1999). Zwischen diese beiden Eckpunkte lassen sich unterschiedliche Vorschläge einordnen, die von der Möglichkeit, aber auch der Notwendigkeit demokratisierender Reformen ausgehen. Das Parlament ist dabei eher etwas in den Hintergrund getreten. Die Idee, dass eine parlamentarisch verantwortliche Regierung in Europa die Lösung für das Legitimitätsdilemma sei, hat jedenfalls für die Wissenschaft an Überzeugungskraft deutlich verloren. Statt dessen wird, in unterschiedlichen Varianten, der Einbau direkt-demokratischer Verfahren in das europäische Verfassungsgefüge empfohlen (Zürn 1996; Abromeit 1998); auch wird die Frage gestellt, ob nicht das präsidentielle Modell der Demokratie – sprich: die Direktwahl des Kommissionspräsidenten und ein Gegenüber von Parlament und Kommission nach amerikanischem Vorbild – für die europäischen

---

und des „for" nicht gleich-, sondern vorgeordnet ist: Nur wenn ein Demokratiesubjekt sich als solches begreift, hat die Rede vom „government by the people and for the people" einen Sinn.

6 Unter denen, die die Legitimationsproblematik der Europäischen Union im Wesentlichen über Output-Legitimität zu lösen versuchen, ist vor allem Fritz Scharpf zu nennen (1999).

Verhältnisse geeigneter sei als das parlamentarische (Decker 2000). Sich mit diesen Anregungen auseinanderzusetzen, wäre Stoff für einen neuen Aufsatz.

An der skeptischen Grundtendenz meiner Überlegungen würde sich wohl kaum etwas ändern. Aber Skepsis, was das Demokratisierungspotential der Europäischen Union angeht, kann genausogut ein Impuls für konstruktives Nachdenken sein wie der traditionelle europäische Optimismus. Dass die europäischen Verhältnisse zu komplex sind, als dass sie sich verfassungsinstitutionell angemessen abbilden ließen; dass, andersherum formuliert, jede denkbare europäische Verfassung unterkomplex bleibt, damit wird man sich abzufinden haben und wird dennoch nach Wegen suchen können, die Diskrepanzen zu reduzieren; in der Terminologie meines Beitrages: das Zusammenspiel zwischen föderalem und demokratischem Prinzip weiterzuentwickeln und zu optimieren. Dabei mag es hilfreich sein, noch deutlicher zwischen dem Verfassungsprozess und dem politischen Prozess zu unterscheiden, als es in meinem Beitrag bereits geschehen ist.

Der Verfassungsprozess, das heißt vor allem jener Prozess, in dem die Zuständigkeiten der Union definiert werden, kann nur von den Mitgliedstaaten legitimiert werden. Anders formuliert: Die verfassungsgebende Gewalt im europäischen Einigungsprozess liegt bei den beteiligten Völkern, sie kann nirgendwo anders liegen. Das aber bedeutet: Sie kann nur durch die Mitgliedstaaten ausgeübt werden, demokratische Legitimität kann der europäische Verfassungsprozess nur über das föderale Prinzip gewinnen. Das klingt paradox und ist doch evident. Insofern ist es ein problematischer Zustand, dass die Mitgliedstaaten keineswegs „Herren der Verträge", Herren der Verfassung also sind. Sie sind es nicht, weil den Mitgliedstaaten in Gestalt des Europäischen Gerichtshofes mit seiner Kompetenz abschließend-verbindlicher Auslegung der Verträge ein anderer „Herr der Verträge" gegenübersteht. Sie sind es auch deshalb nicht, weil die Vertragsverfassung der Union im Politikprozess unter maßgeblichem Einfluss der Kommission ständig unmerklich weiterentwickelt wird.[7]

Freilich haben sich auch die Mitgliedstaaten – mit wenigen Ausnahmen – keine übermäßige Mühe gegeben, den Verfassungs-

---

7 Darauf weist auch Kohler-Koch (2000) hin.

prozess demokratisch zu legitimieren. Sie waren eher bestrebt, ihn durch Eliten- und das heißt vor allem Parteienkonsens gegen störende Interventionen abzuschirmen; Deutschland ist dafür ein herausragendes Beispiel. Wo kein Wählervotum gegen den Fortgang des Integrationsprozesses möglich ist, weil die Parteien sich einig sind, und auch keine direktdemokratischen Instrumente verfügbar sind, wird man von einer demokratisch begründeten Vollmacht, die Integration weiterzutreiben, kaum sprechen können.

Aus diesen Bemerkungen folgt, dass es notwendig ist, den europäischen Verfassungsprozess stärker vom Politikprozess, der eine geltende Verfassung voraussetzt, abzugrenzen. Das ist bei einer offenen, also in Entwicklung befindlichen Verfassung schwierig. Aber es ist notwendig. Es folgt auch, dass dem EuGH nicht mehr mit der gleichen Selbstverständlichkeit wie in der Vergangenheit die Rolle eines europäischen Verfassungsgesetzgebers zugestanden werden kann. Schließlich ergibt sich aus dieser Sicht, dass die Mitgliedstaaten die Notwendigkeit der demokratischen Legitimierung des europäischen Verfassungsprozesses viel ernster nehmen müssen, als jedenfalls die meisten unter ihnen es bisher zu tun geneigt waren. Mit der Werbung für Akklamation ist es nicht getan.

Was den Politikprozess angeht, so gilt zwar auch für ihn, dass demokratische Legitimität ein Stück weit über föderale Repräsentation vermittelt werden muss (was unter anderem in der Stimmengewichtung im Ministerrat und in den Abstimmungsregeln der doppelten Mehrheit zum Ausdruck kommt). Aber die genuin europäischen Institutionen, die in den Prozess des Aushandelns von Kompromissen zwischen den territorial definierten partikularen Interessen eine europäische Gemeinwohlperspektive einbringen sollen, haben hier eine ganz andere Rolle zu spielen. Das gilt auch und gerade für das Parlament. Das Europäische Parlament wird diese Rolle vermutlich besser spielen können, wenn es sich eine prinzipielle Unabhängigkeit von der Kommission bewahrt. Eine Entwicklung, die zu der für parlamentarische Systeme charakteristischen Symbiose zwischen parlamentarischer Mehrheit und Regierung/ Kommission führt, ist also nicht zu wünschen. Denn die Kontrollfunktion bleibt in der Konfiguration der europäischen Politik für das Parlament konstitutiv. Es darf die Fähigkeit, sie wahrzunehmen, nicht verlieren. So gesehen ist tatsächlich eher der amerikanische Kongress als die Parlamente der Mitgliedstaaten ein Vorbild für das Europäische Parlament.

Das Etikett präsidentielle Demokratie ist dennoch nicht das richtige. Das Europäische Parlament hat gegenüber der Kommission ja schon jetzt mehr Rechte als der amerikanische Kongress gegenüber dem Präsidenten, vor allem das Recht, der Kommission das Misstrauen auszusprechen. Es gibt keine guten Gründe dafür, ihm diese Rechte wieder zu nehmen. Im Übrigen könnte ein direkt-gewählter Kommissionspräsident niemals das sein, was der amerikanische Präsident in einem emphatischen Sinn ist: der Repräsentant der einen, das Gemeinwesen tragenden Nation. Eben daraus zieht er aber seine politische Kraft – womit einmal mehr deutlich wird, dass keines der traditionellen staatlichen Verfassungsmuster für die Europäische Union einfach nachgebildet werden kann.

Man kann das, wenn man will, auch als eine Bestätigung der Burke'schen Weisheit begreifen, dass die Verfassung eines Gemeinwesens nicht in einem Zuge, nach einem Plan entworfen werden könne, sondern wachsen müsse. Auf die Europäische Union übertragen heißt das: Das Verfassungsdilemma der Union lässt sich nicht konstruktivistisch aus der Welt schaffen, man kann nur schrittweise lernen, besser mit ihm umzugehen.

Literatur

Abromeit, Heidrun 1998: Democracy in Europe. Legitimizing Politics in a Non-State Polity, New York/Oxford.

Decker, Frank 2000: Demokratie und Demokratisierung jenseits des Nationalstaates: Das Beispiel der Europäischen Union, in: Zeitschrift für Politikwissenschaft 10, 585-629.

Eriksen, Erik O./Fossum, John E. 2000: Democracy in the European Union, London/New York.

Greven, Michael 1998: Mitgliedschaft, Grenzen und politischer Raum: Problemdimensionen der Demokratisierung der Europäischen Union, in: Kohler-Koch, Beate (Hrsg.): Regieren in entgrenzten Räumen, Politische Vierteljahresschrift Sonderheft 29, 249-270.

Héritier, Adrienne 1999: Elements of Democratic Legitimation in Europe: An Alternative Perspective, in: Journal of European Public Policy 6, 269-283.

Höreth, Marcus 1999: Die Europäische Union im Legitimationstrilemma, Baden-Baden.

Kohler-Koch, Beate 2000: Regieren in der Europäischen Union. Auf der Suche nach demokratischer Legitimität, in: Aus Politik und Zeitgeschichte B6, 30-38.

Majone, Giandomenico 1998: Europe's „Democracy Deficit". The Question of Standards, in: European Law Journal 3, 33-54.

Mancini, G. Federico 1998: Europe: The Case for Statehood, in: European Law Journal 4, 29-42.

Scharpf, Fritz 1999: Regieren in Europa: Effektiv oder demokratisch?, Frankfurt/New York.

Weiler, Joseph H. 1998: Europe: The Case against the Case for Statehood, in: European Law Journal 4, 43-62.

Zürn, Peter 1996: Über den Staat und die Demokratie im europäischen Mehrebenensystem, in: Politische Vierteljahresschrift 37, 27-55.

Klaus Eder

Öffentlichkeit und Demokratie

1 Öffentlichkeit – das Dritte zwischen Staat und Gesellschaft

1.1 Die soziale Konstruktion eines Raums politischer Kommunikation

Öffentlichkeit ist jener Freiraum zwischen Staat und Gesellschaft, in dem Institutionen thematisiert werden. Er ist weder eine politische Institution noch eine soziale Institution, sondern eine (ihrerseits institutionalisierbare) Beobachtungsinstanz und Thematisierungsinstanz politischer und sozialer Institutionen. Öffentlichkeit ist ein Drittes zwischen Staat und Gesellschaft (Somers 1998), ein ausdifferenzierter Bereich politischer Kommunikation, in dem sich Sprecher an ein Publikum wenden, sowie Medien, die dieses Sprechen hörbar machen. Öffentlichkeit umfasst also ein soziales Feld, in dem Kommunikation mit einer gewissen Wahrscheinlichkeit stattfindet, sowie gemeinsam geteilte Relevanzstrukturen, die verständlich machen, was kommuniziert wird (Gerhards/Neidhardt 1991; Neidhardt 1994).

Die Bestimmung der Funktion politischer Kommunikation variiert je nach verwendeter Handlungstheorie. Strategische Handlungstheorien verstehen Öffentlichkeit als einen Mechanismus der Koordination von Einzelmeinungen, der analog zum Marktmechanismus individuelle kommunikative Akte zu einem kollektiven Effekt verknüpft.[1] Theorien dramaturgischen Handelns betonen eher die Inszenierungsfunktion von Öffentlichkeit, Öffentlichkeit als ein Mittel, kollektiv geteilte Bedeutungen herzustellen oder in das kollektive Bewusstsein zurückzurufen. Diskurstheorien schließlich

---

[1] Die Studie von Gerhards (1997) zeigt die Nähe von individualistisch ansetzenden Handlungstheorien zu liberalen Bestimmungen von Öffentlichkeit, die gegen holistische Theorien wie die von Habermas gesetzt werden. Dass letztere empirisch dann als nicht haltbar herauskommen, ist fast unumgänglich.

formulieren die weitestgehenden Annahmen: Öffentlichkeit wird als Mechanismus der Herstellung kollektiv geltender diskursiver Ordnungen verstanden. Damit ist über eine ethische Bestimmung der normativen Unterstellungen politischer Öffentlichkeit hinaus eine empirische Bestimmung der Funktionen politischer Öffentlichkeit möglich. Öffentlichkeit ist in dieser empirischen Wendung ein System funktional spezifizierter politischer Kommunikation. Das heißt nicht notwendig, dass politische Kommunikation eine demokratische Öffentlichkeit nach sich zieht. Auch in autoritären Regimes findet politische Kommunikation statt. Offensichtlich bedarf politische Kommunikation einer besonderen Organisationsform, um als demokratische Öffentlichkeit zu gelten. Diese zusätzliche „normative" Bestimmung besteht darin, dass die politische Öffentlichkeit der Gesellschaft eine Stimme gibt und dem Staat Legitimation zu- bzw. abspricht. In dem Maße, wie diese Funktionen erfüllt werden, sprechen wir in einem normativen Sinne von einer „gelingenden" politischen Öffentlichkeit. Öffentlichkeit in diesem normativen Sinne ist also eine besondere organisatorische Form von politischer Kommunikation.[2]

Empirisch variabel ist die räumliche und zeitliche Bestimmung politischer Öffentlichkeit. Sie kann räumlich variieren, von der Ebene elitärer Interaktionsöffentlichkeit bis hin zur Ebene des generalisierten Publikums. Zwischen diesen Ebenen finden sich diverse Formen von eingeschränkten Öffentlichkeiten, etwa Verbandsöffentlichkeiten oder Wissenschaftsöffentlichkeiten. Sie kann schließlich zeitlich variieren, als kurzlebige Issueöffentlichkeit oder als spontane Straßenöffentlichkeit bzw. als dauerhafte Meinungsöffentlichkeit, die in regelmäßigen Umfragen reproduziert wird. Empirisch variabel ist schließlich die kulturelle Codierung der Funktion politischer Kommunikation. Die demokratische Codierung dieser Funktion (politische Kommunikation als Kommunikation unter Freien und Gleichen) ist eine unter mehreren möglichen und historisch rekonstruierbaren Codierungen. Öffentlichkeit ist also empirisch als kulturell, räumlich und zeitlich bestimmte politische Kommunikation zu bestimmen.

---

2 Zur analytischen Unterscheidung von politischer Kommunikation und politischer Öffentlichkeit haben mich Diskussionen mit Cathleen Kantner angeregt (Eder/Kantner 2000).

1.2 Demokratisierung – die Leitidee politischer Öffentlichkeit

Eine besondere Stellung in diesem empirischen Öffentlichkeitsbegriff nimmt die normative Codierung öffentlicher Kommunikation ein. Denn Öffentlichkeit ist selbst ein Produkt von Diskursen in der Gesellschaft. Öffentlichkeit ist immer auch ein politischer Kampfbegriff gewesen, der zunächst gegen absolutistische Arkanpraxis gerichtet war und mit der Durchsetzung demokratischer Strukturen auch als Mittel weiterer Demokratisierung wie als Kontrolle derer, die politische Macht haben, gedacht wurde. Der Begriff der Öffentlichkeit hat also eine normative Dimension, die ebenfalls „empirischer" Analyse zugänglich ist.[3]

Die Diskurse zur politischen Öffentlichkeit können eine illustre Liste moderner Denker für sich reklamieren. Von Kant und Hegel über Marx und Mill bis hin zu Habermas reicht die Produktion von „Leitideen" für die Institutionalisierung von Öffentlichkeit (Habermas 1962). Die besondere Geltungskraft der Idee politischer Öffentlichkeit beruht auf normativen Unterstellungen, die für den Demokratisierungsprozess in Europa seit dem 18. Jahrhundert zentral gewesen sind: die Idee der Gleichheit der Bürger und die Idee eines durch diskursive Auseinandersetzung sich herstellenden kollektiven Willens von Bürgern.[4]

In diesen Diskursen wird Öffentlichkeit als normatives Modell befestigt – kritisch oder affirmativ. Gerade dass Öffentlichkeit diesen normativen Streit hervorruft, sichert den Effekt der Leitidee, die mit der Institutionalisierung von Öffentlichkeit von sich demo-

---

3 Die moderne Institutionentheorie hat diese Doppelstruktur ja gut herausgearbeitet: Institutionen funktionieren gemäß der in ihnen geltenden sozialen Regeln und der dort eingeübten Praktiken; sie weisen zugleich ein Bild von sich selbst auf, das seine Funktion expliziert und auszeichnet. Daraus ergibt sich die besondere Legitimität öffentlicher Kommunikation. Die Entgegensetzung von funktionalem und normativem Öffentlichkeitsbegriff (Gerhards 1994) macht dann wenig theoretischen Sinn, sind die damit benannten funktionalen und normativen Aspekte doch nur analytische Dimensionen eines sozialen Gesamtphänomens. Zu einer beide Aspekte zusammendenkenden Theorie der Öffentlichkeit siehe Neidhardt (1994).

4 Eine theoretische wie empirische Rekonstruktion dieser Organisationsprinzipien im Kontext der politischen Modernisierung des 19. Jahrhunderts findet sich in Eder (1985).

kratisch verstehenden Gesellschaften einhergeht. Im nationalen Rahmen lässt sich diese Idee mit der Idee des Volkes verbinden, das in öffentlicher Kommunikation seinen kollektiven Willen erzeugt. Demokratische Legitimation politischer Institutionen ist an die in einer räumlich, zeitlich und sozial fixierten politischen Öffentlichkeit stattfindende Willensbildung gebunden. Ohne politische Öffentlichkeit keine Demokratie – mit dieser Formel hat das in der Nation vereinte Volk dem auf Tradition gegründeten Souverän die Legitimation entzogen und sich selbst gegeben. Das in der politischen Öffentlichkeit sich konstituierende Volk wird zum Souverän seiner selbst. An diese Idealisierung schließt jene politische Institutionenbildung an, die im modernen Nationalstaat eine universale Form gefunden hat. Der globale Siegeszug des Modells des Nationalstaats hat die Nation zum privilegierten Träger politischer Öffentlichkeit gemacht. Wie die Nation den Prozess der „Transnationalisierung" überleben wird, ist eine Frage, für deren Untersuchung der Europäisierungsprozess ein besonderes Labor bietet.

2   Räume politischer Kommunikation in Europa

2.1   Das Problem transnationaler Öffentlichkeit

Transnationale Institutionen machen die nationale Schließung politischer Öffentlichkeit zunehmend problematisch. Das nationale Volk und seine Öffentlichkeit kommen nicht mehr bei den transnationalen Institutionen an. Transnationale Institutionen bewegen sich deshalb in einem öffentlichkeitsfreien Raum, in dem zwar noch nationale Öffentlichkeiten vorhanden sind, die sich aber nicht zu einer transnationalen Öffentlichkeit vernetzen, die der institutionellen Verfasstheit transnationaler politischer Institutionen ebenbürtig wäre. Nationale Öffentlichkeiten werden zu provinziellen Öffentlichkeiten, die zwar gepflegt werden, aber für die Legitimation transnationaler Institutionen folgenlos bleiben. Das im transnationalen Raum sich stellende „Öffentlichkeitsproblem" ist also das der Provinzialisierung politischer Öffentlichkeit und dem damit verbundenen Funktionsverlust politischer Öffentlichkeit.[5]

Diese Grundannahme wird im Folgenden in Frage gestellt.[6] Statt das Öffentlichkeitsproblem zu verabschieden, wird die Besonderheit des Öffentlichkeitsproblems im Rahmen transnationaler Institutionenbildung in Europa herausgestellt. In Europa fehlt nicht ein Raum politischer Kommunikation. Dafür gibt es empirisch belegbare systematische Gründe. Der Kommunikationsraum Europa ist einmal durch die Definition einer europäischen Staatsbürgerschaft räumlich bestimmt. In zeitlicher Hinsicht finden regelmäßig wiederkehrende politische Ereignisse statt (eine Regierungskonferenz nach der anderen, Neubesetzungen der Europäischen Kommission und des Europäischen Gerichtshofs, Wahlen zum Europaparlament usw.), die öffentlich thematisiert werden. Was fehlt, ist die demokratische Codierung dieses Kommunikationsraums, die Verbindung eines Raums politischer Kommunikation mit der Idee eines Souveräns, der in diesem Raum politischer Kommunikation zum Herrn seiner selbst wird. Wenn das in der Nation vereinte Volk wegfällt, dann kann diese demokratische Codierung nicht greifen. Damit ist das Ausgangsproblem der Formierung einer europäischen Öffentlichkeit umrissen.

2.2 Die Formierung einer europäischen Zivilgesellschaft als Träger einer europäischen Öffentlichkeit

Das Öffentlichkeitsproblem der Europäischen Union besteht darin, dass sich im Raum politischer Kommunikation in Europa bislang kein Souverän politischer Kommunikation konstituiert hat. In diesem Raum politischer Kommunikation existieren viele kleine Souveräne. Dieses Bild entspricht in eigentümlicher Weise dem historischen Bild von Europa als eines Systems der Vielstaaterei (Rokkan 2000). Es gibt viele Räume politischer Kommunikation in Europa. Das Problem ist die Koordination dieser kommunikativen

---

5 Diese Beschreibung stellt den dominierenden Basiskonsens der Öffentlichkeitspessimisten dar. Vgl. dazu besonders die Arbeiten von Gerhards (1993, 2000).

6 Eine weitergehende Begründung für diesen Perspektivenwechsel findet sich in Eder (2000b) und Eder/Kantner (2000).

Räume, um die Kommunikation vieler kleiner Souveräne (also nationaler Wahlvölker) in eine einen transnationalen Souverän konstituierende Form politischer Kommunikation zu überführen.

Diese Frage hat zwei Aspekte: einmal die Frage nach den sozialen Anknüpfungspunkten für eine solche „koordinierte" Kommunikation und die Frage nach der Vermittlung solcher koordinierter Räume politischer Kommunikation mit den entstehenden transnationalen Institutionen politischer Herrschaft. Im Folgenden wird zunächst nach Vorläufern zivilgesellschaftlicher Träger einer emergenten transnationalen Öffentlichkeit in Europa gefragt, einer elitären Öffentlichkeit in Europa, die weit zurückreichende historische Wurzeln aufweist, dann einer populären Öffentlichkeit, die sich immer wieder hörbar gemacht hat. Diese Analyse mündet in der Frage, ob bzw. inwieweit die Transformation der europäischen Gesellschaft im Zuge der europäischen Integration eine Zivilgesellschaft hervorbringt, die die Funktion eines demokratischen Souveräns erfüllen kann, der aus sich selbst einen kollektiven Willen zu bilden in der Lage ist.

2.3   Elitäre und populäre Öffentlichkeit in Europa

Von der Tradition der europäischen Restauration bis hin zur Tradition europäischer Demokraten und nationaler Befreiungshelden reicht die Erinnerung an ein diskursives Netz öffentlicher Auseinandersetzung und Debatten. Diese europäische Öffentlichkeit ist zunächst Gelehrtenöffentlichkeit, von Thomas von Aquin und Nicolaus von Cues zu Leibniz und Calvin sowie zu Hobbes, Locke und Rousseau. Hinzu kommt die Gemeinsamkeit der europäischen Musik, Malerei, bildenden Kunst und der Literatur, wobei letztere die europäische Kunst der Übersetzung mit einschließt. Diese Kunstöffentlichkeit ist eine europaweite gewesen. Sie kennt eine europäische Tradition, die antike Tradition, sie rekurriert auf ein Goldenes Zeitalter europäischer Kunst, der Renaissance, und sie basiert auf einem Kunst- und Wissenschaftsdialog in Europa, der eine besondere europäische Tradition des Reisens von Künstlern und Schriftstellern in Europa kennt. An diese Gelehrtenöffentlichkeit schließt heute die wissenschaftliche Expertenöffentlichkeit und Gegenexpertenöffentlichkeit an, die nationale Grenzen überschreitet. Sie gehört zu jenen Elitenöffentlichkeiten, die mit zunehmender europäischer Institutionenbildung auch eine räumliche Fokussierung erwarten lassen. Wir können also über europäische Institutionen sich konstituierende transnationale Teilöffentlichkeiten beobachten, die sich ihrerseits auf historische Vorläufer berufen können.

Eine weitere Tradition elitärer Öffentlichkeit ist die Öffentlichkeit der Stadtbürger, eine städtische Öffentlichkeit von Händlern und Handwerkern. Diese Öffentlichkeit, die die Grenzen territorialer Herrschaften in Europa überschritten hat und eine besondere städtische Kultur in Europa hervorgebracht hat, liefert den Ausgangspunkt für die Entstehung einer europäischen Wirtschaftskultur von Händlern, Unternehmern, Bankern, und schließlich Kapitalisten (als Industrieunternehmern), die ihre eigenen Rechtstraditionen kannte und völkerrechtlich (in Europa!) dachte. Diese besondere Tradition liefert einen transnationalen Träger für Öffentlichkeit, die den Diskurs des wirtschaftlichen Fortschritts pflegte und als Öffentlichkeit eines über Eigentum bestimmten Bürgertums eine zentrale Funktion in der Entstehung einer bürgerlichen Öffentlichkeit hatte. Diese bürgerliche Öffentlichkeit reproduziert sich heute in der Differenz von Managementkulturen, in Unterschieden zwischen „den Europäern" und „den Amerikanern", nicht zu reden von den Differenzen zwischen Europäern und Asiaten, eine Differenz, die in Europa ihre besondere Tradition der Darstellung und Verarbeitung hat.[7]

Der Begriff „populäre Öffentlichkeit" unterstellt eine Homogenität, die populäre Öffentlichkeit nie gehabt hat. Sie wird nur in seltenen Momenten zu einer Einheit, dann, wenn Revolution oder Revolten dieser Öffentlichkeit ein gemeinsames Thema, eine gemeinsame Handlungsstrategie und ein gemeinsames Ziel vorgeben. Der Normalzustand populärer Öffentlichkeit ist der einer Diversität lokaler, regionaler und sektoraler Stimmen, die zu einer gemeinsamen öffentlichen Meinung über die Konstruktion einer öffentlichen Meinung gelangt.

---

7   Dazu vgl. die Arbeiten von Delanty (1995), Kaelble (1995) und Giesen (1999). Hierher gehört auch die Selbstdarstellung Europas als eine den anderen nichteuropäischen Kulturen überlegene Kultur (Hale 1993; Eder 2000a).

Diese Vielstimmigkeit des populären Publikums in Europa hat eine lange historische Tradition. Das in kollektive Aktionen sich verwickelnde Europa, „contentious Europe" im Sinne von Tilly, gehört zu den augenfälligsten Eigentümlichkeiten des frühmodernen Europas (Tilly 1977, 1986). Heute artikuliert sich diese Vielstimmigkeit nicht mehr nur in den überkommenen lokalen und regionalen oder nationalen Kontexten. Sie werden durch andere, sektoral bestimmte Öffentlichkeiten überlagert. Diese Öffentlichkeiten sind populär in dem Sinne, als sie partikular, temporär und sozial fluide sind. Diese Eigenschaft wird im transnationalen Raum verschärft. Denn diese Publika formieren sich häufig ad-hoc (als Konsumenten, als Fahrradfahrer, als Benzinkäufer usw.), sind an partikularen Interessen orientiert und konstituieren sich als enttraditionalisierte Kollektivitäten. Es handelt sich um Sekundärvergemeinschaftungen, denen das Gemeinschaftsethos der traditionalen Gemeinschaft, der „community", fehlt.

Diese Formen populärer Öffentlichkeiten sind keine sozialen Bewegungen oder Interessenverbände im klassischen Sinne. Es handelt sich um Netzwerke sozialer Akteure, die von sozialen Bewegungen und Interessenverbänden hergestellt und für populäre Öffentlichkeiten „bereitgestellt" wurden. Solche populären Öffentlichkeiten lassen sich umso leichter mobilisieren, je weniger der soziale Raum durch traditionale und nationale Vergemeinschaftungen bereits strukturiert ist. Die Idee, dass plurale transnationale Gruppenbildungen nationale Gruppen in der Europäischen Union ersetzen werden, rückt die populäre Öffentlichkeit ins Zentrum der Formierung einer europäischen Öffentlichkeit. Hier bietet sich das Modell einer von vielen „Demoi" durchzogenen europäischen Gesellschaft an (Abromeit/Schmid 1998). Ein solches Modell muss allerdings den Faktor der fortdauernden Kraft nationaler Vergemeinschaftungen, die diese emergenten transnationalen Vergemeinschaftungen immer wieder zu überlagern drohen, einbauen. Dafür, dass es eine populäre Öffentlichkeit mit diesem Selbsterzeugungspotential gibt, existieren zumindest Hinweise. So meldet sich bisweilen oppositioneller Geist in Europa und im Hinblick auf Europa (Eder 2001). Die Debatte um eine Pluralität von in diesen Vergemeinschaftungen sich konstituierenden „Demoi" zeigt, dass es sich nicht mehr um ein Volk im Sinne eines mit kollektiver Identität ausgestatteten Aggregats von Individuen handeln kann, das eine kollektive Erfahrung als Voraussetzung kollektiven Selbstbewusstseins reklamiert. Es geht vielmehr um immer wieder herzustellende Gemeinsamkeiten, die an konkreten Problemen anknüpfen und Koalitionen hervorrufen, die kurz darauf wieder widerrufen werden.

Für die entstehende europäische Gesellschaft gilt, dass sich jenseits nationaler Vergemeinschaftungen, die weiterhin stark sind, und jenseits von Elitenöffentlichkeiten, die sich in der europäischen Tradition einer Bildungselite situieren, auch soziale Strukturen existieren, die in emergenten transnationalen populären Netzwerken begründet sind. Das spricht für eine theoretische Perspektive, die den Träger europäischer Öffentlichkeit zugleich in der elitären Öffentlichkeit wie in der „Kreuzung" von vielen populären Öffentlichkeiten – die elitäre Öffentlichkeiten bisweilen bedienen, bisweilen attackieren oder diese instrumentalisieren – sucht. Das Ergebnis hieße dann „europäische Zivilgesellschaft".

2.4 Die Rückkehr der Zivilgesellschaft nach Europa

Mit der Transnationalisierung von Grenzen wird der nationalstaatlich bestimmte Gesellschaftsbegriff unscharf. In ökonomischer Hinsicht wird das, was wir mit Gesellschaft meinen, durch transnationale Räume des Wirtschaftens erzeugt, die, verbunden mit Migration, die Nationalökonomie unterminieren. Der Slogan vom Standort Europa und die globale Regionalisierung ökonomischer Räume verweisen auf neue Grenzen ökonomischer Vergesellschaftung. In diesen Räumen entstehen Netzwerke, die zunehmend die nationalen Grenzen überschreiten. Migranten erzeugen und besetzen transnationale Räume. Professionelle Berufskulturen bilden transnationale Referenzen aus; ihre Sozialisationsformen zielen auf interkulturelle Fähigkeiten. Eliten vernetzen sich – in alter europäischer Tradition – transnational. Auch die Mittelklassen sind in Bewegung, auch wenn das eher die touristische und kulinarische Freizeit denn die Sphäre der Arbeit betrifft. Die Arbeiterklasse bleibt – entgegen der ihr einst von ihrer Avantgarde zugeschriebenen Berufung – ein nationales Phänomen, während die Bauern in Europa in Reaktion auf Brüssel zunehmend gemeinsame Interessen erkennen und kollektiv zu handeln beginnen.

Auch die über kulturelle Gemeinsamkeiten bestimmte Gesellschaft bewegt sich über die nationalen Grenzen hinaus. Bewegungskulturen als die prägende Kraft politischer Kulturen lassen sich nicht mehr national begrenzen. Jugendkulturen entwickeln transnationale Kontakte über Musik, Sprachenlernen und Internet. Der Tourismusalltag erzeugt eine Form von Sozialität, die Vergesellschaftung über den nationalen Rand hinaustreibt. Auch die Intellektuellen entdecken transnationale Räume. Religiöse Akteure können auf Traditionen einer nationale Kulturen übergreifenden institutionellen Form zurückgreifen. Hinzu kommt, dass sich die neuen religiösen Bewegungen, in besonderem Maße New Age als eine signifikante Massenbewegung, nicht mehr national verstehen lassen.

Im Zuge der Europäisierung nationaler Gesellschaften öffnet sich der gesellschaftliche Raum. Kommunikation prallt nicht mehr an den politischen Grenzen auf die Gesellschaft zurück. Diese geöffneten transnationalen Kommunikationsräume suchen nach einer Struktur. Damit wird eine oft wiederholte Behauptung in Frage gestellt, die besagt, dass politische Institutionenbildung der Motor der Europäisierung sei. Europäische Vergesellschaftung – so die traditionelle These – sei ein Prozess, der der politischen Integration Europas hinterherhinke. Dies dürfte sicherlich für die Frühgeschichte europäischer Einigung gelten. In dem Maße jedoch, wie dieser Prozess in Gang gesetzt wurde, scheint sich das Verhältnis umzukehren: Politische Integration kommt dem transnational zu Regulierenden kaum noch hinterher. Die Gesellschaft übernimmt selbst zunehmend das Tempo.

Es geht nicht um die Frage, ob und inwieweit transnationale Öffentlichkeit dem Modell nationaler Öffentlichkeit in irgendeiner Weise das Wasser reichen kann. Das Problem der Herstellung einer Öffentlichkeit stellt sich auf transnationaler Ebene in einer signifikant anderen Weise als auf nationalstaatlicher Ebene. Wenn die Beziehungen zwischen „Staat" (dem Mehrebenensystem europäischen Regierens) und „Gesellschaft" (dem Mehrebenensystem lokaler, regionaler, nationaler und transnationaler Akteure) komplexer wird, dann ist eine Form von Öffentlichkeit als Schnittstelle dieses politischen und gesellschaftlichen Mehrebenensystems zu erwarten, für die das Modell einer sprachlich homogenen und national geschlossenen Öffentlichkeit unzureichend sein muss. Diese

Konstellation von rationalem transnationalen Regieren und einer zunehmende Eigendynamik entwickelnden Gesellschaft ist der Rahmen, in dem gleichermaßen der Prozess der Formierung einer europäischen Öffentlichkeit wie der Diskurs um diese europäische Öffentlichkeit stattfinden. Beides, die empirischen Veränderungen in der Organisation transnationaler politischer Kommunikation und in der Strukturierung des Publikums wie die Diskurse über diese Öffentlichkeit, die sie in der Regel am Maßstab des Erfahrenen, also des Nationalstaats messen, bestimmen die Formierung einer europäischen Öffentlichkeit.

3 Die Formierung einer europäischen Öffentlichkeit

3.1 Der Öffentlichkeitsbedarf europäischer Institutionen

Die entstehende Zivilgesellschaft setzt europäische Institutionen unter Druck. Der klassische Legitimationsmodus dieser Institutionen, ihre „Zweckmäßigkeit", wird an eine Gesellschaft gebunden, die Zustimmung zu diesen Institutionen an weitergehende Ansprüche als Effizienz bindet. Dies ist der Grund für das zunehmend beklagte Legitimitätsdefizit europäischer Institutionen.[8] Die Besonderheit des Legitimationsanspruchs von EU-Institutionen beruhte bislang auf einer anspruchsvollen Form legitimer Selbstbegründung; sie gründete auf dem Legitimationsglauben, der auf nichts anderes setzt als auf den Erfolg. Dieser Glauben hat über einen langen Zeitraum auch funktioniert.[9] Er wurde gestützt durch einen

---

8 Die Idee einer Selbstlegitimation durch Effizienz (Scharpf 1999) und die damit verbundene Reduktion des Legitimationsanspruchs der europäischen Gemeinschaften als Zweckverbände hat allerdings niemals so rein existiert. Europa hat immer auch vom Charisma ihrer Gründer gelebt. Europa ist eher ein rationaler Zweckverband, dessen Berufung auf das Charisma der Gründer verblasst. Die Veralltäglichung dieses Charismas, das Verbleichen der Erinnerung reduziert die Legitimationsgrundlagen zunehmend auf das formal-rationale Element. Diese Entwicklung läuft parallel zur Emergenz einer Zivilgesellschaft in Europa.

9 Das funktionale Äquivalent ist in der katholischen Kirche zu finden: die formal-rationale Anstalt der Verwaltung von Gnade und Charisma, deren Verblei-

diffusen Bezug auf das „Werk" der europäischen Einigung als dem „Werk" der Herstellung einer europäischen Friedensordnung. Dieser friedensbasierte Legitimitätsglaube schwand in dem Maße, wie die kriegerische Vergangenheit Europas zur Erinnerung wurde, die mit dem Abstand zugleich das mit der Kriegserfahrung verbundene moralische Gefühl verblassen ließ. Dem Werk der europäischen Einigung stand schließlich nur mehr die eigene Effektivität im Sinne der Herstellung eines rational gestalteten Zweckverbandes europäischer Nationalstaaten zur Verfügung.

Die Logik der Effizienz erzeugt eine Schere zwischen institutioneller Performanz und gesellschaftlicher Erwartung. Die Orientierung an der zweckrationalen Gestaltung sozialer Verhältnisse überfordert Institutionen in dem Maße, wie die Komplexität der Verhältnisse die rationale Gestaltung zum kontingenten Ereignis macht. Zugleich steigert der von generalisierter moralischer Zustimmung entlastete Legitimationsglaube des Publikums die Erwartungen an die effiziente Performanz von Institutionen, die nichts als diese Effizienz zu bieten haben. Politische Institutionenbildung auf europäischer Ebene ist also in der selbsterzeugten Erwartungsproduktion gefangen, aus der nur symbolische Politik, also die Erzeugung generalisierter Akzeptanz herausführen kann (Gramberger 1997; Meyer 1999). Die mit Effizienzlegitimation verbundene Arkanpraxis verbietet sich darüber hinaus in dem Maße, wie die Kommunikation über Europa außerhalb der Institutionen anläuft.

Dies macht Öffentlichkeit zum Thema. Die Adressaten von europäischer Politik sind ein Publikum, das durch symbolische Mobilisierung erreicht werden muss.[10] Öffentlichkeit wird zu einem Interesse dieser politischen Institutionen selbst. Das Öffentlichkeitsdefizit wird damit auch zu einem Problem der Selbstlegitimation europäischer politischer Institutionen. Dieser Mechanismus würde bereits bei gleichbleibender Erwartungshaltung des Publikums greifen. Er greift umso mehr, wie sich die Erwartungshal-

---

chen durch das Papsttum, die permanente Erneuerung von Charisma durch Wahlen, gesichert wird.

10 Ein Beispiel sind die Kampagnen, die die Europäische Kommission zur Unterstützung eigener regulatorischer Politiken und zur Herstellung generalisierter Zustimmung durchgeführt hat (Trenz 2002).

tungen des Publikums steigern. Die Folge sind zunehmende Proteste, die Zunahme europaskeptischer Gefühle und europakritischer Diskurse. Dabei entsteht ein Raum kommunikativen Lärms, der sich in Europa austobt und dabei jene Tradition fortsetzt, die Europa seit Jahrhunderten auszeichnet: nämlich ein Kontinent von Streit und Konflikt, „a contentious continent" (Tilly), zu sein. Zugleich formiert sich jener intellektuelle europakritische Diskurs, der in Fortsetzung elitärer europäischer Öffentlichkeit die europäischen Institutionen attackiert. Der damit in Gang gesetzte Mechanismus der gegenseitigen Beschleunigung von institutioneller Selbstbehauptung und kollektiver Mobilisierung erzeugt Öffentlichkeit in einer Weise, für die die nationale Formierung von Öffentlichkeiten kein Vorbild mehr liefert. Öffentlichkeit wird auch von den Institutionen in ihrem Eigeninteresse gemacht, eine Konstellation, die die historische Erfahrung auf den Kopf stellt, wo Öffentlichkeit gegen die Institutionen durchgesetzt werden musste.

3.2   Die institutionelle Produktion von Öffentlichkeiten in Europa

Besondere Räume politischer Kommunikation sind in der europäischen Verfassungsstaatlichkeit vorgesehen. Zu den solche Räume ermöglichenden rechtlichen Regelungen gehören die Unionsbürgerschaft (Art 17 EGV), das europäische Kommunalwahlrecht (Art. 19), das Petitionsrecht (Art. 21) und der europäische Ombudsmann (Art. 195). Art. 142 und 199 sichern die Öffentlichkeit des europäischen Parlaments. Art. 222 Abs. 2 regelt die öffentliche Stellung der Schlussanträge des Generalanwalts (Häberle 1998). Diese klassischen Formen der institutionellen Ermöglichung von Öffentlichkeit, also die parlamentarisch-repräsentative Verlängerung öffentlicher Debatten oder Meinungen in politische Institutionen spielen im Vergleich mit den justiziellen Formen des Umgangs mit Öffentlichkeit allerdings eine eher sekundäre Rolle. Legitimitätssicherung durch parlamentarische Wahlen, wie sie in Systemen nationalstaatlicher Repräsentation typisch ist, verliert an Bedeutung. Demgegenüber gewinnt die justizielle Verlängerung von Öffentlichkeit an Gewicht.

Dabei erweist sich die justizielle Verlängerung als eine Form institutionalisierter Öffentlichkeit, die ihrerseits auf eine historische Tradition in Europa zurückgreifen kann. Die traditionsreiche Rechts- bzw. Juristenöffentlichkeit in Europa wird institutionell manifest im EGMR in Straßburg und EuGH in Luxemburg. Mit der Rechtsvergleichung als „fünfter Auslegungsmethode" gewinnt diese Institutionalisierung in den europäischen Gerichten auch eine dogmatische Fixierung. Eine über Rechtserzeugung und Rechtsauslegung konstituierte und institutionalisierte Rechtsöffentlichkeit existiert in Europa und wird von der Zivilgesellschaft auch zunehmend „entdeckt" (Dörr/Dreher 1997).

Eine andere Form der institutionellen Erzeugung von Öffentlichkeit in Europa findet über die Institutionalisierung deliberativer Verfahren (sozialer Dialog, Umweltdialog etc.) statt. Die Einbindung von Öffentlichkeit durch direkte Beteiligung gehört zu den bislang auffälligsten Formen der Verknüpfung von europäischen Institutionen und einer emergenten Zivilgesellschaft in Europa. Die Kritik dieser Öffentlichkeit wird in die Komitologie eingebunden. Diese Zivilisierung der Macht von – auch kritischen – Expertenurteilen ist immer wieder als Eigenheit dieser Institutionen herausgestellt worden.[11] Gegenüber der „dritten Gewalt" stellen die regulativen Institutionen im europäischen Institutionensystem (Majone 1994) eine Besonderheit dar. Die damit verbundene Herstellung von „regulativen" Öffentlichkeiten, insbesondere die Ausbildung deliberativer Öffentlichkeiten, orientiert sich an den verschiedenen Regelungsbereichen europäischer Institutionen. Umweltpolitik, Regionalpolitik, Strukturpolitik, Agrarpolitik, Migrationspolitik usw. erzeugen ihre jeweils besonderen deliberativen Teilöffentlichkeiten. Diese neuen Elitenöffentlichkeiten können sich nur mehr bedingt auf eine Tradition europäischer Gelehrtenöffentlichkeit beziehen. Sie können sich aber in der Tradition jener aufgeklärter Berater absolutistischer Fürstenhöfe sehen, wie sie sich in Bayern, Österreich und Preußen gebildet hatten.[12]

---

11 Diese Interpretation der Komitologie ist nicht unstrittig. Für eine normativ „freundliche" Deutung siehe Neyer (2000).

12 Zu dieser Tradition vgl. die Beiträge in Vierhaus (1980). Diese Berater verstanden sich als Teil patriotischer Gesellschaften, die sich zum Ziel gesetzt hatten, Aufklärung für patriotische Zwecke zu betreiben. Siehe auch Eder (1985: 164ff.)

Schließlich ist die öffentliche Meinung Europas anzuführen, die im Zuge der Etablierung einer europäischen Umfrageforschung (Eurobarometer) veröffentlicht wird (Niedermayer 1998; Reif/Inglehart 1991). Bereits relativ früh haben sich die europäischen Institutionen die Umfrageforschung zu Nutze gemacht. Die Institutionalisierung einer permanenten Beobachtung der europäischen öffentlichen Meinung durch Eurobarometer-Umfragen (vermutlich mit der Hoffnung verknüpft, dass sich hier gute Nachrichten akkumulieren) ist ein Versuch, die entstehende Öffentlichkeit beobachtbar zu halten und rechtzeitig auf diese öffentliche Meinung reagieren zu können. Diese Form der Institutionalisierung öffentlicher Meinung konstituiert ein europäisches Massenpublikum, in dem sich das Volk nicht wiedererkennen muss, das aber unabhängig davon eine soziale Existenz führt. Hier kommt eine Öffentlichkeitspolitik zum Zuge, die mit wissenschaftlichen Mitteln jenen Politikstil verstärkt, der in transnationalen Institutionen generell dominiert: der Expertenstil. Populäre Öffentlichkeit wird zu einer von Experten hergestellten Öffentlichkeit. Diese Öffentlichkeitspolitik zielt auf die antizipative Einbindung entstehender Massenöffentlichkeit in Europa (Gramberger 1997; Meyer 1999). Wie wenig effizient diese Form von Öffentlichkeitspolitik ist, zeigen die populären Referenda, die gerade europakritischen Stimmungen in der europäischen Bevölkerung eine besonders laute Stimme zu geben vermögen.

Europa produziert also im Rahmen rechtlich-institutioneller Innovationen eine Vielfalt von politischen Öffentlichkeiten. Diese können an historische Traditionen europäischer Öffentlichkeiten anknüpfen. Was diese neuen europäischen Öffentlichkeiten jedoch besonders und zu mehr als zu bloßen Verlängerungen verschütteter Traditionen macht, ist ihre Entstehung nicht mehr aus dem Geist der Kritik von Institutionen, sondern aus dem Bedürfnis von Institutionen nach Öffentlichkeit. Diese institutionelle Besonderheit politischer Öffentlichkeit in Europa ist weiterer Schlüssel zu einer Theorie europäischer Öffentlichkeit.

3.3   Die institutionelle Besonderheit europäischer
Öffentlichkeit

Die Entkopplung politischer Institutionenbildung von der sie umgebenden Gesellschaft, die charakteristisch für die bisherige Integration Europas gewesen ist, ist nicht mehr in dem Maße zu unterstellen, in dem dies für die EU bis zum Beginn der 90er Jahre
typisch war. Das hat, wie gezeigt, einmal mit der besonderen internen Logik der Institutionenbildung in Europa zu tun, die zunehmend an externe Zustimmung gebunden ist, um interne Probleme der Koordination zu lösen. Das hat zugleich mit Veränderungen in der die europäische Institutionen umgebenden Gesellschaft zu tun, die den Vertrauens- oder Indifferenzvorschuss für
öffentlichkeitsentlastete transnationale Politik in Europa nicht
mehr liefert.

Es sind zwei Mechanismen, die die Rückkopplung europäischer
Institutionenbildung an die Gesellschaft vorangetrieben haben:
(a) die interne Legitimationslogik von Institutionen, die auf ein Er-
schöpfungstheorem von effizienz-basierter Legitimation verweist,
und (b) die Europäisierung der Gesellschaft, die auf eine Eigenlogik der Transformation der gesellschaftlichen Umwelt transnationaler und supranationaler Institutionenbildung in Europa verweist.
Diesen beiden Mechanismen kann ein drittes Moment hinzugefügt
werden: nämlich die öffentliche Thematisierung des Fehlens einer
europäischen Öffentlichkeit als Moment der Herstellung europäischer Öffentlichkeit. Es ist ein öffentliches Ritual geworden, das
„Fehlen" einer Öffentlichkeit in Europa mit einem Demokratiedefizit europäischer Institutionen in Verbindung bringen.[13] Dieser

---

13 Diese Feststellung findet sich gleichermaßen in intellektuellen wie akademi-
   schen Diskursen wie in der Presse selbst. In der Presse wird bisweilen gar eine
   europäische Öffentlichkeit angerufen, die Verhältnisse im eigenen Land oder
   in einem anderen Mitgliedsstaat kritisch kommentieren soll. So geschehen
   beim Regierungswechsel in Österreich 2000 und dann in Italien 2001. In aka-
   demischen Diskursen werden Annahmen über die strukturellen Bedingungen
   von europäischer Öffentlichkeit mit Annahmen über ihre normative Notwendigkeit verbunden und zu einer Negativprognose für transnationale politische
   Kommunikation zusammengeschnürt. Zu diesen Negativprognosen siehe nicht
   nur Gerhards (1993, 2000), sondern auch viele normativ argumentierende Po-

dritte Mechanismus verweist auf die besondere Rolle von Intellektuellen, Journalisten, Wissenschaftlern und – im Falle von Europa – auf die Rolle von selbstreflexiven europäischen Beamten als Konstrukteuren einer europäischen Öffentlichkeit (Giesen 1999).

Die Transnationalisierung des öffentlichen Raumes reproduziert ein Problem, mit dem jede nationalstaatliche Öffentlichkeit immer auch schon konfrontiert war: das Problem des Verhältnisses von elitärer (hochkultureller) Öffentlichkeit und populärer Öffentlichkeit. Europäische Öffentlichkeit ist zunächst elitäre Öffentlichkeit, die auf das Legitimationsdefizit europäischer Institutionenbildung reagiert und antizipativ für die entstehende europäische Gesellschaft spricht. Die institutionelle Besonderheit europäischer Öffentlichkeit liegt also in der Hereinnahme populärer Öffentlichkeit in die sich formierende elitäre Öffentlichkeit.

Dieses Problem ist im Nationalstaat über den Mechanismus der nationalen Integration gelöst worden. Die kollektive Identität des Volkes sichert die Einheit von Eliten und gemeinem Volk. Damit aber das niedere Volk Teil dieser kollektiven Identität werden konnte, musste diese kollektive Identität in den Köpfen des gemeinen Volkes verankert werden. Der Mechanismus, der diese Hereinnahme des gemeinen Volkes ermöglichte, war die Erziehung des Volkes. Das Modell war also, das Volk auf die Höhe der höheren Kultur zu bringen. Das Gegenmodell war, diese Differenz als natürliche Differenz zu pflegen und das Volk erst gar nicht auf den Gedanken zu bringen, dass es diese Höhe erreichen sollte. Zwischen diesen beiden Extremen lassen sich Zwischenformen der besonderen Koordination dieser beiden Ebenen ausmachen. Eines ist das schweizerische Modell von unterschiedlichen populären Öffentlichkeiten, die auf eine gemeinsame Tradition populärer Selbstbestimmung zurückgreifen, was die Elitenöffentlichkeit kulturell wie politisch beschränkt. Das andere ist das Modell der Trennung von populären Öffentlichkeiten, die durch eine kleine Elitenöffentlichkeit zusammengehalten werden, das niederländische Modell der über eine „konsoziale" Demokratie zusammengehaltenen „versäulten" Gesellschaft (Kriesi 1999; Ernst 1998).

---

litikwissenschaftler und Sozialwissenschaftler (Beierwaltes 2000; Kopper 1997).

Die allen diesen Modellen zu Grunde liegende Annahme ist die
eines gemeinsamen Volkes, die Gleichsetzung des Volkes mit Gesellschaft. Diese Modelle sind unzureichend, um das Besondere
europäischer Öffentlichkeit zu fassen. Diese europäische Öffentlichkeit existiert nicht mehr in der einfachen und klaren nationalen
Zustandsform, die von einem wie auch immer zusammengesetzten
Volk ausgehend ein einheitliches räsonierendes Publikum unterstellt hat (auch wenn dieses nicht mehr tat und tut als jeden Mor-
gen irgendeine Zeitung zu lesen). Europäische Öffentlichkeit ma-
nifestiert sich in einer Dualität von Zustandsformen: eine Öffentlichkeit, die redet, und eine Öffentlichkeit, die schweigt. Die erste
Öffentlichkeit ist laut, sucht zu beeindrucken. Dabei ist es unklar,
ob die Institutionen das Volk oder das Volk die Institutionen zu
beeindrucken suchen. Das Schweigen der zweiten Öffentlichkeit
dagegen bedarf der institutionellen Transformation in eine Stimme, der institutionellen Konstruktion einer öffentlichen Meinung
in Europa. Je weniger diese schweigende Öffentlichkeit in lebensweltlichen Kommunikationsräumen verankert ist, umso mehr bedarf sie der Herstellung als einer hörbaren Meinung. Hier konkurrieren Institutionen und Medien, die Konstruktion öffentlicher
Meinung in der institutionell geförderten Umfrageforschung und
die Konstruktion öffentlicher Meinung mittels der täglich bei der
morgendlichen Zeitungslektüre konsumierten Meinungen. Diese
schweigende Öffentlichkeit wird indirekt zum Reden gebracht.
Dieser Transformationsprozess wird umso mehr verstärkt, wie europäische Institutionen auf die Dauerzufuhr von Zustimmung angewiesen sind. Europäische Öffentlichkeit ist also zugleich laute
wie leise Öffentlichkeit. Sie setzt sich zusammen aus Akteuren, die
europäische Institutionen kommentieren und kritisieren. Die Träger einer den transnationalen Herrschaftsverband „EU" unter
Druck setzenden Öffentlichkeit sind Aktivisten von Drittstaaten-
angehörigen, Intellektuelle, Wissenschaftler, Statewatch (einem
internetbasierten Netzwerk, das versucht, die Hinterbühne institutionellen Handelns in transnationalen Institutionen öffentlich zu
machen) oder nationale europakritische Parteien. Die laute Öffentlichkeit kontrastiert mit der leisen Öffentlichkeit, die aus privaten Meinungen besteht.

Daraus ergeben sich zwei sehr unterschiedliche Typen der
Schließung eines politischen Kommunikationsraums. Der erste

Typus von Öffentlichkeit ist dadurch gekennzeichnet, dass der Raum politischer Kommunikation diskursiv geschlossen werden kann. Öffentlichkeit ist an kollektiv eingeübte Sprachspiele gebunden, in denen sich die Teilnehmer an politischer Kommunikation wiedererkennen und ihre Interessendifferenzen identifizieren können. Das Fehlen einer solchen Gemeinsamkeit der Problemwahrnehmung liegt weniger im Fehlen einer gemeinsamen Sprache (Ernst 1998) denn im Fehlen gemeinsamer Sprachspiele begründet. Der empirische Prüfstein für einen geteilten öffentlichen Raum ist, ob sich transnationale Sprachspiele ausweisen lassen, in denen Interessen, Werte und Wahrnehmungen aufeinander abgestimmt und kommunikabel gemacht werden können. Diese Gemeinsamkeit lässt sich unter Eliten, also Intellektuellen und anderen Professionellen, ohne größere Schwierigkeiten herstellen. Hier bietet die alte europäische Tradition einer transnationalen Kultur von Intellektuellen, also die Tradition einer europäischen Hochkultur, Anknüpfungspunkte. Gerade auch das Reden über das, was die nationalen Kulturen trennt, erzeugt eine Gemeinsamkeit derer, die darüber reden, eine Gemeinsamkeit von kulturellen Eliten.

Der zweite Typus von Öffentlichkeit, der in transnationalen Gesellschaften an Bedeutung gewinnt, entsteht dadurch, dass private Meinungen zu einer europäischen öffentlichen Meinung mittels Zusammenzählens aggregiert werden. Das Gemeinsame besteht hier in statistischen Verteilungen von Meinungen. Geteilte Problemperspektiven eines anonymen Massenpublikums sind statistische, nicht diskursive Konstruktionen kollektiv geteilter Relevanzstrukturen. Diese öffentliche Meinung, diese andere Öffentlichkeit, wird nicht argumentativ erzeugt. Sie folgt eher dem Modell der Skandalisierung von kollektiv erlebten Betroffenheiten. Öffentlichkeit konstituiert sich hier in der Negation, nicht in der Kritik, wie dies die hochkulturelle Öffentlichkeit tut. Die skandalisierten Themen, um die sich diese öffentliche Meinung kristallisiert, haben mit lebensweltlichen Erfahrungen zu tun, die sekundäre lebensweltliche Kommunikationsräume herstellen. Europa als ein Raum politischer Kommunikation, der weit entfernt von der lokalen, regionalen und nationalen Lebenswelt als abstrakter Raum existiert, füllt sich mit Themen und Problemen, die Europa zugeschrieben werden und für die Europa verantwortlich gemacht wird: Benzinpreise, Energiepreise, überfüllte Transportwege,

Agrarsubventionierung, BSE, MKS usw. In der öffentlichen Skandalisierung von Problemen kristallisieren sich kollektive Relevanzstrukturen heraus, die auf die Emergenz einer besonderen, eigensinnigen europäischen öffentlichen Meinung hindeuten. Die Themen dieser europäischen öffentlichen Meinung sind allerdings oft weniger die immer wieder abgefragten Meinungen zu Europa.[14] Das institutionell organisierte Abfragen von Meinungen rennt zunehmend der Dynamik öffentlicher Meinungsbildung hinterher. Öffentliche Meinung entfaltet eine eigene Dynamik, die das Bild einer Europa gefügigen Meinung, eines permissiven Konsenses, zu korrigieren zwingt.

Die schweigende Öffentlichkeit delegitimiert, indem sie skandalisiert. Sie braucht dazu Sprecher der schweigenden Mehrheit, Medien, Zelebritäten, also öffentliche Diskursspezialisten (oder PR-Professionelle). Die redende Öffentlichkeit inszeniert Kampagnen, Versuche der Einhegung und Aneignung des moralischen Gehalts von sozialen Problemen und Konflikten. Das Verhältnis von Skandal und Kampagne wird zum Schlüssel für die neue Öffentlichkeitsdynamik. Sie zielt auf Dramatisierung. Publikum und Politikakteure werden miteinander in einem Wechselbad von Popularisierung und Entpopularisierung verknüpft. Legitimationsprobleme werden dabei kontingent und weniger beherrschbar (Trenz 2000). Das zwingt zu zunehmender generalisierter Aufmerksamkeitsproduktion auf Seiten der Politikakteure und zu zunehmender Macht des Schweigens (schweigender Öffentlichkeiten). Damit sind neue Effekte der Öffentlichkeit auf Governance verbunden. Sie erzwingen die Korrektur von Entscheidungen dadurch, dass Protest bei der Entscheidungsfindung antizipiert wird oder elitärer kommunikativer Lärm vor den populären kommunikativen Lärm gestellt wird, also elitäre Öffentlichkeit selbst an der Inszenierung von kommunikativem Lärm teilnimmt. Dieses Bild

---

14 Hier gilt die klassische Kritik von Bourdieu an der Umfrageforschung: Man legt den Befragten in den Mund, was ihr Problem sein könnte (Bourdieu 1980; Champagne 1990). Die Frage nach Europa ist genau eine solche Frage: Europa wird abgefragt, obwohl es den Antwortenden nie in den Sinn gekommen wäre, sich diese Frage selbst zu stellen. Als Überblick siehe Reif/Inglehart (1991) sowie Niedermayer (1998). Erst wenn wir diese gemeinsame Erfahrbarkeit unterstellen können, macht die Aggregation von Meinungen in Europa zu einer öffentlichen Meinung in Europa Sinn.

von transnationaler politischer Öffentlichkeit erscheint fast „postmodern" und drängt gerade deswegen die Frage auf, wie in dieser postmodernen Öffentlichkeit noch Typisierungen und kollektiv geteilte Wahrnehmungen möglich sind. Ein gutes Beispiel sind Regierungskonferenzen, die zunehmend von lärmender Kommunikation begleitet werden, was wiederum eine europäische Öffentlichkeit polarisiert.

Diesen lauten und leisen Öffentlichkeiten fehlt allerdings das, was den emphatischen Begriff von Öffentlichkeit seit dem Beginn der Aufklärung ausmacht: ein in diesem öffentlichen Raum sich konstituierender Demos als dem demokratischen Souverän.[15] Wir können empirisch einen sich verstärkenden Kommunikationszusammenhang beobachten, in dem Institutionen und Publika, vermittelt über advokatorische Akteure, um legitimierende Symboliken konkurrieren. Wenn sich ein demokratischer Souverän konstituieren kann, dann in der eigentümlichen Interaktion von institutioneller Selbstlegitimation und öffentlicher Begleitkommunikation. Ob sich in diesem Prozess ein sich seiner selbst bewusster Träger dieses öffentlichen Kommunikationszusammenhanges, ein „europäischer Demos", bilden kann, setzt die Beantwortung der Frage voraus, was denn die Kriterien für einen europäischen Demos sind.

4 Der Träger europäischer Öffentlichkeit – Öffentlichkeit mit oder ohne Demos?

4.1 Ein europäischer Demos?

Wieweit sich im Kommunikationsraum Europa ein Volk in einem republikanischen und/oder demokratischen Sinne bilden kann, wieweit also ein Volk, das seinen kollektiven Willen als europäisches Volk äußert, entstehen kann, ist strittig. Wir haben es in Europa mit einem Aggregat von nationalen Staatsbürgern zu tun, die

---

15 Zu dieser Diskussion vgl. die Leitaufsätze im deutschen Sprachraum von Grimm (1995) und Habermas (1996: 184ff.). Als externen normativen Interpreten siehe Weiler (1999).

zwar politische Institutionen im transnationalen Raum adressieren können, diese Institutionen aber nicht als Ausdruck ihres kollektiven Willens sehen. An die Stelle des souveränen Volkes tritt ein plurales Stimmengemisch, kommunikativer Lärm, dessen souveräne Kraft (bzw. Volkssouveränität konstituierende Kraft) nicht mehr offensichtlich ist. Viel kommunikativer Lärm ist noch keine politische Öffentlichkeit. Politische Öffentlichkeit ist im normativen Selbstverständnis der Öffentlichkeit Kommunizierenden an die Idee eines kollektiven Willensbildungsprozesses gebunden, in dem sich ein demokratischer Wille, ein souveräner Demos konstituiert. Die Frage, ob Europa einen demokratischen Souverän, einen „Demos" braucht oder ob der nationale Souverän weiterhin ausreicht, genügend Öffentlichkeit für die demokratische Legitimität für nationale und transnationale Institutionen bereitzustellen, ist strittig.

Dass ein transnationaler „Demos an sich" existiert, ist schwer zu bestreiten. Dieser potentielle Demos, die Gesamtheit der von europäischer Gesetzgebung unmittelbar Betroffenen, ist definiert durch die formale rechtliche Mitgliedschaft in einem politischen Verband. Dieser „Demos an sich" konstituiert sich ad hoc als ein partieller „Demos für sich" innerhalb dieses Mitgliedschaftsverbandes. Dieser partielle Demos ist nicht mehr mit Mitgliedschaft gleichzusetzen. Die europäischen Bürger sind zunächst nur Mitglieder; sie werden zu einem „Demos für sich" erst dann, wenn sie (oder Teile von ihnen) zu einem bestimmten Zeitpunkt für eine bestimmte Zeit als europäische Bürgerschaft einen politischen Willen artikulieren. Dies impliziert die zeitliche Strukturierung eines Demos. Die Fiktion eines einmal konstituierten Volkes wird obsolet. Der Demos existiert „bisweilen". Öffentlichkeit ist dann das, was sich zu einem gegebenen Zeitpunkt gerade als Demos, als Träger eines kollektiven Willens formiert hat. Ein Gesamtwille eines Gesamtsouveräns scheint in transnationalen Zusammenhängen nicht mehr als operative Fiktion gebraucht zu werden. Er erweist sich als entbehrliche Fiktion.

Im nationalen Rahmen sind solche operativen Fiktionen eines Gesamtwillens gut eingespielt, in kollektiven Erinnerungen begründet und in Diskursen organisiert, die man versteht, ohne etwas von der Sache verstehen zu müssen. Es ereignet sich jenes virtuelle Verstehen, das öffentliche Kommunikation trägt, ohne dass es dauernd zu argumentativen Auseinandersetzungen kommen müsste, die jeder mehr oder weniger versteht. Politische Öffentlichkeit beruht auf Resonanzstrukturen, die die Unübersichtlichkeit des Geschehens zu vereinfachen erlauben. Das Geschehen wird nach Maßgabe allgemein verständlicher narrativer Muster organisiert; Narrationen lassen sich leicht vervielfältigen, spiegeln, ausdehnen, umkehren, und sie bleiben doch immer ein gleicher Code – verständlich für die, die diese narrative Geschichte in Sozialisationsprozessen gelernt haben.

Aus dem Fehlen solcher narrativer Codes erwachsen Schwierigkeiten bei der Formierung eines europäischen Demos als dem Träger europäischer Öffentlichkeit. Die Entgrenzung der nationalen Kommunikationsgemeinschaft im Zuge des Europäisierungsprozesses führt zum Verlust von Routinen, mit denen die Nation die Gemeinsamkeit der Handelnden immer wieder bestätigt. Die narrativen Codes, mit denen das Handeln der nationalen Staatsbürger als gemeinsames Handeln beobachtet und bewertet werden konnte, verlieren ihre Selbstverständlichkeit. Kollektive geteilte und verständliche Codierungen einer Gemeinschaft werden in der transnationalen Kommunikation unverständlich. Sie eignen sich nicht mehr als Typisierungen des in der Öffentlichkeit Beobachtbaren.

Diese Verunsicherungen kommen gerade in „liminalen" Situationen zum Tragen. Liminale Situationen entstehen, wenn Institutionen sich selbst zu re- oder gar transformieren suchen, wenn es also Übergänge zu bewältigen gilt. Diese Übergänge werden mit rituellen Verfahren der Selbstreinigung bewältigt. Das Ergebnis gelingender Rituale ist zu wissen, wo das Gute und das Böse ist, was die Gemeinschaft verschmutzt und was sie rettet. Ein besonderer Modus solcher ritueller öffentlicher Kommunikation ist die Kommunikation von Skandalen. Skandale sind Ereignisse, die öffentliche Kommunikation erregen und ein Ritual der öffentlichen Degradierung in Gang setzen (Hitzler 1989; Trenz 2000). Dabei werden besondere ethische Anforderungen an politische Akteure (von Richard Nixon bis Edith Cresson) gestellt. Rücktritte sind ritualisierte Verfahren des Übergangsmanagements, wenn alte Ordnungen ihre Legitimität verlieren. Skandale verbinden, indem sie einen Schnitt zwischen einer korrumpierten und einer wiederhergestellten guten Ordnung machen.

Unter transnationalen Bedingungen werden die operativen Fiktionen nationaler Vergemeinschaftung ihrer narrativen Selbstverständlichkeit (die ohnehin schon prekär ist) entkleidet. Wahlen finden statt, haben aber keine Gemeinschaft konstituierende Bedeutung. Skandale finden statt, erzeugen aber keine kollektiv geteilte narrative Resonanz. Der Korruptionsfall in der Europäischen Kommission ist hier paradigmatisch. In der europäischen Berichterstattung hat sich kein gemeinsamer Code herausgebildet, der Korruption im Sinne von Gut und Böse getrennt hätte und eine kollektive geteilte rituelle Bewältigung des institutionellen Übergangs ermöglicht hätte. So haben etwa spanische und deutsche Kommentatoren des Korruptionsfalls andere Sprachen gesprochen. Die Behebung des Korruptionsfalls wurde nicht im Sinne einer rituellen Bewältigung der Abweichung öffentlich bearbeitet. Zurück blieb der schale Geschmack des Unangenehmen und zu Vergessenden, und das Gefühl, dass die Kommission korrumpiert ist (Trenz 2000).[16]

Ritualisierte Skandalkommunikation trägt sich nicht selbst. Sie ist kurzfristig, nicht anschlussfähig, und konstituiert labile Pseudo-Gemeinschaften. Um narrative Gemeinsamkeiten über Zeit zu stabilisieren, bedarf es abstrakterer Codes der Differenzsetzung. Ein gutes Beispiel dafür ist die Idee des „Verfassungspatriotismus". Diese Idee liefert eine Doppelformel, die Formel eines universalistischen Beurteilungskriteriums von politischen Handlungen sowie die mit historischen Erfahrungen gesättigte narrative Formel des „Patriotismus". Der Patriot steht gegen den Nichtpatrioten wie das Gute gegen das Böse. Die Gemeinschaft der Patrioten würde an den Korrupten das Nicht-Patriotische ausmachen, sie rituell von der Gemeinschaft der Patrioten ausschließen. Genau das aber passiert nicht. In der Formel des Patriotismus verstecken sich zwei unvermittelte Lösungen für das Problem der Einheit eines europäischen Demos, eine rechtliche und eine moralische. Der Patriot bezieht sich gleichermaßen auf einen gemeinsamen Rechtsraum wie auf eine gemeinsam erinnerte Kultur, der gegenüber er sich ver-

---

16 Das bedeutet nicht, dass Skandale in nationalen Kommunikationsgemeinschaften weniger wichtig sind. Was Europa besonders macht, ist die Abhängigkeit europäischer Institutionen von Skandalkommunikation als der einzigen Form, mit dem europäischen Volk in Kommunikation zu treten.

pflichtet fühlt (deshalb ist er „Patriot"). Wie die beiden Modi einer rechtlichen und einer narrativen Grenzziehung des Raums öffentlicher Kommunikation in Europa zur Formierung eines Demos vermittelt werden, bleibt offen. Es handelt sich um zwei Optionen, die hinsichtlich ihrer Relationierbarkeit zu klären sind.

4.2 Zwei Optionen der Vergemeinschaftung des Raums öffentlicher Kommunikation in Europa

4.2.1 Option I: Europa als Rechtsgemeinschaft

Die Konstruktion eines europäischen Rechtssystems, die Harmonisierung des Rechts und die Setzung neuen europäischen Rechts gehören zu den folgenreichsten Integrationsmechanismen Europas. Die europäische Gesellschaft ist in einer emergenten Rechtsgemeinschaft zu suchen. Die Identität dieser Gesellschaft lässt sich als Reflexion dieser Rechtsgemeinschaft denken, als die dieser Rechtsgemeinschaft zu Grunde liegende „Idee". Solche Ideen reichen von der Idee des sich selbst verwirklichenden Staates bis zur Idee einer sich selbst konstituierenden Nation, von der Idee des schon immer gegebenen Rechts bis zur Idee einer demokratischen Selbstgesetzgebung. Im Kern sind sich diese Thematisierungen in einem Punkt einig: Europa als einen rechtsstaatlich geregelten Kommunikations- und Handlungszusammenhang zu verstehen.

Das Modell eines Europas der Staatsbürger gründet auf dieser Idee: Staatsbürgerschaft zu besitzen heißt, sich auf die Geltung von Rechten in einer Rechtsgemeinschaft verlassen zu können und als Mitglied dieser Rechtsgemeinschaft die Rechte und Pflichten dieses Status zu akzeptieren. Die deutschen Verfassungsrichter haben allerdings recht mit der Vermutung, dass europäische Staatsbürgerschaft nur eine abgeleitete Staatsbürgerschaft ist, ein Derivat nationaler Staatsbürgerschaft. Jenseits des nationalen Volks gäbe es und brauche es auch kein europäisches Volk (Grimm 1995; Böckenförde 1999). Die Annahme, dass es einen Demos nur als nationales Volk geben kann, übersieht allerdings die Möglichkeit, dass das national definierte Volk ausgedient haben könnte. Wenn sich die Rechtssubjekte nicht mehr in der Nation, sondern in der zivilen Gesellschaft vereinen, dann sind die Bürger gerade nicht mehr Volksgenossen, sondern – um dies mit einem Neologismus zu formulieren – „Zivilbürger". Die Staatsgewalt ginge dann nicht mehr, um eine bekannte Formel zu paraphrasieren, vom Volke aus, sondern von der Gesellschaft der Bürger. In Europa finden wir das, was man eine transnationale Zivilbürgerschaft nennen könnte (Eder/Giesen 2001).

Gegen das zivilgesellschaftliche Modell wurde eingewandt, dass es eine zu dünne Basis für kollektive Identität liefere (Grimm 1995). Die Möglichkeit der rechtlich garantierten Freiheit von Zivilbürgern reiche nicht aus, die Bindung an Rechtsnormen zu sichern. Es gibt zwei Versuche, dieses dünne Eis universalistischer Codierungen einer europäischen Zivilbürgerschaft als einer Rechtsgemeinschaft zu verstärken.

Ein eher konservativer Topos ist das Argument, dass auch Werte geteilt werden müssten, die universell gelten. Solche Werte finden sich in Menschenrechtskatalogen. Ein Europa, das Menschenrechte als Grundlage seiner Wertordnung bestimmt, sichert eine gemeinsame Kultur, die die konkurrierenden Interessenlagen von Staatsbürgern in ein „Höheres" einbindet. Menschenrechtsdiskurse binden Bürger jenseits nationaler Grenzen zusammen, Deutsche, Franzosen und Türken quer durch Europa. Sie liefern das Band einer europäischen „Außenpolitik", und sie finden einen institutionellen Ausdruck im Europäischen Gerichtshof für Menschenrechte. Europa entwickelt eine Idee der zugrundeliegenden Wertordnung, ein die Bürger Europas einendes Band gemeinsam geteilter Werte.

Ein anderer, eher liberal-sozialdemokratischer Topos ist die Idee einer deliberativen Rechtsgemeinschaft, die Idee einer europäischen Gesellschaft der rechtlich geregelten Foren und Dialoge, Debatten und öffentlichen Kampagnen. Diese Praktiken machen Europa zum prozeduralen Medium der Artikulation von Protest, wie Bauernproteste oder Anti-Rassismus-Mobilisierungen zeigen. Diese deliberative Einbindung und Abarbeitung von Interessen ist ein neuer und in Europa zunehmend wichtiger Faktor in der Konstruktion eines institutionellen Raums politischer Kommunikation in Europa (Eriksen/Fossum 2000; Eder 2001).

4.2.2 Option II: Europa als Erinnerungsgemeinschaft

Die alternative Option geht davon aus, dass diese deliberative Temporalisierung des „Demos" keine genügend „dicke" (oder „dichte") Basis für eine Rechtsgemeinschaft liefert. Die Basis einer Rechtsgemeinschaft wird stattdessen in einer gemeinsamen Geschichte gesucht, aus deren Erzählung sich ein Gefühl des Dazugehörens bzw. des Nicht-Entkommens ergibt. Dies ist die These einer narrativen Grundierung einer Rechtsgemeinschaft durch die Konstruktion einer Erinnerungsgemeinschaft. Erinnerungsgemeinschaften erzeugen eine kollektive Identität (Giesen 1999). Diese zweite Option europäischer Vergemeinschaftung zielt auf eine Gemeinsamkeit symbolischer Repräsentationen des historisch Erfahrenen. Eine Erinnerungsgemeinschaft sucht das Gegenwärtige durch den Rekurs auf Vergangenes präsent zu halten und setzt sich so vom Projekt der Rechtsgemeinschaft ab, die auf etwas zu Konstruierendes, auf eine mögliche Zukunft hin orientiert ist. Für jede Form von Vergesellschaftung sind die gesellschaftlichen Erinnerungen an kollektive Ereignisse von zentraler Bedeutung. Erinnerung erzeugt ein Gemeinsamkeitsgefühl, das über familiäre Erinnerung, lokale Erinnerung bis hin zu kulturell umfassenden Erinnerungen reicht. Kollektive Identität ist ein Prozess, in dem die „Vergangenheit" als positiver oder negativer Bezugsrahmen handlungsorientierende und identitätsstiftende Funktion hat.

Die sozialen Erinnerungsrahmen, die eine kollektive Identität tragen, sind in Europa bislang eindeutig „national". Insofern sind transnationale Erinnerungsgemeinschaften unwahrscheinlich. Es scheint deshalb eher kontraintuitiv zu sein, von einer „transnationalen Imagination einer europäischen Gemeinschaft" oder einem „europäischen Gedächtnis" zu sprechen.[17] Dennoch gibt es eine besondere europäische Erfahrung der Geschichte des 20. Jahrhunderts. Der Widerstand gegen Faschismus, Gewalt, Rassismus gehört zu den besonderen Ereignissen, an denen sich eine Gemein-

---

17 Kielmansegg (in diesem Band) hat bereits 1996 die Idee ventiliert, von Europa als Kommunikationsgemeinschaft, als Erfahrungsgemeinschaft und als Erinnerungsgemeinschaft zu sprechen.

samkeit im Nachkriegseuropa kristallisieren konnte.[18] Diese Erinnerungen sind zwar national geprägt – doch jede Gesellschaft im
Nachkriegseuropa (zumindest die Mitgliedstaaten der Europäischen Gemeinschaft) kennt starke Traditionen der Pflege einer
Erinnerung dieses Widerstands.

Mit zunehmender zeitlicher Distanz ist zu erwarten, dass diese
nationale Besitzergreifung eines identitätsstiftenden Topos nicht
mehr durchgehalten werden kann und von einer europäisierten
Erinnerungsgeschichte überlagert wird. Dazu gehört etwa der Versuch, aus den nationalen Geschichten des Widerstands gegen
Herrschaft, hier gegen den Faschismus in Europa, eine transnationale Erinnerungsgeschichte zu konstruieren. Resistenza, résistance
und Widerstand werden hier transzendiert und zu einer Metanarr-
ration europäischer Kultur gemacht. Das Gute in Europa richtet
sich dann nicht mehr gegen das böse Andere draußen, sondern gegen das böse Andere in sich selbst. Das Wir, das daraus entsteht,
ist keine Nation im Sinne des Nationalstaats. Es ist eine negative
Gemeinschaft, die den Code gut/böse an die eigene Geschichte
anlegt und daraus eine gemeinsame Erinnerung konstruiert.

Solche „Erinnerungsgemeinschaften", die an die Erfahrung
zweier Weltkriege in Europa anschließen, sind Ausgangspunkt für
eine besondere universalistische Codierung kollektiver Identität.
Die kollektive Erinnerung ist bis zum Ende des 20. Jahrhunderts
weitgehend eine Siegergeschichte geblieben, eine differentielle
Attribution von Verantwortung an Nationen. Die Übernahme dieser Schuld durch die Deutschen ist der Ausgangspunkt einer neuen
Erzählung geworden: einer Geschichte der europäischen Integration als der Stabilisierung einer Friedensordnung in Europa. Allerdings reicht die Beschwörung einer Friedensordnung auf Dauer
nicht aus, um die europäische Integration zu legitimieren. Der
Wert dieser Begründung verliert seinen Wert in dem Maße, wie
der Gebrauch dieser Argumentation zur bloßen Worthülse ver-
kommt. Ihr Wert inflationiert. Erst in den neunziger Jahren und im
Zuge der Verträge von Maastricht und Amsterdam ist das Fehlen
einer tragfähigen „Geschichte" bewusst geworden.

---

18 Diese potentiell transnationale Erinnerung hat sich in besonderer Weise in
   Deutschland ausgeprägt. Siehe dazu die Arbeiten von Lagrou (1999), Steinbach (1999), Assmann/Frevert (1999) und Giesen (2000).

4.3 Konstruktionsprobleme eines demokratischen Souveräns in Europa

Die Herstellung eines gemeinsamen Rechtsraums wie die Suche nach einer gemeinsamen Geschichte sind im Nationalstaat konstitutive Bedingung für die Herstellung eines demokratischen Demos. Dies macht die besondere Bedeutung von Gründungsakten deutlich. Öffentlichkeit ist an diese konstitutiven Voraussetzungen gebunden. Es geht dann nur mehr um die Realisierung eines normativen Anspruchs, um die Überbrückung von Idee und Wirklichkeit.

Diese Vorstellung wird – in der Logik nationalstaatlichen Denkens – auf die Formierung einer transnationalen Öffentlichkeit projiziert. Das Demos existiert, sobald diese Gründungsakte stattgefunden haben. Wie viel die Idee einer Rechtsgemeinschaft und wie viel die Idee einer Erinnerungsgemeinschaft dabei ein Rolle spielt, variiert in kontingenter Weise. Eine transnationale Öffentlichkeit braucht – gemäß dieser Logik – eine kollektiv geteilte und sanktionierte Rechts- und Erinnerungsgemeinschaft. An dieser Vorstellung muss dann auch das Projekt einer transnationalen Öffentlichkeit in Europa scheitern.

Gegen diese Vorstellung lässt sich eine andere Vorstellung ventilieren: die Vorstellung einer im transnationalen Raum möglich gewordenen Enttraditionalisierung von politischer Kommunikation, die Abkopplung des öffentlichen Diskurses von realen wie fiktiven normativen wie narrativen Gründungsakten, die gerade nationale Öffentlichkeiten kennzeichnen. Mit dieser Freisetzung des öffentlichen Diskurses lässt sich die Idee politischer Öffentlichkeit radikalisieren. Gründungsakte werden temporalisiert, sie finden permanent statt. Es ist die zugleich räsonierende und Geschichten erzählende Öffentlichkeit, in der das Gemeinsame immer wieder neu bestimmt wird.

Dass die Europäer Teil eines Rechtsraums und Teil eines historischen Erfahrungsraums sind, liefert räumliche Referenzen.[19] Diese räumliche Voraussetzung ist in der Metapher des „europäischen

---

19 Diese räumlichen Referenzen können ihrerseits geändert werden, wie die Diskussion um die Osterweiterung der Gemeinschaft und wie die weniger lauten Diskussionen um das Aussteigen aus der Gemeinschaft zeigen.

Hauses" einmal auf den Begriff gebracht worden. Der Raum öffentlicher Kommunikation wird als das „Haus Europa" bestimmt, in dem die Europäer groß geworden sind und in dem die Europäer wohnen. Die kulturelle Codierung dieses Hauses, die Definition der richtigen und falschen Eingänge, der gebetenen und ungebetenen Gäste, kurzum: die mit diesem Haus stattfindenden Grenzziehungen machen dieses Haus zu einem Raum einer besonderen Kommunikationsgemeinschaft.

Die Metapher eines Hauses kann zu einer starken Form von kollektiver Identität einladen. Das Haus Europa wird dann zu einer Festung Europa, die Europa gegen den Rest der Welt setzt (Sassen 1996). Gegen diese starke Formel lässt sich die Formel eines *offenen Raums Europas* setzen. Eine Festung signalisiert einen befestigten Raum mit hohen Mauern. Das Gegenteil der Festung ist der offene Raum, in dem sich Bürger frei bewegen können. Die Alternative zur Schließung des Raums Europa ist die Idee eines offenen Raums ohne bewehrte Grenzen.

In einem offenen Raum hat jeder freien Zugang. Ein solcher Raum ist nicht grenzenlos. Das ist das Paradox der Frage nach den Grenzen offener Räume. In der permanenten Rekonstruktion dieser Grenzen, in der Verzeitlichung der Grenzen wird ein flexibles „Wir" denkbar, das keine fixen Grenzen mehr kennt und braucht. Einheitsformeln wie gemeinsame Sprache, gemeinsame Gedichte, gemeinsame Niederlagen oder Siege, gelungene Revolutionen (gescheiterte Revolutionen haben sich weniger geeignet) werden obsolet. Das „Wir" in einem prinzipiell offenen Raum politischer Kommunikation entsteht in der Konstruktion einer Differenz, die zum Ziel hat, diese Differenz aufzulösen. Die permanente Rekonstruktion von Differenz ist die Bedingung von kollektiver Identität (Eder 1999). Der paradoxe Zusammenhang, der in der Suche nach einer transnationalen kollektiven Identität sichtbar wird, ist die Vorstellung von Grenzen in einer grenzenlosen Gesellschaft. Geschichten werden erfunden, um diese Grenzziehung herzustellen und sie in den Köpfen und Gefühlen der in diesem Raum Handelnden zu verankern. Solche Geschichten verstärken noch das Paradox. Denn diese Geschichten sind Geschichten der Suche nach dem Demos. Sie kommen aber nicht mehr beim Demos an.

Dieses permanente Geschichtenerzählen erzeugt aus sich heraus Öffentlichkeit. Diese Öffentlichkeit bedarf deshalb gar nicht mehr eines Demos, das diese Öffentlichkeit trägt. Die Relation hat sich eher umgekehrt. Der Demos wird in der öffentlichen Kommunikation immer nur für den politischen Augenblick hergestellt. Es muss nur zum richtigen Zeitpunkt reden und handeln. Damit erweist sich die Suche nach dem Demos als der Bedingung für Öffentlichkeit als ein theoretischer Holzweg. Es geht vielmehr um die Bedingungen, die einen öffentlichen Raum in Europa in die Lage versetzen, die Stimmen in der Öffentlichkeit so zu bündeln, dass sie Institutionen beeindrucken. Der Souverän ist dann immer nur ein partieller Demos, der zu einem gegebenen Zeitpunkt zu einer bestimmten Frage einen kollektiven Willen zu erzeugen sucht.

Der demokratische Souverän ist dann nicht das europäische Volk, sondern jenes Netzwerk individueller und kollektiver Akteure (auch die Nationalstaaten zählen dann zu solchen kollektiven Akteuren), das sich im Prozess öffentlicher Kommunikation formt. An eine europäische Öffentlichkeit werden deshalb noch weitergehendere Anforderungen gestellt werden als an nationale Öffentlichkeiten, weil sie den Selbstsetzungsakt des demokratischen Souveräns immer mit vollziehen müssen und sich nicht auf den Ursprungsakt beschränken können. Der europäische Demos wäre dann ein wahrhaftes plébiscite de tous les jours. Die Lösung des Problems, das sich mit dem Fehlen eines europäischen Demos stellt, läge dann in der Temporalisierung des Identitätsproblems. An die Stelle der Idee des konstituierten Demos tritt die Idee des sich selbst konstituierenden Demos, die Vorstellung der sich in kollektiven Lernprozessen konstituierenden Zivilgesellschaft.

5 Zusammenfassung

Die Entstehung eines transnationalen Raums öffentlicher Debatten und die Ausbildung transnationaler Institutionen hebeln einige Selbstverständlichkeiten des Modells nationalstaatlicher Öffentlichkeit aus. Politische Öffentlichkeit kann sich auf die Grundlage einer unbefragten kulturellen oder historischen Gemeinsamkeit ebenso wenig verlassen wie auf die Sicherheit eines verfassungsrechtlichen Gründungsaktes. Das transnationale Publikum muss sich im Räsonieren selbst konstituieren. Öffentlichkeit wird zu ei-

ner durch Räsonieren sich selbst erzeugenden Kommunikationsgemeinschaft. Damit steigen die Anforderungen an Öffentlichkeit.

Zur Leistung von Öffentlichkeit jenseits des Nationalstaats gehört nicht nur die Herstellung von Konsens und Dissens (also das,
was nationale Öffentlichkeit tut), sondern auch die permanente
Herstellung gemeinsamer Problemwahrnehmungen und geteilter
Relevanzstrukturen. Diese Gemeinsamkeit erfordert kognitives
Zusammenstimmen, in der Öffentlichkeit stattfindende Reflexion
auf kollektiv anerkannte Rechtsprinzipien wie Reflexion auf die
Erinnerung von Vergangenheit. „Rechtsgemeinschaft" und „Erinnerungsgemeinschaft" werden zum Medium, nicht zum Anfang
oder zum Ende einer Öffentlichkeit.

Dieses doppelt bestimmte Medium öffentlicher Diskurse verweist zugleich darauf, dass weder der Rückgriff auf die normative
Autorität des Rechts noch der Rückgriff auf narrative Resonanz je
für sich ausreichen, einen öffentlichen Kommunikationszusammenhang zu reproduzieren. Das „Gefühl" der Anerkennung in einer Kommunikationsgemeinschaft bedarf der narrativen Grundierung der Rechtsgemeinschaft. Zugleich ist narrative Resonanz an
die rechtliche Vorgabe eines offenen Kommunikationsraums gebunden.

In dem Maße, wie in rechtlich gesicherten Räumen narrative
Geschichten formuliert und weiter erzählt werden, kommt es zur
Herstellung einer reflexiven Öffentlichkeit. Diese reflexive Öffentlichkeit geht über die Idee des deutschen 18. Jahrhunderts,
dass wir alle Patrioten sind, hinaus. Wir teilen heute keine patrioti-
schen Geschichten mehr. Wir teilen nur mehr Geschichten über
das, was diese Patrioten gewollt und ungewollt hergebracht haben:
eine Geschichte, der man sich nur mit dauernder kommunikativer
Vergewisserung des Sagbaren und Kommunizierbaren nähern
kann. Wenn öffentliche Kommunikation misslingt, dann hat das
weniger mit dem Problem, dass wir verschiedene Sprachen sprechen denn mit Problemen der Kommunizierbarkeit von erlittenen
Erfahrungen und der Erinnerung dessen, was dem Anderen ange-
tan wurde, zu tun.

Bevor man europäische Öffentlichkeit prinzipiell als defizitär
beschreibt, sollte zunächst die Struktur transnationaler Öffentlichkeit auf den Begriff gebracht werden. Der theoretische Vorschlag
lautet, eine Theorie transnationaler Öffentlichkeit zu konzipieren,

die mit vielen Demoi und ohne normative wie narrative Auffang-
netze operiert.

Literatur

Abromeit, Heidrun/Schmidt, Thomas 1998: Grenzprobleme der Demokratie. Konzeptionelle Überlegungen, in: Kohler-Koch, Beate (Hrsg.): Regieren in entgrenzten Räumen (Politische Vierteljahresschrift, Sonderheft 22), Opladen, 293-320.

Assmann, Aleida/Frevert, Ute 1999: Geschichtsvergessenheit – Geschichts-versessenheit. Vom Umgang mit den deutschen Vergangenheiten nach 1945, Stuttgart.

Beierwaltes, Andreas 2000: Demokratie und Medien. Der Begriff der Öffentlichkeit und seine Bedeutung für die Demokratie in Europa, Baden-Baden.

Böckenförde, Ernst-Wolfgang 1999: Staat, Nation, Europa. Studien zur Staatslehre, Verfassungstheorie und Rechtsphilosophie, Frankfurt/Main.

Bourdieu, Pierre 1980: L'opinion publique n'existe pas, in: (idem): Questions de sociologie, Paris, 222-235.

Champagne, Patrick 1990: Faire l'opinion. Le nouveau jeu politique, Paris.

Delanty, Gerard 1995: Inventing Europe. Idea, Identity, Reality, London.

Dörr, Dieter/Dreher, Meinrad (Hrsg.) 1997: Europa als Rechtsgemeinschaft, Baden-Baden.

Eder, Klaus 1985: Geschichte als Lernprozeß? Zur Pathogenese politischer Modernität in Deutschland, Frankfurt/Main.

Eder, Klaus 1999: Integration durch Kultur? Das Paradox der Suche nach einer europäischen Identität, in: Viehoff, Reinhold/Segers, Rien T. (Hrsg.): Kultur, Identität, Europa. Über die Schwierigkeiten und Möglichkeiten einer Konstruktion, Frankfurt, 147-179.

Eder, Klaus 2000a: Konstitutionsbedingungen einer transnationalen Gesellschaft in Europa. Zur nachholenden Modernisierung Europas, in: Heyde, Wolfgang/Schaber, Thomas (Hrsg.): Demokratisches Regieren in Europa?, Baden-Baden, 87-102.

Eder, Klaus 2000b: Zur Transformation nationalstaatlicher Öffentlichkeit in Europa. Von der Sprachgemeinschaft zur issuespezifischen Kommunikationsgemeinschaft, in: Berliner Journal für Soziologie 10, 167-284.

Eder, Klaus 2001: Die Formierung einer transnationalen Demokratie in Europa. Zur Evolution von Chancenstrukturen für Bürgerbeteiligung und Protestmobilisierung in der EU, in: Klein, Ansgar/Koopmans, Ruud/Geiling, Heiko (Hrsg.): Globalisierung, Partizipation, Protest, Opladen, 45-75.

Eder, Klaus/Giesen, Bernd 2001: Citizenship and the Making of a European Society. From the Political to the Social Integration of Europe, in: Eder,

Klaus/Giesen, Bernd (Hrsg.): European Citizenship. National Legacies and Postnational Projects. Oxford: Oxford University Press, 245-269.

Eder, Klaus/Kantner, Cathleen 2000: Transnationale Resonanzstrukturen in Europa. Eine Kritik der Rede vom Öffentlichkeitsdefizit in Europa, in: Bach, Maurizio (Hrsg.): Die Europäisierung nationaler Gesellschaften (Kölner Zeitschrift für Soziologie und Sozialpsychologie, Sonderheft 40), Opladen, 306-331.

Eriksen, Erik Oddvar/Fossum, John Erik (Hrsg.) 2000: Democracy in the European Union. Integration through Deliberation, London.

Ernst, Andreas 1998: Vielsprachigkeit, Öffentlichkeit und politische Integration: schweizerische Erfahrungen und europäische Perspektiven, in: Swiss Political Science Review 4, 225-240.

Gerhards, Jürgen 1993: Westeuropäische Integration und die Schwierigkeiten der Entstehung einer europäischen Öffentlichkeit, in: Zeitschrift für Soziologie 22, 96-110.

Gerhards, Jürgen 1994: Politische Öffentlichkeit. Ein system- und akteurstheoretischer Bestimmungsversuch, in: Neidhardt, Friedhelm (Hrsg.) Öffentlichkeit, öffentliche Meinung, soziale Bewegungen (Kölner Zeitschrift für Soziologie und Sozialpsychologie, Sonderheft 34), Opladen, 77-105.

Gerhards, Jürgen 1997: Diskursive versus liberale Öffentlichkeit. Eine empirische Auseinandersetzung mit Jürgen Habermas, in: Kölner Zeitschrift für Soziologie und Sozialpsychologie 49, 1-34.

Gerhards, Jürgen 2000: Europäisierung von Ökonomie und Politik und die Trägheit der Entstehung einer europäischen Öffentlichkeit, in: Bach, Maurizio (Hrsg.): Die Europäisierung nationaler Gesellschaften (Kölner Zeitschrift für Soziologie und Sozialpsychologie, Sonderheft 40), Opladen, 277-305.

Gerhards, Jürgen/Neidhardt, Friedhelm 1991: Strukturen und Funktionen moderner Öffentlichkeit. Fragestellungen und Ansätze, in: Müller-Doohm, Stefan/Neumann-Braun, Klaus (Hrsg.): Öffentlichkeit – Kultur – Massenkommunikation. Beiträge zur Medien- und Kommunikationssoziologie, Oldenburg, 31-89.

Giesen, Bernhard 1999: Europa als Konstruktion der Intellektuellen, in: Viehoff, Reinhold/Segers, Rien T. (Hrsg.): Kultur, Identität, Europa. Über die Schwierigkeiten und Möglichkeiten einer Konstruktion, Frankfurt/Main, 130-146.

Giesen, Bernhard 2000: National Identity as Trauma. The German Case, in: Stråth, Bo (Hrsg.): Myth and Memory in the Construction of Community. Historical Patterns in Europe and Beyond, Brussels, 227-247.

Gramberger, Marc R. 1997: Die Öffentlichkeitsarbeit der Europäischen Kommission 1952-1996. PR zur Legitimation von Integration?, Baden-Baden.

Grimm, Dieter 1995: Braucht Europa eine Verfassung?, in: Juristische Zeitung 50, 581-632.

Habermas, Jürgen 1962: Strukturwandel der Öffentlichkeit. Untersuchungen zu einer Kategorie der bürgerlichen Gesellschaft, Neuwied.

Habermas, Jürgen 1996: Braucht Europa eine Verfassung? Bemerkungen zu Dieter Grimm, in: (idem): Die Einbeziehung des Anderen, Frankfurt/Main, 185-191.

Häberle, Peter 1998: Gibt es eine europäische Öffentlichkeit?, in: Thüringer Verwaltungsblätter. Zeitschrift für öffentliches Recht und öffentliche Verwaltung 3. Juni 1998, 121-128.

Hale, John 1993: The Renaissance Idea of Europe, in: García, Soledad (Hrsg.): European Identity and the Search for Legitimacy, London, 46-63.

Hitzler, Roland 1989: Skandal ist Ansichtssache. Zur Inszenierungslogik ritueller Spektakel in der Politik, in: Ebbinghausen, Rolf/Neckel, Sighard (Hrsg.): Anatomie des politischen Skandals, Frankfurt/Main, 334-354.

Kaelble, Hartmut 1995: Europabewusstsein, Gesellschaft und Geschichte. Forschungsstand und Forschungschancen, in: Hudemann, Rainer/Kaelble, Hartmut/Schwabe, Klaus (Hrsg.): Europa im Blick der Historiker. Europäische Integration im 20. Jahrhundert: Bewusstsein und Institutionen, München, 1-29.

Kielmansegg, Peter Graf 1996: Integration und Demokratie, in: Jachtenfuchs, Markus/Kohler-Koch, Beate (Hrsg.): Europäische Integration, Opladen, 47-71.

*Kopper, Gerd G. (Hrsg.)*1997: Europäische Öffentlichkeit: Entwicklung von Strukturen und Theorie, Berlin.

Kriesi, Hanspeter 1999: Introduction: State Formation and Nation Building in the Swiss Case, in: Armingeon, Klaus/Kriesi, Hanspeter/Siegrist, Hannes/Wimmer, Andreas (Hrsg.): Nation and National Identity. The European Experience in Perspective, Zurich, 13-28.

Lagrou, Pieter 1999: The Legacy of Nazi Occupation in Western Europe, 1945-1965. Patriotic Memory and National Recovery, Cambridge.

Majone, Giandomenico 1994: The European Community. An Independent Fourth Branch of Government?, in: Brüggemeier, Gerd (Hrsg.): Verfassungen für ein ziviles Europa, Baden-Baden, 23-43.

Meyer, Christoph Olaf 1999: Political Legitimacy and the Invisibility of Politics. Exploring the European Union's Communication Deficit, in: Journal of Common Market Studies 37, 617-639.

Neidhardt, Friedhelm 1994: Öffentlichkeit, öffentliche Meinung, soziale Bewegungen, in: Neidhardt, Friedhelm (Hrsg.): Öffentlichkeit, öffentliche Meinung, soziale Bewegungen (Kölner Zeitschrift für Soziologie und Sozialpsychologie, Sonderheft 34), Opladen, 7-41.

Neyer, Jürgen 2000: Justifying Comitology: The Promise of Deliberation, in: Neunreither, Karlheinz/Wiener, Antje (Hrsg.): European Integration After Amsterdam. Institutional Dynamics and Prospects for Democracy, Oxford, 112-128.

Niedermayer, Oskar 1998: Die Entwicklung der öffentlichen Meinung zu Europa, in: Jopp, Mathias/Maurer, Andreas/Schneider, Heinrich (Hrsg.): Politische Grundverständnisse im Wandel. Analysen und Konsequenzen für die politische Bildung, Bonn, xx.

Reif, Karl-Heinz/Inglehart, Ronald (Hrsg.) 1991: Eurobarometer. The Dynamics of European Public Opinion, London.

Rokkan, Stein 2000: Staat, Nation und Demokratie in Europa (herausgegeben von Peter Flora), Frankfurt/Main.

Sassen, Saskia 1996: Migranten, Siedler, Flüchtlinge. Von der Massenauswanderung zur Festung Europa, Frankfurt/Main.

Scharpf, Fritz W. 1999: Regieren in Europa. Effektiv und demokratisch?, Frankfurt/Main.

Somers, Margaret R. 1998: „Citizenship" zwischen Staat und Markt. Das Konzept der Zivilgesellschaft und das Problem der „dritten Sphäre", in: Berliner Journal für Soziologie 8, 489-506.

Steinbach, Peter 1999: Postdiktatorische Geschichtspolitik. Nationalsozialismus und Widerstand im deutschen Geschichtsbild nach 1945, in: Böck, Petra/Wolfrum, Edgar (Hrsg.): Umkämpfte Vergangenheiten. Geschichtsbilder, Erinnerung und Vergangenheitspolitik im internationalen Vergleich, Göttingen.

Tilly, Charles 1977: Hauptformen kollektiver Aktion in Westeuropa 1500-1975, in: Geschichte und Gesellschaft 3, 153-163.

Tilly, Charles 1986: European Violence and Collective Action since 1700, in: Social Research 53, 158-184.

Trenz, Hans-Jörg 2000: Korruption und politischer Skandal in der EU. Auf dem Weg zu einer europäischen politischen Öffentlichkeit?, in: Bach, Maurizio (Hrsg.): Die Europäisierung nationaler Gesellschaften (Kölner Zeitschrift für Soziologie und Sozialpsychologie, Sonderheft 40), Opladen, 332-359.

Trenz, Hans-Jörg 2002: Zur Konstitution politischer Öffentlichkeit in der Europäischen Union. Zivilgesellschaftliche Subpolitik oder schaupolitische Inszenierung? Baden-Baden: Nomos.

Vierhaus, Rudolf (Hrsg.) 1980: Deutsche patriotische und gemeinnützige Gesellschaften, Heidelberg.

Weiler, Joseph H. H. 1999: The Constitution of Europe. Essays on the Ends and Means of European Integration, Cambridge.

Doug Imig/Sidney Tarrow[1]

Politischer Protest im europäischen Mehrebenensystem

1   Ein Kontinent steht still

Der Protest von Lastwagenfahrern, Landwirten und Fischern gegen die hohen Kraftstoffpreise im Herbst des Jahres 2000 lähmte die Volkswirtschaften und stellte für die Regierungen Westeuropas eine ernsthafte Bedrohung dar. Das Druckmittel der Demonstranten war einfach, aber effektiv: Sie schnitten die Benzinversorgung für Unternehmen ebenso wie für Privatpersonen ab. Teilweise von Gewerkschaften organisiert, teilweise aber auch in wilden Streikaktionen und meist mit nicht mehr als ihren eigenen Fahrzeugen und Handys bewaffnet, errichteten die Demonstranten in ganz Europa Straßen-, Hafen- und Werksblockaden[2].

Anfangs waren die Barrikaden das Werk französischer Fischer, aber schnell schlossen sich Lastwagenfahrer, Landwirte und Taxifahrer dem Protest an. Die Demonstranten versperrten Seehäfen, legten Raffinerien und Treibstofflager lahm, brachten den Verkehr auf der Autobahn Callais-Paris zum Stillstand und verbarrikadierten die Strassen Marseilles mit Tonnen von Sardinen und Sardellen. Schließlich kapitulierte die französische Regierung und sicherte den betroffenen Industriezweigen staatliche Subventionen

1   Dieses Kapitel baut auf den Beiträgen der Autoren in dem von ihnen herausgegebenen Buch „Contentious Europeans: Protest and Politics in an Integrating Europe" (Lanham, 2001) auf. Die Autoren danken Mabel Berezin, Lars-Eric Cederman, Didier Chabanet, Donatella della Porta, Rainer Eising, Virginie Guiraudon, Ron Jepperson, Bert Klandermans, Vera Kettnaker, Beate Kohler-Koch, Andrea Lenschow, Gary Marks, Dieter Rucht und den Mitgliedern des „European Forums" des Europäischen Hochschulinstituts 1999-2000 für ihre wertvollen Kommentare zu früheren Fassungen dieses Beitrages. Die Autoren danken weiterhin dem Verlag Rowman and Littlefield für die großzügige Einwilligung, dieses Kapitel auf Teile des oben genannten Buches zu stützen.

2   Diese Darstellung bezieht sich auf Medienberichte von Reuters, BBC News, PR Newswire, Associated Press, Agence France Presse und der Deutschen Presse-Agentur.

für Treibstoff zu. Durch dieses Einlenken wurden jedoch Betroffene in anderen Wirtschaftssektoren und anderen Ländern erst zum Protest ermutigt.

In den darauf folgenden Wochen blieb beinahe kein EU-Staat von den Blockaden verschont. In den Niederlanden brachten Lastwagenfahrer den Verkehr um Amsterdam und Rotterdam zum Stillstand. In Belgien legten Blockaden eine Woche lang die Städte Charleroi und Nivelles lahm. Aufgebrachte LKW-Fahrer riegelten das Regierungsviertel in Brüssel ab und drohten auch belgische und EU-Regierungsgebäude notfalls wochenlang zu blockieren. In Deutschland veranstalteten Lastwagenfahrer, Landwirte und Taxifahrer eine Serie von „Bummel-Konvois" und lähmten damit den Verkehr von der französischen Grenze bis nach Berlin. In Spanien errichteten protestierende LKW-Fahrer, Fischer und Landwirte Blockaden in Madrid, Barcelona und Merida. Ähnliche Protestaktionen wurden in Irland, Norwegen, Schweden, Dänemark sowie Polen, Slowenien und Ungarn teils angedroht, teils durchgeführt. Am stärksten von den Protesten betroffen war jedoch Großbritannien. Aufgrund der Blockaden ging dort an etwa 3000 Tankstellen das Benzin aus, was zu weiteren Panikkäufen führte. Das öffentliche Leben war empfindlich gestört: Schulbusse fuhren nicht mehr, sogar Fußballspiele wurden überall im Land abgesagt.

In Europa gehört, wie der Widerstand gegen die Benzinpreise zeigt, der zivile Ungehorsam inzwischen zum Repertoire der politischen Auseinandersetzung, um den eigenen Forderungen Gehör zu verschaffen. Die Zahl der Europäer, die angibt, sich schon an politischen Protestaktionen beteiligt zu haben, ist zwischen 1960 und 1980 deutlich gestiegen (Dalton 1996). Auch ist der zivile Ungehorsam keineswegs auf Europas LKW-Fahrer, Landwirte und Fischer beschränkt. In den vergangenen zwei Jahrzehnten beteiligten sich die unterschiedlichsten sozialen und politischen Akteure an Protestaktionen. Dabei reicht das Spektrum von der Anti-Atomwaffen-Bewegung bis zu gegen Einwanderung demonstrierenden Skinheads. Selbst wenn Landwirte und Fischer die Titelseiten beherrschen, zieht es auch die Protagonisten der Protestbewegungen der 1960er Jahre, Studenten und Arbeiter, weiterhin auf die Straße (Kriesi et al. 1995). Europa nach 1968 scheint sich in vielerlei Hinsicht zu einer „Gesellschaft der sozialen Bewegungen" entwickelt zu haben. In dieser entwickelten sich früher als inakzeptabel eingeordnete Verhaltensmuster zum Bestandteil des alltäglichen Repertoires politischer Meinungsäußerung (Meyer/ Tarrow 1998).

2 Von nationaler zu vergleichender Protestforschung in Europa

Angesichts der wachsenden Bedeutung von Protestbewegungen überrascht es, dass die erste wirklich vergleichende Studie erst Mitte der 1990er Jahre veröffentlich wurde. Hanspeter Kriesi und seine Mitarbeiter erstellten damals eine Datenbank, die über einen Zeitraum von 15 Jahren Zeitungsberichte zu politischem Protest in vier europäischen Ländern – Frankreich, Westdeutschland, den Niederlanden und der Schweiz – dokumentierte (Kriesi et al. 1995). Ausgehend vom Rahmen eines gemeinsamen „Politikprozesses" begründete ihr Buch eine neue Tradition der vergleichenden Untersuchung der Geschichte der Protestbewegungen in den Ländern Europas.

Jedoch entstand innerhalb des Zeitraums, den Kriesi und seine Mitarbeiter analysierten, in Westeuropa etwas vollkommen Neues: die Gründung einer europäischen politischen Gemeinschaft. In der Wissenschaft wurde diese Tatsache erstmals bei der Untersuchung zur Verbreitung der sozialen Protestbewegungen der 1960er Jahre belegt und häufig vorschnell mit dem Etikett der „68er" und später dann der „neuen sozialen Bewegung der 1970er Jahre" versehen (Melucci 1996). Erst gegen Ende der 1990er Jahre begannen sich Forscher zu fragen, ob es sich tatsächlich um die Entwicklung von „europäischen" Protestbewegungen handelte. War es angesichts der sich weiterentwickelnden wirtschaftlichen und politischen Integration Europas und der zunehmenden Aufhebung der Grenzen durch internationale Mobilität und Massenkommunikation noch sinnvoll das Protestverhalten der Europäer auf den Einfluss nationaler Faktoren zurückzuführen? Auf den Punkt gebracht stellt sich die Frage ob supranationale Institutionen und internationale Entwicklungstrends neue Möglichkeiten eröffnen bzw. Handlungszwänge auferlegen und möglicherweise dazu beitragen, dass gesellschaftliche Akteure in verschiedenen europäischen Staaten zu transnationalen sozialen Bewegungen zusammen finden (della Porta et al. 1999).

Die Antwort auf diese Frage ist von der jeweiligen Vorstellung hinsichtlich des Charakters des in Europa entstehenden politischen Systems abhängig.

– Geht man von einem „Europa der Nationalstaaten" aus (Hoffmann 1966; Moravcsik 1998; Wolf 1999), ist der öffentliche Protest gegen Brüsseler Entscheidungen ein Randphänomen, denn die wichtigen Entscheidungen werden am Verhandlungstisch getroffen.
– Ist die EU dagegen auf dem Weg zu einem von Eliten geschaffenen supranationalen Staat (Haas 1968), gibt es keinen Grund den Blick über die komplizierte Welt der Interessenpolitik in Brüssel, Straßburg und Luxemburg hinaus zu heben.
– Versteht man Europa als ein Mehrebenensystem (Scharpf 1994; Marks et al. 1996), gekennzeichnet durch „Regieren im Netzwerk" (Kohler-Koch/Eising 1999) oder als „korporatives" Regieren (Falkner 1998), dann richtet sich die Aufmerksamkeit auf die informellen Beziehungen zwischen den nationalen und supranationalen Eliten, aber nicht auf soziale Protestbewegungen.

Keiner dieser theoretischen Ansätze schließt die Existenz von politischem Protest im entstehenden Europa *explizit* aus, aber nur selten wird sein Stellenwert theoretisch reflektiert. Auch in der florierenden empirischen Forschung zur europäischen Integration wird dem politischen Protest, ebenso wie dem Durchschnittsbürger ganz allgemein – von Meinungsumfragen einmal abgesehen – nur wenig Aufmerksamkeit geschenkt[3]. Abgesehen von anekdotischen Pressemeldungen – französische Landwirte, die ihre Erzeugnisse auf die Strassen kippen, oder britische Matronen, die den Abtransport von Kälbern zu Schlachthöfen auf dem Kontinent blockieren – konzentrierte sich die Forschung zur europäischen Integration fast ausschließlich auf Eliten. Nicht nur werden ihre Interaktionen

---

3 Beachtenswert sind in diesem Kontext das von Balme, Chabanet und Wright herausgegebene Werk (2001) und die empirischen Arbeiten von Reising (1997) und Roederer (1999).

mit anderen Eliten – besonders im Rahmen der EU-Institutionen – ausgiebig studiert, sie werden auch als wichtige Informationsquelle genutzt. Wir wissen weitaus mehr über die Teilnehmer an beratenden Ausschüssen in den fünf Quadratkilometern Euroland in Brüssel als über den Protest, den die Auswirkungen ihrer Entscheidungen unter den 375 Millionen Menschen auslösen, die mit den Folgen europäischer Politik leben müssen.

3   Vier Sichtweisen auf Europäischen Integration

Die theoretischen Ansätze, die Wissenschaftler in Europa und den USA entwickelten, um das europäische Integrationsprojekt zu durchleuchten, können zwei Grundtypen zugeordnet werden. Die frühen Integrationstheorien haben sich auf das politische Ordnungssystem eines geeinten Europas konzentriert. Die jüngeren Ansätze beschäftigen sich dagegen mit dem alltäglichen Funktionieren der Union als politisches System. Die Abbildung 1 zeigt die vier Ansätze als Überschneidung von zwei Dimensionen: In der einen geht es um den Fokus der Untersuchung, nämlich die EU als Ordnungssystem oder die Politik in der EU; in der anderen um die Untersuchungsebene, nämlich ob man sich auf die EU als eine Interaktionsebene beschränkt oder die Integration über mehre Ebenen erfolgt.

Abbildung 1: Vier Theorieansätze zur Europäischen Integration

Analyse-ebenen		Fokus der Untersuchung	
		Staaten	*Nicht-nationalstaatliche Akteure*
	Eine Ebene	Inter-gouvernemental	Supranational
	Mehrere Ebenen	Regieren im Mehr-ebenensystem	Regieren in Netzwerken

3.1   Zwei Modelle zur Entwicklung des EU-Systems

Seit der Veröffentlichung von Haas' *The Uniting of Europe* im Jahr 1958 hat die Vorstellung Schule gemacht, dass die europäische Integration durch einen „spill-over" Prozess vorangetrieben wird. Mit der Ausweitung der Befugnisse der Europäischen Wirtschaftsgemeinschaft, so meinte Haas, würden wirtschaftliche und gesellschaftliche Eliten über nationale Grenzen hinweg miteinander in Kontakt treten, um Güter und Ideen auszutauschen und sich über weitere Kooperation zu verständigen. Dieser Prozess würde in dem Maße an Breite und Tempo gewinnen, in dem sich die personellen Beziehungen verdichten und durch routinierte Interaktion Vertrauen wächst. In der heutigen Terminologie würde man von „Transaktionskosten" sprechen, die soweit verringert werden konnten, dass jeder, der etwas zu kaufen oder zu verkaufen hat, seinen Partner ungeachtet staatlicher Grenzen finden kann. Oder in den Worten von Fligstein und Mara-Drita: „Durch die Existenz dieser Gruppen wird sich das Interesse von Nationalstaaten verändern und Zusammenarbeit wird sich zunehmend auf neue Bereiche erstrecken" (Fligstein/Mara-Drita 1996)[4].

Mit Blick auf das enge Netz transnationaler Interessensverbände, das heute Europa umspannt, kann man sagen, dass sich die Aussagen von Haas als erstaunlich weitsichtig erwiesen haben (Schmidt 1997). Indem sich Haas jedoch völlig auf die Transaktionsprozesse von Eliten konzentrierte und daraus die Entwicklung hin zur Supranationalität ableitete, vernachlässigte er den Handlungsspielraum der Nationalstaaten und die Aktionsmöglichkeiten der Bürger. Hätte er sein Buch 1998 statt 1958 geschrieben, hätte er ohne Zweifel mehr über die Bedeutung zwischenstaatlicher Verhandlungen, durch die erst die vertraglichen Grundlagen für europäische Politik entstehen, zu sagen gehabt. Er hätte vielleicht auch festgestellt, dass transnationale Interaktionen zwischen gesellschaftlichen Akteuren nicht automatisch zu „spillover"-Effekten führen müssen, sondern ganz im Gegenteil, einen „spillback"-Effekt haben können. Transnationale Verflechtung und Austausch kann höhere Kosten und verschärften Wettbewerb mit sich bringen und gesellschaftliche Gruppierungen dazu veranlassen, sich zum

---

4   Alle englisch sprachigen Zitate wurden übersetzt.

Schutz ihrer Interessen auf den Nationalstaat zurück zu besinnen oder sich zu Gegenbewegungen zu formieren, die auf supranationaler Ebene ihre Interessen verteidigen (Schmitter 1970). „Spillover" hat sowohl zu staatlichem Protektionismus zugunsten der durch Integration gefährdeten Interessen geführt, als auch zu „spillback". Beide Reaktionen können den Fortschritt der von Haas prognostizierten Integration hemmen und die Ausweitung von Konflikt und konkurrierenden Koalitionen innerhalb des europäischen Systems begünstigen.

Neofunktionalisten wie Haas waren von einer unumstößlichen Logik des Verlaufs der europäischen Integration überzeugt. Gleichermaßen überzeugt waren Intergouvernementalisten wie Hoffmann und Moravcsik davon, dass die Nationalstaaten, die die Europäische Union bilden, die Macht fest in ihren Händen behalten würden. Für die Anhänger dieser Theorie findet Kooperation zwischen Nationalstaaten nur dann statt, wenn sich die Interessen der Beteiligten decken oder wenn sie ihre Interessen in einer Serie von Abkommen ausgleichen können (Fligstein/Mara-Drita 1996). Stimmen die Interessen der Staaten nicht überein, kommt der Integrationsprozess zum Stillstand. Dies passierte zum Beispiel, als sich erst Frankreich und dann Großbritannien als Bremser betätigten. Zwar lehnen Intergouvernementalisten jene Ansätze aus der Theorie der internationalen Beziehungen ab, die den Staat zum einheitlich handelnden Akteur hochstilisieren, aber sie konzentrieren sich wie auch die Neofunktionalisten auf eine einzige Quelle der Macht, nämlich den Nationalstaat und dessen Interaktion mit anderen Nationalstaaten (Marks et al. 1996).

Bestätigung erhält die intergouvernementale Perspektive durch die Art und Weise, wie das politische System der EU weiterentwickelt wird, nämlich durch Regierungskonferenzen und im begrenzten Fall auch durch die im Europäischen Rat bzw. im Rat versammelten Mitgliedstaaten. Durch die Konzentration auf die Verfassungsentwicklung werden viele der tagtäglichen Politikprozesse des europäischen Gesamtsystems ausgeblendet. So findet das beträchtliche Ausmaß der am Nationalstaat vorbei laufenden Interessenvertretung der Bürger kaum Berücksichtigung (Kohler-Koch 1999: 19). Die Politiknetze, die zwischen nicht-staatlichen Akteuren auf supranationaler Ebene entstanden sind, werden ebenso vernachlässigt (Fligstein/Mara-Drita 1996; Peterson 1997), wie die

Möglichkeit einer „Fusion" von staatlichen und europäischen Eliten (Wessels 1997). Insgesamt bleibt der Bereich transnationaler Beziehungen unterbelichtet (Risse-Kappen 1995). Auf den Punkt gebracht lädt der Intergouvernementalismus uns ein, die Funktionsweise eines komplexen Mehrebenensystems mit dem Blick auf die Interaktion von Akteuren – wie mächtig diese auch sein mögen – auf einer einzigen Interaktionsebene zu verstehen.

3.2   Zwei prozessorientierte Modelle

Die Erkenntnis, dass alltägliche Entscheidungsprozesse in der EU über rein zwischenstaatliches Verhandeln hinausgehen, brachte eine Reihe von prozessorientierten Ansätzen hervor. Theoretiker wie Neil Fligstein und Iona Mara-Drita, die Institutionen mehr Aufmerksamkeit schenken als Neofunktionalisten und stärker auf das Funktionieren des Mehrebenensystems ausgerichtet sind als Intergouvernmentalisten, argumentieren, dass beide Schulen nicht die wesentlichen Mechanismen erfassen, die nationale Gruppierungen mit supranationalen Behörden in Verbindung bringen. Ihrer Ansicht nach können „weder neorealistische (bzw. intergouvernementalistische) noch neofunktionalistische Ansätze erklären, wie Akteure in Verhandlungssituationen, die von unterschiedlichen und gegensätzlichen Interessen gekennzeichnet sind, zu kollektiven Lösungen kommen" (Fligstein/Mara-Drita 1996: 7). Ihr Theorieansatz wendet sich deswegen bewusst dem Problem zu, wie Konflikte in vertikal verflochtenen Politikfeldern, an denen sowohl subnationale, nationale und supranationale Akteure beteiligt sind, bearbeitet werden.

Mit diesen Überlegungen sind sie nicht alleine. Basierend auf der Politikfeldforschung der 1970er und 1980er Jahre haben bisher viele Politikwissenschaftler das Konzept der „Politik-Netzwerke" benutzt, um die Eigenheiten der Interessenvermittlung in der EU zu beschreiben und zu erklären. So schreibt John Peterson: „Die Analyse der Politiknetzwerke kann uns helfen, sowohl die tatsächlichen Veränderungen in einem bestimmten Politikbereich abzuschätzen, als auch das Maß der Übereinstimmung zwischen den intergouvernementalen Verhandlungen und den EU-Politikergebnissen" (Peterson 1997: 1).

Dadurch, dass sie ihre Aufmerksamkeit auf „Politikfelder" und „Politiknetzwerke" richten, vermeiden Autoren wie Fligstein und Peterson den Fehler, entweder nur die nationale oder nur die supranationale Entscheidungsebene des EU-Systems in Betracht zu ziehen. Aus ihrer Sicht agieren Interessenverbände innerhalb ihrer jeweiligen Politikfelder „sowohl daheim als auch in Brüssel" (Fligstein/McNichol 1997: 33). Durch die einseitige Konzentration auf die Verflechtung der einzelnen Politikbereiche sind sie allerdings nicht in der Lage all jene politischen Streitpunkte zu erfassen, die sich rein sektoraler Entscheidungsfindung entziehen oder erst durch die Reibungen zwischen verschiedenen Politikfeldern entstehen.

Nehmen wir die Umweltpolitik. Die europäische Umweltpolitik ist ein typischer Fall für eine sektorübergreifende regulative Politik (Knill/Lenschow 2000). Auf den ersten Blick verführt die Existenz einer Generaldirektion „Umwelt" in der Kommission dazu, von einem eng umrissenen Politikfeld auszugehen. Die Analyse irgendeines relevanten umweltpolitischen Themas, wie etwa die Umweltfolgen der Gentechnik, deckt jedoch auf, dass eine Vielzahl von Akteuren und politischen Instanzen sowohl auf europäischer als auch auf nationaler Ebene in die Entscheidungsprozesse eingebunden sind (Gottweis 1999).

Beispiele wie dieses legen den Schluss nahe, dass zum Verständnis der Funktionsweise des politischen Systems der EU ein komplexeres Modell benötigt wird, das das Zusammenspiel zwischen den verschiedenen Regierungsebenen und Politikbereichen der EU einschließt. Als Antwort auf diese Herausforderung entwickelten Politikwissenschaftler das Konzept des „Regierens im Mehrebenensystem" (Jachtenfuchs/Kohler-Koch 1996; Marks et al. 1996).

– Wie die Neofunktionalisten geht dieser Ansatz davon aus, dass „kollektive Entscheidungsfindung zwischen Staaten mit bedeutenden Verlusten exekutiver Kontrollmöglichkeiten für die einzelnen Mitgliedstaaten einhergeht" (Marks et al. 1996).
– Mit den Intergouvernementalisten teilen sie die Auffassung, dass subnationale Akteure im nationalen Rahmen gegen europäische Politik opponieren können. Hingegen wird die intergouvernementalistische Auffassung abgelehnt, nach welcher

subnationale Akteure im nationalen Rahmen gefangen sind. Vielmehr agieren subnationale Akteure sowohl in nationalen als auch in supranationalen Arenen und schaffen sich transnationale Organisationen.

– Im Einklang mit dem Politiknetzwerkansatz gehen sie davon aus, dass es eine Verteilung der Entscheidungszuständigkeiten und Mitwirkungsmöglichkeiten auf die verschiedenen Ebenen gibt (Marks et al. 1996: 346).

Marks und seine Mitarbeiter konzentrierten sich hauptsächlich auf die *vertikalen* Beziehungen zwischen den verschiedenen Regierungsebenen innerhalb des Mehrebenensystems der EU. Einen Schritt weiter gehen Beate Kohler-Koch und ihre Mitarbeiter mit ihrem Konzept des „Regierens im Netzwerk" (Kohler-Koch/Eising 1999). Ausgangspunkt ist die These, dass Regieren von dem jeweiligen institutionellen Kontext geprägt ist und dieser von System zu System variiert, je nachdem wie die Grundvariablen, „konstitutive Logik des Staatswesens" und „Organisationsprinzip der politischen Beziehungen" kombiniert sind. Kennzeichnend für das europäische System ist, dass Politik als Problemlösung das vorherrschende Paradigma ist und die Organisation der politischen Entscheidungen auf die Existenz hochentwickelter sozialer Subsysteme Rücksicht nimmt. Die Europäische Integration und das Gelingen europäischer Politik hängen davon ab, dass neue Regulationsmechanismen in eine Umwelt mit eigener politischer Logik eingepasst werden müssen. Dies funktioniert am besten, wenn die politische Willensbildung durch Verhandlung und Überzeugung vorangetrieben wird:

„Die Gemeinschaft stellt ein Verhandlungssystem da. Genauer gefasst ist sie ein Verhandlungssystem mit variabler Geometrie, denn je nach Themenbereich müssen unterschiedliche Akteure berücksichtigt werden. Nicht nur die Regierungen der Mitgliedstaaten verhandeln miteinander, sondern auch die Vertreter der innerstaatlichen öffentlichen und privaten Interessen nehmen an den Abstimmungen teil" (Kohler-Koch 1999).

Dieses Verständnis von europäischer Politikgestaltung als einen Prozess, in dem verschiedene Steuerungslogiken aufeinandertreffen und kollektive Interessensabstimmungen durch Verhandlungen in einem System mit „variabler Geometrie" zustande kommen, verleiht dem Konzept des „Regierens im Mehrebenensystem" eine dynamische Komponente. Durch die Betonung der „Problemlösung", richtet das Konzept des „Regierens in Netzwerken" die Aufmerksamkeit jedoch hauptsächlich auf inter-elitäre Verhandlungsprozesse und fragt nicht danach, wie Interessen, die nicht in diese Netzwerke eingebunden sind, vertreten werden und auf diese einwirken können, vor allem wenn diese es ablehnen, ihre Vorstellungen an das kollektive Interesse anzupassen.

Zusammenfassend lässt sich feststellen, dass das prozessorientierte Modell des „Regierens in Netzwerken" dem eher statischen Modell des „Mehrebenensystems" bei der Analyse der Mechanismen von Entscheidungsprozessen auf EU-Ebene in vielerlei Hinsicht überlegen ist. Aber von unserem Standpunkt aus gesehen liegt die Schwachstelle beider Modelle darin, dass sie ihre Betrachtung auf Transaktionen zwischen Eliten innerhalb von politischen Netzwerken beschränken und keinen Raum für die Erforschung eines möglichen Einflusses von Nicht-Eliten auf das europäische System im weiteren Sinn lassen. Wir sehen deshalb die Notwendigkeit, Modelle zu entwickeln, die der Frage nachgehen, wie die Bürger europäische Entscheidungen sowohl über die nationale Ebene als auch über europäische Politiknetzwerke beeinflussen oder anfechten können. Letztendlich wollen wir ein Konzept erarbeiten, dass nicht nur die Funktionsweise modelliert, sondern politische Konfliktlinien und Koalitionsbedingungen unter Einschluss all derjenigen Akteure erfasst, die nicht Teil der politischen Netzwerke der EU sind, aber durch ihre offensichtlich bekundeten oder auch nur angenommenen Präferenzen Entscheidungen der EU konditionieren (Tarrow 2001).

4   Eine Hypothese zum politischen Protest in Europa

In den 1980er Jahren schien die Integration Europas unter der Delors-Kommission deutlich neuen Schwung zu gewinnen. Dennoch wurde sie weiterhin als ein von Eliten vorangetriebener Prozess wahrgenommen. In den 1990er Jahren begannen Wissenschaftler und Vertreter der EU, sich über das sogenannte „Demokratiedefizit" der Union den Kopf zu zerbrechen. Jedoch untersuchten nur wenige dieses Defizit in Bezug auf die Akzeptanz der europäischen Politik in der breiten Bevölkerung. Wir schließen uns Beate Kohler-Kochs Aufruf an, die Diskussion um das „Demokratiedefizit" nicht nur abstrakt, sondern in Verbindung mit der konkreten EU-Politik zu führen (Kohler-Koch 1996: 16). Darüber hinaus denken wir, dass aus dem Blickwinkel der sozialen Bewegungsforschung betrachtet besser zu verstehen ist, warum, wie und mit welchen Folgen Europäer sich einer Politik widersetzen, die in ihrem Namen gemacht wird. Unsere Hypothese ist Folgende: Wenn sich die EU tatsächlich auf dem Weg zu einem politischen Gemeinwesen befindet, werden auch die normalen Bürger früher oder später anfangen, ihre politischen Forderungen und ihren Widerstand über nationale Grenzen hinweg an die politischen Adressaten auf der europäischen Ebene zu richten. Wir nehmen an, dass dann auch offener Protest zum neuen Repertoire europäischer Politik gehören wird, was tiefgreifende Folgen für das gegenwärtige Europa der Eliten mit sich bringt.

Um dieser Hypothese nachzugehen, scheint es zunächst wichtig, Protest nicht nur in Form von Anekdoten zu erfassen. Sollte der Prozess der Erweiterung und Vertiefung der Europäischen Integration tatsächlich von einer Zunahme des politischen Protestes bei europäischen Themen begleitet sein, dann wäre dies ein Indiz, dass Europa dem Bürger nicht mehr gleichgültig ist. Hieran schließt sich die Frage, ob politischer Protest auf europäischer Ebene häufiger und intensiver artikuliert wird, wenn die EU selbst über politische Verantwortung verfügt – wie zum Beispiel in der Landwirtschaft und in der Frage der Zulassung von genmanipulierten Lebensmitteln – als in Fällen, in denen nationale oder subnationale Behörden zuständig sind.

5   Eine Datensammlung zu Protestereignissen

Um diesen Fragen auf den Grund zu gehen, haben wir eine Untersuchung der politischen Protestaktionen in den Mitgliedstaaten der EU über fast anderthalb Jahrzehnte unternommen, die sich auf die Berichterstattung der Medien stützt. Wir haben uns für eine quantitative Datenanalyse entschlossen, ungeachtet der allzu bekannten Unzulänglichkeiten dieser Methode. Eine Alternative wären Fall-

studien gewesen, in denen einzelne Ereignisse oder aufsehenerre-
gende Kampagnen, wie zum Beispiel jene gegen genmanipulierte
Lebensmittel, aufgearbeitet würden. Dies hätte jedoch zum einen
die Gefahr mit sich gebracht, Ereignisse herauszugreifen, die sich
dann als kaum generalisierungsfähige Sonderfälle erweisen. Zum
anderen bietet die Untersuchung einer einmaligen Protestaktion
keine Anhaltspunkte darüber, ob europäischer Protest mit der Erweiterung der Zuständigkeiten der EU tatsächlich zunimmt oder
nicht. Um diese Risiken zu vermeiden, haben wir versucht uns eine Datenbasis zu schaffen, die sowohl die Entwicklung der Akti-
onsmuster kollektiven Protests in den einzelnen Mitgliedstaaten
der EU, als auch die Protestentwicklung im Verlauf der jüngsten
Integrationsgeschichte aufzeigt.

Nach dem bewährten Vorgehen der Protestforschung greifen
wir auf die Berichterstattung in den internationalen Medien zurück. Die übliche Quelle für Protestanalysen[5] – nämlich nationale
Zeitungen – ist für unser Anliegen wenig geeignet, weil diese
Zeitungen überwiegend Ereignisse im eigenen Land aufgreifen
und ihre Berichterstattung auf die Gewohnheiten der heimischen
Leserschaft ausrichten. Aus diesen Gründen haben wir uns auf die
Nachrichten der Agentur Reuters gestützt, da deren Nachrichten-
archiv für die letzten 15 Jahre digitalisiert vorliegt, Reuters eine
ausgesprochen internationale Perspektive einnimmt und zudem
Stil und Themenwahl gleichbleibend sind.

Unser Datensatz deckt den Zeitraum vom 1. Januar 1984 bis
zum 31. Dezember 1997 ab. Er basiert auf der Auswertung aller
politischen Berichte von Reuters über die zwölf Staaten, die während des Großteils des Analysezeitraums Mitglied der EU waren.
Finnland, Schweden und Österreich wurden nicht berücksichtigt,
weil sie erst 1995 der EU beitraten. Auf diese Weise erhielten wir
Informationen über 9872 Protestaktionen, an denen die unterschiedlichsten gesellschaftlichen Gruppierungen wie etwa Landwirte, Arbeitnehmer, Umwelt- und Friedensaktivisten, Studenten,
Skinheads und Migranten beteiligt waren. Die generierten Daten
weisen auf ein breites und sich weiter entfaltendes Spektrum der
gängigen Formen politischen Protests hin. Sie umfassen Streiks,

---

5 Für repräsentative Studien siehe Kriesi et al. (1995), Tarrow (1989) sowie Tilly
   (1995 und 1986).

Protestmärsche, Sitzblockaden und Sternfahrten ebenso wie ex-
tremere Protestformen, wie gewalttätige Demonstrationen, Hun-
gerstreiks und Fußball-Krawall. Zusätzlich dokumentieren sie auf
Konfrontation ausgerichtete, aber meist friedlich verlaufende Proteste wie Behinderungen, Blockaden und Sit-ins.[6]

6   Europäische Politik und nationaler Protest

In einem Europa der Nationalstaaten wäre politischer Protest klar
territorial zuzuordnen: Lokale Streitfragen würden in den Ge-
meinden und Regionen bzw. den Ländern entschieden, nationale
Konflikte würden im Rahmen der nationalen Politik ausgetragen
werden und Nationalstaaten – als Repräsentanten von innerstaatlichen Akteurskoalitionen – würden mit ihren Kontrahenten auf europäischer Ebene verhandeln. In einem voll ausgebildeten supranationalen System würden sich hingegen alle wichtigen Streitfragen auf die europäische Ebene verlagern. Dabei wären funktionale
Interessen in europäischen Interessenverbänden repräsentiert, territoriale Interessen im Europäischen Parlament und staatliche Interessen im Europäischen Rat.

Welche Gestalt das zukünftige Europa auch annehmen wird, die
heutige Realität ist weitaus komplexer. Konflikt- und Schlich-
tungsprozesse finden nicht nur auf mehreren Ebenen, sondern
auch zwischen diesen statt. Während Regierungen mit funktionalen Interessenorganisationen und der Europäischen Kommission
über nationale Interessen verhandeln, bescheiden sich subnationale
Gruppen und Institutionen nicht damit auf die Entscheidungen zu
warten, die in ihrem Namen gefällt werden, sondern sie umgehen
ihre nationalen Regierungen und organisieren sich in übergreifenden europäischen Interessenverbänden. Die Abgeordneten des Europäischen Parlaments sind trotz aller Wahlkreisbindungen gehalten, die Politik ihrer Fraktion zu vertreten und sie werden sich mit
gleicher Überzeugung für die Forderungen bestimmter ihnen na-
hestehender europäischer Interessengruppen einsetzen wie für ihre

---

6   Eine detaillierte Diskussion des Aufbaus unseres Datensatzes findet sich im
    Anhang zu Imig/Tarrow (2001).

Wähler. Europäische Politik wird in den einzelnen Ministerräten gemacht, in denen offiziell die Regierungsvertreter staatliche Interessen repräsentieren. Aber wenn die Minister am Brüsseler Verhandlungstisch Platz nehmen, dann haben sie nicht nur die Instruktionen ihrer Regierung, sondern auch die Wunschlisten nationaler Interessenverbände im Gepäck. Die Komplexität Europas spiegelt sich hier wider.

Ein so geartetes politisches System produziert Zweideutigkeit, nährt das Gefühl von Unsicherheit und fördert wechselnde Allianzen. Das entspricht genau der Konstellation, die nach Auffassung der Forschung über soziale Bewegungen mit größter Wahrscheinlichkeit zu Protesten und anderen Formen unkonventioneller politischer Beteiligung führt. Europa ist zwar kein föderaler Staat im strengen Sinne des Verfassungsrechts, doch gibt es wie bei Föderalstaaten zahlreiche Adressaten, unklare Zuständigkeiten und vielfältige Allianzmöglichkeiten. Die Interessen mit den besten Ausgangsbedingungen, nämlich die Wirtschafts- und Berufsverbände, sind mit den politischen Entscheidungsprozessen in Brüssel bestens vertraut und haben gelernt Zugang zu den Zentren der Macht zu finden. Andere Gruppen wie die der Landwirte, Gewerkschaftler und Umweltverbände haben in der für ihren Bereich zuständigen Generaldirektion der Kommission Fuß gefasst. Neben dem Lobbying bedienen sie sich aber auch verschiedener Formen des Protests, um politisch Einfluss zu nehmen. Wiederum andere Akteure – wie beispielsweise die Anti-Atomkraft-Bewegung und soziale Randgruppen – finden nur schwer Zugang zu den Entscheidungsträgern der EU und müssen deshalb nach anderen Wegen suchen, ihren Forderungen Gehör zu verschaffen.

In einer Welt ohne spürbare Transaktionskosten oder ohne erhebliche Unterschiede in der Verteilung von Ressourcen würden Bürger automatisch ihre Forderungen an diejenigen Institutionen richten, die für die beklagten Missstände verantwortlich sind. Sind diese Institutionen jedoch weit entfernt, nur mittelbar beteiligt und sind die Verantwortlichkeiten unklar, dann werden die Betroffenen ihre Forderungen am ehesten dort einspeisen, wo sie über enge soziale Netzwerke, organisatorische Ressourcen und erkennbare politische Einflussmöglichkeiten verfügen (Imig/Tarrow 1999). Basierend auf zwei Grundvariablen – Lozierung der Akteure und Adressaten des Protests – leiten wir vier Varianten des Protests ab, in denen nationale Gruppen auf die Beeinträchtigung ihrer Interessen oder die Bedrohung ihrer Werte reagieren können:[7]

Abbildung 2: Eine Typologie des Protestes in Europa

		Adressaten	
		National	*Europäisch*
Akteure	*National*	Nationales bleibt national	Nationalisierung des Europäischen
	Transnational	Kooperativer Transnationalismus	Kollektiver Transnationalismus

(1) Nationales bleibt national: Dies ist der gewohnte innerstaatliche Protest, bei dem sich Betroffene im einheimischen Rahmen organisieren und ihren Protest in Form von Petitionen, Demonstrationen, Sitzstreiks oder Werksblockaden und in selteneren Fällen auch in Form von gewalttätigen Aktionen gegen die Politik im eigenen Lande äußern.

(2) Kooperativer Transnationalismus: Protest äußert sich gleichzeitig international, richtet sich aber gegen verschiedene nationale Adressaten. Die Protestbewegungen mögen miteinander kooperieren, aber die Aktionen finden getrennt statt.

(3) Nationalisierung des Europäischen: Nationale Akteure protestieren im nationalen Rahmen gegen Politiken der Europäischen Union.

(4) Kollektiver Transnationalismus: Protest richtet sich gegen europäische Politik und wird über Staatsgrenzen hinweg organisiert.

Der erste Fall stellt den klassischen Typus des nationalen (oder lokalen) politischen Protestes dar, „kooperativer" und „kollektiver Transnationalismus" sind zwei Formen, die mit den Vorstellungen von „globaler Zivilgesellschaft" oder „Weltgesellschaft" übereinstimmen und als Folge der Globalisierung erwartet werden. Dage-

---

7   Didier Chabanet schlägt eine fünfte Variante vor: Wenn gesellschaftliche Akteure aus verschiedenen Staaten sich in ihrem Protest gegen die Europäische Union zusammenschließen, um auf diesem Weg die Politik der Nationalstaaten zu beeinflussen. Chabanet weist in diesem Kontext auf das Beispiel der Protestmärsche der Arbeitslosen 1997 hin. Wir danken ihm für diese Anmerkung.

gen erfasst die „Nationalisierung des Europäischen" wie nationale Akteure externe Herausforderungen innerhalb des nationalen Rahmens politisch verarbeiten. Diese Unterscheidungen mögen zunächst als Haarspalterei empfunden werden. Sie sind jedoch wichtig, da das Missfallen an nationaler und europäischer Politik zwar zu Protesten in Europa führt, der Schauplatz des Protests aber weiterhin eher national als europäisch zu verorten ist. In der Tat stellt der Typus des rein innerstaatlichen Protestes, bei dem Bürger in Reaktion auf innenpolitische Missstände gegen nationale oder subnationale Instanzen protestieren, den weitaus größten Anteil aller Proteste in der EU dar (beinahe 95 Prozent der Fälle). Auf den ersten Blick ist dieses Ergebnis für all diejenigen, die sich mit transnationalen sozialen Bewegungen befassen, ernüchternd und ein heilsames Korrektiv gegen vorschnelle Prognosen, dass der Nationalstaat als Bezugsgröße in Kürze ein Auslaufmodell sei und Westeuropa sich schnell zu einer wahrhaft transnationalen Gesellschaft entwickeln werde. Anderseits sollte die Europäisierungsquote von fünf Prozent auch den Euroskeptikern zu denken geben, die weder in den Ergebnissen des Eurobarometers noch in den Parteiprogrammen Anhaltspunkte erkennen können, dass die europäische Integration für die Masse der europäischen Bürger von Bedeutung ist.

Abbildung 3: Häufigkeit und Anteil von EU-bezogenen Protestaktionen, 1984-1997

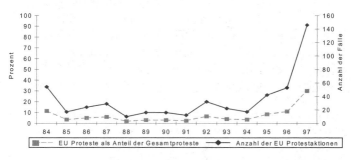

Beide transnationalen Formen des Europa-fokussierten Protests sind zwar gering, doch ihre Zahl steigt. Abbildung 3 zeigt sowohl die Häufigkeit als auch den Anteil von Protestaktionen in Westeuropa, die sich in der Zeit von 1984 bis 1997 gegen EU-Politiken und Institutionen gerichtet haben. Obwohl diese Protesttypen nach wie vor nur einen geringen Anteil der Gesamtmenge aller Protestaktionen ausmachen, steigt dieser, wie die Trendlinien der Grafik verdeutlichen, nach Maastricht deutlich an. In dieser Hinsicht lässt sich feststellen, dass die Neigung der Europäer steigt, ihren Protest gegen die Europäische Union, deren Vertreter und Politiken auf die Straße zu tragen – auch wenn es nach wie vor deutlich seltener der Fall ist als bei Unzufriedenheit mit innerstaatlichen Zuständen.

Wo findet der Protest gegen EU-Politiken statt und gegen wen richtet er sich? Wir gehen davon aus, dass die erheblichen Transaktionskosten einer transnationalen Mobilisierung den Anreiz für nationale Akteure steigern, ihren Protest gegen politische Initiativen der EU eher an nationale als an europäische Adressaten zu richten. In Tabelle 1 findet diese Vermutung Bestätigung. So hat sich die Mehrheit der gegen die EU gerichteten Proteste bisher eher im innerstaatlichen als im transnationalen politischen Rahmen abgespielt. Beinahe 83 Prozent der auf die EU bezogenen Protestaktionen im Untersuchungszeitraum sind Beispiele für die „Nationalisierung" von Protest, während nur 17 Prozent einen transnationalen Charakter hatten. Mit anderen Worten: Bürger, die gegen europäische Institutionen und EU-Politik protestieren, tun dies mehrheitlich im innerstaatlichen Rahmen.

Tabelle 1:   Nationalisierte und transnationale Protestaktionen
                 gegen die Europäische Union, 1984-1997

	Nationalisierter Protest N=406	Transnationaler Protest N=84	Gesamt N=490
1984-92	84,2%	15,7%	42,8% (210)
1993-97	81,7%	18,2%	57,1% (280)
Gesamt	82,8%	17,1%	100,0 % (490)

Wer protestiert gegen Europa? Die Transaktionskosten für die Organisation transnationaler kollektiver Aktionen sind für manche Gruppen leichter aufzubringen als für andere, was dazu führt, dass die Zugangschancen zu supranationalen Institutionen ungleich verteilt sind. Das kann zur Folge haben, dass trotz zunehmender europäischer Integration nur bestimmte soziale und politische

Gruppen ihren Protest gegen europäische Institutionen und deren Politiken richten, während andere sich weiterhin auf ihr gewohntes heimisches Umfeld beschränken.

Manche Wissenschaftler bezweifeln überdies, dass gut organisierte Verbände wie beispielsweise die Gewerkschaften ihre eingespielten innerstaatlichen Beziehungen aufgeben, um sich auf europäischer Ebene zu organisieren (Streeck 1996). Andere gehen davon aus, dass ein solcher Wandel von der Entwicklung der transnationalen Mobilisierungskapazität sowie dem Ausbau einer entsprechenden Infrastruktur abhängt (Turner 1996). Wieder andere sehen eine Auseinanderentwicklung zwischen der Europäisierung der Gewerkschaftsarbeit zu allgemeinen politischen Fragen – wie beispielsweise im Europäischen Gewerkschaftsbund – und der weiterhin nationalen Verortung der Tarifverhandlungen in den einzelnen Wirtschaftszweigen (Martin/Ross 2001). Falls Martin und Ross mit ihrer Annahme richtig liegen, sollten wir ein bestimmtes Maß an Europäisierung bei den Gewerkschaften feststellen können, das jedoch so weit von der eigentlichen Lebenswelt der Arbeitnehmer entfernt ist, dass es im Bewusstsein der Arbeitnehmer bei all den Fragen, die sie wirklich interessieren, wie den Erhalt ihrer Arbeitsplätze und steigende Einkommen, keine Rolle spielt.

Hingegen mag nicht-berufsbezogenen Gruppierungen – wie zum Beispiel der Umweltbewegung – der Übergang auf die europäische Ebene leichter fallen. Zum einen können diese auf mobile, gebildete und qualifizierte Mitglieder zurückgreifen, denen es vergleichsweise leichter fällt, sich mit Eurokraten oder Mitgliedern ihrer Bewegung aus anderen Mitgliedstaaten zu verständigen. Zum anderen sind die ihnen am Herzen liegenden Probleme wie etwa die Luft- und Wasserverschmutzung grenzüberschreitend. Diese Tatbestände erweisen sich für die nicht-berufsbezogenen Gruppen im Vergleich mit den Wirtschaftsverbänden als Vorteil, wenn sie sich mit ihren Anliegen an die EU wenden. Allerdings, so Marks und McAdam (1996, 1999), nutzen sie eher die von der EU gebotenen Lobby-Möglichkeiten, als dass sie ihre Forderungen auf die Straßen tragen. So sind sie zwar mit ihrem Protest *in* Brüssel präsent, doch die Wahrscheinlichkeit, dass sie aktiv *gegen* die EU protestieren, ist eher gering.

Vergleicht man die Bereitschaft von Berufsgruppen und anderen Interessengruppen, gegen die EU zu demonstrieren, so ist fest-

zustellen, dass im Jahr 1997 erstere für einen weitaus größeren
Anteil an den Protestaktionen (82,1 Prozent) verantwortlich sind
als letztere. Es scheint, dass Entwicklungen, die unmittelbar und
spürbar die wirtschaftliche Lage einer Berufsgruppe betreffen, mit
hoher Wahrscheinlichkeit zu Protestaktionen gegen die EU führen.
Dieses Ergebnis ist besonders dann überraschend, wenn es mit
dem Protestverhalten auf nationaler Ebene verglichen wird. So
hatten in allen zwölf Ländern unserer Untersuchung nicht-
berufsbezogene Gruppen einen weit größeren Anteil an innerstaatlichen Protesten als Berufsgruppen. Genau das Gegenteil gilt für
die europäische Ebene, auf der berufsbezogene Protestaktionen
überwiegen.

Tabelle 2:   Berufsbezogene and nicht-berufsbezogene
                   Protestaktionen gegen die EU, 1984-97

	Berufsbezogen N=402	Nicht-berufsbezogen N=88	Gesamt N=490
1984-92	88,1 %	11,9 %	42,9 % (210)
1993-97	77,8 %	21,2 %	57,1 % (280)
Gesamt	82,1 %	17,9 %	100 % (490)

Welche Berufsgruppen sind nun besonders am Protest gegen die
EU beteiligt? Es ist leicht zu erraten, dass die Proteste hauptsächlich auf das Konto der Landwirte gehen. Die langjährige Abhängigkeit von der Agrarpolitik der Gemeinschaft hat dazu geführt,
dass sie sich auf die europäische Politik besser eingestellt haben
als viele andere Berufsgruppen. Tabelle 3 zeigt, wie hoch der Anteil der von Landwirten getragenen Proteste gegen die EU im Vergleich mit anderen Berufsgruppen ist. Die Zahlen bestätigen, dass
die Landwirte häufiger als jede andere Berufsgruppe öffentlich
gegen die Politik der EU protestieren; auf ihr Konto geht fast die
Hälfte aller berufsbezogenen Protestaktionen im Untersuchungszeitraum.

Neben den Landwirten gibt es heftige Protestaktionen auch von
anderen Berufsgruppen, wie den Fischern oder den Bau- und
Bergarbeitern. Auch sie haben unmittelbar und schmerzhaft die
Folgen der Integration zu spüren bekommen. Die Gemeinschaft ist
verantwortlich für die Einschränkung von landwirtschaftlichen
Subventionen und Produktionsquoten, für die Aufhebung von

Handelsbeschränkungen, die Verkleinerung von Fangnetzen und Fischgründen, und sie wird verantwortlich gemacht für Arbeitsplatzverluste in Folge von Rationalisierungen und Unternehmensschließungen, die durch die europäische Stabilitätspolitik zur Verwirklichung der Währungsunion erforderlich waren.

Tabelle 3: Protestaktionen von Landwirten und anderen Berufsgruppen gegen die EU, 1984-97

	Landwirte N=200	Andere Berufsgruppen N=202	Gesamt N=402
1984-92	47,1 %	52,9 %	46,0 % (185)
1993-97	52,1 %	47,9 %	54,0 % (217)
Gesamt	49,7 %	50,3 %	100 % (402)

Das Engagement dieser Berufsgruppen steht in deutlichem Kontrast zu der Mobilisierungsbereitschaft anderer sozialer Akteure, wenn es um Protest gegen europäische Politik und ihre Institutionen geht. Vertreter von Nicht-Regierungsorganisationen im Umweltschutz sowie von Migranten- und Frauenbewegungen haben bei Interviews in Brüssel eingeräumt, dass die Basis solcher Organisationen der wachsenden Bedeutung europäischer Entscheidungen meist gleichgültig gegenüber steht (Helfferich/Kolb 2001). Ohne Unterstützung ihrer jeweiligen Basis fehlt ihren Lobbybemühungen aber jene Schlagkraft, die sie brauchen, um im Wettbewerb mit den finanziell besser ausgestatteten Wirtschafts- und Berufsverbänden Gehör zu finden.

Das Resümee ist eindeutig: Auch wenn die Protestaktionen von Umwelt-, Studenten-, Anti-Atomkraft-, Tierschutz- und Anti-Rassismusbewegungen in Europa spektakulärer und einprägsamer sind und ihr Anteil an der Gesamtzahl europäischer Proteste wächst, so wird der größte Teil aller Protestaktionen gegen die EU immer noch von Landwirten und anderen Berufsgruppen getragen. In den Gipfelkonferenzen mag sich Europa zu einem „Europa der Banken" entwickeln, aber über die unkonventionellen Formen politischer Beteiligung entwickelt sich ein Europa der Bürger.

Wir glauben nicht, dass diese Bestandsaufnahme der Erwartung an Europa als eine „politische Gesellschaft im Werden" widerspricht. Vielmehr unterstreicht sie unsere Auffassung, dass Europa ein vielschichtiges politisches System mit variabler Geometrie ist[8], dessen Interaktionen komplexer sind als sie mit den Modellen des Zwei-Ebenen-Spiels, des Mehrebenensystems oder des Regierens in Netzwerken erfasst werden können. Unabhängig von Fragen nach der finalen Gestalt des europäischen Systems reagieren die meisten gesellschaftlichen Akteure auf europäische Politik und die Institutionen der EU gemäß der Gewohnheiten und Routinen, die sie in ihren nationalen politischen Systemen entwickelt haben. Diese Einschätzung hat erhebliche Konsequenzen für die institutionelle Entwicklung Europas:

Sollten die Bürger – gestützt auf das Sanktionsmittel ihrer Stimmabgabe – weiterhin auf europäische Politik in der Form reagieren, dass sie ihre Forderungen an ihre nationalen Regierungen richten und diese den Protest aufgreifen und bei den europäischen Verhandlungen als Agenten ihrer Bürger auftreten, dann könnte dies zu einer Veränderung des Rollenverständnisses der Regierungen führen. Diese müssten nunmehr stärker der Interdependenz von Innenpolitik und europäischer Politik Rechnung tragen. Sie müssen Ausgleich zwischen den aktiven Bürgern, die innerstaatliche Druckmittel zur Durchsetzung ihrer Forderungen einsetzen, und den europäischen Willensbildungsforen schaffen, in denen die Regierungsvertreter die Forderungen ihrer Bürger gegen staatliche Interessen und Rücksichtnahme auf die anderen Mitgliedstaaten im Interesse einer gemeinschaftlichen Entscheidungsfähigkeit abzuwägen haben.

Wenn diese These zutrifft, gibt es keinen Grund zu erwarten, dass die Art und Weise, wie Politik auf Brüsseler und nationaler Ebene betrieben wird, sich über die Zeit angleichen wird. Zu Hause würden die Bürger Europas weiterhin auf jene Formen der politischen Beteiligung zurückgreifen, mit denen sie immer schon ihre nationalen Regierungen zu beeinflussen suchten, während sie sich für ihre Interessenvertretung in Brüssel weiterhin auf ihre supranationalen Verbände verlassen werden.

---

8 Der Ursprung dieser Bezeichnung ist unklar, aber wir sind zum ersten Mal in Philipp Schmitters „Imagining the Future of the European Polity with the Help of New Concepts" (1996) auf sie gestoßen. Vgl. auch sein Buch „How to Democratize the European Union and Why Bother?" (2000).

7   Die Herausbildung europäischer Akteure

Mitte der 1990er Jahre entwickelte sich plötzlich ein lebhaftes Interesse am Entstehen einer europäischen Bürgerschaft. Eurobarometer-Umfragen versuchten wiederholt zu erkunden, ob in der europäischen Öffentlichkeit eine steigende Zustimmung zu Europa und eine nachlassende Bedeutung nationaler Identitäten festzustellen sei. Forscher, die sich mit Migration befassen, postulierten die Einführung nicht-nationsgebundener Formen von Staatsangehörigkeit, mit der die Grenzen nationaler Staatsangehörigkeit übersprungen werden könnten (Soysal 1994). Wissenschaftler begannen sich zu fragen „wann und wie die Idee einer europäischen Identität entstand" und wie „Identitäten und Interessen am Schnittpunkt zwischen Selbstwahrnehmung und der Wahrnehmung des Anderen konstruiert werden" (Bartolini et al. 1999). Die Entde-ckung des Demokratiedefizits der EU verlieh dem Wunsch Brüssels, wieder mehr Unterstützung für die europäische Idee zu gewinnen, zusätzliche Dringlichkeit.

Wir haben argumentiert, dass sich die über die europäische Politik entzürnten Bürger Europas zur Behebung von Missständen weiterhin in erster Linie an ihre nationalen politischen Systeme wenden. Unsere Hypothese war, dass der Einfluss europäischer Lobbyisten weniger von einer engen Anbindung an innerstaatliche Protestbewegungen abhängt, als von den ihnen zur Verfügung stehenden Ressourcen und dem Legitimitätspotential, das sie den Entscheidungsträgern der Kommission bieten können. Wie kann sich nun ein Gefühl europäischer Identität aus dieser schwachen und nur mittelbaren Verknüpfung zwischen Bürgern und europäischen Institutionen entwickeln? Dies kann über vier Mechanism erfolgen (vgl. ausführlicher Imig/Tarrow 2001):

– Erstens tritt die Europäische Union selbst als Interessenvermittler zwischen nationalen Gruppierungen aus unterschiedlichen Ländern auf, wenn sie versucht, ihre Beziehungen zu den Mitgliedstaaten zu vereinheitlichen und eine institutionelle Plattform für ihre gemeinsamen Begegnungen zu bieten.

- Zweitens tragen die Medien und andere kulturelle Institutionen dazu bei, dass Themen europäisch besetzt werden, die nicht zu den klassischen europäischen Themen gehören.
- Drittens verknüpfen sich zunehmend Aktivitäten nationaler Gruppierungen mit dem politischen Handeln auf europäischer Ebene in den Themenbereichen, in denen sich die Mitgliedstaaten und die Europäische Union politische Kompetenzen teilen.
- Viertens erfolgt eine Konstruktion von Identität in der Form, dass in der Bevölkerung und bei den Eliten verankerte Werte nun als „europäisch" bezeichnet werden.

8   Zwei historische Analogien

Es sollen hier keine Prognosen gewagt werden, zumal sich die Entwicklungen offenkundig in einem sehr frühen Stadium befinden. Unsere quantitativen Daten lassen weder ein starkes Anwachsen transnationaler Protestaktionen noch die nachhaltige Entwicklung sozialer Bewegungen auf europäischer Ebene erkennen. Ausnahmen bilden vereinzelte und vielleicht eher untypische Bereiche wie zum Beispiel die Kampagne gegen Genmanipulation. Um aber nicht dem allgemeinen Trend des Euro-Pessimismus nachzugehen, der den Ausklang des letzten Jahrhunderts bekleidet, sollten wir uns in Erinnerung rufen, dass die Entwicklung *nationaler* Identitäten Generationen benötigte. Diese wurden weder durch die Zusammenarbeit politischer Führungsspitzen noch durch die Propagierung nationaler Ideen hervorgebracht. Vielmehr entwickelten sie sich aus dem langsamen, konfliktreichen und oft widersprüchlichen Zusammenspiel gemeinsamer Interessen und unvermeidlicher Konflikte, die mit der Bildung von Nationalstaaten einhergingen.

Ein solcher Prozess findet heute nicht zum ersten Mal in der europäischen Geschichte statt. Man erinnere sich zum Beispiel an den Integrationsprozess der Schweiz zwischen 1830 und 1848. Über Jahrhunderte waren lokale und kantonale Identitäten Grundlage der schweizerischen Politik. Selbst in der Abgrenzung zu auswärtigen Staaten wurde die Frage „Wer sind wir?" selten mit

Rückgriff auf nationale Identitäten beantwortet. Mit der Gründung des katholischen Sonderbundes im Jahre 1845 wurde die Schweiz durch die zunehmende Spaltung zwischen konservativen Katholiken und der liberalen Allianz an den Rand eines Bürgerkrieges geführt. Diese Polarisierung schuff neue Grenzziehungen, die die Verfassungsväter von 1848 durch Verhandlungen überwinden mussten. Es gelang kurzfristig jedoch nicht, alle Differenzen zwischen den Protagonisten auf beiden Seiten auszuräumen. Vielmehr eskalierte der Konflikt, und die Gegensätze in der Schweizer Gesellschaft führten zu den gewalttätigen Auseinandersetzungen des Jahres 1847. Sie gipfelten in einem Bürgerkrieg, der erst 1848 mit dem Sieg der liberalen Allianz endete. Die schweizerische Identität bildete sich erst durch einen Prozess, der von Verhandlungen, aber auch von Machtkämpfen und Zugeständnissen an den „Kantonligeist" der Bürger und die Machtansprüche kantonaler Eliten gekennzeichnet war.

Die italienische Vereinigung verlief ähnlich konfliktgeladen. Bis 1861 war der italienische Stiefel in viele mehr oder weniger bedeutende Kleinstaaten aufgeteilt. Viele dieser Staaten wurden von Österreich kontrolliert oder waren mit der Donaumonarchie alliiert, andere standen unter der Vorherrschaft des Vatikan. Das Königreich der Beiden Sizilien (man beachte den Plural), das dem Hause der Bourbonen unterstand, war „auf drei Seiten von Salzwasser und auf der vierten von Weihwasser umgeben" wie ein englischer Historiker einmal herablassend bemerkte. Die politische Vereinigung Italiens war letztendlich nicht das Ergebnis einer Welle nationaler Bewusstseinsbildung. Sie beruhte vielmehr auf einer Verknüpfung von expansionistischer Eroberungspolitik des Königshauses Piemont, der ideologischen Mobilisierung der mazzinischen Minderheit, einer Reihe mehr oder minder manipulierter Volksbegehren in den Kleinstaaten im Herzen Italiens, der Invasion Siziliens durch Garibaldi und dem Zuspruch, der ihm von einem teilweise autonomen, teilweise die Integration befürwortenden Bürgertum und einer Bauernschaft, deren Landhunger bei weitem ihr Interesse an der politischen Einigung übertraf, entgegengebracht wurde (Riall 1998). Für den Verlauf der Geschichte war es viel folgenreicher, dass diese Prozesse politische Akteure (wie Cavour), die bis zu jenem Zeitpunkt wenig Interesse an einer politischen Einigung der gesamten italienischen Halbinsel gezeigt hatten, zu italienischen Nationalisten werden ließen (McAdam et al. 2001: Kap. 10).

Die schweizerische Konföderation und die italienische Einigung stabilisierte sich in einem sehr lange dauernden Prozess. In unserem Zeitalter mögen Massenkommunikation und moderne Transportmittel, eine äußere Bedrohung sowie die gemeinsame Währung den Einigungsprozess auf europäischer Ebene beschleunigen. Aber unsere Untersuchung bestätigt erneut, dass die Integration ein langsamer, stockender und komplexer Prozess ist, der durch die starke Anziehungskraft behindert wird, die von nationalen Netzwerken, verfügbaren Mitteln und Beteiligungschancen für Protestbewegungen ausgeht, behindert wird. Wir sind der Überzeugung, dass weder Spillover-Effekte, intergouvernementale Übereinkünfte, elitäre Politiknetzwerke noch vertikale Verhandlungsprozesse zwischen den Regierungen zum Entstehen einer europäischen Identität führen, sondern die alltägliche Interaktion zwischen den Gesellschaften die sich im Umfeld der Europäischen Institutionen entwickelt – möge sie konfliktbeladen, kooperativ oder einigend sein.

Übersetzung: Stefanie Flechtner

Literatur

Balme, Richard/Chanabet, Didier/Wright, Vincent (Hrsg.) 2001: L'action collective en Europe, Paris.

Dalton, Russell 1996: Citizen Politics in Western Democracies, Chatham.

della Porta, Donatella/Kriesi, Hanspeter/Rucht, Dieter (Hrsg.) 1999: Social Movements in a Globalizing World, New York.

Falkner, Gerda 1998: EU Social Policy in the 1990s: Towards a Corporatist Policy Community, London etc.

Fligstein, Neil/Mara-Drita, Iona 1996: How to Make a Market: Reflections on the Attempt to Create a Single Market in the European Union, in: American Journal of Sociology 102, 1-33.

Fligstein, Neil/McNichol, Ian 1997: The Institutional Terrain of the European Union (Jean Monnet Working Paper No. 2, Harvard University Law School), Cambridge.

Gottweis, Herbert 1999: Regulating Genetic Engineering in the European Union: A Post-Structuralist Perspective, in: Kohler-Koch, Beate/Eising,

Rainer (Hrsg.): The Transformation of Governance in the European Union, London/New York, 61-82.

Haas, Ernst B. 1968: The Uniting of Europe: Political, Social and Economic Forces, 1950-1957, 2. Auflage, Stanford.

Hellferich, Barbara/Kolb, Felix 2001: Multilevel Action Coordination in European Contentious Politics: The European Women's Lobby, in: Imig, Doug/Tarrow, Sidney (Hrsg.): Contentious Europeans: Protest and Politics in an Emerging Polity, Lanham, 143-162.

Hoffmann, Stanley 1966: Obstinate or Obsolete? The Fate of the Nation-State and the Case of Western Europe, in: Daedalus 85, 862-915.

Imig, Doug/Tarrow, Sidney 1999: The Europeanization of Movements? A New Approach to Transnational Contention, in: della Porta, Donatella/ Kriesi, Hanspeter/Rucht, Dieter (Hrsg.): Social Movements in a Globalizing World, London, 112-133.

Imig, Doug/Tarrow, Sidney 2000: Political Contention in a Europeanised Polity, in: West European Politics 23 (4), 73-93.

Imig, Doug/Tarrow, Sidney 2001: Contentious Europeans: Protest and Politics in an Emerging Polity, Boulder.

Keohane, Robert O./Hoffman, Stanley 1991: The New European Community: Decisionmaking and Institutional Change, Boulder.

Kohler-Koch, Beate 1999: The Evolution and Transformation of European Governance, in: Kohler-Koch, Beate/Eising, Rainer (Hrsg.): The Transformantion of Governance in the European Union, London/New York, 14-35.

Kohler-Koch, Beate/Eising, Rainer (Hrsg.) 1999: The Transformation of Governance in the European Union, London/New York.

Kriesi, Hanspeter/Koopmans, Ruud/Duyvendak, J. W./Giugni, M. G. 1995: The Politics of New Social Movements in Western Europe, Minneapolis.

Knill, Christoph/Lenschow, Andrea 2000: Implementing EU Environmental Policy: New Directions and Old Problems, Manchester.

Marks, Gary/Hooghe, Liesbet/Blank, Kermit 1996: European Integration from the 1980s: State-Centric vs. Multi-Level Governance, in: Journal of Common Market Studies 34, 342-377.

Marks, Gary/McAdam, Doug 1996: Social Movements and the Changing Structure of Political Opportunity in the European Union, in: West European Politics 19 (2), 249-278.

Marks, Gary/McAdam, Doug 1999: On the Relationship of Political Opportunities to the Form of Collective Action: The Case of the European Union, in: della Porta, Donatella/Kriesi, Hanspeter/Rucht, Dieter (Hrsg.): Social Movements in a Globalizing World, New York, 97-111.

Martin, Andrew/Ross, George 2001: Trade Union Organizing at the European Level: The Dilemma of Borrowed Resources, in: Imig, Doug/Tarrow, Sidney (Hrsg.): Contentious Europeans: Protest and Politics in an Emerging Polity, Boulder, 53-76.

McAdam, Doug/Tarrow, Sidney/Tilly, Charles 2001: Dynamics of Contention, Cambridge/New York.

Melucci, Alberto 1996: Challenging Codes. Collective Action in the Information Age, Cambridge.

Meyer, David/Tarrow, Sidney (Hrsg.) 1998: The Movement Society: Contentious Politics for a New Century, New York/Oxford.

Moravcsik, Andrew 1998: The Choice for Europe: Social Purpose and State Power from Messina to Maastricht, Ithaca/London.

Peterson, John 1997: States, Societies and the European Union, in: West European Politics 20 (4), 1-23.

Reising, Uwe 1997: Taking European Integration to the Streets: Results from France and Belgium, 1980-1989, Paper presented to the Annual Meeting of the Midwest Political Science Association.

Riall, Lucy 1998: Sicily and the Unification of Italy: Liberal Policy and Local Power, 1859-1866, Oxford/New York.

Risse-Kappen, Thomas (Hrsg.) 1995: Bringing Transnational Relations Back In, Cambridge/New York.

Roederer, Christilla 1999: CAP Reforms and the Transformation of Domestic Politics: The Paradox of Farm Protest in France, 1983-1993, Paper presented to the Fourth European Conference of Sociology, Amsterdam, August 18-21, 1999.

Scharpf, Fritz 1994: Community and Autonomy: Multilevel Policy-Making in the European Union, in: Journal of European Public Policy 1, 219-243.

Schmidt, Vivien 1997: European Integration and Democracy: The Differences Among Member States, in: Journal of European Public Policy 4, 128-145.

Schmitter, Philippe C. 1970: A Revised Theory of Regional Integration, in: International Organization 24, 836-868.

Schmitter, Philippe C. 1996: Imagining the Future of the Euro-Polity with the Help of New Concepts, in: Marks, Gary/Scharpf, Fritz W./Schmitter, Philippe C./Streeck, Wolfgang: Governance in the European Union, London etc., 121-150.

Schmitter, Philippe C. 2000: How to Democratize the European Union ... and Why Bother?, Lanham.

Soysal, Yasemin 1994: The Limits of Citizenship, Chicago.

Streeck, Wolfgang 1996: Neo-Voluntarism. A New European Social Policy Regime?, in: Marks, Gary/Scharpf, Fritz W./Schmitter, Philippe C./Streeck, Wolfgang: Governance in the European Union, London etc., 64-94.

Tarrow, Sidney 1989: Democracy and Disorder: Protest and Politics in Italy, 1965-1975, Oxford.

Tarrow, Sidney 2001: Transnational Politics: Contention and Institutions in International Politics, in: Annual Review of Political Science 4, 1-20.

Tilly, Charles 1986: The Contentious French, Cambridge.

Tilly, Charles 1995: Popular Contention in Great Britain, 1758-1834, Cambridge.

Turner, Lowell 1996: The Europeanization of Labour: Structure Before Action, in: European Journal of Industrial Relations 2, 325-344.

Wessels, Wolfgang 1997: An Even Closer Fusion? A Dynamic Macropolitical View on Integration Processes, in: Journal of Common Market Studies 35, 267-299.

Wolf, Klaus Dieter 1999: Defending State Autonomy: Intergovernmental Governance in the European Union, in: Kohler-Koch, Beate/Eising, Rainer (Hrsg.): The Transformation of Governance in the European Union, London, 231-248.

Simon Hix

Parteien, Wahlen und Demokratie in der EU[1]

Dieser Beitrag untersucht, wie die beiden zentralen Prozesse repräsentativer Demokratie, nämlich Parteienwettbewerb und Wahlen, in der Europäischen Union funktionieren. Entsprechend dem Modell der Wettbewerbsdemokratie gehen auf mitgliedstaatlicher Ebene Parteien und Wahlen Hand in Hand. Es gibt gleichzeitig ein wachsendes Parteiensystem auf europäischer Ebene: Europaweite Wahlen werden alle fünf Jahre abgehalten und Organisationsstrukturen der Parteien gibt es sowohl im Europäischen Parlament (Fraktionen) als auch zwischen den Führern nationaler Parteien (transnationale Parteiverbände). Trotzdem ist die EU noch weit von einer Wettbewerbsdemokratie entfernt.

1 Theorien der politischen Wahl

Wahlen sind der zentrale Mechanismus repräsentativer Demokratien. Dieser Prozess funktioniert auf zwei eng miteinander verknüpfte Weisen (King 1981). Zum einen eröffnen Wahlen den Wählern die Möglichkeit, sich zwischen rivalisierenden Programmen zu entscheiden. Diese werden von politischen Parteien oder ihren Führern aufgestellt, und das siegreiche Team implementiert sein Programm, wenn es die Macht übernimmt. Zum anderen können sich Wähler zwischen rivalisierenden Amtsinhabern entscheiden. Wähler fällen die Entscheidung für einen bestimmten Kandidaten ebenso sehr aufgrund seiner Persönlichkeit wie seiner politi-

---

1 Eine frühere Version dieses Kapitels erschien in Hix (1999b). Der Autor dankt dem Verlag Palgrave für die Erlaubnis, das dort veröffentlichte Material für diesen Beitrag zu verwenden.

schen Plattform oder Parteizugehörigkeit. Der siegreiche Kandidat wird dann zum Führer der Exekutive. Somit ermöglichen die Wahlen den Wählern eine Bestrafung des politischen Personals, wenn es seine Wahlversprechen bricht, sich als inkompetent erweist, oder einfach nur weniger populär ist als rivalisierende Elitegruppen. Mit anderen Worten, den Kern der Demokratie bilden *Wahlmöglichkeiten*. Dies erfordert *Wettbewerb* zwischen rivalisierenden politischen Programmen und/oder Kandidaten (Schumpeter 1943).

In den meisten demokratischen Systemen sind diese beiden Prozesse in einem einzigen Modell vereinigt, dem der Wettbewerbsdemokratie (Schumpeter 1943; Weber 1946 [1919], Schattschneider 1960). In diesem Modell wird der Führer der die Wahl gewinnenden Partei zum Führer der Exekutive (zum Beispiel als Premierminister) und die Partei handelt geschlossen im Gesetzgebungsprozess, um ihr politisches Programm durchzusetzen. In der Wettbewerbsdemokratie fällen also die Wähler eine *indirekte* Entscheidung über Amtsinhaber und substantielle Politik, die über Parteiorganisationen vermittelt wird. Somit ergibt sich für die siegreiche Partei die Möglichkeit, den Parteiführer oder das Programm auszutauschen, ohne zuvor notwendigerweise die Zustimmung der Wähler durch erneute Wahlen einzuholen.

Auch wenn dies das vorherrschende Modell westlicher Demokratien ist, so gibt es doch auch alternative Modelle, die den Wählern eine *direkte* Entscheidung über Amtsinhaber und/oder Programm einräumen. Im Präsidialsystem – z.B. in den USA – können die Wähler direkt das Staatsoberhaupt wählen. Parteien schlagen in der Regel nur einen Kandidaten vor. Dennoch ist der Wahlkampf immer mehr auf die Politik und Persönlichkeit des individuellen Kandidaten als auf Programmatik und Führungsteam der Partei ausgerichtet. Darüber hinaus ist der Gewinner der Präsidentenwahl den Wählern direkt Rechenschaft schuldig und umgeht so die Führung der eigenen politischen Partei.

Zum anderen können Wähler durch Referenden eine direkte Entscheidung über Politikprogramme fällen. Auch hier treten Parteien entweder für den einen oder den anderen Standpunkt ein. Auf die Entscheidung der Bevölkerung wirkt sich aber besonders die (Un)Popularität der jeweiligen Parteien (besonders der an der Regierung beteiligten Parteien) aus. Wenn das Resultat eines Referendums aber bindend ist, dann hat es einen direkten Einfluss auf die Politik, da Parteien sich normalerweise in zukünftigen Gesetzesentscheidungen nicht über das Votum der Bevölkerung hinwegsetzen dürfen. Somit unterscheiden sich sowohl Präsidialsystem als auch direkte Demokratie in einem wesentlichen Punkt von dem Modell der Wettbewerbsdemokratie: In den beiden alternativen Modellen sind politische Parteien nicht notwendig oder behindern doch zumindest die direkte Einflussnahme der Wähler auf exekutive und legislative Prozesse nicht.

Welches also ist das am besten geeignete Modell für die EU? Der Logik der Wettbewerbsdemokratie folgend argumentieren die meisten Kritiker des Demokratie-Defizits der EU, dass das EP erstens direkt gewählt werden und, zweitens, weitreichendere Befugnisse in den Bereichen der EU-Gesetzgebung und der Wahl der EU-Exekutive (z.B. der Kommission) erhalten sollte. Dies führte 1979 zur Einführung direkter Wahlen für das EP, die seitdem alle fünf Jahre abgehalten werden. Außerdem hat das EP durch eine Reihe von Reformen im Vergleich zum Ministerrat zunehmende Möglichkeiten der Einflussnahme auf EU-Gesetzgebungsprozesse und in der Wahl des Kommissionspräsidenten erhalten. Augenscheinlich wurde also das Demokratie-Defizit der EU behoben.

Und doch machen die richtigen Regeln allein noch kein wirkliches System der Wettbewerbsdemokratie aus. Dieses Modell benötigt darüberhinaus auch Akteure, die im Rahmen der Regeln ein bestimmtes Verhalten an den Tag legen. Mit anderen Worten:

- politische Parteien sollten einen Wettstreit um konkurrierende Programme für europäische Politik und/oder Ämter in den EU-Institutionen bei den Europawahlen austragen;
- Wähler sollten ihre Entscheidung bei Europawahlen auf der Grundlage dieser rivalisierenden politischen Plattformen oder Kandidaten fällen;
- die Mehrheitsentscheidung der Wähler sollte durch geschlossen agierende politische Parteien in legislative und exekutive Prozesse auf der europäischen Ebene eingebracht werden.

Sollte diese Verfahrensweise nicht praktiziert werden, dann existiert das angesprochene Demokratie-Defizit noch immer. Allerdings könnten weitere institutionelle Mechanismen dazu beitragen eine echte Wettbewerbsdemokratie in der EU zu etablieren. Zudem könnten auch alternative (direkte) Formen von Demokratie eingeführt werden, wie z.B. europaweite Referenden oder die Direktwahl des Kommissionspräsidenten.

2   Das europäische Parteiensystem

Die wichtigsten politischen Organisationen in der europäischen Politik sind politische Parteien. Dies mag auf den ersten Blick in der EU nicht offensichtlich erscheinen. Bei genauerer Betrachtung stellt sich jedoch heraus, dass Organisation, Mitgliedschaft, Anpassung, Ideologie und Interesse von politischen Parteien in der EU zentral sind. Alle Politiker in Europa, auch die Mitglieder des Ministerrats, der Kommission und des EP, sind Parteipolitiker. Parteien, die treibenden Kräfte hinter Wahlkampagnen, sind die Hauptakteure bei nationalen Wahlen wie auch bei den Europawahlen. Als wichtigste Verbindung zwischen Regierungen und Parlamenten wie auch zwischen Parlamenten und Wählern sind Parteien der Dreh- und Angelpunkt der Beziehungen zwischen EU-Institutionen ebenso wie zwischen nationaler und europäischer Ebene. Um zu verstehen wie EU-Politik funktioniert müssen wir also zuerst verstehen wie politische Parteien funktionieren (Hix/Lord 1997).

Parteien als Organisationen verfolgen zweierlei politische Ziele. Erstens streben Parteien nach politischen *Ämtern* (Downs 1957). Die politische Schlüsselrolle in der EU kommt den nationalen Regierungen zu. Trotz des zunehmenden Einflusses der EU in vielen Bereichen der Politik sind es noch immer Ämter in nationalen Regierungen die den Parteiführern Kontrolle über Politik verleihen: besonders in den wichtigen Bereichen öffentlicher Ausgaben, wie Bildung, Gesundheit und Wohnungswesen. Zudem verleiht das nationale Regierungsamt den Parteiführern über den Ministerrat eine zentrale Rolle in den Entscheidungsprozessen auf EU-Ebene. Zweitens beeinflussen Parteien *Politikergebnisse* (Strom 1990). Im EU-System werden bestimmte politische Ziele in Wahl- und Parteiprogrammen versprochen und als Ergebnis mitgliedstaatlicher und europäischer Entscheidungsprozesse durchgesetzt.

Das Funktionieren von Demokratie in der EU hängt somit davon ab, wie Parteien diese Ziele zu erreichen versuchen. Dies ist durch die Rahmenbedingungen beeinflusst, etwa davon, ob das EP einen signifikanten Einfluss auf europäische Gesetzgebungsprozesse hat. Aber auch der Handlungskontext in welchem sich Parteien befinden hat einen Einfluss: die Zahl der Konfliktdimensionen im EU-Parteiensystem, die Unterstützung der Wähler für die verschiedenen Parteien und der Standpunkt dieser Parteien zu den einzelnen Streitfragen.

Auf nationaler Ebene kann man die meisten sozialen Trennlinien in einer einzigen, der allumfassenden Links-Rechts-Orientierung, zusammenfassen. Auf europäischer Ebene hingegen unterschieden sich noch bis vor kurzem die Akteure hauptsächlich danach, ob sie für weitere Integration oder für den Status-Quo bzw. für weniger Integration eintraten: Es gab eine Integrations-Souveränitäts-Konfliktlinie (z.B. Garrett 1992; Tsebelis/Garrett 2000). Je mehr jedoch EU-Entscheidungen auch auf traditionelle mitgliedstaatliche Kompetenzbereiche übergreifen, desto stärker wird sich auch auf europäischer Ebene die Links-Rechts-Orientierung entwickeln.

Die Positionen der jeweiligen Parteien lassen sich nach dieser zweidimensionalen Unterteilung wie in Schaubild 1 dargestellt abbilden: Die Ovale zeigen die Lage und Reichweite der einzelnen Parteien der europäischen Parteifamilien (Hix/Lord 1997: 49-53). Das Schaubild unterstreicht verschiedene Hauptmerkmale des EU-Parteiensystems. Erstens zeigen die Formen der Ellipsen und ihre verschiedenen Überlagerungen, dass die meisten Parteifamilien mehr Übereinstimmung im Sinne der Links-Rechts-Orientierung als der europapolitischen Orientierung haben. Dies beruht auf der Tatsache, dass sich die Kernfamilien der europäischen Parteienlandschaft – Sozialdemokraten/Sozialisten, Liberale und Christdemokraten/Konservative – auf nationaler Ebene gemäß der Links-Rechts-Unterscheidung gegeneinander abgrenzen, nicht anhand der Frage der europäischen Integration. Im Gegensatz dazu gibt es die Regionalisten und die Anti-Europäer, die sich als „gegen" bzw. „für" die bestehende Struktur des Nationalstaates in Europa definieren und sich somit als stärker zusammenhängend auf der europapolitischen Skala und eben nicht auf der Links-Rechts-Skala darstellen.

Schaubild 1. Positionen der Parteifamilien im EU-Parteiensystem

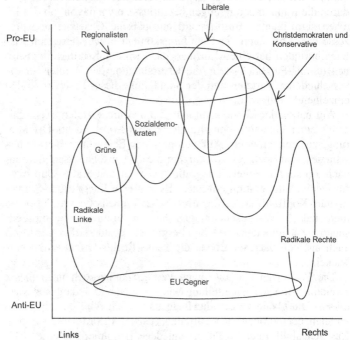

Quelle: Erstellt auf Grundlage der Daten von Hix/Lord (1997: 50).

Zweitens deutet die Anordnung der Parteien im Schaubild an, dass die großen Parteien eher auf der Links-Rechts-Dimension als auf der europapolitischen Dimension miteinander konkurrieren. Immer wenn Fragen hinsichtlich des weiteren Verlaufs der Integration auftreten wird es für Parteifamilien schwierig, ihren Zusammenhalt zu bewahren. Hier werden öfter Spaltungen innerhalb der Parteifamilien auftreten (zwischen Parteien verschiedener Mitgliedstaaten) als zwischen den einzelnen Parteifamilien. Demzufolge behandeln Parteien die Integrationspolitik lieber als Links-Rechts-Problematik. Dies erklärt die relative Nähe der großen Parteien auf der europapolitischen Skala und ihre Distanz auf der Links-Rechts-Skala im Schaubild. In den neunziger Jahren scheuten sich die meisten wichtigen Parteien davor die Frage der europäischen Integration kontrovers zu diskutieren, und vertraten stattdessen allesamt moderate pro-integrationistische Positionen. Im Vergleich zu den 1970er und 1980er Jahren, als die meisten Sozialdemokraten/Sozialisten der europäischen Integration eher skeptisch gegenüberstanden, hatte sich also ein deutlicher Wandel vollzogen. Um Streitigkeiten und Spaltungen innerhalb der sozialdemokratischen Parteien Europas sowie zwischen Elite und Basis vieler Parteien vorzubeugen, gab es nur die Strategie die selbe Position zu vertreten wie die wichtigen christdemokratischen und konservativen Parteien in der EU (siehe auch Hix 1999a; Ray 1999).

Überdies lassen sich aus dem Schaubild auch verschiedene Kombinationen möglicher Allianzen im europäischen Parteiensystem ableiten. Naheliegend erscheint natürlich eine Allianz zwischen Christdemokraten/Konservativen und den Liberalen, da beide auf der rechten Mitte verortet und pro-europäisch sind. Die Sozialdemokraten dagegen haben die Wahl: entweder eine Allianz mit den beiden oben genannten Parteien zu einer pro-europäischen Plattform, die auch die Regionalisten einschließen könnte oder ein Zusammenschluss mit den Grünen und der radikalen Linken zu einem Links-Block. Allerdings wären bei der zweiten Möglichkeit Spannungen bei der Frage nach mehr oder weniger Integration vorprogrammiert. Ähnlich zerstritten bei europäischen Fragen wäre aber auch eine Mitte-Rechts-Koalition mit den Konservativen. Wegen ihrer isolierten Position im europäischen Parteiensystem sind die extreme Rechte und die Anti-Europäer nicht für Koalitionen geeignet.

Somit gibt es also zwei mögliche Koalitionen im EU-Parteiensystem. Erstens könnten Sozialdemokraten, Regionalisten, Liberale und die pro-europäischen Christdemokraten/Konservativen einen großen pro-europäischen Block bilden, wobei der entgegengesetzte anti-europäische Block – aus Grünen, der Radikalen Linken, den EU-feindlichen Konservativen, der extremen Rechten und den EU-Gegnern – aufgrund der unüberbrückbaren Gegensätze auf der Links-Rechts-Skala wohl kaum zustande käme. Zweitens könnten die Sozialdemokraten eine linke Koalition führen, welche dann direkt mit der Mitte-Rechts-Koalition der Liberalen und Christdemokraten/Konservativen konkurrieren würde. Die beiden letztgenannten Koalitionen kämen allerdings nur zustande, wenn Links-Rechts-Fragen als wichtiger angesehen würden als fundamentale Fragen der europäischen Integration. Folglich hängt die Möglichkeit im europäischen Wahlkampf Koalitionen zu bilden und diese durch gemeinsame Aktionen innerhalb der europäischen Institutionen zu festigen davon ab, mit welchen Problemen und Fragestellungen die EU konfrontiert ist. Ginge es in der EU zum Beispiel um institutionelle Fragen, würden die Unterschiede zwischen einem linken und einem Mitte-Rechts-Block schon bald verschwimmen. Umgekehrt könnte eine einzige pro-europäische Allianz bei sozialen und umweltpolitischen Aspekten des gemeinsamen Marktes oder bei der Frage der Bekämpfung der Arbeitslosigkeit, wohl kaum lange Einigkeit demonstrieren und würde sich schnell wieder in ein linkes und ein Mitte-Rechts-Lager spalten (Hooghe/Marks 1998).

Vergleicht man schließlich die verschiedenen Parteien und politischen Blöcke anhand der Sitzverteilung (Tabelle 1), so zeigt sich in den nationalen Parlamenten im Frühjahr 2001 ein relativ ausgeglichenes Kräfteverhältnis zwischen der Linken und der gemäßigten Rechten, wobei die gemäßigte Rechte im EU-Durchschnitt ungefähr 5% mehr Parlamentssitze hatte als die Linke. Dabei darf man aber nicht übersehen, dass die Sozialdemokraten in jedem Mitgliedstaat die stärkste Kraft der Linken sind, während sich der Mitte-Rechts-Block aus Liberalen, einer pro-europäischen und einer anti-europäischen Gruppe zusammensetzt, da die christdemokratischen und konservativen Parteien in der Europapolitik traditionell unterschiedliche Sichtweisen haben. Aus der Darstellung lässt sich außerdem ableiten, dass eine Mitte-Links-Koalition der Sozialdemokraten mit den Liberalen ebenso stark wäre wie eine Koalition der linken Parteien. Auf europäischer Ebene decken sich die Positionen der Liberalen aber soweit mit denen der Christdemokraten/Konservativen, dass die Sozialdemokraten dann auch genausogut eine breitgefächerte pro-europäische Allianz aufbauen könnten. Aufgrund des ausgeglichenen Kräfteverhältnisses zwischen der Linken, der gemäßigten Linken und der gemäßigten Rechten ist diese breitgefächerte pro-europäische Allianz die einzige Konstellation mit einer echten Chance die mehrheitliche Unterstützung der europäischen Wähler zu gewinnen: Zu Beginn dieses Jahrzehnts verfügte sie über 70% der Sitze in den nationalen Parlamenten.

Tabelle 1: Stärke der politischen Strömungen in den mitgliedstaatlichen Parlamenten 2001 in Prozent der Parlamentssitze

	LINKE			PRO-EU			
					GEMÄSSIGTE RECHTE		
	Radikale Linke	Grüne/ linke Regionalisten	Sozial-Demo-kraten	Liberale	Christdemokraten und Konservative		extreme Rechte
					Pro-EU	Anti-EU	
Österreich	0,0	7,7	35,5	0,0	28,4	0,0	28,4
Belgien	0,0	18,7	22,0	27,3	21,3	0,0	10,7
Dänemark	7,3	2,8	36,2	27,7	0,0	16,4	9,6
Finnland	10,0	6,0	25,5	30,0	28,5	0,0	0,0
Frankreich	10,2	1,2	43,8	1,7	17,0	25,8	0,2
Deutschland	5,4	7,0	44,5	6,4	36,6	0,0	0,0
Griechenland	5,7	0,0	52,7	0,0	41,7	0,0	0,0
Irland	3,6	1,2	10,2	5,4	32,5	47,0	0,0
Italien	5,6	2,9	27,8	9,1	31,5	18,9	5,2
Luxemburg	1,7	8,3	21,7	25,0	43,3	0,0	0,0
Niederlande	3,3	7,3	30,0	34,7	19,3	0,0	5,3
Portugal	7,4	0,9	50,0	0,0	35,2	6,5	0,0
Spanien	2,3	2,0	35,7	5,7	54,3	0,0	0,0
Schweden	12,3	4,6	37,5	10,0	0,0	35,5	0,0
Vereinigtes Königreich	0,0	1,8	64,0	7,1	0,0	27,0	0,0
Durchschnitt	5,0	4,7	33,3	12,7	26,0	11,8	4,0
	43,0				50,5		
				72,0			

Quelle: Erstellt auf Grundlage der Daten der Website „Elections Around the World", http://www.electionworld.org/election/

Man kann also folgende Schlussfolgerungen ziehen: Erstens wird Politik in der EU von politischen Parteien bestimmt, die auf nationaler Ebene nach politischen Ämtern streben und danach, auf nationaler wie auf europäischer Ebene Politikinhalte zu beeinflussen. Zweitens leiten sich die Parteiprogramme auf der EU-Ebene von den Leitideen der traditionellen westeuropäischen Parteifamilien ab. Allerdings definieren sich diese Parteifamilien über die Links-Rechts-Orientierung und haben mit internen Konflikten zu Fragen der europäischen Integration zu kämpfen. Drittens wäre eine linke Koalition auf europäischer Ebene theoretisch ebenso möglich wie eine Mitte-Rechts-Allianz. Stabile Mehrheiten für diese beiden

Blöcke sind aber unwahrscheinlich, da der Links-Rechts-Konflikt auf EU-Ebene nicht dominiert und die weltanschaulichen Gruppen intern große Unterschiede im Hinblick auf die Europapolitik aufweisen. Obwohl Parteien die Entscheidungen von EU-Institutionen in ihrem Sinne beeinflussen möchten, erschwert es der europapolitische Handlungskontext, kohärente und mehrheitsfähige Koalitionen zu bilden.

3   Parteiorganisation auf europäischer Ebene

Man kann diese Argumente durch eine Untersuchung des Verhaltens der Parteien auf der europäischen Ebene prüfen. Auf europäischer Ebene gibt es zwei verschiedene Organisationsformen für Parteien. Am bekanntesten sind die Fraktionen im EP, die aus der Zusammenarbeit der verschiedenen nationalen Parteien einer Parteifamilie in der Versammlung der Europäischen Gemeinschaft für Kohle und Stahl 1953 – dem Vorgänger des heutigen EP (van Oudenhave 1965) – hervorgegangen sind. Seit dieser Entwicklung sind mehr als 40 Jahre vergangen. Die Fraktionen im EP haben sich seither zu hochentwickelten Organisationen gewandelt, mit eigenen Budgets, Führungsstrukturen, Verwaltungskräften, Verfahrensweisen, Büros, Ausschüssen und Arbeitsgruppen. Die Fraktionen streben danach die Agenda des EP zu gestalten, ihre Parlamentarier zu organisieren und sie möglichst in Schlüsselpositionen des EP – als Präsident des EP, Sprecher eines Ausschusses oder Berichterstatter zu wichtigen Fragen der EU-Gesetzgebung – zu platzieren. Mit anderen Worten sind also die Fraktionen des EP ebenso organisiert und arbeiten auf dieselbe Weise wie die Parteifraktionen innerhalb der Parlamente der Mitgliedstaaten.

Zum anderen gibt es auf europäischer Ebene auch die transnationalen Parteiverbände. Diese wurden als Organisationen nationaler Parteien in den Mitgliedstaaten der Europäischen Gemeinschaft Mitte der siebziger Jahre gegründet, als man in der Vorbereitung der ersten Europawahlen davon ausging, dass ein europäischer Wahlkampf auf der Grundlage europaweiter Parteiprogramme geführt werden könnte. Der erste dieser Verbände, der Bund der Sozialdemokratischen Parteien, wurde im April 1974 gegründet, bald gefolgt von der Vereinigung der Liberalen und Demokratischen Parteien der EG im März 1976, und der Europäischen Volkspartei (EVP) der Christdemokraten im April 1976. Ihre Bezeichnungen täuschen jedoch, denn diese Verbände waren wenig organisiert und hatten trotz ihrer halbjährlichen Versammlungen auch keine klare und zusammenhängende politische Linie.

Trotz allem wurde auf Betreiben der drei Generalsekretäre dieser Verbände im Vertrag von Maastricht ein Artikel über die politischen Parteien (Art. 191) eingefügt. In diesem heißt es:

> „Politische Parteien auf europäischer Ebene sind wichtig als Faktor der Integration in der Union. Sie tragen dazu bei, ein europäisches Bewusstsein herauszubilden und den politischen Willen der Bürger der Union zum Ausdruck zu bringen."

Daraufhin haben die Sozialdemokraten, die Liberalen und die Christdemokraten eine straffere Organisation ihrer Verbände durchgesetzt. Die Partei der Europäischen Sozialdemokraten (SPE) wurde im November 1992 neu gegründet und noch im selben Monat verabschiedete die EVP eine neue Grundsatzerklärung. Eine neue Vereinigung Europäischer Grüner Parteien (EFGP) wurde im Juni 1993 gebildet und die Liberale und Demokratische Partei Europas (ELDR) folgte im Dezember 1993. Überdies hat jede dieser Organisationen die Verbindungen zu den jeweiligen Fraktionen im EP gestärkt, ebenso wie die zu den Vertretern der Partei in Kommission, Ministerrat und Europäischem Rat. Statt einfach nur als Dachverbände für Europawahlen zu fungieren, begannen diese neuen „Euro-Parteien" sich zu eigenständigen Parteiorganisationen unabhängig von den Parlamentsfraktionen zu entwickeln. Somit zeigt sich hier die gleiche Ausdifferenzierung zwischen Parlamentsfraktion und (außerparlamentarischer) Parteiorganisation wie in den Mitgliedstaaten (Hix 1995).

Wie Tabelle 2 zeigt, waren zwischen 1990 und 1994 Politiker der gemäßigten Rechten in den Institutionen der EU vorherrschend, während im Parlament die Kräfte zwischen den beiden Blöcken relativ gleichmäßig verteilt waren. So waren 35% der Mitglieder des EP Angehörige der SPE, der stärksten Fraktion der Linken, und der Mitte-Rechts-Block vereinte die 20% der EVP und die 10% der ELDR auf sich, wobei weitere 15% der Abgeordneten konservativen Parteien angehörten, die aber wie die britischen Konservativen nicht der EVP zugehörig waren.

Tabelle 2:   Kräfteverhältnisse der politischen Parteien
in den Institutionen der EU

Parteiverband/-familie	Parlament 90-94	Parlament 95-99	Kommission 90-94	Kommission 95-99	Ministerrat 90-94	Ministerrat 95-99	ALLE 90-94	ALLE 95-99
SPE (Sozialdemokraten)	35	34	33	45	24	46	31	42
EFGP (Grüne, linke Regionalisten)	9	9			2	3	3	
Radikale Linke	9	5			1	3	2	
Summe Linke	*50*	*44*	*33*	*45*	*24*	*49*	*36*	*46*
EVP (Christdemokraten, Konservative)	20	22	31	20	28	29	26	24
Nicht-EVP Konservative	15	13	18	20	30	13	21	15
ELDR (Liberale)	10	9	18	15	18	8	15	11
Summe gemäßigte Rechte	*45*	*44*	*67*	*55*	*76*	*50*	*62*	*50*
Summe Pro-Europa	*65*	*68*	*82*	*80*	*70*	*83*	*72*	*77*
Extreme Rechte	1	5			1		2	
Anti-Europäer	1	3					1	

Anmerkung: Parteiverbände: SPE = Sozialdemokratische Partei Europas, EFGP = Europäische Föderation grüner Parteien, EVP = Europäische Volkspartei, ELDR = Liberale und Demokratische Partei Europas. Wie in Tabelle 1 werden auch hier SPE, EVP, ELDR und die Regionalisten als „pro-europäisch" gewertet. Die Zahlen für den Ministerrat beziehen sich auf den prozentualen Anteil einer Parteifamilie an der Gesamtzahl der Ministerien in einer Regierung.
Quelle: Erstellt auf Grundlage der Daten von Corbett et al. (1995), Edwards/Spence (1997), Hix/Lord (1997).

In der Kommission und im Ministerrat verfügte die gemäßigte Rechte mit 67% der Kommissionsmitglieder und 76% aller Minister nationaler Regierungen (welche dem EU-Ministerrat angehören) jedoch über eine deutliche Mehrheit.

In der Zeit von 1995 bis 1999 gestaltete sich das Bild dagegen etwas anders. Das Gleichgewicht zwischen der Linken und der gemäßigten Rechten im Parlament blieb zwar erhalten, allerdings waren nun 9 der 20 Kommissionsmitglieder Sozialdemokraten und die sozialdemokratischen Parteien hatten 46% aller nationalen Ministerien inne. Diese Änderungen kamen teilweise durch die EU-Erweiterung 1995 zustande, als Österreich, Finnland und Schweden beitraten. Alle drei Länder wurden von Sozialdemokraten – entweder alleinregierend oder als Koalitionsführer – regiert und zwei der drei nominierten Sozialdemokraten als Kommissionsmit-

glieder. Die Änderungen sind aber auch auf Wahlsiege der Sozialdemokraten in Italien, Portugal, den Niederlanden, Großbritannien
und Frankreich zurückzuführen.

Würde das Modell der Wettbewerbsdemokratie auf die EU zutreffen, hätten diese Veränderungen einen gleichzeitigen Wandel
der politischen Agenda der EU zur Folge haben müssen: weg von
der Deregulierung des Gemeinsamen Marktes hin zu mehr sozialer
Absicherung und sozialen Ausgaben. Wie jedoch schon gezeigt
wurde, müssen Vertreter der Parteien einer Parteifamilie kooperieren und durch Koalitionen Mehrheiten schaffen, damit sich die
Stärke einer Partei auch in politischen Entscheidungen niederschlägt. Somit hängt also die erfolgreiche Umsetzung der Parteiprogramme in politische Entscheidungen auf EU-Ebene davon ab,
ob die Parteiorganisationen – die Fraktionen des EP und die transnationalen Parteiverbände – geschlossen auftreten und erfolgreich
Koalitionen bilden können.

3.1 Verhalten und Zusammenhalt der Parteien im Europäischen Parlament

Für ein Mitglied des Europaparlaments hängt die Chance der Wiederwahl von den nationalen politischen Parteien ab. Aber auch
nach der Wahl verfügen die Fraktionen über verschiedene Mittel
um dafür zu sorgen, dass die Parlamentarier den Wünschen und
Vorstellungen ihrer Parteigruppierung treu bleiben. Zum Beispiel
entscheiden die Fraktionen über die Nominierungen für die
Schlüsselpositionen im Parlament, wie dem Amt des Parlaments-
präsidenten, der Berufung zum Ausschussvorsitzenden, wichtigen
Positionen innerhalb der Fraktion und der Funktion als Berichterstatter im Gesetzgebungsprozess (Raunio 1996: 44-86). Die Parlamentarier haben gelernt, dass ihr Einfluss und ihre Position im
EP vor allem vom Wohlwollen ihrer Fraktionen abhängig sind,
und somit zeigt sich immer stärker ein Zusammenhalt der Parlamentsfraktionen im Gesetzgebungsprozess (Attinà 1990; Quan-
jel/Wolters 1993). Diese Zusammenhänge wirken sich auch auf
die kleineren Gruppierungen aus, die sich üblicherweise zu Beginn
einer Legislaturperiode im EP bilden. Diesen werden somit Anrei-

ze geboten, sich bis zum Ende der Legislaturperiode einer der Fraktionen anzuschließen (Bardi 1996).

Tabelle 3: Parteiinterner Zusammenhalt im Europäischen Parlament

Fraktionen (von links nach rechts)	EP2 1984-89	EP3 1989-94	EP4 1994-99	EP5 1999-04
Koalition der Linken (orthodoxe Kommunisten)	--	94	--	--
Vereinigte Europäische Linke (radikale Linke)	71	92	84	61
Grüne	--	88	85	--
Sozialdemokratische Partei Europas (Sozialisten/Sozialdemokraten)	62	79	89	85
Regenbogenfraktion/Radikale Europäische Allianz/Grüne-EFA (Grüne und linke Regionalisten)	68	70	98	75
Liberale und Demokratische Partei (Liberale)	70	86	80	88
Europäische Volkspartei (Christdemokraten und Konservative)	84	88	90	81
Sammlungsbewegung der Europäischen Demokraten/Union für Europa (Konservative)	76	65	93	58
Fraktion der Europäischen Demokraten (britische Konservative)	83	92	--	--
Fraktion der Europäischen Rechten (extreme Rechte)	96	99	--	--
Europa der Nationen/Europa der Demokratien und der Unterschiede (Anti-Europäer)	--	--	71	41
Durchschnitt (ungewichtet)	76	85	86	70

Anmerkung: Bei den Werten handelt es sich um einen „Übereinstimmungsindikator" (*ÜI*). Dieser ist ein Maß für das Verhältnis zwischen drei möglichen Arten der Stimmabgabe einer Parteigruppe („Ja", „Nein", „Enthaltung") im Verhältnis zur Gesamtzahl der von einer Parteigruppe abgegebenen Stimmen. Formal wird der Index gebildet als

$$\ddot{U}I = \frac{S_{max} - S_{min}}{S_{tot}} \times 100$$

wobei S_{max} die am stärksten vertretene Art der Stimmabgabe, S_{min} die Summe der beiden anderen Arten und S_{tot} die Gesamtzahl der abgegebenen Stimmen einer Parteigruppe darstellt.

Wenn alle Mitglieder einer Parteigruppe einheitlich abstimmen, erreicht der Index somit den Wert 100. Sein Wert ist 0, wenn die Hälfte einer Gruppe auf eine Art, die andere Hälfte dagegen anders abstimmt.

Quelle: Erstellt auf Grundlage der Daten von Attinà (1990), Raunio (1996), Hix/Lord (1997) und Hix (2000).

Die einfachste Methode zur Messung des parteiinternen Zusammenhalts liegt im Auszählen der Abstimmungen in denen die Par-

teimitglieder als Block votiert haben. Dazu dient ein Übereinstimmungs-Index: Eine Punktzahl von 100 zeigt, dass die Mitglieder bei jeder Abstimmung übereinstimmend votierten. Ein Wert
von 0 bedeutet dagegen, dass die Gruppierung intern bei jeder Abstimmung gespalten war (mit anderen Worten also eine Hälfte der
Mitglieder anders gestimmt hat als die andere). Tabelle 3 zeigt einen relativ hohen Wert des Übereinstimmungs-Index für die Fraktionen im EP besonders im Vergleich zu vergleichbaren Untersuchungen des Abstimmungsverhaltens der Demokraten und der Re-
publikaner im US-Kongress (Brzinski 1995). Überdies hat sich der
Zusammenhalt der Fraktionen im Durchschnitt deutlich verbessert.
So stieg der Wert der Sozialdemokraten von 62 in der Legislaturperiode 1984-89 auf 98 in den Jahren 1994-99. Mit zunehmender
Bedeutung des Europäischen Parlaments nach den Verträgen von
Maastricht und Amsterdam begannen aber auch die nationalen
Parteien ein stärkeres Interesse am Verhalten ihrer Abgeordneten
zu zeigen. Daher sank der Wert des Übereinstimmungs-Index aller
Fraktionen des EP, mit Ausnahme der Liberalen (ELDR), im er-
sten Jahr der Legislaturperiode 1999-2004 unter den der vorange-
gangenen Legislaturperioden.

Außerdem ist es den Fraktionen gelungen, Parteienwettbewerb
und Koalitionsbildung im Parlament zu strukturieren. Tabelle 4
zeigt den Anteil der Abstimmungen in denen die Mehrheit der jeweiligen Parteigruppierung mit der Mehrheit einer anderen Gruppierung gestimmt hat, jeweils bezogen auf eine Reihe von Abstimmungen zu Beginn der Legislaturperioden 1994-1999 (Tabelle
4a) und 1999-2004 (Tabelle 4b). Die Ergebnisse zeigen verschiedene Schlüsselelemente des Wettbewerbs zwischen den Parteien
im Parlament. Erstens zeigt sich die Hauptkonfliktlinie entlang der
Links-Rechts-Achse. Die Zahl der Abstimmungen in denen die
Mehrheit einer Gruppierung mit der einer anderen stimmt wird geringer je weiter die beiden Gruppierungen auf der Links-Rechts-
Skala voneinander entfernt sind. Die einzige Ausnahme zu dieser
Regel sind die Gruppen „Europa der Nationen" und „Europa der
Demokratien und der Unterschiede". Bei genauerer Betrachtung
passen aber auch diese in ein zweidimensionales Konfliktraster.
Diese Gruppierungen unterscheiden sich eher auf der pro-/anti-
Europa-Achse als anhand der Links-Rechts-Achse. Somit stimmen
sie mehr mit der Europäischen Vereinigten Linken (am anderen

Ende der Links-Rechts-Skala) als mit den pro-europäischen Parteien der gemäßigten Rechten.

Tabelle 4:   Parteipolitische Übereinstimmungen
                 und Koalitionen im Europäischen Parlament

a. Vierte Legislaturperiode (Juli 1994-Juni 1995)

	Sammlungsbewegung der Europäischen Demokraten	Forza Europa	Europäische Volkspartei	Liberale und Demokratische Partei Europas	Sozialdemokratische Partei Europas	Radikale Europäische Allianz	Grüne	Vereinigte Europäische Linke
Grüne								68
Radikale Europäische Allianz							65	56
Sozialdemokratische Partei Europas						76	61	58
Liberale und Demokratische Partei Europas					**81**	70	58	54
Europäische Volkspartei				**75**	**75**	64	44	46
Forza Europa		64	49	53	36	37	37	
Sammlungsbewegung der Europäischen Demokraten	49	51	44	46	34	31	31	
Europa der Nationen	34	48	32	32	34	19	25	36

b. Fünfte Legislaturperiode (Juli-Dezember 1999)

	Union für das Europa der Nationen	Europäische Volkspartei	Liberale und Demokratische Partei Europas	Sozialdemokratische Partei Europas	Grüne/Freie Europäische Allianz	Vereinigte Europäische Linke
Grüne/Freie Europäische Allianz						63
Sozialdemokratische Partei Europas					77	62
Liberale und Demokratische Partei Europas				**62**	63	44
Europäische Volkspartei			**70**	**60**	51	41
Union für das Europa der Nationen		67	48	44	67	37
Europa der Demokratien und der Unterschiede	45	38	44	41	38	53

Anmerkung: Die Werte stellen den Prozentsatz dar, mit dem die Mehrheit einer Parteigruppe so abstimmt wie die Mehrheit einer anderen Parteigruppe. Die Daten beziehen sich jeweils auf die ersten Monate einer Legislaturperiode.
Quelle: Hix/Lord (1997) und Hix (2000).

Zweitens zeigt sich aber anhand der Zahlen von 1994-1999, dass sich üblicherweise eine große Koalition der drei Hauptgruppierungen/-parteiverbände (EVP, ELDR und SPE) des Parlaments bildet. Für diese Koalition gibt es im Wesentlichen zwei Gründe. Zum einen erfordern die meisten Abstimmungen im EP eine absolute Mehrheit, in der Regel also 65% aller abgegebenen Stimmen. Zum anderen versteht sich das Europäische Parlament in den meisten Abstimmungen als *eine* Institution, geeint entweder gegen die Kommission oder – häufiger – gegen die Mitgliedstaaten im Ministerrat. Daher gibt es trotz des Links-Rechts-Konflikts kein echtes Selbstverständnis als Regierungs- und Oppositions-Blöcke im Parlament. Zu Beginn der Legislaturperiode 1999-2004 waren solche großen Koalitionen jedoch weit weniger häufig. Dies ist zum Teil darauf zurückzuführen, dass die EVP die SPE als stärkste Kraft abgelöst und sich als weniger kooperationsbereit mit dieser gezeigt hat. Vor allem aber liegt diese Entwicklung in der gesteigerten legislativen Arbeitslast des EP begründet. Diese einte nicht etwa das EP als institutionellen Akteur gegen Kommission und Rat, sondern spaltete es entlang der Links-Rechts-Konfliktlinie. Erschwerend kam hinzu, dass im Ministerrat Mitte-Links-Parteien die Mehrheit hatten, die sich der Mitte-Rechts-Mehrheit im EP entgegensetzten.

Das Verhalten der Parteigruppen im EP lässt also gegensätzliche Schlussfolgerungen zu, wenn es um ihre Fähigkeit geht, Wählerentscheidungen in politische Entscheidungen umzusetzen. Die Fraktionen traten zunehmend geschlossen auf, aber diese Geschlossenheit begann zu bröckeln, als die Streitfragen entlang der Links-Rechts-Achse verliefen.

3.2 Die Gipfeltreffen der Parteivorsitzenden und der Europäische Rat

Auch die transnationalen Parteiverbände haben seit ihrer Entstehung in den 1970er Jahren eine erhebliche Entwicklung durchlaufen. Die Institutionalisierung der Gipfeltreffen der Parteivorsitzenden war einer der bedeutendsten Schritte. Diese Gipfel waren ursprünglich informelle Treffen der Vorsitzenden nationaler Parteien, avancierten in den späten 1980er Jahren jedoch zu den zentralen Entscheidungsgremien innerhalb der Parteiverbände. Besondere Auswirkung auf die EU hatte dabei die Tatsache, dass diese Gipfel mehr und mehr auf Grundlage der selben Themen und Termine, oft sogar am selben Veranstaltungsort wie die halbjährlichen Treffen des Europäischen Rates stattfanden. Somit hatten die Führer nationaler Parteien derselben Parteifamilie zum ersten Mal in der Geschichte der EU einen Anreiz, sich auf eine gemeinsame Position für die mittel- und langfristigen Pläne der Union zu verständigen, bevor die Staats- und Regierungschefs zum entscheidenden Treffen zusammenkamen.

In allen Parteiverbänden häuften sich die Gipfeltreffen der Vorsitzenden direkt vor oder direkt nach den Sitzungen des Europäischen Rats, wobei sich diese Strategie nur für die SPE und die EVP wirklich bezahlt gemacht hat. Bei beiden stieg die Zahl der durchschnittlichen Gipfeltreffen der Parteivorsitzenden pro Jahr von weniger als zwei im Jahr 1980 auf mehr als drei in den 1990er Jahren. Außerdem stieg im selben Zeitraum die Teilnahmequote der Parteivorsitzenden – die auch einen niederrangigen Vertreter entsenden können – von weniger als 70% auf fast 80%. Diese Strategie war für die ELDR wohl deshalb weniger effektiv, da diese zum damaligen Zeitpunkt nur wenige Regierungschefs stellte.

Dies heißt aber keinesfalls, dass die Parteiverbände starken Einfluss auf die Entscheidungen des Europäischen Rats ausüben konnten – auch wenn es ihnen in einigen Fällen durchaus gelang (Hix/Lord 1997: 188-195). Es zeigt aber trotzallem, dass es den außer-parlamentarischen Parteiverbänden auf europäischer Ebene zum ersten Mal gelungen war, sich an wichtiger Stelle ein Forum zur Koordination ihrer Positionen, ihres Verhaltens und ihrer Strategien zu schaffen. Auf diese Art konnten etwa die Gipfeltreffen der Parteivorsitzenden zu einer treibenden Kraft der Auswahl der Kandidaten für den Kommissionspräsidenten werden, also den Führer eines Teils der EU-Exekutive mitbestimmen.

Insgesamt ist die Organisationsstruktur der Parteien auf europäischer Ebene im Vergleich zu nationalen Strukturen noch relativ unterentwickelt. Dennoch verhalten sich die Fraktionen des EP so wie die nationalen parlamentarischen Parteien. Mit den richtigen institutionellen Voraussetzungen – zum Beispiel einfacher statt absoluter parlamentarischer Mehrheiten – könnte sich auch eine stärker parteipolitische Struktur in Form richtiger Koalitionen auf der Basis des Links-Rechts-Schemas herausbilden. Außerdem beginnen die Parteiverbände – besonders die SPE und die EVP – die wichtige Rolle einer Schnittstelle zwischen den Hauptakteuren der Parteien auf nationaler und europäischer Ebene zu übernehmen. Wichtig für die Demokratie in der EU ist jedoch, ob es den EU-Wählern überhaupt möglich ist sich zwischen diesen Euro-Parteien in einem europäischen Wahlkampf zu entscheiden.

4   Europawahlen: Zweitrangige nationale Nebenwahlen

Seit Juni 1979 finden alle fünf Jahre Direktwahlen zum Europäischen Parlament statt. Im Vorfeld der ersten Wahlen argumentierten und hofften viele Experten, dass die Direktwahl des EP nicht nur seine eigene Legitimität erhöhen würde, sondern auch die des gesamten europäischen Projekts (z.B. Fitzmaurice 1978; Marquand 1978; Pridham/Pridham 1979).

Die Ergebnisse der europäischen Wahlen zeigen aber ein völlig anderes Bild. Europawahlen werden nicht als „europäische Wahlen" geführt, sondern vielmehr als „zweitrangige nationale Nebenwahlen" betrachtet. Reif und Schmitt (1980) haben als erste darauf hingewiesen, dass sich europäische Wahlen de facto nur um nationale Themen, nationale Parteien und nationale politische Ämter drehen. Wie bereits gezeigt ist das Hauptziel der politischen Parteien in der EU der Gewinn nationaler Regierungsämter. Demzufolge sind die Wahlen, in denen über die Vergabe der Ämter in den nationalen Exekutiven entschieden wird, erstrangige Wahlen. Alle anderen Wahlen – wie die Europawahlen, regionale und lokale Wahlen, Wahlen zur zweiten Kammer oder die Wahlen eines vor allem symbolischen Staatsoberhauptes – sind diesem Ziel mehr oder weniger untergeordnet und deshalb nur zweitrangig.

Reif und Schmitt haben angesichts dieser Unterteilung verschiedene Schlussfolgerungen bezüglich europäischer Wahlen formuliert. Erstens ist die Motivation zur Stimmabgabe geringer als bei den wichtigen nationalen Wahlen. Die Wahlbeteiligung bei europäischen Wahlen ist deshalb in der Regel niedriger als bei nationalen Wahlen. Zweitens werden diejenigen, die sich an europäischen Wahlen beteiligen anders abstimmen, als sie dies bei einer nationalen Wahl zum gleichen Zeitpunkt täten, da die Europawahlen eigentlich dazu dienen die Arbeit der nationalen Regierung zu bewerten. Die Wähler werden entweder aufrichtig anstatt taktisch votieren oder sie werden versuchen Regierungsparteien zu bestrafen (Oppenhuis et al. 1996). In jedem Fall ist es wahrscheinlich, dass Regierungsparteien ebenso wie große Oppositionsparteien Wählerstimmen verlieren, während kleine Parteien und Protestparteien diese dazugewinnen.

Diese Hypothesen wurden von den aggregierten Ergebnissen der Europawahlen von 1979 und 1984 scheinbar bestätigt (Reif 1984). Um die Thesen aber auch auf der individuellen Ebene zu prüfen, befragte eine Gruppe von Forschern 36000 Personen direkt nach den Wahlen von 1989 und 13500 direkt nach der Wahl von 1994. Den Teilnehmern wurde eine Reihe von Fragen gestellt, etwa ob sie überhaupt gewählt hätten, warum sie gewählt hatten, für welche Partei sie gestimmt hätten und für welche Partei sie im Falle einer nationalen Wahl gestimmt hätten (van der Eijk/Franklin

1996). Besonders interessant sind diejenigen, die bei gleichzeitig stattfindenden nationalen Wahlen anders gestimmt hätten als bei der Europawahl („Quasi-Wechselwähler"). Einige Ergebnisse dieser Studie werden in Tabelle 5 zusammengefasst.

Tabelle 5:   Die Wahlen zum EP als zweitrangige Nebenwahlen

Mitgliedstaaten	Wahlbeteiligung – Beteiligung bei Europawahlen verglichen mit der vorhergehenden nationalen Wahl in Prozent			Quasi-Wechselwähler – prozentualer Anteil derjenigen, die bei nationalen Wahlen anders abgestimmt hätten	
	1989	1994	1999	1989	1994
Österreich	--	--	-28	--	--
Belgien[a]	-3	-3	0[b]	13	19
Dänemark	-39	-36	-37	35	43
Finnland	--	--	-35	--	--
Frankreich	-17	-25	-21	27	41
Deutschland	-22	-18	-37	12	14
Griechenland[a]	-4	-9	-5	8	12
Irland	-2[b]	-24	-15	29[b]	24
Italien	-10	-11	-12	20	21
Luxemburg[a]	-3[b]	0[b]	0[b]	15[b]	14[b]
Niederlande	-39	-43	-43	12	20
Portugal	-22	-33	-22	10	13
Spanien	-16	-18	-7	22	13
Schweden	--	--	-38	--	--
Vereinigtes Königreich	-39	-41	-48	13	16
Durchschnitt, alle Mitgliedstaaten	-18	-22	-23	18	21
Durchschnitt, EU12	-18	-22	-21	(entf.)	(entf.)
Durchschnitt (ohne gleichzeitig stattfindende nationale Wahlen und ohne Wahlen mit Wahlpflicht)	-25	-28	-29	(entf.)	(entf.)

Anmerkung: a = Mitgliedstaaten mit Wahlpflicht; b = Europawahlen und nationale Wahlen finden gleichzeitig statt; (entf.) = entfällt
Bei der Abfassung dieses Kapitels waren die Daten für die „Quasi-Wechselwähler" für 1999 noch nicht erhältlich.
Quelle: Erstellt auf Grundlage der Daten von Mackie/Rose (1991); Koole/Mair (1995); van der Eijk/Franklin (1996); Lodge (1996) und der Website „Elections Around the World", http://www.electionworld.org/election/.

Die Resultate von 1989 und 1994 bestätigen sowohl auf der Individualebene, anhand des Verhaltens der einzelnen Wähler, als auch auf der Aggregatebene, anhand der Gesamtzahl der Wählerstimmen pro Partei, dass Europawahlen eigentlich Nebenwahlen sind. Zum einen zeigt sich ein stetiger Rückgang der Wahlbeteiligung bei Europawahlen: von 70% 1984 auf 59% im Jahr 1994 und dann sogar auf nur 49% 1999. Dieser Rückgang hat allerdings nur wenig mit Unterstützung für oder Abneigung gegen das EP zu tun. Die europäischen Wähler haben das Gefühl, dass die Wahlen keine politische Bedeutung haben und bleiben den Wahlurnen daher fern – wobei „politische Bedeutung" sich nicht auf den fehlenden Einfluss europäischer Wahlen auf EU-Politik bezieht, sondern eher auf die Wahrscheinlichkeit, dass die Ergebnisse europäischer Wahlen etwas an der *nationalen* Politik ändern (Franklin et al. 1996). Im selben Zeitraum war überdies auch die Wahlbeteiligung bei nationalen Wahlen in den meisten EU-Mitgliedstaaten rückläufig. Lässt man also die Mitgliedstaaten außer Betracht, in denen die nationalen Parlamentswahlen zeitgleich mit der Europawahl abgehalten wurden (so wie in Irland 1989, Luxemburg 1989, 1994 und 1999 und in Belgien 1999) oder in denen die Teilnahme an Wahlen gesetzlich vorgeschrieben ist (wie in Belgien, Griechenland und Luxemburg), so zeigt sich eine insgesamt große, aber relativ konstante Differenz zwischen der Wahlbeteiligung bei nationalen und der bei europäischen Wahlen: minus 25% 1989, minus 28% 1994 und minus 29% 1999.

Zum anderen verhalten sich die einzelnen Wähler offensichtlich bei der Europawahl anders als bei nationalen Urnengängen. Ungefähr 20% aller Wähler geben ihre Stimme bei europäischen Wahlen einer Partei, die für sie im Falle einer nationalen Wahl nicht in Betracht gekommen wäre. Diese Wähler wechseln von Regierungsparteien zu Oppositions- oder Protestparteien oder zu kleinen Parteien (Oppenhuis et al. 1996). Dies erklärt zum Beispiel den Erfolg der Grünen in vielen Mitgliedstaaten bei der Europawahl 1989. Diese Analyse bestätigt deutlich, dass der Verlust von Wählerstimmen, den Regierungsparteien bei Europawahlen immer wieder hinnehmen müssen, nicht einfach nur durch mangelnde Wahlbeteiligung ihrer Stammwähler erklärt werden kann. Bei den Europawahlen liegt vielmehr tatsächlich ein anderes Wahlverhalten vor. Die Befragung der einzelnen Wähler hat jedoch gezeigt, dass dieser Sinneswandel nicht auf die Haltung der Parteien in Bezug auf die europäische Integration zurückgeführt werden konnte (van der Eijk et al. 1996). Partielle Ausnahmen hierzu bildeten Dänemark 1989 und 1994 sowie Frankreich 1994. Hier waren die Parteien bei den Europawahlen von denen der nationalen Wahlen verschieden, denn es gab zum Beispiel große anti-europäische Bewegungen. Aber selbst in diesen Fällen lassen sich Beweise dafür finden, dass die Wähler taktisch wählten um die nationalen (und eben nicht die europäischen) politischen Prozesse zu beeinflussen – sei es um Regierungsparteien abzustrafen, Oppositionsparteien zu belohnen oder um Parteien zu unterstützen, die bei wichtigeren Wahlen als verschwendete Stimme anzusehen wären.

Das hat Folgen für das Potential der Europawahlen, zu einem Abbau des Demokratie-Defizits in der EU beizutragen. Zunächst und zuallererst geht es bei den Europawahlen eindeutig nicht um Europa. Trotz des gestiegenen Einflusses des EP sowohl im legislativen Bereich gegenüber dem Rat als auch im Verhältnis zur Exekutive, vor allem hinsichtlich Auswahl und Kontrolle der Kommission, werden die Europawahlkämpfe nach wie vor von den nationalen Parteien ausgetragen. Zwar bestand sowohl 1994 als auch 1999 die Möglichkeit, die Europawahlen und die Auswahl des Kommissionspräsidenten miteinander zu verbinden, weil im Zuge der Vertragsrevision von Maastricht und Amsterdam das EP das Recht erhalten hatte, unmittelbar nach den Wahlen über den Kandidaten für das Amt des Kommissionspräsidenten abzustimmen. Aber selbst wenn es zu diesen Zeitpunkten mehrere Kandidaten für das Amt gegeben hätte, so wären die Europawahlen doch zweitrangige Nebenwahlen geblieben. Die Mitgliedstaaten bilden immer noch die primären politischen Räume, während die EU-Ebene lediglich ein kollektives Subsystem dieser Räume darstellt (Reif 1997: 221). Unabhängig von der Möglichkeit des EP, die Zusammensetzung der EU-Exekutive zu beeinflussen, werden es die Europawahlen aus diesem Grund den Wählern nie erlauben, missliebige Politiker abzustrafen. Für die nationalen Parteien bestehen dagegen weiterhin Anreize, die Europawahlen zur Verfolgung nationaler politischer Ziele zu nutzen. Trotzdem gibt es ein wenig Hoffnung:

„The lack of European content in European elections cannot be attributed to inherent limitations of European voters ... When it comes to voting choice only differences in political context are at issue. If such differences were removed, this would also remove the differences we observe in the manner in which party choices are made. ... The answer to the question ‚one electorate or many?' when interpreted in these terms is unequivocally in the singular" (van der Eijk et al. 1996: 365).

Mit anderen Worten: Wenn es einen wirklich europäischen Wahlkampf gäbe, der zwischen europaweiten Bewegungen statt zwischen nationalen Parteien über die Besetzung der europäischen Exekutive oder über europäische politische Themen ausgetragen würde, so würden sich die Wähler nicht anders als bei nationalen Wahlen verhalten. Die Herausforderung besteht also darin, den Europawahlkampf nach diesen Kriterien zu gestalten und die Einmischung nationaler Parteien und Themen zu verhindern. Eine Möglichkeit hierzu bestünde in der Einführung eines einheitlichen Wahlverfahrens, das sicherstellt, dass Kandidaten nicht von den nationalen Parteiorganisationen, sondern von lokalen, regionalen oder europäischen Parteien aufgestellt werden. Die bisherigen Erfahrungen zeigen allerdings, dass dies allein nicht ausreicht, weil es den nationalen Parteien immer noch gelingen kann, die Europawahlen in ein Plebiszit über die Leistungen der nationalen Regierungsparteien zu verwandeln. Selbst wenn es ein einheitliches Wahlverfahren gäbe, blieben die Europawahlen also zweitrangige Nebenwahlen.

5 Alternative Mechanismen: Direkte Demokratie und Präsidentialsystem

Aufgrund der strukturellen Probleme, den Wähler in den Europawahlen zwischen konkurrierenden politischen Programmen für die Politik der EU wählen zu lassen, wurden zwei alternative Mechanismen vorgeschlagen, die in vielen politischen Systemen der Welt existieren. Dabei handelt es sich um europaweite Referenden und um die Direktwahl des Kommissionspräsidenten.

5.1 Europäische Referenden?

Philippe Schmitter (2000: 120-25), Joseph Weiler (1997) und andere haben die Einführung europaweiter Referenden als Mittel zur Reduktion des Demokratie-Defizits der EU vorgeschlagen. Die Begründung lautet, dass die EU keine Regierung habe, die abgewählt werden könne und deshalb mehr Raum für direkte Demokratie sein sollte. Das ist die in der Schweiz praktizierte Logik, wo Referenden die Funktion eines Korrektivs haben und dazu dienen, Entscheidungen des von parlamentarischen Mehrheiten weitgehend unabhängigen Bundesrates zu Fall zu bringen. Es gibt eine Reihe von Vorschlägen, wie Referenden organisiert sein sollten. Der gängigste sieht vor, die Bürger gleichzeitig mit den Europawahlen über eine Reihe von „Gesetzesinitiativen" abstimmen zu lassen. Um zur Abstimmung zugelassen zu werden, ist eine Mindestanzahl an Unterschriften in jedem EU-Mitgliedstaat erforderlich.

Die empirische Untersuchung von Referenden in den Mitgliedstaaten zeigt jedoch, dass auch bei diesen nicht immer das eigentlich zur Abstimmung stehende Thema im Vordergrund steht. Wie bei Europa- oder Regionalwahlen geht es vielmehr oft in hohem Maße um die Unterstützung oder Ablehnung der Regierung und der von ihr im Referendum bevorzugten Position (Butler/Ranney 1994). So war beim Referendum über den Maastrichter Vertrag in Frankreich, über den EU-Beitritt in Norwegen und über den Europäischen Wirtschaftsraum in der Schweiz die Unbeliebtheit der jeweiligen Regierungen ein wesentlicher Faktor (Franklin et al. 1995; Schneider/Weitsman 1996). Bei den vorgeschlagenen europaweiten Referenden ist deshalb zum einen unklar, ob sie nicht ebenso am Desinteresse der Wähler an europäischen Themen leiden wie die Europawahlen. Zum anderen ist es fraglich, ob bei ihnen tatsächlich über europäische Themen entschieden würde und es sich nicht doch wieder um Popularitätstests der mitgliedstaatlichen Regierungen handeln würde.

5.2   Wahl des Kommissionspräsidenten?

Der Maastrichter und der Amsterdamer Vertrag erlauben dem EP die Abstimmung über den Kandidaten für das Amt des Kommissionspräsidenten und führen damit ein klassisches Element parlamentarischer Regierungssysteme ein (vgl. Corbett et al. 1995: 249). Wenn es aber wie oben gezeigt bei den Europawahlen gar nicht um konkurrierende Kandidaten für die Kommissionspräsidentschaft geht, dann fehlt ein entscheidendes Element des parlamentarischen Modells der Bindung der Regierung an den Wählerwillen (Hix 1997). Konsequenterweise sollte man deshalb nicht auf ein parlamentarisches Modell setzen, sondern mit der Direktwahl des Kommissionspräsidenten in die Richtung eines Präsidialsystems gehen (vgl. Bogdanor 1986). So könnten z.B. Kandidaten von Mitgliedern einiger nationaler Parlamente und des Europaparlaments ausgewählt und sich in einem zweistufigen Verfahren vergleichbar dem der französischen Präsidentschaftswahlen zur Abstimmung stellen (Laver et al. 1996). Wenn stattdessen für die Kandidatur die Unterstützung einer politischen Partei in jedem Mitgliedstaat notwendig wäre, würde dies sicherstellen, dass ein bestimmter Teil der politischen Elite jedes Mitgliedstaates den Wählern für die Politik des Gewinners verantwortlich wäre (Hix 1997).

Der Kommissionspräsident könnte auch nach dem Vorbild der USA durch ein Wählmänner-Gremium bestimmt werden (Hix 1998). Dieses könnte sich aus den Mitgliedern der nationalen Parlamente aller Mitgliedstaaten und den Europaparlamentariern zusammensetzen. Die Stimmen der Mitglieder dieses Gremiums würden gewichtet entsprechend dem Anteil der Parlamentarier eines Landes und der Zahl der Wahlberechtigten in jedem Land. Die Stimmen würden in nationalen Blöcken für den einen oder anderen Kandidaten abgegeben. So ließe sich die Schwierigkeit überwinden, dass es noch kein europäisches Wahlvolk gibt, das an der Direktwahl des Kommissionspräsidenten interessiert ist. Da die Versammlung mitgliedstaatliche und europäische Parlamentarier umfasst, können die nationalen Parteien nicht wie bei den Europawahlen die Abstimmung in einen Popularitätstest für die jeweilige nationale Regierung umfunktionieren. Zudem wäre die Beteiligung hoch und Koalitionen könnten sich entlang europäischer statt nationaler Parteiorientierungen bilden. Damit wäre die Wahl zwischen einem Mitte-Links- und einem Mitte-Rechts-Kandidaten möglich, und der Gewinner hätte die Unterstützung von Parlamentariern in jedem Mitgliedstaat.

Auch hier gibt es aber Probleme. Ein direkt gewählter Kommissionspräsident wäre politisch stärker als das bislang der Fall ist und könnte über eine eigene Legitimation und ein eigenes Mandat verfügen; er könnte im Namen Europas sprechen. Das würde die Fähigkeit der Kommission reduzieren, als unparteiischer Makler bei Verhandlungen und im Gesetzgebungsprozess zu agieren (vgl.

Dehousse 1995). Zudem würde dies einen großen Schritt hin zu einem stärker integrierten Europa bedeuten, das die europäischen Wähler vielleicht gar nicht wollen. Auch die Mitgliedstaaten würden einen solchen Vorschlag vehement ablehnen, da er ihre Macht im EU-System reduzieren würde.

6 Schlussfolgerung: Auf dem Weg zu einem repräsentativen Regierungssystem?

Die EU ist keine repräsentative Demokratie. Die Wähler bestimmen indirekt die Regierungen, die in ihrem Namen in Brüssel verhandeln und über die Zusammensetzung der EU-Exekutive, der Kommission, entscheiden. Die nationalen Regierungen sind jedoch aus nationalen Wahlen hervorgegangen, bei denen es um nationale Themen ging, in denen nationale Parteien um die Kontrolle der nationalen Regierung konkurrierten. Europawahlen sind nur Nebenprodukte dieses Prozesses. Da das Hauptziel der nationalen Parteien auch im europäischen politischen System der Erwerb oder Erhalt nationaler Regierungsmacht ist, sind die Europawahlen nationale Nebenwahlen und eben keine Entscheidungen über politische Alternativen oder die Ausübung politischer Macht auf der EU-Ebene. Die europäischen Wähler können deshalb weder über konkurrierende politischen Programme für europäische Politik entscheiden noch eine europäische Exekutive abwählen.

Dieser pessimistische Befund stellt aber nicht das ganze Bild dar. Sowohl die Wähler als auch die im Entstehen begriffenen europäischen Parteiorganisationen sind den Herausforderung einer repräsentativen Demokratie auf EU-Ebene gewachsen. Zum einen bestimmen bei den Europawahlen durchgängig die gleichen Faktoren die Entscheidung in jeder Wahl. Es gibt keine kulturellen Differenzen, die ein einheitliches Wahlvolk verhindern. Zum anderen ist ein europäisches Parteiensystem im Entstehen begriffen. Parteibünde bilden sich entlang der Rechts-Links-Achse und nicht entlang pro- oder anti-europäischer Orientierungen und zwischen Parteien der gleichen weltanschaulichen Richtung. Diese Parteiverbände formen sich zu kohärenten Gruppen im EP. Außerdem entsteht mit den Gipfeltreffen der Parteiführer ein außerparlamentarischer Rahmen, der die wichtigsten Akteure der Parteifamilien sowohl auf der nationalen als auch auf der europäischen Ebene umfasst.

Jetzt geht es deshalb darum, institutionelle Mechanismen zu finden, mit denen eine Wettbewerbsdemokratie auf europäischer Ebene funktioniert. Zuallererst wäre dazu nötig, dass bei den Europawahlen europaweit tätige Parteien um politische Alternativen für europäische Politik konkurrieren oder um politische Ämter auf EU-Ebene. Zweitens müssten die Gewinner einer solchen Wahl in der Lage sein, ihre Präferenzen in legislatives und exekutives Handeln auf EU-Ebene umzusetzen. Das impliziert die Notwendigkeit einer Reform des bisherigen Wahlverfahrens, um die Einflussmöglichkeiten der nationalen Parteien auf Themen und Kandidaten zu beschneiden und gleichzeitig dem EP ein größeres Mitspracherecht im Gesetzgebungsprozess und bei der Auswahl des Kommissionspräsidenten zu geben. Als Alternative könnte man auch über Elemente direkter Demokratie nachdenken, entweder in Form europäischer Referenden oder der direkten (oder indirekten) Auswahl des Kommissionspräsidenten.

Ein europäischer Demos mag vielleicht noch nicht existieren. Das schließt aber nicht die Möglichkeit aus, dass sich wie in anderen politischen Systemen auch eine gemeinsame europäische demokratische Identität durch eine genuin europäische demokratische Praxis entwickelt (Habermas 1995). Solange allerdings die EU noch nicht so demokratisch ist wie nationale politische Systeme, wo die Wähler ihr eigenes politisches Schicksal mitbestimmen können, ist es für die Bürger Europas durchaus vernünftig, dem Integrationsprozess skeptisch gegenüberzustehen.

Übersetzung: Sebastian Köllner

Literatur

Attinà, Fulvio 1990: The Voting Behaviour of the European Parliament Members and the Problem of Europarties, in: European Journal of Political Research 18, 557-579.

Bardi, Luciano 1996: Transnational Trends in European Parties and the 1994 Elections of the European Parliament, in: Party Politics 2, 99-114.

Bogdanor, Vernon 1986: The Future of the European Community: Two Models of Democracy, in: Government and Opposition 22, 344-370.

Brzinski, J. Bay 1995: Political Group Cohesion in the European Parliament, 1989-1994, in: Rhodes, Chris/Mazey, Sonia (Hrsg.): The State of the European Union, Bd. 3, London, 135-158.

Butler, David/Ranney, Austin (Hrsg.) 1994: Referendums Around the World: The Growing Use of Direct Democracy, London.

Corbett, Richard/Jacobs, Francis/Shackleton, Michael 1995: The European Parliament, London.

Dehousse, Renaud 1995: Constitutional Reform in the European Community: Are There Alternatives to the Majoritarian Avenue?, in: West European Politics 18 (3), 118-136.

Downs, Anthony 1957: An Economic Theory of Democracy, New York.

Edwards, Geoffrey/Spence, David (Hrsg.) 1997: The European Commission, London.

Eijk, Cees van der/Franklin, Mark (Hrsg.) 1996: Choosing Europe? The European Electorate and National Politics in the Face of Union, Ann Arbor.

Eijk, Cees van der/Franklin, Mark/Oppenhuis, Erik 1996: The Strategic Context: Party Choice, in: Eijk, Cees van der/Franklin, Mark (Hrsg.): Choosing Europe? The European Electorate and National Politics in the Face of Union, Ann Arbor, 332-365.

Fitzmaurice, John 1978: The European Parliament, London.

Franklin, Mark/Eijk, Cees van der/Marsh, Michael 1995: Referendum Outcomes and Trust in Government: Public Support for Europe in the Wake of Maastricht, in: Hayward, Jack (Hrsg.): The Crisis of Representation in Europe, London, 102-117.

Franklin, Mark/Eijk, Cees van der/Oppenhuis, Erik 1996: The Institutional Context: Turnout, in: Eijk, Cees van der/Franklin, Mark (Hrsg.): Choosing Europe? The European Electorate and National Politics in the Face of Union, Ann Arbor, 306-331.

Garrett, Geoffrey 1992: International Cooperation and Institutional Choice: The European Community's Internal Market, in: International Organization 46, 533-560.

Habermas, Jürgen 1995: Comment on the Paper by Dieter Grimm: „Does Europe Need a Constitution", in: European Law Journal 1, 303-307.

Hallstein, Walter 1972: Europe in the Making, London.

Hix, Simon 1995: Political Parties in the European Union System: A „Comparative Political Approach" to the Development of the Party Federations, unveröffentlichte Dissertation, Europäisches Hochschulinstitut Florenz.

Hix, Simon 1997: Executive Selection in the European Union: Does the Commission President Investiture Procedure Reduce the Democratic Deficit?, in: European Integration Online Papers 1: 21, http://eiop.or.at/eiop/texte/1997-021a.htm.

Hix, Simon 1998: Elections, Parties and Institutional Design: EU Democracy in Comparative Perspective, in: West European Politics 21: 3, 19-52.

Hix, Simon 1999a: Dimensions and Alignments in European Union Politics: Cognitive Constraints and Partisan Responses, in: European Journal of Political Research 35, 69-106.

Hix, Simon 1999b: The Political System of the European Union, Basingstoke.

Hix, Simon 2000: How MEPs Vote, ESRC One Europe or Several?-Programme, Briefing Note 1/00, April 2000, Falmer.

Hix, Simon/Lord, Christopher 1997: Political Parties in the European Union, London.

Hooghe, Liesbet/Marks, Gary 1998: The Making of a Polity: The Struggle over European Integration, in: Kitschelt, Herbert/Lange, Peter/Marks, Gary/Stephens, John (Hrsg.): The Politics and Political Economy of Advanced Industrial Societies, Cambridge, 70-97.

King, Anthony 1981: What Do Elections Decide?, in: Butler, David/Penniman, Howard R./Ranney, Austin (Hrsg.): Democracy at the Polls, Washington, 292-302.

Laver, Michel J./Gallagher, Michael/Marsh, Michael/Singh, Rabinder/Tonra, Ben 1995: Electing the President of the European Commission, Trinity Blue Papers in Public Policy 1, Dublin.

Lodge, Juliet (Hrsg.) 1996: The 1994 Elections to the European Parliament, London.

Mackie, Thomas/Rose, Richard 1991: The International Almanac of Electoral History, London.

Marquand, David 1978: Towards a Europe of Parties, in: Political Quarterly 49, 425-445.

Oppenhuis, Erik/Eijk, Cees van der/Franklin, Mark 1996: The Party Context: Outcomes, in: Eijk, Cees van der/Franklin, Mark (Hrsg.): Choosing Europe? The European Electorate and National Politics in the Face of Union, Ann Arbor, 303-329.

Oudenhove, Guy van 1965: Political Parties in the European Parliament: The First Ten Years, September 1952-September 1962, Leiden.

Pridham, Geoffrey/Pridham, Pippa 1979: The New Party Federations and Direct Elections, in: The World Today 35, 62-70.

Ray, Leonard 1999: Measuring Party Orientations Towards European Integration: Results from an Expert Survey, in: European Journal of Political Research 36, 283-306.

Quanjel, Marcel/Wolters, Menno 1993: Growing Cohesion in the European Parliament, ECPR Joint Sessions of Workshops, April 1993, Leiden (Manuskript).

Raunio, Tapio 1996: Party Group Behaviour in the European Parliament, Tampere.

Reif, Karlheinz 1984: National Election Cycles and European Elections, 1979 and 1984, in: Electoral Studies 3, 244-255.

Reif, Karlheinz 1997: Reflections: European Elections as Member State Second-Order Elections Revisited, in: European Journal of Political Research 31, 115-124.

Reif, Karlheinz/Schmitt, Hermann 1980: Nine Second-Order National Elections: A Conceptual Framework for the Analysis of European Election Results, in: European Journal of Political Research 8, 3-45.

Schattschneider, Elmer Eric 1960: The Semi-Sovereign People: A Realist's
View of Democracy in America, New York.

Schmitter, Philippe C. 2000: How to Democratize the European Union ... and
Why Bother?, Lanham.

Schneider, Gerald/Weitsman, Patricia A. 1996: The Punishment Trap: Integration Referendums as Popularity Contests, in: Comparative Political
Studies 28, 582-607.

Schumpeter, Joseph 1943: Capitalism, Socialism and Democracy, London.

Strom, Kaare 1990: A Behavioural Theory of Competitve Political Parties, in:
American Journal of Political Science 34, 565-598.

Tsebelis, George/Garrett, Geoffrey 2000: Legislative Politics in the European
Union, in: European Union Politics 1, 9-36.

Weber, Max 1946 [1919]: Politics as a Vocation, in: Gerth, Hans H./Wright
Mills, Charles (Hrsg.): From Max Weber: Essays in Sociology, New York,
77-128.

Weiler, Joseph H. H. 1997: The European Union Belongs to the Citizens:
Three Immodest Proposals, in: European Law Review 22, 150-156.

Politisches System

Christian Joerges

Recht, Wirtschaft und Politik im Prozess der Konstitutionalisierung Europas

1 Einleitung

Politikwissenschaftler, die sich mit Europa befassen, sollten das Recht nicht übersehen. Dieses Plädoyer ist heute ebenso richtig wie bei der Erstauflage dieses Bandes im Jahre 1996. Gleichzeitig sind aber Entwicklungen zu bedenken, die auch die Funktionen des Rechts im Integrationsprozess angehen.

Am augenfälligsten sind die vielen Änderungen der Verträge. Der 1993 nach einer Art politischem und rechtlichem Hindernislauf in Kraft getretene Vertrag von Maastricht, der die Europäische Gemeinschaft[1] um zwei „Säulen" ergänzt[2] und zur „Europäischen Union" fortgeschrieben hatte, wurde durch den Vertrag von Amsterdam vom 2.10.1997[3] modifiziert, der sehr viel lautloser am 1.5.1999 in Kraft treten konnte und ins allgemeine (Juristen-) Bewusstsein eigentlich erst drang, als die in Artikel 12 angeordnete Umnummerierung aller so wohl vertrauten Vertragsbestimmungen umgesetzt werden musste. Große öffentliche Aufmerksamkeit begleitete die im Juni 1999 beschlossene Erarbeitung einer Europäischen Grundrechtscharta, die auf dem Gipfel von Nizza am 7.12.2000 „feierlich proklamiert" wurde.[4] Der dort ausgehandelte und am 26.2.2001 unterzeichnete Vertrag,[5] der vor allem den Weg

---

1 Genauer: Die drei Europäischen Gemeinschaften EGKS, EWG und EAG.
2 Die „zweite Säule" ist die GASP – Gemeinsame Außen- und Sicherheitspolitik, die dritte ist die ZBJI – Zusammenarbeit in den Bereichen Justiz und Inneres.
3 BGBl. 1999 II S. 296.
4 ABl. C 364 v. 18.12.2000, 1. daneben gilt als einfaches Bundesgesetz die Europäische Menschenrechtskonvention, die schon 1950 in Rom beraten worden ist und der inzwischen 43 Staaten beigetreten sind.
5 ABl. C 80 v. 10.3.2001, 1-87.

zur Osterweiterung der Gemeinschaft freimachen soll, war noch
nicht ratifiziert, da zog die Karawane schon weiter: Den Erklärungen von Nizza (7.12.2001) und des Rates von Laeken (14./
15.2002) entsprechend wurde ein Verfassungskonvent einberufen,
der im März 2002 seine Arbeit aufgenommen hat.[6]

All dies wurde und wird begleitet von einem unwiderstehlich
erscheinenden rechtlichen Wachstum. Immer neue Materien der
nationalen Rechte werden vom Europarecht überlagert und müssen sich auf dessen Vorgaben einstellen (sie werden „europäisiert"). Dabei sieht sich aber auch das Europarecht selbst Anpas-
sungsforderungen ausgesetzt, die vor allem aus der durch die
Welthandelsorganisation (WTO) verstärkten Juridifizierung des
Welthandels herrühren und zu einer Reihe spektakulärer Auseinandersetzungen[7] geführt haben, denen weitere folgen werden.

Niemand, auch kein noch so fleißiger Jurist, kann das alles im
Detail verfolgen; aber alle, auch Politikwissenschaftler, müssen
sich in der Mannigfaltigkeit Europas zu orientieren wissen – und
auf der Hut sein: Sie dürfen die Wachstumsschübe des Europarechts als solche nicht zu ernst nehmen. Es gibt vielmehr Anzeichen dafür, dass allen Bemühungen um einen Verfassungstext für
Europa und der europäischen Normenflut zum Trotz die Autorität
des Europäischen Rechts erodiert und der Integrationsprozess sich
„entrechtlicht". Damit ist bereits angedeutet, wie der Titel dieses
Beitrags verstanden werden will. „Verfassung" und „Recht" können in dem auf eine nicht festlegbare Zukunft konzipierten Prozess
nicht als unverrückbare Größen vorgestellt werden. Von einer
„Wandelverfassung" Europas ist unter Juristen die Rede (Ipsen
1987: 201), womit gemeint sein soll, dass sich das zu Verfassende
und mit ihm die Verfassung ändert. Etwas abstrakter und genauer:
Europa braucht ein Rechts-Verfassungsrecht (zum Begriff
Wiethölter 2003), ein Recht, das die Entwicklung des Integrati-

---

6   Selbstdarstellend http://european-convention.eu.intl/;
    beobachtend http://conventionwatch.iue.it/.
7   Schlagzeilen machten vor allem der Streit mit den USA und Kanada um das
    europäische Importverbot für hormonbelastetes Fleisch (Report of the Panel,
    EC Measures Concerning Meat and Meat Products (Hormones), Aug. 18,
    1997, WT/DS26/R/USA) und die Bananenmarktordnung, in der die EU sich
    gegen die WTO und gegen das deutsche Verfassungsrecht zu behaupten hat
    (Schmid 1998).

onsprojekts reflektiert und diese Entwicklung selbst „verfasst". Es wird also von Entwicklungsstufen die Rede sein, wobei es hinreichen muss, drei Phasen zu unterscheiden: (1) Europa konnte nach seiner formativen Phase von dem ersten Kommissionspräsidenten als „Rechtsgemeinschaft" (Hallstein 1969: 33ff) und der Einigungsprozess insgesamt als „Integration durch Recht"[8] charakterisiert werden – auf diese Deutungen der alten EWG haben sich nicht nur Juristen verständigt. (2) Walter Hallsteins markantester Nachfolger, Jacques Delors, hat in den 80er Jahren die damalige Stagnation des Integrationsprozesses durch Programmatiken zur Förderung der Wettbewerbsfähigkeit Europas zu überwinden verstanden (Kommission 1985; Cecchini 1988) – und dabei die juridische auf eine ökonomische Vernunft verpflichten wollen. (3) Dieses Projekt hat andere als die erwarteten Wirkungen gezeigt. Zu ihnen gehört die Entstehung von „Governance"-Strukturen und die Entwicklung neuer politischer Koordinationsformen. Im Jahre 2000 reagierte die Kommission hierauf mit dem Projekt eines Weißbuchs zum „Europäischen Regieren" (Kommission 2001) und der Europäische Rat von Lissabon antwortete mit dem Übergang zu einer „neuen offenen Methode der Koordinierung", dank derer die Union zu einem „Wirtschaftsraum" werden soll, „der fähig ist, ein dauerhaftes Wirtschaftswachstum mit mehr und besseren Arbeitsplätzen und einem größeren sozialen Zusammenhalt zu erzielen" (Europäischer Rat 2000: 2). In beiden Vorhaben sind die Juristen ins Hintertreffen geraten, diesmal nicht gegenüber Ökonomen, sondern Politologen. Sie bleiben freilich in dem „Post-Nizza-Prozess" der Ausarbeitung eines Verfassungstextes präsent.

Ohnehin behält die Hinwendung der Politikwissenschaft zum Recht, die sich in den letzten Jahren in der amerikanischen (eindringlich zuletzt Alter 2001), aber auch in der deutschen Integrationsforschung beobachten lässt (Neyer et al. 1999), ihr fundamentum in re. Das wachsende Interesse der Politikwissenschaft am Recht und die Hochkonjunktur der Verfassungsfrage in der Rechtswissenschaft haben einen gemeinsamen Bezugspunkt, auf

---

8 „Integration Through Law" war der programmatische Titel eines von Mauro Cappelletti, Monica Seccombe und J.H.H. Weiler (1986ff) am Europäischen Hochschulinstitut in Florenz Anfang der achtziger Jahre organisierten transatlantischen Forschungszusammenhangs.

den der Begriff der „Konstitutionalisierung" im Titel dieses Beitrags verweist: Augenscheinlich ist die *Legitimität* des Europäischen Herrschaftsverbandes prekär geworden. Nicht nur die
Rechtsverfassung, in der das Integrationsprojekt auf den Weg gebracht worden war, auch die „Vollendung" des europäischen Binnenmarktes, die in den 80er Jahren zum Politikziel Nr. 1 avan-
cierte, sind unzulängliche Antworten auf die Frage, wie Europa
verfasst sein muss, damit seine Bürger es als legitim anerkennen
können. Der Begriff der „Konstitutionalisierung" möchte eben
diese Frage aufgreifen – und gleichzeitig programmatisch zum
Ausdruck bringen, dass legitimes Regieren *rechtlich* gebunden
sein muss.

2   Die formative Phase des Integrationsprojekts: Der Supranationalismus des Europäischen Rechts und die Wirtschaftsverfassung des Ordoliberalismus

Die Römischen Verträge von 1957 und der rechtliche Supranationalismus – die Einheitliche Europäische Akte von 1987, die
Vollendung des Binnenmarktes und Maastricht 1992, der Vertrag
von Nizza 2001, der Verfassungskonvent und die Osterweiterung
– dies sind weithin gebräuchliche Periodisierungen. Aber es handelt sich *nicht* um Zäsuren. Ohnehin werden je nach disziplinärer
und nationaler Zugehörigkeit, ja sogar innerhalb der jeweiligen
Disziplin, unterschiedliche Akzente gesetzt. Das gilt insbesondere
für die deutsche Rechtswissenschaft. Vom Völkerrecht oder „öffentlichen" Recht herkommende Autoren pflegen sich an den mar-
kanten institutionellen Weichenstellungen zu orientieren. Die ökonomische Integrationsforschung und die vom Privat(Wirtschafts-
)recht kommenden Europajuristen haben sich stärker für die Zusammenhänge von Marktintegration und Wirtschaftspolitik interessiert. *Beide* Sichtweisen und Traditionen haben einen konstitutionellen Kern. *Beide* sind auf ihre Weise „im Recht". Und die
Gemeinsamkeiten sind so aufschlussreich wie die Differenzen.

2.1 Vertikale Konstitutionalisierung: Rechtlicher Supranationalismus

Nicht zufällig hat sich die öffentlich-rechtliche Europarechtsforschung so intensiv mit der Herauslösung des Europarechts aus dem allgemeinen Völkerrecht befasst. Als Anführer dieser Entwicklung, die sich als „Integration durch Recht" darstellt, gilt der Europäische Gerichtshof (EuGH).[9] Die Beschreibung seines Wirkens durch einen Emigranten aus der Tschechoslowakei ist berühmt geworden: „Tucked away in the fairyland Duchy of Luxembourg and blessed, until recently, with benign neglect by the powers that be and the mass media, the Court of Justice of the European Communities has fashioned a constitutional framework for a federal-type Europe" (Stein 1981: 1).

Die Geschichte dieser richterlich angeleiteten „Konstitutionalisierung" der römischen Verträge ist für Juristen faszinierend, weil sie zu belegen scheint, dass es eine juristische Argumentationskultur gibt, die jenseits der nationalen Rechtsordnungen praktiziert wird und Anerkennung findet. Sie ist für Rechtssoziologen und Politikwissenschaftler so faszinierend wie das Märchen des Barons von Münchhausen, dem es gelungen sein soll, sich am eigenen Schopf aus dem Sumpf zu ziehen: Kann es denn wahr sein, dass sich das Recht mit seinen juridischen Mitteln über die zwischenstaatliche Politik erhebt und seine Geltung gegenüber souveränen Staaten durchsetzt? Was waren, so muss jeder Sozialwissenschaftler fragen, die „wirklichen", – natürlich rechtsexternen – Gründe für den Erfolg des Rechts im Integrationsprozess?

2.1.1 Selbstbeschreibungen des Rechts

Der Topos von der „Konstitutionalisierung" der Römischen Verträge bezeichnet die Herausbildung einer „Doktrin" – eines rechtlichen Gedankengebäudes – derzufolge das Europäische Recht

---

9 Die Konzentration auf den EuGH als Akteur der Integration durch Recht entspricht dem angelsächsischen Rechtsverständnis. In Deutschland hat die Rechtswissenschaft den Prozess der Herausbildung des Europarechts als einer neuen Disziplin ungemein intensiv diskutiert – sie tut dies bis heute (exemplarisch Nettesheim 2002).

über den nationalen Rechtsordnungen steht und ihnen gegenüber „Suprematie" beanspruchen kann. Der Aufbau dieses europäischen Rechtsgebäudes ist oft und eindringlich nachgezeichnet worden (meisterlich Weiler 1999: 10ff). Über die wichtigsten Bauabschnitte muss Bescheid wissen, wer das Handeln der europäischen Institutionen verstehen will.

Der Grundstein wurde im Jahre 1963 durch die Doktrin von der „unmittelbaren Wirkung" des EG-Rechts gelegt (EuGH 1963). Dieser Doktrin gemäß verpflichten diejenigen Regeln des EWG-Vertrages, die hinlänglich präzise gefasst sind, nicht nur die Gemeinschaften und die Mitgliedstaaten, sondern gelten „direkt": Jedermann darf sich auf die in dem Vertrag enthaltenen Freiheitsrechte berufen und die innerstaatlichen Gerichte müssen deren Schutz gewährleisten, als ob es sich um innerstaatliches Recht handelte.

Was heute so allgemein anerkannt wird, war seinerzeit alles andere als selbstverständlich. Der EWGV hatte in Art. 169 (jetzt: 226) Klagen der Kommission und der Mitgliedstaaten wegen einer Verletzung von Vertragspflichten vorgesehen. Dies entsprach völkerrechtlichen Vorbildern. Allerdings konnte man aus dem Vorlageverfahren des Art. 177 (jetzt: 234) und aus den weitgehenden Rechtssetzungsbefugnissen der Gemeinschaft herleiten, dass diese mehr sein sollte als eine internationale Organisation.

„Aus alledem ist zu schließen, dass die Gemeinschaft eine neue Rechtsordnung des Völkerrechts darstellt, zu deren Gunsten die Staaten, wenn auch in begrenztem Rahmen, ihre Souveränitätsrechte eingeschränkt haben, eine Rechtsordnung, deren Rechtssubjekte nicht nur die Mitgliedstaaten, sondern auch die Einzelnen sind. Das von der Gesetzgebung der Mitgliedstaaten unabhängige Gemeinschaftsrecht soll daher den Einzelnen, ebenso wie es ihnen Pflichten auferlegt, auch Rechte verleihen. Solche Rechte entstehen nicht nur, wenn der Vertrag dies ausdrücklich bestimmt, sondern auch auf Grund von eindeutigen Verpflichtungen, die der Vertrag den Einzelnen wie auch den Mitgliedstaaten und den Organen der Gemeinschaft auferlegt" (EuGH 1963: 24f).

Der zweite Baustein war die Doktrin vom „Vorrang" des Gemeinschaftsrechts. Sie ist in der bahnbrechenden Costa/E.N.E.L.-Entscheidung als rechtslogisch zwingende Implikation der Lehre von der unmittelbaren Geltung eingeführt worden. Im Originalton der amtlichen Übersetzung:

„[Die] Aufnahme der Bestimmungen des Gemeinschaftsrechts in das Recht der einzelnen Mitgliedstaaten und, allgemeiner, Wortlaut und Geist des Vertrages haben zur Folge, dass es den Staaten unmöglich ist, gegen eine von ihnen auf der Grundlage der Gegenseitigkeit angenommene Rechtsordnung nachträglich einseitige Maßnahmen ins Feld zu führen... [Es] würde eine Gefahr für die Verwirklichung der in Artikel 5 Absatz 2 aufgeführten Ziele des Vertrages bedeuten und dem Verbot des Artikels 7 widersprechende Diskriminierungen zur Folge haben, wenn das Gemeinschaftsrecht je nach der nachträglichen innerstaatlichen Gesetzgebung von einem zum anderen Staat verschiedene Geltung haben könnte" (EuGH 1964: 1269f).

Der zitierten Passage lassen sich bereits zwei weitere Konsequenzen entnehmen. Aus der „unmittelbaren Geltung" des Gemeinschaftsrechts, aus der sich sein Vorrang herleitet, folgt auch, dass dem Gemeinschaftsrecht eine „Sperrwirkung" gegenüber der nationalen Gesetzgebung zukommen muss. Dies besagt: Ist ein Regelungsfeld vom Europäischen Recht erfasst, so darf kein Mitgliedstaat mehr eigenmächtig handeln. Die These, dem Gemeinschaftsrecht müsse in allen Mitgliedstaaten die gleiche Bedeutung zukommen, hat eine wichtige institutionelle Implikation. Sie besagt, dass die Kompetenz zur Interpretation der Geltungsansprüche dieses Rechts dem EuGH zustehen muss. Diese Konsequenz hat in einer besonders nachdrücklichen Weise die AETR-Entscheidung aus dem Jahre 1971 gezogen (EuGH 1971). An dieses Urteil knüpfte die Rechtsprechung zur „funktionalen", sich auf die Vertragsziele berufenden Begründung von Gemeinschaftskompetenzen und die „implied powers"-Doktrin an: Obgleich der Vertrag die EG-Zuständigkeiten „enumerativ" regele und dadurch begrenze (Art. 3b; jetzt Art. 4), seien doch die gemeinschaftsrechtlichen Regelungsbefugnisse „zielbezogen" zu verstehen und zu handhaben. Im Rahmen des Art. 235 (jetzt: 308) bedarf es dazu einstimmiger Entscheidungen. Das gleiche galt für Maßnahmen der Rechtsangleichungspolitik nach Art. 100 (jetzt: 94).

Selbstverständlich stellten und stellen sich bei der Anwendung all jener Grundsätze schwierige Abgrenzungsfragen, die entsprechende Auslegungskontroversen nach sich ziehen. Solange aber jene Doktrinen im Grundsatz „gelten", solange Entscheidungen des EuGH über Zweifelsfälle eingeholt und befolgt werden, haben wir es in der Tat mit einer supranationalen Rechtsordnung zu tun, die sich von den sonst das Außenverhältnis der Staaten bestimmenden Regeln signifikant unterscheidet. Eben wegen dieser Differenz darf man der vom EuGH vertretenen Strukturierung des eu-

ropäischen Rechtssystems den Status einer „constitutional charter"
zuschreiben (vgl. schon Stein 1981: 1ff und vor allem den gut-
achtenden Gerichtshof selbst: EuGH 1991).

2.1.2 Erklärungen

Alle seine Aussagen zur Qualität und zu den Inhalten des Gemeinschaftsrechts hat der EuGH auf „streng juristische" Operationen
gestützt. Nirgendwo finden sich Explikationen methodischer Prä-
missen oder verfassungstheoretische Überlegungen zu den Gel-
tungsvoraussetzungen der „constitutional charter" Europas. Ist das
die rechte Art und Weise, Europa eine Verfassung zu geben?

Zunächst aber ist die Akzeptanz jener Rechtsprechung erstaunlich. Der EuGH hat sich für seine Leitentscheidungen nicht der
Zustimmung der europäischen Nationen versichern können und
regelmäßig nicht einmal das Plazet ihrer Regierungsvertreter gefunden (vgl. Stein 1981: 25). Ebensowenig konnte er auf die
Zwangsmittel und Durchsetzungsgarantien eines supranational institutionalisierten Machtapparates setzen. Gestützt haben den
EuGH die Generalanwälte am Gerichtshof und die Kommission
sowie, nach einigem Widerstreben, die Gerichte der Mitgliedstaaten. Die höchstrichterlichen Doktrinen wurden in einer europaweiten juristischen Interpretationsgemeinschaft aufgenommen und
als Handlungsrahmen genutzt (Schepel/Wesseling 1997).

Solche rechtswissenschaftlichen Verweise auf die Praxis des
Rechtssystems sind von Politikwissenschaftlern aufgegriffen worden. Dabei ist das „Rechtsgespräch" zwischen dem EuGH und den
nationalen obersten Gerichten ein wichtiges, wohl: das wichtigste
Faktum. Wichtig war auch, dass die Kommission die ihr durch
Art. 169 (jetzt: 226) gewährten Instrumente zur Durchsetzung des
Europarechts im Innern beharrlich nutzte (Börzel 2001), dass der
sog. *acquis communautaire* (der Gesamtbestand des Europarechts)
im Außenverhältnis – wie jetzt wieder bei der EU-Erweiterung
zum Missvergnügen der Beitrittsländer – nie zur Disposition gestellt wurde (Wiener 1998). In einem viel beachteten interdiszipli-
nären Aufsatz wurde gefolgert: „Law functions both as a mask and
as a shield. It hides and protects the promotion of one particular set
of objectives against contending objectives in the purely political
sphere" (Burley [Slaughter]/ Mattli 1993: 72).

Dies alles sind Gratwanderungen zwischen der Normativität und der Faktizität des Rechts, die von dessen Inhalten abstrahieren, Balance-Akte, wie sie im Völkerrecht allenthalben geübt werden. Demgegenüber ist aber zu fragen: Sind die Akteure, die dem Europarecht zur Geltung verholfen haben, nicht auch einer Vision gefolgt, einer „finalité" des europäischen Projekts, die dessen „Vorrang" überzeugender begründen konnte?

2.2 Ordoliberale Wirtschaftsverfassungstheorie: Europa als „Markt ohne Staat"

Auf diese Frage kann man antworten, dass der Supranationalismus des Rechts in der Tat weit mehr bedeutet als seine „dogmatische" Selbstdarstellung auf den ersten Blick erkennen lässt. Der Supranationalismus des Rechts diszipliniert die Europäischen Nationalstaaten. Er verpflichtet sie auf anti-nationalistische Regeln und Prinzipen. Er hält im Recht historische Erfahrungen fest, die das Europäische Einigungsprojekt motiviert haben (Weiler 1999: 239ff). Wer sich in der Geschichte der internationalrechtlichen Disziplinen auskennt, sieht die völkerrechtliche Herkunft solcher Visionen. Es gab indessen weitere meta-dogmatische „rechtswissenschaftliche Integrationstheorien". Die wichtigste war die ordoliberale Theorie einer supranationalen „Wirtschaftsverfassung".

Zum Verständnis der Wirkungsgeschichte dieser Theorie muss man bis in die Weimarer Republik zurückschauen. Damals schon plädierten die Gründerväter des Ordoliberalismus für eine dem Parteienstreit entzogene Rahmenordnung, in der wirtschaftliche Freiheitsrechte gewährt, gleichzeitig aber durch eine Wettbewerbsordnung auch rechtlich kontrolliert werden sollen (instruktiv Manow 2001). Der Ordoliberalismus wurde dann für das Selbstverständnis der jungen Bundesrepublik vor allem dank seiner Verbindung mit dem Konzept einer „sozialen Marktwirtschaft" praktisch-politisch breitenwirksam. Seine führenden Exponenten – Walter Hallstein, Franz Böhm, Alfred Müller-Armack – engagierten sich sehr früh und sehr erfolgreich für Europa und brachten dort die Kerngedanken des Ordoliberalismus zur Geltung.

Diese Konzeption war in der Tat in einer besonderen Weise „europatauglich". Sie konnte das Theorem vom Vorrang des Europäischen Rechts eigenständig begründen, es mit einem präzisen – „wirtschaftsverfassungsrechtlichen" – Gehalt füllen und dadurch auch begrenzen: Die im EWGV verbürgten Freiheiten, die Öffnung der Volkswirtschaften, die Diskriminierungsverbote und Wettbewerbsregeln wurden als Entscheidung für eine Wirtschaftsverfassung verstanden, die den ordoliberalen Vorstellungen über die Rahmenbedingungen einer marktwirtschaftlichen Ordnung grundsätzlich entsprachen. Durch diese Deutung der wirtschaftsrechtlichen Bestimmungen der Europäischen Gemeinschaft als einer auf Recht gegründeten und auf die Sicherung wirtschaftlicher Freiheiten verpflichteten Ordnung gewann die Gemeinschaft eine eigene, von den Institutionen des demokratischen Verfassungsstaates unabhängige Legitimität, aus der sich freilich auch Schranken für die Gestaltung dieser Gemeinschaft ergeben (prägnant Müller-Armack 1966).

Die wirtschafts- und rechtspolitische Konzeption des Ordoliberalismus wurde in den 70er Jahren ausgebaut, verfeinert, verändert (ausführlich Mussler 1998: 58ff, 91ff, 125ff). Ihr konstitutioneller Kerngehalt blieb davon unberührt: Die Geltung des supranationalen Wirtschaftsverfassungsrechts bedarf keiner Legitimation durch verfassungsstaatliche Institutionen und politische Prozesse – und muss eben deshalb ihre Regelungsansprüche auf die (wettbewerbliche) Ordnung der Wirtschaft beschränken. Eine Theorie solchen Zuschnitts lässt sich durch die Wirklichkeit nicht leicht in Verlegenheit bringen: Wenn die politische Praxis nicht so verfährt, wie dies der Theorie entspräche – das war im Innern der Bundesrepublik ebenso wie auf europäischer Ebene nie der Fall –, so ist diese Praxis eben im Unrecht. Wenn freilich die positiv-rechtlichen Stützen der Theorie zu Fall kommen – und dies geschah mit dem Vertrag von Maastricht – so muss die Theorie gleichsam auswandern und jenseits des Europäischen Rechts verankert werden; diese Bewegung ist in der Tat durch die konstitutionelle Deutung des Welthandelsrechts in Gang gekommen (Schmid 1998; Petersmann 2002).

3 Konstitutionelle Alternativen der „Vollendung des Binnenmarktes": Europa als „regulatory state"? Die „Herren der Verträge" als „Staaten ohne Märkte"?

Der Ordoliberalismus wurde vor allem von Privat- und Wirtschaftsrechtlern gestützt. Das deutsche Verfassungs- und Europarecht hat sich indessen gegenüber den Leitbildern, Konzeptionen, Institutionalisierungen ordoliberalen Zuschnitts weitgehend indifferent verhalten und sich den praktischen Zumutungen der Ordnungspolitik verweigert oder sie nicht einmal zur Kenntnis genommen (vgl. aber von Bogdandy 2001: 28ff). Die Praxis der Europapolitik war ohnehin eher „technokratisch". Ihr hat Hans Peter Ipsen sehr früh mit seiner Qualifikation der (drei) Europäischen Gemeinschaften als „Zweckverbände funktioneller Integration" (Ipsen 1964, 1972) eine rechtliche Form verliehen, die den Ordoliberalismus überdauern und in der großen Wachstumsphase der Integrationspolitik seit der Mitte der 80er eine Art Renaissance erleben sollte.

Der Topos „Zweckverband" öffnete das Gemeinschaftsrecht über die Ordnungspolitik hinausgehenden Zielsetzungen und Praktiken – ohne es deshalb demokratischen Anforderungen aussetzen zu wollen. Als Zweckverband sollte Europa sich mit Fragen „technischer Realisation" befassen, d.h. mit Verwaltungsaufgaben, die einer supranationalen Bürokratie übertragen werden können – und müssen (Ipsen 1972: 176ff). Mit seiner staats- und verfassungstheoretisch auf Forsthoff (1971) verweisenden Theorie hat Ipsen sowohl weiterreichende föderale Integrationsvorstellungen als auch die frühen Deutungen der Gemeinschaft als internationale Organisation zurückgewiesen. Das Gemeinschaftsrecht stellte sich ihm als ein tertium zwischen dem (bundes-)staatlichen Recht und dem Völkerrecht dar, das sich durch seine „Sachaufgaben" konstituiert und hinlänglich legitimiert (Kaufmann 1997: 312ff; Bach 1999: 38ff).

Ist diese technokratische Deutung der Gemeinschaft wirklich nur noch ein „müdes Lächeln" wert (Oeter 1999: 904)? Sie wurde durch den Politikwissenschaftler Giandomenico Majone in einer jedenfalls theoretisch ernsten Weise erneuert: Die Europäische

Gemeinschaft habe einen „fourth branch of government" eingerichtet (Majone 1994) und sei als „Regulierungsstaat" (als *regulatory state*, Majone 1996: 265ff) zu begreifen. Die praktischen
Stärken und theoretischen Schwächen dieser Position erschließen
sich, wenn man sich ihren Gegenstand und ihre Gegenspieler im
Integrationsprozess vergegenwärtigt.

3.1   Tatbestände

Das beschauliche Bild, das Eric Stein anno 1981 von dem Wirken
des Europäischen Rechts gezeichnet hatte, war zu seiner Zeit
durchaus wirklichkeitsnah, freilich in einem durchaus paradoxen
Sinne. Gewiss kam das Europarecht still und stetig voran; politisch
aber durchlebte die Gemeinschaft eine Krise nach der anderen und
die Wirtschaftsintegration glich eher einer Echternacher Spring-
prozession.[10] Die institutionellen Gründe dieser Stagnation waren
bekannt: „Rechtlich" durfte die Gemeinschaft dank der „funktionalen" Deutung ihrer Kompetenzen im Namen der Verwirklichung
des Gemeinsamen Marktes durch den Erlass von Richtlinien nach
Art. 100 (jetzt: 94) oder aber auf der Grundlage von Art. 235
(jetzt: 308) vieles. Praktisch aber sorgte das Einstimmigkeitserfordernis des Art. 100 dafür, dass jeder Mitgliedstaat die eigenen Re-
gelungsvorstellungen und wirtschaftlichen Interessen mit seinem
Veto verteidigen konnte. Das Europäische Wettbewerbsrecht (Art.
85ff; jetzt 81ff) war – auch soweit es „unmittelbar" galt und trotz
der administrativen Befugnisse der Kommission – ein Torso geblieben und gegenüber nationalen, nicht-wettbewerblichen Rege-
lungsmustern ohnmächtig.

---

10 Diese vermeintliche Paradoxie – die Perfektionierung des supranationalen
   Rechts einerseits, das Beharren auf einem politischen Intergouvernementalismus mit Vetomöglichkeiten andererseits – hat J.H.H. Weiler mit so etwas wie
   einem Geniestreich in seiner Theorie der rechtlich-politischen Doppelstruktur
   der Gemeinschaft als eine Gleichgewichtslage von Recht und Politik aufgelöst
   (Weiler 1981; 1999: 16ff).

3.1.1 „Negativ-Integration" und „regulative Konkurrenz"

In den 80er Jahren aber gelang mit der mittlerweile legendären Politik zur „Vollendung des Binnenmarktes" (Kommission 1985) ein Aufbruch zu neuen Ufern. Die Gründe für die breite Unterstützung, die diese Initiative fand, gewichten Juristen, Ökonomen und Politologen unterschiedlich. Ökonomen können auf die programmatische Orientierung an Rationalitätsmustern ihrer Disziplin verweisen: Effizienz und Wettbewerbsfähigkeit durch Deregulierung („negative Integration"), ergänzt durch die Mechanismen einer „regulativen Konkurrenz", die sozialstaatliche Politiken im Zaum halten würde – diese Rhetorik fand viel offiziösen Beifall (z.B. Wissenschaftlicher Beirat 1986). Oder war es die List der Politik in der Gestalt des Kommissionspräsidenten Jacques Delors, die durch das Design der neuen Programmatik europäisch orientierte Wirtschaftsinteressen zusammengebracht und sich so eine neo-funktionalistische Logik zunutze gemacht hat? (Sandholtz/Zysman 1989: 96ff).

Die „Erste Fakultät" beharrte auf dem Recht: Tatsächlich stellte sich ja die neue Politik in offiziösen Verlautbarungen gern als bloße Umsetzung eben jener Rechtsprinzipien dar, die der EuGH im primären Gemeinschaftsrecht aufgefunden hatte. Und wie so oft in „klassischen" Fällen, war das in einer trivialen Konstellation geschehen: Es sei unvereinbar mit dem Prinzip des freien Warenverkehrs (Art. 30; jetzt: 28), so hatte der Gerichtshof in der Rechtssache *Cassis de Dijon* erkannt, dass die Bundesrepublik Deutschland die Vermarktung eines französischen Likörs verbot, weil deutsches Recht bei Likören einen höheren Alkoholgehalt vorsah als ihn das schwache französische Getränk aufwies (EuGH 1979). Die Argumentation des Gerichts, eine Irreführung der an stärkere Liköre gewöhnten deutschen Verbraucher ließe sich durch die Angabe des Alkoholgehalts angemessen vermeiden, ist überzeugend, aber auch nicht besonders aufregend. Aufregend war das Prinzip das der EuGH dem Evidenzfall *Cassis* unterlegte: Grundsätzlich, so proklamierte der EuGH, seien die Mitgliedstaaten zur „wechselseitigen Anerkennung" ihrer Rechtsordnungen verpflichtet. Ob dieser Grundsatz greift, beurteilt der EuGH, der sich damit eine verfassungsgerichtliche Kompetenz zur Kontrolle der nationalen Gesetzgebung zusprach, und gleichzeitig Optionen für eine nur

vom Primärrecht getragene, von positiven Harmonisierungsmaß-
nahmen unabhängige Marktintegration aufzeigte. Dies alles war in
richterlicher Behutsamkeit geschehen. Der Kommission genügte
dies, um die Entscheidung des EuGH als die Rechtsgrundlage jener neuen Harmonisierungspolitik darzustellen, die sie in ihrem
Weißbuch zur Binnenmarktpolitik entfaltete (vgl. Kommission
1980, 1985). Wie immer die ökonomischen, politischen und
rechtlichen Faktoren zu gewichten sein mögen: Die Binnenmarktprogrammatik fand Eingang in die von den Regierungen ausgehandelte Einheitliche Europäische Akte, die 1987 in Kraft treten
konnte. Und ihre Umsetzung wurde durch größere und kleinere institutionelle Neuerungen bewerkstelligt: Der Übergang zu (qualifizierten) Mehrheitsentscheidungen bei sämtlichen Maßnahmen der
Binnenmarktpolitik in Art 100a (jetzt: 95) im jetzt EGV heißenden
Vertrag war eine Änderung von grundsätzlicher Bedeutung – für
die Praxis der europäischen Politik *und* deren Verfassung.

3.1.2 „Re-Regulierung" statt „De-Regulierung"

Die Erneuerung des Integrationsprojekts galt zwar nicht als Erfüllung der ordoliberalen Vision eines „Marktes ohne Staat", aber
doch als tendenzielle Bestätigung einer supranationalen, nicht-
staatlichen Rechtsverfassung, die den Marktbürgern Europas ge-
meinschaftsweit wirksame wirtschaftliche Freiheitsrechte gewährt
und die sowohl die Gemeinschaft als auch die Mitgliedstaaten auf
eine wettbewerbliche Ordnung der Wirtschaft verpflichtet (Mestmäcker 1987; Mussler 1998: 125ff). Sehr viel schneller und sehr
viel gründlicher als dies die Befürworter wie Kritiker der Binnen-
markt-Programmatik vorausgesagt hatten, setzen sich neue Regu-
lierungs- und Verrechtlichungstrends durch, in denen sich signifikante Muster identifizieren lassen: eine Tendenz zu Regulierungen
auf hohem Niveau; die Entwicklung neuartiger Kooperationsformen, in die gouvernementale wie nicht-gouvernmentale Akteure
einbezogen werden; eine Stärkung der dezentral-nationalstaat-
lichen politischen Aktivitäten und vielfältige Mitwirkungsansprü-
che. Dies sind die augenfälligsten Muster der ins Werk gesetzten
Binnenmarktpolitik:

(1) Wo immer das Gemeinschaftsrecht sich den institutionellen Rahmenbedingungen und rechtlichen Feinstrukturierungen von Märkten zuwandte, geschah dies auf einem erstaunlichen Niveau. Die bekanntesten Beispiele bieten Produktregelungen, die Verbraucher- und Gesundheitsinteressen schützen, aber auch Belange des Arbeits- und Umweltschutzes aufgreifen. Hierbei sorgten die Vorgaben des Art. 100a Abs. 3 und die den regulierungswilligen Mitgliedstaaten zugestandenen Rechte zu einem „nationalen Alleingang" (Art. 100a Abs. 4, 118a Abs. 3, 130t) dafür, dass die Öffnung der Märkte nur um den Preis einer Modernisierung und Qualitätssteigerung der einschlägigen Regelungen zu haben ist (Eichener 2000).[11] Aber auch bei wirtschafts- und privatrechtlichen Regelungen der Güter- und Dienstleistungsmärkte zeigt sich, dass ein einheitlicher Markt umfassende rechtliche Schutzvorkehrungen benötigt. Das gesetzgebungspolitische Programm der wechselseitigen Anerkennung zwingender nationaler Vorschriften wurde bei seiner Durchführung regulativ verfremdet: durch eine Teilvereinheitlichung der Aufsichtsrechte, Vorkehrungen zur Koordination der Praxis nationaler Aufsichtsbehörden, durch Reservatrechte der Mitgliedstaaten zum Schutz ihrer Allgemeininteressen.

(2) Weil die EG nicht selbst über die Ressourcen zur Generierung von Standards verfügt und ihr auch die administrativen Kompetenzen zur Durchsetzung rechtsverbindlicher Vorgaben in den Mitgliedstaaten fehlen, muss sie diese Defizite auszugleichen versuchen. Deshalb kooperiert die Kommission bei der Erarbeitung von Produktsicherheitsnormen mit den europäischen Normungsorganisationen und fördert den Aufbau und die Koordination nationaler Zertifizierungsstellen. Im Übrigen operiert die Gemeinschaft durch ein dichtes Netzwerk von Ausschüssen, in denen die Verwaltungsexperten der Mitgliedstaaten, aber auch unabhängige Wissenschaftler, Ver-

---

11 Solche Aussagen sind mit Vorsicht aufzunehmen, nicht nur, weil Beobachtungen in einem Feld nicht einfach verallgemeinert werden dürfen (Scharpf 2002: 81), sondern auch, weil „hoch" und „niedrig" bei komplexen Problemen häufig genug überhaupt keinen Maßstab hergeben.

treter wirtschaftlicher und sozialer Interessen mitwirken (näher Joerges/Neyer 1998; Joerges/Falke 2000).

So hat der Integrationsprozess die nationale Politik immer mehr beschränkt. Er hat ihr aber gleichzeitig neue Einwirkungsfelder eröffnet. Formal zeigt sich dies daran, dass europäische Richtlinien regelmäßig sog. Schutzklauseln enthalten, die Einsprüche gegen getroffene Festlegungen zulassen und zu deren Revision führen können. Ohnehin hat Art. 100a Abs. 4 (jetzt: 95) „nationale Alleingänge" – unter dort näher geregelten Bedingungen – anerkannt. Beides ist gleichzeitig richtig und keineswegs widersprüchlich. Die europäische Einschränkung der nationalstaatlichen Souveränität verpflichtet die Mitgliedstaaten zur Rücksichtnahme auf die „fremden" Interessen ihrer Nachbarn; und eben dadurch können nationale Regelungsanliegen jenseits der jeweils eigenen Territorien zur Geltung gebracht werden. Dies sind Beobachtungen zur „Verfasstheit" Europas nach der Binnenmarktinitiative der 80er Jahre. Sie zeigen an, dass sich das in der formativen Phase erreichte Gleichgewicht von supranationalem Recht und intergouvernementaler Politik oder von supranationaler Wirtschaftsordnung und nationaler politischer Autonomie „so" nicht bewahren ließ. Wie sollte die EU nunmehr verfasst werden?

3.2   Konstitutionelle Alternativen

So viel ist wohl unstreitig: Die Programmatik der Vollendung des Binnenmarktes hat eine neue europäische Normenflut ausgelöst, die augenscheinlich die Mitgliedstaaten nicht eindämmen wollen oder können.[12] Wie ist ihr dennoch Einhalt zu gebieten? Eine Alternative wurde oben schon genannt. Ein zweiter, vom deutschen

---

12 Nach einer Aussage von Jacques Delors aus dem Jahre 1988 (Delors 1988) soll das in den Mitgliedstaaten der EG geltende Wirtschaftsrecht zu 80% durch die Gemeinschaft gesetzt sein. Klagen über die „Regelungswut" seiner Bürokratie hat Delors damit zurückgewiesen: Von 100 Rechtsetzungsinitiativen der Gemeinschaft seien nur acht wirklich der Kommission zuzurechnen; in 92% der Fälle nähmen seine Beamten Anliegen der Mitgliedstaaten auf – und in 70% der Fälle mache die Gemeinschaft sich Rechtsetzungsanliegen aus der Bundesrepublik zu eigen (Delors 1992: 12).

Bundesverfassungsgericht (BVerfG) anlässlich des Vertrages von Maastricht unternommener Versuch, ist sogleich zu behandeln. Die erste Alternative ist „politikwissenschaftlich" begründet worden – und doch erweist ihr wohl wichtigster Wortführer sich als sozialphilosophisch gebildeter Rechtslehrer. Der Autor der zweiten Alternative ist ein Gericht – aber auch dieser Autor argumentiert transdisziplinär.

3.2.1 Europa als Regulierungs-„staat"

Der Jurist Ipsen, der bereits in den 60er und frühen 70er Jahren die Europäischen Gemeinschaften als „Zweckverbände funktionaler Integration" charakterisiert hatte, und der Politikwissenschaftler Majone, der die Europäische Binnenmarktinitiative der 80er Jahre als Ausbildung eines europäischen „Regulierungsstaates" deutete, sind in mancherlei Weise Geistesverwandte. Beide sehen die Stärke des Integrationsprojekts in der Problemlösungsfähigkeit europäischer Institutionen. Den „Sachaufgaben", die Ipsen (1972) vor Augen standen, ähneln die „regulativen Politiken", die Majone zufolge die Entwicklung des Binnenmarktes begleiten müssen. In beiden Perspektiven handelt es sich um Aufgaben, für deren Lösung Expertenwissen unerlässlich ist. Und beide Autoren teilen die Auffassung, dass eine sachgerechte Aufgabenerfüllung eine Abschottung der europäischen Institutionen gegen politische Einflussnahmen erfordert: Solche „nicht-majoritären" Institutionen (die Kommission selbst, Majone zufolge aber vor allem auch unabhängige Agenturen amerikanischen Musters), von denen eine sachgerechte Behandlung legislativ vorgegebener Sachziele erwartet werden kann, sollen auf europäischer Ebene regieren. Um „konstitutionelle" Theorien handelt es sich in beiden Fällen, weil das Integrationsprojekt auf bestimmte öffentliche Ziele verpflichtet, gleichzeitig aber durch diese Aufgaben auch in seinen politischen Kompetenzen begrenzt wird (Jachtenfuchs 2001). Die Nähe zu Ipsen, die Majone (1994: 23) einmal selbst notiert hat, sollte man indessen nicht überschätzen: Ipsen hat seinen „Zweckverband" Jahrzehnte früher erdacht als Majone seinen „regulatory state". Die Binnenmarktpolitik, das Wechselspiel von Deregulierung und Re-Regulierung, das Majone analysiert, gab es seinerzeit so nicht – sowenig wie das analytische Instrumentarium

der „social choice" Theorien, dessen Majone sich bedient. Und vor
allem ist Majones *regulatory state* damit befasst, Fälle des Markt-
versagens auszugleichen; er tut dies, um die ökonomisch definierte
Wohlfahrt der Verbraucher/Bürger zu steigern, während Ipsens
Zweckverbände – technokratisch sublimiert – die staatlich-admini-
strative Durchdringung der Gesellschaft fortführen, die Carl
Schmitt und Ernst Forsthoff am Ende der Weimarer Republik diagnostiziert hatten. Der *regulatory state* Majones institutionalisiert
demgegenüber ein „fourth branch of government", das gegen majoritäre und politische Einflussnahmen und daraus drohende „regulatory failures" geschützt werden soll. Aber der *fourth branch*
könne und solle „accountable" gehalten, indirekt, aber wirksam
kontrolliert werden. Zudem stünden die nicht-majoritären Institutionen der europäischen regualtiven Politik und die majoritären Institutionen der Mitgliedstaaten in einem Ergänzungsverhältnis. Die
wohlfahrtsstaatlich-distributiven Fragen, die nur dort demokra-
tisch-majoritär legitimiert werden könnten, seien den Nationalstaaten vorzubehalten.

Auf all dies wird zurückzukommen sein (unten 2.3.). Festzuhalten ist aber schon hier: Auch wenn der Europäische *regulatory
state* nicht etwa allzuständig wird, bedeutet seine Etablierung doch
eine sehr weitgehende Entmachtung der Nationalstaaten. Wäre ein
derart in seinen Wirkungsmöglichkeiten begrenzter Nationalstaat
noch ein demokratischer Verfassungsstaat im Sinne des Grundgesetzes? In dem viel beachteten und viel kritisierten Urteil zum
Vertrag von Maastricht vom 12. Oktober 1993 hat das BVerfG
sich (auch) dieser Frage gestellt. Es hat seinerseits der Integration
verfassungsrechtliche Grenzen zu setzen versucht – in einer Weise, die Majones Vorstellungen im Ergebnis erstaunlich nahe
kommt.

3.2.2 Rückstufung Europas zum Staatenverbund: Das Maastricht-Urteil des Bundesverfassungsgerichts

Auf die von der Binnenmarktinitiative ausgelöste neue Integrationsdynamik reagierte der Vertrag von Maastricht mit der Fortentwicklung der Gemeinschaft zur „Politischen Union": Vereinbart
wurden in jenem südniederländischen Städtchen am 9.-10.12.1991
eine Wirtschafts- und Währungsunion, eine Stärkung der Gemein-

schaft im Bereich der Industriepolitik, neue Kompetenzen, ein „Subsidiaritätsprinzip" mit unklaren Wirkungschancen – insgesamt ein Paket, das erstmals eine europakritische Öffentlichkeit provozierte. Die dänische Bevölkerung lehnte im Juni 1992 den Vertrag ab; in Frankreich fand er eine nur knappe Mehrheit; in Deutschland wurden Verfassungsbeschwerden erhoben.

Die Dänen haben ihren nationalen Kompromiss gefunden und das BVerfG hat die Beschwerden verworfen. Business as usual? Weder in Dänemark noch anderswo! Im Folgenden soll freilich nur das deutsche Urteil genauer betrachtet werden, das die Debatte um die Verfassung Europas auf ein neues Niveau gebracht hat und wegen seiner integrationstheoretischen Perspektiven und gleichsam transdisziplinären Aussagen für das Verhältnis von Rechts- und Politikwissenschaft unvermindert aufschlussreich bleibt.

3.3.1 Einschränkungen der „vertikalen" Konstitutionalisierung

Dass Europa eine „Gemeinschaft" sei, die sich durch die Supranationalität ihres Rechts konstituiere, ist der Grund-Satz des Europarechts schlechthin. Das BVerfG aber vermied den Gebrauch des allenthalben üblichen Terminus: Es handele sich bei der Europäischen Union um einen „Staatenverbund", der die „nationale Identität" der Mitgliedstaaten achte, und die Mitgliedschaft zu einer „supranationalen Organisation", nicht zu einem „europäischen Staat", betreffe (BVerfG 1993: 181, vgl. 188ff).[13] „Less than a federation. Even less than a Community!" – diese Botschaft musste beunruhigen. Und noch mehr musste irritieren, dass sich das BVerfG, durchaus folgerichtig, von den Prinzipien der Direktwirkung und Suprematie des Europäischen Rechts distanzierte. Die wohl aufschlussreichste Passage findet sich im Kontext der Stellungnahme zu Mehrheitsentscheidungen, deren Anwendungsfeld der Maastrichter Vertrag nochmals erweitert hatte. Dieses Prinzip finde „gemäß dem aus der Gemeinschaftstreue folgenden Gebot wechselseitiger Rücksichtnahme eine Grenze in den Verfassungsprinzipien und elementaren Interessen der Mitgliedstaaten" (184).

---

13 Den Topos Staatenverbund hatte der Berichterstatter des 2. Senats, Paul Kirchhof, zur Kennzeichnung einer Organisationsform zwischen Staatenbund und Entstaatlichung der Mitgliedstaaten empfohlen (Kirchhof 1992: 859ff).

Der Verweis auf „elementare Interessen der Mitgliedstaaten" hätte sich auf die im europäischen Recht ja durchaus respektierte Heteronomie – z.B. die namentlich in Art. 100a Abs. 4 (jetzt: 95) geregelten Rechte zu einem „nationalen Alleingang" – beziehen können. Er scheint aber die (prozedurale) Verrechtlichung der Beziehungen zwischen Gemeinschaft und Mitgliedstaaten als solche in Frage zu stellen. Jeder Mitgliedstaat soll offenbar selbst bestimmen dürfen, welche seiner Interessen elementar sind. Soll der über die Suprematie des Gemeinschaftsrechts gestiftete Zusammenhalt sich in ein „ungeordnetes" Verhältnis auflösen? Der Gegenbegriff, den das BVerfG wählt, heißt nicht Anarchie, sondern „Kooperation". Sein „Kooperationsverhältnis" mit dem EuGH hat es am Beispiel des Grundrechtsschutzes erläutert (Leitsatz 7 u. 174) und bei Kompetenzfragen ein eigenes, nicht delegierbares Prüfungsrecht beansprucht: Wenn die Gemeinschaftspraxis die Unterschiede zwischen einer Auslegung ihrer Befugnisse und einer Kompetenzausweitung, die eine Vertragsänderung voraussetzen, verkenne, soll dies „für Deutschland keine Bindungswirkung entfalten" (210).

3.3.2 Rückkehr in den Nationalstaat?

Mit seiner Weigerung, eine Kompetenz des EuGH zur Bestimmung der Grenzen der EG-Kompetenzen anzuerkennen, traf das BVerfG nun allerdings einen wahrlich neuralgischen Nerv des Europäischen Rechts, mit dem der EuGH nicht besonders pfleglich umgegangen war (vgl. z.B. Steindorff 1990; Weiler 1991: 2453ff). Wenn das BVerfG in seiner Stellungnahme zur Kompetenzproblematik dennoch geradezu provozierend wirkte, so lag dies an der Art, wie es hierbei das Demokratiegebot des Grundgesetzes in Anschlag brachte.

Das Demokratieprinzip verlange, dass die Wahrnehmung von Hoheitsbefugnissen „sich auf das Staatsvolk zurückführen" lasse (182). Dies schließe die Mitgliedschaft in einer „zu eigenem hoheitlichen Handeln befugten Staatengemeinschaft" nicht aus, bedeute jedoch, dass die Befugnisse jener Gemeinschaft begrenzt bleiben und dem Repräsentativorgan des Staatsvolkes „hinreichende Aufgaben und Befugnisse von substantiellem politischen Gewicht" belassen werden (207). Denn: „Vermitteln die Staatsvölker – wie gegenwärtig – über die nationalen Parlamente demokratische Legitimation, sind ... der Ausdehnung der Aufgaben und Befugnisse der Europäischen Gemeinschaften vom demokratischen Prinzip her Grenzen gesetzt. Jedes der Staatsvölker ist Ausgangspunkt für eine auf es selbst bezogene Staatsgewalt. Die Staaten bedürfen hinreichend bedeutender Aufgabenfelder, auf denen sich das jeweilige Staatsvolk in einem von ihm legitimierten und gesteuerten Prozess politischer Willensbildung entfalten und artikulieren kann..." (186). Ist dies eine Integrationsblockade?

Jein. Einerseits liest man, dass für die demokratische Legitimation der Staatsgewalt politische Diskurse („eine ständige freie Auseinandersetzung zwischen sich begegnenden sozialen Kräften, Interessen und Ideen", 185) konstitutiv seien. Sie würde von dem politischen System der EU derzeit nicht hinlänglich gewährleistet; es sei aber denkbar, dass die politischen Ziele des europäischen Gemeinwesens nicht mehr „in die Nationen vermittelt werden" müssen, dann nämlich, wenn der Prozess der Ausbildung einer „öffentlichen Meinung in Europa" weit genug voranschreitet. Andererseits wird diese Entwicklungsmöglichkeit auch wieder mit der These in Frage gestellt, das Demokratiegebot müsse es dem jeweiligen Staatsvolk möglich machen „dem, was es – relativ homogen – geistig, sozial und politisch verbindet ..., rechtlichen Ausdruck zu geben" (186). Das hat anstößig gewirkt. Irritiert hat dabei auch die Berufung auf Hermann Heller, der in der Tat „einen gewissen Grad von sozialer Homogenität" als Voraussetzung für die Selbstbehauptung des parlamentarischen Systems der Weimarer Republik bezeichnet (Heller 1928: 427f), weil das BVerfG diesen Kontext nicht ansprach (vgl. die Schelte von Bryde 1994: 311f und Weiler 1997: 224ff). Die wirtschaftliche und soziale Problemlösungsfähigkeit des Nationalstaates des GG ist gründlicher erodiert – und gleichzeitig seine innereuropäische Friedfertigkeit ungemein stärker geworden – als dies zu Hellers Zeiten denkbar erschien. Zu den supranationalen normativen Prinzipien, die diesen Erosionsprozess begleitet haben, gehören nun aber so dezidiert anti-nationalstaatliche Vorgaben wie das Diskriminierungsverbot des Art. 6 (jetzt: 12) und die anti-protektionistische Vorschrift des Art. 30 (jetzt: 28). Die Aussage, dass sich der europäische Zusammenschluss – derzeit und bis auf weiteres – als ein Bund staatlich organisierter Völker darstelle, ist mit diesen Vorgaben indessen durchaus verträglich – „Staatsvolk" ist ein verfassungsrechtlicher Begriff, der das „Legitimationssubjekt" staatlicher Herrschaft benennt – unter dem GG (Möllers 2000: 407) und auch schon in Weimar (Lepsius 1994: 13ff).

3.3.3 Die „Herren der Verträge" als „Staaten ohne Märkte"

Der um die Zukunft der DM besorgte Beschwerdeführer Brunner hatte seine Argumentation anders angelegt: Der Verfassungsstaat könne die Lebensbedingungen seiner Bürger nicht mehr gestalten, wenn er sich in die Wirtschafts- und Währungsunion des Maastrichter Vertrages begebe. Es ging ihm nicht eigentlich um demokratische Partizipationsrechte, sondern um die Bindung der Währungspolitik an die deutsche Staatlichkeit. Der durch das Gesetz zur Änderung des GG v. 21.12.1992 im Zusammenhang mit der Ratifizierung des Maastrichter Vertrages eingefügte Art. 88 S. 2 GG sah nun vor, dass die Aufgaben der Bundesbank einer Europäischen Zentralbank übertragen werden dürfen, wenn diese „unabhängig und dem vorrangigen Ziel der Preisstabilität verpflichtet" sei. Diesen Grundsätzen verlieh das BVerfG unabdingbare Geltung: Dem Bundestag stehe nach den Maastrichter Vereinbarungen das Recht zu, vor dem Eintritt in die dritte Stufe der Währungsunion die Beachtung der vertraglich festgelegten Stabilitäts- und Konvergenzbedingungen zu prüfen – und bei dieser Prüfung sollen dann die Festlegungen zum Tragen kommen (202f). Und sollte die Währungsunion „die bei Eintritt in die dritte Stufe vorhandene Stabilität nicht kontinuierlich im Sinne des vereinbarten Stabilitätsauftrags fortentwickeln können", wäre eben die im deutschen Zustimmungsgesetz vorausgesetzte „vertragliche Konzeption" verlassen (205).

Die Wirtschaftsintegration als vorstaatlich-unpolitischer Vorgang und die europäische Währungsunion als ein zum Erfolg verpflichtetes und nur durch ihren Erfolg legitimiertes Projekt – es ist verblüffend und aufschlussreich, dass diese Aussagen so viel weniger Beachtung in den europarechtlichen Kommentierungen des Maastricht-Urteils finden als der Verweis auf Hermann Hellers Homogenitätspostulat. Die Währungsunion war, wie alle Welt wusste, ohne die Bundesrepublik nicht zu haben. Deshalb hat das BVerfG dadurch, dass es die Ratifizierung des Maastrichter Vertrages durch Deutschland an spezifische ordnungspolitische Bedingungen knüpfte, zugleich alle anderen Teilnehmer an der Währungsunion auf deutsche Leitvorstellungen verpflichtet. Insofern hat es eher die eigenen Kompetenzen überdehnt als die des EuGH begrenzt. Die Herabstufung der Gemeinschaft zum Staatenverbund sollte die Nationalstaatlichkeit bewahren. Die Qualifikation der Wirtschaftsintegration als letztlich unpolitisches Projekt aber institutionalisiert Europa als „Markt ohne Staat" und macht die sogenannten „Herren der Verträge" zu „Staaten ohne Märkte".

4 „Entrechtlichung" oder „Konstitutionalisierung" des Regierens im Europäischen Mehrebenensystem?

Die Auseinandersetzungen mit allen bislang angesprochenen Konstitutionalisierungs-Vorstellungen – dem rechtlichen Supranationalismus; der Idee einer Wirtschaftsverfassung; dem *regulatory state*; dem Staatenverbund – sind weder in der Rechts- noch in der Politikwissenschaft zur Ruhe gekommen. Aber während diese Diskussionen sich fortsetzen, verändert sich gleichzeitig ihr Gegenstand weiter, teils weithin sichtbar, wenn nicht gar spektakulär, teils weniger offensichtlich, aber ebenfalls signifikant. So mag das in Nizza im Dezember 2000 auf den Weg gebrachte Vorhaben der Ausarbeitung einer Verfassungskonvention sich wie eine europarechtliche Jahrtausendwende ausnehmen. Danach soll es nicht mehr dem Europäischen Gerichtshofs überlassen sein, die Verträge zu einer „constitutional charter" umzubilden (EuGH 1991). Und ebensowenig will die Kommission sich damit begnügen, das Integrationsprojekt durch Sachprogramme nach dem Vorbild des Weißbuch zur „Vollendung des Binnenmarktes" voranzubringen. Augenscheinlich ist Europa zu wichtig geworden, als dass man seine rechtlich-konstitutionelle Ausgestaltung so wesentlich der Judikative und seine sachlich-politische Programmierung so weitgehend der Kommission anvertrauen könnte, wie das in der Vergangenheit der Fall war. Gewiss, der Beschluss zur Einberufung eines Verfassungskonvents trägt der wachsenden Bedeutung europäischen Regierens Rechnung; er reagiert auf das Gebot, diesem

Regieren eine legitimierende Form zu geben: es rechtlich zu verfassen, zu konstitutionalisieren. Eine andere Frage ist freilich, welche Erwartungen man mit diesem Prozess verbinden darf. Man darf ihn jedenfalls nicht isoliert sehen und gleichsam als krönenden Abschluss im Prozess der Konstitutionalisierung Europas vorstellen. Das wäre derzeit (Anfang 2003) zumindest verfrüht. Es wäre aber auch eine zu enge Sichtweise, weil zwei weiteren europäischen Projekten, die zwar selbst nicht abgeschlossen, aber doch weiter sind als der Konventionsprozess, ihrerseits eine konstitutionelle Bedeutung zukommt. Das eine befasst sich mit der Praxis „europäischen Regierens" (Kommission 2000, 2001). Es betrifft vor allem die programmatischen und institutionellen Innovationen, die mit der „Vollendung" des Binnenmarktes im Zusammenhang stehen. Das zweite, die sog. Offene Methode der Koordinierung (Europäischer Rat 2000), soll die Ausrichtung der Integration auf die Wirtschaft korrigieren und ergänzen. Beide Projekte stellen die bisherige Praxis der Integrationspolitik auf eine andere Weise in Frage. Das Projekt zum europäischen Regieren führte den Untertitel „Die Demokratie in der Union vertiefen"; dieses Vorhaben schien nicht nur aus dem Schatten der Rechtswissenschaft, sondern auch aus dem der Ökonomie heraustreten zu wollen, um sich stattdessen der Führung durch die Politologie und den Verheißungen des New Public Management anzuvertrauen. Die Offene Methode der Koordinierung hat der Gipfel von Lissabon im Jahre 2000 eingeführt, um damit auf europäischer Ebene eine neue Beschäftigungsstrategie einzuleiten. Sie bedeutet einen Bruch mit der alten „Gemeinschaftsmethode", weil sie zum einen ein Handeln auch außerhalb der ausdrücklich der Gemeinschaft übertragenen Kompetenzen erlaubt, weil sie zum zweiten den Rat aufwertet und weil sie zum dritten die Verrechtlichung europäischen Handelns überhaupt aufgibt.

4.1 Das Weißbuch der Kommission zum Regieren in Europa: Ein missglückter Aufbruch zu neuen Ufern

„Governance" ist ein Schlüsselbegriff in der Europa-Diskussion geworden. Der Begriff ist seit geraumer Zeit en vogue (aufschlussreich Schmitter 2002), vor allem in der Theorie der internationalen

Beziehungen, aber auch darüber hinaus, insbesondere auch in der Integrationsforschung (Jachtenfuchs 2001). In den offiziösen Sprachgebrauch der Europapolitik ist er eingegangen, als Kommissionspräsident Prodi das Projekt eines Weißbuchs ankündigte, in dem die Kommission neue Perspektiven für ein demokratisch reformiertes „europäisches Regieren" vorlegen würde und für diese Aufgabe ein „Governance Team" einsetzte, das entsprechende Vorschläge ausarbeiten sollte (Kommission 2000; dazu Joerges 2002).

4.1.1 *Governance als Schlüsselbegriff der Europäischen Polity?*

Die Adaption des Governance-Begriffs durch die Europäische Kommission trägt den Erfahrungen und Lernprozessen während und nach der „Vollendung" des Binnenmarktes Rechnung, der Einsicht vor allem, dass die Binnenmarktprogrammatik ein proaktives Handeln in immer neuen Bereichen verlangte, dass die Dynamik der Marktintegration ein auf Dauer gestelltes Management erforderte, das die ökonomischen Implikationen und sozialen Dimensionen bearbeitet. Der Governance-Begriff eröffnet in der Tat neue Perspektiven. „Governance" ist weder mit dem Handeln von Regierungen und Verwaltungen noch mit Rechtsetzungsaktivitäten oder der Rechtsanwendungstätigkeit von Behörden und Gerichten gleichzusetzen. Es ist all dies „auch". Aber ein Spezifikum des politischen Handelns in immer weiteren Bereichen insbesondere der regulativen Politik ist, dass es auf das Wissen in der Gesellschaft, die Management-Kapazitäten von Unternehmen und Organisationen, baut bzw. angewiesen ist. Die Politik im Allgemeinen – und eine Administration vom Zuschnitt der Kommission im Besonderen – kann nicht einfach „hoheitlich" vorgehen; aber auch als „Delegation" regulativer Aufgaben an nicht-gouvernementale Akteure wären solche Kooperationsverhältnisse nicht angemessen bezeichnet. Governance-Strukturen sind eine Antwort auf Problemlagen der Gesellschaft und des politischen Systems.[14]

---

14 Die Definition der Kommission ist nun freilich ausgesprochen vage: „Das Weißbuch ... versteht unter ‚Governance' alle Regeln, Verfahren und Verhaltensweisen, die mit der Art der Ausübung der Befugnisse auf europäischer Ebene, insbesondere mit der Verantwortlichkeit, der Sichtbarkeit, der Transpa-

„Governance" statt Regierung und Verwaltung: Dies ist das Resultat – aber dies ist auch das Problem, an dem die Wege von Rechts- und Politikwissenschaft sich scheiden müssen. Es ist in der Politikwissenschaft möglich und nötig, zwischen der Effizienz des Regierens und seiner Legitimität zu unterscheiden (z.B. Jachtenfuchs 2001: 246) – und der analytische Sinn einer Identifikation abhängiger und unabhängiger Variablen ist es ja gerade, normative Fragen auf sich beruhen zu lassen. Das kann die Jurisprudenz nicht in der gleichen Weise nachvollziehen. Selbst wenn sie bloß dogmatisch oder exegetisch mit vorgegebenen (autorisierten) Rechtsmaterialien umgeht, stößt sie unausweichlich auf die Problematik der Legitimität jener Formen des Regierens, die mit der Governance-Analytik bezeichnet werden, wobei sie „Legitimität" eben nicht etwa bloß als faktische Akzeptanz behandeln kann, sondern auch die normative Frage beantworten muss, ob dieses Regieren die Fügsamkeit der Regierten, ob es Anerkennung *verdient*. Das Gewicht dieser rechtlich-normativen Dimension hat das „Governance Team" der Kommission, das mit der Vorbereitung des Weißbuchs beauftragt war, unterschätzt. Sie haben auf die Legitimitätsfrage mit der Metapher vom „guten Regieren" („good governance") geantwortet und hierzu Grundsätze (Kommission 2001: 10f) und Anregungen entwickelt, die im Einzelnen viel für sich haben.[15]

4.1.2   Zurück zur „Gemeinschaftsmethode"?

Ihr Manko ist, dass sie nicht die Anstrengung erkennen lassen, dem „guten" europäischen Regieren einen konstitutionellen Halt zu geben, es in die Sprache einer rechtlich vermittelten Legitimität zu übersetzen. Gerade am Beispiel der regulativen Politik lässt sich verdeutlichen, wie wichtig es gewesen wäre, Brücken zwi-

---

renz, der Kohärenz, der Effizienz und der Effektivität zusammenhängen", wobei die „gegenseitige Abhängigkeit und Interaktion der verschiedenen Entscheidungsträger auf verschiedenen Ebenen" und die „Mitwirkung nachgeordneter und nicht-staatlicher Akteure" zu berücksichtigen sei, hieß es im Arbeitsprogramm (Kommission 2000: 4. Vgl. Kommission 2001: Fn. 1).

15 Bemerkenswert insgesamt die Schriftenreihe der Forward Studies Unit (http://europa.eu.int/comm/governance/index_de.htm) und dort insbesondere De Schutter et al. 2001.

schen den Disziplinen zu schlagen: Das Governance-Konzept verdankt seine Attraktivität ja gerade dem Umstand, dass es den für das Management des Gemeinsamen Marktes entwickelten Praktiken des Regierens eine „angemessene" Analytik bereitstellt, aus der sich auch Reformperspektiven entwickeln lassen. In der Welt des tradierten Europarechts aber hat all dies keinen Platz und muss einfach rechts-„widrig" erscheinen. Genau diese Reaktion findet sich in der vom Kollegium der Kommissare redigierten und gebilligten Endfassung des Weißbuchs selbst, wenn es von der Sprache der Politikwissenschaft in die des Rechts übergeht. „Die Gemeinschaftsmethode stärken" lautet das rechtliche Leitmotiv des Weißbuchs (Kommission 2001: 8). Dies bedeutet für die regulative Politik: Anzustreben sei ein einfaches Gesetzgebungsverfahren, in dem Parlament und Rat als Legislative fungieren. Die Kommission soll mit der „Durchführung des Gemeinschaftsrechts" betraut und hierbei von Exekutivagenturen unterstützt werden (Kommission 2001: 24ff, 40). In dieser Rechts-Ansicht ist von den Einsichten, die der Governance-Begriff vermittelt, nichts übrig geblieben. Die Kommission stellt die „Verwaltung" des Binnenmarktes dar, als handele es sich nur darum, den Willen eines europäischen Souveräns zu vollziehen und hierbei sachkundige Unterstützung zu mobilisieren. Stellt man in Rechnung, wie gewichtig und politisch sensibel die Fragen sind, die im Rahmen der „Durchführung" des Gemeinschaftsrechts bislang schon anfallen, so wird unverständlich, wie sich die Kommission von den rechts-praktischen Perspektiven des Weißbuchs eine Stärkung der Legitimität europäischen Regierens versprechen kann. Solche Hoffnungen mag man allenfalls mit den in Aussicht genommenen Öffnungen des Regierens für zivilgesellschaftliche Akteure verbinden (Kommission 2001: 14f). Aber auch hier lässt das Weißbuch zu viele Fragen unbeantwortet: Was berechtigt die im Weißbuch bezeichneten Akteure und *expert communities* zur Wahrnehmung eines weitreichenden politischen Mandats? Wie soll man sich die Repräsentation der betroffenen Interessen vorstellen? – Eines der neuesten einschlägigen Kommissionsdokumente (Kommission 2002) bestätigt, dass es sich hier um ungelöste Fragen von konstitutionellem Gewicht handelt, bleibt aber in seinen Antworten vage oder vorsichtig.

4.2   Die Offene Koordinierungsmethode

In dem eingangs zitierten Vertrag von Amsterdam wurde ein neuer
Titel (VIII) über Beschäftigung eingeführt, in dem zugleich ein
neuartiger Modus des Regierens, nämlich eine Koordinierung der
Beschäftigungsstrategie durch die Mitgliedstaaten und die Gemeinschaft (Art. 125) auf den Weg gebracht werden sollte. Seit
der Europäische Rat von Lissabon im Jahre 2000 diese Methode
auch für die Sozialpolitik empfohlen hat, ist die „OMC" Gegenstand einer intensiven Diskussion. Gerade Politikwissenschaftler
knüpfen an sie weitreichende Hoffnungen (Scharpf 2002: 86;
Eberlein/Kerwer 2002).

In der Tat projektiert die OMC einen Modus des Regierens, der
die institutionellen Engpässe der europäischen Gesetzgebung und
Verwaltung zu vermeiden verspricht, der gleichzeitig die neuen
Perspektiven für eine Legitimitierung der Union eröffnet.

Bislang sind die Wirkungen der OMC in keinem der Felder, in
denen sie erprobt wird, insbesondere nicht in dem der Beschäftigungspolitik, überschaubar. Das gilt insbesondere für die Mechanismen, durch die sie sich auszeichnet: Werden die nationalen
Freiräume für vereinbarte Zielvorstellungen tatsächlich innovativ
genutzt? Werden Maßstäbe gefunden, die ein „benchmarking"
unterschiedlicher Strategien ermöglichen? Setzen sich staatliche,
politische und gesellschaftliche Akteure wirklich Lernprozessen
aus, die sie dann zwanglos umsetzen? Es mag sich bei all dem ein
Dilemma auftun. Gewiss überzeugt die überkommene Vorstellung,
wonach „eine ausdifferenzierte, von der Gesellschaft abgrenzbare
und auf die Herstellung kollektiv verbindlicher Entscheidungen
spezialisierte Staatsgewalt ... für den regelnden Zugriff der Verfassung" unabdingbar ist (Grimm 1994: 633), im europäischen Kontext nicht mehr. Die OMC könnte aber nicht nur den Staat, sondern auch die Idee einer rechtlich vermittelten und durch Recht
kontrollierten Legitimität des Regierens außer Kraft setzen. Ob
sich dieses Risiko realisiert, hängt davon ab, wie die Mitgliedstaaten ihr Handeln abstimmen und ob sie dabei zu Prinzipien und Regeln finden, die diese Koordination von purer politischer Konkurrenz so unterscheiden, dass sie sich als „democratic experimenta-
lism" (Sabel 1994) darstellt und deshalb Anerkennung verdient.

4.3 Perspektiven einer Konstitutionalisierung des Europäischen Mehrebenensystems?

Die Kommission habe ihr Versprechen, Perspektiven für eine Demokratisierung europäischen Regierens zu schaffen, nicht eingehalten; ob sich die Hoffnungen, die sich an die vom Rat empfohlene Koordinierungsmethode knüpfen, erfüllen werden, sei zweifelhaft; die Arbeiten des Verfassungskonvents stecken in den Anfängen und werden kaum in die Niederungen der Wirtschafts-, Arbeits- und Sozialverfassung Europas oder in die sensiblen Sphären der Risikogesellschaft(en) vordringen: Dies alles klingt nicht eben erfreulich. Aber zum einen gibt es doch Analyseraster, in denen sich die eben geschilderten Ansätze und Schwierigkeiten verstehen lassen, und zum anderen finden sich immer wieder Wege, auf denen das Integrationsprojekt allen Hindernissen zum Trotz vorankommt.

4.3.1 Die Mehrebenen-Analytik

Europa sei, so heißt es in der politikwissenschaftlichen Integrationsforschung schon seit einigen Jahren, als „multi-level system of governance sui generis" zu behandeln (Jachtenfuchs/Kohler-Koch 1996; resümierend Scharpf 2002). Diese Qualifikation der EU kann nicht einfach rechtlich „übernommen" werden. Aber sie verweist doch auf Problemstellungen, denen die Rechtswissenschaft sich stellen muss, wenn sie an der Perspektive einer rechtlich vermittelten Legitimität europäischen Regierens festhalten will. An der Debatte um die Abgrenzung europäischer und mitgliedstaatlicher Kompetenzen und der Legitimierbarkeit transnationalen, nicht-staatlichen Regierens lässt sich dies exemplarisch deutlich machen.

Kompetenz-Konflikte und „diagonale" Konfliktkonstellationen

Kompetenzkonflikte zeichnen sich in der EU dadurch aus, dass der seine Autonomie verteidigende Mitgliedstaat selbst jener Gemeinschaft angehört, gegen deren Ansinnen er sich zur Wehr setzt. In einem solchen Konflikt bringen der betroffene Mitgliedstaat und die Gemeinschaft ihre jeweils spezifische Legitimation zur Geltung. Dabei ist der Grundsatz der „begrenzten Einzelermächtigung" (Art. 3-4; jetzt: 3-7), demzufolge die Gemeinschaft nur in den ihr ausdrücklich zugewiesenen Materien handeln darf, häufig genug dysfunktional: Ein an den jeweiligen Sachproblemen orientiertes Handeln kann gemeinschaftliche *und* mitgliedstaatliche Kompetenzen betreffen. Die sich hieraus ergebenden praktischen Überschneidungen zwingen Gemeinschaft und Mitgliedstaaten de facto zu komplexen Abstimmungen ihrer Gestaltungsansprüche: beide können sich blockieren, keiner kann alleine zu Problemlösungen kommen (Scharpf 1985). Mit diesem Befund kommt die Jurisprudenz so schwer zurecht, weil sie die Zuweisung von Kompetenzen als eine Handlungsermächtigung und -begrenzung auffasst, die zugleich politische Verantwortlichkeiten transparent machen soll (eingehend Mayer 2001; von Bogdandy/Bast 2001). Dem EuGH ist nun zwar häufig genug und mit guten Gründen eine sehr extensive Auslegung europäischer Kompetenzen angelastet worden. Seine Rechtsprechung bietet aber gleichzeitig reiches Anschauungsmaterial für eine kluge Selbstbeschränkung bei der praktischen Handhabung der Geltungsansprüche der Kompetenzen europäischen Rechts (Furrer 1994). Der institutionelle Kontext zwingt das Recht zu „prozeduralen" Konfliktschlichtungen, die Regelungsanliegen der Mitgliedstaaten ernst nehmen und sie dennoch auf die Funktionsbedingungen des EU-Systems abstimmen, die sich als „autonomieschonend und gemeinschaftsverträglich" (Scharpf 1993) erweisen. Eine für das europäische Mehrebenensystem geradezu typische Konstellation, die Fritz Scharpf bereits 1985 als „Politikverflechtungsfalle" analysiert hat, ist der „diagonale" Konflikt: Die Gemeinschaft hat eine Kompetenz, die sich nur auf einen Teilbereich interdependenter Sachfragen erstreckt. Die Mitgliedstaaten verfügen über Teilkompetenzen, die sie ebensowenig zu autonomen Problemlösungen in die Lage versetzen. Dann müssen diese Konfliktkonstellationen in Kooperationsgebote münden. Diesen Befund kann das Recht produktiv durch die Statuierung von Kooperationspflichten nutzen, statt dem Phantom einer „Klärung" der Kompetenzordnung hinterherzulaufen.

„Deliberativer" Supranationalismus

Ganz entsprechend verhält es sich mit der sog. Durchführung des Gemeinschaftsrechts. Die faktische administrative Schwäche der EU hat die Entwicklung autonomer transnationaler Governance-Räume gefördert, die sich weder als bloße Modifikation der nationalen Polity noch als supranationale Verwaltungsräume darstellen. Die das EU-System kennzeichnenden hybriden Steuerungsmodi, in denen nationale und europäische, öffentliche und nicht-gouvernementale Akteure zusammenwirken, reagieren auf diese institutionellen Randbedingungen. Die Konstitutionalisierungs-Perspektiven, die an diese Kooperationsmechanismen anknüpfen, stützen sich auf Erfahrungen in relativ gut überschaubaren Teilbereichen der Risikoregulierung, und ähneln in ihrem normativen Gehalt den weiter ausgreifenden Hoffnungen, die sich mit der OMC verbinden: Sie setzen darauf, dass die regulative Politik in ihrer „Durchführungsphase" pluralistisch auch im Sinne einer Sensibilität für gesellschaftliche Differenzen im „Binnenmarkt" bleibe oder doch so strukturiert werden könne; dass nationale Bürokratien sich mit den Positionen ihrer Nachbarstaaten auseinandersetzen müssen; dass Interessen und Besorgnisse in den Mitgliedstaaten nicht übergangen werden können; dass die immer noch primär national organisierten und redenden Öffentlichkeiten ihre Interessen, Besorgnisse und Argumente in die dezentralen Kommunikationszusammenhänge der europäischen Politik einbringen werden; dass diese Öffentlichkeiten sich wechselseitig zur Kenntnis nehmen; dass sich durch Prinzipien und Regeln deliberativ verfasste Problemlösungen gewährleisten lassen, die jene hybriden Governance-Strukturen legitimieren (Joerges/Neyer 1998; Joerges 2000).

5 Resümee

Europa hat sich in vielerlei Projekte gleichzeitig verstrickt: Ein Konvent berät eine Verfassungsvereinbarung, die Kommission verteidigt die „Gemeinschaftsmethode" und plädiert für Reformen des Regierens, der Rat erprobt neue Methoden der Koordinierung. Bei all dem handelt es sich um Reaktionen auf einen vielfältigen

Problemdruck: Den Forderungen nach einer Legitimierung der Praktiken des europäischen Herrschaftsverbandes; der Komplexität der Aufgaben der Kommission; der Rückkehr sozialer Fragen in die politischen Arenen. Die Vielfalt der Reaktionen ist nicht zufällig und nicht hoffnungslos. Es gibt keine fertigen Antworten und erst recht keine kohärente Gesamtprogrammatik zu den gegenwärtigen und den sich abzeichnenden Herausforderungen. Es gibt ebenso wenig eine hierarchisch aufgebaute Organisation, die Antworten und Programme exekutieren könnte. Europa ist buchstäblich auf Gedeih und Verderb darauf angewiesen, transnationales Regieren kooperativ und deliberativ zu organisieren. Dass transnationales Regieren, das sich durch diese Qualitäten auszeichnet, in der europäischen Polity vorkommt, ist beruhigend, aber auch nicht mehr. Es gibt keine Garantien dafür, dass jener inkrementalistische Such- und Lernprozess, in dem sich Europa kontinuierlich „verfasst", erfolgreich voranschreitet und das Integrationsprojekt seine Dritten Wege zwischen einer Konstitutionalisierung „von oben" und einem blinden Pragmatismus sucht. Noch einmal: „Konstitutionalisierung" bezeichnet die Idee einer rechtlichen Einbindung des Regierens, die darauf setzt, dass die Prozesse der politischen Meinungsbildung und Entscheidungsfindung mit Hilfe des Rechts „deliberativ" strukturiert werden können und daraus ihre Legitimität gewinnen.[16]

Literatur

Alter, Karen 2001: Establishing The Supremacy of Law. The Making of an International Rule of Law in Europe, Oxford.

Bach, Maurizio 1999: Die Bürokratisierung Europas. Verwaltungseliten, Experten und politische Legitimation in Europa, Frankfurt a.M.

Börzel, Tanja 2001: Non-Compliance in the European Union, in: Journal of European Public Policy 8, 803-824.

---

16 All dem kommt das von Pernice (z.B. 1999) entwickelte Konzept eines „Verfassungsverbundes", insofern entgegen, als es von der rechtlich wie faktisch begründeten Interdependenz im Europäischen Mehrrebenensystem ausgeht und die Dichotomien von nationalem und europäischem Recht überwindet.

Bogdandy, Armin von 2001: Beobachtungen zur Wissenschaft vom Europarecht. Strukturen, Debatten und Entwicklungsperspektiven der Grundlagenforschung zum Recht der Europäischen Union, in: Der Staat 40, 3-43.

Bogdandy, Armin von/Bast, Jürgen 2001: Die vertikale Kompetenzordnung der Europäischen Union. Rechtsdogmatischer Bestand und verfassungspolitische Reformperspektiven, in: Europäische Grundrechte-Zeitschrift 28, 441-458.

Bryde, Brun-Otto 1994: Die bundesrepublikanische Volksdemokratie als Irrweg der Demokratietheorie, in: Staatswissenschaften und Staatspraxis 5, 305-330.

Bundesverfassungsgericht 1993: Urteil v.12.10.1993 – 2 BvR 2134/92 und 2 BvR 2159/92, BVerfGE 89, 155.

Burley (Slaughter), Anne-Marie/Mattli, Walter 1993: Europe before the Court: A Political Theory of Legal Integration, in: International Organization 47, 41-76.

Cappelletti, Mauro/Seccombe, Monica/Weiler, Joseph H.H. (Hrsg.) 1986: Integration through Law: Europe and the American Federal Experience, Berlin/New York.

Cecchini, Paolo 1988: Der Vorteil des Binnenmarkts, Baden-Baden.

Delors, Jacques 1988: Rede im Europäischen Parlament am 4.7.1988 (Bulletin der EG 1988, 7/8), 124.

Delors, Jacques 1992: Europa im Umbruch. Vom Binnenmarkt zur Europäischen Union, in: Kommission der EG (Hrsg.): Europäische Gespräche, Bonn.

de Schutter, Olivier/Lebessis, Notis/Paterson, John (Hrsg.) 2001: Governance in the European Union, Luxembourg.

Eberlein, Burkard/Kerwer, Dieter 2002: Theorizing the New Modes of EU Governance, European Integration Online Papers (EIoP) 6 (2002) 5, http://eiop.or.at/eiop/texte/2002-005a.htm.

Eichener, Volker 2000: Das Entscheidungssystem der Europäischen Union. Institutionelle Analyse und demokratietheoretische Bewertung, Opladen.

EuGH 1963: Rs. 26/62, Slg. 1963, 1 – Van Gend en Loos.

EuGH 1964: Rs. 6/64, Slg. 1964, 1251 – Costa/ENEL.

EuGH 1971: Rs. 72/70, Kommission/Rat, Slg. 1971, 263 – AETR.

EuGH 1979: Rs. 120/78, Slg. 1979, 649 – Cassis de Dijon.

EuGH 1991: Gutachten 1/91 – erstattet aufgrund von Artikel 228 Absatz 1 Unterabsatz 2 EWG-Vertrag „Entwurf eines Abkommens zwischen der Gemeinschaft einerseits und den Ländern der Europäischen Freihandelszone andererseits über die Schaffung des Europäischen Wirtschaftsraums", Slg. 1991-I, 6079 – Gutachten EWR.

Europäischer Rat 2000: Schlussfolgerungen des Vorsitzes – Lissabon 23. und 24. März 2000, SN 100/00.

Forsthoff, Ernst 1971: Der Staat der Industriegesellschaft. Dargestellt am Beispiel der Bundesrepublik Deutschland, 2. unveränderte Auflage, München.

Furrer, Andreas 1994: Die Sperrwirkung des sekundären Gemeinschaftsrechts auf die nationalen Rechtsordnungen, Baden-Baden.

Grimm, Dieter 1994: Der Wandel der Staatsaufgaben und die Zukunft der Verfassung, in: Ders.: Staatsaufgaben, Baden-Baden, 613-646.

Hallstein, Walter 1969: Der unvollendete Bundesstaat, Düsseldorf/Wien.

Heller, Hermann 1928: Politische Demokratie und soziale Homogenität, in: Ders.: Gesammelte Schriften Bd. 2, Leiden 1971, 421-433.

Ipsen, Hans Peter 1964: Der deutsche Jurist und das Europäische Gemeinschaftsrecht, in: Verhandlungen des 45. Deutschen Juristentages, Bd. II, Teil L, 3, München.

Ipsen, Hans Peter 1972: Europäisches Gemeinschaftsrecht, Tübingen.

Ipsen, Hans Peter 1987: Europäische Verfassung – Nationale Verfassung, in: Europarecht 22, 195-213.

Jachtenfuchs, Markus 2001: The Governance Approach to European Integration, in: Journal of Common Market Studies 39, 245-64.

Joerges, Christian 2000: Transnationale „deliberative Demokratie" oder „deliberativer Supranationalismus"? Anmerkungen zur Konzeptualisierung legitimen Regierens jenseits des Nationalstaats bei Rainer Schmalz-Bruns, in: Zeitschrift für Internationale Beziehungen 7, 145-161.

Joerges, Christian 2002: Das Weißbuch der Kommission über „Europäisches Regieren": Ein missglückter Aufbruch zu neuen Ufern, in: Integration 25, 187-199.

Joerges, Christian/Neyer, Jürgen 1998: Von intergouvernementalem Bargaining zur deliberativen Politik: Gründe und Chancen für eine Konstitutionalisierung der europäischen Komitologie, in: Kohler-Koch, Beate (Hrsg.): Regieren in entgrenzten Räumen (PVS-Sonderheft 28), Opladen, 207-233.

Joerges, Christian/Falke, Josef (Hrsg.) 2000: Das Ausschusswesen der Europäischen Union. Die Praxis der Risikoregulierung im Binnenmarkt und ihre rechtliche Verfassung, Baden-Baden.

Kaufmann, Marcel 1997: Europäische Integration und Demokratieprinzip, Baden-Baden.

Kirchhof, Paul 1992: Der deutsche Staat im Prozess der europäischen Integration, in: Isensee, Josef/Kirchhof, Paul (Hrsg.): Handbuch des Staatsrechts der Bundesrepublik Deutschland, Bd. VII, Heidelberg, 855-878.

Kommission 1980: Mitteilung der Kommission über die Auswirkungen des Urteils des Europäischen Gerichtshofes vom 20. Februar 1979 in der Rechtssache 120/78 („Cassis de Dijon"), ABl. C 256 v. 3.10.1980, 2-3.

Kommission 1985: Weißbuch der Kommission an den Europäischen Rat zur Vollendung des Binnenmarktes, KOM (85) 310 endg. v. 14.6.1985.

Kommission 2000: Ein Weißbuch zur „Governance" für die Europäische Union. „Die Demokratie in der Europäischen Union vertiefen". Arbeitsprogramm, SEK(2000) 1547/7 endg. v. 11. 10. 2000.

Kommission 2001: Weißbuch über Regieren in Europa, KOM(2001) 428 endg. v. 25.7.2001.

Kommission 2002: Konsultationsdokument: Hin zu einer verstärkten Kultur der Konsultation und des Dialogs – Vorschlag für allgemeine Grundsätze und Mindeststandards für die Konsultation betroffener Parteien durch die Kommission,
http://europa.eu.int/comm/governance/whats_new/comm100602_de.pdf.

Lepsius, Oliver 1994: Die gegensatzaufhebende Begriffsbildung. Methodenentwicklungen in der Weimarer Republik und ihr Verhältnis zur Ideologisierung der Rechtswissenschaft unter dem Nationalsozialismus, München.

Majone, Giandomenico 1994: The European Community. An „Independent Fourth Branch of Government"?, in: Brüggemeier, Gert (Hrsg.): Verfassungen für ein ziviles Europa, Baden-Baden, 23-44.

Majone, Giandomenico 1996: Europe's „Democratic Deficit": The Question of Standards, in: European Law Journal 4, 5-28.

Manow, Philip 2001: Ordoliberalismus als ökonomische Ordnungstheologie, in: Leviathan 29, 179-198.

Mayer, Franz C. 2000: Kompetenzüberschreitung und Letztentscheidung, München.

Mayer, Franz C. 2001: Die drei Dimensionen der Europäischen Kompetenzdebatte, in: Zeitschrift für ausländisches öffentliches Recht und Völkerrecht 61, 577-640.

Mestmäcker, Ernst-Joachim 1987: Auf dem Wege zu einer Ordnungspolitik für Europa, in: Mestmäcker, Ernst-Joachim/Möller, Hans/Schwartz, Hans Peter (Hrsg.): Eine Ordnungspolitik für Europa. Festschrift für Hans von der Groeben, Baden-Baden, 9-49.

Möllers, Christoph 2000: Staat als Argument, München.

Müller-Armack, Alfred 1966: Die Wirtschaftsordnung des Gemeinsamen Marktes, in: Ders.: Wirtschaftsordnung und Wirtschaftspolitik, Freiburg i.Br., 401-415.

Mussler, Werner 1998: Die Wirtschaftsverfassung der Europäischen Gemeinschaft im Wandel. Von Rom nach Maastricht, Baden-Baden.

Nettesheim 2002: EU-Recht und nationales Verfassungsrecht. Deutscher Bericht für die XX. FIDE-Tagung 2002, http://www.fide2002.org/pdfs/Nettesheim.pdf.

Neyer, Jürgen/Wolf, Dieter/Zürn, Michael 1999: Recht jenseits des Staates, ZERP-Diskussionspapier 1/99, Bremen.

Oeter, Stefan 1999: Europäische Integration als Konstitutionalisierungsprozess, in: Zeitschrift für ausländisches öffentliches Recht und Völkerrecht 59, 901-917.

Pernice, Ingolf 1999: Multilevel Constitutionalism and the Treaty of Amsterdam: European Constitution-Making Revisited?, in: Common Market Law Review 36, 703-750.

Pernice, Ingolf 2001: Europäisches und nationales Verfassungsrecht, in: Veröffentlichungen der Vereiniging der deutschen Staatrechtslehrer 60, 148-225.

Petersmann, Ernst Ulrich 2002: Human Rights in European and Global Integration Law: Principles for Constitutionalizing the World Economy, in: Bogdandy, Armin von/Mavriodis, Pedros C./Mény, Yves (Hrsg.): European Integration and International Co-operation, Den Haag etc., 383-402.

Sabel, Charles F. 1994: Learning by Monitoring: The Institutions of Economic Development, in: Smelser, Neil J./Swedberg, Richard (Hrsg.): The Handbook of Economic Sociology, Princeton, 137-165.

Sandholtz, Wayne/Zysman, John 1989: 1992: Recasting the European Bargain, in: World Politics 42, 95-128.

Scharpf, Fritz W. 1985: Die Politikverflechtungs-Falle: Europäische Integration und deutscher Föderalismus, in: Politische Vierteljahresschrift 26, 323-356.

Scharpf, Fritz W. 1993: Autonomieschonend und gemeinschaftsverträglich. Zur Logik der europäischen Mehrebenenpolitik. MPIFG Discussion Paper 9/93, Bonn.

Scharpf, Fritz W. 2002: Regieren im europäischen Mehrebenensystem – Ansätze zu einer Theorie, in: Leviathan 30, 65-91.

Schepel, Harm/Wesseling, Rein 1997: The Legal Community: Judges, Lawyers, Officials and Clerks in the Writing of Europe, in: European Law Journal 3, 165-188.

Schmid, Christoph 1998: From Pont d'Avignon to Ponte Vecchio. The Resolution of Constitutional Conflicts between the European Union and the Member States through Principles of Public International Law, in: Yearbook of European Law 18, 413-476.

Schmitter, Philippe C. 2002: What is There to Legitimize in the EU ... and How Might This Be Accomplished, in: Joerges, Christian/Mény, Yves/Weiler, Joseph H.H. (Hrsg.): Symposium: Mountain or Molehill? A Critical Appraisal of the Commission White Paper on Governance, Cambridge, MA, Jean Monnet Working Paper 6/01; http://www.jeanmonnet-program.org/papers/01/010601.html.

Stein, Eric 1981: Lawyers, Judges, and the Making of a Transnational Constitution, in: American Journal of International Law 75, 1-27.

Steindorff, Ernst 1990: Grenzen der EG-Kompetenzen, Heidelberg.

Weiler, Joseph H.H. 1981: The Community System: The Dual Character of Supranationalism, in: Yearbook of European Law 1, 257-306.

Weiler, Joseph H.H. 1991: The Transformation of Europe, in: Yale Law Journal 100, 2403-2483.

Weiler, Joseph H.H. 1999: The Constitution of Europe. „Do The New Clothes Have An Emperor" and Other Essays on European Integration, Cambridge.

Wiethölter, Rudolf 2003: Recht-Fertigungen eines Gesellschafts-Rechts, in: Joerges, Christian/Teubner, Gunther, Rechtsverfassungsrecht, Baden-Baden, i.E.

Wissenschaftlicher Beirat beim Bundesministerium für Wirtschaft 1986: Stellungnahme zum Weißbuch der EG-Kommission über den Binnenmarkt (Schriften-Reihe 51), Bonn.

Fritz W. Scharpf

Politische Optionen im vollendeten Binnenmarkt

1 Einleitung*

Der Prozess der europäischen Integration ist von einer fundamentalen Asymmetrie geprägt, die der amerikanische Rechtswissenschaftler Joseph Weiler (1981) als Dualismus von supranationalem europäischem Recht und intergouvernementaler europäischer Politik charakterisiert hat. Diese Beschreibung ist zutreffend, und Weiler hat wohl auch recht, wenn er den Politikwissenschaftlern vorwirft, dass sie sich viel zu lange auf die Analyse intergouvernementaler Verhandlungen in der Europäischen Gemeinschaft beschränkt und die richterrechtliche Durchsetzung einer dem nationalen Recht übergeordneten und unmittelbar geltenden europäischen Rechtsordnung nicht zur Kenntnis oder jedenfalls nicht ernst genug genommen hätten (Weiler 1994). Das Versäumnis ist vor allem deshalb gravierend, weil uns dadurch auch die politisch höchst bedeutsame Parallelität zwischen dem Weilerschen Dualismus und dem für Politologen geläufigeren Gegensatz zwischen „negativer" und „positiver Integration" (Tinbergen 1965; Taylor 1983) nicht deutlich werden konnte. Gemeint ist damit die Unterscheidung zwischen der zur Herstellung des freien Binnenmarktes notwendigen Beseitigung nationaler Handelshindernisse und Wettbewerbsbeschränkungen und einer positiv gestaltenden Politik der Europäischen Gemeinschaft.

Von der Supranationalität des Europarechts profitiert vor allem die negative Integration, deren Grundregeln schon in den Römischen Verträgen niedergelegt wurden, und die auf dieser Basis

---

* Für die Erstauflage dieses Bandes musste der folgende Beitrag aus Platzgründen gekürzt wiedergegeben werden. Hier wird die vollständige Version des zugrundeliegenden MPIfG Discussion paper 94/4 wiedergegeben, allerdings ohne den letzten Abschnitt. Die im Text zitierten Artikel des EG-Vertrages beziehen sich auf die alte Numerierung vor dem Vertrag von Amsterdam.

durch Einzelentscheidungen der Europäischen Kommission und die Rechtsprechung des Europäischen Gerichtshofs[1] ohne politisches Aufsehen und jedenfalls ohne politischen Widerstand vorangetrieben werden konnte. Maßnahmen der positiven Integration waren und sind dagegen in der Regel auf die Zustimmung der nationalen Regierungen im Ministerrat angewiesen und damit allen Hemmnissen der intergouvernementalen europäischen Politik unterworfen. Dieser grundlegende institutionelle Unterschied reicht aus, um die häufig beklagte Asymmetrie zwischen negativer und positiver Integration in der EG-Politik (Kapteyn 1991; Merkel 1993) zu erklären.

Die negative Integration ist auf Marktöffnung und Wettbewerbsgleichheit gerichtet. Sie beschränkt also die Handlungsmöglichkeiten der nationalstaatlichen Politik, die bei der Verfolgung eigener Zwecke nicht länger Mittel einsetzen kann, welche den freien Waren-, Personen-, Dienstleistungs- oder Kapitalverkehr zwischen den Mitgliedstaaten behindern oder den Wettbewerb im gemeinsamen Markt verfälschen könnten. Dieser Verlust an nationaler Handlungsfähigkeit kann wegen der hohen Konsenserfordernisse im Ministerrat nicht vollständig durch eine europäische Politik der positiven Integration kompensiert werden. Im Ergebnis verschiebt sich dadurch die Balance zwischen kapitalistischer Ökonomie und demokratisch legitimierter Politik, die sich in den Nachkriegsjahrzehnten in den westeuropäischen Sozialstaaten herausgebildet hatte.

2   Die politische Ökonomie der negativen Integration

Nach dem Zweiten Weltkrieg hatten die westeuropäischen Industrieländer die Chance, auf nationaler Ebene jeweils eigene – schwedische, österreichische, britische oder bundesdeutsche – Modelle der „mixed economy" zu gestalten, die auf unterschiedli-

---

1   Rehbinder und Stewart (1984: 7) unterscheiden „positive efforts" von der „Negative commerce clause"-Doktrin, die sie allerdings auf gerichtliche Interventionen gegen gliedstaatliche Handelshindernisse beschränken. Sie verwenden also statt einer analytischen Definition eine institutionelle Abgrenzung, die m.E. der empirischen Varianz nicht gerecht wird.

che Weise die Effizienz der kapitalistischen Ökonomie förderten, in Dienst nahmen und zugleich im Interesse sozialer, kultureller oder ökologischer Ziele begrenzten (Scharpf 1987; Merkel 1993). Diese marktkorrigierende und marktbegrenzende Politik war freilich nur insoweit mit kapitalistischen Akkumulationsbedingungen vereinbar, wie die Nationalstaaten (und die nationalen Gewerkschaften) in den ersten Nachkriegsjahrzehnten[2] in der Lage waren, die miteinander im Wettbewerb stehenden Unternehmen jeweils gleichen Bedingungen zu unterwerfen – so dass diese die höheren Kosten ohne Gefährdung der Kapitalrendite an die Verbraucher weitergeben konnten. Im Prinzip impliziert dies die Diskriminierung gebietsfremder Anbieter, die nicht den gleichen Bedingungen unterworfen werden können. Wo diese Möglichkeit faktisch oder rechtlich ausgeschlossen wird, da schwindet auch die staatliche und gewerkschaftliche Gestaltungsfreiheit, und es kommt zu einem Wettbewerb der Produktions- und Investitionsstandorte, der alle Länder an Regelungen hindert, welche die Produktionskosten der Unternehmen überdurchschnittlich erhöhen oder die Rendite von Kapitalanlagen reduzieren könnten.

Das paradigmatische Beispiel dafür ist die Unfähigkeit der „progressiven" amerikanischen Einzelstaaten, im ersten Drittel dieses Jahrhunderts ein Verbot der Kinderarbeit durchzusetzen. Durch die „Negative-commerce-clause"-Rechtsprechung des Supreme Court daran gehindert, die Einfuhr von mit Kinderarbeit produzierten Waren zu beschränken (Ehmke 1961), sahen sie sich wegen des Standortwettbewerbs im integrierten nationalen Markt allesamt außerstande, die Wettbewerbsfähigkeit der eigenen Unternehmen durch ein auf diese Weise beschränktes Verbot der

---

2 Die Zeit vor dem ersten Weltkrieg und die zwanziger Jahre waren Perioden mit weltweit offenen Kapitalmärkten, freiem Welthandel und hoher Krisentendenz (Polanyi 1977/1944). Auf die beginnende Weltwirtschaftskrise reagierten die wichtigen Industriestaaten mit Abwertung, Kapitalverkehrskontrollen, Importbeschränkungen und subventionierten Exporten. Die Folge war ein katastrophaler Zusammenbruch der Weltwirtschaft. Nach dem zweiten Weltkrieg brauchte es mehr als zwei Jahrzehnte, ehe der Welthandel wieder weitgehend liberalisiert und die Kapitalmärkte der nationalen Kontrolle entzogen waren. Im Rückblick erscheint diese Phase des langsamen Übergangs von den staatlich kontrollierten „geschlossenen Nationalwirtschaften" zur unkontrollierbaren Weltwirtschaft als (nicht stabilisierbares) Optimum eines zugleich ökonomisch vitalen und sozialpolitisch zivilisierbaren Kapitalismus.

Kinderarbeit zu gefährden (Graebner 1977). Ebenso setzen aber auch die transnationale Integration der Märkte und insbesondere die Vollendung des europäischen Binnenmarktes der bisher im nationalen Rahmen möglichen und deshalb unterschiedlichen sozialpolitischen oder umweltpolitischen „Zivilisierung" des Kapitalismus Grenzen und begünstigen stattdessen die Konvergenz auf ein polit-ökonomisches Einheitsmodell, welches – wenn sonst nichts geschieht – im Vergleich zur Praxis der Nachkriegsjahrzehnte in allen Ländern auf eine generelle Verminderung des Anspruchsniveaus staatlicher Regulierung und gewerkschaftlicher Tarifpolitik hinauslaufen müsste.

Was stattdessen geschehen könnte, zeigt wiederum das amerikanische Beispiel. Dort konnte das Verbot der Kinderarbeit nach der „Verfassungsrevolution" von 1937 schließlich durch die Politik auf Bundesebene durchgesetzt werden, und auch in Europa hoffen zumindest Gewerkschaften und Umweltverbände und die ihnen nahestehenden Parteien, dass der mit der negativen Integration einhergehende Verlust nationaler Gestaltungs- und Problemlösungsfähigkeit durch eine Politik der positiven Integration auf europäischer Ebene kompensiert werden könnte. Diesen europäischen Hoffnungen steht jedoch die Asymmetrie zwischen negativer und positiver Integration entgegen.

Die Notwendigkeit einer negativen Integration wird von keiner Seite ernsthaft in Frage gestellt. Sie folgt aus der Grundentscheidung der vertragschließenden Regierungen und der die Verträge ratifizierenden nationalen Parlamente für einen „Gemeinsamen Markt", die ihren rechtlichen Ausdruck in den Bestimmungen des primären Vertragsrechts zur Beseitigung tarifärer und nicht tarifärer Handelsschranken und zum unverfälschten Wettbewerb gefunden hat. Nicht ohne weiteres vorhersehbar war allenfalls die Rechtsprechung des Europäischen Gerichtshofs zur unmittelbaren Geltung des Europarechts auch im Verhältnis zwischen den Nationalstaaten und betroffenen Bürgern, und zu seinem Vorrang vor den nationalen Gesetzen und Verfassungen. Die Frage, weshalb die nationalen Regierungen dies ohne effektiven Widerstand hinnahmen, ist zu einem interessanten Testfall für konkurrierende

Ansätze der Integrationstheorie geworden.[3] Sie interessiert hier jedoch weniger als die Konsequenz, dass damit Kommission und
Gerichtshof die Möglichkeit erhielten, ohne Befassung des Rats[4]
die Reichweite der negativen Integration durch extensive Interpretation kontinuierlich auszudehnen, während zur gleichen Zeit
Maßnahmen der positiven Integration nach dem Luxemburger
Kompromiss durch das Veto jeder einzelnen Regierung blockiert
werden konnten.

Die politisch-ökonomische Bedeutung dieses institutionellen
Unterschieds wird deutlich durch den Vergleich mit der Lage unter
nationalen Verfassungen. Selbst in der Bundesrepublik, wo die
neoliberale Theorie den größten Einfluss auf die Verfassungsdis-
kussion gewonnen hat, wurde das Konzept einer „sozialen Marktwirtschaft" nicht als bloße Wettbewerbsordnung, sondern als Verbindung des „Prinzips der Freiheit auf dem Markte mit dem des
sozialen Ausgleichs" definiert (Müller-Armack 1956: 243). Überdies hat das Bundesverfassungsgericht in ständiger Rechtsprechung gegen das Postulat einer neoliberalen „Wirtschaftsverfassung" die Position der „wirtschaftspolitischen Neutralität des
Grundgesetzes" verteidigt. Die Wirtschaftsfreiheit ist hier also nur
im Rahmen der allgemeinen Gewährleistung der Grundrechte gegen Interventionen geschützt, und die Ziele der Wettbewerbspolitik haben keinen höheren Rang als alle anderen legitimen Zwecke
des Gesetzgebers. Marktschaffende und marktkorrigierende Maßnahmen sind hier also grundsätzlich von gleicher Legitimität und

---

3 Garrett (1992) interpretiert die Rechtsprechung des Europäischen Gerichtshofs
(„intergouvernemental") als „focal point" eines latenten Konsenses der Regierungen, während Burley und Mattli (1993) durchaus gravierende Interessenkonflikte registrieren, aber („neofunktionalistisch") die weitgehende Immunität
des Rechtssystems gegenüber politischen Interventionen betonen. Ähnlich argumentiert auch Weiler (1993, 1994).

4 Die negative Integration wurde und wird von der Kommission in erster Linie
durch „Entscheidungen" und „Richtlinien" gemäß Art. 89 und 90 EWGV sowie durch „Aufsichtsklagen" gegen Vertragsverletzungen gemäß Art. 169
durchgesetzt. Von mindestens gleicher praktischer Bedeutung ist die unmittelbare Anwendung des Europarechts in regulären Rechtsstreitigkeiten vor den
nationalen Gerichten und die Möglichkeit von „Vorabentscheidungen" des
EuGH gemäß Art. 177 auf Vorlage eines nationalen Gerichts. Auch dafür bedarf es keiner Beschlüsse des Ministerrats, und die nationalen Regierungen
treten allenfalls als Beklagte vor Gericht auf.

haben – wie Kartellgesetzgebung und die kartellrechtliche Praxis
zur Genüge belegen – mit den gleichen Schwierigkeiten der
Mehrheitsbildung und politischen Durchsetzung zu kämpfen. Erst
recht gilt dies für die anderen Mitgliedstaaten der Gemeinschaft, in
denen das Verfassungsrecht die Wahlfreiheit der demokratischen
Politik generell weniger einschränkt als in der Bundesrepublik.

Aus dem Text der Römischen Verträge und ihrer Entstehungs-
geschichte geht nicht hervor, dass die Gemeinschaft diese „Waffengleichheit" zwischen Wirtschaftsfreiheit und marktkorrigieren-
der Intervention aufheben sollte (VerLoren van Themaat 1987;
Joerges 1991, 1994a; von der Groeben 1992). Mit der richter-
rechtlich durchgesetzten Suprematie des Europarechts haben jedoch die Rechte der Einzelnen auf Teilnahme am grenzüberschreitenden Wirtschaftsverkehr und die diesen Rechten korre-
spondierenden Einschränkungen der mitgliedstaatlichen Souverä-
nitäten tatsächlich Verfassungsrang gewonnen (Mestmäcker 1994:
270), während die in den nationalen Verfassungen damit konkurrierenden wirtschafts- und sozialpolitischen Interventions- und
Gestaltungsmöglichkeiten auf der europäischen Ebene durch hohe
Konsenserfordernisse behindert werden.[5] Die institutionellen Bedingungen der europäischen Politik haben also in der Tat Konsequenzen hervorgebracht, die weitgehend den Idealen einer neoliberalen Wirtschaftsverfassung entsprechen – auch wenn deren
Vertreter dieses Ergebnis zunächst eher einer „List der Idee" denn
einer legitimierten verfassungspolitischen Entscheidung zugeschrieben haben (Müller-Armack 1964: 405).

Im Ergebnis jedenfalls garantiert die negative Integration in der
Europäischen Gemeinschaft die Freiheit der Märkte und den unverfälschten Wettbewerb, während die nationale Politik rechtlich

---

5 Nach der Theorie der Wirtschaftsverfassung sollen allerdings die Gemeinschaftsorgane auch rechtlich gehindert sein, in der Verfolgung anderer Ge-
   meinschaftsziele die Wirtschaftsfreiheit und Wettbewerbsgleichheit einzu-
   schränken. Deshalb wird die im Maastricht-Vertrag vollzogene Erweiterung
   des Aufgabenbestandes der Union (z.B. Umweltschutz, Industriepolitik, soziale Kohäsion) kritisch bewertet (Mestmäcker 1992; Behrens 1994). Zum
   Zwecke ihrer Einschränkung wird postuliert, dass „die Rechte, die der EGV
   den Einzelnen auf Teilnahme am grenzüberschreitenden Wirtschaftsverkehr
   verliehen hat, ... durch Maßnahmen im Dienste der neu begründeten Zuständigkeiten nicht geschmälert werden" dürfen (Mestmäcker 1994: 286). Im Ergebnis käme man so zu Gemeinschaftszielen unterschiedlichen Ranges.

und die europäische Politik faktisch kaum die Möglichkeit haben, die „Eigengesetzlichkeit des Ökonomischen" (Behrens 1994) durch an anderen politischen Zwecken orientierte Interventionen zu stören. Ein gutes Beispiel dafür ist die Verkehrspolitik, die zwar – neben der Agrarpolitik – schon in den Römischen Verträgen zum positiven Aufgabenbestand der Gemeinschaft geschlagen worden war, wo aber bisher in erster Linie Maßnahmen der negativen Integration – beispielsweise die Klage der Kommission gegen die deutsche Straßenbenutzungsgebühr für den LKW-Verkehr – Erfolg hatten, während europaweite Regelungen zum Schutz der Umwelt und der Verkehrssicherheit immer wieder an Interessenkonflikten im Ministerrat scheiterten oder nur als Kompromiss auf dem kleinsten gemeinsamen Nenner beschlossen werden konnten (Apel 1994: 97-99).

3 Grenzen der positiven Integration

Während die negative Integration gewissermaßen hinter dem Rükken der Politik von Kommission und Gerichtshof vorangetrieben werden kann, bedürfen Maßnahmen der positiven Integration der expliziten politischen Legitimation. Diese konnte während der Geltung des Luxemburger Kompromisses aus der notwendigen Zustimmung aller nationalen Regierungen im Ministerrat abgeleitet werden. Der Preis der Einstimmigkeit war die extreme Schwerfälligkeit und leichte Blockierbarkeit der Entscheidungsverfahren. Das sollte durch die Einheitliche Europäische Akte geändert werden, die 1986 nicht nur eine Radikalisierung der negativen Integration, sondern auch erweiterte EG-Zuständigkeiten und für die zur Vollendung des Binnenmarktes notwendigen Entscheidungen (aber auch nur für diese) die Rückkehr zur qualifizierten Mehrheitsabstimmung brachte. In der Tat sind seitdem, weil nun nicht mehr um die letzte Stimme gefeilscht werden muss, die Entscheidungsverfahren beschleunigt worden (Dehousse/Weiler 1990). Allerdings sind die Stimmenverhältnisse im Rat so austariert, dass zwar einzelne Länder, nicht aber Ländergruppen mit einheitlichen Interessen überstimmt werden können. Für die nicht zur Vollendung des Binnenmarktes erforderlichen Beschlüsse gilt ohnehin weiter das Einstimmigkeitsprinzip. Der Konsensbedarf bleibt für Maßnahmen der positiven Integration also auch weiterhin sehr hoch.

Trotzdem hat die Gemeinschaft – und zwar nicht erst seit der Verabschiedung der Einheitlichen Akte (Rehbinder/Stewart 1984) – im Bereich des Gesundheits- und Arbeitsschutzes, Umweltschutzes und Verbraucherschutzes eine rege Regulierungstätigkeit entwickelt (Joerges 1991; Majone 1993), und dabei offenbar durchaus ein hohes Schutzniveau erreicht (Eichener 1996; Voelzkow 1993; Héritier et al. 1994). Wie lässt sich das mit den hier behaupteten Hindernissen der positiven Integration vereinbaren?

Zur Erklärung bedarf es eines Rückgriffs auf die zugrundeliegenden Interessenkonstellationen zwischen den im Ministerrat vertretenen Regierungen.[6] Die Existenz multipler institutioneller Vetopositionen reduziert generell die Handlungsfähigkeit der Politik (Tsebelis 1995). Ob daraus aber Blockaden entstehen, ist selbstverständlich abhängig von der faktischen Konstellation der Ziele und Interessen der Beteiligten. Wo diese harmonieren („pure coordination games") oder wenigstens teilweise übereinstimmen („mixed-motive games"), da sind auch in Verhandlungssystemen mit hohem Konsensbedarf einhellige Entscheidungen möglich; nur wo die Interessen konfligieren, sind Entscheidungsblockaden wahrscheinlich, sofern es nicht gelingt, durch Ausgleichszahlungen oder Koppelgeschäfte die Verluste der potentiellen Verlierer auszugleichen (Scharpf 1992b). Wenn also die positive Integration in Europa an unübersteigbare Grenzen stößt, dann müssten sich

---

6 Ich beschränke mich hier auf die simpelste Form einer „intergouvernementalen" Erklärung. Gewiss trifft es zu, worauf mehrere Kritiker und insbesondere Volker Schneider mich hingewiesen haben, dass die tatsächlichen Interaktionsmuster komplexer sind und neben den nationalen Regierungen mindestens die „supranationale" Kommission und die „subnational" organisierten ökonomischen Interessen als Spieler in verbundenen Spielen einschließen. Ich will auch nicht ausschließen, dass man zur Erklärung mancher Entscheidungen die Komplexität des Erklärungsmodells so weit, und vielleicht noch viel weiter, steigern muss. Aber forschungspragmatisch spricht auch alles dafür, die Erklärungskraft einfacher und deshalb transparenter Modelle so weit wie möglich auszuschöpfen. Für die Relevanz des intergouvernementalen Ein-Ebenen-Spiels spricht immerhin die Tatsache, dass – was immer sonst noch passiert – die Zustimmung der nationalen Regierungen im Ministerrat der kritische Engpass im EG-Entscheidungsprozess geblieben ist.

diese aus der Existenz fundamentaler Ziel- und Interessenkonflikte zwischen den Mitgliedstaaten begründen lassen, die im gegebenen institutionellen Rahmen der Union nicht durch Mehrheitsentscheidung geregelt werden können.

Solche Konflikte gibt es in der Tat, aber sie sind auch innerhalb des Bereichs, der institutionell wie analytisch der positiven Integration zuzurechnen ist, keineswegs überall gleich virulent. Um dies zu zeigen, konzentriere ich mich im Folgenden auf die regulative Politik der Gemeinschaft (vernachlässige also sowohl die politische Zusammenarbeit als auch die gemeinsame Agrarpolitik und die regionalpolitischen und technologiepolitischen Förderprogramme). Hier kann man, wenn man von allfälligen ideologischen Differenzen in der Wirtschafts- und Gesellschaftspolitik absieht, im Allgemeinen davon ausgehen, dass die nationalen Regierungen sich bei Abstimmungen im Ministerrat vor allem an drei Kriterien orientieren – an der Übereinstimmung mit den jeweiligen Routinen ihrer Verwaltungen, an den Absatz- und Beschäftigungsinteressen ihrer Wirtschaft und – wo diese politisch aktiviert werden – an den Erwartungen und Befürchtungen ihrer Wähler. Die außerordentliche Bedeutung des administrativen Kriteriums ist durch die Untersuchungen von Adrienne Héritier und ihren Mitarbeitern identifiziert worden (Héritier et al. 1994). Es erklärt Konflikte auch zwischen Ländern, denen man im Hinblick auf die beiden anderen Kriterien durchaus gleichgerichtete Interessen zuschreiben könnte. Bei der nachfolgenden Analyse werde ich jedoch auf die administrativen Interessen nicht weiter eingehen und mich auf die ökonomischen (und gegebenenfalls politischen) Kriterien konzentrieren.[7]

---

7 Stärker differenzierende Analysen sind möglich und für Fallstudien auch unerlässlich; sie gelten aber jeweils nur für bestimmte Politikbereiche und bestimmte Arten von Entscheidungen. So könnte man etwa für den Bereich der Umweltpolitik in den ökonomisch hochentwickelten und ökologisch hochbelasteten Ländern unterstellen, dass die Regierung gleichzeitig auf die Industrie (und die Beschäftigten in der Industrie) und auf umweltbewusste Wähler Rücksicht nehmen muss, während in den wenig entwickelten Ländern neben den Industrie- und Beschäftigteninteressen der Widerstand der Verbraucher gegen preistreibende Umweltvorschriften stärker ins Gewicht fällt. Selbstverständlich kommt es dabei immer auf den Stellenwert der von einer Regelung betroffenen Branchen in der Produktions- und Konsumstruktur des betreffenden Landes an.

Hier lässt sich die Grenze zwischen konsensfähigen und konflikthaften Konstellationen näherungsweise bezeichnen durch die Unterscheidung zwischen der Harmonisierung produkt- oder mobilitätsbezogener Regelungen auf der einen und der Harmonisierung produktions- oder standortbezogener Regelungen auf der anderen Seite.[8] Im ersten Falle dominiert das gemeinsame ökonomische Interesse an europaweit einheitlichen Standards über die divergierenden Interessen. Anders verhält es sich bei Regelungen des anlagen- oder produktionsbezogenen Umweltschutzes und Arbeitsschutzes (Héritier 1995)[9] und vor allem bei sozialpolitischen Regelungen (Leibfried/Pierson 1992; Lange 1992), welche sich nicht unmittelbar auf die Eigenschaften der europaweit zu vermarktenden Produkte beziehen, aber die Produktionskosten der Unternehmen erhöhen würden. Gerade diese Art von „marktkorrigierenden" Regelungen, so hatte ich eingangs argumentiert, stößt auf nationalstaatlicher Ebene wegen des zunehmenden Standortwettbewerbs im integrierten Binnenmarkt auf immer größere faktische Hindernisse, und deshalb haben sich gerade hier große Hoffnungen auf eine europäische Politik der positiven Integration gerichtet. Aber eben hier stehen die divergierenden Interessen typischerweise so sehr im Vordergrund, dass gemeinsame Standards entweder blockiert werden, oder nur durch teure Ausgleichszahlungen oder Koppelgeschäfte konsensfähig gemacht werden können. Der letztlich ausschlaggebende – und vorderhand nicht ausräumbare – Grund für die Konflikthaftigkeit von produktions- oder standortbezogenen Regelungen liegt in den extremen Unterschieden im ökonomischen Entwicklungsstand der Mitgliedstaaten.[10]

---

8 Dem entspricht für Regulierungen im Umweltschutz die von Rehbinder und Stewart (1984: 10) eingeführte Unterscheidung zwischen „product regulation" und „process regulation".

9 Streeck (1995) weist jedoch mit Recht darauf hin, dass auch scheinbar anlagenbezogene Regelungen des Gesundheits- und Arbeitsschutzes ein Handelshindernis auf dem Markt für Werkzeugmaschinen und Produktionsanlagen darstellen können. Insoweit rechnet er auch sie zum „market making".

10 Für die Umweltpolitik stellen Rehbinder und Stewart (1984: 9) stattdessen auf die Unterscheidung zwischen „polluter states" und „environmental states" ab. Dies erscheint mir für die Erklärung des Abstimmungsverhaltens in Brüssel weniger nützlich, weil die hochentwickelten Industrieländer zwar viel Um-

Die Gemeinschaft umfasst nach der Süderweiterung Länder, die zu den ökonomisch leistungsfähigsten der Weltwirtschaft gehören, und andere, deren Wirtschaft kaum das Niveau von Schwellenländern überschritten hat. Dieser Gegensatz findet seinen Ausdruck in großen Unterschieden der (durchschnittlichen) Faktorproduktivität.[11] Wenn also die ökonomisch weniger entwickelten Länder im europäischen Binnenmarkt trotzdem wettbewerbsfähig sein wollen, dann müssen auch die Faktorkosten der dort produzierenden Unternehmen – also insbesondere die Lohn- und Lohnnebenkosten und die Umweltkosten – entsprechend geringer sein. Deshalb liegen die industriellen Arbeitskosten in Portugal oder Griechenland auch nur bei einem Sechstel bzw. einem Viertel der deutschen,[12] und ähnliche Unterschiede gibt es in den Sozialleistungssystemen (Sieber 1993; Ganslandt 1993) und beim Umweltschutz (Fröhlich 1992).

Wenn aber nun diese Kosten durch die Harmonisierung von Sozialleistungen oder Umweltvorschriften dem Niveau der hochproduktiven Länder angenähert würden, dann liefe dies – gerade so, wie nach dem Beitritt der DDR in Ostdeutschland geschehen – auf eine massive De-Industrialisierung und Arbeitsplatzvernichtung hinaus. Je mehr die Unternehmen dem internationalen Preiswettbewerb ausgesetzt sind,[13] desto weniger können verantwortliche Politiker in den ökonomisch weniger entwickelten Ländern kostentreibenden Harmonisierungs-Initiativen zustimmen[14] – ins-

---

weltverschmutzung produzieren, aber andererseits auch das stärkste Interesse an einer europaweiten Verschärfung der Umweltschutzvorschriften haben.

11 Selbstverständlich gibt es auch in Portugal oder Griechenland (ebenso wie in Ostdeutschland; vgl. Hank 1994) „Inseln" überdurchschnittlicher Produktivität, insbesondere in den Zweigwerken der multinationalen Unternehmen.

12 Nach Erhebungen des schwedischen Arbeitgeberverbandes SAF differierten 1993 die Gesamtkosten einer Arbeitsstunde in der Industrie zwischen 33 skr in Portugal, 56 skr in Griechenland und 204 skr in Deutschland (Kosonen 1994).

13 Die Intensität des Preiswettbewerbs variiert selbstverständlich zwischen den Sektoren. In der Landwirtschaft beispielsweise konkurrieren die „Südprodukte" kaum mit den „Nordprodukten"; in der Wasserversorgung und bisher auch in der Energieversorgung gibt es keinen internationalen Wettbewerb. Deshalb kann es auch bei produktions- oder anlagenbezogenen Maßnahmen Fälle einer relativ konfliktfreien Harmonisierung auf hohem Schutzniveau geben.

14 Es ist also nicht nur der Widerstand der Unternehmen, der einer europäischen Sozialpolitik entgegensteht (Streeck 1995), sondern vor allem der Widerstand

besondere da, anders als im Verhältnis zwischen Westdeutschland und Ostdeutschland, die reichen EU-Länder gewiss nicht bereit (oder auch nur in der Lage) wären, die industrielle Katastrophe durch massive Transferzahlungen zu kompensieren. Nicht besser stünde es, wenn sozialpolitische oder umweltpolitische Maßnahmen nicht von den Unternehmen, sondern vom Staat durch höhere Einkommens- und Konsumsteuern finanziert würden. Solange die durchschnittlichen Einkommen im ärmsten EG-Land weniger als ein Fünftel des Durchschnittseinkommens in den reichsten Ländern erreichen, müssen Maßnahmen, die hier als unerlässlich gelten, dort als unerschwinglich angesehen werden. So oder so müssen sich also die weniger entwickelten EG-Länder gegen produktions- oder standortbezogene Maßnahmen wehren, die allenfalls dem Anspruchsniveau und der Zahlungsbereitschaft der Bürger in den reichen Ländern entsprechen – und die Verfassung der Europäischen Union gibt ihnen ein Veto gegen solche Initiativen.

Die in der Literatur hervorgehobenen Erfolge einer europäischen Harmonisierung „auf hohem Niveau" beziehen sich deshalb in erster Linie auf die produktbezogenen Standards des Gesundheitsschutzes, Arbeitsschutzes, Umweltschutzes und Verbraucherschutzes. Gewiss gibt es auch hier zwischen den Ländern unterschiedliche Präferenzen, denn schon im Hinblick auf die Zahlungsfähigkeit ihrer Verbraucher müssen die ärmeren Länder weniger anspruchsvolle Standards bevorzugen als die reichen Länder. Keinen Unterschied gibt es jedoch hinsichtlich der Wünschbarkeit *gemeinsamer* europaweiter Standards. In spieltheoretischer Formalisierung[15] haben wir es hier also mit einer Variante des „Battle of the Sexes" zu tun (Abbildung 1).[16]

---

der die Exit-Option des Kapitals antizipierenden Regierungen in den ökonomisch schwächeren Staaten.

15 Für eine Einführung in die Spieltheorie eignet sich Zürn (1992: 323-335).

16 Unterstellt wird, dass für die reichen Länder gemeinsame und hohe Standards die beste Lösung (3) wären, während die armen Länder gemeinsame und niedrige Standards bevorzugen würden. Für beide wäre aber die bei Nicht-Einigung zu erwartende Fortdauer national unterschiedlicher Standards das am wenigsten attraktive (1) Ergebnis.

Abbildung 1: Präferenzen für hohe/niedrige europaweite Standards bei *produktbezogenen* Regelungen (3 = beste Lösung, 1 = schlechteste). Bei Nicht-Einigung (NE) kommt es nicht zu einem gemeinsamen Standard.

		Reiche Länder	
		hoch	niedrig
Arme Länder	hoch	2 ⟍ 3	1(NE) ⟍ 1
	niedrig	1 (NE) ⟍ 1	3 ⟍ 2

Die Einigung erscheint hier möglich, weil die fortdauernde Existenz national unterschiedlicher Anforderungen und Zulassungsverfahren die Produzenten in allen Ländern behindern und dem Zweck des größeren Marktes zuwiderlaufen würde. Da überdies entsprechend Art. 36 und Art. 100a, Absatz 4 EGV die reichen Mitgliedstaaten die Möglichkeit hätten, anspruchsvollere Regelungen im Alleingang durchzusetzen, erscheint es auch plausibel, dass die Harmonisierungspolitik der Gemeinschaft bei den produktbezogenen Regelungen inzwischen das in Art. 100a, Absatz 3 EGV angestrebte „hohe Schutzniveau" tatsächlich auch oft erreicht (Eichener1996). Anders wären ja die nationalen Handelshindernisse nicht zuverlässig auszuschalten (Joerges 1994b). Insofern steht die Harmonisierung produktbezogener Standards, auch wenn sie institutionell auf positive Voten im Ministerrat angewiesen ist,[17] funktional gesehen in der Nähe der negativen Integration – man kann sie jedenfalls eher zu den „marktschaffenden" als zu den „marktkorrigierenden" Interventionen rechnen.

Während also bei den produktbezogenen Regelungen beide Seiten einen gemeinsamen Standard der bei Nichteinigung zu erwartenden Fortdauer des ungeregelten Status Quo vorziehen, ist

---

17 Überdies profitiert die produktbezogene Standardisierung von Verfahrensinnovationen, die den Konsensbedarf im Ministerrat dadurch minimieren, dass dort lediglich Sicherheitsgrundsätze beschlossen werden, deren Konkretisierung dann korporatistischen Gremien überlassen wird (Voelzkow 1993; Eichener 1993; Scharpf 1993a).

dies bei den produktions- oder standortbezogenen Regelungen nicht der Fall.[18] Hier haben die reichen Länder ein Interesse daran, ihr hohes Regulierungs-Niveau als allgemeine EG-Norm durchzusetzen (Präferenz = 3); wenn das aber nicht durchgesetzt werden kann, wäre zwar aus der Sicht der Unternehmen die gemeinsame Regelung auf niedrigem Niveau die zweitbeste Lösung. Für die Reaktion der Regierungen wird jedoch in der Regel die negative Reaktion der Wähler auf Verschlechterungen des einmal erreichten Schutzniveaus größeres Gewicht haben, so dass die reichen Länder die Fortdauer national unterschiedlicher Regelungen (Präferenz = 2) gegenüber (allgemein verbindlichen!) gemeinsamen Regeln auf niedrigem Niveau vorziehen werden (Präferenz = 1).

Für die armen Länder dagegen kämen einheitliche Regelungen auf hohem Anspruchsniveau der Vernichtung wenig produktiver Wirtschaftszweige gleich, sofern diese in der nationalen Ökonomie eine Rolle spielen (Präferenz = 1). Aber auch einheitliche Regeln auf niedrigem Anspruchsniveau wären wenig attraktiv, weil die wenig produktiven einheimischen Unternehmen dann dem verschärften Wettbewerb deregulierter Konkurrenten aus den Ländern mit hoher Produktivität ausgesetzt würden (Präferenz = 2). Für die armen Länder ist also die fortdauernde Blockade, bei der es überhaupt nicht zu einheitlichen Standards kommt, die ökonomisch attraktivste Lösung. In spieltheoretischer Darstellung könnte die Interessenkonstellation also etwa folgendermaßen charakterisiert werden (Abbildung 2):

---

18 Unterstellt wird dabei, dass die Mitgliedstaaten durch negative Integration daran gehindert werden, ausländische Anbieter, die unter weniger belastenden Regulierungen produzieren, vom heimischen Markt auszuschließen, durch Sonderabgaben zu belasten oder in anderer Weise (etwa bei der Vergabe von öffentlichen Aufträgen) zu diskriminieren.

Abbildung 2: Präferenzen für hohe/niedrige europaweite Standards bei *produktionsbezogenen* Regelungen (3 = beste Lösung, 1 = schlechteste). Bei Nicht-Einigung (NE) kommt es nicht zu einem gemeinsamen Standard.

	Reiche Länder	
	hoch	niedrig

		hoch		niedrig
Arme	hoch	3		2
Länder		1	3 (NE)	
	niedrig	2		1
		3 (NE)	2	

Noch deutlicher werden die Unterschiede zwischen beiden Konstellationen, wenn die spieltheoretischen Auszahlungsmatrizen in verhandlungstheoretischer Form dargestellt werden,[19] wobei die jeweils von den armen und den reichen Ländern präferierten Verhandlungslösungen (A und R) in Bezug gesetzt werden zu dem bei Nicht-Einigung zu erwartenden Ergebnis (NE = Status Quo), bei dem es zu einer europaweiten Regelung nicht kommt und die jeweiligen nationalen Standards weiter gelten. Verhandlungsergebnisse oberhalb von NE sind für die armen Länder, Ergebnisse rechts von NE für die reichen Länder, attraktiver als der Status Quo (Abbildung 3).

---

19 Zur Einführung in die Verhandlungstheorie vgl. Scharpf (1992b).

Abbildung 3: Mögliche Verhandlungslösungen im Vergleich zur Nichteinigung (NE) bei produktbezogenen und produktionsbezogenen europaweiten Standards. („A" = Präferenz der armen, „R" = Präferenz der reichen Länder)

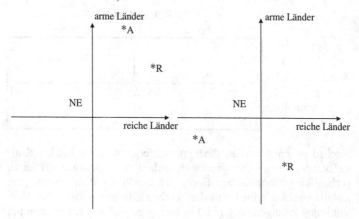

produktbezogene Standards   produktionsbezogene Standards

Bei den produktbezogenen Regelungen liegen sowohl die Ausgangs-Forderungen beider Seiten (A und R) als auch alle zwischen diesen liegenden Kompromisslösungen für beide Seiten oberhalb bzw. rechts vom Nicht-Einigungspunkt (NE). Keine Seite wird es also auf ein Scheitern der Verhandlungen ankommen lassen und einvernehmliche Regelungen sind deshalb im Prinzip zu erwarten. Ganz anders die Situation bei den produktionsbezogenen Regelungen. Hier gibt es keine Verhandlungslösung im nordöstlichen Quadranten, die für beide Seiten besser wäre als der bei Nichteinigung fortdauernde Status Quo. Zwar könnten die reichen Länder ihre Lage durch die Einführung europaweiter Standards auf hohem Anspruchsniveau verbessern, aber diese Lösung würde die Lage der ärmeren Länder so stark verschlechtern, dass sie gegen deren Widerstand nur durch einseitigen Oktroi durchgesetzt werden könnte (für den die institutionellen Voraussetzungen fehlen). Da aus der Sicht der armen Länder auch gemeinsame Standards auf niedrigem Niveau eine Verschlechterung bedeuten würden, wäre eine Einigung hier allenfalls dann zu erwarten, wenn die reichen Länder ausreichende Kompensation anbieten könnten und wollten.

4 Handlungsfähigere europäische Politik?

Die Chancen einer aktiven, die Marktentwicklung gestaltenden und die Verteilungsfolgen des Marktes korrigierenden Politik der positiven Integration sind also nach wie vor gering. Dennoch haben der mit der Einheitlichen Europäischen Akte vollzogene (und in seiner Reichweite eng begrenzte) Übergang zur Abstimmung mit qualifizierten Mehrheiten und die Ausweitung des Kompetenzkatalogs im Maastricht-Vertrag nach einer ziemlich langen Schrecksekunde eine öffentliche Debatte über die Legitimation europäischer Entscheidungen ausgelöst, deren Ausgang noch keineswegs absehbar ist. In der Tat hat, obschon immer nur wenige Länder im Ministerrat überstimmt werden können, die europäische Politik mit der Einheitlichen Akte den (demokratietheoretisch ohnehin nicht sehr tragfähigen)[20] Boden der durch die Zustimmung aller Regierungen vermittelten indirekt-demokratischen Legitimation verlassen und sucht nun nach tragfähigeren Legitimationsgrundlagen (von der Groeben 1992; Weidenfeld 1994).

Die negative Integration hingegen ist von solchen Skrupeln nicht betroffen. Ihre Legitimation kann sich weiterhin auf mehrere Varianten von rechtlichen Integrationstheorien (Joerges 1994a) stützen – vom unreflektierten Legalismus der europarechtlichen Praxis (Burley/Mattli 1993) über die „Zweckverbandstheorie" (Ipsen 1972) bis hin zu den Theoremen einer neoliberalen Wirtschaftsverfassung, nach denen die Europäische Wirtschaftsgemeinschaft durch die Verträge (und insoweit ohne weiteren Rück-

---

20 Ebenso wie in der deutschen, so geht auch in der europäischen Politikverflechtung die zwischen den Regierungen (und ihren Bürokratien) ausgehandelte Politik an den gliedstaatlichen Parlamenten vorbei. An die Stelle parlamentarischer Kontrolle tritt also bestenfalls eine diffuse Generalverantwortung der Regierungen gegenüber ihren Wählern, während die Verantwortung für spezifische Maßnahmen immer durch den (völlig zutreffenden) Verweis auf die Verhandlungszwänge einer gemeinsamen Politik verweigert werden kann (Scharpf 1993a).

griff auf das Demokratieprinzip[21] dazu (und nur dazu) legitimiert wurde, die Öffnung der Märkte herzustellen und den unverfälschten Wettbewerb zu garantieren (Behrens 1994)[22]. Faktisch geht es also bei der nach der Ratifizierung der Einheitlichen Akte beginnenden und im Kontext der Ratifizierung des Maastricht-Vertrages vollends virulent gewordenen Legitimationsdebatte immer nur um die positive Integration.

Wir haben in der Europäischen Union also die bemerkenswerte Situation, dass die massive Beschränkung der nationalen Handlungskompetenzen durch die Instrumente der negativen Integration so gut wie keine politische (und außerhalb der Jurisprudenz auch kaum wissenschaftliche) Aufmerksamkeit findet, während die ohnehin schwerfälligen und vielfach gehemmten Prozeduren der positiven Integration nun einer demokratietheoretischen Fundamentalkritik ausgesetzt sind, die den weiteren Fortschritt der Integration in Frage stellt. Wenn man daran etwas ändern will, dann müsste man im Sinne einer institutionellen „Vertiefung" zugleich die Handlungsfähigkeit der europäischen Politik und ihre demokratische Legitimität[23] verstärken. Vorschläge dazu liegen seit langem vor, aber ihre Realisierung ist weiterhin wenig wahrscheinlich.

---

21 Behrens (1994: 89) kritisiert, dass der Vertrag von Maastricht der Gemeinschaft nunmehr „ausdrücklich politische Kompetenzen" einräume, „denen andere Ziele als die Marktintegration zugrundeliegen ..Entscheidungen, die bisher der Eigengesetzlichkeit des Ökonomischen überantwortet waren, werden künftig den wenig transparenten politischen Abstimmungsverfahren der Gemeinschaftsorgane unterworfen. Der Ruf nach einer neuen, nämlich demokratischen Legitimation der Gemeinschaft ist daher nur konsequent ..Demokratie ... ist aber kein Substitut für ökonomische Rationalität".

22 Auch Majones Plädoyer für die Anerkennung einer eigenständigen, auf professionellen Sachverstand gestützten Legitimation unabhängiger Regulierungsbehörden (Majone 1994) muss sich in erster Linie auf die Aufgaben der negativen Integration oder jedenfalls auf die produktbezogene Regulierung beziehen. Es beruht auf der Unterscheidung zwischen Effizienzproblemen (deren Lösung durch Sachverstand legitimiert werden kann) und Verteilungsproblemen (deren Regelung der demokratischen Legitimation bedarf (Majone 1993)). Da aber aus den oben erörterten Gründen bei marktkorrigierenden Interventionen Verteilungskonflikte nicht nur zwischen ökonomischen Interessen, sondern auch zwischen den Mitgliedstaaten endemisch sind, hätte die Legitimation durch Sachverstand hier keinen Platz.

23 Der theoretische Hintergrund kann hier nur angedeutet werden (Scharpf 1970). Legitimationsbedarf entsteht dann, wenn Entscheidungen die Interessen oder Präferenzen eines Teils der Betroffenen verletzen. Die EG hat sich bisher zu

Die Handlungsfähigkeit der europäischen Politik könnte gewiss durch die Generalisierung und Erleichterung von Mehrheitsentscheidungen im Rat gesteigert werden. Die beinahe gescheiterten Verhandlungen über die „Norderweiterung" haben jedoch auch gezeigt, dass nicht einmal die Beibehaltung der gegenwärtigen Abstimmungsregeln gesichert ist, und dass weitergehende institutionelle Veränderungen nach wie vor durch die „Politikverflechtungsfalle" verhindert werden (Scharpf 1985). Normativ gesehen wären sie auch problematisch, wenn nicht zugleich das Demokratiedefizit der Union abgebaut würde. Dies ist jedoch keineswegs nur, wie oft unterstellt wird (Featherstone 1994), eine Frage der formalen Verfassung oder gar nur der Mitwirkungsrechte des Europäischen Parlaments. Auch die Legitimationskraft parlamentarischer Mehrheitsentscheidungen hängt von politisch-kulturellen Voraussetzungen ab, die oberhalb der Ebene des Nationalstaats bisher nirgendwo erfüllt sind (Calhoun 1993; Dahl 1994), und von denen keineswegs sicher ist, dass sie in Europa in absehbarer Zukunft entstehen können (Grimm 1992; Kielmansegg, in diesem Band; Scharpf 1992a, 1993b). Bisher jedenfalls ist die politisch-kulturelle Identität der Europäischen Union schwach ausgebildet (Wilson/Smith 1993), und es gibt weder europäische politische Parteien noch eine europäische öffentliche Meinung oder europaweite politische Diskurse und Willensbildungsprozesse – Voraussetzungen also, die auf der nationalen Ebene als notwendige Bedingungen demokratischer Legitimation gelten. Immerhin könnten aber institutionelle Reformen die öffentliche Aufmerksamkeit wesentlich stärker auf die europäische Politik lenken und so zur Reduzierung des Demokratiedefizits beitragen. In diese Richtung weisen nicht nur die Forderungen auf Komplettierung der Mitentscheidungskompetenzen des Europäischen Parlaments im Prozess der europäischen Gesetzgebung, sondern vor allem der Vorschlag, den Kommissionspräsidenten (und die Mitglieder der Kommission

---

einem erheblichen Teil auf „output-orientierte" Legitimität (für die es auf die Gemeinwohl-Dienlichkeit der Ergebnisse und die Gerechtigkeit der Verteilung von Leistungen und Lasten ankommt) stützen können; in dem Maße, wie die Interventionen häufiger, spürbarer und ihre Verteilungsfolgen sichtbarer werden, gewinnt aber die Frage nach der „input-orientierten" Legitimität (also nach der potentiell einforderbaren demokratischen Verantwortung der Entscheidenden) an Gewicht.

auf Vorschlag des Präsidenten) unmittelbar durch das Parlament wählen zu lassen (Weidenfeld 1994).

Die Wahrscheinlichkeit, dass derart weitgehende Schritte in Richtung auf eine „institutionelle Vertiefung" der Gemeinschaft die notwendige Zustimmung aller nationalen Regierungen und Parlamente finden könnten, ist freilich gering. Eher sollte man damit rechnen, dass Weilers eingangs zitierte Diagnose vorderhand Bestand haben wird, und dass die politischen Prozesse in der Gemeinschaft – im Gegensatz zu den Prozessen der Rechtsanwendung und Rechtsfortbildung durch Kommission und Gericht – auf absehbare Zeit den Charakter intergouvernementaler Verhandlungen behalten werden (Weiler 1994). Das bedeutet auch, dass im Ministerrat Entscheidungen zur aktiven Integration nicht nur durch Richtungskonflikte zwischen Wirtschaftsliberalen und Interventionisten gebremst werden, sondern auch durch die divergierenden ökonomischen Interessen und Verteilungskonflikte zwischen den Mitgliedstaaten, die nach einer möglichen „Osterweiterung" noch ungleich schwerer (manche meinen sogar: überhaupt nicht – Deubner 1994) auszugleichen wären. Kurz: Von der politischen Handlungsfähigkeit der Gemeinschaft darf man wohl auch künftig nicht allzuviel erwarten – und die Kommission wird deshalb gut daran tun, auch weiterhin nach Entscheidungsverfahren und Koordinationstechniken zu suchen, die den Konsensbedarf im Ministerrat minimieren können (Scharpf 1993a).

Erwägenswert wäre dabei auch eine Variante der Konzepte eines „Europa mit zwei Geschwindigkeiten" oder „Europa mit variabler Geometrie", die soweit ersichtlich in die gegenwärtige Diskussion über institutionelle Reformen der Gemeinschaft noch nicht einbezogen wird.[24] Wenn und soweit die Konsensschwierigkeiten

---

24 Überlegungen dieser Art finden sich allerdings in dem von Eberhard Grabitz (1984) herausgegeben Sammelband über „Abgestufte Integration", auf den mich Beate Kohler-Koch hingewiesen hat. Der Band enthält außerordentlich informative Übersichten über die damals praktizierten Übergangs-, Ausnahme- und Mindestregelungen, welche die Vorstellung eines einheitlichen Gemeinschaftsrechts schon damals widerlegten. Freilich spielt in den vor der Süderweiterung der Gemeinschaft und vor der Formulierung des Binnenmarkt-Programms konzipierten Beiträgen die juristische Systematik eine weit größere Rolle als die polit-ökonomische Analyse der Folgeprobleme gravierender Unterschiede im ökonomischen Entwicklungsstand der Mitgliedstaaten. Eine Ausnahme bildet der umweltpolitische Beitrag von Ulrich Weinstock (1984),

der positiven Integration sich aus Interessenkonflikten zwischen ökonomisch hochentwickelten und weniger entwickelten Mitgliedstaaten herleiten lassen, könnte die explizite Vereinbarung unterschiedlicher Standards einen Ausweg bieten. Dann könnten die reichen Länder untereinander sich auf anspruchsvolle Regelungen festlegen, die ihren eigenen Umweltproblemen gerecht werden und ihre sozialpolitischen Errungenschaften gegen die Versuchung der kompetitiven Deregulierung[25] absichern, während die weniger entwickelten Länder ebenfalls gemeinsame Standards auf niedrigerem Anspruchsniveau beschließen könnten.

Dahinter steht die Überlegung, dass es immer noch eine verhältnismäßig stabile internationale Arbeitsteilung zwischen den hochentwickelten und den weniger entwickelten Ländern gibt, bei der erhebliche Kostennachteile durch ebenso erhebliche Produktivitätsvorteile kompensiert werden, und dass deshalb der für marktkorrigierende Interventionen schädliche Standortwettbewerb in erster Linie zwischen Ländern mit annähernd gleichem Produktivitätsniveau stattfindet. Durch die verbindliche Festlegung unterschiedlicher Standards könnte also der Deregulierungswettlauf zwischen den reichen Ländern mit hohem Regulierungsniveau unterbunden werden. Zugleich könnten die ärmeren Länder sich aus einer Situation befreien, in der sie durch die Unterbietungskonkurrenz untereinander von einer Erhöhung ihres Regulierungsniveaus abgehalten werden – und sie können dies erreichen, ohne dadurch ihre Wettbewerbsfähigkeit gegenüber den reichen Ländern zu zerstören. Im Zuge ihrer wirtschaftlichen Entwicklung könnte dieser „untere" Standard dann schrittweise angehoben und dem „oberen" angeglichen werden. Da es hier definitionsgemäß um produktionsbezogene und nicht um produktbezogene Regulierungen ginge, könnte die Vereinbarung solcher Doppelstandards auch nicht als Handelshindernis mit der Integration des Binnenmarktes in Konflikt geraten. Soweit ich sehe, sind jedoch in der

---

der sowohl die Unterscheidung von Produkt- und Produktionsnormen als auch (auf S. 336f.) Andeutungen zu einer „Doppelstrategie" enthält, welche aufgrund einer „Abstufung nach sozio-ökonomischem Entwicklungsstand" zu dauerhaften „Abstufungslösungen" führen könnte.

25 Im geltenden Europarecht können zwar nationale Regulierungen und Beihilfen als wettbewerbsverzerrend unterbunden werden; die Gewinnung von Wettbewerbsvorteilen durch kompetitive Deregulierung ist dagegen zulässig.

Diskussion über ein „Europa mit zwei Geschwindigkeiten" derartige Überlegungen bisher nicht explizit angestellt worden,[26] während das in ähnliche Richtung weisende Konzept eines „Europa der Relativitäten" immerhin schon diskutiert wird. Es impliziert, dass überall dort, wo dies möglich und sinnvoll ist, EG-einheitliche Regelungen nicht durch absolute, sondern durch relative Maßstäbe, die den jeweiligen Entwicklungsstand berücksichtigen, definiert werden. Beispielsweise könnte so das in jedem Land zu erzielende Aufkommen einer EG-weiten Umweltsteuer als ein Prozentsatz des jeweiligen Brutto-Inlandsprodukts festgelegt werden, so dass die andernfalls zu erwartende überproportionale Belastung der weniger entwickelten Länder vermieden werden kann (von Weizsäcker 1989). Ähnliche Konzepte werden auch im Hinblick auf eine europäische Sozialpolitik diskutiert.[27]

5 Schutz nationaler Handlungsspielräume?

Derartige Aushilfen sollten genutzt werden. Aber auch sie werden die hohe Konsensabhängigkeit der europäischen Politik nicht wesentlich reduzieren können. Deshalb kommt es für die künftige Entwicklung in Europa auch darauf an, die Handlungsfähigkeit der Politik in den Mitgliedstaaten so wenig wie möglich zu beschneiden. Der Maastricht-Vertrag hat versucht, dem durch die explizite Verankerung des Subsidiaritätsprinzips Rechnung zu tragen. Dieser Versuch wird generell skeptisch beurteilt – einmal weil man mit Blick auf die Entscheidungspraxis des amerikanischen Supreme Court und des deutschen Bundesverfassungsgerichts die Justiziabilität entsprechender Normen bezweifelt, zum anderen weil die Norm selbst mit ihrem unklaren Bezug auf die Kriterien der Effektivität und Effizienz auch einem zur Anwendung entschlosse-

---

26 Adrienne Héritier hat mich darauf hingewiesen, dass die derzeit im Ministerrat behandelte „Integrated Pollution Control Directive" insofern einen Schritt in die hier angedeutete Richtung bedeute, als hier nur die regionalen Luftqualitäts- (d.h. Immissions-) Grenzwerte vereinheitlicht werden sollen, während die Festlegung von Emissions-Grenzwerten den Mitgliedstaaten überlassen bleiben würde. Als Ergebnis wären unterschiedlich strenge Emissionswerte zu erwarten.

27 Den Hinweis verdanke ich Stephan Leibfried.

nen Gericht wenig Handhaben zur Beschränkung der Ausübung europäischer Regelungskompetenzen böte (Dehousse 1993). Jedenfalls für die nach langen Verhandlungen im Ministerrat beschlossenen Förderprogramme, Verordnungen und Richtlinien der Gemeinschaft erscheint die vertragliche Verankerung des Subsidiaritätsprinzips praktisch fast bedeutungslos – die Regierungen hätten ja kaum zugestimmt, wenn sie nicht mit großer Mehrheit davon überzeugt gewesen wären, daß „die Ziele der in Betracht gezogenen Maßnahmen auf Ebene der Mitgliedstaaten nicht ausreichend erreicht werden können" (Art. 3b, Absatz 2) – und wie wollte ein Gericht die Interessen der Mitgliedstaaten trotz dieser Zustimmung schützen wollen? Manche sehen deshalb in der Klausel in erster Linie einen an die Ministerräte selbst gerichteten Appell zur Selbstbeschränkung. Das wäre gewiss nicht unnötig, denn auch in der Europäischen Union ist mit der im deutschen Föderalismus beobachteten Tendenz zur „Überverflechtung" zu rechnen, weil auch hier die Regierungen sich durch Vereinbarungen auf der zentralen Ebene der Kritik und Kontrolle ihrer eigenen Parlamente entziehen können (Scharpf 1985).

Aber die spürbarsten Einschränkungen der nationalen Handlungsfähigkeit ergeben sich ja, so habe ich argumentiert, gar nicht aus den vom Rat auf Vorschlag der Kommission beschlossenen positiven EU-Entscheidungen; sie resultieren vielmehr aus der negativen Integration, d.h. aus den die Öffnung der Märkte und die Freiheit des Wettbewerbs sichernden Regeln der Römischen Verträge und deren extensiver Interpretation durch die Kommission und den Europäischen Gerichtshof. Dieser Prozess wird nach der im Maastricht-Vertrag gewählten Formulierung auch nicht von der Subsidiaritätsklausel erfasst. Aber auch wenn man die Formulierung ändern und die dem Sinn der Subsidiarität widersprechende Beschränkung auf „Bereiche, die nicht in ihre (der Gemeinschaft) ausschließliche Zuständigkeit fallen" (Bundeszentrale für politische Bildung 1993: 23) streichen würde, könnte die Klausel kaum weiterhelfen. Es kann ja überhaupt kein Zweifel daran bestehen, dass die Ziele der Marktöffnung und der Beseitigung nationaler Wettbewerbshindernisse „besser auf Gemeinschaftsebene erreicht werden können" (ebd.) – in der Tat können sie nur auf dieser Ebene erreicht werden. Stattdessen geht es darum, den Absolutheitsanspruch dieser Ziele zu relativieren und die verlorengegangene

Waffengleichheit gegenüber allen anderen legitimen Zielen der Politik wiederherzustellen. Dies kann von der Subsidiaritätsklausel nicht geleistet werden.

Wie es vielleicht geleistet werden könnte, zeigt gerade jenes Urteil des Europäischen Gerichtshofs, das nach verbreiteter Meinung den stärksten Anstoss zur Perfektionierung der negativen Integration gegeben hat. Die Entscheidung *Cassis de Dijon* (EuGH 1979) hat ja keineswegs eine unbedingte Pflicht der Mitgliedstaaten zur „wechselseitigen Anerkennung" ihrer Entscheidungen über die Zulassung von Produkten postuliert. Ehe die Bundesrepublik zur Marktzulassung des französischen Likörs, der aus Champagner Kir Royal macht, verurteilt wurde, hatte das Gericht zunächst die Frage geprüft, ob die deutsche Vorschrift, nach der Spirituosen mindestens einen Alkoholgehalt von 25% haben mussten, irgendeinem plausiblen Zweck des Gesundheitsschutzes oder des Verbraucherschutzes dienen konnte. Erst nachdem diese Frage mit einem überzeugenden Nein beantwortet war,[28] konnte die deutsche Norm als Handelshindernis qualifiziert werden, das nicht durch einen der Schutzzwecke des Art. 36 des EWG-Vertrages legitimiert war.

Diese Vorschrift erlaubt Ausnahmen vom Verbot nicht-tarifärer Handelsbeschränkungen immer dann, wenn diese „aus Gründen der öffentlichen Sittlichkeit, Ordnung und Sicherheit, zum Schutz der Gesundheit und des Lebens von Menschen, Tieren und Pflanzen, des nationalen Kulturguts von künstlerischem, geschichtlichem oder archäologischem Wert oder des gewerblichen oder kommerziellen Eigentums gerechtfertigt sind." Freilich dürfen derartige Maßnahmen „weder ein Mittel zur willkürlichen Diskriminierung noch eine verschleierte Beschränkung des Handels zwischen den Mitgliedstaaten darstellen". Unter den gleichen einschränkenden Voraussetzungen können nach der Einheitlichen Akte verschärfte nationale Vorschriften zum Schutz der genannten Güter (erweitert um den Schutz der Arbeitsumwelt und den Umweltschutz) sogar dann Bestand haben, wenn eine Harmonisie-

---

28 Die Bundesregierung hatte vor Gericht behauptet, gerade der zu geringe Alkoholgehalt erhöhe – wegen der geringeren Hemmschwelle – die Gefahr des Alkoholismus (Alter/Meunier-Aitsahalia 1994: 538f.). Das dann noch näher liegende Verbot von Bier und Wein wurde offenbar nicht erwogen.

rungsmaßnahme mit europaweit einheitlichen Standards beschlossen wurde (Art. 100a, Absatz 4 und 5 EGV).

Bestimmte nationale Politikziele sollen also nach der erklärten Absicht der Vertragsparteien schon jetzt nicht ohne weiteres den europäischen Zielen der Marktintegration und Wettbewerbsgleichheit geopfert werden. Freilich legt die Kommission – und mehr noch der Europäische Gerichtshof – bei der Prüfung des diskriminierenden oder handelsbeschränkenden Charakters nationaler Vorschriften so strenge Maßstäbe an, dass der praktische Vorrang der negativen Integration nicht gefährdet wird. Im Prinzip verfolgt die Kommission seit Cassis eine konsequente Linie, nach der nicht-tarifäre Handelshindernisse entweder (wie im Cassis-Fall selbst) für ungültig erklärt oder durch harmonisierte europäische Regeln ersetzt werden müssen (Alter/Meunier-Aitsahalia 1994). Separate nationale Regelungen sollen so weit irgend möglich verhindert werden – was auch erklärt, dass bei den produktbezogenen Regelungen tatsächlich ein „hohes Schutzniveau" (Art. 100a, Absatz 3 EGV) erreicht wird. Die von manchen befürchtete „Harmonisierung auf dem kleinsten gemeinsamen Nenner" hätte ja nach Absatz 4 des gleichen Artikels einzelnen Mitgliedstaaten den Erlass anspruchsvollerer Sonderregelungen gestattet.

Freilich gilt all dies nur für die produktbezogenen Regelungen, und es gilt auch nur zugunsten von nationalen Regelungen, welche den in Art. 36 und 100a genannten „polizeilichen" Schutzzwecken dienen – also gerade nicht für marktgestaltende und marktkorrigierende Maßnahmen mit verteilungspolitischer Zielsetzung, die von der Standortkonkurrenz in erster Linie betroffen werden. Wenn man daran etwas ändern wollte, dann müsste man den mit der Cassis-Entscheidung begonnenen und mit der Einheitlichen Akte fortgesetzten Weg ein gutes Stück weiter gehen – so weit mindestens, dass einerseits nicht nur die in Art. 36 und 100a genannten Schutzgüter, sondern alle legitimen gliedstaatlichen Aufgaben Berücksichtigung finden können, und dass andererseits die Abwägung von der prinzipiellen Gleichrangigkeit zwischen diesen und dem Ziel der Marktintegration auszugehen hätte. Das würde bedeuten, dass selbstverständlich nationale Regelungen keinen Bestand haben können, für die (wie in der Cassis-Entscheidung unterstellt) keine plausible Ziel-Mittel-Verknüpfung zu einem legitimen Staatsziel dargetan werden kann, oder die primär dem illegitimen Zweck der wirtschaftlichen Diskriminierung gebietsfremder Anbieter dienen.

Auf der anderen Seite könnten gliedstaatliche Regelungen aber nicht schon dann unterbunden werden, wenn irgendein diskriminierender oder handelsbeschränkender Effekt nachgewiesen werden kann (wozu die Praxis des Gerichtshofs tendierte). Stattdessen käme es dann auf die konkrete Abwägung im Einzelfall an, wobei auf der einen Seite die Intensität der Wettbewerbs- oder Mobilitätsbeschränkung, auf der anderen Seite die Bedeutung der Maßnahme für die Verwirklichung der gliedstaatlichen Ziele zu gewichten wäre. Dass es dabei nicht allein auf das Urteil der betroffenen Regierung ankommen kann, liegt auf der Hand – und die deutsche Reaktion auf den britischen Rinderwahnsinn zeigt, wie unüberbrückbar die aus unterschiedlichen Problemsichten erwachsenden Konflikte zwischen den Staaten sein können. Sie werden gewiss nicht geringer, wenn der Katalog der potentiell Wettbewerbshindernisse legitimierenden Zwecke über die polizeilichen Schutzgüter hinaus auf andere – ökologische, verteilungspolitische, mitbestimmungspolitische, standespolitische, kulturpolitische oder gesellschaftspolitische – Ziele erweitert wird. Aber derartige Fragen müssen ohnehin beantwortet werden, wenn die vier Freiheiten nun auch in „staatsnahen Sektoren" geltend gemacht werden, die bisher auf höchst unterschiedliche Weise von der nationalen Politik gestaltet wurden (Mayntz/Scharpf 1994). Hätte eine rot-grüne Bundesregierung noch das Recht, den Ausstieg aus der Kernenergie oder die Verlagerung des Güterverkehrs von der Straße auf die Schiene zu betreiben? Wie wäre zu entscheiden, wenn nun das gebührenfinanzierte öffentlich-rechtliche Fernsehen von privaten Fernsehgesellschaften oder das deutsche Gesundheitswesen mit seiner wettbewerbsfeindlichen Kombination von öffentlich-rechtlicher Zwangsversicherung und Versorgungsmonopol der niedergelassenen Kassenärzte von Health-Maintenance-Organisationen als Verletzung der Dienstleistungsfreiheit angegriffen würden? Und wie schließlich steht es um das Mobilitätshindernis der deutschen beamtenrechtlichen Versorgung?

Die bisherige Rechtsprechung des Europäischen Gerichtshofs ist auf derartige Fragen nicht gut vorbereitet. Fixiert auf die Suprematie des Europarechts, hatte sie eine starke Neigung zu Abwägungen nach dem Prinzip einer „lexikographischen Ordnung", in der jede Verletzung eines gemeinschaftsrechtlich legitimierten Zwecks Vorrang vor jeder Verletzung nationaler Zwecke hatte. Wenn diese Tendenz überwunden werden soll, dann käme es darauf an, die Gegenpositionen ebenfalls im Gemeinschaftsrecht zu verankern. Dem entspricht der Vorschlag, bei der bevorstehenden Weiterentwicklung der Unionsverfassung eine duale Kompetenzstruktur zu etablieren, bei der nicht nur die Primärkompetenzen der Gemeinschaft, sondern auch die Primärkompetenzen der Mitgliedstaaten im Vertragswerk selbst statuiert werden (Weidenfeld 1994; Scharpf 1991).

In einem früheren Aufsatz (Scharpf 1993a) habe ich zur Erläuterung auf die Rechtsprechung des Bundesverfassungsgerichts zur „Bundestreue" verwiesen, nach der Bund und Länder gleichermaßen verpflichtet sind, in der Ausübung ihrer eigenen Kompetenzen auf die Aufgaben der jeweils anderen Ebene Rücksicht zu nehmen (BVerfGE 6, 309; 12, 205; 31, 314). Es wird also weder ein genereller Vorrang der Bundeskompetenzen noch die gegenständliche Trennbarkeit der Aufgaben oder Kompetenzbereiche unterstellt. Auf diesen letzten Punkt kommt es deshalb an, weil gerade die negative Integration sich fast überall mit nationalen Kompetenzen überschneiden kann – die personelle Freizügigkeit mit der nationalen Bildungs-, Ausbildungs- und Berufspolitik, die Dienstleistungsfreiheit mit der nationalen Kulturpolitik und Gesundheitspolitik, die Kapitalverkehrsfreiheit mit der nationalen Steuerpolitik oder Einlagensicherungspolitik, und die Wettbewerbsgleichheit mit der nationalen Regionalpolitik, Industriestrukturpolitik, Mitbestimmungspolitik oder Sozialpolitik. Kurz: Die negative Integration und das europäische Wettbewerbsrecht interferieren auf breitester Front mit jenen Aspekten der „sozialen Regulierung", für welche die Mitgliedstaaten die primäre Verantwortung behalten haben und auf absehbare Zukunft behalten müssen.

Diese Interdependenz der Regulierungs-Dimensionen lässt sich vernünftigerweise nicht im Sinne eines Entweder-Oder auflösen. Weder können nationale und subnationale Ziele ohne Rücksicht auf die Gemeinschaftsschädlichkeit der gewählten Maßnahmen verfolgt werden, noch dürfen die Maximen der Marktöffnung und Wettbewerbsgleichheit um den Preis einer Desintegration sozialer Ordnungen in den Mitgliedstaaten maximiert werden. Stattdessen geht es um ein „Management der Interdependenz" zwischen nationalen und europäischen Zuständigkeiten (Dehousse 1993), das in der *vertikalen* Dimension jene Spannungen zwischen ökonomischen und sozialen Regulierungszwecken behandelt, die im Nationalstaat in *horizontalen* Auseinandersetzungen zwischen den Ressorts, im Kabinett und im Parlament geregelt werden. Die dafür maßgeblichen Kriterien hat Christian Joerges folgendermaßen formuliert:

„Europäische Problemlösungen erfordern eine Kompatibilisierung integrationspolitischer und national-gesellschaftlicher Anliegen; sie werden zwischen einer Perfektionierung der Harmonisierungspolitik und einem durch wechselseitige Anerkennung vermittelten regulativen Wettbewerb hindurchsteuern müssen. In dieser Perspektive wären die Dichotomien zwischen Europarecht und nationalem Recht – gemeinschaftlicher Zuständigkeit und nationaler Souveränität, Supramatie und nationaler Verantwortung – als Konkordanzprinzipien neu zu definieren. Die Gemeinschaft würde die Legitimität nationalen Rechts im Grundsatz respektieren. Sie würde ... nur intervenieren, wenn wichtige Gemeinschaftsinteressen auf dem Spiel stünden. Sie würde die regulative Notwendigkeit einheitlicher rechtlicher Rahmenordnungen konkret rechtfertigen" (Joerges 1994a: 117).

Freilich lassen sich diese Maximen einer „autonomieschonenden" europäischen Politik nur dann auf die Instrumente der negativen Integration ausweiten, wenn auch die Mitgliedstaaten dazu gebracht werden können, ihre eigenen, legitimen Zwecke mit möglichst „gemeinschaftsverträglichen" Mitteln zu verfolgen. Dies ist, so habe ich argumentiert, die doppelte Stoßrichtung der deutschen Rechtsprechung zum „bundesfreundlichen Verhalten" (Scharpf 1993a). Die politische Praxis von Bundesstaaten wie den USA oder der Schweiz, die trotz vollendeter Wirtschaftseinheit mit verhältnismäßig wenig bundeseinheitlicher Regulierung auskommen, sollten ein reichhaltiges Anschauungsmaterial für gemeinschaftsverträgliche Regelungsformen auf der gliedstaatlichen Ebene liefern.

Ob freilich das durch Richterrecht und Lehre gefestigte ordnungstheoretische Paradigma der negativen Integration (Weiler 1994; Behrens 1994) allein durch konzeptionelle Angebote und Anregungen aus dem Rechts- und Politikvergleich verändert werden kann, mag bezweifelt werden. Deshalb könnte man immerhin auch über politische Lösungen nachdenken, die im Prinzip der „Ministererlaubnis" des nationalen Kartellrechts nachgebildet werden könnten. Sie würden darauf hinauslaufen, dass Mitglied-

staaten, deren Maßnahmen, geltende Regelungen oder Regelungs-
absichten als Vertragsverletzung angegriffen werden, den Ministerrat anrufen können, der (durch Mehrheitsentscheidung) die
Einstellung des Verfahrens beschließen kann.[29] Ähnliche Implikationen hat die in der US-amerikanischen Rechtsprechung nach
1937 zu beobachtende Beschränkung der „Negative-commerce-
clause"-Doktrin. Zugleich mit der im Prinzip unbeschränkten
Ausweitung der Commerce-Kompetenz des Bundes hatte der Supreme Court die Interventionen gegenüber einzelstaatlichen Regelungen reduziert, solange diese nicht konkret mit einem Bundesgesetz konfligieren (Schwartz 1957). Im europäischen Kontext
würde dies eine Verlagerung des Prüfmaßstabes von dem hochab-
strakten (und deshalb in besonderem Maße der richterrechtlichen
Interpretation bedürftigen) primären auf das sekundäre Gemeinschaftsrecht bedeuten, für dessen wesentlich konkretere Formulierung der Ministerrat die politische Verantwortung übernommen
hat.

Hinter solchen Anregungen steht die Überlegung, dass der Sinn
der europäischen Integration, und insbesondere der negativen Integration, nicht in der Perfektionierung des Freihandels und der
Maximierung von Konkurrenz liegen kann – von Zielen also, die
zwar der preisgünstigen Versorgung mit Konsumgütern und damit
der Steigerung der materiellen Wohlfahrt dienen, deren uneinge-
schränkter Vorrang vor allen anderen Werten aber nicht einmal in
der Ökonomie und gewiss nicht in der Politik allgemeine Zustimmung fände. Auf breite Zustimmung kann dagegen eine Interpretation rechnen, nach der die Römischen Verträge und jetzt die Europäische Union auf jeden Fall verhindern sollen, dass die europäischen Staaten noch einmal (wie in den dreißiger Jahren) der
Versuchung erliegen, ihre internen Probleme auf Kosten ihrer
Nachbarn zu lösen. Dies ist aber im Kern ein politischer Maßstab,
und deshalb wäre es durchaus angemessen, wenn im Konfliktfall
auch das politische Urteil dieser Nachbarn – und nicht die Eigen-

---

29 Ein Anknüpfungspunkt im geltenden Recht findet sich in Art. 76 des EG-
   Vertrages, nach dem bis zum Erlass EG-einheitlicher Regelungen die Verkehrspolitik der Mitgliedstaaten die Stellung ausländischer Verkehrsunterneh-
   men nicht verschlechtern darf, „es sei denn, dass der Rat einstimmig etwas anderes billigt".

logik der autopoietischen Entfaltung wirtschaftsrechtlicher Syllo-
gismen – den Ausschlag gäbe.

Dem kann man einen zweiten Gedanken hinzufügen: Die negative Integration bedurfte jeder legitimatorischen Hilfestellung für
durchgreifende Interventionen und Kontrollen, solange es darum
ging, die durch hohe tarifäre und nicht-tarifäre Barrieren geschützten und überregulierten nationalen Märkte überhaupt erst für
den grenzüberschreitenden Wirtschaftsverkehr zu öffnen und den
allseits zu erwartenden Rückfällen in den nationalen Protektionismus einen Riegel vorzuschieben. Die unwidersprochene Ermächtigung der Kommission und des Gerichtshofs zur Durchsetzung
der negativen Integration kann deshalb durchaus als „Selbstüberli-
stung"[30] der ihrer eigenen Willensschwäche bewussten (Elster
1979) europäischen Regierungen interpretiert werden. Nachdem
nun aber der Binnenmarkt in den Standortentscheidungen der Unternehmen und den faktischen Verflechtungen der Lieferbeziehun-
gen irreversible Realität geworden ist, kann auch das europäische
Wettbewerbsrecht und die Aufsicht der Kommission über die nationale Politik auf jenes normale Maß reduziert werden, das innerhalb von reifen Bundesstaaten mit unangefochtener Wirtschaftseinheit als ausreichend angesehen wird.

Einer solchen Normalisierung könnte die Politisierung der Auf-
sichtsentscheidungen durchaus dienlich sein. Aber selbst wenn es
insoweit nicht zu einer Vertragsänderung käme, hätte der Gerichtshof die Möglichkeit, seine „Negative-commerce-clause"-
Rechtsprechung zu mäßigen[31] und sich bei der Verteidigung des

---

30 Der Ausdruck und das Argument stammen von Dieter Freiburghaus.
31 Ansätze zu einer Einschränkung der „negative commerce clause"-Rechtspre-
   chung lassen sich in den neuesten Urteilen, auf die mich Christian Joerges
   aufmerksam gemacht hat, durchaus entdecken – so etwa in der Rechtssache
   Keck (EuGH 1993a), in welcher das französische Verbot des Wiederverkaufs
   importierter Waren unter Einstandspreis mit einer Begründung aufrechterhalten wurde, die stark an die frühere (aber nach 1937 als unpraktikabel aufgege-
   bene) US-amerikanische Regel erinnert, nach der Sachverhalte, die dem inter-
   state commerce entweder vorausgehen oder nachfolgen, der einzelstaatlichen
   Regelung vorbehalten bleiben sollten (Scharpf 1965: 325-351). Ein anderes
   Beispiel ist die Rechtssache Bundesanstalt für den Güterfernverkehr (EuGH
   1993b), in welcher die Tarife im deutschen Straßengüterverkehr nicht als un-
   zulässiges Kartell aufgehoben, sondern als staatliche Regulierung akzeptiert
   wurden. Zur Kritik an diesem Rückzug des EuGH vgl. Reich (1994).

Gemeinsamen Marktes nunmehr in stärkerem Maß auf Konflikte mit dem sekundären Gemeinschaftsrecht zu konzentrieren. Aus der Kombination einer die gliedstaatliche Autonomie schonenden Entscheidungspraxis der Kommission und einer die Maximen des „judicial restraint" auch gegenüber den Mitgliedstaaten beherzigenden Rechtsprechung des Gerichtshofs könnte sich so der institutionelle Rahmen für eine effektive europäische Mehrebenenpolitik entwickeln, in der die von der weltwirtschaftlichen Verflechtung belassenen Handlungspotentiale *beider* Ebenen besser als bisher genutzt werden können.

Literatur

Alter, Karen J./Meunier-Aitsahalia, Sophia 1994: Judicial Politics in the European Community. European Integration and the Pathbreaking *Cassis de Dijon* Decision, in: Comparative Political Studies 26, 535-561.

Apel, Hans 1994: Der kranke Koloss. Europa – Reform oder Krise, Reinbek.

Behrens, Peter 1994: Die Wirtschaftsverfassung der Europäischen Gemeinschaft, in: Brüggemeier, Gert (Hrsg.): Verfassungen für ein ziviles Europa, Baden-Baden, 73-90.

Bundeszentrale für politische Bildung (Hrsg.) 1993: Europäische Gemeinschaft. Europäische Union. Die Vertragstexte von Maastricht, bearbeitet von Thomas Läufer, Bonn.

Burley, Anne-Marie/Mattli, Walter 1993: Europe Before the Court: A Political Theory of Legal Integration, in: International Organization 47, 41-76.

Calhoun, Craig 1993: Nationalism and Civil Society: Democracy, Diversity and Self-Determination, in: International Sociology 8, 387-412.

Dahl, Robert A. 1994: A Democratic Dilemma: System Effectiveness versus Citizen Participation, in: Political Science Quarterly 109, 23-34.

Dehousse, Renaud 1993: Does Subsidiarity Really Matter? EUI Working Paper Law No. 92/32, European University Institute, Florenz.

Dehousse, Renaud/Weiler, Joseph H.H. 1990: The Legal Dimension, in: Wallace, William (Hrsg.): The Dynamics of European Integration, London, 242-260.

Deubner, Christian 1994: Die Funktionsfähigkeit der Europäischen Union jetzt und in Zukunft, Stiftung Wissenschaft und Politik, Ebenhausen, Ms.

Ehmke, Horst 1961: Wirtschaft und Verfassung. Die Verfassungsrechtsprechung des Supreme Court zur Wirtschaftsregulierung, Karlsruhe.

Eichener, Volker 1993: Soziales Dumping oder innovative Regulation? Interessenkonfigurationen und Einflusschancen im Prozess der Harmonisierung des technischen Arbeitsschutzes, in: Süß, Werner/Becher, Gerhard

(Hrsg.): Technologieentwicklung und europäische Integration, Berlin, 207-235.

Eichener, Volker 1996: Die Rückwirkung der europäischen Integration auf nationale Politikmuster, in: Jachtenfuchs, Markus/Kohler-Koch, Beate (Hrsg.): Europäische Integration, 1. Aufl., Opladen, 247-278.

Elster, Jon 1979: Ulysses and the Sirens. Studies in Rationality and Irrationality, Cambridge.

EuGH 1979: Rs. 120/78, Slg. 1979, 649 – Cassis de Dijon.

EuGH 1993a: Rs. 267/91 und 268/91, in: Europäische Zeitschrift für Wirtschaftsrecht 4, 770 – Keck und Mithouard.

EuGH 1993b: Rs. C-185/91, in: Europäische Zeitschrift für Wirtschaftsrecht 4, 769 – Bundesanstalt für den Güterfernverkehr/Reiff.

Featherstone, Kevin 1994: Jean Monnet and the „Democratic Deficit" in the European Union, in: Journal of Common Market Studies 32, 149-170.

Fröhlich, Thomas 1992: Reif für die Mülltonne. Die EG-Verpackungspläne beweisen, dass der Umweltschutz dem Binnenmarkt geopfert werden soll, in: SZ vom 25./26. Juli 92, 33.

Ganslandt, Herbert 1993: Das System der sozialen Sicherung in Griechenland, in: Lottes, Günther (Hrsg.): Soziale Sicherheit in Europa. Renten- und Sozialversicherungssysteme im Vergleich, Heidelberg, 185-203.

Garrett, Geoffrey 1992: International Cooperation and Institutional Choice: The European Community's Internal Market, in: International Organization 46, 533-560.

Grabitz, Eberhard (Hrsg.) 1984: Abgestufte Integration. Eine Alternative zum herkömmlichen Integrationskonzept?, Kehl am Rhein.

Graebner, William 1977: Federalism in the Progressive Era. A Structural Interpretation of Reform, in: Journal of American History 64, 331-357.

Grimm, Dieter 1992: Der Mangel an europäischer Demokratie, in: Der Spiegel, Heft 43, 19.10.92, 57-59.

von der Groeben, Hans 1992: Probleme einer europäischen Wirtschaftsordnung, in: Baur, Jürgen F./Müller-Graff, Peter Christian/Zuleeg, Manfred (Hrsg.): Europarecht, Energierecht, Wirtschaftsrecht. Festschrift für Bodo Börner, Köln, 99-123.

Hank, Rainer 1994: Die Eisenacher und die Rüsselsheimer. Im Opel-Werk an der Wartburg hat die Zukunft schon begonnen, in: FAZ vom 6.8.94, 11.

Héritier, Adrienne/Mingers, Susanne/Knill, Christoph/Becka, Martina 1994: Die Veränderung von Staatlichkeit in Europa. Ein regulativer Wettbewerb: Deutschland, Großbritannien und Frankreich in der Europäischen Union, Opladen.

Héritier, Adrienne 1995: Rationalität kontextorientierten Staatshandelns: Folgen der Internationalisierung der Innenpolitik, in: Seibel, Wolfgang/Benz, Arthur/Klimecki, Rüdiger G. (Hrsg.): Regierungssystem und Verwaltungspolitik, Opladen.

Ipsen, Hans Peter 1972: Europäisches Gemeinschaftsrecht, Tübingen.

Joerges, Christian 1991: Markt ohne Staat? Die Wirtschaftsverfassung der Gemeinschaft und die regulative Politik, in: Wildenmann, Rudolf (Hrsg.): Staatswerdung Europas? Optionen für eine Europäische Union, Baden-Baden, 225-268.

Joerges, Christian 1994a: Legitimationsprobleme des europäischen Wirtschaftsrechts und der Vertrag von Maastricht, in: Brüggemeier, Gert (Hrsg.): Verfassungen für ein ziviles Europa, Baden-Baden, 91-130.

Joerges, Christian 1994b: Rationalisierungsprozesse im Vertragsrecht und im Recht der Produktsicherheit: Beobachtungen zu den Folgen der Europäischen Integration für das Privatrecht, European University Institute, EUI Working Paper Law No. 94/5, Florenz.

Kapteyn, Paul 1991: „Civilization under Negotiation". National Civilizations and European Integration: The Treaty of Schengen, in: Archives Europénnes de Sociologie 32, 363-380.

Kosonen, Pekka 1994: The Impact of Economic Integration on National Welfare States in Europe, Universität Helsinki, Fachbereich Soziologie, Helsinki, Ms.

Lange, Peter 1992: The Politics of the Social Dimension, in: Sbragia, Alberta M. (Hrsg.): Euro-Politics, Institutions and Policymaking in the „New" European Community, Washington, 225-256.

Leibfried, Stephan/Pierson, Paul 1992: Prospects for Social Europe, in: Politics and Society 20, 333-366.

Majone, Giandomenico 1993: The European Community Between Social Policy and Social Regulation, in: Journal of Common Market Studies 31, 153-170.

Majone, Giandomenico 1994: The European Community: An „Independent Fourth Branch of Government"?, in: Brüggemeier, Gert (Hrsg.): Verfassungen für ein ziviles Europa, Baden-Baden, 23-43.

Mayntz, Renate/Scharpf, Fritz W. 1994: Steuerung und Selbstorganisation in staatsnahen Sektoren, MPI für Gesellschaftsforschung, Köln, Ms.

Merkel, Wolfgang 1993: Ende der Sozialdemokratie? Machtressourcen und Regierungspolitik im westeuropäischen Vergleich, Frankfurt a.M.

Mestmäcker, Ernst-Joachim 1992: Widersprüchlich, verwirrend und gefährlich. Wettbewerbsregeln oder Industriepolitik: Nicht nur in diesem Punkt verstößt der Vertrag von Maastricht gegen bewährte Grundsätze des Vertrages von Rom, in: FAZ vom 10.10.92, 15.

Mestmäcker, Ernst-Joachim 1994: Zur Wirtschaftsverfassung in der Europäischen Union, in: Hasse, Rolf H./Molsberger, Josef/Watrin, Christian (Hrsg.): Ordnung in Freiheit. Festgabe für Hans Willgerodt zum 70. Geburtstag, Stuttgart, 263-292.

Müller-Armack, Alfred 1956: Soziale Marktwirtschaft, in: ders. 1964: Wirtschaftsordnung und Wirtschaftspolitik. Studien und Konzepte zur sozialen Marktwirtschaft und zur europäischen Integration, Freiburg, 243-249.

Müller-Armack, Alfred 1964: Die Wirtschaftsordnung des Gemeinsamen Marktes, in: ders.: Wirtschaftsordnung und Wirtschaftspolitik. Studien und Konzepte zur sozialen Marktwirtschaft und zur europäischen Integration, Freiburg, 401-415.

Polanyi, Karl 1977: The Great Transformation. Politische und ökonomische Ursprünge von Gesellschaften und Wirtschaftssystemen, Wien, engl. Erstausgabe 1944.

Rehbinder, Eckard/Stewart, Richard 1984: Environmental Protection Policy, Integration Through Law. Europe and the American Federal Experience, Bd. 2, Berlin/New York.

Reich, Norbert 1994: The „November Revolution" of the European Court of Justice: Keck, Meng and Audi Revisited, in: Common Market Law Review 31, 459-492.

Scharpf, Fritz W. 1965: Grenzen der richterlichen Verantwortung. Die political-question-Doktrin in der Rechtsprechung des amerikanischen Supreme Court, Karlsruhe.

Scharpf, Fritz W. 1970: Demokratietheorie zwischen Utopie und Anpassung, Konstanz.

Scharpf, Fritz W. 1985: Die Politikverflechtungs-Falle: Europäische Integration und deutscher Föderalismus im Vergleich, in: Politische Vierteljahresschrift 26, 323-356.

Scharpf, Fritz W. 1987: Sozialdemokratische Krisenpolitik in Europa, Frankfurt a.M.

Scharpf, Fritz W. 1991: Kann es in Europa eine stabile föderale Balance geben? Thesen, in: Wildenmann, Rudolf (Hrsg.): Staatswerdung Europas? Optionen für eine Europäische Union, Baden-Baden, 415-428.

Scharpf, Fritz W. 1992a: Europäisches Demokratiedefizit und deutscher Föderalismus, in: Staatswissenschaften und Staatspraxis 3, 293-306.

Scharpf, Fritz W. 1992b: Koordination durch Verhandlungssysteme: Analytische Konzepte und institutionelle Lösungen, in: Benz, Arthur/Scharpf, Fritz W./Zintl, Reinhard: Horizontale Politikverflechtung. Zur Theorie von Verhandlungssystemen, Frankfurt a.M., 51-96.

Scharpf, Fritz W. 1993a: Autonomieschonend und gemeinschaftsverträglich: Zur Logik der europäischen Mehrebenenpolitik, MPI für Gesellschaftsforschung, Discussion Paper 93/9, Köln, wieder abgedruckt in: ders. 1994: Optionen des Föderalismus in Deutschland und Europa, Frankfurt a.M./New York, 131-155.

Scharpf, Fritz W. 1993b: Versuch über Demokratie im verhandelnden Staat, in: Czada, Roland/Schmidt, Manfred G. (Hrsg.): Verhandlungsdemokratie, Interessenvermittlung, Regierbarkeit. Festschrift für Gerhard Lehmbruch, Opladen, 25-50.

Schwartz, Bernard 1957: The Supreme Court. Constitutional Revolution in Retrospective, New York.

Sieber, Wolfgang 1993: Die soziale Sicherung in Portugal vor dem Hintergrund von EG-Integration und beschleunigtem wirtschaftlich-sozialem Strukturwandel, in: Lottes, Günther (Hrsg.): Soziale Sicherheit in Europa.

Renten- und Sozialversicherungssysteme im Vergleich, Heidelberg, 171-185.

Streeck, Wolfgang 1995: From Market-Making to State-Building? Reflections on the Political Economy of European Social Policy, in: Leibfried, Stephan/Pierson, Paul (Hrsg.): European Social Policy. Between Fragmentation and Integration,Washington.

Taylor, Paul 1983: The Limits to European Integration, New York.

Tinbergen, Jan 1965: International Economic Integration, 2. Aufl., Amsterdam.

Tsebelis, George 1995: Decisionmaking in Political Systems: Veto Players in Presidentialism, Parliamentarism, Multicameralism, and Multipartism; in: British Journal of Political Science 25, 289-325.

VerLoren van Themaat, Pieter 1987: Die Aufgabenverteilung zwischen dem Gesetzgeber und dem Europäischen Gerichtshof bei der Gestaltung der Wirtschaftsverfassung der Europäischen Gemeinschaften, in: Mestmäcker, Ernst-Joachim/Möller, Hans/Schwarz, Hans-Peter (Hrsg.): Eine Ordnungspolitik für Europa. Festschrift für Hans von der Groeben, Baden-Baden, 425-443.

Voelzkow, Helmut 1993: Staatseingriff und Verbandsfunktion: Das verbandliche System technischer Regelsetzung als Gegenstand staatlicher Politik, MPI für Gesellschaftsforschung, Discussion Paper 93/2, Köln.

Weidenfeld, Werner 1994: Europa '96. Reformprogramm für die Europäische Union, Gütersloh.

Weiler, Joseph H.H. 1981: The Community System. The Dual Character of Supranationalism, in: Yearbook of European Law 1, 257-306.

Weiler, Joseph H.H. 1993: Journey to an Unknown Destination: A Retrospective and Prospective of the European Court of Justice in the Arena of Political Integration, in: Journal of Common Market Studies 31, 417-446.

Weiler, Joseph H.H. 1994: A Quiet Revolution. The European Court of Justice and Its Interlocutors; in: Comparative Political Studies 26, 510-534.

Weinstock, Ulrich 1984: Nur eine europäische Umwelt? Zur Umweltpolitik im Spannungsfeld von ökologischer Vielfalt und ökonomischer Einheit, in: Grabitz, Eberhard (Hrsg.): Abgestufte Integration. Eine Alternative zum herkömmlichen Integrationskonzept?, Kehl am Rhein, 301-344.

von Weizsäcker, Ernst-Ulrich 1989: Internationale Harmonisierung im Umweltschutz durch ökonomische Instrumente – Gründe für eine europäische Umweltsteuer, in: Jahrbuch zur Staats- und Verwaltungswissenschaft 3, 203-216.

Wilson, Thomas M./Smith, M. Estellie (Hrsg.) 1993: Cultural Changes and the New Europe: Perspectives on the European Community, Boulder.

Zürn, Michael 1992: Interessen und Institutionen in der internationalen Politik, Opladen.

Helen Wallace

Die Dynamik des EU-Institutionengefüges

1 Einleitung

Die Debatte um das Institutionengefüge der Europäischen Union geht weiter. Sowohl die Rolle der einzelnen EU-Institutionen als auch ihr Verhältnis zueinander werden dabei immer wieder in Frage gestellt. Der Maastrichter Vertrag zur Europäischen Union ließ im institutionellen Bereich viele Fragen offen, die durch spätere Vertragsverhandlungen in Amsterdam geklärt werden sollten, jedoch auch dort weitgehend ungeklärt blieben und dann als „leftovers" erneut in der Regierungskonferenz von 2000 verhandelt wurden. Der Gipfel von Nizza im Dezember 2000 hat keine allseits befriedigende Regelung gebracht, so dass eine weitere Regierungskonferenz für das Jahr 2004 anvisiert wurde.

Diese einleitenden Bemerkungen verdeutlichen bereits ein Charakteristikum des europäischen Integrationsprozesses: Das Institutionengefüge der Gemeinschaft entwickelt sich dynamisch und diskontinuierlich. Die Institutionen und ihre Beziehungen mussten aufgrund von Veränderungen der Vertragsgrundlage sowie Erfahrungen der politischen Praxis im Verlauf des Integrationsprozesses ständig neu überdacht werden. Die Dynamik, die hieraus resultiert, eröffnet viel Spielraum für institutionelle Anpassung und verleitet die politisch Verantwortlichen manchmal dazu, selbst Grundkonstanten des Institutionengefüges in Frage zu stellen. Konstitutionelle Entscheidungen werden dann sowohl aufgrund von Kalkülen „hoher Politik", also Aspekten von Macht- und Souveränität, als auch im Lichte der aus ihnen resultierenden Effekte bezogen auf konkrete politische Maßnahmen getroffen. Die Auseinandersetzungen kreisen um die Kompetenzverteilung zwischen den gemeinschaftlichen Institutionen und zwischen den verschiedenen Regierungsebenen. In ihnen drücken sich die politischen Spannungen über das angemessene Verhältnis von Gemeinschafts- und

Partikularinteresse aus. Der Streit mag die politische Kreativität anregen, er fördert aber gleichzeitig auch Instabilität und Unsicherheit. Die Unbeständigkeit des europäischen Institutionensystems macht es zudem auch schwierig, generelle Aussagen über den Einfluss von Institutionen auf die Inhalte der Politik, die Gewichtung der politischen Akteure und die Gestaltung der politischen Prozesse zu treffen.

Das folgende Kapitel möchte hinter die manchmal oberflächlich geführte Diskussion um das europäische Institutionengefüge blicken und einige Hauptmerkmale des europäischen Regierungssystems, vor allem die permanenten institutionellen Veränderungen, herausarbeiten. Im Folgenden sollen die Ursachen, Bezugspunkte und Folgen dieses Wandels im Lichte einer nunmehr beinahe fünfzigjährigen Integrationserfahrung und der jüngsten Ergebnisse von Nizza untersucht werden.

Bereits in früheren Jahren waren neue Politikprojekte der Antrieb für institutionelle Reformen; dies gilt für das Binnenmarktprogramm und die Kohäsionspolitik ebenso wie für die Wirtschafts- und Währungsunion oder die Ausweitung gemeinschaftlicher Zuständigkeiten in der Außen- und Sicherheitspolitik bzw. der Justiz- und Innenpolitik im Vertrag von Maastricht. Ging es in den Vertragsverhandlungen zur Einheitlichen Europäischen Akte, in Maastricht und Amsterdam vornehmlich um inhaltliche Absprachen, so standen in den Vertragsverhandlungen zu Nizza die institutionellen Fragen im Mittelpunkt und die Auseinandersetzung wurde ganz offen um das relative politische Gewicht von derzeitigen und zukünftigen Mitgliedstaaten geführt. Diese Entwicklung kann als qualitativer Sprung in der europäischen institutionellen Debatte gesehen werden. Überraschend kam diese Entwicklung allerdings nicht, denn sie kündigte sich bereits in verschiedenen Initiativen und Vorschlägen der frühen 1990er Jahre an, beispielsweise in der Kern-Europa Initiative aus deutscher Feder.[1] Darüber hinaus erweckte die enge Festlegung der Regierungskonferenz von Nizza auf die nicht erledigten Verhandlungsgegenstände von Amsterdam – nämlich die Größe und Zusammensetzung

---

1   Vgl. hierzu vor allem das von prominenten Persönlichkeiten der CDU vorgelegte Papier, das europaweit Aufmerksamkeit erregte (Schäuble/Lamers 1994; Weidenfeld 1994).

der Europäischen Kommission, die Stimmengewichtung im Rat sowie die mögliche Ausweitung der Abstimmungen im Rat mit qualifizierter Mehrheit – Unmut und mündete in eine sehr viel grundsätzlichere Debatte über die institutionelle Zukunft der EU (Joerges et al. 2000). Auftrieb erhielt diese Diskussion besonders durch eine Rede von Joschka Fischer zur Finalität des Integrationsprozesses im Mai 2000.

Kontroversen über das institutionelle Design der EU sind allerdings kein neues Phänomen. Bereits der ursprüngliche Entwurf der Gründungsverträge spiegelte verschiedene Denkansätze und Zielvorstellungen wider und die Vertreter der unterschiedlichen Standpunkte waren in der Folgezeit immer versucht, ihre Vorstellungen durchzusetzen. Für die EU bedeutet das, dass ihre politischen Institutionen nicht lediglich als Folge veränderter äußerer Umstände und neuer interner Erfahrungen unter Anpassungsdruck stehen, sondern dass institutionelle Unbeständigkeit ein Wesensmerkmal des europäischen Integrationsmodells ist. Hinzu kommt, dass die EU keinem eindeutigen und vertrauten Verfassungsmodell entspricht. Es gab und gibt in der Gemeinschaft weder eine eindeutige Gewaltenteilung noch eine klare Kompetenzabgrenzung zwischen der europäischen und der mitgliedstaatlichen Ebene. Dies provoziert nicht nur Spannungen, es führte auch zu institutionellen Lücken und Überschneidungen. Die Diskussion um das Subsidiaritätsprinzip ist ebenso eine späte Folge dieser Unklarheit wie auch die allgemeine Ratlosigkeit in Bezug auf die Frage, wie mit dem sogenannten Demokratiedefizit der EU umgegangen werden soll. Hinzu kommt, dass politische Neuerungen bei der Wahrnehmung öffentlicher Aufgaben vermehrt diskutiert werden und in einigen Politikfeldern die traditionelle Politikmethode der EU ergänzen bzw. ersetzen.

Der europäische Integrationsprozess ist im Wesentlichen ein institutionelles Experiment und stellt eine Antwort auf neue politische Herausforderungen und Projekte dar. Somit ist es zwangsläufig ein unvollendetes und mit etlichen Vorbehalten belastetes Vorhaben. Die Vorbehalte entspringen zum Teil Erwägungen der Mitgliedstaaten über Macht und Souveränität, was in den Diskussionen von Nizza um Stimmengewichtung und Kommissionsposten deutlicher denn je zu Tage trat. Sie nähren sich darüber hinaus aber auch aus der Sorge um die Leistungsfähigkeit der Institutionen. Institutionen werden im Hinblick auf die Aufgaben, die sie erfüllen sollen, und die Art und Weise, in der sie dies tun, beurteilt. Regieren in der EU muss weitgehend auf die publikumswirksame Inszenierung von Politik verzichten und ist deswegen umso mehr problem- und ergebnisorientiert. Die Bewertung des „Erfolgs" oder „Misserfolgs" von EU-Institutionen hängt deshalb in hohem Maße davon ab, in wie weit die Institutionen die Erwartungen von Klienten oder Wählern hinsichtlich der Leistungen erfüllen, zu deren Erbringung sie erschaffen wurden. Aus diesem Grund sollte jede Beurteilung der europäischen Institutionen die Frage der Leistungsindikatoren offen ansprechen. Die vorliegende Analyse greift vor allem die Frage nach der Leistungsfähigkeit der Institutionen unter den jeweils konkreten Handlungsbedingungen auf. Dieser Akzent wird bewusst gesetzt, weil in der sehr grundsätzlich und politisch geführten Diskussion um die institutionelle Form und Reform der EU diese Überlegungen oft übergangen werden. Für eine wissenschaftliche Bewertung der europäischen Verfassungswirklichkeit scheinen sie uns aber unbedingt erforderlich zu sein.

Die Argumentation dieses Kapitels beruht auf drei zentralen Thesen: Erstens hat das europäische Experiment eine innovative institutionelle Konfiguration geschaffen. Die neu geschaffenen europäischen Institutionen haben in vielerlei Hinsicht einen erstaunlichen Kompetenzumfang und Einfluss auf die Ausgestaltung gemeinschaftlicher Regeln und Politik erlangt. In der Bilanz produzierte das Experiment allerdings genauso politische Fehlschläge wie Erfolge. Politische Misserfolge wurden oftmals nicht als Fehleinschätzungen im konkreten Fall kritisiert, sondern als allgemeines institutionelles Versagen diagnostiziert (Scharpf 1985). Auf der anderen Seite zeigt das Beispiel des Binnenmarktprogramms und der Einheitlichen Europäischen Akte, dass politische Erfolge zur Stärkung einzelner Institutionen oder des politischen Regimes benutzt wurden. Zweitens bezeichnet der Übergang von der Europäischen Gemeinschaft zur Europäischen Union den Versuch, von einem institutionellen Rahmen zur Erzeugung gemeinsamer politischer Entscheidungen zu einer kollektiven politischen Ordnung zu gelangen. Dies verlangt jedoch die Zufriedenheit von Interessenten und Wählern mit der neuen politischen Ordnung und ihrer Politik und darüber hinaus auch die explizite Übertragung politischer

Macht an die Gemeinschaftsinstitutionen. Die Schwierigkeiten eines solchen Übergangs verdeutlichen die wachsenden Anfeindungen, denen seit Maastricht jede Vertragsreform der EU, sowohl in Bezug auf ihren Inhalt, als auch ihren grundsätzlichen Legitimitätsanspruch, ausgesetzt war. Drittens ist das institutionelle Modell der EU, so wie es bis heute entwickelt wurde, Ausdruck der gemeinsamen politischen Verhaltensweisen, Tradition und Kultur einer bestimmten Gruppe westeuropäischer Staaten. Es ist zudem auch das Produkt allgemeiner politischer Orientierungen, die (West-)Europa in den vergangenen Jahrzehnten prägten: die soziale Marktwirtschaft der 1950er und 1960er Jahre, die stärker liberale Marktwirtschaft der 1980er und 1990er Jahre und in jüngster Zeit die Sorge um die europäische Sicherheit, die europäischen Außenbeziehungen und die Grenzen Europas. Bereits heute, im Europa der 15, erscheint die Stabilisierung und Dauerhaftigkeit des europäischen Integrationsmodells problematisch; diese Problematik wird infolge einer erheblich heterogeneren Mitgliedschaft nach der bevorstehenden Erweiterung voraussichtlich noch wachsen.

2 Die Monnet-Methode und ihre Nachfolger

Um diese drei Thesen in ihrem Kontext zu verstehen, ist es zunächst notwendig, sich die wesentlichen Elemente der sogenannten „Monnet-Methode" zu vergegenwärtigen, auf der die ursprüngliche EG beruhte (Haas 1958; Lindberg 1963). Man muss hierbei jedoch berücksichtigen, dass es sehr viele unterschiedliche Darstellungen des „Monnet-Modells" gibt. Die folgende Definition ist eine stilisierte Version der Gemeinschaftsentwicklung in den Bereichen der politischen Gestaltung und Integration und bildet den Ausgangspunkt für die weiteren Erörterungen dieses Kapitels.

Die ersten Verträge orientierten sich an der Annahme, dass die Gründungsmitglieder der Gemeinschaft verschiedene politische Zwangslagen miteinander teilten, und legten gleichzeitig politische Stabilisierung und wirtschaftlichen Wiederaufbau als gemeinsame Ziele fest. Diese sollten durch die Verabschiedung gemeinschaftlicher Regelungen und die Herstellung von europäischen öffentlichen Leistungen und Gütern in einigen Bereichen erreicht werden. In dem Maße, in dem einige dieser Leistungen kollektiv erzeugt werden könnten, – so die Annahme – würde die gemeinsame Anstrengung beim wirtschaftlichen Wiederaufbau gleichzeitig den gemeinschaftlichen Wohlstand und die öffentliche Unterstützung für die EG erhöhen. Die Verflechtung wirtschaftlicher Politik würde eine Verflechtung der politischen Beziehungen und Abhängigkeiten nach sich ziehen. Die kollektiven Güter und Leistungen sollten durch europäische Gemeinschaftsinstitutionen definiert und hergestellt werden. Die Gemeinschaftsinstitutionen sollten dabei zunächst parallel zu den Institutionen der Mitgliedsländer existieren, um später diese eventuell zu ersetzen, zumindest in den Politikfeldern, in denen die Gemeinschaft über umfangreiche Autorität verfügte. Die Institutionen würden die Interaktionen der zentralen wirtschaftlichen und politischen Eliten auf die Gemeinschaft konzentrieren. Im Verlauf der Zeit würden so neue Eliten entstehen, für die die Gemeinschaft die bevorzugte und dominante Bezugsebene sein würde.

Der institutionelle Prozess der Gemeinschaft, der sich hauptsächlich durch die Interaktion der Kommission und des Rates definierte, würde diese Ziele erreichen können, wenn er sich in drei entscheidenden Hinsichten als erfolgreich erweisen würde. Erstens musste er die Entstehung guter Ideen stimulieren und talentierte politische Unternehmer anziehen. Das bedeutet, die Gemeinschaftsinstitutionen mussten herausragende gesellschaftliche Kräfte als Quelle der Innovation, der Modernisierung und des Kosmopolitismus einbinden. In der Gründungsphase war diese Vorstellung mit dem Leitbild der wohlwollenden Technokratie verbunden. Eine ähnliche Vorstellung findet man aber auch heute, wenn von „Wissensgemeinschaften" als einem nötigen Unterbau für fortschrittliche Politik gesprochen wird (Haas 1992). Zweitens mussten die neuen Institutionen ihre Fähigkeit unter Beweis stellen, praktische Lösungen für allgemein anerkannte politische Probleme zu finden. Denn es ging natürlich nicht darum, Gemeinschaftspolitik ihrer selbst willen oder zur Erfüllung technokratischer Wunschträume zu erschaffen, sondern vielmehr darum, konkrete Probleme durch politische Maßnahmen zu lösen, die ihrerseits durch eindeutige und rechtlich durchsetzbare Regeln abgesichert waren. Ohne effektive Politik war die Chance, dass die neuen Institutionen politisches Vertrauen und Glaubwürdigkeit erringen könnten, sehr gering. Drittens schließlich mussten die Interessen der Teilnehmer am EG-System nachweislich befriedigt werden, und zwar besonders die der beteiligten Eliten. Hiermit sind sowohl substantielle Interessen gemeint, die mit konkreten politischen Prioritäten verbunden sind, als auch symbolische Interessen, die sich auf Werte, Überzeugungen und politische Doktrinen beziehen. Solche Interessen können an nationale Identitäten gekoppelt sein, sich aber auch auf wirtschaftliche und politische Funktionen beziehen. Auf jeden Fall wurde davon ausgegangen, dass die Loyalität gegenüber der Gemeinschaft ansteigen würde, wenn sie nur genügend solcher Interessen bedienen könnte.

Im ursprünglichen institutionellen Konzept sollte die Kommission als Lieferant guter Ideen und als Garant dafür, dass konkrete Problemlösungen gefunden wurden, fungieren. Der Rat seinerseits diente vor allem dazu, die für die Gemeinschaft aus Sicht der Mitgliedstaaten relevanten Probleme zu identifizieren und einige der entsprechenden Interessen zu artikulieren. Relevante Interessen sollten weiterhin auch durch die Kommission, die nationalen Regierungen und eventuell auch durch formale Konsultativgremien sozialer und wirtschaftlicher Akteure, wie z.B. den Wirtschafts- und Sozialausschuss, in die Gemeinschaft eingebracht werden. Das Tandem Kommission-Rat stand damit im Zentrum des europäischen Politikprozesses, umgeben von einer Vielzahl unterschiedlicher Interessenvertreter. „Normale" Politikprozesse im Sinne parlamentarischer Politik sollten bewusst auf Distanz gehalten werden. Der Grund hierfür war weniger der Wunsch nach technokratischer Autokratie, als vielmehr die zur Zeit der Gründung der Gemeinschaft in den Köpfen vieler Beteiligter noch sehr lebhafte Erinnerung an das völlige Versagen parlamentarischer Politik in einigen europäischen Staaten. Die Einbeziehung sozialer und wirtschaftlicher Interessen und ihrer Vertreter in den Integrationsprozess wurde als wichtiger angesehen als die „konventioneller" politischer Kräfte und somit wurde schon früh einer Form von Korporatismus der Vorzug gegeben (Streeck/Schmitter 1991).

Die Konstruktion der Gründungsverträge steckte nur den ungefähren Rahmen ab, der der EG die Fähigkeit verleihen sollte, die drei obengenannten Ziele – gute Ideen zu produzieren, Probleme zu lösen und Interessen zu befriedigen – zu erreichen. In dieses

grobe Raster wurden jedoch einige stabilisierende Faktoren eingefügt, die sich im Nachhinein relativ eindeutig identifizieren lassen.
So wurde der Kommission und dem Europäischen Gerichtshof
(EuGH) zumindest potentiell ein bedeutendes Maß an institutioneller Autonomie und Einfluss zugesprochen, wobei sich beide Institutionen diese Stärken allerdings erst noch durch ihre Effektivität
und Leistung verdienen mussten. Demgegenüber stellte die Funktionsweise des Rates und die verschiedenen Entscheidungsprozeduren, je nach politischer Regelungsmaterie, eine gewisse Rück-
versicherung für die Mitgliedstaaten dar.

Die Vertretung der Interessen der Gemeinschaft und die Bevor-
zugung von Kollektiv- gegenüber Partikularinteressen hing teilweise davon ab, in wie weit die Kommission und der EuGH gemeinschaftliche Ziele aufrechterhalten und durch Festlegung gemeinsamer Zwecke und Übereinkommen abstützen konnten. Darüber hinaus wurden das Kollektivinteresse und die gemeinschaftlichen Ziele allerdings auch gestärkt, indem den kleineren unter den
Gründerstaaten, den drei Benelux-Ländern, ein im Verhältnis zu
ihrer Größe überproportionaler Einfluss zugestanden wurde. Denn
gerade diese kleineren Staaten hatten großes Interesse an einer
starken gemeinschaftlichen Ordnung, durch die die größeren Mitgliedstaaten daran gehindert würden, ihre überlegene wirtschaftliche und politische Macht zu egoistischen oder gar hegemonialen
Zwecken zu nutzen. Zu Anfang sollte die breitere politische Zustimmung für den neuen gemeinschaftlichen Regierungsprozess
nur indirekt und via Legitimation durch die beteiligten Staaten erfolgen. Später sollte dann das Europäische Parlament eventuell eine wichtigere Rolle in diesem Kontext übernehmen, allerdings nur
für den Fall, dass es gelänge, hierfür eine einvernehmliche
Grundlage zu finden.

3   Wie gut bewährte sich das Modell?

Etwa zwei Jahrzehnte lang wurde die Europäische Gemeinschaft
tatsächlich durch das Tandem Kommission-Rat regiert. Die vielleicht unvermeidliche Konkurrenz zwischen Kommission und Rat
steigerte sich 1965 allerdings zu einer dramatischen Konfrontati-

on, die die weitere Entwicklung beider Institutionen prägte. In Folge dieses Konflikts bildete sich ein Spannungsverhältnis zwischen beiden Institutionen, wobei die Kommission immer um die Glaubwürdigkeit ihrer politischen Maßnahmen kämpfen musste und der Rat oft Schwierigkeiten hatte, zu kohärenten Entscheidungen zu gelangen. Während der 1970er Jahre begann zudem das Europäische Parlament an Einfluss zu gewinnen und die Einheitliche Europäische Akte und der Maastrichter Vertrag weiteten die Kompetenzen des Parlaments noch weiter aus. Dadurch konnte das Parlament zunehmend am Politikprozess der Gemeinschaft mitwirken, ohne jedoch die Basis für ein politisches Gemeinwesen zu legen, dem es nach wie vor an einer eindeutigen Legitimationsgrundlage fehlte. Der Europäische Gerichtshof blieb somit die einzige Institution, der es gelang, das Regelwerk und die Politik der Gemeinschaft systematisch zu konsolidieren.

Im Verlauf der 1990er Jahre hat das institutionelle Spannungsverhältnis der Gemeinschaft ein paar neue Aspekte hinzugewonnen. Neue Politiken wurden entwickelt, die jedoch in ihren Entscheidungsabläufen eher die intergouvernementalen Methoden der sogenannten zweiten und dritten Säule übernehmen. Die Kommission wurde viel kritischer beobachtet, was spätestens durch den politischen Druck, der zum Rücktritt der Santer-Kommission im März 1999 führte, offenkundig wurde. Der Europäische Rat beteiligte sich intensiver als zuvor an der Festlegung der politischen Tagesordnung und der Entwicklung neuer Politikinitiativen. Das Europäische Parlament entwickelte sich zwar zu einem aktiveren und einflussreicheren Akteur mit erweiterten legislativen Rechten, die Bereitschaft der Wähler dem Parlament auch (durch Wahlbeteiligung) Anerkennung zu zollen, ging allerdings zurück.

3.1 Die Kommission

Die Kommission war stets bestrebt, mehr politische Glaubwürdigkeit und einen größeren politischen Einfluss zu gewinnen. Sie entwickelte sich zu einem komplexen Organ und baute eine Vielzahl von direkten Beziehungen zu den Adressaten ihrer Politik auf, vor allem zu Experten und relevanten Gesprächspartnern in den Mitgliedstaaten. Der unschöne Begriff „Komitologie" umschreibt die-

se Entwicklung und suggeriert eine starke Bürokratisierung der
politischen Gestaltungsprozesse innerhalb der Kommission. Dieses
Bild ist jedoch in wesentlichen Elementen irreführend, da die
Kommission auch – und meistens mit Erfolg – enge und produktive Beziehungen zu Experten pflegte und oftmals schneller auf
neue politische Probleme reagierte, als die ebenso bürokratischen
und nicht selten auch konservativen und traditionsverpflichteten
Entscheidungsprozesse innerhalb der Mitgliedstaaten (Joerges/Vos
1999; van Schendelen 2002). Um die Kommission herum entwickelten sich Wissensgemeinschaften, die innovative Politikideen
hervorbrachten. Durch diese neuartigen Beziehungen ergaben sich
auch neue Wege den politischen Prozess zu beeinflussen, eine
Gelegenheit, die von Interessengruppen zunehmend wahrgenommen wurde.

Drei Beispiele belegen diese Aussagen. Zum einen nahm die
Kommission bei der Entwicklung transnationaler Umweltpolitik
im Verhältnis zu den Mitgliedstaaten eine Vorreiterrolle ein. Die
Kommission zeigte sich gegenüber neuartigen Analysen zur umweltpolitischen Herausforderung aufgeschlossen und hatte ein offenes Ohr für die Ideen und die politischen Präferenzen, die von
Nicht-Regierungsorganisationen und der im Entstehen begriffenen
grünen Bewegung formuliert wurden. Zweitens wurde die Kommission zum Kristallisationspunkt einer neuen Zusammenarbeit im
Bereich der Technologiepolitik. In diesem Fall baute die Kommission bewusst ein Kontaktnetz zu einer strategisch ausgewählten
Gruppe, bestehend aus großen Firmen und traditionellen nationalen „Champions" dieses Bereichs, auf. Drittens bediente sich die
Kommission der Strukturfonds in einer Art und Weise, die den
Spielraum lokaler und regionaler Politik gegenüber rein nationalstaatlichen Maßnahmen deutlich ausweitete. Dadurch erlangte die
Kommission die Möglichkeit, zunehmend in direkte Beziehung zu
regionalen Gebietskörperschaften und lokalen Entwicklungsorga-
nisationen zu treten (Keating 1993; Hooghe/Marks 2001).

Es geht hier nicht darum, die Programme und Regelungen, die
sich in diesen Bereichen in den 1970er Jahren entwickelten, im
Einzelnen zu bewerten. Es ist aber wichtig festzuhalten, dass aufgrund dieser Entwicklungen die Kommission über eigene politische Ressourcen verfügte. Indem sie zur Politikentwicklung in
diesen Bereichen beitrug, fand die Kommission neue Klienten und

Zielgruppen, die sich dann zumindest im Prinzip davon überzeugen ließen, dass europäisches Regieren konkrete und potentielle politische Vorteile bietet. Empirisch bislang unerforscht ist die Frage, in welchem Ausmaß diese Beziehungen zu der positiven Grundhaltung großer Firmen gegenüber dem Binnenmarktprogramm beitrugen oder auch dafür verantwortlich waren, dass von den Regionen praktisch keine Bedenken über mögliche Gewinner und Verlierer des Binnenmarktes geäußert wurden.

Auf der anderen Seite wurde die Kommission durch das Bestreben, in Kontakt mit den Adressaten ihrer Politik zu treten, allerdings auch in sehr enge Beziehungen mit einigen dieser Klienten verstrickt. Die Kommission hat dadurch den Erwartungsdruck massiver Interessen auf sich gerichtet, ein Verhalten, das dem traditioneller Regierungen ähnelt. Es lassen sich hierfür zahlreiche Beispiele nennen, besonders in so vertrauten Bereichen wie der Landwirtschaft und sensiblen Industriezweigen. Einigen großen Firmen gelang es zudem, extrem enge Beziehungen zur Kommission zu knüpfen und auf diese Weise einen erheblichen Einfluss auf bestimmte Politiken auszuüben – die europäischen Forschungsförderungsprogramme sind ein Beispiel hierfür, die zunehmende Tendenz zum Protektionismus durch Antidumping-Maßnahmen oder freiwillige Importbeschränkungen ein anderer, heftig kritisierter Fall (Green Cowles 1994). Jedoch ist auch dieser Bereich noch wenig erforscht.

Auch wenn eine systematische Evaluierung der Arbeit der Kommission die Möglichkeiten dieses Kapitels übersteigt, so können doch zumindest einige allgemeine Aussagen getroffen werden. In einigen, wenn auch nicht in allen, Politikfeldern hat die Kommission eine beachtliche Fähigkeit unter Beweis gestellt, innovative Ideen zu entwickeln und in den politischen Prozess der Gemeinschaft einzubringen. In der Tat wird die Kommission manchmal sogar dafür kritisiert, dass sie in ihren Vorschlägen zu innovativ, ja direkt exzentrisch sei. Das Gegenteil dürfte jedoch mindestens genauso zutreffen, nämlich dass die Vorschläge der Kommission immer dann besonders anfechtbar sind, wenn ihr innovative Ideen fehlen oder sie nicht in Kontakt mit den relevanten Wissensgemeinschaften steht. Obwohl alle Kommissionsvorschläge immer noch im Rat verhandelt werden müssen, sind vor allem diejenigen vom Untergang bedroht, denen es an intellektueller Stichhaltigkeit mangelt.

Innovative Ideen sind zwar schön und gut, aber nur dann im politischen Tagesgeschäft wirklich von Nutzen, wenn sie in praktikable Politikvorschläge umgewandelt werden können. Hier jedoch leidet die Kommission an einem strukturellen Problem: Sie arbeitet notwendigerweise weit entfernt von den konkreten Problemen und Vorgängen vor Ort. Dieser Umstand gibt ihr in manchen Fällen zwar die Freiheit innovativ und sogar idealistisch zu sein und durch ihre Abgehobenheit kann sie Angelegenheiten häufig relativ objektiv betrachten (Wallace/Young 1997; Young/Wallace 2000), die Glaubwürdigkeit der Kommission ist gerade wegen dieses „Mangels an Verantwortlichkeit" aber auch immer angreifbar. Im Gegensatz dazu verfügen die Mitgliedstaaten über große Erfahrung mit den Problemen vor Ort, sie besitzen erprobte und tief verankerte Politikstrategien und sind ihren Wählern direkt verantwortlich. Sie neigen deshalb aber auch zu einem traditionsbestimmten Konservatismus und müssen auf ihre örtliche Klientel Rücksicht nehmen. Wenn Probleme durch europäische Politik gelöst werden, so schreiben sich die Regierungen der Mitgliedstaaten dafür gerne den Verdienst zu. Wenn sich jedoch durch europäische Politik Probleme stellen oder zu stellen scheinen, so wird die Kommission von den Regierungen gerne als Sündenbock missbraucht. Der Kommission fällt es deshalb schwer Anerkennung zu gewinnen, ins Kreuzfeuer der Kritik gerät sie dagegen leicht.

Hinsichtlich der Befriedigung spezifischer Interessen ist die Kommission in den Bereichen, in denen sie über substantielle Kompetenzen verfügt, mittlerweile als unumgänglicher Gesprächspartner anerkannt. Die Zunahme der Tätigkeit von Lobbyisten in Brüssel zeigt, wie wichtig es für eine Vielzahl von Interessengruppen geworden ist, dass sich die Kommission ihre Sichtweise zu eigen macht und Vorschläge unterbreitet, die auf diese Interessen Rücksicht nehmen. In manchen Fällen finden Interessengruppen sogar einfacher Gehör bei der Kommission in Brüssel als in den Hauptstädten der Mitgliedstaaten (Mazey/Richardson 1992). Aber auch hier besteht nur eine lockere Verbindung zwischen Einflusskanälen und institutioneller Loyalität gegenüber der Kommission. Da die Kommission nur in vergleichsweise wenigen Bereichen ausschließliche Kompetenzen besitzt, teilen Interessengruppen ihre Aktivitäten meist zwischen der Kommission und den nationalen Regierungen auf. Ohnehin binden sich Interessengruppen meist nur locker an bestimmte Institutionen, da ihnen die Verfolgung ihrer konkreten Anliegen wichtiger ist als ein systematischer Einfluss auf eine bestimmte Institution. Da die Kommission nur über eingeschränkte Kompetenzen verfügt und kein politisches Mandat besitzt, kämpft sie zudem mit einem Mangel an politischer Autorität, der es ihr erschwert, zwischen konkurrierenden Interessen zu vermitteln.

Für die Kommission als politischem Akteur bilden all diese Faktoren eine strukturelle Beschränkung, die ihre Arbeit über weite Strecken beengte. In jüngster Zeit ist die Kommission erhöhtem Druck ausgesetzt. Zum einen kann die Kommission viele der derzeitigen politischen Wachstumsbereiche der Gemeinschaft – wie Wirtschafts- und Währungsunion, Sicherheits- und Verteidigungs- sowie Justiz- und Innenpolitik – nur schwer beeinflussen. Zum anderen leidet sie auch unter selbstverschuldeten Problemen, weil sie es verpasste, ihre Verwaltung zu modernisieren und Aufgaben übernommen hat, die sie unter den gegebenen Umständen weder gewissenhaft noch effektiv erfüllen kann.

3.2 Der Rat

Der Rat ist einerseits eine Gemeinschaftsinstitution, befindet sich andererseits aber in der Hand der Mitgliedstaaten oder besser gesagt in der Hand ihrer Regierungen (Hayes-Renshaw/Wallace 1997). Die kollektive Identität, die sich im Rat im Laufe der Zeit entwickelt hat, ist somit eher von zerbrechlicher Natur und stets von Konflikten, sowohl zwischen einzelnen Mitgliedstaaten als auch zwischen Rat und Kommission, bedroht. Das bemerkenswerte Wachstum des Rates mit seinen vertikalen Segmenten und horizontalen Schichtungen verweist auf zwei widersprüchliche Trends. Einerseits verlangt die Ausübung politischer Autorität in der Gemeinschaft den zunehmenden Einsatz von nationalen Delegationen im Rat, bzw. den Räten, an denen Minister und tausende nationaler Beamter teilnehmen. Die Intensität sowie die Intimität dieser Einbindung ist auf transnationaler Ebene unerreicht. Auf

der anderen Seite stellt dieses Engagement allerdings auch den
Versuch dar, den Inhalt und die Richtung europäischer Politik zu
kontrollieren und die Kommission einer dauerhaften und detaillierten Überwachung zu unterwerfen. Es demonstriert zudem, wie
wichtig weiterhin die territoriale Dimension in der europäischen
Politik ist (Sbragia 1992). Der Rat in seinen unterschiedlichen Zusammensetzungen ist somit immer bereit, die Kommission zu kritisieren und häufig auch Gegenargumente zu ihren Vorschlägen zu
unterbreiten.

Der Verhandlungsprozess im Rat, angefangen bei den Arbeitsgruppen nationaler Experten bis hin zu den Treffen der politisch
verantwortlichen Minister, dient nicht der Hervorbringung bril-
lanter Ideen, sondern der Umsetzung von Ideen in annehmbare
Entscheidungen. Aus diesem Grunde diskutiert der Rat nur selten
allgemeine Prinzipien, sondern beschäftigt sich meist mit detaillierten Vorlagen. Der neue Verhaltenscodex, auf den sich der Europäische Rat in Edinburgh im Dezember 1992 einigte, sah zwar
vor, Ratssitzungen, die der Diskussion allgemeiner Prinzipien gewidmet sind, der Öffentlichkeit zugänglich zu machen (Rat 1993),
die Umsetzung dieses Versprechens lässt aber noch sehr zu wünschen übrig. Obwohl der Rat und besonders der Europäische Rat
regelmäßig Absichtserklärungen mit weitreichenden Vorschlägen
für gemeinschaftliches Handeln verabschieden, lassen sie es meist
an Entscheidungen fehlen, die diese Vorschläge konkretisieren.
Einzelnen Regierungen ist es zudem oft wichtiger, dem heimischen Publikum Detailentscheidungen zu präsentieren, bei denen
sie Zugeständnisse anderer Delegationen erwirkt haben, anstatt das
Grundkonzept hinter einer Gemeinschaftspolitik zu vermitteln.

Zu ihrer Verteidigung würden viele Ratsteilnehmer sicherlich
einwenden, dass ihre Aufgabe gerade darin besteht, die mehr oder
minder brillanten Vorschläge der Kommission in praktikable Politik umzuwandeln. Eben weil sie mit beiden Beinen in der Realität
der Mitgliedstaaten stehen, konzentrierten sie sich auf Machbar-
keitsfragen und Einzelheiten der Durchführung. Diese Argumentation enthält zwar einen wahren Kern, verzerrt aber auch die tatsächlichen Verhältnisse. Die Mitglieder des Rates beschäftigen
sich vor allem mit den Auswirkungen einer politischen Maßnahme
auf ihr eigenes Land oder mit den Auswirkungen auf andere Mitgliedstaaten, insoweit ihre eigenen, beschränkten Interessen davon

berührt werden. Der Rat sollte aus diesem Grund nicht so sehr als eine Institution betrachtet werden, die nach adäquaten kollektiven Politiklösungen sucht, sondern vielmehr als eine lockere Zusammenkunft der verschiedenen nationalen Delegationen.

Da Verhandlungsprozesse im Rat meist durch den Modus des Verhandelns anstelle des Problemlösens bestimmt sind, sprach Fritz Scharpf in diesem Zusammenhang auch von der „Politikverflechtungsfalle" (Scharpf 1985). In der Vergangenheit wurde von Seiten der Wissenschaft oft die Einstimmigkeitsregel für die Existenz einer Politikverflechtungsfalle verantwortlich gemacht. Die Notwendigkeit, die – zumindest stillschweigende – Zustimmung aller Beteiligten zu einer bestimmten Entscheidung zu gewinnen, erhöht nicht nur das Gewicht von Veto-Positionen, sondern auch die Komplexität von Politikentwürfen, da den Verhandlungen stetig neue Elemente hinzugefügt werden müssen, um alle Sonderinteressen der Mitgliedstaaten zu berücksichtigen.

Seit Beginn der 1980er Jahre und verstärkt seit Inkrafttreten der Einheitlichen Europäischen Akte werden Entscheidungen im Rat jedoch immer häufiger mit qualifizierter Mehrheit getroffen, wodurch der Rat weniger abhängig vom Konsensprinzip wurde. Dies hat der Kommission die Möglichkeit eröffnet, Vorschläge in den Rat einzubringen, die auch gegen den Widerstand einiger Mitgliedstaaten verabschiedet werden können. Verschiedene nationale Regierungen mit gemeinsamen oder ähnlichen politischen Zielen konnten sich nunmehr als Gruppe auf eine Seite der Debatte schlagen, sei es als Mehrheitsbeschaffer oder als Sperrminorität. Bei einigen Themen gelang es so, die Richtung einer Gemeinschaftspolitik zu ändern und der Politikverflechtungsfalle zu entkommen. Unter diesen veränderten Rahmenbedingungen erwies sich die Kommission in erstaunlicher Weise fähig, selbst bei komplexen Paketlösungen zustimmungsfähige Vorschläge zu entwerfen. Das Delors-I-Paket von 1988, das Delors-II-Paket von 1992 und die Verabschiedung der Finanzpläne der Agenda 2000 sind hierfür gute Beispiele. Allerdings bergen qualifizierte Mehrheitsentscheidungen auch die Gefahr, einzelne Regierungen wiederholt in die Isolation einer machtlosen Minderheit zu drängen sowie die Verpflichtungswirkung von Entscheidungen zu schwächen, denen bestimmte Regierungen nicht zugestimmt haben.

Die Regierungen der Mitgliedstaaten tragen somit häufig mehr Probleme als Ideen in den Rat. Von seinem Entscheidungsprozess gehen daher auch oft eher Einschränkungen als Innovationen aus. Dies ist allerdings eine zu starke Vereinfachung, da manchmal innovative Ideen auch von einzelnen Regierungen oder Gruppen von Regierungen in die Gemeinschaft eingebracht werden (Garrett 1992). So ging – um nur einige Beispiele zu nennen – der Impuls zur Umweltpolitik auf EG-Ebene maßgeblich von der deutschen Seite aus, die Franzosen initiierten einen großen Teil der Debatte über die Verbesserung der technologischen Wettbewerbsfähigkeit der Gemeinschaft, die Briten forderten als erste die wirtschaftliche Liberalisierung, die Schweden setzten sich für ein stärkeres Engagement der Gemeinschaft im Bereich von Beschäftigungspolitik ein und die Finnen waren frühe Befürworter einer „nördlichen Dimension" der Union, also einer aktiveren Politik gegenüber Rußland. Neue politische Optionen können also auch von Seite einzelner nationaler Regierungen in die Gemeinschaft einfließen. Ihre Annahme setzt in der Regel sowohl eine unternehmerische Rolle der Kommission als auch die Herstellung tragfähiger Koalitionen im Rat voraus.

Die Befriedigung von Partikularinteressen gehört zu den wichtigsten Funktionen des Rates. Die Ratsverhandlungen sind voll von Äußerungen darüber, was im Interesse eines Mitgliedstaates ist oder gerade nicht ist, und von Versuchen, Partikularinteressen als allgemeines Interesse der Gemeinschaft zu verkaufen. Diese Feststellung bedarf der Präzisierung. Der Rat besteht aus Repräsentanten der Mitgliedstaaten, die Teilnehmer der Ratssitzungen sind von den Mitgliedstaaten entsandt. Obwohl sie sich stets auf das nationale Interesse berufen, vertreten die Repräsentanten der Mitgliedstaaten in Wirklichkeit oft weitaus enger definierte Interessen: etwa die Interessen der sich momentan an der Macht befindlichen Parteien, sektorale Belange, die einem bestimmten Minister oder Ministerium am Herzen liegen oder andere Partikularinteressen, die eine Regierung unterstützen möchte, wie zum Beispiel die Anliegen bestimmter Firmen oder Regionen. Andere Interessen innerhalb der Mitgliedstaaten werden dagegen möglicherweise von den Regierungen systematisch vernachlässigt. Sowohl die Kommission als auch der Rat vertreten deshalb immer nur ein partielles Interessenspektrum. Im Falle des Rates kann es hierbei durch die Auswirkungen nationaler Wahlen jedoch leichter zu Kontinuitätsbrüchen kommen.

3.3   Der Europäische Gerichtshof

Der Einfluss des Europäischen Gerichtshofes auf den Politikprozess der Gemeinschaft ist unbestreitbar und gut belegt (Burley/Mattli 1993; Dehousse 1998). Im Folgenden soll es jedoch nur um den Einfluss des EuGH auf Ideen, Problemlösungen und die Befriedigung von Interessen sowie um die Konsequenzen seiner Rechtsprechung für das Verhältnis zwischen Rat und Kommission gehen. Der EuGH wirkt als Ideenlieferant, indem er allgemeine Prinzipien des Gemeinschaftsrechts erläutert oder interpretiert. Die Liste der Beispiele hierfür ist lang und eindrucksvoll: Direktwirkung, Verhältnismäßigkeit, Gleichberechtigung, Rechtssicherheit und Grundrechte, um nur einige Stichworte zu nennen. Fortlaufende Rechtsprechung durch den EuGH hat die Bezugsgrundlagen, auf denen europäische Regelungen definiert und angewendet wurden, substantiell verändert (vgl. Joerges, in diesem Band). Seine Rechtsprechung hat die Grundlage für europäische Politik insgesamt erweitert und die Handlungskapazität der europäischen Institutionen – besonders der Kommission – gestärkt. Joseph Weiler vertritt darüber hinaus die These, dass sich durch das Wirken des EuGH auch ein Grundwertekatalog für europäisches Regieren entwickelt hat (Weiler 1992).

Urteile des EuGH haben zudem dazu beigetragen, praktische Probleme zu lösen, indem sie Streitfragen zwischen Rat und Kommission entschieden haben. Das berühmteste Beispiel hierfür ist das „Cassis de Dijon"-Urteil (EuGH 1979), welches das Prinzip der „gegenseitigen Anerkennung" etablierte. Obwohl die unmittelbaren Auswirkungen dieses Urteils nicht so weitreichend waren, wie später behauptet wurde, so eröffnete es doch den Weg für einen neuen Regelungstyp in der Gemeinschaft und stärkte dadurch auch den neuen Kommissions-Ansatz hinsichtlich Harmonisierung und wirtschaftlicher Liberalisierung. Andere Urteile waren kontroverser und wurden teilweise nicht nur als problemlösend, sondern auch als problemerzeugend empfunden. Im Urteil „Barber" (EuGH 1990) und einer Reihe weiterer Fälle bezüglich der

Gleichberechtigung in betrieblichen Rentenversicherungen (die sich alle auf ein Urteil von 1976 zurückführen lassen) klärte der Gerichtshof Angelegenheiten, die von Arbeitgebern und Versicherungsträgern bewusst offengehalten oder restriktiv gehandhabt worden waren. Diese Urteile schufen allerdings auch Probleme, indem sie einigen Arbeitgebern sehr kostspielige finanzielle Anpassungsleistungen auferlegten. Das Ausmaß der finanziellen Verpflichtungen war so groß, dass sich einige größere Arbeitgeber entschlossen, bei der Maastrichter Regierungskonferenz ein sehr intensives und schließlich erfolgreiches Lobbying zu betreiben, um dieser Rechtsprechung durch eine explizite Entscheidung des Rates einen Riegel vorzuschieben – im übrigen ein interessantes Beispiel von direktem Lobbyismus im Europäischen Rat.

Durch den Europäischen Gerichtshof und die Möglichkeit einer direkten Klage ist es auch Individuen möglich, Rechtschutz und eine Klarstellung ihrer Rechte und Pflichten zu erwirken. Es ist jedoch nicht ganz einfach zu sagen, wessen Interessen diese Möglichkeit dient. Man sollte beachten, dass nur solche Parteien vor dem Gerichtshof erscheinen können, die von umstrittenen Regelungen des europäischen Rechts konkret betroffen sind. Für Firmen ist diese Betroffenheit mit Sicherheit leichter nachzuweisen als etwa für die diffuse Gruppe der Konsumenten. Es besteht deshalb bei den Zugangsmöglichkeiten zum EuGH eine gewisse Vorauswahl zugunsten wirtschaftlicher Akteure. Die Klagen, die vor dem EuGH verhandelt wurden, richteten sich sowohl gegen die Kommission und die Regierungen der Mitgliedstaaten als auch gegen andere wirtschaftliche Akteure. In Fällen, in denen es um die Freizügigkeit von Arbeitskräften und die Gleichbehandlung am Arbeitsplatz ging, klagten in der Tat auch einzelne Arbeitnehmer, die jedoch häufig eine Vielzahl ähnlicher Fälle repräsentierten. Die meisten dieser Klagen richteten sich gegen die inkorrekte Anwendung von Gemeinschaftsrecht durch Regierungen oder Firmen in den Mitgliedstaaten. Die Untersuchung von Leibfried und Pierson bietet eine gute Übersicht über Gerichtsverfahren in diesem Bereich (Leibfried/Pierson 2000).

Lange Zeit bestand breiter Konsens darüber, dass der hauptsächliche Verdienst des EuGH darin besteht, den Anwendungsbereich des Gemeinschaftsrechtes erweitert, seine konzeptuelle Struktur verbessert und die Möglichkeiten der Mitgliedstaaten, inkompatible Gesetze im Bereich von Gemeinschaftskompetenzen zu verabschieden, verringert zu haben. In diesem Sinne könnte man den EuGH als politischen Akteur und nicht nur als Quelle der Rechtsprechung bezeichnen, bzw. ihm zumindest einen aktiven Einfluss auf die Definition von politischen Optionen zuschreiben. Die Tatsache, dass die Rechtsabteilungen des Rates und der Kommission eine so zentrale Rolle in beiden Organisationen einnehmen, spricht für die These, dass EuGH-Entscheidungen zunehmend in das Leben von Politikern und Beamten eingreifen. Der Nutzen, den beide Gruppen sowohl auf nationaler wie europäischer Ebene aus Urteilen des Gerichtshofs ziehen konnten, zeigt, dass die gemeinschaftliche Rechtsprechung nicht immer die Handlungsfreiheit von Akteuren beschränken sondern auch Handlungsmöglichkeiten eröffnen kann. Der EuGH übt seinen Einfluss nicht nur über Interpretationen und Urteile in einzelnen Fällen aus, sondern auch durch die Entwicklung von Ideen und juristischen Doktrinen.

Dieser Trend hat jedoch auch rechtlichen und politischen Widerstand nach sich gezogen. Nationale Gerichte haben den Vorrang von Gemeinschaftsrecht und einzelne Urteile des EuGH nicht immer ohne weiteres akzeptiert. Politiker in den Mitgliedstaaten haben versucht, vom EuGH auferlegte Einschränkungen ihrer Handlungsfreiheit abzuwehren und auch der Kommission fällt es nicht immer leicht, einzelne Entscheidungen oder allgemeine Interpretationen des Gerichtshofs in die Tat umzusetzen. In jüngster Zeit ist der Widerstand gegen den EuGH massiver und gezielter geworden. Im Zuge der Debatte um die Ratifizierung des Maastrichter Vertrages wurde die Reichweite des Gemeinschaftsrechts deutlicher denn je in Frage gestellt und der „Aktivismus" des EuGH scharf kritisiert. Das Urteil des Bundesverfassungsgerichtes zum Maastrichter Vertrag (BVerfG 1994) wirkte wie ein Alarmsignal und machte deutlich, dass die Annahme von EU-Entscheidungen und EuGH-Urteilen nicht als Selbstverständlichkeit betrachtet werden kann. Das Urteil des Bundesverfassungsgerichtes vom Januar 1995 hinsichtlich der EU-Regelungen für den Bananenimport (BVerfG 1995) war ein weiterer Schuss vor den Bug der Gemeinschaftsrechtsprechung in einem zentralen Bereich der Landwirtschafts- und Handelspolitik. Im April 1998 betonte auch der dänische Oberste Gerichtshof, dass die Rechtsprechungsgewalt der EU bestimmten Grenzen unterliegt (Dänischer Oberster Gerichtshof 1998; Olsen-Ring 2000).

3.4   Das Europäische Parlament

In den frühen Phasen des Integrationsprozesses verfügte das Europäische Parlament (EP) kaum über Einfluss auf die europäische Politikentwicklung und kann in diesem Sinn als eher dekorativ denn effektiv bezeichnet werden. Seit es jedoch über die ersten haushaltsrechtlichen Befugnisse und einige Gesetzgebungskompetenzen verfügt, hat sich das EP zunehmend direkter in den institutionellen Politikprozess eingeschaltet. Nachdem das Parlament schon durch die Einheitliche Europäische Akte an Gewicht gewonnen hatte, stellte sich das EP als der vielleicht größte Gewinner der institutionellen Veränderungen heraus, die die Regierungskonferenzen der 1990er Jahre mit sich brachten. Einige Beobachter sind mittlerweile der Ansicht, dass sich als Konsequenz dieser Entwicklung die institutionelle Balance in der EU zugunsten des EP verschoben hat, auch wenn dessen Befugnisse gegenüber der Exekutive im Vergleich zu denen nationaler Parlamente zumindest nominell immer noch schwach erscheinen und nach wie vor vom Demokratiedefizit der EU die Rede ist. Der Rücktritt der Santer-Kommission im Jahr 1999 unterstrich die stärkere institutionelle Stellung des EP und war ein eindrückliches Beispiel dafür, wie das Parlament politischen Druck ausüben kann, ohne seine Befugnisse letztlich voll auszuschöpfen, sprich der gesamten Kommission das Misstrauen auszusprechen.

Wie lassen sich diese Umstände nun auf unsere ursprüngliche Fragestellung bezüglich Ideen, Problemlösung und Interessensbefriedigung zurückbeziehen? Durch seinen mangelnden Einfluss auf die Zusammensetzung der europäischen Exekutive und die relative Schwäche parteipolitischer Disziplin ist das Europäische Parlament in der Vergangenheit kaum in der Lage gewesen, Ideen in Form politischer Programme hervorzubringen. Nichtsdestotrotz existieren mittlerweile mit den Sozialisten und der Europäischen Volkspartei zwei bedeutende und zunehmend besser organisierte politische Gruppen im Parlament, die in weiten Bereichen von gemeinsamen politischen Programmen ausgehen und oft Vorschläge unterstützen, die diesen Programmen entsprechen (Hix, in diesem Band). Sie bemühen sich auch um eine engere Zusammenarbeit mit Kommissaren und Ratsmitgliedern ihres eigenen politischen Lagers. Mitglieder des EP setzen sich in der institutionellen Debatte zudem regelmäßig für größere Befugnisse nicht nur für das Parlament, sondern auch für andere „kollektive" europäische Institutionen ein. Laut George Tsebelis nutzt das EP seine Machtposition auch, um die politische Tagesordnung der EU zu beeinflussen (Tsebelis 1994). Die mittlerweile erforderliche Zustimmung des EP zu wichtigen politischen Fragen, wie z.B. zu einer Erweiterung der Union und zu Abkommen mit Drittstaaten, hat den Einfluss des Parlaments gestärkt und ihm die Möglichkeit gegeben, die Zustimmung mit der Berücksichtigung seiner eigenen Vorstellungen über die weitere Entwicklung der EU zu verknüpfen. Das Parlament kann zudem durch die Verabschiedung einzelner Haushaltstitel spezifische politische Ideen durchsetzen, wie etwa im Falle der Integration eines eigenständigen Programms zur Förderung der Demokratisierung in das PHARE-Programm zur Umstrukturierung der osteuropäischen Wirtschaften.

In Bezug auf praktische Problemlösung spielt das EP eine weniger bedeutende Rolle. Trotzdem wurden Veränderungsvorschläge des Parlaments zu Politikvorschlägen der Kommission überraschend häufig berücksichtigt. In einem Parlament, in dem Expertise eine kultivierte Eigenschaft vieler Abgeordneter ist, fällt es „kompetenten" Parlamentariern leichter, sowohl praktische Vorschläge als auch allgemeine Kommentare zu Kommissionsinitiativen vorzubringen. In einigen Sonderfällen gab es sogar eine direkte Partnerschaft zwischen EP-Abgeordneten und der Kommission bzw. dem Rat. Ein besonders bemerkenswertes Beispiel hierfür ist die Rolle einiger EP-Abgeordneter bei der Ausdehnung der Gemeinschaft auf das Gebiet der ehemaligen DDR (Spence 1991).

In Bezug auf Partikularinteressen und die Rolle des EP bei deren Vertretung fällt zunächst auf, dass Europaparlamentarier bemerkenswert selten spezifische „nationale" Interessen vertreten. Stimmabgaben oder Positionsbekundungen finden nur selten und indirekt entlang nationaler Linien und quer zu den parteipolitischen Orientierungen statt. Es ist zudem bekannt, dass sich Lobbyisten und Interessenvertreter zunehmend auch Mitgliedern des EP zuwenden, und auch die Regierungen der EFTA-Staaten be-

mühten sich während der Phase ihrer Beitrittsverhandlungen nach-
drücklich darum, Abgeordnete von ihren Positionen zu überzeugen. Allerdings ist wenig über den Zusammenhang zwischen der
Intensität des Lobbying und bestimmten Politikergebnissen bekannt. Auch regionale Interessen bemühen sich mittlerweile um
Zugang zum EP. Vertreter der Regionen versuchen „ihre" Abgeordneten von ihren Interessen zu überzeugen, in einer ähnlichen
Weise wie dies ihre amerikanischen Kollegen mit Abgeordneten
des Kongresses tun. Es gibt Gerüchte über Kompensationsange-
bote an unentschlossene Europaabgeordnete aus den Regionen der
südlichen Mitgliedstaaten, um die Zustimmung des EP zur Erweiterung um die EFTA-Staaten zu gewinnen. Der Ausschuss der Regionen scheint dagegen bisher eine untergeordnete Rolle in den
Lobby-Prozessen um das EP zu spielen.

3.5   Das Tandem Rat-Kommission

Im Laufe der Zeit hat sich die Dominanz des Tandems aus Rat und
Kommission durch den wachsenden Einfluss von EuGH und EP
auf den politischen Regierungsprozess der EU abgeschwächt.
Nichtsdestotrotz bildet das Verhältnis zwischen diesen beiden
Quasi-Exekutivorganen nach wie vor das Kernstück des Regie-
rungsmodells der EU. Beide Institutionen sind einerseits voneinander abhängig, konkurrieren andererseits aber auch um die Vor-
machtstellung im politischen Prozess der EU. Die politische Natur
dieser Konkurrenz überlagert das Verhältnis der beiden. Darüber
hinaus wird das Verhältnis aber auch stark von Konflikten über
politikfeldspezifische Fragen beeinflusst. Manchmal wird der Entscheidungsprozess durch den Konflikt zwischen beiden Institutionen gelähmt, manchmal entsteht dagegen eine kreative Synergie.
Welche Faktoren diesen Konflikt letztlich bestimmen, lässt sich
schwer ausmachen, da die hohe Politisierung des Konkurrenzver-
hältnisses und polarisierte Meinungsverschiedenheiten zwischen
den Mitgliedstaaten keine klaren Anhaltspunkte für frühere oder
künftige Politikergebnisse zu liefern scheinen.

  In der Interaktion der beiden Institutionen entstand ein innova-
tiver Politikstil und ein transnationaler politischer Prozess, der von
einem partnerschaftlichen Verhältnis zwischen Kommission und

Rat abhängt. Die politische Glaubwürdigkeit europäischen Regierens war jedoch stets Anfechtungen von Kritikern aus den Mitgliedstaaten und von solchen Akteuren ausgesetzt, die sich mit ihren Interessen nicht ausreichend berücksichtigt fühlten. Die institutionellen Anpassungen der Vergangenheit neigten dazu, den politischen Prozess nicht etwa transparenter und unmittelbarer zu gestalten, sondern ihn lediglich noch komplizierter zu machen. Die Kommission hat im Laufe der Zeit an Flexibilität verloren, sie leidet zunehmend an Überlastung, mangelhafter Ressourcenausstattung und einseitiger Einflussnahme von Interessengruppen. Diese Umstände haben ihren Sinn für das Gemeinschaftsinteresse geschwächt. Der Reformbedarf bei der Kommission ist seit langem anerkannt (Spierenburg 1979). Die Prodi-Kommission bekam nun interne Reformen als einen wichtigen Arbeitsauftrag auferlegt, für dessen Erledigung seit 1999 Neil Kinnock verantwortlich ist. Nichtsdestotrotz gab es aber immer wieder Zeiten und Politikbereiche, in denen es der Kommission gelang, ihre Schwächen zu überwinden, durch Argumente zu überzeugen und politische Führung auszuüben.

Die Ratsmitglieder haben es ihrerseits verstanden, die zentrale Rolle ihrer Institution dauerhaft zu verteidigen und einen politischen Entscheidungsstil in der EU zu verankern, der durch hartnäckiges Verhandeln geprägt ist. Es ist ihnen jedoch nicht gelungen, den Rat in eine Institution zu verwandeln, die eindeutig die politische Führung übernimmt. Es ist der Europäische Rat, dem nun zunehmend die Aufgabe der strategischen Führung und Planung der Gemeinschaft zukommt. Der wachsende Einfluss des Parlaments auf den europäischen Politikprozess hat dieser Konstellation zwar weitere Facetten hinzugefügt, jedoch der Gemeinschaftspolitik keine stabile Legitimationsgrundlage geschaffen. Die Zuschreibung von Aufgaben und politischer Verantwortlichkeit beruht in der Gemeinschaft nach wie vor meist auf formaler Kompetenz, aber nicht unbedingt auf politisch stichhaltigen Argumenten. In jüngster Zeit wurde erneut die Frage aufgeworfen, in wie weit und in welcher Form nationale Parlamentarier in den europäischen Politikprozess eingebunden werden könnten, um durch eine direkte Anbindung an die nationale Ebene die Legitimation von Gemeinschaftspolitik zu verbessern.

4 Die Entwicklung alternativer europäischer Politik-Methoden

Parallel und in durchaus enger Verbindung zu den Institutionen entwickelte sich auch das Politikinstrumentarium der Union weiter. Während in der frühen Phase der Integration die Gemeinschaft sich auf wenige Bereiche konzentrierte und dabei die Agrarpolitik mit ihrer distributiven Wirkung das Gesicht der EG prägte, wuchs mit dem Binnenmarktprojekt die Bedeutung regulativer Maßnahmen. Diese entwickelten sich in den 1990er Jahren in den Augen vieler Beobachter zum vorherrschenden Paradigma der Gemeinschaftspolitik. Daneben wurde mit der Struktur- und Kohäsionspolitik in den 1980er Jahren zusätzlich auch eine redistributive Politik auf Gemeinschaftsebene etabliert. Die Strukturpolitik führte zudem ein neues europäisches Politikmodell ein. Bekannt unter dem Begriff „Partnerschaftsprinzip" geht es hierbei um die direkte Einbindung regionaler und lokaler Behörden in die Ausgestaltung und Umsetzung gemeinschaftlicher Politik. Dieses Politikmodell erweiterte das Akteursspektrum des europäischen Politikprozesses um Vertreter einer zusätzlichen, regionalen Ebene. Die Bezeichnung der EU als „Mehrebenensystem" zollt dieser Entwicklung Tribut.

Innovationen in den Methoden der europäischen Politikgestaltung provozierten immer auch Rückwirkungen auf die Gemeinschaftsinstitutionen und ihre Rolle im Politikprozess. So stärkte z.B. das Prinzip der Rechtsangleichung im Rahmen der regulativen Gemeinschaftspolitik die Rolle des EuGH, die Einbeziehung subnationaler Akteure im Bereich der Strukturpolitik führte zur Etablierung einer neuen, wenn auch eher marginal am Politikprozess beteiligten, Gemeinschaftsinstitution, dem Rat der Regionen. Allen oben beschriebenen Politikprozessen ist jedoch gemein, dass sie auf der Grundstruktur des „Monnet-Modells" und den etablierten Institutionen beruhen und die zentrale Stellung des Tandems Kommission-Rat bestätigen.

Im Verlauf der 1990er Jahre haben sich jedoch weitere Formen der Politikgestaltung in der EU etablieren können, die die Monnet-Methode und das traditionelle Institutionengefüge der EU zumindest potenziell in Frage stellen. So dominieren in den neuen Politikfeldern Beschäftigung und wirtschaftliche Koordination Formen „weicher" Politiksteuerung, wie z.B. „benchmarking" und „best practise". „Benchmarking" heißt, dass die Regierungen der Mitgliedstaaten sich auf bestimmte Zielvorgaben einigen, die jedes Mitgliedsland in der ihm angenehmen Art und Weise anstreben kann. Die Politik „best practise" zielt darauf ab, Erfahrungen mit bestimmten Politikstrategien, die sich in einigen Mitgliedstaaten bewährt haben, systematisch aufzuarbeiten, unter den Mitgliedern der Gemeinschaft auszutauschen und in der Union weiter zu verbreiten. Es ist nicht beabsichtigt, entsprechende Kompetenzen zur Politikgestaltung auf die Gemeinschaftsebene zu übertragen, vielmehr behalten die Regierungen der Mitgliedstaaten ihre volle Gestaltungsfreiheit.

Im Bereich der Wirtschafts- und Währungsunion, der Innen- und Justizpolitik und der Gemeinsamen Außen-, Sicherheits- und Verteidigungspolitik hat sich ein Modell der gemeinschaftlichen Politikgestaltung etabliert, das als „intensiver Transgouvernementalismus" bezeichnet werden kann (Wallace 2000). Die Abstimmung einer gemeinschaftlichen Politik geschieht in enger Kooperation im Rahmen der entsprechenden Ministerräte; die Politikrichtung wird durch den Europäischen Rat vorgegeben. Die anderen Gemeinschaftsinstitutionen sind von diesen Abstimmungsprozessen entweder ganz ausgeschlossen, was für das EP und den EuGH weitgehend zutrifft, oder, wie die Kommission, nur marginal beteiligt. Die Tatsache, dass diese Form der Konzertierung zwischen den Regierungen gerade in Politikbereichen stattfindet, die zu den dynamischsten Wachstumsbereichen der EU der 1990er Jahre zählten, deutet auf wichtige Veränderungen hin. Im Lichte dieser Erfahrung ist es denkbar, dass die Monnet-Methode als dominierendes Politikmodell der EU durch alternative Koordinationsformen in Zukunft abgelöst werden könnte. Es dürfte offensichtlich sein, dass eine solche Entwicklung tiefgreifende Rückwirkungen auf das Institutionengefüge der EU hätte.

5   Anpassungsdruck auf das Modell

Da in der Tat mittlerweile gewaltige Probleme in Bezug auf alle
drei oben diskutierten Dimensionen – Ideen, Problemlösung und
Interessenbefriedigung – bestehen, wäre das Regierungsmodell der
EU so oder so unter Druck geraten. Der Druck wurde durch Veränderungen im politischen und ökonomischen Kontext der Union
allerdings noch deutlich erhöht. Darüber hinaus wirft die bevor-
stehende Erweiterung der EU die Frage auf, ob der traditionelle institutionelle Prozess der Gemeinschaft für eine veränderte und he-
terogenere Mitgliedschaft überhaupt noch zweckmäßig sein kann.
Abschließend möchte ich noch kurz auf diese allgemeineren Argumente in der Debatte um Form und Reform des europäischen
Institutionengefüges eingehen.

Ein Teil der ursprünglichen Kernideen hinter der Gemeinschaftspolitik stammte aus dem politisch-ökonomischen Kontext
der 1950er und 1960er Jahre, in dem die Mitgliedstaaten auf nationaler Ebene den Wohlfahrtsstaat aufbauten und auf europäischer Ebene durch eine Anzahl gemeinsamer Politiken zu unter-
mauern suchten. Dieses Regime hielt die beiden großen politischen Lager Westeuropas, die Sozial- und Christdemokraten, zusammen und wurde gestützt durch sozialpartnerschaftliche Arrangements zwischen Arbeitgebern und Gewerkschaften, die beide
massive staatliche Wirtschaftsinterventionen und umfassende
staatliche Wohlfahrtsausgaben befürworteten. Das Binnenmarktprogramm wurde gerade deshalb ein politischer Erfolg, da es der
europäischen Politik erlaubte, sich hin zu einem neuen polit-öko-
nomischen Paradigma zu orientieren – wenn auch nur bis zu einem
gewissen Grad. Die Betonung von Regulierung als neuem Leitbild
europäischer Politik veränderte Politikformen und die Beziehungen zu Klienten und Interessenvertretungen. Dieses Leitbild war
allerdings kaum in der Lage, alternative öffentliche Güter und Leistungen zu identifizieren, die nun durch Gemeinschaftspolitik bereitgestellt werden sollten. Die EU-Politik konnte nun von den
ökonomisch und sozial Benachteiligten dafür verantwortlich gemacht werden, Gewinner und Verlierer zu produzieren, auch wenn
vielleicht die Kausalbeziehung zwischen beidem nur als schwach
angesehen werden kann. So gewann das Konzept der Subsidiarität,

von manchen auch als Renationalisierung bezeichnet, in den 1990er Jahren gerade als ein Argument für die Reduzierung der Reichweite des gemeinschaftlichen Regierens an Glaubwürdigkeit.

Ein zweiter Bereich gemeinsamer Werte und damit auch eine Quelle der Unterstützung für Politikformulierung im Gemeinschaftsrahmen ergab sich aus der Rolle der EG als geopolitischem Stabilitätsfaktor, sowohl in Bezug auf die Einbindung Deutschlands als auch der Konsolidierung des Westens gegenüber dem Osten. Über viele Jahre wurde dieser häufig nur implizite Wertekonsens als Quelle der Solidarität und der Regimestabilisierung gegenüber den unvermeidlichen Streitigkeiten über spezifische Politikvorschläge oder die Frage der politischen Rolle der EG vernachlässigt. Seit 1989 ist dieser Wertekonsens geschwächt. Zum einen, weil sowohl Deutschland als auch seine Partner Schwierigkeiten haben, sich an Deutschlands neue Konstellation und Größe anzupassen, zum anderen, weil der Kommunismus als ideologischer Gegner nicht mehr existiert.

Diejenigen, die sich trotz dieser Entwicklungen für einen weiteren Ausbau der Gemeinschaftspolitik einsetzen, müssen auf die schwierigen Themenfelder der Wirtschafts- und Währungsunion, der inneren Sicherheit und der gemeinsamen Außen- und Verteidigungspolitik verweisen. Bei diesen Themen handelt es sich im Kern um Bereiche der „hohen Politik", die sich grundsätzlich von denjenigen unterscheiden, in denen die ursprüngliche Monnet-Methode entwickelt wurde und die sich hervorragend für die Hervorbringung von Ideen, von praktischen sowie praktikablen Lösungsansätzen und von Koalitionen zufriedener Interessengruppen eignete. Es sollte hierbei jedoch nicht übersehen werden, dass auch das alte politische Repertoire der EG politische Stagnation und unzufriedene Klienten kannte. Die gemeinsame Agrarpolitik und der handelspolitische Protektionismus dienen hier als Beispiele.

Unter diesen widrigen Umständen für gemeinschaftliche Politik hängt vieles von der Leistungsfähigkeit der Institutionen ab, während die institutionellen Beziehungen jedoch auch gleichzeitig einen Großteil der erwähnten Belastungen tragen müssen. Wir können zwei recht widersprüchliche Entwicklungen als Reaktion auf diese Umstände beobachten. Auf der einen Seite befindet sich die EU in einer Phase, die von bemerkenswerten neuen politischen Unternehmungen geprägt ist: die Wirtschafts- und Währungsunion, die parallele Diskussion über die „new economy" und die Herausforderungen der Beschäftigungspolitik, die Innen- und Justizpolitik sowie eine deutlich aktivere Außen- und Sicherheitspolitik, inklusive einer substanziellen militärischen Komponente. Auf der anderen Seite scheint es einen starken Trend weg von der traditionellen Monnet-Methode hin zu unverbindlicheren und „weicheren" Politikmethoden zu geben, die in ihrer Wesensart eher transgouvernemental denn supranational sind. Innerhalb dieser Entwicklung können wir sowohl Formen des Regierens identifizieren, die sich auf – meist diffus operierende – Netzwerke stützen, als auch solche, die auf einer Beteiligung breiter Kreise wirtschaftlicher, sozialer und politischer Akteure beruhen (Kohler-Koch/Eising 1999). Die Wirtschafts- und Währungsunion bildet hierbei eine deutliche Ausnahme in dem Sinne, dass das Projekt einer Gemeinschaftswährung unter einem in hohem Maße autoritativ und zentralistisch ausgestalteten Regime operiert, nämlich als Gemeinschaftsbehörde in Form der Europäischen Zentralbank, unterstützt durch einen privilegierten Kreis von Vertretern der nationalen Finanzinstitutionen und Zentralbanken.

Es ist schwierig, die Auswirkungen dieser Entwicklungen auf das Institutionengefüge der EU vorauszusagen, selbst wenn man den zusätzlichen Druck, der durch eine Erweiterung entstehen mag, außer Acht lässt. Die vielen offenen Fragen, die während des Europäischen Rates in Nizza zu verhandeln waren, führten zwischen den Regierungen der Mitgliedstaaten zum Streit über ihr relatives Gewicht und ihren Einfluss in der EU, was sich besonders in den Auseinandersetzungen um die Entscheidungsmodalitäten im Rat manifestierte. Es zeigte sich ein durchgängiges Verhaltensmuster, nämlich eine nationale Defensivhaltung und der Wille, hart um Vormacht und Stellung des eigenen Staates zu kämpfen. Den Fragen der demokratischen Verantwortlichkeit oder der Effizienz der Institutionen wurde dagegen nur geringe Aufmerksamkeit geschenkt.

Allerdings hat sich parallel zu den Regierungsdebatten auch eine breitere Diskussion entwickelt, in der es darum geht, einen transparenteren Handlungsrahmen, eventuell gar ein föderales System, und dies vielleicht sogar im Wege einer Verfassungsgebung, zu schaffen. Die Ansichten hierüber variieren erheblich, sowohl zwischen den Regierungen als auch in der breiteren Öffentlichkeit der Mitgliedstaaten. Problematisch ist es, dass in dieser neuen Debatte der Wunsch nach einem klaren institutionellen Design dominiert. Das führt zu Forderungen wie dem erneuten Ruf nach einem „Kompetenzkatalog", in dem jeder Regierungsebene eindeutig ihre Kompetenzen zugeschrieben werden sollen. Hier zeigt sich wieder das allgemeine Dilemma der EU: Ein klares und einfaches institutionelles Design würde die Gemeinschaftspolitik viel leichter verständlich machen, voraussichtlich aber die Dynamik des Politikprozesses zerstören. Im Gegensatz dazu bietet ein diffuseres und weniger klar umrissenes Institutionengefüge mehr Raum für Anpassung und Innovation – genau der Weg, auf dem so viele der vergangenen Erfolge der EU erreicht wurden. Johan Olsen umschreibt dieses Dilemma bildlich mit der Wahl zwischen einem französischen Schlossgarten und einem englischen Landschaftspark (Olsen 2000) – es bleibt abzuwarten, welche Gestalt in den kommenden Vertragsreformen einer erweiterten EU die (implizite) Leitidee sein wird (Kohler-Koch 2000).

Übersetzung: Stefanie Flechtner

Literatur

Burley, Anne-Marie/Mattli, Walter 1993: Europe before the Court: a Political Theory of Legal Integration, in: International Organization 47, 41-76.
BVerfG 1994: Urteil zum Maastricht-Vertrag, in: Entscheidungen des Bundesverfassungsgerichtes 89, 155-213.
BVerfG 1995: Gewährung einstweiligen Rechtsschutzes durch deutsche Gerichte bei Anwendung der EG-Bananenmarktorganisation, 25.01.1995, 2 BvR 2689/94 und 52/95.
Dänischer Oberster Gerichtshof 1998: Maastricht-Urteil, 6. April 1998 – I 361/1997.
Dehousse, Renaud 1998: The Court of Justice, London.
EuGH 1979: Rs. 120/78 (REWE), Slg. 1979, S. 649 – Cassis de Dijon.
EuGH 1990: Rs. C-262/88, Slg. I, S. 1889 – Barber v GRE.
Garrett, Geoffrey 1992: International Cooperation and Institutional Choice: the European Community's Internal Market, in: International Organization 46, 533-560.
Green Cowles, Maria 1994: The Politics of Big Business in the European Community: Setting the Agenda for a New Europe, Diss., Washington.

Haas, Ernst B. 1958: The Uniting of Europe. Political, Economic, and Social forces, Stanford.

Haas, Peter M. 1992: Introduction: Epistemic Communities and International Policy Coordination, in: International Organization 46, 1-35.

Hayes-Renshaw, Fiona/Wallace, Helen 1997: The Council of Ministers, London.

Hooghe, Liesbet/Marks, Gary 2001: Multilevel Governance and European Integration, Lanham.

Joerges, Christian/Vos, Ellen 1999: EU Committees: Social Regulation, Law and Politics, Oxford.

Joerges, Christian/Meny, Yves/Weiler, J. H. H. (Hrsg.) 2000: What Kind of Constitution for What Kind of Polity?, Responses to Joschka Fischer, European University Institute, Florence.

Keating, Michael 1993: The Continental Meso: Regions in the European Community, in: Sharpe, Laurence J. (Hrsg): The Rise of Meso Government in Europe, London.

Kohler-Koch, Beate 2000: Framing: the Bottleneck of Constructing Legitimate Institutions, in: Journal of European Public Policy 7, 513-531.

Kohler-Koch, Beate/Eising, Rainer (Hrsg.) 1999: The Transformation of Governance in the European Union, London.

Leibfried, Stefan/Pierson, Paul 2000: „Social Policy: Left to Courts and Markets?", in: Wallace, Helen/Wallace, William (Hrsg.): Policy-Making in the European Union, Oxford, 267-292.

Lindberg, Leon N. 1963: The Political Dynamics of European Economic Integration, Stanford.

Mazey, Sonia/Richardson, Jeremy 1992: Lobbying in the European Community, Oxford.

Olsen, Johan P. 2000: „How, Then, Does One Get There?", in: Joerges, Christian/Meny, Yves/Weiler, J.H.H. (Hrsg.): What Kind of Constitution for What Kind of Polity?, Responses to Joschka Fischer, European University Institute, Florence.

Olsen-Ring, Line 2000: Einflüsse der Maastricht-Entscheidung des Bundesverfassungsgerichts auf die Rechtsprechung des Obersten Gerichtshofs Dänemarks, in: Knodt, Michèle/Kohler-Koch, Beate (Hrsg.): Deutschland zwischen Europäisierung und Selbstbehauptung, Mannheimer Jahrbuch für Europäische Sozialforschung, Band 5, Frankfurt a.M., 199-224.

Rat der Europäischen Union 1993: Beschluss 93/731/EG – Zugang der Öffentlichkeit zu Ratsdokumenten.

Sbragia, Alberta (Hrsg.) 1992: Europolitics, Washington, 257-291.

Scharpf, Fritz 1985: Die Politikverflechtungsfalle. Europäische Integration und deutscher Föderalismus im Vergleich, in: Politische Vierteljahresschrift 26, 323-356.

Schäuble, Wolfgang/Lamers, Karl 1994: Reflections on European Policy, CDU-CSU Fraktion des Bundestages, Bonn.

Streeck Wolfgang/Schmitter, Philippe C. 1991: From National Corporatism to Transnational Pluralism: Organised Interests in the Single European Market, in: Politics and Society 19, 133-164.

Spence, David 1991: Enlargement without Accession: German Unification and the European Community, RIIA Discussion Paper, London.

Spierenburg, Dirk 1979: Vorschläge für eine Reform der Kommission der Europäischen Gemeinschaften und ihrer Dienststellen, in: Bulletin der EG 9, 16-25.

Tsebelis, George 1994: The Power of the European Parliament as a Conditional Agenda Setter, in: American Political Science Review 88, 128-142.

van Schendelen, Rinus 2002: „Machiavelli in Brussels". The Art of Lobbying in the EU, Amsterdam.

Wallace, Helen 2000: The Institutional Setting: Five Variations on a Theme, in: Wallace, Helen/Wallace, William (Hrsg.): Policy-Making in the European Union, Oxford, 3-37.

Wallace, Helen/Young, Alasdair R. (Hrsg.) 1997: Participation and Policy-Making in the European Union, Oxford.

Weidenfeld, Werner (Hrsg.) 1994: Europa '96. Reformprogramm für die Europäische Union, Gütersloh.

Weiler, Joseph 1992: After Maastricht: Community Legitimacy in Post-1992 Europe, in: Adams, William James (Hrsg.): Singular Europe, Ann Arbor, 11-42.

Young, Alasdair R./Wallace, Helen 2000: Regulatory Politics in the Enlarging European Union, Manchester.

Franz Urban Pappi und Christian H.C.A. Henning

Die Logik des Entscheidens im EU-System

Kollektive Entscheidungen werden in der Europäischen Union unter ganz verschiedenen institutionellen Bedingungen getroffen. Sie reichen von den Regierungskonferenzen zur Vorbereitung von Vertragsänderungen, die der nationalen Ratifikation bedürfen, über einstimmige Beschlüsse des Europäischen Rats, z.B. über einen gemeinsamen Standpunkt in der Außen- und Sicherheitspolitik (Art. 15 und 23 EUV), bis zu den verschiedenen Formen, die für die Schaffung von sekundärem Gemeinschaftsrecht durch die Organe der Europäischen Gemeinschaften vorgesehen sind. Die EG legt ihre Gemeinschaftspolitiken durch Verordnungen und Richtlinien fest (Art. 249 EGV). Das historisch älteste Entscheidungsverfahren ist die kollektive Entscheidung durch den Ministerrat auf Vorschlag der Kommission nach Anhörung des Parlaments (Anhörungsverfahren). Es ist nach wie vor für die gemeinsame Agrarpolitik gültig (Art. 37 EGV) und damit für knapp die Hälfte der finanziellen Verpflichtungen, die sich aus Rechtsakten der EG ergeben (Herdegen 2001: 208). Die Entwicklung geht in Richtung auf eine stärkere Einbindung des Europäischen Parlaments in die Entscheidungsverfahren, so bei der Feststellung des Haushalts, bei dem das Parlament sich bei den nicht obligatorischen Ausgaben durchsetzen kann (Art. 272, Abs. 4-6 EGV), oder beim Mitentscheidungsverfahren, das durch den Maastrichter Vertrag eingeführt, durch den Vertrag von Amsterdam modifiziert und dessen Anwendung durch die Verträge von Amsterdam und Nizza auf weitere Bereiche ausgedehnt wurde.

Jede kollektiv bindende Entscheidung, die nicht von einer einzelnen Person getroffen wird, ist ein Verfahren der Präferenzaggregation. Die Abstimmungsregeln im EU-System sehen alle Möglichkeiten von strikter Einstimmigkeit, Einstimmigkeit mit

Enthaltungsmöglichkeit, über qualifizierte Mehrheiten bis zu einfachen Mehrheiten, sei es der Abstimmenden oder der Mitglieder eines Gremiums, vor. Von der Logik des Entscheidens soll hier in dem Sinn die Rede sein, dass institutionelle Regeln bei angenommenen unveränderten Politikpräferenzen der Abstimmenden zu bestimmten Arten von Ergebnissen führen. Da man natürlich die Politikpräferenzen der Abstimmenden nicht, wie in einem Experiment, unverändert lassen kann, benötigt man Modelle, die die Logik der Entscheidung auf bestimmte Mechanismen der Entscheidungsfindung in Abhängigkeit von einer institutionellen Regel zurückführen.

Für die Präferenzen sind folgende Fälle zu unterscheiden. Sie können erstens für konkrete Fälle empirisch erhoben oder per Annahme auf eine bestimmte Interessenkonstellation festgelegt werden, um dann zu überprüfen, wie sich ein bestimmtes Verfahren auswirkt. So werden wir in dem einführenden ersten Abschnitt vorgehen, in dem wir die formalen Regeln für das Anhörungsverfahren vorstellen. Zweitens kann man bestimmte Zufallsverteilungen der Präferenzen annehmen und zeigen, wie sich z.B. der A priori-Koalitionswert eines Akteurs unabhängig von den konkreten Politikpräferenzen auf seine Entscheidungsmacht auswirkt. Und drittens gibt es Politikbereiche, in denen die Politikpräferenzen kein Geheimnis sind. Dies trifft auf die distributive Politik der Gemeinschaft zu, als deren Beispiel uns die Agrarpolitik dient. Für jede distributive Politik können wir annehmen, dass für die Abstimmenden gilt: Mehr für meine Klientel, deren Unterstützung ich mein Amt verdanke, ist besser als weniger.

Im nächsten Abschnitt wird die Logik des Anhörungsverfahrens mit Hilfe eines einfachen Modellbeispiels herausgearbeitet. Dann wird im nächsten Abschnitt ein erweitertes Modell vorgestellt, das uns eine Beurteilung der Logik des Entscheidens nach dem Prinzip der Einstimmigkeit und der qualifizierten Mehrheitsentscheidung im Ministerrat und nach dem Mitentscheidungsverfahren im übernächsten Abschnitt erlaubt. Die Kenntnis der aus bestimmten Entscheidungsverfahren resultierenden Entscheidungslogik ist gerade für ein politisches System wie das der EU zentral, das sich noch in ständiger Entwicklung befindet und mit jeder Vertragsänderung mit neuen Entscheidungsvarianten aufwartet. Konstitutionelle Vereinbarungen von Regeln, nach denen künftig zu verfahren ist, lassen sich nur vernünftig treffen, wenn man eine Vorstellung davon hat, wie sich eine Regel auswirkt und inwieweit diese Auswirkungen die Ziele erreichbar machen, die man künftig haben wird.

1 Entscheidung durch Kommission und Rat: Ein eindimensionales räumliches Modell

Das zentrale legislative Organ der EG ist der Rat, der laut EGV einstimmig, mit qualifizierter Mehrheit oder der Mehrheit seiner Mitglieder entscheidet. Von wenigen Ausnahmen abgesehen besitzt die Kommission das Monopol der Gesetzesinitiative. Die Beteiligung des Parlaments ist abgestuft von keiner Beteiligung über die Anhörung bis zur Mitentscheidung. In diesem Abschnitt betrachten wir die Logik des Entscheidens für den im EGV häufig vorgesehenen Fall einer Entscheidung durch den Rat mit qualifizierter Mehrheit auf Vorschlag der Kommission und höchstens Anhörungsrechten des Parlaments. Stimmt der Rat dem Kommissionsvorschlag zu, kann er die Verordnung oder Richtlinie mit qualifizierter Mehrheit verabschieden, nimmt er Änderungen vor, ist nur eine einstimmige Verabschiedung möglich.

Die Kommission spielt hier die Rolle eines sogenannten externen Agenda-Setters: ohne Vorschlag der Kommission kein Gesetz, über das die Kommission aber nicht mit abstimmt. Ob die Macht der Kommission als Agenda-Setter an die der Ausschüsse der beiden Häuser des Kongresses der USA heranreicht (vgl. die einführende Darstellung von Shepsle und Bonchek 1997: 115-129), ist aus dem EGV nicht einfach abzuleiten, weil der Rat die Kommission auffordern kann, ihm Vorschläge zu unterbreiten (Art. 208 EGV).[1] Dabei kann die Kommission bei Kenntnis der Präferenzen der Mitglieder des Rats ihr Vorschlagsrecht natürlich strategisch nutzen, indem sie die Chancen der Annahme ihres Vorschlags mit

---

1 Das Recht des Rates, in bestimmten Fällen von sich aus tätig werden zu können – darauf bezieht sich der zweite Spiegelstrich in Art. 205(2) EGV – kann hier außer Acht bleiben, weil diese Fälle eng begrenzt sind (vgl. Beutler et al. 1993: 126-128).

qualifizierter Mehrheit vorausberechnet. Die Chancen der Annahme hängen entscheidend von der Lage des Status quo ab.

Die Logik des Verfahrens sei an dem einfachen Beispiel einer Richtlinie erläutert, die lediglich ein eindimensionales Entscheidungsproblem darstellt, für das die beteiligten Akteure euklidische Präferenzen haben, d.h. es gelte die Voraussetzung, dass der Vorschlag und mögliche Alternative sich eindimensional auf einer Skala ordnen lassen, dass die für einen Akteur ideale Lösung ebenfalls ein Punkt auf dieser Skala ist und dass eine Lösung für einen Akteur umso besser ist, je näher sie an seinem Idealpunkt liegt. Inhaltlich soll es bei der Richtlinie um ein Mehr oder Weniger an europäischer Integration gehen. Dabei wollen wir annehmen, dass die Kommission (K) eine Lösung mit einem Maximum an Integration bevorzugt, während die nationalen Regierungen weniger weit gehen wollen und einige Regierungen sogar eine Beibehaltung des Status quo erträglich finden. Dann würde man ohne weiteres erwarten, dass die Kommission mit einem Vorschlag, der ihrem Idealpunkt entspricht, scheitert. Sie kann aber abhängig von den Idealpunkten der Regierungen, die sie für eine qualifizierte Mehrheit braucht, eine Lösung vorschlagen, die die notwendige Mehrheit gerade erreicht und damit die Rechtslage so verändern, dass sie ein Stück weit in Richtung Vergemeinschaftung verschoben wird.

In der jetzigen EU mit 15 Mitgliedern sind von den 87 Stimmen im Rat 62 für eine qualifizierte Mehrheit notwendig, was umgekehrt heisst, dass man mit 26 Stimmen eine Blockadekoalition zusammenbringen kann. Der Einfachheit halber seien in unserem Beispiel (vgl. Schaubild 1) drei Koalitionen angenommen: Die Regierungen im Block A verfügen über 23 Stimmen und wollen den Status quo nur minimal verändern, die Regierungen im Block C sind der integrationsfreundlichen Kommission am nächsten und verfügen über 12 Stimmen und das Gros der Regierungen mit 52 Stimmen will eine mittlere Lösung. Welchen Vorschlag soll die Kommission machen? Sie könnte in diesem Fall auf eine qualifizierte Mehrheit für einen Vorschlag k rechnen, der gerade ihrem Idealpunkt entspricht. In unserem Beispiel ist k von B genauso weit entfernt wie B vom Status quo, so dass B zwischen beiden Lösungen indifferent ist. Eine kleine Bewegung von k auf B zu würde B veranlassen, für k statt für den Status quo zu stimmen.

Allerdings wäre A dieser Tatktik nicht schutzlos ausgeliefert. Koalition A kann ihrerseits p vorschlagen, dessen Platzierung so gewählt wird, dass C p gerade k vorzieht. Dann können sich die Regierungen auf p einigen, d.h. auf einen Punkt, der innerhalb ihrer Pareto-Menge liegt, die von A bis C reicht. Genau diese einstimmigen Lösungen des Rats gegenüber ihren Vorschlägen kann die Kommission bei bekannten Präferenzen aber voraussehen und sie wird deshalb ihren eigenen Vorschlag so wählen, dass sie ihr Maximum erreicht. Dieses Maximum kann wegen der Abänderungsmöglichkeiten des Rats und der Einstimmigkeitsregel dafür nie ausserhalb der Pareto-Menge von A bis C liegen. Deshalb wird sie nicht k, sondern den Idealpunkt von C vorschlagen, also c. Die weitere Bedingung, die sie dabei berücksichtigen muss, ist, dass c in der Gewinnmenge gegenüber dem Status quo liegt, d.h. konkret, dass mindestens 62 Mitglieder des Rats c besser finden als den Status quo. Das ist in unserem Beispiel gewährleistet.

Behalten wir die Idealpunkte von A, B, C und K auf unserer Policy-Achse bei und verändern nur die Lage des Status quo, seien drei Fälle unterschieden:

(1) Der Status quo liegt zwischen A und B (siehe Schaubild 1b).
(2) Der Status quo liegt zwischen B und C.
(3) Der Status quo liegt zwischen C und K.

Im ersten Fall kann K die neue Lösung k soweit nach rechts rükken, dass B k dem Status quo (s) gerade vorzieht. Im zweiten Fall, wenn also k der neue Status quo wäre, kann weder Rat noch Kommission die Lage verändern: Die Kommission findet keine qualifizierte Mehrheit für integrationsfreundlichere Lösungen und einstimmige Ratsbeschlüsse gegen diesen neuen Status quo sind blockiert. Im dritten Fall würde die Kommission von sich aus keinen Vorschlag machen. Würde sie dazu aufgefordert und der Aufforderung nachkommen, würde sie wieder c vorschlagen, weil das das Beste ist, was sie erreichen kann.

Schaubild 1: Ein eindimensionales räumliches Modell als Beispiel für eine Entscheidung des Rats auf Vorschlag der Kommission

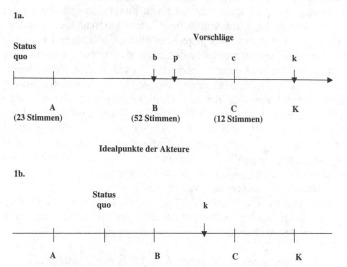

1a.

Erläuterung von b, p, c und k im Text.

Dieses einfache Modell lässt sich durch empirisch erhobene Policy-Standpunkte der Regierungen bezüglich der weiteren Integration oder bezüglich von vergemeinschafteten Politiken, für die man ein allgemeines Links-Rechts-Schema unterstellen kann, noch realistischer gestalten (vgl. Hix 1999: 68-74). Außerdem kann man zusätzlich die Beteiligung des Parlaments nach den Regeln der Zusammenarbeit oder Mitentscheidung berücksichtigen (vgl. Hix 1999: 88-94) und den Politikraum um weitere Dimensionen erweitern (vgl. zuerst Tsebelis 1994). Dabei kann gezeigt werden, wie Vorschlags- und Abstimmungsregeln bei gegebenen Präferenzen und Status quo die erzielbaren Ergebnisse beeinflussen. Zur Beurteilung der Logiken der verschiedenen Entscheidungsverfahren in der EG kann man alle die Modelle heranziehen, die für legislative Entscheidungen generell entwickelt worden sind (vgl.

z.B. Shepsle/Weingast 1995). Sie lassen sich grob einteilen in klassische Public-choice-Ansätze (Neoklassik, z.B. Weingast et al. 1981), in Lösungskonzepte der kooperativen Spieltheorie (z.B. Indices der Abstimmungsmacht) und neuere Ansätze der nicht-kooperativen Spieltheorie (z.B. Baron/Ferejohn 1989). Wir stellen im nächsten Abschnitt ein neoklassisches Tauschmodell vor, das auch ohne Annahme vollständiger Information eine Lösung in der Gewinnmenge gegenüber dem Status quo garantiert und den großen Vorteil der Anwendbarkeit auf Entscheidungssituationen mit vielen Beteiligten hat.

2 Politischer Tausch bei mehrdimensionalen Entscheidungen

Für das eindimensionale Modell des letzten Abschnitts haben wir euklidische Präferenzen angenommen. Dabei spielten, neben den Stimmengewichten, nur die Idealpunkte der Akteure bzw. die Lage des Status quo eine Rolle. Die Idealpunkte entsprechen den Policy-Standpunkten der Akteure. Die umstrittenen Punkte eines neuen Gesetzesvorschlags lassen sich in den seltensten Fällen auf einer Dimension ordnen, so dass der Entscheidungsraum oft mehrdimensional ist. Dann können zwar weiterhin die Policy-Standpunkte der Regierungen auf den einzelnen Dimensionen bekannt sein, worüber die Beteiligten aber weniger gut Bescheid wissen, ist das Gewicht, mit dem die Entscheidung in einer Dimension in die Nutzenbilanz der einzelnen Akteure eingeht. Das erschwert natürlich die Vorausberechnung wahrscheinlicher Lösungen und führt zu Ungewissheiten über die Kompromissbereitschaft der Regierungen. Hier behilft man sich oft mit der Annahme, dass die Akteure die Dimensionen gleich gewichten. Wir gehen im Folgenden von dieser Annahme ab und lassen akteurspezifische relative Gewichte für die Dimensionen zu. Diese Gewichte bezeichnen wir als die Interessen der Akteure an den Dimensionen.

Gerade für mehrdimensionale Entscheidungen erscheint es allgemein problematisch anzunehmen, dass die individuellen Politikpräferenzen (Policy-Standpunkte und -Interessen) den Akteuren wechselseitig bekannt, d.h. „common knowledge", sind. Bereits

Blin und Satterthwaite (1977) unterstreichen in ihren Ausführungen, „[T]herefore, a realistic analysis of voting behavior must accept that a member's true preferences are private" (S. 881). Ebenso hat Wilson (1969) herausgearbeitet, dass legislative Institutionen überflüssig wären, wenn die individuellen Politikpräferenzen vollkommen bekannt wären, da die Präferenzen direkt aggregiert werden könnten. Eine wesentliche Funktion von Institutionen kann in der Aggregation von allgemein unbekannten individuellen Politikpräferenzen gesehen werden.

Zur realistischeren Modellierung politischer Entscheidungen im EU-System gehen wir im Folgenden von mehrdimensionalen Politikentscheidungen sowie von der Annahme aus, dass die individuellen Politikpräferenzen nicht vollkommen bekannt sind.

Grundsätzlich lässt sich auch unter diesen veränderten Annahmen die Entscheidung nach dem Anhörungsverfahren als ein einfaches Abstimmungsspiel interpretieren. Der von einem Akteur eingebrachte Vorschlag wird angenommen, wenn er die nötige Mehrheit findet, d.h. wenn der Akteur eine Gewinnkoalition bilden kann, die den von ihm formulierten Vorschlag unterstützt. Da gleichzeitig immer nur eine Gewinnkoalition existieren kann, besteht ein Wettbewerb zwischen den Akteuren hinsichtlich der Bildung einer Gewinnkoalition. Wie Baron und Ferejohn (1989) nehmen wir ein sequentielles Spiel an, bei dem ein Akteur mit einer Wahrscheinlichkeit, die für alle gleich ist, als erster die Gelegenheit zur Bildung einer Gewinnkoalition erhält. Scheitert er, beginnt ein neuer Versuch zur Bildung einer Gewinnkoalition, wieder mit demselben Zufallsmechanismus, usw.[2] Die Koalitionsmöglichkeiten eines Akteurs sind dabei durch die Zahl der Akteure und das vorgegebene institutionelle Entscheidungsverfahren, z.B. die Verteilung der Stimmengewichte im Ministerrat, determiniert. Ceteris paribus hat ein Akteur um so mehr Möglichkeiten, Ge-

---

2   Die Anzahl der Gewinnkoalitionsbildungsversuche ist dabei ex post auf eine endliche Anzahl T beschränkt, allerdings kennen die beteiligten Akteure die genaue Anzahl ex ante nicht. Die Annahme einer endlichen Anzahl an Koalitionsbildungsversuchen bzw. -vorschlägen scheint vor dem Hintergrund realer Systeme sinnvoll. War nach T Versuchen keiner der ausgewählten Akteure erfolgreich in der Bildung einer Gewinnkoalition, so ist der Status quo der Ausgang der kollektiven Entscheidung (vgl. Henning 2000: 90-99).

winnkoalitionen im Vergleich zu anderen Akteuren zu bilden, je größer sein Stimmengewicht ist.

Weiterhin sind die Koalitionsmöglichkeiten eines Akteurs durch das aus den Präferenzen resultierende Abstimmungsverhalten der anderen Akteure determiniert. Die Zustimmung eines Akteurs H zu einem von einem anderen Akteur G gemachten Vorschlag entspricht der Zusage des Akteurs H, einer von dem Akteur G angebotenen Gewinnkoalition beizutreten. Offensichtlich hängt diese Zustimmung von den individuellen Politikpräferenzen ab, d.h. von dem individuellen Vorteil, den H mit der von G angebotenen Gewinnkoalition verbindet. Würde der vorschlagende Akteur die Präferenzen der anderen Akteure genau kennen, so könnte er vorab bestimmen, wie attraktiv sein Angebot einer bestimmten Gewinnkoalition ist. Wird hingegen davon ausgegangen, dass die Akteure unsichere Informationen hinsichtlich der Präferenzen anderer Akteure haben, so kann diese Unsicherheit durch die Annahme zum Ausdruck gebracht werden, dass G das Abstimmungsverhalten von H durch eine subjektive Wahrscheinlichkeit q_{HG} approximiert, dass dieser einer ihm angebotenen Gewinnkoalition beitritt.

Soweit haben wir nun die Struktur des einfachen Abstimmungsspiels dargestellt. Unter weiteren speziellen Annahmen hinsichtlich der Erwartungsbildung bzgl. q_{HG} lässt sich zeigen (Henning 2000: 90-99), dass ex ante der Ausgang des Abstimmungsspiels eine Lotterie über die individuellen Vorschläge der Akteure (x_G) und den Status quo darstellt. Weiterhin lässt sich zeigen, dass die individuelle Wahrscheinlichkeit pr_G, mit der ein Akteur G erfolgreich eine Gewinnkoalition für seinen Vorschlag bilden kann, unter bestimmten Bedingungen dem normalisierten Banzhaf-Abstimmungsmachtindex entspricht. Konkret setzt die Korrespondenz mit dem klassischen Banzhaf-Abstimmungsindex voraus, dass die erwartete Wahrscheinlichkeit eines Akteurs H, einer durch einen anderen Akteur G angebotenen Gewinnkoalition beizutreten, für jedes Akteurspaar (G, H) 0,5 ist.

Dies ist im Allgemeinen eine restriktive Annahme, da sich Akteure in der Realität oft in mehr oder weniger stabile ideologische Lager einteilen lassen. Für die Koalitionsbildung im Rat der EG als dem Entscheidungsgremium eines Staatenverbundes treten wechselnde Mehrheiten aber nicht nur als Ausnahmeerscheinung auf wie in parlamentarischen Systemen mit fest vereinbarten Koalitionen. Von daher gesehen ähnelt das EU-System dem System wechselnder legislativer Mehrheiten im US-Kongress (Persson et al. 2000; Krehbiel 1993; Weingast et al. 1981). Nimmt man dazu noch die Tatsache, dass die Stimmen im Rat für die qualifizierte Mehrheit gewichtet werden, scheint die Abbildung des formalen institutionellen Entscheidungssystems der EU mit Hilfe des o.g. Abstimmungsspiels grundsätzlich gerechtfertigt.[3]

In jedem Fall entspricht aus Sicht eines individuellen legislativen Akteurs der individuelle Erwartungsnutzen, der mit dem einfachen Abstimmungsspiel verbunden wird, gerade der Lotterie über die individuellen Nutzen, die ein Akteur mit der Realisierung der jeweiligen Vorschläge (x_G) der einzelnen Akteure verbindet. Der Ausgang politischer Entscheidungen nach den formalen Regeln der verschiedenen Entscheidungsverfahren ist also aus Sicht individueller Akteure unsicher. Diese Unsicherheit resultiert einerseits aus der Tatsache, dass sich jeweils eine Vielzahl von unterschiedlichen Gewinnkoalitionen bilden können und ex ante unsicher ist, welche Gewinnkoalition sich konkret formiert. Nimmt man weiterhin an, dass die beteiligten Akteure gerade bei mehrdimensionalen Entscheidungen ihre Politikpräferenzen wechselseitig nicht genau kennen und somit das Abstimmungsverhalten anderer Akteure nicht exakt, sondern nur mit einer gewissen Wahrscheinlichkeit vorhersagen können, so ergibt sich eine zusätzliche Unsicherheit hinsichtlich des Ausgangs der kollektiven Entscheidung.

Diese Unsicherheit birgt aus Sicht des individuellen Akteurs immer das Risiko, dass eine Entscheidung getroffen wird, die er gegenüber dem Status quo nicht präferiert, oder aber, dass gerade keine Entscheidung getroffen wird, d.h. der Status quo beibehalten wird, obwohl Vorschläge existieren, die von einer Gewinnkoalition gegenüber dem Status quo präferiert werden. Dieses Risiko ist umso größer, je größer die Anzahl der Akteure, die an diesem Ver-

---

3　Selbstverständlich lassen sich auch für das EU-System für spezielle Politikfelder wie z.B. die Agrarpolitik bestimmte Korrelationen zwischen den politischen Positionen einzelner Akteure, z.B. Dänemark und England oder Spanien, Griechenland, Portugal etc. feststellen. Allerdings stellen diese keine institutionalisierten Koalitionen dar und man beobachtet allgemein selbst innerhalb spezieller Politikbereiche signifikant wechselnde Koalitionen (für die Idealpositionen in der Agrarpolitik siehe z.B. Henning 2000: 192-205).

fahren beteiligt sind, je heterogener deren Politikpräferenzen sind und je weniger die Akteure wechselseitig ihre Politikpräferenzen einschätzen können.

Unsicherheit ist für risikoaverse Akteure immer ineffizient und wenig zufriedenstellend. Deshalb suchen die beteiligten Akteure nach Entscheidungsverfahren, die diese Unsicherheit reduzieren oder am besten ganz vermeiden. Eine Möglichkeit besteht darin, von dem Wettbewerb der Bildung unterschiedlicher Gewinnkoalitionen abzuweichen und stattdessen in einer großen Koalition einen gemeinsamen Vorschlag x_M zu formulieren, der dann gegen den Status quo zur Abstimmung gestellt wird. Findet dieser die institutionell vorgeschriebene Mehrheit, ist dieser die neue Politik, andernfalls bleibt der Status quo erhalten.

Die Frage ist nun, ob man ein Verfahren findet, das für alle denkbaren Konstellationen individueller Politikpräferenzen die Formulierung eines gemeinsamen Vorschlags in der Art zulässt, dass alle Akteure das oben beschriebene Verfahren einer sicheren gemeinsamen Vorschlagsformulierung dem unsicheren Ausgang, der sich bei Anwendung des institutionell vorgesehenen Verfahrens ergibt, vorziehen?

Die Antwort auf diese Frage ist ja. Beispielsweise stellt die Durchschnittsregel (mean voter), nach der ein gemeinsamer Vorschlag x_M als gewichteter Mittelwert der individuellen Vorschläge x_G gebildet wird, ein solches Verfahren dar, solange die Gewichte der individuellen Vorschläge x_G gerade den Wahrscheinlichkeiten pr_G entsprechen (Henning 2000: 76-79). Verwendet man z.B. den Machtindex nach Banzhaf als Gewicht und platziert die Abstimmenden auf der Position ihres Idealpunkts im n-dimensionalen Politikraum, liegt der Durchschnittsvorschlag (mean voter) im Schwerpunkt. Es gehen also nur die Policy-Standpunkte der Akteure in die Berechnung ein, nicht die Interessen.

Der Hauptgrund für die Dominanz einer gemeinsamen Vorschlagsformulierung gemäß dieser Durchschnittsregel begründet sich auf zwei Tatsachen. Erstens wird die Ex-ante-Unsicherheit des Entscheidungsausgangs durch die gemeinsame Formulierung verringert und die Vermeidung von Unsicherheit impliziert unmittelbar (bei risikoaversen Präferenzen/ konkaven Nutzenfunktionen) eine Effizienzsteigerung. Zweitens können durch das Durchschnittsverfahren private Politikpräferenzen aggregiert werden, ohne dass die Akteure wechselseitig ihre Präferenzen vollständig kennen müssen. Somit können Ineffizienzen aufgrund von falschen Vorstellungen hinsichtlich der individuellen Politikpräferenzen vermieden werden.

Substituiert man die Durchschnittsregel (Mean-voter-Regel) in eine normale Nutzenfunktion der Akteure, so ergibt sich eine konsistente Nachfrage der Akteure nach Abstimmungsmacht bei den Dimensionen, die sie stark interessieren, im Tausch gegen eigene Abstimmungsmacht bei Dimensionen, die einem weniger wichtig sind.

Mit dem Bezugspunkt des Durchschnittsstandpunkts als mögliche kollektive Entscheidung können die Akteure also versuchen, ihren Nutzen durch Tausch zu verbessern. Anstelle der Berechnung des Durchschnitts für eine Entscheidungsdimension mit den ursprünglichen Politikpräferenzen und den Stimmengewichten können Akteure, die an dieser Dimension weniger interessiert sind, eine „abgeleitete" Idealposition bilden, die der ihres Tauschpartners entspricht. Dieser Positionswechsel wird eingetauscht gegen die Stimme des Tauschpartners bei einer Dimension, die einem selbst sehr wichtig ist. Jeder Akteur hat einen Anreiz, Abstimmungsmacht als Kontrollressourcen über Politikdimensionen, die ihn weniger interessieren, gegen Politikdimensionen, die ihn mehr interessieren, einzutauschen, so dass das Gewicht, mit dem die eigene Idealposition in die politische Entscheidung eingeht, für die verschiedenen Dimensionen derart verschoben wird, dass sich ein höheres Gewicht für individuell wichtige Dimensionen im Gegenzug für ein geringeres Gewicht für weniger wichtige Dimensionen einstellt.

Dies ist die Grundidee der politischen Tauschmodelle (Coleman 1986; Weingast/Marshall 1988; Wilson 1969; Tullock 1970; Pappi et al. 1995; Henning 2000). Problematisch ist dabei die Organisation des politischen Tauschs. Die klassischen politischen Tauschmodelle gehen von der Annahme eines vollkommenen Marktes aus. Diese Annahme wurde in der Literatur stark kritisiert, da politischer Tausch als sozialer Tausch im Gegensatz zu ökonomischem Tausch mit erheblichen Transaktionskosten verbunden ist (Weingast/Marshall 1988; Kappelhoff 1993; Henning 2000). Besonders schwer sind Tauschzusagen einzuhalten, wenn die endgültige Abstimmung geheim ist. Dies ist aber in allen Gremien mit

Stimmengewichtung und bei einstimmigen Entscheidungen nicht möglich. Das EU-System kommt von daher gesehen dem politischen Tausch institutionell entgegen.

Für das EU-System sind zwei Arten von politischem Tausch besonders bedeutsam. Der eine Tausch findet bei der Verabschiedung der gemeinschaftlichen Politiken auf der operativen Ebene statt, also beim Anhörungsverfahren innerhalb des Rates und zwischen Rat und Kommission. Der andere von Weingast und Marshall (1988) konzipierte Tausch kann die informelle Regel der nationalen Regierungen erklären, jeweils nur die zuständigen Fachminister in den Rat zu entsenden. Dieses Verfahren ist im EGV nicht vorgeschrieben und ist insofern informell. Der Artikel 146 sieht lediglich vor, dass der Rat „aus je einem Vertreter jedes Mitgliedstaates auf Ministerebene" besteht, „der befugt ist, für die Regierung des Mitgliedstaates verbindlich zu handeln".

Die Tatsache, dass im EU-System unterschiedliche Politikinhalte nach unterschiedlichen Regeln und durch spezielle Teilmengen von Akteuren entschieden werden, kommt dem Tausch von Entscheidungsrechten für bestimmte Politikfelder entgegen. Überspitzt könnte man auf der konstitutionellen Ebene zu der Interpretation kommen, dass die Vergemeinschaftung eines Politikfelds für die zuständigen Fachminister umso attraktiver ist, je mehr Vorteile sie sich von dem Übergang der Kontrolle durch die nationalen Kabinette und Parlamente auf die Fachminister der anderen Mitgliedstaaten versprechen. Eine derartige Rechnung kann insbesondere beim Anhörungsverfahren aufgehen. Beim Mitentscheidungsverfahren, das dem Europäischen Parlament Entscheidungsrechte einräumt, würde die Fachlogik zusätzlich gestärkt, wenn wie im amerikanischen Kongress die Entscheidungsrechte über einzelne Politikfelder relativ uneingeschränkt auf die Ausschüsse übertragen würden, wofür einiges spricht (vgl. Hix 1999: 78). Die Fachlogik würde andererseits umso mehr geschwächt, je stärker es auf das Plenum und in ihm auf das Parteienprinzip ankommt. Die Fachlogik dominiert insofern in der Kommission, als die Entscheidungsgewalt auf die einzelnen Generaldirektionen aufgeteilt wird. D.h. Politik in speziellen Politikfeldern wie z.B. der Agrarpolitik wird de facto allein vom Agrarministerrat und dem Agrarkommissariat (GD VI) entschieden.

3   Die Logik des Entscheidens für distributive EG-Politiken

Die gemeinsame Agrarpolitik mit ihren Marktordnungen und Interventionspreisen und die verschiedenen strukturpolitischen Maßnahmen der Gemeinschaft z.B. in der Regionalpolitik sind die Hauptbeispiele für die distributiven EG-Politiken. Die Mitgliedstaaten legen hier gerne den Maßstab des „juste retour" an, indem sie z.B. berechnen, ob sie zu den Nettozahlern der Gemeinschaft gehören. Für diese Politikfelder soll am Beispiel der Agrarpolitik die Logik des Entscheidens in einzelnen Entscheidungsverfahren herausgearbeitet werden.

Konkret wollen wir drei unterschiedliche Entscheidungsmechanismen untersuchen: 1. Entscheidungen nach dem sogenannten Luxemburger Kompromiss[4] (Grant 1997: 69-70), der bis 1986 faktische Anwendung in der Agrarpolitik gefunden hat, 2. Entscheidungen nach dem derzeit gültigen Anhörungsverfahren, 3. Entscheidungen nach dem Mitbestimmungsverfahren, das in anderen Politikfeldern wie z.B. der Sozialpolitik Anwendung findet.

Allgemein nehmen wir an, dass die politische Entscheidung unter allen drei Entscheidungsmechanismen mit einem politischen Tauschgleichgewicht korrespondiert. Die einzelnen Mechanismen unterscheiden sich dabei einerseits in der Organisation des politischen Tausches und in der institutionell bedingten Ausstattung der Akteure mit politischen Kontrollressourcen. Um dies im Einzelnen weiter zu verdeutlichen, soll zunächst konkret die Agrarpolitik α, die nach den einzelnen Entscheidungsmechanismen verabschiedet wird, spezifiziert werden.

Europäische Agrarpolitik wird in diesem Kontext als die Bereitstellung von öffentlichen Gütern verstanden. Im Detail umfassen diese öffentlichen Güter einerseits die Agrarsozialpolitik, d.h. die Abfederung von sozialen Härten, die durch einen ökonomisch bedingten Strukturwandel in Richtung eines massiv schrumpfenden Agrarsektors entstehen, die Agrarstruktur- und Regionalpolitik, d.h. die Bereitstellung einer spezifischen Agrar- und Landschafts-

---

4   Nach dem Luxemburger Kompromiss vermied der Rat die förmliche Abstimmung und strebte Beschlussfassung durch Konsens an. Zur Interpretation und zum Text des Luxemburger Kompromisses vgl. Beutler et al. 1993: 135-136.

struktur, von Umweltschutz sowie eines hinreichenden ökonomischen Entwicklungspotentials in ländlichen Regionen. Aufgrund der unterschiedlichen ökonomischen Rahmenbedingungen der einzelnen EU-Mitgliedstaaten handelt es sich bei der Agrarpolitik um lokale öffentliche Güter, d.h. spezielle agrarpolitische Maßnahmen, wie etwa die Subventionszahlungen, haben unterschiedliche Wirkungen in den einzelnen Mitgliedsländern. Zum Beispiel haben produktspezifische Subventionszahlungen, wie etwa die Förderung der Schaffleischproduktion oder der Getreideproduktion, national unterschiedliche Bedeutung je nach der landwirtschaftlichen Produktionsstruktur. Insofern lässt sich Europäische Agrarpolitik α als eine mehrdimensionale Politikentscheidung verstehen, wobei die durch die EG in den einzelnen Mitgliedstaaten bereitgestellten öffentlichen Güter die einzelnen Dimensionen $\alpha = \alpha_1, ..., \alpha_N$ darstellen. Technisch wollen wir vereinfacht davon ausgehen, dass die Produktion der einzelnen lokalen (nationalen) öffentlichen Güter $\alpha_1, ..., \alpha_N$ unabhängig voneinander erfolgen kann, d.h. technisch sind beliebige Kombinationen der nationalen Niveaus der lokalen öffentlichen Güter „Agrarpolitik" realisierbar.[5]

Solange der im EWG-Vertrag vorgesehene Übergang vom Einstimmigkeitsprinzip zur qualifizierten Mehrheit durch den Luxemburger Kompromiss aufgehoben war, bestimmte jeder Mitgliedstaat eigenständig seine Versorgung mit dem nationalen öffentlichen Gut „Agrarpolitik". Überträgt man dies in die Logik unseres politischen Tauschmodells, so entspricht eine einstimmige Formulierung der Europäischen Agrarpolitik einem politischen Tausch von politischen Verfügungsrechten über die jeweiligen nationalen öffentlichen Güter $\alpha_1, ..., \alpha_N$, wobei jeder Mitgliedsstaat gerade die Entscheidungsrechte über seine nationale Agrarpolitik anstrebt

---

5 Selbstverständlich ist die Produktion der nationalen öffentlichen Güter technisch miteinander verbunden. Beispielsweise hat eine Subventionierung der Getreideproduktion ceteris paribus entsprechende Effekte in allen nationalen Mitgliedsländern und impliziert somit simultan eine bestimmte Bereitstellung des öffentlichen Gutes „Agrarpolitik" in allen Mitgliedsländern. Auf der anderen Seite sind die agrarpolitischen Instrumente derart vielfältig und die nationalen Produktionsstrukturen hinreichend heterogen, dass beliebige Kombinationen des Niveaus der nationalen öffentlichen Güter technisch durchaus möglich erscheinen.

und bei Funktionieren des Tauschprinzips auch erwirbt. Die Agrarpolitik α wird somit allein von dem Agrarministerrat ohne Entscheidungsmacht der Kommission entschieden (vgl. Grant 1997), wobei die jeweiligen nationalen Niveaus jeweils separat und allein von den nationalen Agrarministerien festgelegt werden.

Anders stellt sich die Logik dar, wenn mit qualifizierter Mehrheit entschieden wird. Jetzt erfolgt unter dem Anhörungsverfahren eine andere Organisation des politischen Tauschs. Konkret werden keine generellen Entscheidungsrechte über nationale Agrarpolitik getauscht, sondern grundsätzlich sind alle Akteure mit politischen Kontrollressourcen für alle nationalen Politikdimensionen $\alpha_1,...,\alpha_N$ ausgestattet. Ebenso ist die Kommission bzw. konkret die GD Landwirtschaft an dem Entscheidungsverfahren beteiligt, d.h. hat Kontrollressourcen für alle nationalen Agrarpolitiken α_n. Die Ausstattung mit Kontrollressourcen der einzelnen Akteure ist durch die formalen institutionellen Entscheidungsregeln bestimmt, allerdings findet im Politiknetzwerk ein Tausch von politischen Kontrollressourcen statt, so dass sich die Agrarpolitik α entsprechend der Durchschnittsregel im politischen Tauschgleichgewicht ergibt.

Die Logik des Mitentscheidungsverfahrens entspricht im Prinzip der des Anhörungsverfahren, d.h. es findet kein genereller Tausch von politischen Entscheidungsrechten statt, sondern die Agrarpolitik ergibt sich als Resultat des Tausches von politischen Kontrollressourcen zwischen den beteiligten Akteuren der Agrarpolitik. Das Tauschgleichgewicht des Mitentscheidungsverfahrens unterscheidet sich allerdings grundlegend von dem des Anhörungsverfahrens. Einerseits ist das Europäische Parlament neben dem Ministerrat und der Kommission entscheidungsrelevant. Andererseits ergeben sich für das Mitentscheidungsverfahren im Vergleich zum Anhörungsverfahrens auch für die nationalen Vertreter im Ministerrat sowie die Kommission andere Gewinnkoalitionsmöglichkeiten und damit eine andere relative Verteilung der politischen Kontrollressourcen auf diese Akteure (vgl. Banzhaf-Indices für die jeweiligen Verfahren).

Die Frage ist nun, welche Agrarpolitik α letztendlich mit den einzelnen politischen Tauschgleichgewichten verbunden werden kann, die sich aus den drei unterschiedlichen Entscheidungsmechanismen ergeben. Hierzu müssen die individuellen Politikpräferenzen der einzelnen Akteure berücksichtigt werden. In der positiven politischen Theorie werden Politikpräferenzen der einzelnen politischen Akteure systematisch aus der Maximierung von politischer Unterstützung abgeleitet (Mueller 1989). Im Zusammenhang der Agrarpolitik lassen sich nun vier unterschiedliche Akteurstypen identifizieren, für die sich aus der Maximierung ihrer politischen Unterstützung systematisch unterschiedliche nationale Agrarpolitikniveaus ableiten lassen (siehe Schaubild 2). Wie im Folgenden ausgeführt wird, spielen dabei im Kern drei Faktoren eine Rolle: 1. der spezielle politische Mechanismus, nach dem nationale Kosten und Nutzen der Agrarpolitik in politische Unterstützung transformiert werden; 2. die nationale Segmentierung der politischen Akteure in Korrespondenz mit der nationalen Verteilung der Nutzen und Kosten der Agrarpolitik; 3. die spezielle Finanzierungsregel der Agrarpolitik, die eine gemeinsame Finanzierung der budgetären Kosten der Agrarpolitik durch die Mitgliedstaaten nach festen nationalen Finanzierungsanteilen vorsieht.

Schaubild 2: Agrarpolitische Präferenzen der Akteure im EG-Entscheidungssystem

		Abhängigkeit von Unterstützung durch Agrar-Sektor	
		gering	hoch
Dem Akteur zurechenbare Finanzierung	100%ig	Stärkste Beachtung der ökonomischen Effizienz	GD Landwirtschaft
	anteilig	nationale Parteien im EP, schwaches Ausschussprinzip	nationale Mitglieder im Agrarministerrat

Die Beachtung der ökonomischen Effizienz nimmt mit zunehmend dunklerer Schattierung ab.

Einerseits können wir zwischen nationalen und supranationalen Akteuren unterscheiden. Die nationalen Agrarminister sind nationale Akteure, d.h. diese sind ausschließlich an der politischen Unterstützung durch ihre nationalen Wähler interessiert. Hingegen ist die Europäische Kommission bzw. die GD Landwirtschaft ein supranationaler Akteur, der grundsätzlich an der politischen Unterstützung der Regierungen aus allen Mitgliedstaaten interessiert ist. Berücksichtig man nun, dass die nationale Agrarpolitik α_n aufgrund des Prinzips der finanziellen Solidarität einen positiven Nutzen in dem Mitgliedsland n hervorruft, allerdings die Kosten dieser Agrarpolitik von allen Mitgliedsländern gemeinsam getragen werden, so unterstreicht dies den distributiven Charakter der Europäischen Agrarpolitik. Analog zu der von Weingast et al. (1981) analysierten *Pork barrel* Politik folgt direkt, dass nationale Akteure ein höheres Subventionsniveau ihrer nationalen Agrarpolitik präferieren als supranationale Akteure. Gleichzeitig folgt aus der gleichen Logik auch, dass nationale Akteure ein möglichst geringes Niveau nationaler Agrarpolitik in anderen Mitgliedsländern präferieren. Analog lassen sich agrarpolitische und nichtagrarpolitische Akteure unterscheiden. Agrarpolitische Akteure sind Akteure, die aufgrund ihrer Stellung im Politikprozess besonders von der politischen Unterstützung des Agrarsektors abhängen und deshalb der Unterstützung durch ihre Agrarklientel ein besonders hohes Gewicht beimessen. Insofern folgt entsprechend, dass agrarpolitische im Vergleich zu nichtagrarpolitischen Akteuren eine höhere Intensität der Agrarpolitik präferieren. Daher ergeben sich insgesamt die in Schaubild 2 dargestellten systematischen Präferenzen der jeweiligen Akteurstypen. Diese Präferenzen sind die logische Folge des rationalen Verhaltens der politischen Akteure unter den gegebenen politischen Entscheidungsverfahren.

Ordnet man die relevanten Akteure der Europäischen Agrarpolitik in dieses Schema ein, so fallen nationale Agrarminister in die Kategorie nationaler agrarpolitischer Akteur, während die Kommission dem Typus supranationaler agrarpolitischer Akteur entspricht. Will man zusätzlich das Szenario unter einem hypothetischen Mitentscheidungsverfahren analysieren, so muss man auch die Akteure des Europäischen Parlaments einem entsprechenden Typus zuordnen. Hierzu muss man die schwierige Frage beantworten, welches die relevanten politischen Akteure des Europäischen Parlaments für die Formulierung der Agrarpolitik wären. In der Literatur werden einerseits die Fraktionen als relevante Akteure verstanden, andererseits auch die nationalen Parteien. Im ersten Fall handelt es sich eindeutig um supranationale und im zweiten eindeutig um nationale Akteure. In beiden Fällen wären die EP-Akteure einheitlich als nichtagrarpolitische Akteure zu interpretieren, da es sich grundsätzlich bei den im EP vertretenen nationalen Parteien um Parteien handelt, die nicht allein einer speziellen Agrarklientel zuzuordnen sind. Entsprechend unserer abgeleiteten stilisierten Politikpräferenzen für die Akteurstypen ergäbe sich unter der Annahme supranationaler EP-Akteure eindeutig eine

Präferenz für ein geringes agrarpolitisches Subventionsniveau. Konzipiert man hingegen die nationalen Parteien als relevante Akteure, so ergäbe sich ein Mischtyp eines nichtagrarpolitischen nationalen Akteurs, der einerseits aufgrund der *Pork barrel* Logik der gemeinsamen Finanzierung ein hohes nationales agrarpolitisches Subventionsniveau anstrebt, hingegen aufgrund der geringen Bedeutung der eigenen nationalen Klientel gleichzeitig auch die eigenen nationalen Kosten sehr hoch bewertet und somit insgesamt analog zur Kommission eine eher moderate Position einnimmt.

Allerdings sind damit die theoretischen Möglichkeiten noch nicht erschöpft. Man müsste zusätzlich untersuchen, wie weit die Mitglieder des Agrarausschusses als dem Agrarsektor nahestehende Akteure sich gegenüber dem Plenum durchsetzen können und welche Rolle die hohen Mehrheitshürden des Parlaments dabei spielen. Außerdem können sich Abgeordnete mehr an regionalen Wahlkreisinteressen orientieren als an den nationalen Interessen, denen die nationalen Regierungen verpflichtet sind.

Berücksichtigt man, dass agrarpolitische Eingriffe aus wohlfahrttheoretischer Sicht grundsätzlich ineffizient sind, d.h. die Gesamtwohlfahrt einer Gesellschaft verringern, so ergibt sich folgende Gesamtlogik für die beobachtete und häufig kritisierte ineffiziente Europäische Agrarpolitik. Die Ineffizienz der Agrarpolitik resultiert zentral aus der finanziellen Solidarität und dem praktizierten Ressortprinzip der nationalen Regierungen und der Kommission, d.h. dem Tausch agrarpolitischer Entscheidungsrechte zu Gunsten von Akteuren, die systematisch den Agrarsektor bevorzugen. Allerdings variiert diese Ineffizienz für die untersuchten Entscheidungsverfahren systematisch. Die größte Ineffizienz ergibt sich bei dem nach dem Luxemburger Kompromiss vereinbarten Konsens. Insbesondere führt die Formulierung der Agrarpolitik nach dem Luxemburger Kompromiss im EU-System systematisch zu einer höheren Ineffizienz als bei rein nationaler Agrarpolitikformulierung. Die Anwendung des Anhörungsverfahrens mit qualifizierter Mehrheit führt gegenüber der Einstimmigkeit zu einer systematischen Absenkung dieser Ineffizienz. Dies hat zwei Gründe. Einerseits wird nationale Agrarpolitik unter diesem Verfahren auch von der Kommission mitbestimmt, die als supranationaler Akteur ein geringeres agrarpolitisches Subventionsniveau präferiert. Andererseits wird nationale Agrarpolitik im Ministerrat dann nicht mehr allein von dem jeweiligen nationalen Agrarministerium formuliert, sondern gemeinsam von allen Agrarministerien. Analog gilt dies für das Mitbestimmungsverfahren. Zusätzlich wird unter diesem Verfahren nationale Agrarpolitik durch das EP mitformuliert. Ob das Anhörungs- oder das Mitbestimmungsverfahren zu einer effizienteren Agrarpolitik führt, hängt von den konkreten ökonomischen und politischen Bedingungen ab. Würde sich das Europäische Parlament aus echt supranationalen Akteuren zusammensetzen, d.h. wären die Parlamentsfraktionen die relevanten Akteure des EP, so würde das Mitbestimmungsverfahren eindeutig zur effizientesten Politik aller betrachteten Entscheidungsverfahren führen. Sind hingegen die nationalen Parteien die relevanten Akteure im EP, so hängt dies von den konkreten ökonomischen und politischen Bedingungen in einzelnen Ländern ab, da diese dann die jeweiligen Politikpositionen der nationalen Parteien bestimmen, und von der Möglichkeit zur Bildung von Koalitionen, die mindestens eine Sperrminorität erreichen.

4　Entscheidungen über regulative EG-Politiken

Wettbewerbsrecht, Freiheiten im Binnenmarkt als Verbot nationaler Diskriminierungen, Freizügigkeit der Arbeitnehmer und Niederlassungsfreiheit, Standards für den Umweltschutz, für den Verbraucherschutz, für den Arbeitsschutz, das alles sind Beispiele der regulativen Politik der EG, die zum Teil direkt in den Verträgen und zum größten Teil im europäischen Sekundärrecht festgelegt sind. Im Unterschied zur distributiven Politik verteilt die EG hier keine Finanzmittel, sondern setzt Rahmenbedingungen für die Teilnehmer am Wirtschaftsleben. Derartige Regulierungen machen den weitaus größten Teil der EG-Gesetzgebung aus. Majone geht so weit, die EG als „regulatory state" nach ursprünglich amerikanischem Vorbild zu interpretieren, für den die anderen Formen der Staatsintervention in die Wirtschaft von untergeordneter Bedeutung sind, nämlich die Umverteilung und die makroökonomische Steuerung (1996: 54-56). Die weitaus meisten EG-Regulierungen sind „marktschaffend" in dem Sinn, dass sie Hemmnisse für den gemeinsamen Binnenmarkt beseitigen und so den freien Handel und Wettbewerb auf dem immer größer werdenden europäischen Markt gewährleisten. Scharpf (1999) bezeichnet diese Aufgabe als negative Integration, die vom ursprünglichen EWG-Vertrag in Gang gebracht die größte Entwicklungsdynamik entfaltet hat. Dagegen stoße die positive Integration als volle Inanspruchnahme der marktkorrigierenden politischen Intervention im EU-System auf enge Grenzen, weil sie durch die Vielzahl von Veto-Positionen im europäischen Entscheidungssystem sehr leicht zu blockieren sei. Die negative Integration sei dagegen, teilweise als „Politik unterhalb der Wahrnehmungsschwelle", wesentlich durch die Kommission als Implementations-Aufsichtsbehörde und durch den Europäischen Gerichtshof vorangebracht worden.

Für die regulative Politik in der Form des Sekundärrechts müßte man im Einzelnen nachweisen, dass nach Vollendung des Binnenmarkts weiterhin marktschaffende Rechtsvorschriften weniger leicht zu blockieren sind als Rechtsakte der positiven Integration. Scharpf zielt bei seiner Argumentation wesentlich auf Annahmen über die Präferenzen der ausschlaggebenden Akteure ab. Er nimmt z.B. an, „dass das Europäische Parlament der positiven Integration durch marktkorrigierende Vorschriften mit hohem Schutzniveau generell positiv gegenübersteht" (1999: 71) und aus derselben Annahme für die Kommission folgt natürlich, „dass das systematische ... Scheitern von Vorhaben der positiven Integration seinen Grund in der Interessenkonstellation zwischen den Regierungen im Ministerrat haben muss" (1999: 72). Es ist aber gerade eine offene Frage, ob für die regulativen Politiken immer derartig einfache Annahmen über die Präferenzen der beteiligten Akteure gemacht werden können. Die Bedingungen in den einzelnen Regulierungsbereichen sind sehr verschieden und damit ist zu erwarten, dass auch die Politikpräferenzen der nationalen Regierungen, der Kommission und des Parlaments nicht durchgängig demselben Muster folgen.

Einen wichtigen allgemeinen Gesichtspunkt der Präferenzbildung hat Héritier auf der Basis ihrer empirischen Untersuchungen der neuen regulativen Politik herausgearbeitet. In dieser Politik geht es um die „Verminderung negativer externer Effekte von Produktionstätigkeiten und Konsumtätigkeiten" (1997: 263), für die pars pro toto der Umweltschutz steht. Die Initiative zu neuen Regulierungen auf EU-Ebene geht hier in der Regel von Mitgliedstaaten mit hohem Regulierungsniveau aus, die ein Interesse daran haben, die dadurch für die heimische Industrie bestehenden Wettbewerbsnachteile durch Vergemeinschaftung ihrer Regulierungen zu beseitigen. Damit ist zugleich ein Verteilungsaspekt verbunden, weil die Implementation einer Regel umso mehr Kosten verursacht, je größer die Inkompatibilität der neuen Regel mit dem bisherigen Status quo in einem Land ist. In diesem Regulierungswettbewerb der Mitgliedstaaten gebe es aber keine Dominanz eines spezifischen nationalen Lösungsansatzes. Die Abwechslung in der Rolle des Mitgliedstaates, von dem eine Anregung zu einer Vergemeinschaftung ausgeht, führe zusammen mit der Verhandlungslogik im COREPER zu einem europäischen Regulierungsmuster, das sich „als bunter Flickenteppich regulativer Traditionen und Ansätze" darstelle (1997: 273). Die Art, wie unter dem Schatten qualifizierter Mehrheitsentscheidungen konsensuelle Lösungen gefunden werden, entspreche einem Tauschvorgang zwischen den Gesetzesvorhaben eines Politikfelds, so dass auf diese Weise eine ausgeglichene Nutzenbilanz der Ratsmitglieder entstehe.

Dieser Makrotausch zwischen Gesetzesvorhaben könnte modelliert werden, wenn man die Präferenzen für jedes Vorhaben aus dem Grad der Kompatibilität mit der nationalen Regelung ableitet. Damit sind allerdings die Präferenzen der zuständigen Generaldirektion in der Kommission und der Fraktionen des Europäischen Parlaments nicht bestimmbar. Für das Europäische Parlament kämen als alternative Akteure die Abgeordneten eines Landes in Frage, deren Präferenzen wieder abgeleitet werden könnten. Geht es bei diesem Makrotausch um die Vergabe von Regelungsrechten für ganze Bereiche, die jeweils in einer Richtlinie zusammengefasst sind, soll mit dem Mikrotausch innerhalb einer Richtlinie oder Verordnung der gemeinsam zu verabschiedende Regelungsinhalt erklärt werden. Dazu bedarf es zuerst der Identifizierung der Issue-Dimensionen, dann können die Idealpunkte der an den verschiedenen Entscheidungsverfahren beteiligten Akteure erhoben werden, die zusammen mit den aus den institutionellen Regeln folgenden Abstimmungsgewichten eine Prognose erlauben.

Viele qualitative Fallstudien rekonstruieren den Entscheidungsprozess auf der Basis von Dokumentenanalysen und Experteninterviews. Für Modellprüfungen benötigt man aber Angaben über die

Politikpräferenzen der an der Entscheidung beteiligten Akteure, also der Vertreter der nationalen Regierungen im Rat, der zuständigen Generaldirektion für die Kommission und des Europäischen Parlaments. Will man das oben vorgestellte Tauschmodell anwenden, sind als weitere Daten die Abstimmungsgewichte der Akteure für das angewandte Entscheidungsverfahren heranzuziehen.

Für den Bereich der europäischen Sozialpolitik liegen Arbeiten vor, die nach diesem Verfahren den Entscheidungsprozess für mehrere Richtlinien modelliert haben, die alle der regulativen Politik zugeordnet werden können, wie z.B. die Arbeitszeitrichtlinie, die Entsenderichtlinie oder die Betriebsratsrichtlinie (vgl. Schnorpfeil 1996; König 1997). Welche allgemeinen Schlussfolgerungen kann man aus diesen Arbeiten über die Logik des Entscheidens bei regulativen EG-Politiken ableiten?

(1) Die These Héritiers über den Regulierungswettbewerb zwischen den Mitgliedstaaten bestätigt sich: Die in einem Bereich hoch regulierten Länder versuchen ihr Regulierungsregime zu vergemeinschaften. Dabei hängt die Zustimmung der anderen Staaten vom Grad der Kompatibilität der bisherigen nationalen Regelung mit der vorgeschlagenen Richtlinie ab. Aber selbst wenn die Richtlinien alle demselben Politikbereich angehören, sind die Gruppen von Staaten mit ähnlichen Präferenzen nicht immer dieselben (vgl. König 1997: 182-194). In solchen Situationen sind die Abstimmungsindices, die von den Präferenzen abstrahieren, besonders gut einsetzbar.

(2) Wenn einstimmige Entscheidungen des Rats vorgeschrieben sind, sind formal die Abstimmungsgewichte der Mitgliedstaaten gleich. Eine Gegenstimme verhindert einen Beschluss, unabhängig davon, von welchem Staat sie kommt. Empirisch zeigt sich aber, dass auch bei Einstimmigkeit einige Staaten gleicher sind als andere, d.h. dass sich bessere Entscheidungsprognosen erzielen lassen, wenn man die Stimmengewichte der Staaten bei qualifizierter Mehrheit auch für den Fall einstimmiger Beschlüsse berücksichtigt (Schnorpfeil 1996: 283). Das von einem großen Staat angedrohte Veto bewirkt mehr als die Drohung eines kleineren Staates.

(3) Tauschmodelle führen zu besseren Prognosen als andere Verhandlungsmodelle wie z.B. die Nash-Verhandlungslösung.

Der theoretisch für den Durchschnittsvorschlag postulierten Rolle kommen die Vorschläge der Kommission nahe, die damit ihrer Vermittlungsfunktion gerecht wird. Sie unterbreitet Vorschläge, „die tendenziell kooperative und pareto-optimale Lösungen definieren" (Schnorpfeil 1996: 319). Diese Vorschläge entsprechen nicht der Idealposition der Kommission, sondern sind realistisch an der Durchsetzbarkeit orientiert.

(4) Das Europäische Parlament nutzt den Spielraum, den ihm die einzelnen Entscheidungsverfahren gewähren. Soweit über die ausgewählten sozialpolitischen Richtlinien im Parlament namentlich abgestimmt wurde, lässt sich feststellen, dass die Fraktionen relativ geschlossen abstimmten. Abweichler stimmen nicht gegen ihre Fraktion, sondern enthalten sich oder erscheinen nicht zur Abstimmung. Zumindest für diesen Regulierungsbereich der alten Politik, in dem die Parteien traditionell links, mittig oder rechts positioniert sind, können die europäischen Abgeordneten eines Landes nicht als Hilfstruppe ihrer nationalen Regierung angesehen werden, unabhängig davon, welche Parteien die Regierungen jeweils stellen.

(5) Kollektive Entscheidungen im EU-System folgen schwerpunktmäßig einer intergouvernementalen Verhandlungslogik, die durch parlamentarische Verfahren ergänzt wird und zwar umso nachdrücklicher, je mehr man zum Mitentscheidungsverfahren übergeht. Die Parlamentarisierung wird sich aber nicht von selbst einstellen, sondern bedarf als Voraussetzung disziplinierter Fraktionen. Dabei wird man sich nicht in jedem Politikfeld darauf verlassen können, dass Politikpräferenzen der Abgeordneten einer Partei schon von vorneherein so homogen sein werden wie offensichtlich in der Sozialpolitik.

6   Fazit

Wir haben unseren Beitrag mit der Feststellung begonnen, dass in der EU kollektive Entscheidungen unter ganz unterschiedlichen institutionellen Bedingungen getroffen werden. Wir konnten zeigen, dass je nach konkreten institutionellen Bedingungen sich eine andere Logik der Politikformulierung von einfacher intergouvernementaler Koordination im Ministerrat bis hin zu komplexen Kompromisslösungen über alle EU-Institutionen hinweg durch politischen Tausch nach dem Mitbestimmungsverfahren ergibt. Für distributive Politiken, für die wir die Gemeinsame Agrarpolitik pars pro toto als konkretes Beispiel herangezogen haben, sind unterschiedliche institutionelle Verfahren auch systematisch mit speziellen Politikergebnissen verbunden. Grundsätzlich gilt dies auch für die regulative Politik, allerdings lassen sich hinsichtlich regulativer Politiken oft keine systematischen Schlüsse auf die Politikpräferenzen der beteiligten Akteure ziehen, so dass man Politikergebnisse nur für konkrete Fallbeispiele berechnen kann.

Auf die distributiven EG-Politiken lassen sich viele Ergebnisse, die für das amerikanische Regierungssystem erarbeitet worden sind, übertragen. So ist z.B. nach Weingast et al. (1981) zu erwarten, dass das *Pork barrel* Problem und damit die Ineffizienz für alle untersuchten EU-Verfahren mit der Anzahl der Mitgliedstaaten zunimmt. Die Antizipation möglicher Blockaden könnte eine Erklärung für den beobachteten Wandel der institutionellen Arrangements, unter denen EU-Agrarpolitik formuliert wurde, sein bzw. eine Grundlage für eine Prognose möglicher institutioneller Entwicklungstrends in der Europäischen Agrarpolitik bilden. Beispielsweise fand der Wechsel vom bis 1986 praktizierten Luxemburger Kompromiss zur echten Anwendung qualifizierter Mehrheitsentscheidungen unter dem Anhörungsverfahren zeitlich im Zuge nach der EU-Erweiterung von 10 auf 12 (1986) sowie in Erwartung einer weiteren EU-Erweiterung um 4 Mitglieder auf 16 Mitlieder statt.[6] Insofern könnte ein erneuter konsensualer Wechsel des institutionellen Entscheidungsverfahrens im Zuge der anstehenden Osterweiterung erwartet werden. Eine Option könnte der Übergang zum Mitentscheidungsverfahren für die Agrarpolitik sein. Eine andere Option könnte in der Aufgabe des Prinzips der finanziellen Solidarität liegen. Dies wird seit einigen Jahren unter dem Schlagwort der Renationalisierung diskutiert (Grant 1997).

Für die regulativen EG-Politiken würde die Logik des Entscheidens leichter abschätzbar, wenn sich allgemeine ideologische Dimensionen europäischer Politik herausbilden sollten, unter die

---

6 Tatsächlich trat Norwegen nicht der EU bei, so dass sich die EU 1995 auf nur 15 und nicht wie ursprünglich erwartet 16 Mitglieder erweiterte.

die Standpunkte bei konkreten Sachpolitiken leicht subsummierbar sind. Ein Kandidat dafür ist sicher eine sozio-ökonomische Links-Rechts-Dimension, die auch in den Mitgliedsländern die politische Auseinandersetzung bestimmt. Je mehr diese Dimension an Bedeutung gewinnt, desto folgenreicher wird die Parteizusammensetzung der nationalen Regierungen für die EG-Politik und desto leichter fällt es den Fraktionen des Europäischen Parlaments, als supranationale Akteure kohärent aufzutreten. Dagegen verwischen sich klare Konturen der Koalitionslage, wenn sich Parteilogik und nationale Logik überschneiden. Letztere kann sehr leicht bei Fragen der weiteren europäischen Integration ins Spiel kommen (vgl. zu den beiden Dimensionen Hix 1999: 72 oder 83), so dass die Annahme der Unabhängigkeit der beiden Dimensionen keinen Sinn mehr macht. So können linke Umverteilungsziele einer sozialdemokratischen Partei schnell Makulatur werden, wenn sich diese Partei die Folgen für die Nettozahlerposition des eigenen Landes klarmacht, und eine rechte Position gerät jedes Mal in Versuchung, wenn das eigene Land von einer marktkorrigierenden Intervention stark profitiert. Diese für klare ideologische Fronten auf europäischer Ebene disfunktionale Situation wird so lange erhalten bleiben, wie die Regierungen der Mitgliedstaaten die Hauptakteure der europäischen Politik bleiben. Um Wiederwahl bemühten nationalen Regierungen geht es in erster Linie um nationale Wohlfahrt.

In diesem Aufsatz haben wir die Logik des Entscheidens auf die Analyse beschränkt, wie sich gegebene institutionelle Regelungen auf die politische Entscheidungsfindung und die Politikergebnisse auswirken. Die Auswahl der jeweiligen institutionellen Regeln selbst haben wir dabei nicht untersucht. Dies sind die konstitutionellen Entscheidungen der Regierungskonferenzen. Konstitutionelle Entscheidungen haben gerade im Zusammenhang mit der EU eine entscheidende Bedeutung. Dies aus gutem Grund, da konstitutionelle Entscheidungen entsprechend unserer Analysen implizit zukünftige Politikergebnisse determinieren. Insofern ist es kein Zufall, dass es bei konstitutionellen Reformen Konflikte gibt, wie z.B. bei der Verteilung der Stimmengewichte im Ministerrat. Dies hat unlängst die Abschlussverhandlung zum Vertrag von Nizza gezeigt.

Eine erweiterte Analyse der Logik des Entscheidens im EU-System sollte deshalb auch die Auswahl der institutionellen Regeln, nach denen politische Entscheidungen getroffen werden, mit einbeziehen. Dies insbesondere auch deshalb, weil nicht nur unterschiedliche institutionelle Regeln für unterschiedliche Politikbereiche vereinbart wurden, sondern weil für bestimmte Politikbereiche, in Zukunft vielleicht stärker als in der Vergangenheit, mit Veränderungen dieser institutionellen Regeln gerechnet werden muss. Die Zunahme der Zahl der Mitgliedstaaten infolge der Osterweiterung wird die Effizienz der bisherigen Entscheidungsverfahren auf eine harte Probe stellen.

Folgt man im Hinblick auf konstitutionelle Entscheidungen der Interpretation von Moravcsik (1999), bestehen zwischen der operativen und der konstitutionellen EU-Politik keine grundsätzlichen Unterschiede. Die Hauptantriebskraft der europäischen internationalen Kooperation können in beiden Fällen die von den Mitgliedstaaten erwarteten wirtschaftlichen Vorteile sein. Sie bestimmen nach Moravcsik (1999: 24) die nationale Präferenzbildung. Mit diesen Zielvorgaben gehen die Regierungen in die Vertragsverhandlungen, in denen effiziente Lösungen von der Pareto-Grenze angestrebt werden und allfällige Verteilungsprobleme unter Ausnutzung der asymmetrischen Interdependenz zwischen den Mitgliedstaaten gelöst werden. Erst dann stelle sich die Frage der Wahl geeigneter Institutionen, wobei in erster Linie die Vertragstreue bei der Umsetzung gemeinschaftlich vereinbarter Politiken zu beachten ist. Diese theoretische Vorstellung ist auch für die operative EU-Politik tragfähig. Bei ihr ist allerdings zusätzlich zu beachten, dass im Unterschied zu konstitutionellen Fragen die Gesetzesvorhaben der operativen Politik stärker unter dem Schatten qualifizierter Mehrheiten statt der Einstimmigkeit und unter mehr Beteiligungsrechten von Kommission und Parlament als tatsächlichen oder möglichen supranationalen Akteuren beraten und entschieden werden.

Insgesamt können wir aus unseren Ausführungen schließen, dass die Logik des Entscheidens im EU-System zwar komplex ist und einer noch nicht abgeschlossenen zeitlichen Dynamik unterliegt, dass sie aber einer systematischen Analyse zugänglich ist, die mit Hilfe von formalen Modellen herausgearbeitet werden kann. In welche Richtung sich der andauernde Integrationsprozess letztendlich entwickeln wird und welche Faktoren dabei letztendlich ausschlaggebend sein werden, ist aufgrund der Komplexität der Zusammenhänge zum heutigen Zeitpunkt unmöglich voraussehbar. Insofern bleibt die europäische Institutionen- bzw. Staatenbildung noch für einen langen Zeitraum ein aktuelles und interessantes Forschungsfeld.

Literatur

Baron, David P./Ferejohn, John A. 1989: Bargaining in Legislatures, in: American Political Science Review 83 (Dezember), 1181-1206.

Beutler, Bengt/Bieber, Roland/Pipkorn, Jörn/Streil, Jochen 1993: Die Europäische Union. Rechtsordnung und Politik, Baden-Baden.

Blin, Jean-Marie/Satterthwaite, Mark A. 1977: On Preferences, Beliefs, and Manipulation within Voting Situations, in: Econometrica 45, 881-888.

Coleman, James S. 1986: Individual Interests and Collective Action. Selected Essays, Cambridge.

Grant, Wyn 1997: The Common Agricultural Policy, Houndmills etc.

Henning, Christian H. C. A. 2000: Macht und Tausch in der europäischen Agrarpolitik: Eine positive politische Entscheidungstheorie, Frankfurt/New York.

Herdegen, Matthias 2001: Europarecht, München.

Héritier, Adrienne 1997: Die Koordination von Interessenvielfalt im Europäischen Entscheidungsprozess: Regulative Politik als „Patchwork", in: Benz, Arthur/Seibel, Wolfgang (Hrsg.): Theorienentwicklung in der Politikwissenschaft – Eine Zwischenbilanz, 261-279.

Hix, Simon 1999: The Political System of the European Union, New York.

Kappelhoff, Peter 1993: Soziale Tauschsysteme, München.

König, Thomas 1997: Europa auf dem Weg zum Mehrheitssystem. Gründe und Konsequenzen nationaler und parlamentarischer Integration, Opladen.

Krehbiel, Keith 1993: Where's the Party?, in: British Journal of Political Science 23, 235-266.

Majone, Giandomenico 1996: Regulating Europe, London/New York.

Moravcsik, Andrew 1999: The Choice for Europe, London.

Mueller, Dennis C. 1989: Public Choice II. A Revised Edition of Public Choice, New York.

Pappi, Franz U./König, Thomas/Knoke, David 1995: Entscheidungsprozesse in der Arbeits- und Sozialpolitik. Der Zugang der Interessengruppen zum Regierungssystem über Politikfeldnetze. Ein deutsch-amerikanischer Vergleich, Frankfurt/New York.

Persson, Torsten/Roland, Gerard/Tabellini, Guido 2000: Comparative Politics and Public Finance, Stockholm University.

Scharpf, Fritz W. 1999: Regieren in Europa. Effektiv und demokratisch?, Frankfurt/New York.

Schnorpfeil, Willi 1996: Sozialpolitische Entscheidungen der Europäischen Union: Modellierung und empirische Analyse kollektiver Entscheidungen des europäischen Verhandlungssystems, Berlin.

Shepsle, Kenneth A./Bonchek, Mark S. 1997: Analyzing Politics – Rationality, Behavior, and Institutions, New York.

Shepsle, Kenneth A./Weingast, Barry (Hrsg.) 1995: Positive Theories of Congressional Institutions, Ann Arbor.

Tsebelis, George 1994: The Power of the European Parliament as a Conditional Agenda Setter, in: American Political Science Review 88, 128-142.

Tullock, Gordon 1970: A Simple Algebraic Logrolling Model, in: American Economic Review 60, 419-426.

Weingast, Barry R./Marshall, William J. 1988: The Industrial Organization of Congress; Or, why Legislatures, like Firms, are not organized as Markets, in: Journal of Political Economy 96, 132-163.

Weingast, Barry R./Shepsle, Kenneth A./Johnsen, Christopher 1981: The Political Economy of Benefits and Costs: A Neoclassical Approach to Distributive Politics, in: Journal of Political Economy 89, 643-664.

Wilson, Robert 1969: An Axiomatic Model of Logrolling, in: American Economic Review 59, 331-341.

Arthur Benz

Mehrebenenverflechtung in der Europäischen Union

1 Einleitung

Die Fortschritte der europäischen Integration haben ein politisches System erzeugt, das stärker fusioniert ist als ein Staatenbund. Aber mit der EU ist bislang kein neuer supranationaler Staat entstanden, der autonom tätig werden kann. Die Union erfüllt zwar Funktionen eines Staates, aber sie besitzt nicht die Kompetenzen einer souveränen Staatsgewalt. Vielmehr sind politische Entscheidungen und ihre Durchsetzung in weiten Bereichen nur im Zusammenwirken zwischen europäischen und nationalen Institutionen möglich. Deswegen ist die EU auch kein Bundesstaat. Wenn sie als politisches System „sui generis" bezeichnet wird, so wird damit einerseits auf ihren hybriden Charakter verwiesen, der sich aus der Verbindung bundesstaatsähnlicher Strukturen im Bereich der vergemeinschafteten Politik und einer staatenbündischen (intergouvernementalen) Kooperation in der „zweiten und dritten Säule" ergibt. Andererseits sind mit diesem Begriff die ausgeprägten Verflechtungen zwischen den Ebenen angesprochen, die der EU eigen sind.

Es war daher nur konsequent, das aus der deutschen Föderalismusforschung bekannte Konzept der Politikverflechtung auf die europäische Politik zu übertragen (Scharpf 1985) und die EU als eine Entscheidungsstruktur zu beschreiben, bei der auf keiner Ebene Aufgaben erfüllt werden können, wenn nicht Akteure oder Institutionen anderer Ebenen mitwirken (Scharpf/Reissert/Schnabel 1976: 29). Während Fritz W. Scharpf mit seinem Konzept der Politikverflechtung zunächst die Zusammenarbeit zwischen europäischen und nationalen Institutionen in der Gesetzgebung und Programmformulierung analysierte, setzten sich später die Begriffe „multilevel governance" (Marks et al. 1996) bzw. „Regieren im Mehrebenensystem" (Jachtenfuchs/Kohler-Koch 1996) durch. Mit diesen werden die komplexeren, auch die regionale Ebene umfassenden Verflechtungsstrukturen der EU erfasst. Gemeint sind damit durch Netzwerke stabilisierte, gleichwohl variable Beziehungen zwischen europäischen, nationalen und subnationalen Regierungen, Verwaltungen und anderen Akteuren (Hooghe 1996a: 18; vgl. auch Benz 2000; Grande 1994; Scharpf 1999, 2000).

Das Konzept der „multilevel governance" passt zweifellos besser als der Begriff „Politikverflechtung" auf die komplexen Mehrebenenstrukturen der europäischen Politik. Das gilt insbesondere dann, wenn man nicht nur die Gesetzgebung im Zusammenwirken zwischen Rat, Europäischem Parlament und Kommission, sondern auch die Entscheidungsvorbereitung in Verhandlungen zwischen Vertretern aller Ebenen und Interessengruppen sowie die Implementation europäischer Politik berücksichtigt. Allerdings gibt man mit dieser Erweiterung des Anwendungsbereichs des Begriffs die analytische Stringenz des Politikverflechtungsansatzes auf. Während dieser sich auf multilaterale Verhandlungssysteme zwischen Regierungen konzentriert und die in diesen Strukturen angelegten Dilemmata kollektiven Handelns sowie die Modalitäten der Interaktion und der Entscheidungsfindung zu erfassen vermag, verweist der Begriff „multilevel governance" mehr auf die Variabilität, ja Strukturlosigkeit der Beziehungen, die vielfach als „netzwerkartig" qualifiziert werden. Es ist nicht erstaunlich, dass das Netzwerk-Konzept in diesem Zusammenhang besondere Prominenz erlangt hat (z.B. Kohler-Koch/Eising 1999), werden doch damit meistens Akteursbeziehungen außerhalb der bestehenden Institutionen bezeichnet. Während die Politikverflechtungstheorie gut begründete Aussagen über die Leistungsfähigkeit verflochtener Strukturen liefert, ist dies mit dem Netzwerkansatz und dem Konzept der „multilevel governance" nicht ohne weiteres möglich. Jene erfasst nur einen Teil der Verflechtungsstrukturen, dieses ist bislang ohne klare Konturen geblieben. Beide beinhalten deswegen nur ungefähre Vorstellungen über die Funktionslogik von Verflechtungsstrukturen.

Bevor im Folgenden am Beispiel einzelner Politikfelder die Ausprägungen der europäischen Verflechtung analysiert werden, will ich daher zunächst Grundzüge eines theoretisch-analytischen Ansatzes skizzieren, der auf der Politikverflechtungstheorie aufbaut und sie auf das europäische Mehrebenensystem überträgt.

Auf diese Weise soll die Funktionslogik der europäischen Politikverflechtung in ihren Grundzügen verständlich gemacht werden.
Diese Grundlagen stellen Analysekategorien bereit. Sie erlauben
es aber noch nicht, die Wirkungen der Verflechtung auf Politikergebnisse und die Leistungsfähigkeit bzw. Legitimation der EU zu
bewerten. Angesichts der Variabilität von Verflechtungsstrukturen, die ich in einem weiteren Abschnitt darstelle, sind generalisierbare Aussagen hierzu schwerlich möglich. Ich will versuchen,
mich auf der Basis von kurzen Fallstudien solchen allgemeinen
Theorieaussagen wenigstens anzunähern.

2 Zur Funktionslogik der europäischen Mehrebenenverflechtung

Strukturen der Mehrebenenverflechtung entstehen, wenn Akteure
unterschiedlicher Ebenen bei der Erfüllung ihrer Aufgaben aufeinander angewiesen sind und gemeinsame Entscheidungen erreichen
oder ihre Politik koordinieren müssen. Die Politikkoordination ist
durch wechselseitige Anpassung, durch Wettbewerb oder durch
hierarchische Steuerung möglich (Scharpf 2000). Zur Verflechtung von Ebenen kommt es, wenn sie durch ausgehandelte Entscheidungen erfolgt. Mehrebenenverflechtungen stellen also in ihrem Kern Verhandlungssysteme dar. Solche ebenenübergreifenden
Verhandlungen können Akteure aus einzelnen zentralen (europäischen) Institutionen und die entsprechenden Akteure aus einer dezentralen (nationalen, regionalen oder lokalen) Gebietskörper-
schaft oder Institution zusammenführen, sie können aber auch
mehrere oder alle dezentralen Gebietskörperschaften einschließen,
die von einer Entscheidung betroffen sind oder zur Aufgabenerfüllung beitragen sollen. Der erste Fall soll im Folgenden als bilaterale Verflechtung bezeichnet werden, auch wenn in europäischen
Verflechtungen dieses Typs nicht selten nationale und regionale
bzw. lokale Akteure gleichzeitig beteiligt sind. Faktisch geht es
dabei aber immer um die Abstimmung zwischen europäischer und
dezentraler Politik mit Bezug auf einen Mitgliedstaat oder eine
Region, und die Verhandlungsführung auf der Seite des Mitgliedstaats liegt bei Vertretern einer Ebene. Den zweiten Fall, in dem

mehrere dezentrale Einheiten gleichzeitig mit europäischen Akteuren verhandeln, werde ich als multilaterale Verflechtung bezeichnen.

Verglichen mit bilateralen Verflechtungen sind multilaterale Verflechtungen ceteris paribus durch ein höheres Konfliktniveau belastet, weil in ihnen mehr unterschiedliche Interessen berücksichtigt werden müssen. Die Wahrscheinlichkeit, dass Verteilungskonflikte auftreten, ist relativ groß. Die Art und das Ausmaß der Konflikte hängen allerdings primär von den Politikinhalten ab und erst in zweiter Linie von der Interaktionsstruktur. Regulative Politiken, welche die Vereinheitlichung, Festlegung und Durchsetzung oder den Abbau von Mechanismen staatlicher Steuerung in den Mitgliedstaaten betreffen, lösen unabhängig von der Art der Verflechtungsstrukturen Auseinandersetzungen aus, weil hier fundamentale Interessen der Ebenen an einer autonomen Kompetenzerfüllung betroffen sein können. Distributive bzw. redistributive Politiken, durch welche die Verteilung von Chancen oder Ressourcen zwischen Gruppen und Gebieten verändert wird, sind grundsätzlich durch Interessengegensätze belastet. Sie rufen dabei vor allem in multilateralen Verhandlungen erhebliche Konflikte hervor, während sie in bilateralen Verflechtungen in Teilkonflikte zerlegt und dadurch meist leichter zu bewältigen sind.[1]

Für beide Politiktypen gilt, dass Akteure nur dann eine Einigung in Verhandlungen erzielen können, wenn sie nicht nur spezifische Eigeninteressen und egoistische Interaktionsorientierungen verfolgen, sondern auch eine gemeinsame Politik anstreben und dementsprechend auch kooperative Orientierungen zu erkennen geben. In der regulativen Politik müssen gemeinsame Interessen an der Koordination dezentraler Politik oder an der Vereinheitlichung des Rechts vorhanden sein, in Verteilungsfragen müssen die Beteiligten gemeinsame Normen distributiver Gerechtigkeit anerkennen (Vanberg/Buchanan 1989). Solche Vorteile von Kooperation können in der Regel als gegeben unterstellt werden, ansonsten würde eine europäische Politik kaum initiiert werden. Verhandlungen in Verflechtungsstrukturen lassen sich deshalb als „mixed-

---

1 Den dritten für die EU relevanten Typus der konstitutionellen Politik, die Vertragsänderungen und institutionelle Reformen betrifft, kann ich im vorgegebenen Rahmen dieses Artikels nicht weiter berücksichtigen.

motive-games" charakterisieren, in denen eine Einigung möglich ist, wenn Akteure ein Minimum an Kooperationsbereitschaft zeigen. Erleichtert wird eine Verhandlungslösung durch formal festgelegte oder faktisch geltende Verhandlungsregeln, die den Verfahrensverlauf oder Verhaltensweisen der Beteiligten betreffen können.

Akteure in der Mehrebenenverflechtung befinden sich in der Position von Vetospielern. Dieser Begriff ist für die Analyse brauchbar, die mit ihm verbundene Theorie (Tsebelis 1995, 1999) ist aber zu undifferenziert, als dass sich daraus sinnvolle Hypothesen zur Funktionsweise der europäischen Politikverflechtung ableiten ließen. In ihr werden nur die Blockademacht der Akteure sowie die Interessendivergenzen und Strategiefähigkeiten berücksichtigt. Um das Verhalten der Akteure zu bestimmen, sind aber auch ihre Interaktionsorientierungen und Handlungsspielräume sowie ihre faktischen Strategien relevant. Beides hängt nicht nur von den Politikinhalten, sondern auch und vor allem von ihrer Einbindung in institutionelle Kontexte ab (Benz 1992; Scharpf 1997). Dies kann durch eine einfache analytische Differenzierung berücksichtigt werden, indem man zwischen Verflechtungsstrukturen, in denen vorrangig Regierungsvertreter beteiligt sind, und solchen, in denen Vertreter der Fachverwaltungen verhandeln, unterscheidet.

Regierungen der Mitgliedstaaten der EU müssen vor allem die Spielregeln des parlamentarischen Regierungssystems beachten. In ihrer Europapolitik werden sie üblicherweise durch die Mehrheitspartei oder eine Koalition aus Parteien unterstützt. Die Loyalität der Parlamentsmehrheit verschafft einer Regierung ausreichenden Spielraum, um je nach Verhandlungsverlauf ihre Strategien eher auf die Durchsetzung der Interessen des eigenen Staats oder auf eine Entscheidung in der EU auszurichten. Dennoch müssen Regierung und Mehrheitsfraktion(en) immer auch mögliche Reaktionen ihrer Wählerschaft im Auge behalten. Innerhalb der parlamentarischen Arena kämpfen Mehrheits- und Oppositionsfraktion(en) um Wählerstimmen, und dieser Wettbewerb beeinflusst auch das Verhalten der Regierung. Selbst wenn sie durch parlamentarische Mehrheitsfraktionen unterstützt wird, kann ihr die Opposition die Vernachlässigung nationaler Interessen vorwerfen. Die Oppositionsfraktionen zwingen so die Regierung in einen

Wettbewerb darüber, wer die Bevölkerung des Mitgliedstaats besser repräsentiert. Im Hinblick auf die Außenvertretung des Staates veranlasst der Parteienwettbewerb eine Regierung, ihre Verhandlungsstrategie tendenziell an egoistischen, die nationalen Eigeninteressen herausstellenden Interaktionsorientierungen auszurichten. Nur dadurch kann sie das Vertrauen der Wählerschaft dauerhaft erhalten.

Vertreter von Fachverwaltungen sind nicht der direkten parlamentarischen Kontrolle ausgesetzt. Ihre Orientierungen, Interessendefinitionen und Strategien werden einerseits durch den ebenenspezifischen Zuständigkeitsbereich, andererseits durch fachliche Belange ihrer Aufgaben bestimmt. Aus der Zuständigkeit für ein Gebiet (Europa, Nationalstaat, Region) resultieren Konflikte mit Verwaltungen aus anderen Gebieten, die aber oft durch gemeinsame Interessen an einer sachgerechten Problemlösung überlagert werden. Im Unterschied zu Regierungen sind daher Verwaltungen in der Regel eher zur Kooperation bereit, und sie verfügen grundsätzlich auch über die erforderlichen Handlungsspielräume. Diese sind allerdings durch ihren sachlichen Kompetenzbereich beschränkt, weshalb in Verwaltungsverflechtungen Paketlösungen, welche Politikfelder überschreiten, schwieriger sind (Scharpf 1992).

Regierungen wie Fachverwaltungen können des Weiteren in ihrem eigenen Zuständigkeitsbereich in Verhandlungssysteme eingebunden sein. Das gilt etwa für Koalitionsregierungen, in denen das Kabinett die eigentliche Entscheidungsinstanz bildet. Der institutionelle Kontext des deutschen Bundesstaats etwa hat zur Folge, dass die deutsche Bundesregierung auf die Zustimmung der Mehrheit der Länderregierungen angewiesen ist, wenn europäische Entscheidungen Kompetenzen der Länder betreffen und damit der Bundesrat ein Mitspracherecht erhält. Die deutsche Europapolitik ist daher häufig Gegenstand von Bund-Länder-Verhandlungen. Regierungen in Konkordanzdemokratien sind verpflichtet, ihre Politik mit Interessengruppen abzustimmen und Vereinbarungen mit diesen zu beachten. Gleiches kann für regionale Regierungen gelten, die zudem oft die spezifischen Interessen der Regionen eines Mitgliedstaats oder einer Gruppe von Regionen mit anderen Regierungen aushandeln müssen. Auch Fachverwaltungen müssen unter Umständen auf Interessengruppen Rücksicht nehmen. In solchen der Politik im europäischen Mehrebenensystem vorgelagerten Verhandlungen können egoistische Interaktionsorientierungen verstärkt werden, weil sich Mitglieder einer Gruppe in ihrer Position wechselseitig bestärken (Janis 1982). Praktisch bedeutsamer ist aber, dass im Unterschied zum Parteienwettbewerb Verhandlungssysteme keine festen Fronten oder starre Koalitionsstrukturen erzeugen. Positionen der Akteure können leichter angepasst werden, wenn sich dadurch Vorteile in Verhandlungsprozessen in der europäischen Politikverflechtung ergeben. Andererseits ist diese Flexibilität ein Nachteil, weil dadurch die Positionen und Interaktionsorientierungen der Verhandlungspartner unkalkulierbar werden. Akteure, die auf zwei Ebenen in Verhandlungssysteme eingebunden sind, können in der Politikverflechtung mit taktischen Selbstbindungen operieren (Schelling 1960: 22), d.h. nur zum Schein egoistische Strategien anwenden in der Hoffnung, dass andere Partner mehr Konzessionen machen, als aufgrund der Interessenkonstellation erforderlich wäre. Aber diese taktisch ausnutzbare Flexibilität kann Missverständnisse über die realen Interessen und Strategien hervorrufen und so eine Einigung erschweren.

Entscheidend für die Funktionsweise der Mehrebenenverhandlungen ist nun, in welchem Ausmaß sich diese Einbindungen in spezifische „Regelsysteme" (Lehmbruch 2000: 14-19) auf das Handeln der Akteure auswirken. Damit ist die Frage nach der strukturellen Kopplung der Arenen, der europäischen Verhandlungssysteme einerseits und der europäischen, nationalen und subnationalen Politikstrukturen andererseits aufgeworfen (Benz 2000). Gewaltenteilige Differenzierung, wie sie etwa zwischen Regierung und Parlament in einem präsidentiellen Regierungssystem verwirklicht ist, erzeugt nur lose Kopplungen, und das Gleiche gilt für freiwillige Verhandlungen. Im parlamentarischen Regierungssystem ist wegen der Verantwortlichkeit der Regierung gegenüber dem Parlament die europäische Politikverflechtung auf Regierungsebene relativ eng an den nationalen parlamentarischen Parteienwettbewerb gekoppelt, und ähnlich enge Kopplungen kommen durch Zwangsverhandlungen, wie sie etwa zwischen Bund und Ländern im kooperativen Bundesstaat entstehen, zustande. In solchen Strukturen ist das Verhandlungsverhalten der Akteure weitgehend durch die Präferenzbildung in den nationalen Arenen determiniert. Faktisch erhalten auf diese Weise die nicht an den europäischen Verhandlungsprozessen beteiligten Akteure des Mitgliedstaats eine „externe" Vetoposition. Externe Vetos wirken in Verhandlungen als harte Restriktionen, weil sie, anders als Vetodrohungen der unmittelbar Beteiligten, nicht vom Verlauf des Verhandlungsprozesses abhängen. Im Fall der losen Kopplung werden dagegen Akteursstrategien zwar beeinflusst, aber nicht vorgegeben. Akteure unterliegen keinen Verhaltenszwängen, sondern können relativ autonom darauf hinarbeiten, die Probleme des mixed-motive-game zu lösen (Benz 1998; Czada 1997).

Neben diesen Kontexten, in die Akteure im Mehrebenensystem eingebunden sind, müssen weitere Aspekte der institutionellen Einbettung von Verhandlungsstrukturen beachtet werden. Zum einen ist wichtig, in welcher Weise die Verhandlungsagenda festgelegt wird (Pollack 1997). Sie kann etwa durch die einseitige Entscheidung einer Institution bestimmt werden. In der EU gilt, dass die Kommission über das Initiativrecht verfügt und damit wesentlich die Agenda der europäischen Politik bestimmt. An der Bestimmung der Verhandlungsthemen und -vorschläge wirkt auch das Europäische Parlament (EP) mit, ferner werden sie durch den Wettbewerb der Mitgliedstaaten beeinflusst (Peters 1994). Durch die Agenda werden Probleme definiert und das Spektrum möglicher Verhandlungsgegenstände eingegrenzt. Sie gibt zudem den sachlichen Ausgangspunkt von Verhandlungsprozessen vor, an dem sich die Beteiligten orientieren.

Zum anderen sind Verhandlungen oft nur eine Vorstufe im eigentlichen Entscheidungsprozess. Verflechtung findet dann „im Schatten" hierarchischer oder mehrheitsdemokratischer Entscheidungen statt. Das gilt für alle informellen Verhandlungssysteme in der EU, aber auch für Vertragsänderungen, die in den nationalen Parlamenten ratifiziert werden müssen. In diesen Fällen sind die Akteure in Mehrebenenverhandlungen gezwungen, die potentiellen Vetodrohungen der eigentlichen Entscheidungsinstanzen einzukalkulieren. Das kann die Kompromissfindung fördern, aber auch behindern.

Angesichts der Vielfalt möglicher Verflechtungsformen, die bei Berücksichtigung aller genannten Variablen denkbar sind, verbieten sich generelle Aussagen über ihre Folgen von selbst. Richtig ist zunächst die in der These der Politikverflechtungsfalle enthaltene Feststellung, dass auch ineffektive Verflechtungen Bestand haben können, selbst wenn durch die Ineffektivität die Politikziele aller Beteiligten unerreichbar bleiben. Verflechtungen stabilisieren sich zunächst durch die Kooperationsbereitschaft der beteiligten Akteure. Kooperationsbereit sind Akteure nicht allein aus sachlichen Gründen, sondern auch, weil sie an der Machterhaltung oder -erweiterung gegen ausgeschlossene Akteure interessiert sind. Regierungen und Verwaltungen profitieren von Verflechtungen, weil sie dadurch strategische Vorteile gegenüber ihren Parlamenten gewinnen (Moravcsik 1997; Wolf 2000) oder sich dem Einfluss von Interessengruppen leichter entziehen können (Grande 1994, 1996; generell: Scharpf/Reissert/Schnabel 1976: 236-243). Aber dies bedeutet weder, dass Verflechtungen per se ineffektive Politik erzeugen oder, wie die Theorie der Vetospieler impliziert, wenig Politikänderungen zulassen (Tsebelis 1995), noch kommt es notwendigerweise zu Demokratiedefiziten. Ebenso wenig sind Verflechtungen starre Strukturen, vielmehr zwingen sie wegen der immanenten Schwierigkeiten der Entscheidungsfindung die Akteure dazu, mit den Regelsystemen in strategischer Weise umzugehen. Daraus ergibt sich die Eigendynamik von Politikverflechtung.

Im Folgenden werde ich die analytischen Kategorien, die in der Übersicht zusammengefasst sind, verwenden, um die europäische Politikverflechtung in der regulativen und in der redistributiven Politik zu analysieren. Ziel der Ausführungen ist es, die Vielfalt der Verflechtungsformen und die Besonderheiten der europäischen Politikverflechtung deutlich zu machen sowie Hypothesen über ihre Folgen zu formulieren.

Übersicht: Analysekonzept zur Untersuchung von Mehrebenenverflechtungen

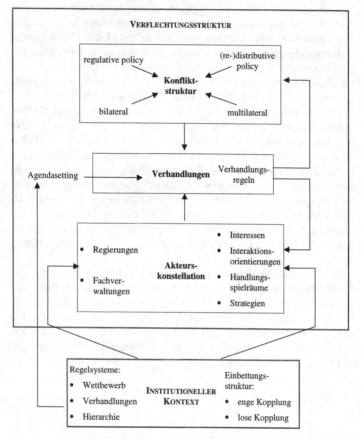

3   Europäische Politikverflechtung
in der regulativen Politik

Der Schwerpunkt der Tätigkeit der EU liegt auf der Regulierung
von Marktprozessen. Ihre Rechtsnormen dienen dazu, die Voraus-

setzungen eines funktionierenden Marktes in Europa zu schaffen und negative Folgen der freien Produktions- und Tauschprozesse zu verhindern. Es ist nicht möglich, einen auch nur annähernden Überblick über alle Bereiche der regulativen Politik und ihre Besonderheiten zu geben. Ich beschränke mich auf wesentliche Ausschnitte, mit welchen wichtige Formen der Politikverflechtung erfasst werden.

Regulative Programme der EU resultieren aus Verhandlungen zwischen Vertretern nationaler Regierungen, der Kommission und des EP. Sie werden formal im Ministerrat beschlossen, Entscheidungsvorschläge gehen aber auf informelle Vorverhandlungen zwischen europäischen und nationalen Fachverwaltungen und Experten aus Verbänden zurück. Die Rolle des EP in der Entscheidungsvorbereitung und im Entscheidungsprozess variiert je nachdem, welches Gesetzgebungsverfahren zur Anwendung kommt. Im Mitentscheidungsverfahren kann es ein definitives Veto einlegen. Grundsätzlich haben wir es hier also mit einem multilateralen Verhandlungssystem zu tun, das die nationale und europäische Ebene mit ihren jeweils unterschiedlichen institutionellen Kontexten verbindet.

Die Konfliktstruktur, die bei regulativer Politik zu bearbeiten ist, lässt sich als Gefangenendilemma oder als „Battle of the Sexes" abbilden (Scharpf 1999: 97-105). Das einfacher zu lösende Gefangenendilemma tritt bei der marktschaffenden Regulierung, etwa im Fall der Beihilfekontrolle auf. Hier kann davon ausgegangen werden, dass alle Mitgliedstaaten und Regionen ein Interesse an einem fairen Austausch von Waren und Dienstleistungen in einem vergrößerten Binnenmarkt haben, aber alle sind auch gleichermaßen daran interessiert, ihren eigenen Unternehmen durch Subventionen Vorteile zu verschaffen. Eine Einigung auf eine Regulierung ist dennoch selbst unter egoistisch agierenden Regierungen möglich. Wenn alle Mitgliedstaaten ihre Unternehmen unterstützen können, geraten sie leicht in einen Subventionswettlauf. Zudem sind die komparativen Vorteile einer Subvention umso größer, wenn sie durch Verletzung vorhandener Regeln oder durch Ausnahmen im Regelvollzug verwirklicht werden. Die eigentliche Problematik in diesem Fall liegt also in der Durchsetzung strikter Kontrollen und im Aushandeln von Sonderregelungen im Vollzug von Regeln.

Die für eine Analyse der europäischen Politikverflechtung interessanteren Fälle regulativer Politik ergeben sich bei der Regulierung von Produkten oder Produktionsprozessen sowie bei der Steuerharmonisierung. Auch hier stellt sich die Problemstruktur als ein „mixed-motive-game" dar. Im Unterschied zur Beihilfekontrolle sind aber die gemeinsamen Interessen an einer europäischen Regulierung durch Verteilungskonflikte überlagert, weil die Vor- und Nachteile der Regulierung zwischen Regionen und Mitgliedstaaten ungleich verteilt sind. Als analytisches Konzept ist somit der „Battle of the Sexes" relevant.

Im Hinblick auf die Interaktionsorientierungen und Handlungsspielräume der Verhandlungspartner ist bedeutsam, wie regulative Politik die Interessen der nationalen Parlamente tangiert. Die Verteilungsfolgen der Regulierung oder Deregulierung können im nationalen Parteienwettbewerb zu einem brisanten Thema werden, was die Regierung zwingen kann, sich verstärkt für die nationalen Belange einzusetzen. Hinzu kommt, dass europäische Regulierung die Kompetenzen der nationalen Parlamente beschneidet. Gerade dies führt dazu, dass diese Beteiligungsrechte bei der Formulierung der europäischen Politik einfordern. Zwar verfügt die Regierung über bessere Informationen und über die Vorteile der unmittelbaren Verfahrensbeteiligung (Moravcsik 1997), jedoch kann sie deswegen nicht autonom verhandeln, sondern muss auf die Willensbildung im nationalen Parlament Rücksicht nehmen. Insofern gibt es Tendenzen einer engen Kopplung von nationalem Parteienwettbewerb und europäischem Verhandlungssystem, die zwar nicht in allen Mitgliedstaaten gleich ist, jedoch gerade in wichtigen Staaten wie Großbritannien, Deutschland, Italien oder Spanien besonders ausgeprägt zu sein scheint. Die Folge ist, dass sich Regierungen stärker an Verteilungsinteressen, die im Parteienwettbewerb artikuliert werden, orientieren und daher eher „egoistisch" verhandeln. Für eine Einigung im Ministerrat sind dies ungünstige Bedingungen. Selbst Paketlösungen müssten eher unwahrscheinlich sein, weil auch Verhandlungspakete in der nationalen Politik unter Verteilungsgesichtspunkten bewertet werden.

Tatsächlich gelingt es den Verhandlungspartnern in der europäischen Politik jedoch in vielen Politikfeldern, sich auf eine Regulierung zu einigen und dabei oft ein relativ hohes Regulierungsniveau zu erreichen. Das gilt zumindest dann, wenn durch Rechtsetzung der EU nicht in fundamentale Kompetenzen oder Ressourcen der Mitgliedstaaten eingegriffen wird, wie dies im Fall der Steuerharmonisierung zutrifft. Im Bereich des Umweltschutzes, des Verbraucherschutzes, der Gesundheitsregulierung und anderer Politikfelder dagegen gilt die regulative Politik der EU allgemein als erfolgreich (z.B. Eichener 1997; Héritier 1997, 2000; Héritier/ Knill/Mingers 1994). Dies kann damit erklärt werden, dass die europäische Politikverflechtung in institutionelle Strukturen und Verfahren eingebettet ist, welche die genannten Effekte der engen Kopplung mit dem nationalen Parteienwettbewerb konterkarieren.

Das erste Merkmal der institutionellen Einbettung, das eine wichtige Besonderheit der europäischen Politikverflechtung ausmacht, ist das Zusammenspiel von zentraler und dezentraler Initiative. Formal liegt das Initiativrecht gegenüber dem Ministerrat und dem EP bei der Kommission. Diese agiert aber nicht autonom, sondern steht in engen Kontakten mit den nationalen Verwaltungen. Die Agenda der europäischen Politik wird durch Netzwerke der europäischen und nationalen Fachverwaltungen mitbestimmt, die unabhängig vom nationalen Parteienwettbewerb arbeiten. Allenfalls wirken in diesen Netzwerken Interessengruppen mit. Aber diese werden durch Experten vertreten, denen ein starkes Interesse an einer Problemlösung eigen ist. Der Verhandlungsstil in diesen Netzwerken ist deshalb eher als „arguing" (konsensorientierte Verhandlungen) denn als „bargaining" (positionsorientierte Verhandlungen) zu bezeichnen (vgl. Héritier 1997; Joerges/Neyer 1997: 618; Neyer 2000: 299-301; zu den Begriffen: Saretzki 1996 bzw. Benz 1994: 118-127).

Diese Vorverhandlungen in Expertennetzen werden zwar nicht durch die nationalen Parlamente beeinflusst, die relevanten Problemdefinitionen und Entscheidungsvorschläge gehen aber aus dem nationalen Regulierungswettbewerb hervor. Dieser erzeugt einerseits einen Koordinierungsbedarf, der durch eine europäische Regulierung erfüllt wird, andererseits hat er auch Auswirkungen auf die Definition von Problemen und Entscheidungsvorschlägen. Die Folgen des Regulierungswettbewerbs zwischen Mitgliedstaaten werden durch die Möglichkeit einer europäischen Regulierung entscheidend modifiziert: Sie kann verhindern, dass die Konkurrenz um leistungsfähige Unternehmen und um Kapital die Mitgliedstaaten veranlasst, Vorschriften für Produkte und Produkti-

onsprozesse abzubauen und sich an einen niedrigen Standard anzupassen. Die Möglichkeit einer Vereinheitlichung der regulativen
Politik in der EU bewirkt grundsätzlich, dass Staaten, die ein hohes Regulierungsniveau durchgesetzt haben, versuchen, dieses
zum europäischen Standard zu machen. Sie unterstützen oder veranlassen Initiativen der EU, und ihre Regulierungsvorschläge werden damit zum Ausgangspunkt von Verhandlungen im europäischen Mehrebenensystem (Héritier 1997). In erster Linie gelingt
dies in den Bereichen, in denen Regulierung in der Gesellschaft
nicht negativ bewertet wird, sondern als Indikator für die Standort-
oder Lebensqualität gilt. Deswegen übernehmen Staaten, die etwa
wirksame Gesetze zur Verbesserung des Umweltschutzes, des Gesundheitsschutzes, des Verbraucherschutzes oder der Sozialpolitik
verwirklicht haben, eine Vorreiterrolle in der EU. Gleiches gilt für
Deregulierungspolitiken in der Infrastrukturversorgung (Bahn,
Post- und Telekommunikation, Energieversorgung).

Die so durch das Zusammenspiel von Regulierungswettbewerb
und Verhandlungen in Expertennetzwerken definierte Agenda der
europäischen Politik wird in einer differenzierten multilateralen
Verflechtungsstruktur abgearbeitet. Nachdem die genannten Ex-
pertenausschüsse Vorschläge erarbeitet haben, kommen in den Beratungen im Ministerrat zunehmend die durch den nationalen Parteienwettbewerb beeinflussten Interessen und Verhandlungsstrategien der Mitgliedstaaten ins Spiel. Allerdings setzen sie sich in
dieser Phase nicht unmittelbar durch, weil die europäischen Verhandlungen spezifischen Entscheidungsregeln gehorchen, die zwar
nicht formal institutionalisiert sind, aber gleichsam zur etablierten
Verhandlungskultur gehören (Eising 2000: 230-244). Zum einen
finden Verhandlungsprozesse in einer mehrstufigen Gremien-
struktur statt, die von Arbeitsgruppen der Referenten bis zum Rat
reicht. In dieser Struktur werden strittige Punkte schrittweise abgearbeitet. Zwischenergebnisse werden jeweils als Verhandlungs-
erfolge festgehalten und stehen im weiteren Verlauf der Entscheidungsverfahren nicht mehr zur Disposition. Zum anderen gelten in
den Verhandlungen Fairnesskriterien, die sowohl die Verfahren
wie die Inhalte betreffen. Sie verhindern, dass Verteilungskonflikte auf der Basis egoistischer Interaktionsorientierungen ausgetragen werden und eine Konfrontation von nationalen Positionen
entstehen kann. Schließlich wirkt allein die Tatsache, dass im Rat

ein Thema auf der Tagesordnung steht und somit als europäische Angelegenheit bewertet wird, als eine Selbstverpflichtung der Beteiligten, einen Verhandlungserfolg zu erzielen. Ein Scheitern würde für alle Regierungen eine (mehr oder weniger gravierende) Niederlage bedeuten, die sie gegenüber der nationalen Öffentlichkeit schwer rechtfertigen könnten.

Verstärkt werden diese Orientierungen an gemeinsamen Interessen durch die Beteiligung des EPs. Je nach Entscheidungsverfahren befindet sich dieses entweder in der Position eines Vetospielers, dessen Zustimmung erforderlich ist, oder einer beratenden Institution. In jedem Fall beeinflusst das Parlament aber die Agenda der Verhandlungen und die Entscheidungsvorschläge (Bailer/Schneider 2000; Tsebelis 1994). Dies gelingt ihm in der Regel, weil die parlamentarische Willensbildung weder ausschließlich durch den Parteienwettbewerb noch allein durch nationale Interessen dominiert wird, sondern als offener Prozess der Kompromissfindung verläuft. Das EP kann daher für sich beanspruchen, ausgewogene Entscheidungsvorschläge zu vertreten, die zudem das gemeinsame Interesse an einer europäischen Regelung widerspiegeln. Als demokratisch legitimierte Institution vermag es die Politik-Ideen und Ideendiskurse maßgeblich zu prägen, die in der Politik im europäischen Mehrebenensystem eine wichtige Rolle spielen (Kohler-Koch/Edler 1998; Wallace 2000: 529).

Die institutionellen Regeln des politischen Systems der EU binden also die Vertreter der Mitgliedstaaten an Verhaltensmaximen, welche grundsätzlich verhindern, dass die Regierungen gewinnmaximierende Machtstrategien verfolgen. Diese sind nicht völlig ausgeschlossen, jedoch wenig wahrscheinlich. Parlamente können ihre Regierungen zwar grundsätzlich zu einer harten Verfolgung nationaler Interessen zwingen, aber da sie die hieraus resultierenden Probleme einschätzen können, verzichten sie im Normalfall auf förmliche Bindungen ihrer Regierung an Verhandlungspositionen und definieren inhaltlich offene „Verhandlungsmandate" (Czada 1997). In der Regel sind deswegen keine konfliktminimierenden Entscheidungsstrategien erforderlich, welche Kompromisse auf dem kleinsten gemeinsamen Nenner zur Folge haben. Die von Fritz W. Scharpf für die Bund-Länder-Kooperation im deutschen Bundesstaat festgestellte Verhandlungslogik und Politikverflechtungsfalle ist für die europäische Politikverflechtung nicht charakteristisch.

Gleiches gilt für Entscheidungen im Verfahren der Komitologie, welches für spezielle Regulierungen genutzt wird (Joerges/
Falke 2000). Verbindliche Rechtssetzung erfolgt hier im Prinzip
durch spezielle Ausschüsse, in denen Vertreter der Mitgliedstaaten
eine Einigung erzielen müssen. Widerspricht ein Mitgliedstaat, so
muss der Ministerrat nach dem für die Materie vorgesehenen Verfahren entscheiden. Die Verhandlungen in den Ausschüssen finden
also vor dem Hintergrund eines potentiellen Vetos der nationalen
Regierungen und zudem im Schatten der Intervention durch den
Ministerrat statt. Die Repräsentanten der Mitgliedstaaten in den
Komitologie-Ausschüssen sind aus zwei Gründen daran interessiert, sich zu einigen: Zum einen stellt ein Veto für sie einen Misserfolg dar, der auch einen Kompromiss hinfällig werden lässt.
Zum anderen verlieren die Akteure durch die Verlagerung der
Entscheidung in den Ministerrat die Macht über den Ausgang des
Regulierungsprozesses. Die Drohung durch ein externes Veto
wirkt in gleicher Weise kooperationsfördernd wie ein Referendum
in der schweizerischen Konkordanzdemokratie (Neidhart 1970),
und die Entscheidung durch den Ministerrat entspricht dem
„Schatten der Hierarchie", einer Leitungsinstanz, wenn dezentrale
Einheiten in einer Organisation ihre Konflikte durch Verhandlungen lösen sollen (Scharpf 1997: 198-205).

Der eigentliche Vollzug regulativer Politik fällt in die Zuständigkeit der nationalen Verwaltungsbehörden. Die Europäische
Kommission übt Kontrollfunktionen aus und verfügt zum Teil
über Sanktionsmöglichkeiten. Jedenfalls kann sie gegen Mitgliedstaaten beim Europäischen Gerichtshof Klage wegen einer Verletzung des europäischen Vertragsrechts einreichen. Die ordnungspolitischen Regeln der Marktfreiheit werden unter anderem durch
die Beihilfekontrolle verwirklicht. Das EU-Recht verlangt, dass
Mitgliedstaaten sowie deren Regionen und Lokalverwaltungen alle
Subventionen oder ihnen vergleichbare Begünstigungen von Unternehmen der Kommission melden. Diese kann Ausnahmen vom
Beihilfeverbot bewilligen. Formal handelt es sich hier um hierarchische Entscheidungsstrukturen, real werden Konflikte vielfach
auf dem Wege der Verhandlungen ausgeräumt. Die Problemstruktur zeichnet sich durch implizite Verteilungskonflikte zwi-

schen den Mitgliedstaaten aus, weil Vorteile, die einzelne Mitgliedstaaten durch Ausnahmebewilligungen erlangen, für die anderen Staaten einen Wettbewerbsnachteil bedeuten. Das Verteilungsproblem wird aber durch die Bilateralisierung der Interaktionsstruktur ausgeklammert, d.h. die Parteien des Verteilungskonflikts sind nicht an Verhandlungen beteiligt. Ferner finden die Verhandlungen im Schatten der Hierarchie statt, weil die Kommission im Konfliktfall auf ihre Macht zur einseitigen Entscheidung zurückgreifen kann.

Die institutionellen Strukturen der europäischen Politikverflechtung tragen also in der regulativen Politik dazu bei, dass Blockaden und konfliktminimierende Entscheidungen vermieden werden. Allerdings zeichnet sich regulative Politik in der Regel auch dadurch aus, dass die beteiligten Mitgliedstaaten in der EU grundsätzlich alle eine europäische Politik befürworten und nur über die Art der Regulierung bzw. Deregulierung oder über den Vollzug Interessendivergenzen bestehen. Anders ist dies in Politikfeldern, in denen redistributive Effekte auftreten. Dies trifft für die regionale Strukturpolitik zu.

4 Europäische Politikverflechtungen in der Verteilungspolitik: Das Beispiel der regionalen Strukturpolitik

Die regionale Strukturpolitik der EU gilt als Musterbeispiel der europäischen Mehrebenenverflechtung (Bache 1998; Benz 2000; Heinelt 1995; Hooghe 1996c; Marks 1993, 1996). Sie zieht aus zwei Gründen die besondere Aufmerksamkeit in der politikwissenschaftlichen Europaforschung auf sich. Zum einen werden hier Entscheidungen mit redistributiven Wirkungen getroffen. Durch die Vergabe von Strukturhilfen an ausgewählte Regionen diskriminiert die Förderpolitik der EU zwischen Mitgliedstaaten wie subnationalen Gebietskörperschaften. Wenngleich diese Diskriminierung sachlich begründet ist, solange das Ziel der Kohäsion der EU grundsätzlich anerkannt ist, so ruft sie doch erhebliche Konflikte um die relativen Vor- und Nachteile hervor. Zum anderen handelt es sich in der Strukturpolitik um eine Verflechtungsstruktur, die nicht nur die Ebenen der EU und der Mitgliedstaaten verbindet, sondern auch die Regionen einbezieht.

Wenn zur Beschreibung der Strukturen der regionalen Strukturpolitik Begriffe wie Mehrebenensystem, Netzwerke oder doppelte Politikverflechtung verwendet werden, dann wird damit zwar der Tatbestand der Verflechtung zwischen EU, Mitgliedstaaten und Regionen, nicht aber die interne Differenzierung dieser Verflechtungsstruktur gekennzeichnet. Diese aber ist zu beachten, wenn man die Funktionsweise der europäischen Strukturpolitik verstehen will. Zu unterscheiden ist zunächst zwischen der Politikverflechtung bei der Festlegung des institutionellen und finanziellen Rahmens der Strukturpolitik sowie der Verflechtung bei der Programmentwicklung und Implementation (Marks 1996). Beide unterliegen unterschiedlichen Funktionslogiken.

Entscheidungen über den institutionellen und finanziellen Rahmen, der für den jeweils fünf Jahre geltenden Planungszeitraum aufgestellt wird, erfolgen im Verfahren der europäischen Gesetzgebung, wobei in diesem Fall der Ministerrat einstimmig beschließen muss und das EP ein Mitentscheidungsrecht nach den Regeln der europäischen Haushaltspolitik ausübt. Die multilaterale Verflechtung entspricht den Strukturen in der regulativen Politik. In der Strukturpolitik liegt aber eine andere Problemstruktur mit anderen Interessenkonstellationen vor. Hier dominieren gegensätzliche Verteilungsinteressen sowohl zwischen den nationalen Regierungen wie auch zwischen Rat und EP. Für die Regierungen geht es dabei um die Erhaltung oder Verbesserung der Bilanz aus Zahlungen an und Finanzzuflüssen aus dem EU-Haushalt. Staaten mit strukturschwachen Regionen setzen sich für eine Erweiterung der Förderung aus den Strukturfonds ein, wirtschaftsstarke Mitgliedstaaten streben dagegen einen Abbau oder eine stärkere räumliche und sachliche Konzentration der Strukturförderung an. Da die Nettobilanz aus Zahlungen und Leistungen ein einfaches Kriterium für die Bewertung der Europapolitik einer nationalen Regierung bietet, ist sie im nationalen Parteienwettbewerb ein ständiges Thema von Debatten. Die Regierungsvertreter im Ministerrat werden dadurch veranlasst, auf die Verteilungsaspekte der Strukturpolitik zu achten. Das EP wiederum hat in der Vergangenheit immer für eine Ausdehnung der Regionalpolitik gekämpft und im Rahmen der Haushaltspolitik entsprechende Ausgabenerhöhungen erreichen können (Rudzio 2000). Erst im Rahmen der Verhandlungen über die „Agenda 2000" setzten sich die Vertreter einer Konsolidierungspolitik stärker durch.

Angesichts der entgegengesetzten Interessen und der engen Kopplung der europäischen Verhandlungen an den nationalen Parteienwettbewerb ist es erstaunlich, dass gerade in der europäischen Strukturpolitik häufig Reformen gelungen sind. Verglichen mit der deutschen Gemeinschaftsaufgabe „Verbesserung der regionalen Wirtschaftsstruktur", die ebenfalls in einer multilateralen Struktur der Politikverflechtung erfüllt wird, erweist sich die europäische Strukturpolitik als relativ innovativ und anpassungsfähig (Benz 2000). Die konfliktminimierenden Entscheidungsmechanismen der Strukturerhaltung und Besitzstandswahrung lassen sich hier kaum beobachten. Sie scheiden schon deswegen aus, weil im fortschreitenden Prozess der europäischen Integration und angesichts der erheblichen wirtschaftlichen Strukturveränderungen, die durch den Binnenmarkt ausgelöst wurden, immer wieder Veränderungen der Strukturpolitik erforderlich waren und sind. Diese Anpassungen konnte die EU bislang erfolgreich durchführen. Diese Tatsache lässt sich auch in diesem Politikbereich mit der institutionellen Struktur der Mehrebenenverflechtung und ihrer Einbettung in das politische System der EU erklären.

Besonders zu beachten ist dabei zunächst die Trennung zwischen Entscheidungen über den institutionellen und finanziellen Rahmen und Entscheidungen über die eigentliche Mittelverteilung auf Regionen, die in der Phase der so genannten Programmplanung getroffen werden. Im multilateralen Verhandlungssystem auf europäischer Ebene werden neben dem Volumen der für die Strukturpolitik verfügbaren Mittel lediglich die Prinzipien und Verfahren festgelegt, nach denen Regionen gefördert werden. Zur Diskussion stehen damit primär Ziele, die mit der regionalen Strukturpolitik erreicht werden sollen, sowie die Normen der Verteilung. Die konkrete Auswahl der Förderregionen sowie die Zuweisung der Mittel erfolgen erst in den weiteren Stufen des Politikprozesses. Die Reform der Strukturpolitik wird damit zwar nicht mit weniger Konflikten belastet, aber eigentlicher Entscheidungsgegenstand sind Begründungen für die Diskriminierung zwischen Regionen sowie die Effizienz und Effektivität der Förderpolitik und nicht die Gewinn- und Verlustbilanzen der Mitgliedstaaten.

Diese Verhandlungsregeln der EU können nicht verhindern, dass die Finanzierungsbilanzen der Mitgliedstaaten in den Entscheidungsverfahren eine Rolle spielen. Dafür sorgt schon der nationale Parteienwettbewerb, in dessen Schatten die Regierungen stehen. Mitgliedstaaten, die durch eine Reform der Strukturfonds besonders betroffen sind, drohen daher mit der Verweigerung der Zustimmung, was angesichts der Einstimmigkeitsregel im Ministerrat Entscheidungen blockieren würde. Bis Mitte des letzten Jahrzehnts wurden Vetos einzelner Mitgliedstaaten regelmäßig dadurch vermieden, dass der Umfang der Fördermittel erhöht wurde. Das EP erleichterte diese Lösung mit seiner Haushaltspolitik (Rudzio 2000). Zudem wurden in der Vergangenheit Reformen der Strukturfonds in größeren Verhandlungspaketen verabschiedet, in denen die Vor- und Nachteile für alle Mitgliedstaaten weitgehend ausgeglichen oder jedenfalls für die Öffentlichkeit und die nationalen Parlamente nicht offensichtlich wurden (Hooghe/Keating 1994; Laffan 2000). Blockaden werden zudem dadurch verhindert, dass die Entscheidungen über den finanziellen und institutionellen Rahmen der Strukturpolitik unmittelbar mit der Finanzplanung der EU verbunden sind. Würde diese scheitern, so befände sich die EU in einer schweren Krise. Sie zu vermeiden ist das gemeinsame Anliegen aller Regierungsvertreter im Ministerrat, des EP und der Kommission. Dadurch entsteht ein faktischer Erfolgszwang, der die Kompromissbereitschaft aller Beteiligten erhöht.

Die Wirkung des Parteienwettbewerbs ist des Weiteren abgeschwächt, weil Verteilungskonflikte eigentlich nicht primär zwischen Mitgliedstaaten, sondern zwischen Regionen entstehen. Sie sind die Konfliktparteien in der europäischen Strukturpolitik. In föderativen, teilweise auch in regionalisierten Mitgliedstaaten sind Vertreter der Regionen institutionell in die Ausarbeitung der nationalen Verhandlungspositionen eingebunden. In diesen Staaten könnten sich theoretisch regionale und parteipolitische Konfliktstrukturen wechselseitig verstärken. In den meisten Mitgliedstaaten der EU sind regionale „cleavages" im Parteiensystem allerdings schwach ausgeprägt (Spanien bildet eine wichtige Ausnahme; vgl. Aja 2001: 241-243). Die in Parteiensystemen abgebildeten Konfliktlinien liegen gleichsam quer zu regionalen Verteilungskonflikten. Die Interessen strukturschwacher Regionen wer-

den von Parteien unterstützt, die für den Erhalt des Wohlfahrts-
staats eintreten, während Parteien, die für eine liberale Wirtschaftspolitik eintreten, gegen Subventionen zugunsten dieser Regionen votieren. Je mehr sich parteipolitische und regionale Konfliktstrukturen wechselseitig konterkarieren und je stärker die
Macht der Parteien und der Regionen zu einem Gleichgewicht
tendiert, desto geringer sind die Bindungen der nationalen Regierungen an spezifische Vorgaben für die europäischen Verhandlungsprozesse.

Auch in der Strukturpolitik beeinflussen die Initiativen der
Kommission sowie die informellen Vorverhandlungen den Ausgang der europäischen Politik. Bemerkenswert ist dabei, dass die
Expertenverhandlungen bereits frühzeitig mit den Beratungen des
zuständigen Ausschusses des EP koordiniert werden. Die politische Brisanz der Materie veranlasst die Europäische Kommission,
für ihre Position politische Unterstützung zu gewinnen. Zudem
versucht die Kommission, sich mit regionalen Akteuren abzustimmen, um sich in Verhandlungen mit Mitgliedstaaten hierauf
berufen zu können (Hooghe 1996b). Dem dienen Kontakte mit
dem Ausschuss der Regionen, aber auch bilaterale Verhandlungen
mit Vertretern einzelner Regionen. Diese Strategie trägt dazu bei,
dass Konflikte im mehrstufigen Verfahren inkrementell bearbeitet
werden können. Eine Konfrontation von Gewinnern und Verlierern in Verteilungsprozessen wird auf diese Weise vermieden.

Wie in der regulativen Politik führen auch in der redistributiven
Strukturpolitik die institutionellen Strukturen der europäischen
Politikverflechtung dazu, dass Blockaden unwahrscheinlich sind
und Verhandlungen nicht mit einer Einigung auf den kleinsten
gemeinsamen Nenner enden müssen. Reformen der Strukturfonds
werden regelmäßig durch Kompromisse erreicht, die nicht allen
Qualitätsmaßstäben genügen, aber ein hohes Maß an Innovationen
erlauben. Angesichts der schwierigen Problemstruktur sind die
Politikergebnisse durchaus beachtlich.

Getrennt von den multilateralen Entscheidungsprozessen über
den institutionellen und finanziellen Rahmen verläuft die eigentliche Förderpolitik. Mittel der EU an Regionen werden auf der
Grundlage von abgestimmten Programmplanungen der Europäischen Kommission und der Regionen vergeben, welche die För-
derziele konkretisieren sollen (vgl. Allen 2000: 254-260). Zielre-

gionen der Förderung werden nach Kriterien der europäischen Strukturpolitik in den Mitgliedstaaten ausgewählt. Die Verfahren der Entscheidung variieren, häufig bedarf es aber der Koordination zwischen europäischen, nationalen und regionalen Institutionen in multilateralen Verhandlungen. Die Kriterien der EU geben dabei nur Richtlinien vor, die Entscheidungsspielräume für die Auswahl der Fördergebiete lassen. Für die einzelnen Regionen erfolgt die Koordination der Planungen in einem bilateralen Verflechtungssystem. Unmittelbar beteiligt sind hierbei die zuständige Generaldirektion Regionalpolitik der Kommission sowie die für die Regionalpolitik verantwortlichen Fachverwaltungen der Mitgliedstaaten, d.h. je nach Staatsorganisation nationale oder regionale Verwaltungen. Die Parlamente der Mitgliedstaaten oder (soweit solche existieren) der Regionen sind im Verfahren wenigstens indirekt betroffen, weil die Finanzhilfen der EU von den begünstigten Gebietskörperschaften „ko-finanziert" werden müssen. Über die Beiträge der Mitgliedstaaten oder Regionen entscheiden formal die Parlamente im Rahmen ihrer Haushaltszuständigkeit. Zudem sollen die Regionalen Entwicklungsprogramme nach der Richtlinie der EU in Kooperation mit den Wirtschafts- und Sozialpartnern erstellt werden. Das bilaterale Verhandlungssystem der Programmplanung ist also grundsätzlich verbunden mit dem Parteienwettbewerb in der parlamentarischen Arena und den Verhandlungen mit den Vertretern der relevanten gesellschaftlichen Interessen.

Die Kopplung dieser Entscheidungsstrukturen ist allerdings sehr lose, und sie beeinflusst kaum die Interaktionsorientierungen und Verhandlungsstrategien der Verwaltungen in den Mitgliedstaaten oder Regionen. Die Ko-finanzierung ist in Parlamenten selten umstritten, da selbst Oppositionsfraktionen nicht verlangen, dass eine Regierung auf die EU-Zuschüsse verzichtet. Mit den Zielen der regionalen Entwicklung befassen sich Parlamente oft nicht, zumal diese Gegenstand der Verhandlungen mit den Wirtschafts- und Sozialpartnern sind. Das gilt besonders in Einheitsstaaten, aber auch die Landtage der deutschen Länder engagieren sich kaum in der Programmplanung (Auel/Benz 2000: 47). Grundsätzlich zeigt sich in der Programmplanung im Rahmen der europäischen Strukturpolitik, genauso wie in allen komplexen Planungsverfahren, dass die Exekutive den Entscheidungsvorschlag präsentiert und ein Parlament meistens nicht über die erforderliche

Fachkompetenz verfügt, diesen hinreichend zu prüfen. In jedem Fall bestimmt die Verwaltung die Agenda. Die Vertreter gesellschaftlicher Interessen wiederum haben kein formales Mitentscheidungsrecht, sondern wirken nur beratend mit. Sie können also die Programmentwicklung beeinflussen und die Informationsbasis verbessern, aber keine blockierenden Vetos einlegen. Im Übrigen gelten enge Kooperationen zwischen Verwaltungen und Wirtschafts- und Sozialpartnern in Regionen für die Europäische Kommission als Kriterium für die Qualität von regionalen Entwicklungsprogrammen. Ein Konsens in der Region wird daher in der Regel in den bilateralen Mehrebenenverhandlungen als Entscheidungsgrundlage akzeptiert werden.

In diesen nur lose gekoppelten Verflechtungsstrukturen sind die zuständigen Verwaltungen die entscheidenden Akteure, die über einen weiten Handlungsspielraum verfügen und in der Mehrebenenverflechtung ihre Strategien entwickeln können. Sie sind in der Stellung, die Andrew Moravcsik (1997) den nationalen Regierungen zuschrieb. Während diese aber wenigstens in der Strukturpolitik einer Kontrolle durch die nationalen Parlamente unterliegen, können die für die Programmplanung zuständigen Verwaltungen die Informationsverarbeitung, die Interessenberücksichtigung, die Entwicklung von Argumenten in Verhandlungen und die Verfahren weitgehend autonom steuern. Allerdings sind auf dieser Ebene der Strukturpolitik auch keine gravierenden Verteilungskonflikte zu bewältigen. Die Programmplanung gleicht eher der Erstellung eines kollektiven Guts für die Region, von dem alle beteiligten Akteure grundsätzlich profitieren (die Problemstruktur gleicht insofern derjenigen in der regulativen Politik). Konflikte können über die Ziele der regionalen Entwicklung, über die Festlegung von zu fördernden Maßnahmen oder über die regionale Verteilung von geförderten Projekten auftreten. Aber zum einen bildet ein regionales Entwicklungsprogramm ein umfassendes Verhandlungspaket, in dem Vor- und Nachteile ausgeglichen werden können, zum anderen werden diese Konfliktlinien nicht durch die Konkurrenz von Parteien verstärkt. Der Parteienwettbewerb spielt auf dieser Stufe der regionalen Strukturpolitik keine Rolle.

Hinzu kommt, dass neben den finanziellen Anreizen der Wettbewerb der Regionen kooperationsfördernd wirkt. Im Rahmen der Vorgaben des institutionellen und finanziellen Rahmens hängt die genaue Höhe der Strukturfondsmittel für einzelne Regionen letzten Endes von der Qualität der Programme und der Effektivität der Koordination zwischen der Kommission und den zuständigen Institutionen in den Mitgliedstaaten ab. Regionen können also umso mehr an den europäischen Strukturfonds partizipieren, je handlungsfähiger sie im Vergleich zu anderen Regionen sind, je besser ihre Entscheidungs- und Implementationsstrukturen sind und je höher die Qualität ihrer Entwicklungskonzepte ist. Daher bemühen sich führende Akteure in der regionalen Politik, konsensfähige Konzepte zu entwickeln, die in der Region nicht nur auf Zustimmung treffen, sondern auch Beteiligung mobilisieren können. Entsprechende Impulse kommen vielfach aus dem privaten Bereich bzw. von Vertretern der Kammern. Grundsätzlich dürfte der Regionenwettbewerb die starken, leistungsfähigen Regionen bevorzugen (Kohler-Koch 1998a: 147-152). In der regionalen Strukturpolitik hängt die regionale Leistungsfähigkeit jedoch nicht allein vom Vorhandensein administrativer und finanzieller Ressourcen ab, sondern auch und vor allem von der Organisation der intraregionalen Entscheidungsstrukturen und ihrer Integration in die vertikale Mehrebenenstruktur. Hier sind Regionen im Vorteil, die weder die Wirtschafts- und Sozialpartner oder die Parteien bzw. Parlamente von der Programmplanung ausschließen noch eng gekoppelte Arenenverbindungen institutionalisieren, sondern die mit offenen, netzwerkartigen Kooperationsstrukturen arbeiten. Allerdings bedarf es zugleich einer starken politischen Führung, die Kooperation initiiert und managt (Kohler-Koch 1998b: 247-248).

Auch in der europäischen Strukturpolitik wirken institutionelle Strukturen der europäischen Politikverflechtung sowie deren Einbettung in nationale und regionale Institutionenordnungen dem theoretisch denkbaren Dilemma der Politikverflechtungsfalle entgegen. Wenn Ergebnisse der europäischen Regionalpolitik kritisiert werden können, so ist dies entweder mit wirtschaftspolitischen Überlegungen oder mit Defiziten in der Verwaltung der Fördermittel zu begründen. Darüber hinaus kann die Art und Weise, wie nationale und regionale Akteure in die Programmplanung eingebunden werden, die Qualität der Strukturpolitik beeinträchtigen. Aber die Entscheidung darüber liegt in der Verantwortung der Mitgliedstaaten. Die Strukturen der europäischen Mehrebenenverflechtung sind nicht ursächlich hierfür.

5 Differenzierung und Dynamik der europäischen Mehrebenenverflechtung

Mit dem Blickwinkel eines analytischen Ansatzes, der neben Akteuren und den Strukturen des Verhandlungssystems auch die institutionelle Einbettung der Politikverflechtung berücksichtigt, können wir nicht nur die Funktionsweise und die Leistungsfähigkeit des europäischen Mehrebenensystems besser begreifen, zudem wird auch dessen besondere Ausdifferenzierung und Variabilität erkennbar (vgl. auch Scharpf 2000). Diese zeigt sich in räumlicher, in sachlicher und in zeitlicher Hinsicht.

Die räumliche Differenzierung der Mehrebenenverflechtung in der EU resultiert aus den institutionellen Unterschieden der Mitgliedstaaten, die sowohl die Strukturen der Regierungssysteme als auch den Staats- und Verwaltungsaufbau und damit die Ausprägungen und den Einfluss des Parteienwettbewerbs, der Verbändebeteiligung und der Beteiligung regionaler und lokaler Gebietskörperschaften betreffen. Der Parteienwettbewerb etwa hat in der Konkurrenzdemokratie Großbritanniens trotz der starken Stellung der Regierung eine andere Bedeutung als in den nordeuropäischen parlamentarischen Regierungssystemen, in denen Verhandlungen zwischen Koalitionsparteien oder auch zwischen einer Minderheitsregierung und den Parlamentsfraktionen die Konkurrenz zwischen den Parteien deutlich modifizieren, oder im semipräsidentiellen Regierungssystem Frankreichs, in dem die Exekutive in der Europapolitik über eine größere Autonomie verfügt. In Bundesstaaten wirken die Länder bzw. Regionen an der Präferenzbildung der nationalen Regierungen in der europäischen Politik mit. Zum Teil sind sie direkt an den Verhandlungen im Ministerrat beteiligt, in jedem Fall kommen Vertreter der Fachverwaltungen nicht selten aus regionalen Institutionen. Zudem ist der Einfluss der Verbände auf der nationalen Ebene in Konkordanzdemokratien wesentlich größer als in der britischen Konkurrenzdemokratie.

Noch wichtiger sind die Unterschiede zwischen den Mitgliedstaaten in Verflechtungsstrukturen, welche die regionale und lokale Ebene einbeziehen. Für die Programmplanung in der Strukturpolitik sind in Einheitsstaaten zentrale Institutionen zuständig, in regionalisierten Einheitsstaaten wird sie durch dezentrale Verwaltungsstellen durchgeführt und in Bundesstaaten durch Verwaltungen der Länder oder Regionen. Diese unterschiedlichen Organisationsstrukturen haben Konsequenzen für die Beteiligung der Parlamente sowie der Wirtschafts- und Sozialpartner. Allerdings führt die Regionalisierung der Staatsorganisation nicht unbedingt zu einer stärkeren Öffnung der Willensbildung über die regionalen Entwicklungsprogramme. In den deutschen Ländern wird das Partnerschaftsprinzip in sehr unterschiedlicher Weise verwirklicht, und generell bleiben die Landesverwaltungen die dominierenden Akteure im Mehrebenensystem (Knodt 1998: 136-220). Parlamente der Länder und Regionalkonferenzen, in denen gesellschaftliche Interessengruppen beteiligt werden, sind nur schwach in die Verhandlungen im Rahmen der EU-Strukturpolitik involviert. Im britischen Einheitsstaat veranlasste die Regionalisierung der europäischen Strukturpolitik, zu der die EG 1988 überging, Lokalverwaltungen und Verbände, sich um eine gemeinsame Regionalpolitik zu bemühen und am Zentralstaat vorbei regionale Interessen gegenüber der Europäischen Kommission zu artikulieren. Mit der Einrichtung von Regionalbüros des Staates ging die ursprüngliche Konfrontation zwischen Staat und Regionen in eine Kooperation über (Rhodes 1997: 137-161). Ähnlich informale, d.h. lose Verbindungen zwischen regionalen Politikstrukturen und vertikaler Politikverflechtung sind in Frankreich festzustellen, wo mit dem Regionalpräfekten ebenfalls formal ein Vertreter des Staates die Schlüsselstelle zwischen den Ebenen einnimmt (vgl. Hooghe 1996c; Kohler-Koch et al. 1998).

Sachliche Differenzierungen ergeben sich aus den Besonderheiten der Politikfelder. Sie lassen sich zum einen auf die Problemstrukturen zurückführen, die in den vorangehenden Abschnitten behandelt wurden. Darüber hinaus zeichnet sich das politische System der EU durch eine starke Sektoralisierung der Organisation nach Politikfeldern aus. Die Formen der Politikverflechtung in der EU sind daher weit vielfältiger als dies etwa in einem Bundesstaat der Fall ist. Insbesondere ist hierbei zu unterscheiden zwischen vergemeinschafteten Politikfeldern und Bereichen der intergouvernementalen Zusammenarbeit. In letzteren wirkt das Europäische Parlament weder an der Agendadefinition noch in Entscheidungsverfahren mit, und auch die Definitionsmacht der Kommission ist meistens unbedeutend. Besondere Verflechtungsstrukturen entstehen, wenn nur ein Teil der Mitgliedstaaten nach Artikel 11 EG-Vertrag zusammenarbeitet. Damit variiert auch die institutionelle Einbettung der Mehrebenenverflechtung nach Politikfeldern.

Diese sektorale Differenzierung der Mehrebenenverflechtung wird durch die Ausbildung europäischer „Fachbruderschaften" der Verwaltungen verstärkt. In der Tendenz können sich diese dem Einfluss der Parlamente und damit dem Parteienwettbewerb in den Mitgliedstaaten entziehen. In den Parlamenten sind es primär die Experten in den Fachausschüssen, die in der Lage sind, Zugang zu den europäischen Politiknetzwerken zu gewinnen. Auf der anderen Seite wirkt die Notwendigkeit, Politikblockaden durch Paketlösungen zu überwinden, der Verselbständigung dieser Netzwerke entgegen. Dies wiederum erfordert eine starke zentrale Steuerung durch die europäischen Institutionen, insbesondere die Kommission und den Europäischen Rat.

Mit dem Zusammenwirken zwischen sektoralen Politiknetzwerken und politischer Koordination bei der Vereinbarung von Paketlösungen ist bereits auf einen wichtigen Aspekt der zeitlichen Variabilität von Politikverflechtung hingewiesen. Politikfelder übergreifende Paketlösungen erfordern ein intelligentes politisches Management der Entscheidungsstrukturen, bei dem je nach Situation entweder die Beziehungen zwischen Fachverwaltungen oder die Interaktionen zwischen Regierungen genutzt werden, um Entscheidungsvorschläge zu erarbeiten (ähnlich: Bache 1998: 155-156). Ähnliche Strukturvariationen resultieren daraus, dass Parlamente durch Vetodrohungen die Kooperation zwischen europäischen und nationalen Regierungen oder Verwaltungen stören und eine engere Einbindung parlamentarischer Akteure in die Entscheidungsvorbereitung erzwingen können. Andererseits können Verhandlungen zwischen europäischen und nationalen Akteuren in Krisensituationen von parlamentarischen Prozessen in den Mitgliedstaaten entkoppelt werden, weil nur dadurch rasche Entscheidungen möglich sind. Zum Teil werden Verhandlungen aus sektoralen Ministerratsverfahren in intergouvernementale Verfahren verlagert, um Mehrheitsentscheide zu Lasten einzelner Mitgliedstaaten zu verhindern, aber auch um neue Entscheidungsoptionen zu erreichen (Héritier 2001: 7).

Diese Beispiele stehen für die besondere Eigendynamik des europäischen Mehrebenensystems, die auf die strategischen Handlungsweisen der Akteure zurückgeführt werden kann. Tatsächlich führt die Verbindung von unterschiedlichen Regelsystemen mit den Mehrebenenverhandlungen ja vielfach zu Friktionen, zur Verstärkung von Konflikten und zu Blockadegefahren, die mit der Theorie der Politikverflechtung richtig analysiert sind. Aber die Akteure haben auch ein Interesse daran, diese Probleme zu bewältigen, und sie entwickeln Praktiken, mit denen sie trotz aller Schwierigkeiten zu Verhandlungslösungen gelangen und diese auch umzusetzen können. Dazu müssen sie Strategien entwickeln, die es ihnen erlauben, divergierende, teilweise konträre Anforderungen zu vereinbaren (vgl. auch Evans/Jacobson/Putnam 1993). Die Wirksamkeit solcher Strategien ist situationsabhängig, und wenn sie genutzt werden, dann bedeutet dies, dass je nach Bedarf unterschiedliche Verflechtungsformen praktiziert werden.

6 Effektivität und Demokratie als Verflechtungsprobleme

Die Differenzierung und die Eigendynamik des europäischen Mehrebenensystems haben genauso wie ihre zuvor berücksichtigten Struktureigenschaften Auswirkungen auf die Qualität der europäischen Politik. Aus den genannten Gründen sind hierzu allgemeine Aussagen schwierig. Ich will mich auf wenige Einschätzungen beschränken. Als Maßstäbe für die Qualitätsbewertung von Politik sollen die Effektivität der Problemlösung und die demokratische Legitimation zu Grunde gelegt werden.

Die hier vorgestellte Analyse zeigt Gründe auf, warum man davon ausgehen kann, dass die europäische Mehrebenenverflechtung einer effektiven Politik grundsätzlich nicht entgegensteht. Die Strukturen der Verflechtung, die spezifischen Formen der Einbettung in institutionelle Rahmenbedingungen sowie die immanente Flexibilität der Akteursbeziehungen tragen hierzu bei. Anhand ausgewählter Politikfelder konnten folgende Voraussetzungen einer effektiven Politik identifiziert werden:

- der Einfluss der Europäischen Kommission und des EP auf die Definition der Agenda,
- die positive Wirkung des Wettbewerbs zwischen Staaten und Regionen im Rahmen der Regulierungskompetenzen und der Fördermöglichkeiten der EU,
- die Verhandlungsregeln in europäischen Entscheidungsprozessen, insbesondere die Trennung von Verhandlungen über Ziele bzw. Normen und Verhandlungen über Ziel- und Normanwendung,
- die flexible Nutzung mehrerer Verhandlungsarenen, welche durch die Differenzierung des Entscheidungsprozesses entstanden sind,
- der Zwang zur Einigung bzw. zur Berücksichtigung externer Vetodrohungen, welche die Kooperationsbereitschaft der Verhandlungspartner steigert.

Wenn diese Bedingungen vorliegen, so werden Bindungen der Regierungen an strikte Vorgaben ihrer Parlamente entweder wenig wirkungsvoll oder offensichtlich für den betreffenden Mitgliedstaat schädlich, so dass Parlamente von vornherein darauf verzichten, sie festzulegen. Auch externe Vetospieler sind zu flexibleren Strategien der Einflussnahme gezwungen. Der grundsätzlich bestehende Konflikt zwischen nationalem Parteienwettbewerb und europäischen Verhandlungen wird deshalb selten real. Faktisch sind beide nur lose gekoppelt.

All dies bedeutet aber nicht, dass die EU in jeder Hinsicht als leistungsfähiges Regierungssystem gelten kann. Als besonders problematisch erweist sich die Differenzierung von Verflechtungsstrukturen nach Staaten und Politikfeldern. Sie stellt ein beträchtliches Hindernis für eine kohärente Politik der EU dar. Die Koordination zwischen Politikfeldern wird erschwert, weshalb offensichtlich private Akteure als Mediatoren von Querschnittskoordination einspringen müssen (Knill 2000). Ob sie die erforderlichen Koordinationsleistungen erbringen können, kann bezweifelt werden. Des Weiteren wird ein einheitlicher Programmvollzug in Mitgliedstaaten schwerlich zu erreichen sein. Die Differenzierung dezentraler Strukturen in den Mitgliedstaaten mag ihre Vorteile haben, da durch sie Experimentierfelder für neue Politikformen entstehen. Ein Beispiel für eine experimentelle Vorbereitung und

anschließende Verbreitung einer innovativen Politik stellt die Regionalisierung der Strukturpolitik dar, die zunächst im Rahmen des
Mittelmeerprogramms in südeuropäischen Ländern erprobt, dann
auf die europäische Strukturpolitik insgesamt übertragen wurde
und inzwischen auch in den Mitgliedstaaten aufgegriffen wird.
Solche Lernprozesse finden allerdings ihre Grenzen an den institutionellen Eigeninteressen mächtiger Akteure auf allen Ebenen
oder an den verfestigten Institutionen der Mitgliedstaaten.

Die Bewertung der demokratischen Qualität der europäischen
Politik hängt davon ab, wie Demokratie bestimmt wird. Neben der
Problemlösungsfähigkeit gelten im Allgemeinen die Interessenvermittlung und die Verantwortlichkeit der Regierenden gegenüber den Regierten als wichtigste Kriterien. Im Hinblick auf die
Vermittlung von gesellschaftlichen Interessen weist die europäische Mehrebenenverflechtung Stärken wie Schwächen auf. Einerseits bieten die differenzierten Strukturen den Interessengruppen
mehrere Zugänge zum politischen System der EU, andererseits
können sich Regierungen durch interne Abstimmung dem Einfluss
von Interessen leicht entziehen (Grande 1994). Grundsätzlich bewirkt die Aufteilung von Macht auf unterschiedliche, aber miteinander verflochtene Ebenen eine funktionierende Gewaltenteilung,
die eine unkontrollierte Konzentration von Macht verhindert. Andererseits reduzieren die Tendenzen zu informeller Abstimmung
und zum flexiblen Operieren mit Entscheidungsarenen die Transparenz der Politik, welche Voraussetzung für die Kontrolle der
Regierungen und Verwaltungen durch Parlamente und Wähler ist.

Diese knappen Bemerkungen können nur andeuten, dass die
Politikverflechtung in der EU nicht nur positive Seiten hat. Nachdem in der Politikwissenschaft die pauschale Kritik an der ver-
meintlich blockadeanfälligen und nicht reformfähigen europäischen Politik inzwischen einer eher positiven Beurteilung gewichen ist, ist dies besonders zu betonen. Gerade im Mehrebenensystem besteht die Gefahr, dass Effektivität durch Beeinträchtigung
demokratischer Legitimation erkauft wird, oder dass einfache
Strategien der Demokratisierung, insbesondere die Durchsetzung
der Beteiligungs- und Kontrollrechte der nationalen oder regionalen Parlamente die Entscheidungsfähigkeit beeinträchtigen kann.
Zu bedenken ist aber, dass es sich angesichts der Vielfalt der Politikformen in der EU, die neben verschiedenen Formen der Mehr-

ebenenverflechtung auch hierarchische Steuerung und wechselseitige Anpassung zwischen autonomen Institutionen einschließt (Scharpf 2000), von selbst verbietet, die EU insgesamt als entweder undemokratisch oder wenig effektiv zu qualifizieren. Die Forschung muss sich daher mehr um differenzierte Analysen und Bewertungen bemühen und generalisierende Aussagen oder normative Modelle sorgfältig prüfen.

Literatur

Aja, Eliseo 2001: Spain: Nation, Nationalism, and Regions, in: John Loughlin (Hrsg.): Subnational Democracy in the European Union. Challenges and Opportunities, Oxford, 229-253.

Allen, David 2000: Cohesion and the Structural Funds. Transfers and Trade-Offs, in: Wallace, Helen/Wallace, William (Hrsg.): Policy-Making in the European Union, 4. Aufl., Oxford, 243-265.

Auel, Katrin/Benz, Arthur 2000: Strength and Weakness of Parliaments in EU Multilevel Governance, in: Auel, Katrin/Benz, Arthur/Esslinger, Thomas: Democratic Governance in the EU. The Case of Regional Policy (polis Arbeitspapiere aus der FernUniversität Hagen, 48/2000), Hagen, 31-56.

Bache, Ian 1998: The Politics of European Union Regional Policy. Multi-Level Governance or Flexible Gatekeeping?, Sheffield.

Bailer, Stefanie/Schneider, Gerald 2000: The Power of Legislative Hot Air: Informal Rules and the Enlargement Debate in the European Parliament, in: The Journal of Legislative Studies 6: 2, 19-44.

Benz, Arthur 1992: Mehrebenen-Verflechtung: Verhandlungsprozesse in verbundenen Entscheidungsarenen, in: Benz, Arthur/Scharpf, Fritz W./Zintl, Reinhard: Horizontale Politikverflechtung. Zur Theorie von Verhandlungssystemen, Frankfurt a.M./New York, 147-205.

Benz, Arthur 1994: Kooperative Verwaltung. Funktionen, Voraussetzungen und Folgen, Baden-Baden.

Benz, Arthur 1998: Postparlamentarische Demokratie? Demokratische Legitimation im kooperativen Staat, in: Greven, Michael T. (Hrsg.): Demokratie – Eine Kultur des Westens?, Opladen, 201-222.

Benz, Arthur 2000: Two types of Multi-level Governance: Intergovernmental Relations in German and EU Regional Policy, in: Regional and Federal Studies 10: 3, 21-44.

Czada, Roland 1997: Vertretung und Verhandlung. Aspekte politischer Konfliktregelung in Mehrebenensystemen, in: Benz, Arthur/Seibel, Wolfgang (Hrsg.): Theorieentwicklung in der Politikwissenschaft. Eine Zwischenbilanz, Baden-Baden, 237-259.

Eichener, Volker 1997: Effective European Problem Solving: Lessons from the Regulation of Occupational Safety and Environmental Protection, in: Journal of European Public Policy 4, 591-608.

Eising, Rainer 2000: Liberalisierung und Europäisierung. Die regulative Reform der Elektrizitätsversorgung in Großbritannien, der Europäischen Gemeinschaft und der Bundesrepublik Deutschland, Opladen.

Evans, Peter B./Jacobson, Harold K./Putnam, Robert D. (Hrsg.) 1993: Double-Edged Diplomacy. International Bargaining and Domestic Politics, Berkeley.

Grande, Edgar 1994: Vom Nationalstaat zur europäischen Politikverflechtung. Expansion und Transformation moderner Staatlichkeit – untersucht am Beispiel der Forschungs- und Technologiepolitik, Habilitationsschrift: Universität Konstanz.

Grande, Edgar 1996: The State and Interest Groups in a Framework of Multi-level Decision-making: The Case of the European Union, in: Journal of European Public Policy 3, 318-338.

Heinelt, Hubert (Hrsg.) 1995: Politiknetzwerke und europäische Strukturfondsförderung. Ein Vergleich zwischen EU-Mitgliedstaaten, Opladen.

Héritier, Adrienne 1997: Die Koordination von Interessenvielfalt im europäischen Entscheidungsprozeß: Regulative Politik als „Patchwork", in: Benz, Arthur/Seibel, Wolfgang (Hrsg.): Theorieentwicklung in der Politikwissenschaft. Eine Zwischenbilanz, Baden-Baden, 261-279.

Héritier, Adrienne 2000: Policy-Making and Diversity in Europe. Escaping Deadlock, Cambridge.

Héritier, Adrienne 2001: The Politics of Services in European Regulation, Preprints aus der Max-Planck-Projektgruppe „Recht der Gemeinschaftsgüter", Bonn.

Héritier, Adrienne/Knill, Christoph/Mingers, Susanne 1994: Die Veränderung von Staatlichkeit in Europa, Opladen.

Hooghe, Liesbet 1996a: Introduction: Reconciling EU-Wide Policy and National Diversity, in: Hooghe, Liesbet (Hrsg.): Cohesion Policy and European Integration: Building Multi-Level Governance, Oxford, 1-24.

Hooghe, Liesbet 1996b: Building a Europe With the Regions: The Changing Role of the European Commission, in: Hooghe, Liesbet (Hrsg.): Cohesion Policy and European Integration: Building Multi-Level Governance, Oxford, 89-127.

Hooghe, Liesbet (Hrsg.) 1996c: Cohesion policy and European Integration, Oxford.

Hooghe, Liesbet/Keating, Michael 1994: The Politics of European Union Regional Policy, in: Journal of European Public Policy 1, 367-393.

Jachtenfuchs, Markus/Kohler-Koch, Beate 1996: Einleitung: Regieren im dynamischen Mehrebenensystem, in: Jachtenfuchs, Markus/Kohler-Koch, Beate (Hrsg.): Europäische Integration, Opladen, 15-44.

Janis, Irving L. 1982: Groupthink. Psychological Study of Foreign Policy Decisions and Fiascoes, Boston.

Joerges, Christian/Falke, Joseph (Hrsg.) 2000: Das Ausschußwesen der Europäischen Union: Praxis der Risikoregulierung im Binnenmarkt und ihre rechtliche Verfassung, Baden-Baden.

Joerges, Christian/Neyer, Jürgen 1997: Transforming Strategic Interaction into Deliberative Problem-solving: European Comitology in the Foodstuffs sector, in: Journal of European Public Policy 4, 609-625.

Knill, Christoph 2000: Private Governance Across Multiple Arenas: European Interest Associations as Interface Actors, Preprints aus der Max-Planck-Projektgruppe „Recht der Gemeinschaftsgüter", Bonn.

Knodt, Michèle 1998: Tiefenwirkung europäischer Politik. Eigensinn und Anpassung regionalen Regierens?, Baden-Baden.

Kohler-Koch, Beate 1998a: Regionale Leistungskraft und regionale Nutzenbilanz, in: Kohler-Koch, Beate et al.: Interaktive Politik in Europa, Opladen, 125-152.

Kohler-Koch, Beate 1998b: Leitbilder und Realität der Reuropäisierung der Regionen, in: Kohler-Koch, Beate et al.: Interaktive Politik in Europa, Opladen, 231-253.

Kohler-Koch, Beate/Edler, Jakob 1998: Ideendiskurs und Vergemeinschaftung: Erschließung transnationaler Räume durch europäisches Regieren, in: Kohler-Koch, Beate (Hrsg.): Regieren in entgrenzten Räumen (PVS-Sonderheft 29), Opladen, 169-206.

Kohler-Koch, Beate/Eising, Rainer (Hrsg.) 1999: The Transformation of Governance in the European Union, London/New York.

Kohler-Koch, Beate et al. 1998: Interaktive Politik in Europa, Opladen.

Laffan, Brigid 2000: The Big Budgetary Bargains: From Negotiation to Authority, in: Journal of European Public Policy 7, 725-743.

Lehmbruch, Gerhard 2000: Parteienwettbewerb im Bundesstaat. Regelsysteme und Spannungslagen im Institutionengefüge der Bundesrepublik Deutschland, 3. Aufl., Opladen.

Marks, Gary 1993: Structural Policy and Multilevel Governance in the EC, in: Cafruny, Alan/Rosenthal, Glenda (Hrsg.): The State of the European Community, Vol. 2, The Maastricht Debates and Beyond, Boulder, 391-410.

Marks, Gary 1996: Politikmuster und Einflußlogik in der Strukturpolitik, in: Jachtenfuchs, Markus/Kohler-Koch, Beate (Hrsg.): Europäische Integration, Opladen, 313-344.

Marks, Gary 1997: An Actor-Centred Approach to Multi-Level Governance, in: Regional and Federal Studies 6: 2, 20-38.

Marks, Gary/Hooghe, Liesbet/Blanck, Kermit 1996: European Integration from the 1980s: State-Centric vs. Multi-Level Governance, in: Journal of Common Market Studies 34, 341-378.

Moravcsik, Andrew 1997: Warum die Europäische Union die Exekutive stärkt: Innenpolitik und internationale Kooperation; in: Wolf, Klaus Dieter (Hrsg.): Projekt Europa im Übergang, Baden-Baden, 211-269.

Neidhart, Leonard 1970: Plebiszit und pluralitäre Demokratie: Eine Analyse der Funktionen des schweizerischen Gesetzesreferendums, Bern.

Neyer, Jürgen 2000: Risikoregulierung im Binnenmarkt: Zur Problemlösungsfähigkeit der europäischen politischen Verwaltung, in: Joerges, Christian/Falke, Joseph (Hrsg.): Das Ausschußwesen der Europäischen Union: Praxis der Risikoregulierung im Binnenmarkt und ihre rechtliche Verfassung, Baden-Baden, 257-328.

Peters, B. Guy 1994: Agenda-setting in the European Community, in: Journal of European Public Policy 1, 9-26.

Pollack, Mark A. 1997: Delegation, Agency and Agenda Setting in the European Community, in: International Organization 51, 99-135.

Rhodes, R.A.W. 1997: Understanding Governance. Policy Networks, Governance, Reflexivity and Accountability, Buckingham/Philadelphia.

Rudzio, Kolja 2000: Funktionswandel der Kohäsionspolitik unter dem Einfluß des Europäischen Parlaments, Baden-Baden.

Saretzki, Thomas 1996: Wie unterscheiden sich Argumentieren und Verhandeln? Definitionsprobleme, funktionale Bezüge und strukturelle Differenzen von zwei verschiedenen Kommunikationsmodi, in: von Prittwitz, Volker (Hrsg.): Verhandeln und Argumentieren, Opladen, 19-40.

Scharpf, Fritz W. 1985: Die Politikverflechtungsfalle: Europäische Integration und deutscher Föderalismus im Vergleich; in: Politische Vierteljahresschrift 26, 323-356.

Scharpf, Fritz W. 1992: Koordination durch Verhandlungssysteme: Analytische Konzepte und institutionelle Lösungen, in: Benz, Arthur/Scharpf, Fritz W./Zintl, Reinhard: Horizontale Politikverflechtung. Zur Theorie von Verhandlungssystemen, Frankfurt a.M./New York, 51-96.

Scharpf, Fritz W. 1997: Games Real Actors Play, Boulder (deutsche Ausgabe: Interaktionsformen. Akteurszentrierter Institutionalismus in der Politikforschung, Opladen, 2000).

Scharpf, Fritz W. 1999: Regieren in Europa. Effektiv und demokratisch?, Frankfurt a.M./New York.

Scharpf, Fritz W. 2000: Notes Toward a Theory of Multilevel Governing in Europe, MPIfG Discussion Paper 00/5, Köln: Max-Planck-Institut für Gesellschaftsforschung.

Scharpf, Fritz W./Reissert, Bernd/Schnabel, Fritz 1976: Politikverflechtung. Theorie und Empirie des kooperativen Föderalismus in der Bundesrepublik, Kronberg.

Schelling, Thomas C. 1960: The Strategy of Conflict, Cambridge, Mass.

Tsebelis, George 1994: The Power of the European Parliament as a Conditional Agenda-setter, in: American Political Science Review 88, 128-142.

Tsebelis, George 1995: Decision Making in Political Systems: Veto Players in Presidentialism, Parliamentarism, Multicameralism and Multipartyism, in: British Journal of Political Science 25, 289-325.

Tsebelis, George 1999: Veto Players and Law Production in Parliamentary Democracies: An Empirical Analysis, in: American Political Science Review 93, 591-608.

Vanberg, Viktor/Buchanan, James M. 1989: Interests and Theories in Constitutional Choice, in: Journal of Theoretical Politics 1, 49-62.

Wallace, William 2000: Collective Governance. The EU Political Process, in: Wallace, Helen/Wallace, William (Hrsg.): Policy-Making in the European Union, 4. Aufl., Oxford, 523-542.

Wolf, Klaus-Dieter 2000: Die neue Staatsräson. Zwischenstaatliche Kooperation als Demokratieproblem in der Weltgesellschaft, Baden-Baden.

Wolfgang Wessels

Beamtengremien im EU-Mehrebenensystem – Fusion von Administrationen?

1 Zur Relevanz des Untersuchungsobjekts: Administrationen als Schlüssel zum Verständnis europäischen Regierens[1]

1.1 Zum Einstieg: Ausgangsbeobachtungen und Arbeitsthese

Unverkennbar gehört zur Beschreibung und Erklärung des „Regierens in der Union" eine intensive Beschäftigung mit der Rolle von Beamten. Ungeachtet der Funktionen anderer Akteursgruppen, wie Verbänden und NGOs, wird EG-Beamten[2] und „Staatsdienern" aus nationalen Administrationen eine nachhaltige Rolle sowohl beim Auf- und Ausbau des EU-Systems insgesamt als auch bei der täglichen Praxis üblicher Politikprozesse zugeschrieben[3]. Breit gestreute Beobachtungen der Verhaltens- und Entscheidungsmuster der EU dokumentieren eine umfassende und nachhaltige Beteiligung von Verwaltungen in jedem Politikfeld und zudem in jeder Phase des Politikzyklus. Gleichzeitig ist aus Studien zu den drei

---

1 Für vielfache Zuarbeit danke ich Frau Jana Fleschenberg und Frau Funda Tekin, für die Lektorierung Frau Diana Panke.
2 Als „EG-Beamter" wird diejenige Person verstanden, die – nach Art. 1 des Statuts der Beamten der Europäischen Gemeinschaft – „bei einem der Organe der Gemeinschaft ... unter Einweisung in eine Dauerplanstelle zum Beamten ernannt worden ist." (Statut der Beamten der Europäischen Gemeinschaft: www.europa.eu.int/comm/dgs/personnel_administration/statut/tocde100.pdf)
3 Die Beschäftigung mit Verwaltungen der Gemeinschaft hat eine lange Tradition; vgl. u.a. Spinelli 1966; Poullet/Déprez 1976. Zur aktuellen Diskussion vgl. u.a. Bach 1995, 1999; Bossaert et al. 2001; Christiansen/Kirchner 2000; Héritier 2001; Knill 2001; Lippert/ Umbach/Wessels 2001; Schild 2002; Sidjanski 2000; Wessels 2000.

Säulen des EU-Systems[4] und zu einzelnen Vertragskapiteln bekannt, dass erhebliche Variationen bei den realen Formen politisch-administrativen Regierens bestehen. In der Gemeinsamen Außen- und Sicherheitspolitik (GASP) sind andere rechtliche Vorgaben und reale Verhaltensmuster von Beamten der unterschiedlichen Ebenen zu beobachten als bei der traditionellen „Gemeinschaftsmethode" (Kommission 2001a: 11) oder bei der „Methode der offenen Koordinierung" (Kommission 2001a: 28-29) bzw. bei weiteren Ausprägungen der „weichen" und „harten" Koordinierung der EG-Wirtschaftspolitik. Unabhängig von der jeweils spezifischen Form des Regierens bzw. der spezifischen „mode of governance" (Kohler-Koch 1999: 20-26; Wallace 2000: 28-35; Wessels/Linsenmann 2002: 53) ist jedoch davon auszugehen, dass Beamte der Kommission und der Generalsekretariate anderer Gemeinschaftsorgane sowie ihre Kollegen aus den Mitgliedstaaten wesentliche Funktionen in den Institutionen und Verfahren des EU-Mehrebenensystems wahrnehmen.

Angesichts vielfältiger Ausgangsbeobachtungen formuliert dieser Beitrag eine allgemeine, empirisch zu überprüfende Arbeitsthese: Administrationen aller Ebenen des EU-Systems gestalten *gemeinsam* jede Phase des Politikzyklus, d.h. die Vorbereitung, Herstellung, Durchführung und Kontrolle verbindlicher Entscheidungen. Trotz fortbestehenden rechtlichen Kompetenzabgrenzungen entsteht eine derart enge, de facto nicht revidierbare Verflechtung staatlicher Verwaltungen mehrerer Ebenen, die ich unter den Begriff der „Fusion" als zentrales Strukturelement in der Evolution des EU-Systems verstehe (vgl. Wessels 2000: 122-124). Danach wird ein langfristiger Trend zu einem neuen Typus politisch-administrativen Regierens im EU-Mehrebenensystem zu beobachten sein.

---

4 Gefolgt wird der konventionellen vertragsrechtlichen Einteilung; EG-Beamte sind aber infolge des „einheitlichen institutionellen Rahmens" (Art. 3 EU-V) auch in anderen Vertragssäulen und bei nicht EG-Gremien – wie dem Europäischen Rat – beteiligt.

1.2 Zum Untersuchungsdesign: Typen von Mehrebenenverwaltungen

Um die Arbeitsthese mit empirischen Beobachtungen zu konfrontieren, wird eine Typologie entwickelt, die – ausgehend von einer reichhaltigen Literatur zur Rolle von Bürokratien – zwei zentrale Dimensionen der Beteiligung von Administrationen am EU-Politikzyklus gegenüberstellt (siehe Übersicht 1).

In der ersten Dimension (vertikale Achse) werden mögliche administrative Beziehungen zwischen mehreren Ebenen, d.h. insbesondere zwischen nationalen Beamten einerseits und Kommissionsdienststellen andererseits, auf einer Skala angeordnet. Erfasst wird, inwiefern eine Verwaltungsebene im Mehrebenensystem de facto eine dominierende Position gegenüber der jeweils anderen administrativen Ebene einnimmt oder ob Beamte beider Ebenen an diesem Politikzyklus teilnehmen bzw. ihn auch mitgestalten.

Übersicht 1: Typen von Beteiligungsformen im Mehrebenensystem

		innerstaatliche Beteiligungsformen (der Verwaltung)		
		administrative Autonomie	Gegenseitige Beteiligung	hierarchische Unterordnung der Verwaltung
	Dominanz der nationalen Ebene	1 spezialisierte Monopolverwaltung	2 pragmatisch-funktionale Verwaltungsausdehnung	3 intergouvernementale Steuerung
zwischen staatliche Beteiligungsformen	Gegenseitige Beteiligung	4 Megabürokratie/ Megatechnokratie	5 gemischte Mehrebenenverwaltung	6 regierungsgesteuerte Mehrebenenverwaltung
	Dominanz der EU-Ebene	7 supranationale Bürokratie/ supranationale Technokratie	8 EG gesteuerte Verwaltung	9 föderale Verwaltung

Die zweite Dimension (horizontale Achse) erfasst die Beziehungen zwischen Beamten und politischer Führung in einem Spannungsverhältnis von Autonomie über eine gegenseitige Beteiligung bis zur hierarchischen Unterordnung der Verwaltung. Aus einer Gegenüberstellung beider Dimensionen lassen sich – für eine nähere Erfassung administrativer Realitäten des EU-Mehrebenensystems – neun Kombinationen definieren.

Bei dem Typus der „spezialisierten Monopolverwaltung" (Feld 1 der Matrix) gestaltet ein kleiner Kreis ausgewählter und besonders ausgebildeter *nationaler* Beamte, insbesondere Diplomaten, exklusiv alle politisch relevanten Phasen des EU-Politikzyklus. Dagegen bilden Administrationen der Gemeinschaftsorgane – einschließlich der Kommissionsverwaltung – nur untergeordnete „Serviceeinrichtungen" für die Akteure der Mitgliedstaaten. Für die eigentliche Beschlussfassung sind EG-Beamte irrelevant. Aus diesen Annahmen lässt sich die Hypothese ableiten, dass die personelle Ausstattung der EU-Ebene im Vergleich zu den traditionellen Ministerien der Mitgliedstaaten gering ist, und dass der Politikstil in den EU-Gremien durch ein „bargaining" von vorgegebenen, nicht grundsätzlich zur Disposition stehenden nationalen Verhandlungspositionen geprägt ist; ein „arguing" mit dem Effekt eines kollektiven Lernens und Ringens um ein gemeinsames europäisches Gut findet nicht statt (vgl. Risse 2000: 8-9). Aber auch im Verhältnis zu ihrer politischen Führung üben die beteiligten nationalen Beamten als besonders in internationalen und europäischen Verfahren ausgewiesene Experten – zumindest de facto – eine Schlüsselrolle aus, die eine weitgehende Handlungsautonomie gegenüber „politischen Dilettanten" ermöglicht (zum Begriff Weber 1956: 730).

Am anderen Ende der zwischenstaatlichen Beteiligungsformen ist ein in der politischen Diskussion populärer Typus angesiedelt: In einer „supranationalen Bürokratie" bzw. „Technokratie" (Feld 7), verdrängen *EG-Beamte* sowohl europäische Politiker als auch ihre nationalen Kollegen aus dem EU-Politikzyklus. De Gaulle's Diktum über die Kommission als „aéropage technocratique, apatride et irresponsable" (de Gaulle 1970: 379) charakterisiert wesentliche Eigenschaften dieses Typs. In der Variante einer „supranationalen Bürokratie" wird die „Selbstbedienung" mit immer weiter wachsenden und nicht mehr kontrollierbaren personellen und budgetären Ressourcen hervorgehoben; eine „spezifische Verselbstständigungsdynamik des supranationalen Institutionenkomplexes" (Bach 1995: 372) ist auf „Mechanismen der endogenen Machterweiterung" zurückzuführen (ebd.: 379).

Wenn der Politikstil in den Gremien jedoch nicht durch die komplexitätssteigernde Ausgestaltung supranationaler Regeln und noch mehr deren byzantinische Nutzung mit Ausschlusseffekten für alle anderen Akteure, sondern durch eine effizientere und effektivere Problemverarbeitung geprägt wird, so kann diese Variante der EU-Administration – in einer positiven Bewertung – auch als Schritt zu einer supranationalen „wohlwollenden Technokratie" (Jacobson 1984: 129) bzw. „Expertokratie" (Scharpf 1998: 91) und damit zu einer Wissensgemeinschaft mit „hoher Expertenrationalität" (Beck 1998: 39) verstanden werden: EG-Beamte gestalten demnach die EU-Politik im allgemeinen Interesse Europas nach problemgerechten, funktionalen Gesichtspunkten.

Bei einer konstitutionellen Entwicklung des EU-Systems hin zu einem „europäischen Bundesstaat" (Hallstein 1969: 13f.) oder zu „Vereinigten Staaten von Europa" (Monnet 1978: 517) ist der Typus der „föderalen Verwaltung" (Feld 9) zu erwarten, bei dem – im Unterschied zur „supranationalen Bürokratie" – *EG-Beamte* im Rahmen einer Verfassungsordnung einer politisch legitimierten EU-Führung zuarbeiten. Auch nach diesen Annahmen würde eine wachsende Ausstattung der EU-Administration zu beobachten sein.

Dagegen bestimmen bei dem Typus der „intergouvernementalen Steuerung" (Feld 3) *nationale Regierungen* in exklusiven Gremien – so im Europäischen Rat und in informellen Sitzungen des Rats – die EU-Problemverarbeitung. Nationale und – in einer noch weiteren Abstufung – EG-Beamte stehen ganz im „Dienste" dieser, von der politischen Spitze der Mitgliedstaaten gemeinsam ausgeübten, politischen Führung. Beteiligungsmöglichkeiten und Ressourcen wären entsprechend gering.

Diese Eckpunkte der Übersicht decken aber nicht alle denkbaren Kombinationen ab. Beim Typ einer „pragmatisch-funktionalen Verwaltungsausdehnung" (Feld 2) arbeiten *Politiker und Beamte* aus mehreren Hierarchieebenen und Fachministerien *partnerschaftlich* über die staatlichen Grenzen hinaus mit ihren *Kollegen* in anderen Mitgliedstaaten zusammen, ohne dabei starre Verfahren zu entwickeln. Administrationen entwickeln mit nationalen Politikern spezifische Regime der Zusammenarbeit und stärken bzw. „retten" damit „ihren" (National-) Staat (Besson 1970: 448; Milward 1992: 517; Wendt 1998: 404). Das Verhältnis nationaler Beamter zur politischen Führung ist dabei durch umfassende Beteiligung geprägt, die weder eine eindeutige hierarchische Unterordnung der Administration noch einen Trend zur bürokratischen Vorherrschaft annehmen lässt. Die politische Leitungsebene der Mitgliedstaaten ist selbst in einem ähnlichen Ausmaß wie die Verwaltungen „europäisiert" (vgl. u.a. Olsen 2002), da sie „ihren" EU-Organen eine entsprechende Aufmerksamkeit widmet (Mittag/Wessels 2002). Kommissionsdienststellen, die bei diesem Typus im Vergleich zu nationalen Verwaltungen weniger gut ausgestattet sind, verfügen dabei über Teilnahme-, aber nicht über wesentliche Mitgestaltungsmöglichkeiten.

Dagegen gestalten bei einer „EG-gesteuerten Verwaltung" (Feld 8) *Beamte* aus den Gemeinschaftsorganen die Zusammenarbeit zwischen sich und europäischen Politikern. Nationalen Verwaltungen wird dabei nur eine auf einzelne Phasen begrenzte Teilnahmemöglichkeit eingeräumt.

Bei der bisherigen Typologie wurde explizit oder implizit von einem Unter- bzw. Überordnungsverhältnis oder sogar dem wechselseitigen Ausschluss zwischen der nationalen und der europäischen Ebene ausgegangen; von besonderem Interesse sind jedoch Formen *enger gegenseitiger Beteiligung* im EU-System.

Bei Typen der „Mehrebenenverwaltung" (Feld 4, 5, 6) sind in jeder Phase des Politikzyklus nationale und EG-Beamte maßgeblich und gemeinsam beteiligt (Wessels 2000: 258-259). Ausgangspunkt dieser Typen ist die Annahme einer spezifischen Rationalität staatlichen Handelns: Regierungen, Verwaltungen und andere Akteursgruppen der Mitgliedstaaten sehen – angesichts einer engen gegenseitigen Abhängigkeit – im Ausbau und in der Nutzung der vertraglichen Regelwerke eine sinnvolle Strategie für „ihre" jeweilige nationale Problemverarbeitung in einer zunehmenden Zahl von traditionellen staatlichen Politikfeldern.

Unterschiede zwischen diesen Formen sind an den jeweiligen Beteiligungsmustern von Politikern festzumachen. Bei einer ersten Variante, dem Typ der „Megabürokratie" (Feld 4) bzw. einer „Megatechnokratie", instrumentalisieren *„emanzipierte"* Verwaltungen mehrerer Ebenen ihre zwischen- und innerstaatlichen Gremien dergestalt, dass sie andere Akteure – Minister, Parlamente und Verbände – de jure oder doch zumindest de facto aus dem eigentlichen Entscheidungsprozess des EU-Systems herausdrängen. Eine administrative Verflechtung (Scharpf 1985: 346-350) in einem Mehrebenenkartell von nationalen und EU-Beamten führt zur Etablierung eines EU spezifischen „government by committees" (Sidjanski 1989: 72; Wheare 1955: 1). Unterschieden werden kann auch bei diesem Typ zwischen den Politikstilen einer durch bürokratische Verfahren geprägten „Beamtenherrschaft" (Weber 1966: 32) und einer „Megatechnokratie" als Instrument einer „transnationalen Wissensgemeinschaft" mit „hoher Expertenrationalität" (Beck 1998: 39).

Im Unterschied zu diesem Typ gestalten nationale Politiker bei einer „regierungsgesteuerten Mehrebenenverwaltung" (Feld 6) den EU-Politikprozess. Sie werden durch administrative Gremien unterstützt, die gleichgewichtig aus nationalen und EG-Beamten gebildet werden.

Für die Arbeitsthese besonders interessant ist der Typus der „gemischten Mehrebenenverwaltungen" (Feld 5): Regierungen und Administrationen mehrerer Ebenen institutionalisieren durch regelmäßige und intensive Gremienaktivitäten vielfältige Formen intensiver gegenseitiger Beteiligung, die einen Prozess zu einer *vertikalen und horizontalen Fusion* politisch–administrativen Regierens dokumentieren. Für weiterführende Analysen kann dieser Satz an Erwartungen dann auch als ein Schlüssel zum Verständnis zentraler Strukturentwicklungen des EU-Systems dienen.

1.3 Zur Methode: Zeitreihen administrativer Beteiligungsformen

Angesichts der Typenvielfalt ist nun zu untersuchen, ob und welche Trends in der Evolution von Beteiligungsformen de jure und de facto zu beobachten sind: Entwickeln sich im EU-System einheitliche oder zumindest dominierende Muster politisch-administrativen Regierens? Gibt es vielleicht auch eine gleichzeitige Ausdehnung mehrerer Erscheinungsformen? Folgt man der Fusionsthese, so hat eine empirische Untersuchung die Realitätsnähe der

Typen der Mehrebenenverwaltung und dabei insbesondere der „gemischten Verwaltung" (Feld 5) zu testen. Aus dieser Überlegung heraus ergibt sich die Notwendigkeit, Entwicklungen administrativer Beteilungsformen in einer dynamischen Perspektive, d.h. wenn möglich über vier Jahrzehnte der Integrationsentwicklung, zu beobachten. Momentaufnahmen, wie sie aus Politikfeldanalysen und insbesondere aus Fallstudien zu gewinnen sind, können diesen Ansatz ergänzen und vertiefen.

Zur Überprüfung dieser These bieten Statistiken der EG und der Bundesrepublik Deutschland mehrere Indikatoren, mit denen insbesondere Teilnahme- und Mitwirkungsmuster von nationalen und europäischen Beamten erfasst werden können[5]. Im Zentrum der Untersuchung stehen deshalb Angaben, die die Anzahl, Formen und Tagungsfrequenzen von Gemeinschaftsorganen, Ausschüssen und Arbeitsgruppen in einem idealtypischen Politikzyklus untersuchen (Abbildung 1). In Anlehnung an neo-institutionalistische Annahmen (Aspinwall/Schneider 2001: 1-19; Bulmer 1994: 351-380; Peterson/Shackleton 2002: 1-21) werden diese administrativen Gremien, die in je unterschiedlichen Phasen des politischen Prozesses anzutreffen sind, als zentrale Orte für die reale Gestaltung vertraglicher Vorgaben betrachtet. Vor dem Hintergrund der „legal constitution" (Olsen 2000: 7) des EU-Vertrags werden tatsächliche Beteiligungsmuster von Administrationen im Politikzyklus als Teil der „living constitution" des EU-Systems (ebd.) erfasst. Derartige Indikatoren lassen Verlagerungen von zeitlichen und personellen Ressourcen nationaler und gemeinschaftlicher Verwaltung erkennen.

Im Vergleich zu anderen Methoden der empirischen Erfassung – wie repräsentative Interviews und ausgewählte Fallstudien – ermöglichen diese Zeitreihen Vergleiche diachron – über die Entwicklung des EU-Systems – und synchron – zwischen Phasen des Politikzyklus in mehreren Säulen der EU. Zu einer weitergehenden Vertiefung müssen sie durch detailliertere Analysen im Hinblick auf spezifische Ausprägungen in einzelnen Politikfeldern ergänzt werden.

---

5 Da die Daten für andere Zwecke erhoben werden und sich die Erhebungsmethoden über die Jahrzehnte verändert haben, ist die Zuverlässigkeit der Angaben jeweils genauer zu prüfen.

Abbildung 1: Idealtypus eines politisch-administrativen
Politzyklus (Stand 2001)

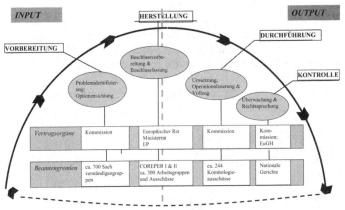

Die Arbeitsthese soll mit Hilfe von Verfahren der „deskriptiven
Statistik" (vgl. King et al.: 1994: 209) überprüft werden. Mit diesem Vorgehen können Entwicklungen politisch-administrativen
Regierens als signifikanter Teil der Evolution des europäischen
Mehrebenensystems diskutiert werden. Aus den Ergebnissen lassen sich dann für weiterführende Untersuchungen Anregungen für
erklärende Integrationstheorien gewinnen.

2 Zum Befund: Auswertung des Datenmaterials

2.1 Allgemeine Trends administrativer Beteiligung

Die Evolution des Regierens im EU-System ist durch einen nach-
haltigen Wachstumstrend im Hinblick auf verbindliche Beschlüsse
geprägt. Seit Anfang der 80er Jahre hat sich der jeweils geltende
Bestand an gültigen Rechtsakten verdoppelt (Wessels 2002a). Die
Regeln, nach denen Beschlüsse in den drei Säulen getroffen werden, wurden mit jeder Vertragsrevision ergänzt (vgl. Mau-
rer/Wessels 2002) und häufig komplizierter gestaltet. Entspre-

chend der Arbeitsthese ist zu prüfen, ob und wie sich sowohl nationale als auch EG-Beamte in jeder Phase dieser zunehmend differenzierten Verfahren beteiligen.

Als ein Grobindikator für die zunehmende Teilnahme nationaler Beamte kann die Zahl der für Vertragsorgane übersetzten Sitzungen sowie die entsprechenden Angaben für den Rat und seine Ausschüsse herangezogen werden (siehe Abbildung 2)[6].

Abbildung 2: Grundtrends nationaler Beteiligungsformen

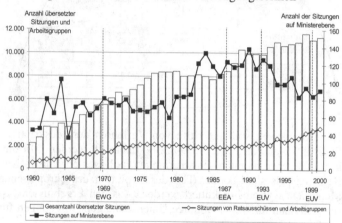

Quelle: Maurer/Wessels 2002. Haushalts- und Jahresberichte des Generalsekretariats des Rates; Angaben des Übersetzungsdienstes der Europäischen Kommission – ab 1996 basierend auf einer geringfügig variierten Erhebungsmethode.

Nationale Administrationen mussten demnach eine wachsende Zahl von Gremiensitzungen im EU-System „bedienen". Die Zahl der in Brüssel oder in den nationalen Hauptstädten beteiligten Beamten ist dabei beträchtlich: Für Ende der neunziger Jahre schätzen zwei voneinander unabhängige Überschlagsrechnungen den Anteil der an EU-Gremien beteiligten Referate auf 20% und den

---

6 Bei den übersetzten Sitzungen unterstellen wir, dass die Administrationen der Mitgliedstaaten über die Jahrzehnte im Vergleich zu anderen nationalen Akteuren zumindest in gleichbleibendem quantitativen Verhältnis anwesend waren – eine Annahme, die angesichts der weiteren Angaben zu einzelnen Phasen durchaus zulässig ist.

der involvierten Ministerialbeamten auf 30% der bundesdeutschen Ministerien (Wessels 2000: 251)[7].

Abbildung 3: Stellenpläne deutscher Ministerialbeamter der Bundesministerien und A-Beamter nach EG-Status

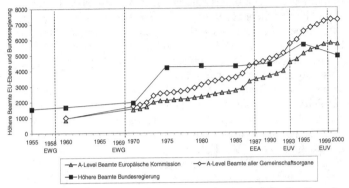

Quelle: Haushaltspläne der Bundesrepublik Deutschland sowie die Gesamtberichte der Kommission und Gesamthaushaltspläne der EU, fortlaufende Jahrgänge

Verglichen mit der bundesdeutschen Ministerialverwaltung hat die personelle Ausstattung der Europäischen Kommission in der Mitte der neunziger Jahre mit entsprechenden nationalen Administrationen gleichgezogen (vgl. Abbildung 3). Auch die Generalsekretariate des Rats (2000: 291 A-Beamte) und des Parlaments (2000: 660 A-Beamte) haben ihre Ausstattung erhöht und damit ihre politisch-administrative Wettbewerbsfähigkeit untereinander und gegenüber nationalen Verwaltungen verbessert.

2.2 Vorbereitung: Expertengruppen

Bereits in der Vorbereitungsphase, in der die Europäische Kommission nach EG-Vertrag über ein Initiativmonopol verfügt, sind Beamte nationaler Verwaltungen durch Mitwirkung an Experten-

---

7 Nicht berücksichtigt wird in dieser Aufzählung die Zahl höherer Beamter der (Bundes-) Länder in EG-Gremien, die zu diesem Zeitpunkt auf ungefähr 500 geschätzt wurden (Wessels 2000: 251).

bzw. Sachverständigengruppen (groupe d'experts) beteiligt, die die Kommission themenbezogen zur Vorbereitung ihrer Vorschläge einsetzt und je nach Bedarf einberuft (Poullet/Déprez 1976: 117; Mentler 1996: 102-104)[8]. Die Kommission bedient sich dieser informellen Treffen zur Problemidentifizierung, Informationssammlung und Optionensichtung sowie für eine erste Konsensbildung (Poullet/Déprez 1976: 116ff). Sie bemüht sich damit in einem frühen Stadium des Politikzyklus, eine „Kameraderie unter Experten" (Westlake 1995: 127) zu bilden.

Die Ausstattung der Kommission mit Informationen und „guten" Ratschlägen zur Problemverarbeitung wird dadurch erheblich verbessert. Dieser Gewinn seitens der Kommission ist jedoch auf Dauer nur durch einen Politikstil möglich, der die nationalen Beamten an der Problemverarbeitung im eigenen Gestaltungsraum der Kommission zumindest indirekt beteiligt. Eine derartige Strategie der Verflechtung (Bellier 1997: 114; Poullet/Déprez 1976: 120) beruht auf einem informellen Einbindungsverfahren, das die de facto-Autonomie aller Beteiligten zugunsten eines Gewinns an Mitgestaltungsmöglichkeiten für den weiteren Verlauf des Politikzyklus reduziert.

Die frühzeitige Einwirkung nationaler Verwaltungen auf die Kommission erfolgt auch über weitere Schienen, nämlich durch die Entsendung von Beamten in Kabinette von Kommissaren und durch die Rekrutierung von Kollegen aus Mitgliedstaaten „auf Zeit" durch die Kommission selbst (Spence 1997: 79, 81).

Dieser Befund tatsächlicher Beteiligungsmuster gibt einen ersten Hinweis auf die Verortung der in der EU vorliegenden Beteiligungsformen in der erarbeiteten Typologie: Bereits in dieser Phase, in der der EG-Administration nach den vertraglichen Vorgaben eine eindeutige Gestaltungsdominanz zufällt, wirken nationale Beamte intensiv mit (vgl. auch Schmidt 2001: 126; Peterson 2002: 89).

---

8 Bei geringem Datenmaterial mit begrenzter Zuverlässigkeit ist für die neunziger Jahre von insgesamt 700 derartigen Gremien auszugehen (Kommission 2001a: 22).

2.3 Entscheidungsfindung : Beschlussfassung im Rat

2.3.1 Ausschüsse und Arbeitsgruppen des Rats

Für die Evolution des politisch-administrativen Regierens im EU-System besonders bedeutsam ist die Rolle, die nationale Administrationen bei der unmittelbaren Vorbereitung von Entscheidungen des Rats eingenommen haben. Eine nähere Betrachtung lässt stark differenzierte Ausschüsse und Arbeitsgruppen erkennen, deren Entwicklung auch mit den Vertragsänderungen von Nizza im Jahre 2001 nicht als abgeschlossen gelten kann.

Die Zahl der Sitzungen des Rats sowie des Ausschusses der Ständigen Vertreter und seiner Arbeitsgruppen (Abbildung 2) zeigt nach einigen Ausschlägen eine Stagnation auf hohem Niveau in der zweiten Hälfte der neunziger Jahre.

Als oberstes Beamtengremium gilt der Ausschuss der Ständigen Vertreter (AStV oder COREPER), in dem die „Botschafter" der Mitgliedstaaten zusammen mit Kommissionsbeamten den Rat in dessen unterschiedlichen Zusammensetzungen vorbereiten und die ihm übertragenen Aufgaben ausführen (Art. 151 EG-V). Er wird – nicht ohne Widerspruch – an der Spitze einer Hierarchie von vorbereitenden Einrichtungen gesehen (vgl. Hayes-Renshaw/Wallace 1997: 71f.).

Unbestritten ist, dass diese administrative Einrichtung an einer zentralen Scharnierposition zwischen der nationalen und europäischen Ebene angesiedelt ist. Schon die Vertragstexte verweisen auf die Doppelnatur sowohl als Gremium der Vertreter der Mitgliedstaaten als auch als ein Ausschuss, der für die EG und im „einheitlichen institutionellen Rahmen" (Art. 3 EU-V) für die EU insgesamt Verantwortung trägt. Diese rollenimmanenten Konflikte führen häufig zu einer Selbsteinschätzung als „Ständige Verräter" (Edwards 1996: 137; Mentler 1996: 109). Die Nutzungsintensität dieses Gremiums ist beträchtlich: Im Durchschnitt ergeben sich mehr als zwei Sitzungen pro Woche. Diese Arbeitsbelastung des AStV hat zu besonderen organisatorischen Anpassungsstrategien geführt. Bereits 1962 wurde der Ausschuss in zwei Ebenen geteilt. COREPER I (der Stellvertreter) arbeitet primär für die so genannten technischen Räte, COREPER II für den Allgemeinen Rat (der

Außenminister) sowie für den Rat der Wirtschafts- und Finanzminister (ECOFIN) und Budgetrat; außerdem behandelt COREPER II die politisch kontroversen Themen (vgl. Westlake 1995: 287).

Die Arbeit ist zunehmend auf weitere Beamtengremien verteilt worden: Der AStV und die Präsidentschaft können vorbereitende Arbeitsgruppen bzw. Ausschüsse für bestimmte Aufgaben einsetzen. Die Zahl und Aufteilung der Arbeitsgruppen hat von 10 (1960) auf ungefähr 350 in den neunziger Jahren zugenommen (siehe Tabelle 1). Die Arbeitsgruppen gelten häufig als das „Rückgrat" des Rats. Beträchtliche Teile der Ratsentscheidungen werden de facto bereits auf dieser Ebene getroffen. Besonders deutlich wird das Gewicht dieser Ebene am Beispiel des Haushaltsausschusses, der dem AStV und dann dem Rat jährlich ein Dokument von 1200 Seiten mit 6000 Haushaltslinien vorlegt.

Die vertraglich angelegte Monopolposition des AStV wird auch durch parallele Direktzugänge anderer, teilweise hierarchisch gleichrangig besetzter Beamtenausschüsse zu „ihrem" jeweiligen Fachrat in Frage gestellt. So arbeitet innerhalb der EG bereits seit den frühen Jahren der EWG der Sonderausschuss Landwirtschaft häufig unmittelbar dem Agrarrat zu (Westlake 1995: 201).

Besondere Charakteristika weisen diejenigen Ausschüsse auf, die „unbeschadet der allgemeinen Vorbereitungs- und Ausführungszuständigkeiten des Ausschusses der Ständigen Vertreter für den Rat" (Art. 151 EG-V) von sich aus Stellungnahmen an ihren jeweiligen Rat richten können. Ein Modellfall ist der Wirtschafts- und Finanzausschuss – der frühere Währungsausschuss – (Hanny/ Wessels 1998: 109-126): Die Mitglieder, pro Staat je einer aus dem Finanzministerium und der Zentralbank und je zwei von der Europäischen Kommission und der Europäischen Zentralbank, sind de jure unabhängig; der Vorsitz wird von den Mitgliedern selbst auf zwei Jahre gewählt und verfügt im ECOFIN über ein Rederecht. Formen und Strukturen dieses Gremiums waren Vorbild für neuere Gremien, so z. B. für den Beschäftigungsausschuss (Art. 130 EG-V, im Amsterdamer Vertrag eingeführt) und den Ausschuss für Sozialschutz (Art. 144 EG-V, im Vertrag von Nizza vorgesehen).

Außerhalb der EG-Säule haben nationale und entsprechende EG-Beamte im „Politischen Komitee" (Art. 25 EU-V) bzw. „Politischen und Sicherheitspolitischen Komitee" (nach der Formulierung des Vertrags von Nizza) mit weiteren Arbeitsgruppen und Ausschüssen sowie im Koordinierungsausschuss für die 3. Säule (Art. 36 EU-V) mit entsprechenden Arbeitsgruppen einen eigenen Zugang zu „ihrem" Rat gefunden. Organisatorisch werden diese Gremien im Generalsekretariat des Rats betreut. Mit der Initiative zur Europäischen Sicherheits- und Verteidigungspolitik (ESVP) drängen nun auch Beamte der Verteidigungsministerien über den Militärausschuss und den Militärstab in die EU-Arena. Angesiedelt sind auch diese Gremien im Generalsekretariat des Rats (Regelsberger/Wessels 2002).

Eine besondere Intensität der Beteiligung nationaler Verwaltungen ist bei der Wahrnehmung des halbjährlich zwischen den Mitgliedstaaten rotierenden Vorsitzes zu beobachten (vgl. Hayes-Renshaw/Wallace 1997: 134-157; Mentler 1996: 66-68). In dieser Funktion wird der nationale Beamte zum „neutralen und unparteiischen Vermittler" (Generalsekretariat des Rates 1997: 5), der im Interesse „seines" Gremiums die Problemverarbeitung voranzutreiben hat. Insgesamt bedeutet der Vorsitz eine umfassende Mobilisierung nationaler Ministerialverwaltungen für die EG-Problemverarbeitung (siehe auch Tabelle 1).

Anhand dieser Angaben zur Präsidentschaft ist auch ein deutlicher Trend zu administrativer Differenzierung nationaler Beteiligung zu beobachten: Brüssel „zieht" zunehmend mehr nationale Beamte aus einer wachsenden Zahl von Ministerien an.

In den Beamtengremien und Verwaltungseinheiten im Umfeld des Rats wird die administrative Durchdringung des EU-Mehrebenensystems durch nationale Beamte besonders deutlich. Die Gremienmitglieder kennen sich häufig über viele Jahre, sie verständigen sich in derselben „Fachsprache". Der Politikstil wird durch einen „esprit de corps" (Hayes-Renshaw/Wallace 1997: 236) und ein „ausgeprägtes Solidaritätsgefühl" (Westlake 1995: 318) gekennzeichnet, das sich in einer bewussten oder unbewussten Abgrenzung zu anderen Organen, wie Kommission oder Europäisches Parlament, zu anderen nationalen Akteuren, wie dem Rat der jeweiligen Minister und zu „konkurrierenden" Beamtengremien, niederschlägt. In mehreren Institutionen und Rollen – so insbesondere des AStV und des Vorsitzes – wird die doppelte Verantwortung nationaler Verwaltungen nachhaltig dokumentiert: Von nationalen Beamten wird erwartet, dass sie als Scharnier zwischen einer Vielzahl von Akteuren mehrerer Ebenen wirken. Sie müssen dabei sowohl Positionen der eigenen Regierung vertreten als auch gleichzeitig zu einer ausreichend effizienten Funktionsweise „ihrer" Gremien beitragen.

Tabelle 1:   Arbeitsteilung der Ministerien und der Ständigen Vertretung während der Ratspräsidentschaften der Bundesrepublik in den Arbeitsgruppen des Rats (1988-1999)

	1988		1994		1999	
	Vorsitz	Sprecher	Vorsitz	Sprecher	Vorsitz	Sprecher
AA	2	1	22	22	30	25
BMWi	29	48	23	49	38	46
BML	18	23	42	51	63	64
BMF	13	30	2	30	19	48
BMJ	24	25	20	22	33	31
BMI	3	3	18	21	33	33
BMA	3	4	4	5	1	1
BMV	4	4	3	8	1	6
BMG, BMFSFJ	3	13	23	28	35	28
BMFT, BMBW	1	2	4	6	2	0
BMU	2	3	2	6	8	8
BMZ	0	5	0	4	1	1
BMBau	2	4	1	2	1	2
Ständige Vertretung	91	26	96	30	84	49
Andere	2	3	4	13	2	1
Summe	197	194	264	297	351	343

Quelle: Maurer/Wessels 2000: 307 – nach Plänen des Auswärtigen Amts.

An diesen Ratsausschüssen nehmen auch Beamte der Kommission und des Ratssekretariats teil und spielen teilweise eine aktive Rolle. Gegenüber der starken Rolle der Kommission bei den Expertengruppen sind in dieser Phase des Politikzyklus nationale Verwaltungen dominierend.

2.3.2   Beteiligung im (Minister-) Rat und Europäischen Rat

Im Lichte der Typologie (siehe Übersicht 1) und im Unterschied zu ausschließlich administrativ ausgerichteten Arbeiten ist die Analyse des Politikzyklus ohne die Darstellung der Wechselbeziehungen von politischen und administrativen Beteiligungsmustern nicht aussagekräftig. Deshalb ist auch die Teilnahme und Mitgestaltung von Beamten im Rat wie auch im Europäischen Rat zu untersuchen. Die politischen Verantwortlichen der Mitgliedstaaten überlassen die Beschlussfassung in den EU-Organen nicht den Beamten, sondern nutzen ihre Institutionen selbst intensiv.

Tabelle 2:   Tagungen des (Minister-) Rats in verschiedenen Zusammensetzungen

	1967	1975	1990	1995	2000
Allgem. Angelegenheiten	7	16	16	14	11
Landwirtschaft	8	15	13	10	10
Wirtschaft und Finanzen	1	8	10	9	12
Arbeit und Soziales	1	2	3	4	6
Verkehr	1	2	4	4	5
Haushalt	0	3	2	2	2
Bildungswesen	0	1	2	2	2
Umwelt	0	2	5	4	5
Zus. Entwicklungsfragen	0	3	4	2	2
Binnenmarkt	0	0	7	2	4
Justiz und Inneres	-	-	4	5	8
Sonstige	2	6	17	24	23
Tagungen insgesamt	20	57	90	79	82
Anz. Zusammensetzungen	7	12	22	21	19

Quelle: Generalsekretariat des Rates der Europäischen Union, 43. Überblick über die Tätigkeit des Rates, Luxemburg, 1996. Daten für 2000: http://ue.eu.int/news-room/main.cfm?LANG=4.

Deutlich wird in Tabelle 2 nicht nur eine Zunahme der Tagungen bis 1990, sondern auch die Differenzierung in der Zusammensetzung; viele nationale Ministerien haben „ihren" Fach-Rat geschaffen[9]. Auch die Regierungschefs haben sich persönlich zunehmend engagiert: Der Europäische Rat traf sich in den letzten Jahren in der Regel viermal jährlich.

Die Minister verständigen sich auch über ihre Beziehungen zu Verwaltungen: Auf die extensiv genutzten Teilnahmemöglichkeiten nationaler Beamter reagieren sie häufig mit vertraulichen Zusammenkünften, so bei den informellen Mittagessen und bei Klau-

---

9 Der Europäische Rat von Sevilla hat eine Verringerung auf 9 Formationen beschlossen (Schlussfolgerungen des Vorsitzes Europäischer Rat (Sevilla) http://ue.ei.int/de/Info/eurocouncil/index.htm), wobei zu erwarten ist, dass sich viele der bisherigen Minister unter einer neuen Bezeichnung wieder treffen werden.

surtagungen. Außerdem kann auf Vorschlag des Vorsitzes die Teilnehmerzahl in Ratssitzungen reduziert werden (vgl. Hayes-Renshaw/Wallace 1997: 60).

Trotz mehrerer Bemühungen „ministerieller Emanzipation" von ihrem Beamtenstab ist das Gewicht der administrativen Ebene weiterhin beträchtlich. Nach eigenen Angaben (vgl. Rat der Europäischen Gemeinschaften 1990: 22) verabschiedet der Rat 2/3 aller Vorlagen ohne weitere Diskussion als sogenannte A-Punkte, von denen 70% auf der Ebene der Arbeitsgruppen und weitere 15% bis 20% durch den AStV (vor-) entschieden wurden (Hayes-Renshaw/Wallace 1997: 40; van Schendelen 1996: 35).

Besondere Aufmerksamkeit für die Analyse administrativer Beteiligungsmuster bedarf der Europäische Rat (Schoutheete 2001: 21-46). In seiner Rolle als „konstitutioneller Architekt" (Wessels 2002b: 186) hat der Europäische Rat mit einer beträchtlichen Anzahl von Grundsatzentscheidungen de facto die Bereiche gemeinsamer Aktivitäten wesentlich ausgeweitet sowie den Satz von Verfahrensregeln für Organe und Verwaltungen ergänzt und differenziert.

Auch gibt der Europäische Rat als „Leitliniengeber" und als „Entscheidungsproduzent" (ebd.) den EG-Organen und den zuarbeitenden Beamtengremien häufig nur einen engen Spielraum für die weitere Konkretisierung vor. Mit dieser Entscheidungsverlagerung nach oben bzw. – anders gedeutet – mit der aktiven Übernahme von Entscheidungen durch die Regierungschefs werden die (Mit-) Gestaltungsmöglichkeiten vieler Ausschüsse im EU-System wesentlich reduziert.

Viele Minister und Beamtengremien nehmen ein ambivalentes Verhältnis gegenüber dem „Gipfel" ein. Einerseits drängen sie darauf, ihre Punkte in möglichst angemessener Weise einbringen zu können. Dabei verfolgen sie nicht zuletzt die Absicht, sich quasi in „Eigenregie" Aufträge zu formulieren, die dann – durch die oberste politische Autorität abgesegnet – dazu dienen können, Widerstände anderer Akteure zu überwinden. Auch die Europäische Kommission nutzt den Europäischen Rat immer wieder, um den eigenen Aufgabenbereich durch quasi-offizielle Mandate der höchsten nationalen Entscheidungsträger zu erweitern, so in den letzten Jahren bei Entscheidungen des Europäischen Rats zur Anwendung der Methode der offenen Koordinierung. Andererseits existiert nicht zuletzt angesichts des Ausschlusses von Beamten von den Beratungen und Verhandlungen des Europäischen Rats selbst die Sorge, bei wesentlichen Punkten von der politischen Spitze „fremdbestimmt" zu werden. Eine Politisierung durch den „Gipfel" kann die stille Arbeit der Fachleute im Windschatten öffentlicher Aufmerksamkeit übergehen und in Verhandlungspaketen Entscheidungen produzieren, die nicht den sektoriellen Interessen der jeweiligen Mehrebenennetzwerke von Administrationen entsprechen.

2.4 Durchführung: Komitologie

Der Politikzyklus der EU endet nicht mit einer Entscheidung des Rats und des EP (siehe Abbildung 1). Die EU-Organe haben in allen drei Säulen eine Vielzahl administrativer Einrichtungen geschaffen, die ihre Beschlüsse durchführen. Obwohl diese eine beträchtliche Variationsbreite aufweisen, sind in der Regel jeweils mitgliedstaatliche und EG-Behörden beteiligt. Auch bei der nationalen Umsetzung von rechtlich verbindlichen Beschlüssen sind Beamte der Mitgliedstaaten und in geringerem Maße der EG beteiligt. Nationale Ministerien sind gehalten, Rechtsakte der EG fristgemäß in die angemessene innerstaatliche Rechtsform und Verwaltungspraxis zu überführen. Je nach dem Grad des „misfits" zwischen der Vorgabe seitens der EG einerseits und existierenden nationalen Bestimmungen andererseits (Börzel 2001: 143; Cowles et al. 2001: 6-12) bedarf es einer starken nationalen Gestaltungskraft (Héritier 2001: 58), bei der Beamte der Mitgliedstaaten eine nachhaltige Rolle zu spielen haben. Der Kommission fällt dabei eine Kontrollfunktion zu.

Bei Beschlüssen der Kommission zur Operationalisierung von EG-Rechtsakten, dem zweiten Segment der Durchführungsphase, werden die Verwaltungen der Mitgliedstaaten intensiv beteiligt. Der Rat hat dazu unterschiedliche Verfahren in den so genannten Komitologiebeschlüssen (vom 13. Juli 1987 und vom 28. Juni 1999) festgelegt (Kommission 2001b; Falke 1996; Joerges 1997). Nationale Beamte können nach diesen Regeln die Beschlussvorlagen der Kommission für Durchführungsverordnungen kommentieren bzw. bei entsprechenden Mehrheiten im Ausschuss aufschie-

ben und an den Rat überweisen. Der Umfang dieser gemeinsamen
Beratungen ist beträchtlich: so fanden im Jahr 2000 in 244 Komitologie Ausschüssen um die 4000 Konsultationen nach diesen Verfahren statt (Kommission 2001b: 9, 12).

Im deutlichen Unterschied zu den juristischen und politischen
Auseinandersetzungen um den jeweils einzurichtenden Typ des
Komitologie Ausschusses – und damit um die Mitgestaltungsrechte nationaler Beamter – ist die Arbeit dieser Gremien von einem Politikstil geprägt, der auf eine kooperative Problembearbeitung zielt. Die beteiligten Beamten sind – im Unterschied zu den
jeweiligen Grundsatzabteilungen – nicht an der exakten rechtlichen Form ihrer Ausschüsse interessiert, sondern vor allem an der
Sacharbeit (Institut für Europäische Politik 1988; van Schendelen
1996: 34). Bei einer hohen Sitzungsfrequenz dieser Gremien, teilweise zwei bis drei Treffen pro Monat, treten offene Konflikte
zwischen der Kommission einerseits und den Mitgliedstaaten andererseits selten auf. Bei 2838 Rechtsakten im Jahre 2000 wurde
der Rat – aufgrund einer fehlenden Mehrheit nationaler Verwaltungen für die Kommissionsvorlage – nur in 6 Fällen (d.h. 0,2%)
befasst (Kommission 2001b: 7). Konsens in diesen Gremien ist das
Ergebnis eines regelmäßigen gegenseitigen Abstimmungsprozes-
ses. Wie bei den Expertengruppen in der Vorbereitungsphase verbessert die Beteiligung nationaler Beamter die Ausstattung der
Kommissionsverwaltung mit Informationen und politischer Unterstützung – auch gegenüber Regierungen und Interessenverbänden;
dafür muss sie auf die Interessen und Vorstellungen ihrer nationalen Kollegen eingehen. Die Kommission verliert durch diese
Durchführungsausschüsse de jure und de facto an autonomem Gestaltungsraum, jedoch werden die nationalen Beamten als „Ge-
genleistung" in die gemeinsame Problemverarbeitung eingebunden und so zu Mitträgern der gemeinsam getroffenen Beschlüsse.

Für den eigentlichen konkreten Vollzug von EG-Rechtsakten in
den Mitgliedstaaten – dem dritten Segment der Durchführungsphase – verfügt die Kommission über keine eigene Ausführungs-
behörde. Mit dem Wachstum an EG-Beschlüssen sowie der davon
betroffenen Politikfelder treten so zunehmend nationale, vor allem
auch regionale und kommunale Beamte in den „Dienst" der Gemeinschaft; häufig ohne den EG-Ursprung ihrer konkreten Aufga-
benbeschreibung zu kennen. Trotz Vorrang des Gemeinschafts-

rechts gibt es jedoch keine hierarchischen Weisungsbefugnisse zwischen der Kommission einerseits und nationalen Behörden andererseits (Rideau 1987: 193ff). Beim Vollzug ist eine enge Kooperation notwendig, die teils aufgrund unterschiedlicher Verwaltungskulturen, teils aufgrund konstitutioneller Vorgaben erhebliche Probleme verursacht. Umfang und Formen einer derartigen „vertikalen und horizontalen Amtshilfe" (Meier 1989: 237) variieren beträchtlich.

2.5 Kontrollphase: Im Schatten des EuGH

Von besonderer Bedeutung für die Arbeit nationaler Beamter sind Kontrollmechanismen, die insbesondere in den Phasen der Umsetzung und des Vollzugs auf die Verwaltungen der Mitgliedstaaten einwirken. Die Kommission verfolgt zu diesem Zweck systematisch Vertragsverletzungen der Mitgliedstaaten (Kommission 2001c). Ein noch wirksameres Sanktionsinstrument ist die Rechtsprechung des EuGH. Von Verfahren zur Vertragsverletzung (Art. 226 EG-V; siehe Abbildung 4) und von den Vorabentscheidungen des EuGH (Art. 234 EG-V; siehe Abbildung 4), die die Durchsetzung und einheitliche Geltung des Gemeinschaftsrechts sichern sollen, sind insbesondere die Administrationen der Mitgliedstaaten betroffen. Durch dieses Verfahren ergibt sich eine intensive „Verzahnung" (Oppermann 1999: 245) und gegenseitige „Verstärkung" (vgl. Weiler 1994: 531) von Gerichten mehrerer Ebenen. Für Beamte der Gemeinschaftsorgane wie für den AStV sind auch die Verfahren nach Art. 230 EG-V von Bedeutung, nach denen der EuGH Beschlüsse aufgrund mangelnder Vertragskonformität für nichtig erklären kann.

Abbildung 4: Nutzung der Klageverfahren: Urteile des EuGH
                (1960-2001)

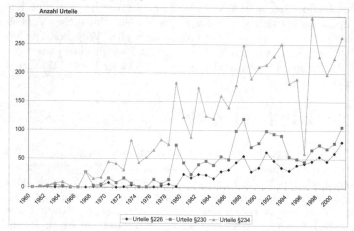

Quelle: Europäische Kommission: Gesamtberichte über die Tätigkeit der Europäischen Union, fortlaufende Jahrgänge.

3   Zur Auswertung: Varianten von Mehrebenenverwaltungen

3.1   Durchgängige Beobachtungen: Wachstums- und Differenzierungstrends

Der empirische Befund zum politisch-administrativen Regieren im EU-Mehrebenensystem lässt einige nachhaltige Trends erkennen: Festzustellen ist eine gleichzeitige Zunahme und Differenzierung von „gemischten" Beamtengremien in jeder Phase des Politikzyklus, die sich nach den Überschlagsrechnungen auf eine Zahl zwischen 1200 und 1500 beläuft. Diese grobe Auswertung des Datenmaterials relativiert zunächst die Bedeutung vertragsrechtlicher Vorgaben; sie sind zwar für einzelne Phasen und Institutionen notwendige Ausgangspunkte für die empirischen Beobachtungen, erfassen aber nicht hinreichend die tatsächlichen Entwicklungen administrativer Beteiligung. Die formellen Vertragsregeln setzen Korridore, deren reale Nutzung durch politische und administrative Akteure in der gelebten Vertragsrealität eine erhebliche Spannbreite und Dynamik aufweist.

3.2   Diskussion der Typologie

Gegen die Realitätsnähe des Typus einer „spezialisierten Monopolverwaltung" (Feld 1) sprechen durchgängig die vorliegenden Angaben. Die Intensität direkter Kontakte zwischen fachlich zuständigen Ministern und Verwaltungseinheiten, wie sie sich etwa in der Zusammensetzung des Rats, des AStV und weiterer hoher Ausschüsse sowie in Komitologie Ausschüssen niederschlagen, verweisen in allen Phasen des Politikzyklus auf einen hohen Grad administrativen und politischen Pluralismus; deshalb ist auch eine modifizierte Version dieses Typs, die – ursprünglichen Vertragskonzepten folgend – auf die administrative Monopolposition des AStV als exklusive Scharnierinstanz zwischen der nationalen und der europäischen Ebene abstellt, empirisch nicht zu halten.

Einige Beobachtungen – so bei einer begrenzten Anzahl an Komitologie Ausschüssen und Arbeitsgruppen des Rats – lassen Annäherungen an den Typus der „pragmatisch-funktionalen Verwaltungsausdehnung" (Feld 2) erkennen; Beamtengremien pflegen regelmäßige Kontakte auf einem vergleichsweise relativ niedrigen Aktivitätsniveau. Diese Akteure treffen sich in der Regel jedoch auch mindestens zweimal pro Jahr, d.h. einmal pro Präsidentschaft. Damit ist – zumindest für die Fachminister selbst – eine im Vergleich zu internationalen Organisationen und Gremien (z. B. Europarat oder OECD) hohe Sitzungsfrequenz festzustellen. Säulen- und sektorspezifisch sind auch administrative Erscheinungsformen zu beobachten, die als „intergouvernementale Steuerung" (Feld 3) charakterisiert werden können, so etwa in Bereichen der GASP und der ESVP.

Wesentliche Entwicklungen in politischen und administrativen Gremien sprechen gegen den Typus einer „supranationalen Bürokratie bzw. Technokratie" (Feld 7). Nationale Verwaltungen haben ihre Teilnahme- und Mitgestaltungsmöglichkeit nachhaltig auch in den Phasen des Politikzyklus ausgedehnt, die zunächst dem Gestaltungsmonopol der Kommission zugerechnet wurden. Auch im Hinblick auf Sachwissen, Verfahrenskenntnisse und politisches Gespür stehen nationale Beamte den „Kollegen" der Kommission nicht nach. Im AStV wie in vielen der regelmäßig tagenden Gremien können Experten der Mitgliedstaaten sicherlich nicht als „Dilettanten" gegenüber den „Vollzeitspezialisten" der Kommission bezeichnet werden.

Auch findet der Typus einer „föderalen Verwaltung" (Feld 9) keine empirische Entsprechung. Zwar sind den konstitutionellen Entwicklungen des EG-Systems auch institutionelle Ansätze zu einem föderalen Gebilde zu entnehmen, die sich insbesondere in dem Ausbau der Rechte und der Funktionen des Europäischen Parlaments und des EuGH niederschlagen, aber insgesamt lassen sich keine Trends einer weitgehenden Verdrängung nationaler Verwaltungen durch eine EG-Administration entdecken.

Angesichts extensiver Beteiligungsformen nationaler Beamter ist auch der Typus der „EG-gesteuerten Verwaltung" (Feld 8) selbst in Bereichen supranationaler Kompetenz nicht zu beobachten. Vielmehr haben die Administrationen der Mitgliedstaaten insbesondere in den Phasen und Feldern der vertraglichen Steuerungskompetenz der Kommission ihre Mitgestaltungsrechte nachhaltig ausgebaut.

Somit sind aus den vorliegenden Angaben deutliche Entwicklungen in die Richtung von Mehrebenverwaltungen zu entnehmen. Nationale und EG-Beamte haben sich gegenseitig Teilnahme- und Mitgestaltungsmöglichkeiten in zunehmend mehr Bereichen öffentlicher Problemverarbeitung eingeräumt. Nationale Verwaltungen „europäisieren" sich sowohl direkt in Brüssel wie indirekt in den nationalen Hauptstädten; d.h. sie verlagern einen Teil ihrer Aufmerksamkeit auf Politikzyklen in Brüssel (Mittag/Wessels 2002; Wessels/Rometsch 1996: 328-365) und internalisieren die Normen und Verhaltensformen ihrer Netzwerke (Börzel 2001: 137-158; Cowles/Risse 2001: 217-237). Im „partnerschaftlichen Einsatz" nationaler und gemeinschaftlicher Ressourcen tragen nationale Administrationen gemeinsam mit EG-Kollegen Verantwortung. Zu konstatieren ist dabei ein sorgfältig gepflegtes Mehrebenenspiel nationaler Beamter, das in einem Spannungsfeld zwischen dem Mittragen von geteilter Verantwortung für das effiziente Funktionieren „ihrer" Ausschüsse und der bewusst engen

Rückkoppelung an die innerstaatlichen Interessenformulierung angesiedelt ist. Die Beamtengremien sind demnach gleichzeitig Instrument nationaler Mitgestaltung in jeder Phase des EU-Politikzyklus und Ort der Einbindung innerstaatlicher Akteure für die Problemverarbeitung des EU-Systems.

Bei den Mehrebenenverwaltungen sind mehrere Varianten zu diskutieren (Feld 4-6).

Für die Realitätsnähe der Typen der „Megabürokratie" bzw. der „Megatechnokratie" spricht, dass in den wesentlichen Phasen des Politikzyklus die Gremien zunehmen, in denen Beamte beider Ebenen intensiv und unter Beachtung komplexer Prozeduren zusammenarbeiten. Auch das Personalwachstum der Kommission und der Generalsekretariate anderer Organe (siehe Abbildung 3) kann als Zeichen zunehmender bürokratischer Expansion herangezogen werden. Aus diesem Befund könnte man herauslesen, dass die in Brüssel aktiven nationalen und gemeinschaftlichen Verwaltungseinheiten die ursprünglich vertraglich angelegte Gewaltentrennung zwischen Organen und Ebenen zu segmentierten, sektorspezifischen „Beamtenkumpaneien" umfunktionieren. Die administrativen Mehrebenenkartelle würden demnach einen Politikstil entwickeln, dem politische Akteure dann nur noch „hilflos" die de jure Legitimation verleihen können – so bei A-Punkten auf der Tagesordnung des Rats. Für einige Sektoren, die im Schatten der politischen Aufmerksamkeit liegen, sind – gemessen an der hohen Nutzungsintensität – Entwicklungen hin zu diesen Varianten der Mehrebenenverwaltung zu beobachten. Komitologie Ausschüsse im Landwirtschaftssektor bieten sich teilweise als Beispiel an, wobei der spezifische Politikstil im Sinne einer Megabürokratie oder Megatechnokratie jeweils näher zu untersuchen wäre.

Gegen die Annahme eines durchgängigen Trends ist jedoch auf abweichende Entwicklungslinien hinzuweisen. Insbesondere ist eine zunehmende Mitwirkung anderer Akteure zu beachten. So begrenzen die zunehmenden Beteiligungsformen des EPs und die wachsende Zahl und Vielfalt von Interessengruppen die Tendenz zur ausschließlichen „Beamtenherrschaft". In wichtigen Politikfeldern ist zu beobachten, dass EP-Abgeordnete mit Beamten der Kommission und nationaler Ministerien sowie Vertretern europäischer Verbände zu „Vetospielern" in sektorbezogenen Mehrebenennetzwerken werden.

Besonders relevant für die Beurteilung der Realitätsnähe dieser Typen der Mehrebenenverwaltung ist jedoch der Befund, dass sich die politischen Akteure der Mitgliedstaaten und der EG-Organe zumindest bei der Verabschiedung verbindlicher Beschlüsse, weder de jure noch häufig de facto aus dem Politikprozess „verdrängen" lassen. Umfang und Intensität der direkten Beteiligung von Regierungsmitgliedern haben sich weitgehend parallel zu den Aktivitäten der Beamtengremien entwickelt. Trotz einer zunehmenden Zahl von „A-Punkten" bei Entscheidungen des Rates haben die Regierungschefs und die Minister verbindliche Beschlüsse immer wieder bis ins Detail selbst gestaltet. Die politische Führung, einschließlich des Europäischen Rats, zieht regelmäßig Entscheidungen an sich, die sie für bedeutsam erachtet. Das „Risiko" einer derartigen Politisierung und einer nachfolgenden Steuerung seitens der politischen Hierarchie besteht deshalb latent für alle Beamtengremien des EU-Systems, selbst wenn diese einen erheblichen Teil der Beschlüsse vorentscheiden. Die Gestaltungsmöglichkeiten der Regierungen sind nicht durchgängig durch administrative Gremien unterlaufen worden. Ein „government by committee" ist somit nicht als dominierende Praxis erkennbar (Sidjanski 1989: 80). Zunahme, Differenzierung und Routinisierung von Direktkontakten zwischen den Regierungen signalisieren vielmehr eine durchgängige Mobilisierung und Institutionalisierung der politischen Verantwortlichen in einer Vielzahl von europäischen Politikbereichen. So finden sich auch Anhaltspunkte für den Typus der „regierungsgesteuerten Mehrebenenverwaltung" (Feld 6), aber die Ausdehnung von Teilnahme- und Mitgestaltungsmöglichkeiten der Europäischen Kommission und des EP haben die Zahl dieser Varianten reduziert.

Mit diesen Interpretationen des Befunds rückt der „gemischte Typus" ins Zentrum der Aufmerksamkeit. Für jede Phase des Politikzyklus belegen die Daten eine enge vertikale und horizontale Fusion: politische und administrative Akteure beider Ebenen gestalten in einer Vielzahl von Gremien verbindliche Entscheidungen gemeinsam.

Aus den vorliegenden Daten ist letztlich eine gewisse Ko-Evolution mehrerer Typen nicht auszuschließen. Für weitere Untersuchungen stellt sich die Frage, ob nicht auch Grundtendenzen in der Evolution des politisch-administrativen EU-Mehrebenensystems zu beobachten sind. So wäre politikfeldspezifisch zu analysieren, ob sich Entwicklungslinien von einer „pragmatisch funktionalen Ausdehnung" (Feld 2) nationaler Verwaltungen über „regierungsgesteuerte" (Feld 6) zu „gemischten Mehrebenenverwaltungen" (Feld 5) feststellen lassen. Nach dieser Ergänzung der Arbeitsthese müssten sich auf mehreren Politikfeldern des EU-Systems Spuren eines derartigen mehrstufigen Fusionstrends (Wessels 2001: 21) abbilden.

Weitere empirische Forschungen haben diese Muster noch deutlicher herauszuarbeiten, aber auch grundsätzlich die Problemverarbeitungsfähigkeit und die Legitimitätsgrundlagen dieser Form politisch-administrativen Regierens zu diskutieren.

Literatur

Aspinwall, Mark/Schneider, Gerald 2001: Institutional Research on the European Union: Mapping the Field, in: dies. (Hrsg.): The Rules of Integration: Institutionalist Approaches to the Study of Europe, New York, Manchester, 1-19.

Bach, Maurizio 1995: Ist die europäische Einigung irreversibel? Integrationspolitik als Institutionenbildung in der Europäischen Union, in: Nedelmann, Brigitte (Hrsg.): Politische Institutionen im Wandel, Opladen 1995, 368-391.

Bach, Maurizio 1999: Die Bürokratisierung Europas. Verwaltungseliten, Experten und politische Legitimation in Europa, Frankfurt.

Beck, Ulrich 1998: Wie wird Demokratie im Zeitalter der Globalisierung möglich? Eine Einleitung, in: ders. (Hrsg.): Politik der Globalisierung, 7-66.

Bellier, Irène 1997: The Commission as an Actor: An Anthropologist's View, in: Wallace, Helen/Young, Alisdair R. (Hrsg.): Participation and Policy-Making in the European Union, London, 91-115.

Besson, Waldemar 1970: Die Außenpolitik der Bundesrepublik, Erfahrungen und Maßstäbe, München.

Bossaert, Danielle/Demmke, Christoph/Nomden, Koen/Polet, Robert 2001: Der öffentliche Dienst im Europa der Fünfzehn. Trends und neue Entwicklungen, Maastricht.

Börzel, Tanja 2001: Europeanization and Territorial Institutional Change: Towards Cooperative Regionalism?, in: Risse, Thomas/Cowles, Maria Green/Caporaso, James (Hrsg.): Transforming Europe. Europeanization and Domestic Change, Ithaca/London, 137-158.

Bulmer, Simon 1994: The Governance of the European Union. A New Institutionalist Approach, in: Journal of Public Policy 4, 351-380.

Christiansen, Thomas/Kirchner, Emil (Hrsg.) 2000: Administering the New Europe: Inter-Institutional Relations and Comitology in the European Union, Manchester.

Cowles, Maria Green/Risse, Thomas 2001: Transforming Europe: Conclusions, in: Risse, et al. (Hrsg.): Transforming Europe. Europeanization and Domestic Change, Ithaca/London, 217-237.

Edwards, Geoffrey 1996: National Sovereignty vs. Integration? The Council of Ministers, in: Jeremy Richardson (Hrsg.): European Union: Power and Policy-Making, London/New York, 127-147.

Falke, Josef 1996: Comitology and other Committees: A Preliminary Empirical Assessment, in: Pedler, Robin H./Schaefer, Guenther F. (Hrsg.): Shaping European Law and Policy. The Role of Committees and Comitology in the Political Process, European Institute of Public Administration, Maastricht, 117-166.

Gaulle, Charles de 1970: Discours et Messages, Bd. 4, Paris.

Generalsekretariat des Rates 1997: Handbuch für den Rat, Bd.1: Leitfaden für den Vorsitz, Luxemburg.

Hallstein, Walter 1969: Der unvollendete Bundesstaat, Düsseldorf (später erschienen als: Die Europäische Gemeinschaft, 5. überarb. u. erw. Aufl. 1979, Düsseldorf/Wien).

Hanny, Birgit/Wessels, Wolfgang 1998: The Monetary Committee: A Significant though not Typical Case, in: Schendelen, Marinus P.C.M. van (Hrsg.): EU-Committees as Influential Policymakers, Aldershot etc., 109-126.

Hayes-Renshaw, Fiona/Wallace, Helen 1997: The Council of Ministers, London.

Héritier, Adrienne 2001: Overt and Covert Institutionalization in Europe, in: Fligstein, Neil/Sandholtz, Wayne/Stone Sweet, Alec (Hrsg.): The Institutionalization of Europe, Oxford, 56-70.

Institut für Europäische Politik 1988: „Comitology": Characteristics, Performance and Options, (nicht veröffentlichtes Gutachten), Bonn.

Jacobson, Harold K. 1984: Networks of Interdependence, International Organizations and the Global Political System, New York.

Joerges, Christian/Neyer, Jürgen 1997: From Intergovernmental Bargaining to Deliberative Political Processes: The Constitutionalisation of Comitology, in: European Law Journal 3, 273-299.

King, Gary/Keohane, Robert/Verba, Sidney 1994: Designing Social Inquiry, Scientific Interference in Qualitative Research, Princeton.

Knill, Christopher 2001: The Europeanisation of National Administrations: Patterns of Institutional Change and Persistence, Cambridge.

Kohler-Koch, Beate 1999: The Evolution and Transformation of European Governance, in: Beate Kohler-Koch/R. Eising (Hrsg.): The Transformation of Governance in the European Union, London/New York.

Kommission der EU 2001a: Europäisches Regieren. Ein Weißbuch, KOM (2001) 428 entgültig, Brüssel, den 25.7.2001 (http://europa.eu.int/eurlex/de/com/cnc/2001/com2001 _0428de01.pdf).

Kommission der EU 2001b: Bericht der Kommission über die Tätigkeit der Ausschüsse im Jahr 2000, Doc.5685/02, Brüssel, den 21.12. 2001 (http://register.consilium.eu.int/ pdf/de/02/st05/05685d2.pdf).

Kommission der EU 2001c: Gesamtbericht über die Tätigkeit der Europäischen Union 2001. Kap. VIII Kontrolle der Anwendung des Gemeinschaftsrechts (http://europa.eu.int/abc/doc/off/rg/de/2001/index.htm).

Lippert, Barbara/Umbach, Gaby/Wessels, Wolfgang 2001: Europeanization of CEE Executives: EU Membership Negotiations as a Shaping Power, in: Journal of European Public Policy 6, 980-1012.

Maurer, Andreas/Wessels, Wolfgang 2000: Die Ständige Vertretung Deutschlands bei der EU – Scharnier im administrativen Mehrebenensystem, in: Knodt, Michèle/Kohler-Koch, Beate (Hrsg.): Deutschland zwischen Europäisierung und Selbstbehauptung, Mannheimer Jahrbuch für Europäische Sozialforschung Band 5, Frankfurt/New York.

Maurer, Andreas/Wessels, Wolfgang 2002: The EU Matters: Structuring Self-made Offers and Demands, in: Wessels, Wolfgang/Maurer, Andreas/Mittag, Jürgen (Hrsg.): Fifteen into One? The European Union and Member States, Manchester, i.E.

Mentler, Michael 1996: Der Ausschuß der Ständigen Vertreter bei den Europäischen Gemeinschaften, Baden-Baden.

Meier, Gert 1989: Europäische Amtshilfe – Ein Stützpfeiler des Europäischen Binnenmarktes, in: Europarecht 3, 237-248.

Milward, Alan S. 1992: The European Rescue of the Nation State, Berkley.

Mittag, Jürgen/Wessels, Wolfgang 2002: The „One" and the „Fifteen"? The Member States between Procedural Adaptation and Structural Revolution, in: Wessels, Wolfgang/Maurer, Andreas/Mittag, Jürgen (Hrsg.): Fifteen into One? The European Union and Member States, Manchester, i.E.

Monnet, Jean 1978: Erinnerungen eines Europäers, München.

Olsen, Johan P. 2000: Organising European Institutions of Governance. A Prelude to an Institutional Account of Political Integration, Arena Working Papers WP 00/2, (www.arena.uio.no).

Olsen, Johan P. 2002: The many Faces of Europeanization, Arena Working Papers WP 02/2, (www.arena.uio.no).

Oppermann, Thomas 1999: Europarecht, 2. Aufl., München.

Peterson, John 2002: The College of Commissioners, in: Peterson, John/Shackleton, Michael (Hrsg.): The Institutions of the European Union, Oxford, 71-95.

Peterson, John/Shackleton, Michael 2002: The EU's Institutions: An Overview, in: dies. (Hrsg.): The Institutions of the European Union, Oxford, 1-21.

Poullet, Edouard/Déprez, Gérard 1976: Struktur und Macht der EG-Kommission. Die Kommission im System der Europäischen Gemeinschaft, Bonn.

Rat der Europäischen Gemeinschaften 1990: Der Rat der Europäischen Gemeinschaft, Luxemburg.

Regelsberger, Elfriede/Wessels, Wolfgang 2002: The Evolution of the Common Foreign und Security Policy. A Case of an Imperfect Ratchet Fusion, in: Croci, Osvaldo/Verdun, Amy (Hrsg.): Institutional and Policy-Making Challenges to the European Union in the Wake of Enlargement, Europe in Change series, i. E.

Rideau, Joël 1987: L'Administration communautaire et les administrations nationales, in: Charles Debbasch (Hrsg.): Administrations nationales et intégration européenne, Paris, 187ff.

Risse, Thomas 2000: Let's Argue!: Communicative Action in World Politics, in: International Organization 54, 1-40.

Scharpf, Fritz W. 1985: Die Politikverflechtungsfalle. Europäische Integration und deutscher Föderalismus im Vergleich, in: PVS, 323-356.

Scharpf, Fritz W. 1998: Demokratische Politik in der internationalen Ökonomie, in: Greven, Michael (Hrsg.): Demokratie – eine Kultur des Westens, 20. Wissenschaftlicher Kongreß der Deutschen Vereinigung für Politische Wissenschaft, Opladen, 81-103.

Schendelen, Marinus P.C.M. van 1996: EC Committees: Influence Counts More than Legal Powers, in: Robin H. Pendler/Guenther F. Schaefer (Hrsg.): Shaping European Law and Policy. The Role of Committees and Comitology in the Political Process, Maastricht.

Schild, Joachim 2002: Nationale und europäische Identitäten – komplementär oder unvereinbar? Orientierungen von Deutschen und Franzosen im europäischen Mehrebenensystem, in: Meimeth, Michael/ders. (Hrsg.): Die Zukunft von Nationalstaaten in der europäischen Integration: deutsche und französische Perspektiven, Opladen, 81-106.

Schmidt, Susanne K. 2001: A Constrained Commission: Informal Practices of Agenda-setting in the Council, in: Schneider, Gerald/Aspinwall, Mark (Hrsg.): The Rules of Integration: Institutionalist Approaches to the Study of Europe, 125-147.

Schoutheete, Philippe de 2001: The European Council, in: Peterson, John/Shackelton, Michael (Hrsg.): The EU's Institutions: An Overview, Oxford, 21-46.

Sidjanski, Dusan 1989: Communauté Européenne 1992: Gouvernement de Comités?, in: Pouvoirs, 71-80.

Sidjanski, Dusan 2000: The Federal Future of Europe: From the European Community to the European Union, Ann Arbor.

Spence, David 1997: Staff and Personnel Policy in the Commission, in: Edwards, Geoffrey/Spence, David: The European Commission, 2. Aufl., London, 68-102.

Spinelli, Altiero 1966: The Eurocrats, Conflict and Crisis in the European Community, Baltimore.

Wallace, Helen 2000: The Institutional Setting, in: Wallace, Helen/Wallace, William (Hrsg.): Policy-Making in the European Union, Oxford, 3-38.

Weber, Max 1956: Wirtschaft und Gesellschaft, Grundriß der verstehenden Soziologie, Köln/Berlin.

Weber, Max 1966: Staatssoziologie, Berlin.

Weiler, Joseph H. H. 1994: A Quiet Revolution: The European Court of Justice and its Interlocutors, in: Comparative Political Studies, 510-534.

Wendt, Alexander 1998: Der Internationalstaat: Identität und Strukturwandel in der internationalen Politik, in: Beck, Ulrich (Hrsg.): Perspektiven der Weltgesellschaft, Frankfurt a.M., 381-410.

Wessels, Wolfgang 2000: Die Öffnung des Staates. Modelle und Wirklichkeit grenzüberschreitender Verwaltungspraxis 1960-1995, Opladen.

Wessels, Wolfgang 2001: Die Vertragsreformen von Nizza – Zur institutionellen Erweiterungstiefe, in: Integration 1, 8-25.

Wessels, Wolfgang 2002a: Das politische System der Europäischen Union, in: Ismayr, Wolfgang (Hrsg.): Die politischen Systeme Westeuropas, 3. Aufl., i.E.

Wessels, Wolfgang 2002b: Europäischer Rat, in: Weidenfeld, Werner/Wessels, Wolfgang (Hrsg.): Europa von A bis Z. Taschenbuch der europäischen Integration, 8. Aufl., Bonn, 184-188.

Wessels, Wolfgang/Linsenmann, Ingo 2002: EMUs Impact on National Institutions: Fusion Towards a „Gouvernance Économique" or Fragmentation?, in: Dyson, Kenneth (Hrsg.): European States and the Euro: Playing the Semi-Sovereignty Game, Oxford, 53-77.

Wessels, Wolfgang/Rometsch, Dietrich 1996: Conclusions: European Union and National Institutions, in: dies. (Hrsg.): The European Union and Member States: Towards Institutional Fusion?, European Policy Research Unit Series, Manchester/New York, 328-365.

Westlake, Martin 1995: The Council of the European Union, London.

Wheare, K.C. 1955: Government by Committee: An Essay on the British Constitution, Oxford.

Politik im Wandel

*Rainer Eising**

Europäisierung und Integration.
Konzepte in der EU-Forschung

Dieser Aufsatz untersucht zwei zentrale Konzepte der EU-Forschung: *Europäisierung* und *Integration*. Während sich die Politikwissenschaft bislang vornehmlich mit der „Europäischen Integration" befasst hat und auch der Titel dieses Bandes Zeugnis über die Bedeutung dieses Konzeptes ablegt, beschäftigt sie sich seit einigen Jahren verstärkt mit der „Europäisierung". Nach einem halben Jahrhundert Europäischer Integration soll diese begriffliche Veränderung nicht so sehr die Entwicklungen von der Europäischen Gemeinschaft für Kohle und Stahl zur Europäischen Union (EU), als vielmehr die profunden Rückwirkungen dieser Entwicklungen auf die Mitgliedstaaten widerspiegeln. Nach Ansicht einiger Autoren drückt dieser Wechsel auch grundlegende theoretische Neuerungen und Veränderungen der Fragestellungen aus (Radaelli 2000: 6).

Die Auseinandersetzung mit dem Konzept der politischen Integration soll es deshalb ermöglichen, die Bedeutung des neuen Konzepts der Europäisierung genauer einzuschätzen. Der Vergleich umfasst jeweils drei Definitionen der „politischen Integration" (Haas 1968; Lindberg 1963, 1971) und der „Europäisierung" (Ladrech 1994; Radaelli 2000; Risse et al. 2001), weil erstere die Analyse der Europäischen Gemeinschaft (EG) lange beeinflusst haben und letztere das gegenwärtige Spektrum an Europäisierungskonzepten in der EU-Forschung gut abdecken. Der Vergleich soll die Frage beantworten, ob Europäisierung wirklich ein grundlegend neues Konzept in der Forschung über die Europäi-

* Für ihre hilfreiche Kritik bin ich Katrin Auel, Arthur Benz, Markus Haverland, Markus Jachtenfuchs, Beate Kohler-Koch, Andrea Lenschow, Thomas Risse und Nathalie Strohm dankbar.

sche Union/Europäische Gemeinschaft[1] darstellt oder ob damit lediglich alter Wein in neue Schläuche gegossen wird.

Als Grundlage präsentiere ich zunächst Giovanni Sartoris Hinweise zur Bildung von Konzepten und diskutiere mit ihrer Hilfe die Definitionen von Integration und Europäisierung. Daraufhin zeige ich theoretische Gemeinsamkeiten und Unterschiede der beiden Konzepte auf. Dann diskutiere ich mittels einiger empirischer Beispiele grundlegende methodische Probleme des Studiums von Europäisierung. Aus diesen leite ich Anforderungen an das Design von Europäisierungsstudien ab, bevor ich ein Fazit ziehe.

1   Die Analyse von Konzepten in der EU-Forschung

Als Basiseinheiten der Analyse schlagen Konzepte wie Europäisierung und Integration die Brücke zwischen der zu untersuchenden „Realität" und den generalisierenden Aussagen über diese Realität. Sie lenken den Blick auf lohnenswerte theoretische und empirische Fragen, ohne deren Beantwortung definitorisch vorweg zu nehmen (vgl. Sartori 1984: 54).Die Bildung von Konzepten ist deshalb so wichtig, weil sie der Einordnung von Fällen, ihrer Messung und Bewertung vorgelagert ist, selbst wenn Konzepte nicht nur deduktiv, sondern auch induktiv gewonnen werden. Nun sind viele Konzepte mehrdeutig, weil Begriffe mehr als eine einzige Bedeutung aufweisen können und manchmal zudem noch vage, weil nicht klar ist, auf welche Gegenstände sie sich beziehen. Eindeutige und klare Konzepte werden deshalb generell für wünschenswert befunden. Solch explizite Konzeptualisierungen schließen zwar viele potentielle Elemente aus, sind aber von Nutzen, weil sie die Validität und Reliabilität von Untersuchungen verbessern.

Konzepte sind nach Giovanni Sartori (1984) durch zwei Merkmale charakterisiert: ihren Informationsgehalt (Gehalt) und ihre

---

1 Ich verwende den Begriff der Europäischen Gemeinschaft als Oberbegriff für die drei Europäischen Gemeinschaften für den Zeitraum vor der Gründung der Europäischen Union, weil die neofunktionalistischen Arbeiten sich weitgehend auf die Europäische Gemeinschaft für Kohle und Stahl und die Europäische Wirtschaftsgemeinschaft beziehen.

Reichweite.[2] Der Informationsgehalt besteht aus den Eigenschaften/Charakteristiken, die ein Konzept beinhaltet. Er erweitert sich durch das Hinzufügen von Eigenschaften und verringert sich durch deren Entfernen. Die Reichweite bezeichnet die (meist) empirischen Gegenstände, auf die das Konzept sich bezieht. Gehalt und Reichweite stehen in einem inversen Verhältnis zueinander. Je mehr Charakteristika ein Konzept enthält, um so weniger Bezugsobjekte benennt es. Je weniger Eigenschaften es enthält, um so mehr Fälle passen in das Konzept. Das Verhältnis zwischen Gehalt und Reichweite ist wichtig, wenn es darum geht, den Generalisierungsgrad eines Konzeptes für die Zwecke einer Untersuchung festzulegen. Abstrakte Konzepte sind oft nur von geringem Nutzen für empirische Analysen, weil sie nur einen geringen Informationsgehalt aufweisen. Konkretere Konzepte beinhalten mehr Charakteristika, beziehen sich allerdings auf weniger Fälle. Wenn also Konzepte, die für eine bestimmte Klasse von Fällen entwickelt wurden, auf weitere Fälle ausgeweitet werden sollen, aber nicht auf diese Fälle passen, können Forscher manchmal auf die „Leiter der Abstraktion" steigen, um auf Konzepte eines höheren Abstraktionsgrades zurückzugreifen. Die Neubildung von Konzepten erfordert dabei die Rekonstruktion der Geschichte eines Konzeptes ebenso wie die Überprüfung angrenzender Konzepte (Sartori 1984: 52).

Zur Analyse des Konzeptes der Europäisierung beziehe ich deshalb das benachbarte Konzept der „Integration" in die Untersuchung mit ein. Es hat eine zentrale Rolle in der theoretischen Analyse der Europäischen Gemeinschaft eingenommen und weist eine Reihe von Überlappungen mit dem Konzept der Europäisierung auf. Die Analyse umfasst drei neofunktionalistische Konzeptualisierungen der politischen Integration[3] und drei gängige Definitionen von Europäisierung (vgl. Tabelle 1).

---

2 Sartori verwendet folgende Begriffe: intension/connotation und extension/denotation. Die vielleicht etwas eingängigeren deutschen Begriffe „Informationsgehalt" und „Reichweite" basieren auf Karl Poppers Logik der Forschung (1989).

3 Dies ist nicht der Ort für eine Revision der Integrationstheorie. Der Schwerpunkt wurde auf die neo-funktionalistischen und nicht auf die föderalistischen oder kommunikationstheoretischen Konzeptualisierungen gelegt, weil die Kontinuität im theoretischen Zugang, in den Fragestellungen und in den Unter-

Tabelle 1: Konzepte von Europäisierung und politischer
Integration

Konzept		Konzeptualisierung
Politische Integration	1.1	„Political integration is the process whereby political actors in several distinct national settings are persuaded to shift their loyalties, expectations and political activities toward a new centre, whose institutions possess or demand jurisdiction over the pre-existing national states. The end result of a process of political integration is a new political community, superimposed over the pre-existing ones." (Haas 1968: 16)
	1.2	„political integration is (1) the process whereby nations forgo the desire and ability to conduct foreign and key domestic policies independently of each other, seeking instead to make joint decisions or to delegate the decision-making process to new central organs; and (2) the process whereby political actors in several distinct settings are persuaded to shift their expectations and political activities to a new centre." (Lindberg 1963: 6)
	1.3	„Political integration can thus be defined as the evolution over time of a collective decision making system among nations." (Lindberg 1971: 40)
Europäisierung	2.1	„We define Europeanization as the emergence and development at the European level of distinct structures of governance, that is, of political, legal, and social institutions associated with political problem-solving that formalize interactions among the actors, and of policy networks specializing in the creation of authoritative European rules." (Risse/Cowles/Caporaso 2001: 2;
	2.2	„Europeanization is an incremental process re-orienting the direction and shape of politics to the degree that EC political and economic dynamics become part of the organizational logic of national politics and policy-making." (Ladrech 1994: 69)
	2.3	„Europeanization refers to: Processes of (a) construction (b) diffusion and (c) institutionalization of formal and informal rules, procedures, policy paradigms, styles, ‚ways of doing things' and shared beliefs and norms which are first defined and consolidated in the making of EU decisions and then incorporated in the logic of domestic discourse, identities, political structures and public policies." (Radaelli 2000: 3-4)

suchungsgegenständen mit den heutigen Konzeptualisierungen von Europäisierung auffallend ist.

Das *Konzept der politischen Integration* ist sehr abstrakt und hat eine entsprechend weite Reichweite. Integration ist allgemein ein Maß für die Dichte, Intensität oder die Charakteristika der Beziehungen zwischen verschiedenen Elementen (Olsen 2000: 4) – oder ein Prozess der Verdichtung, Intensivierung oder Verstärkung der Charakteristika einer Beziehung. Politische Integration stellt auf strukturelle Verknüpfungen, kausale Interdependenzen und die Konsistenz der Elemente eines politischen Systems (Olsen 2000: 4) oder verschiedene politische Systeme ab. Sie ist auf so unterschiedliche Phänomene wie die Nationen- und Staatenbildung oder die internationale regionale Kooperation bezogen worden.

Je mehr sich die Integrationstheoretiker auf die Europäische Gemeinschaft konzentrierten, umso konkreter fassten sie allerdings den Begriff „politische Integration". Ernst Haas untersuchte, ob politische Integration im Rahmen der Europäischen Gemeinschaft für Kohle und Stahl zu einer politischen Gemeinschaft führen würde, während Leon Lindberg sie im Rahmen der Europäischen Wirtschaftsgemeinschaft analysierte. Beide Autoren verorteten politische Integration sowohl auf der europäischen als auch auf der nationalen Ebene. Sie verwendeten deshalb den Begriff der „Europäischen Integration" für Entwicklungen auf der europäischen Ebene (z.B. Haas 1968: 106-110). Für Ernst Haas manifestierte sich der Prozess der politischen Integration primär im Verhältnis zwischen europäischen Institutionen und nationalen Akteuren – nämlich in der Verschiebung von deren Erwartungen, Aktivitäten und Loyalitäten weg von den bestehenden Nationalstaaten hin zu den europäischen Institutionen (Definition 1.1). Als Endzustand dieser politischen Integration erwartete er die Entstehung einer den Nationalstaaten übergeordneten politischen Gemeinschaft.

Leon Lindberg hatte nicht so weitreichende Erwartungen. Er erachtete anfangs die Verschiebung von Erwartungen und politischen Aktivitäten – nicht aber von Loyalitäten – ebenfalls als wichtige Elemente der politischen Integration, sah aber den Aufbau eines internationalen Entscheidungsgefüges und die Versuche der Mitgliedstaaten, gemeinsame Entscheidungen zu formulieren, als wenigstens gleichberechtigte Definitionselemente an (Def. 1.2). Später schloss er die Übertragung von Erwartungen und politischem Verhalten sogar ganz von den Eigenschaften seines Konzeptes der politischen Integration aus und reduzierte dieses auf den Aufbau und die Entwicklung eines internationalen kollektiven Entscheidungsgefüges über die Zeit (Def. 1.3). Er erwartete, dass der Aufbau dieses Entscheidungsgefüges erhebliche Konsequenzen für die Verfassungstraditionen und die staatlichen Strukturen, für die politischen Entscheidungsprozesse und die Ausrichtung politischer Programme sowie für die Interessen, die Strategien und die Organisation politisch relevanter Akteure in den EG-Mitgliedsstaaten nach sich ziehen würde (Lindberg 1963: 6, 9). Weitere Auswirkungen auf nationaler Ebene skizzierte er vor allem mit den Konzepten der politischen Unterstützung und mit der Durchdringung der politischen Systeme der Mitgliedstaaten, mit deren Umsetzung und Befolgung europäischer Maßnahmen, und mit den Verteilungseffekten dieser Maßnahmen (Lindberg 1971).

Das bislang vielleicht zentrale Konzept der EU-Forschung, die politische Integration, unterscheidet sich also durchaus bei den wesentlichen neofunktionalistischen Autoren – also bei Vertretern von ein- und derselben Theorieströmung –, und diese haben es noch dazu im Laufe der Zeit modifiziert. Es überrascht daher wenig, dass auch Gehalt und Reichweite des weniger etablierten Konzeptes der Europäisierung bislang unklar und umstritten sind.

So werden die Grenzen Europas in verschiedenen Konzeptualisierungen sehr unterschiedlich gezogen. Einige Autoren beziehen Europäisierung auf langfristige und gemeinsame Entwicklungslinien in der Geschichte europäischer Staaten. Peter Flora etwa weist in einem auf Stein Rokkan's makrosoziologischen Untersuchungen fußenden Essay auf folgende *europäische* Einflüsse hin, welche die spätere nationale politische Organisation, Kultur und Identität geprägt haben: die universalistischen Einflüsse des römischen Reiches, die Auseinandersetzungen zwischen deutschem Kaisertum und der römischen Kirche sowie die Grenzziehungen, die aus den Konflikten des Christentums mit dem Islam resultierten. Das moderne Europa entstand darauf aufbauend, „in Form eines Systems, das seine kulturelle Heterogenität in der Konkurrenz von Nationalstaaten organisierte" (Flora 2000: 158). Diese Elemente schälten sich in der wechselseitigen Dynamik von interner Strukturierung und externer Grenzbildung heraus. Der Rückgriff auf einen solch abstrakten Analyserahmen und solch universelle Erklärungsvariablen ist nahezu unumgänglich, wenn es um große Räume und langfristige Perspektiven geht (Bartolini 1993: 153).

Die meisten Beiträge bescheiden sich aber damit, kürzere Zeiträume und einen kleineren geografischen Raum zu betrachten und analysieren ihre Untersuchungseinheiten mit einem weniger abstrakten theoretischen Instrumentarium. Kurzum: Sie reduzieren das Konzept der Europäisierung auf die Europäische Union. Beate Kohler-Koch ist deshalb Recht zu geben, wenn sie Europäisierung als Unionisierung oder EU-Europäisierung bezeichnet (2000: 12). Aber selbst die in diese Kategorie fallenden Konzeptualisierungen unterscheiden sich in mancherlei Hinsicht. Sie variieren sowohl nach den Eigenschaften, die sie betonen, als auch nach ihren empirischen Bezugsobjekten. Die untere Hälfte der Tabelle 1 präsentiert drei Definitionen von Europäisierung, die unterschiedliche Möglichkeiten offerieren: Im ersten Fall werden Prozesse auf der Ebene der Europäischen Union untersucht, im zweiten Fall stehen nationale politische Systeme im Mittelpunkt und in der dritten Variante die politischen Systeme auf beiden Ebenen.

(1) Dem ersten Verständnis ist eine jüngere Studie über die Auswirkungen der Europäischen Union in den Mitgliedstaaten verpflichtet: Thomas Risse, Maria Green Cowles und James Caporaso definieren Europäisierung als die „Entstehung und Entwicklung bestimmter Strukturen des Regierens auf europäischer Ebene, das heißt, von politischen, rechtlichen und sozialen Institutionen, die mit politischer Problemlösung verknüpft sind und die Interaktionen zwischen den Akteuren formalisieren sowie von Politiknetzwerken, die sich auf die Schaffung verbindlicher Regeln spezialisieren" (Def. 3.1).[4] Dieses Konzept der Europäisierung unterscheidet sich nicht sonderlich von Lindbergs Engführung des Konzeptes der politischen Integration auf die Entwicklung eines kollektiven Entscheidungsgefüges der Mitgliedstaaten (vgl. Kohler-Koch 2000). Es stellt wie jenes auf den Aufbau eines Institutionengefüges und auf die politischen Aktivitäten verschiedener Akteure auf der europäischen Ebene ab, selbst wenn das Konzept in einen anderen theoretischen Rahmen integriert ist als in den Neofunktionalismus (vgl. Abschnitt 3). Mit anderen Worten: Europäisierung ist hier im wesentlichen ein Synonym für Europäische Integration. So verwenden die Autoren den Begriff auch: „This volume explores the impact of *Europeanization* ... on the

---

4   Alle Übersetzungen englischer Zitate stammen vom Verfasser.

domestic structures of the member states. We are particularly in-
terested in understanding whether and how the ongoing process of
European integration has changed nation-states, their domestic institutions, and their political cultures." (Risse/Cowles/Caporaso
2001: 1, Hervorhebungen R.E.). Aufgrund dieser Konzeptualisierung untersuchen die Autoren des Bandes auch nicht die Europäisierung selbst, sondern deren *Effekte* in den Mitgliedstaaten. Da
Europäisierung in dieser Variante keine nennenswerte konzeptionelle Innovation darstellt und noch dazu die Aufmerksamkeit vom
eigentlichen Untersuchungsgegenstand ablenkt, sollte der Begriff
der Europäischen Integration für die Entstehung und Weiterentwicklung des EU-Institutionengefüges reserviert werden. So wird
vermieden, dass Europäisierung gänzlich unterschiedliche Bedeutungen gewinnt und die Reichweite des Konzepts vollkommen unklar wird.

(2) Die anderen beiden Konzeptualisierungen der Europäisierung betonen dagegen die Wirkungen der Europäischen Integration auf nationale Akteure, Prozesse und Strukturen. Europäische
Integration ist damit notwendige Bedingung für Europäisierung. In
erster Linie bieten sich hier die Mitgliedstaaten als Untersu-
chungsobjekte an, auch wenn der Blick auf Nichtmitglieder der
EU gerichtet werden könnte wie z.B. auf die Kandidaten für die
Erweiterung der EU oder auf benachbarte Staaten wie die Schweiz
oder Norwegen. Diese übernehmen bereits im Rahmen der Assoziierungsabkommen einen großen Teil des EU-Rechts und jene
stehen in einem engen ökonomischen Interdependenzverhältnis zu
den EU-Staaten, sodass sie große Teile der Regeln zur EU-
Marktintegration in der nationalen Gesetzgebung berücksichtigen
müssen.

Robert Ladrech fasst das Konzept der Europäisierung sehr eng:
Er bezieht es im wesentlichen darauf, dass EU/EG-Entwicklungen
Einzug halten in „die organisatorische Logik der nationalen Ent-
scheidungsprozesse und der nationalen Programmformulierung"
(Def. 3.2). Wichtig an Ladrechs Konzeptualisierung ist, dass er mit
seinem Konzept nationale Systeme als Einheiten begreift und als
Konfigurationen untersucht (Ladrech 1994: 71). Mit dem Begriff
der Konfiguration verbindet sich „die Vorstellung, dass sich die
Funktion und Wirkung einzelner Akteure und Institutionen aus ihren Zusammenhängen mit anderen relevanten Akteuren und Insti-

tutionen ergibt und daher eine Funktions- und Wirkungsanalyse immer die ‚Konfiguration' beachten muss. Da sich die nationalen Konfigurationen jedoch stark voneinander unterscheiden, ist in der Regel davon auszugehen, dass jede europäische ‚Vereinheitlichung' einzelner Elemente von Land zu Land ganz unterschiedliche Folgen haben kann" (Flora 2000: 159). Diese Perspektive betont, dass die EU unterschiedliche Effekte in den Mitgliedstaaten hervorrufen kann und dass ihre Wirkung stark kontextgebunden ist. Ladrechs Konzept der Europäisierung hat die nationale Eigensinnigkeit in Form der organisatorischen Logik eingebaut. Vergleichen solche Studien mehrere Mitgliedstaaten miteinander, werden sie als Resultat der Europäisierung höchstens eine partielle Konvergenz der nationalen Organisationslogiken konstatieren, vielleicht sogar vollständige Divergenz. In den Worten von Robert Ladrech: „Hat man die Unterschiedlichkeit der verschiedenen strukturellen Determinanten in allen EG-Mitgliedstaaten im Kopf, so ist eine grenzüberschreitende Homogenisierung oder Harmonisierung keine realistische Erwartung, wenn man die nationale Anpassung an Inputs der EG betrachtet" (1994: 70). Ladrech selbst geht dieser These allerdings nicht nach und beschränkt seine Untersuchung auf Frankreich.

(3) Das weitreichendste Konzept von Europäisierung präsentiert Claudio Radaelli (Def. 2.3). Zum einen kombiniert er die ersten beiden Varianten in einem Sequenzmodell. Seiner Auffassung nach werden in einem ersten Schritt bestimmte Institutionen und Praktiken auf der Ebene der Europäischen Union entwickelt und konsolidiert. Im zweiten Schritt werden diese dann in die nationalen politischen Systeme übernommen. Diese Definition deckt sowohl die europäische als auch die nationale Ebene ab, wobei ihn im Grunde nur der zweite Schritt interessiert: die Inkorporation europäischer Entwicklungen in nationale Systeme (Radaelli 2000: 3). Die Reichweite des Konzeptes ist damit für die Zwecke Radaellis zu weitreichend. Der erste Schritt sollte ausgeblendet werden, weil das Konzept der Europäischen Integration ihn bereits angemessen erfasst. Zum anderen wird Europäisierung – anders als im zweiten Konzept – nicht auf politische Systeme als Konfigurationen, sondern auf einzelne Elemente der politischen Systeme bezogen. Dies kommt in der Auflistung einer Vielzahl von möglichen Untersuchungsvariablen zum Ausdruck: Radaelli hebt besonders den Ein-

fluß der EU auf Regeln, Verfahren, Policy-Paradigmen, Stile, Praktiken, Weltbilder und Normen in den Diskursen, Identitäten, politischen Strukturen und Programmen der Mitgliedstaaten hervor.

Die zweite und die dritte Perspektive werden oft ausdrücklich miteinander verknüpft. Die Auswirkungen der EU auf nationaler Ebene hängen somit nicht mehr nur von einzelnen EU-Strukturen und Prozessen und von deren Einbettung in das EU-Institutionengefüge ab, sondern auch von einzelnen nationalen Faktoren und von deren Einbettung in die nationalen Konfiguration.[5] Die Interaktion zwischen den nationalen Faktoren ist in dieser Sichtweise von großer Bedeutung für die Wirkung der Europäischen Integration auf nationaler Ebene.

Der Abschnitt hat gezeigt, dass die Konzepte der politischen Integration und der Europäisierung von verschiedenen Autoren unterschiedlich definiert und teilweise auch über die Zeit modifiziert worden sind. Darin kommt zum Ausdruck, dass jede Konzeptualisierung sich auf unterschiedliche Referenzpunkte beziehen und unterschiedliche Eigenschaften in den Mittelpunkt stellen kann. Die Konzeptbildung erfolgt in Auseinandersetzung mit empirischen Entwicklungen, theoretischem Wandel und konkreten Forschungsproblemen. Ich verwende im Folgenden den Begriff der *Europäischen Integration* für den Aufbau und die Entwicklung europäischer Institutionen und Politiken, weil er dafür bereits etabliert ist. Europäische Integration bezeichnet – in Anlehnung an Johan Olsen – die zunehmende Dichte und Intensität sowie die Verstärkung der Charakteristika in den Beziehungen auf der Ebene der Europäischen Union. Der Begriff der *Europäisierung* verweist auf die Auswirkungen dieses Integrationsprozesses auf nationale Akteure, Strukturen und Prozesse.

Die jeweilige Reichweite von Europäischer Integration und Europäisierung ist damit auch geografisch festgelegt. In dieser Hinsicht werden sie oft von anderen Konzepten mit einem anderen geografischen Gehalt abgegrenzt. Auch wenn es in empirischen Untersuchungen mitunter Schwierigkeiten bereiten mag, den kausalen Status von Europäisierung und Globalisierung für nationale

---

5   Johan Olsen betont dies für die Europäisierung nationaler Institutionen (Olsen 2000: 15).

Veränderungen festzulegen, lässt sich erstere durch die begrenztere geografische Reichweite in konzeptueller Hinsicht recht einfach von letzterer abgrenzen. Allerdings gibt es auch einen grundlegenden Unterschied zwischen Europäischer Integration und Europäisierung: Die Beziehungen zwischen den Elementen im Europäisierungskonzept sind offener als in dem der Europäischen Integration. Während jenes eine Verdichtung und Intensivierung von Beziehungen impliziert, ist dies kein notwendiger Bestandteil des Europäisierungskonzeptes. Europäische Integration *muss nicht* unbedingt strukturelle Verknüpfungen zwischen der EU-Ebene und den nationalen Systemen intensivieren, kausale Interdependenzen zwischen ihnen verstärken oder die nationalen politischen Systeme konsistenter mit dem EU-System gestalten, auch wenn dies häufig der Fall ist.

2 Theoretische Gemeinsamkeiten und Unterschiede der Konzepte

Nachdem der erste Abschnitt der Analyse der konzeptionellen Ebene von Europäisierung und politischer Integration gewidmet war, sollen hier stärker die theoretischen Unterschiede und Gemeinsamkeiten herausgearbeitet werden. In dieser Hinsicht heben die Vertreter beider Konzepte die Rolle von Institutionen hervor, sie sind prozessorientiert, haben zum Teil ähnliche Analyseperspektiven und betonen ähnliche Kausalmechanismen zur Erklärung von Integration und Europäisierung.

Erstens sind alle Definitionen *institutionentheoretisch* verankert, auch wenn die Vertreter des Integrationskonzeptes andere Konsequenzen aus den europäischen Institutionen ableiten als die Vertreter des Europäisierungskonzeptes. Ernst Haas und Leon Lindberg (1963: 7) erachteten die Existenz politischer Institutionen auf supranationaler Ebene als elementare Voraussetzung für die politische Integration. Die Fähigkeit der europäischen Institutionen, verbindliche Entscheidungen für die nationalen Institutionen und Akteure zu formulieren (Haas 1968: 7-9), war die notwendige Grundlage für die Übertragung von Loyalitäten, Erwartungen und Aktivitäten nationaler Akteure auf das neue europäische Zentrum, wenngleich die europäische Jurisdiktion funktional begrenzt war. Die Ausweitung dieser Jurisdiktion wurde für möglich gehalten, weil sie in technisch-ökonomischen Bereichen einsetzte, aber Probleme und Friktionen in angrenzenden Bereichen auslöste. Eine überlegene Problemlösungsfähigkeit der europäischen Institutionen sollte allmählich zur Vergemeinschaftung von Politiken in diesen angrenzenden Bereichen führen (vgl. Lindberg 1963: 10). Dieser sogenannte *spillover* stand im Mittelpunkt der politischen Integrationsdynamik. Selbst wenn er aus diesem Grund eine Übertragung von Loyalitäten, Aktivitäten und Erwartungen auf die europäischen Institutionen – also politische Integration – erwartete, erkannte Ernst Haas frühzeitig, dass ein weitaus komplexeres Bild entstehen könnte. Die Autorität der Mitgliedstaaten müsse nicht zwingend auf das neue europäische Zentrum übertragen werden, statt dessen könne sie sich asymmetrisch auf verschiedene Zentren verteilen, „among which no single dominant one may emerge" (Haas 1971: 31). Auch müsse die Übertragung von Loyalitäten auf die europäischen Institutionen nicht notwendigerweise zur Verwerfung von Loyalitäten gegenüber nationalen Staaten oder Regierungen führen: „Es ist empirisch gezeigt worden, dass multiple Loyalitäten existieren können, entweder weil kein Konflikt zwischen den verschiedenen Bezugsobjekten besteht oder weil der politische Akteur es psychologisch versteht, einen Konflikt zu ignorieren oder zu sublimieren, selbst wenn es diesen ‚objektiv' geben sollte" (Haas 1958: 14).

Hier setzen die meisten Vertreter des Europäisierungskonzeptes an. Die Annahme der Koexistenz multipler Loyalitäten und Eigenlogiken ist ein zentrales Moment in Studien der Europäisierung. Zum einen resultiert dies daraus, dass sie in hohem Maße in neo-institutionellen Theorieansätzen verwurzelt sind (z.B. March/Olsen 1989) und die prägende Rolle verschiedenster nationaler und europäischer Institutionen für die Einstellungen und das Verhalten von Akteuren sowie für den Verlauf und die Ergebnisse politischer Entscheidungsverfahren betonen. Zum anderen basiert dies auf der Berücksichtigung steuerungstheoretischer Einsichten, welche die „erhöhte Komplexität politischer Herrschaft" und „zunehmende Konsensbedürfnisse in demokratischen Gesellschaften" zum Ausdruck bringen (Mayntz 1991: 21): „Anstatt von einer zentralen Autorität hervorgebracht zu werden, sei dies die Regierung oder die gesetzgebende Gewalt [oder die neuen zentralen Institutionen auf europäischer Ebene,

R.E.], entsteht Politik heute oft in einem Prozess, in den eine Vielzahl von sowohl öffentlichen als auch privaten Organisationen eingebunden ist" (Mayntz 1991: 20). In der EU ist dabei von besonderer Bedeutung, dass Befugnisse und Einfluss über mehrere staatliche Ebenen verteilt sind, welche in politischen Entscheidungs- und Umsetzungsprozessen miteinander verflochten sind, ohne dass sich eine Ebene einseitig aus diesen Bindungen lösen kann. Die EU-Institutionen werden daher differenzierter gefasst als im Neofunktionalismus und die Akteurskonstellationen werden nicht mehr auf die Zusammenarbeit zwischen Europäischer Kommission, wirtschaftlichen Interessengruppen und Vertretern der Mitgliedstaaten reduziert, sondern können von der EU-Ebene bis zur lokalen Ebene reichen. Aufgrund dieses Theoriegerüsts betonen Europäisierungsstudien das Beharrungsvermögen nationaler Strukturen und Prozesse stärker als neofunktionalistische Untersuchungen. Sie konstatieren kein so hierarchisches Verhältnis zwischen EU-Institutionen und Mitgliedstaaten, keine so überlegene Problemlösungsfähigkeit europäischer Institutionen und keine so automatische Ausweitung ihrer Kompetenzen (z.B. Radaelli 2000).

Kollisionen zwischen europäischen und nationalen Institutionen werden so zu wichtigen Auslösern politischer Dynamiken und zu erklärenden Variablen für den Verlauf und das Ergebnis von Europäisierung (Olsen 2000: 15-16; siehe bereits Haas 1971: 36). Institutionelle Faktoren auf nationaler Ebene sind weitere wichtige intervenierende Variablen. Eine Reihe von Studien betont nicht nur die vertikale Verteilung politischer Macht im europäischen Mehrebenengefüge, sondern auch deren horizontale Verteilung in den betroffenen Staaten: So enge die Zahl der formellen Vetopunkte Reformspielräume auf nationaler Ebene ein (Héritier et al. 2001). Informelle Institutionen wie die politische Kultur (Börzel 2000) oder Praktiken der Interessenvermittlung (V. Schmidt 1999) prägten den nationalen Umgang mit den Impulsen der EU und wiesen Akteuren faktische Vetopositionen zu.

Zweitens sind die präsentierten Konzepte nicht zustands- sondern *prozessorientiert*. Robert Ladrech hält dabei einen inkrementellen Verlauf der Europäisierung für ein wichtiges Definitionsmerkmal und die Vertreter des Neofunktionalismus betrachten ihren graduellen Verlauf als wichtiges zusätzliches Merkmal der politischen Integration (Haas 1971: 23; Lindberg 1963). Für die anderen Autoren kann dagegen die Europäisierung nationaler Politik durchaus schubweise einsetzen. Beide Positionen befinden sich im Einklang mit neo-institutionellen Theorien politischen Wandels. Diese betonen, dass solche Veränderungen in der Regel inkrementell verlaufen, weil Institutionen Beharrungstendenzen aufweisen und Bestandsinteressen an ihnen hängen. Nur in Situationen hohen exogenen oder endogenen Drucks komme es zu radikaleren Veränderungen, wonach eine neue Phase des eher graduellen Wandels einsetze (vgl. March/Olsen 1989).

Drittens nehmen alle Konzeptualisierungen die europäische und die nationale Ebene sowie die Beziehungen zwischen den Ebenen ins Visier. Sie setzen allerdings unterschiedliche Schwerpunkte in der Wahl ihrer *Analyseperspektive* und ihrer *Untersuchungsgegenstände*: Ernst Haas (1968) ist derjenige, der das Wechselspiel zwischen nationaler und europäischer Politik am stärksten in die Analyse einbezieht. Integration ist für ihn ein zweiseitiger Prozess, in dem die zentralen europäischen Institutionen die relevanten gesellschaftlichen und staatlichen Akteure beeinflussen und von diesen beeinflusst werden. Konsequenterweise widmet er ein Fünftel seiner Analyse dem Aufbau europäischer Institutionen, ein Drittel den Auswirkungen auf nationale Parteien, Interessengruppen, und Regierungen und den Rest der Rolle supranationaler Verbände, Parteien und politischer Akteure. Die anderen Autoren konzentrieren sich stärker darauf, die Veränderungen auf einer einzigen politischen Ebene zu untersuchen. Leon Lindberg konzentriert sich in einer *bottom up* Sicht auf die europäische Ebene. Die Vertreter des Europäisierungskonzeptes untersuchen in einer *top-down* Sichtweise die Auswirkungen der Europäischen Integration in den Mitgliedstaaten.

Schließlich identifizieren die Autoren ähnliche *Kausalmechanismen* für Europäisierung und Integration. Die Neofunktionalisten haben folgende Transmissionsriemen der politischen Integration identifiziert, wenngleich sie nicht alle systematisch analysiert und dem spillover Mechanismus klare Priorität eingeräumt haben (Lindberg 1963: 7-11, 79-83; Haas 1958: 522-524; 1971: 39):

– die *Sozialisations-* und *Lernprozesse* von Eliten in der Gestaltung politischer Programme, Strukturen und Verfahren,
– die *Problemlösungskapazität europäischer Politik*,
– den *spillover* von Politiken,

– die *Interessenverfolgung* und *politischen Aktivitäten* der nationalen und europäischen Akteure.

Studien der Europäisierung messen Diffusions-, Sozialisations-
und Lernprozessen ebenfalls eine große Bedeutung als Transmissionsmechanismen für die Veränderung von Interessen und Identitäten bei (Goetz 2000). Die Setzung europäischer Regeln ist ein
Standardelement in Policy- und Implementationsstudien (Knill/
Lenschow 2000). Weitaus stärker als in neofunktionalistischen
Untersuchungen wird die Interessenverfolgung in geänderten Opportunitätsstrukturen betont: Die EU biete sowohl Chancen als
auch Restriktionen für das Handeln einzelner Akteure und befähi-
ge nationale Akteure in unterschiedlicher Art und Weise dazu, ihre
Interessen zu verfolgen. Dabei vertreten einige Studien die These,
dass EU-Politik immer mehr in komplexen Mehrebenennetzwerken gemacht werde (z.B. Kohler-Koch/Eising 1999), während andere betonen, dass es durchaus unterschiedliche Interaktionsmodi
gebe.[6] Im Vergleich zum Neofunktionalismus verzichten Europäisierungsstudien „auf teleologische Entwürfe" und den Quasi-Auto-
matismus des *spillover* (vgl. Jachtenfuchs/Kohler-Koch 1996: 19).
Stattdessen entwerfen sie ein konflikthafteres und komplexeres
Bild politischer Prozesse. Sie betonen in ihren Prozessanalysen
daher nicht nur die Kausalmechanismen der Europäisierung sondern auch die Offenheit des Ausgangs dieser Prozesse.

3 Methodische Probleme des Studiums der Europäisierung[7]

Das Studium der Europäisierung ist mit erheblichen methodischen
Schwierigkeiten befrachtet. Dies soll der Versuch verdeutlichen,

---

6 Fritz W. Scharpf unterscheidet vier solcher Modi: wechselseitige Anpassung,
   intergouvernementale Verhandlungen, Politikverflechtung und hierarchische
   Steuerung (2000).
7 Dieser Abschnitt ist nicht strikt vergleichend, um die methodischen Probleme
   der Analyse von Europäisierung vertieft behandeln zu können. Zu den methodischen Problemen der Analyse von politischer Integration vgl. die Beiträge in
   Lindberg/Scheingold 1971.

Europäisierung als operationales Konzept zu nutzen. Diese Operationalisierung von Europäisierung als Indikator zeigt drei grundlegende Probleme auf: Erstens ist Europäisierung als *relationales Konzept* nur schwierig fassbar. Zweitens müssen Kongruenz- und Kompatibilitätserfordernisse Europäischer Integration unterschieden werden. Zum anderen treffen auf die Untersuchung von Europäisierung alle *Probleme des zeitlichen Vergleichs* zu.

(1) Als relationales Konzept ist Europäisierung nur schwer greifbar, wie eine operationale Definition dieses Konzepts illustriert. Selbst Studien, die Europäisierung als Prozess betrachten, können sie immer nur zwischen mindestens zwei Zeitpunkten messen. Der Grad der Europäisierung zu einem gegebenen Zeitpunkt drückt das Verhältnis zwischen der nationalen Situation und der Situation auf der europäischen Ebene (nationale Situation/ EU-Situation) aus. Der Europäisierungsgrad beträgt 1, wenn die nationale Situation gänzlich der Situation oder den auf EU-Ebene gemachten Vorgaben entspricht. Er ist gleich 0, wenn die nationale Ebene vollständig von der EU-Situation abweicht. Dazwischen liegende Europäisierungsgrade drücken eine mehr oder minder starke Europäisierung aus.

Der Europäisierungsgrad als alleiniger Indikator ist wenig aussagekräftig. Veränderungen des Europäisierungsgrades kommen zustande durch Veränderungen der (a) nationalen Situation oder/und der (b) europäischen Situation. Ein Mitgliedstaat, der 1958 im Zeitpunkt t_1 zwei von drei Agrarrichtlinien vollständig umgesetzt hat und eine nicht beachtet, hat denselben Europäisierungsgrad im Jahr 1996 oder im Zeitpunkt t_2, wenn er 3267 der 4950 landwirtschaftlichen Rechtsakte der EG umgesetzt hat, obwohl sich die nationale und die europäische Situation zu den beiden Zeitpunkten grundlegend unterscheiden. Eine sinnvolle Interpretation des Europäisierungsgrades erfordert immer auch die Einbeziehung von Informationen über den Kontext auf nationaler und europäischer Ebene. Der Grad der Kongruenz zwischen einzelnen europäischen Aktivitäten, Praktiken oder Maßnahmen mit denen auf nationaler Ebene hat nur eine begrenzte Aussagekraft. Untersuchungen zur Europäisierung von Politik sollten deshalb systematische Variationen nicht nur im Kongruenzgrad zwischen EU-Vorgabe und nationaler Politik einbauen, sondern auch in den jeweiligen Kontextfaktoren auf beiden Ebenen. Neben den bereits skizzierten institutionellen Faktoren werden, in Abhängigkeit vom konkreten Untersuchungsgegenstand, üblicherweise die jeweils systemweiten oder bereichsspezifischen Leitideen, die Akteurskonstellationen und Praktiken der Interessenvermittlung, die Problem- und Konfliktstrukturen, die technischen, ökonomischen, politischen und administrativen Kapazitäten, die bestehenden Programme und Steuerungsinstrumente sowie die Muster der Umsetzung europäischer und nationaler Politik berücksichtigt.

Allerdings sagt selbst dann das Ausmaß der Veränderungen auf nationaler Ebene nicht unbedingt etwas über den Grad der Europäisierung aus. Länder, die keinerlei Veränderungen als Folge von EU-Regelungen oder Praktiken durchgemacht haben, können genauso schwach oder stark europäisiert sein wie Länder, die massive Veränderungen erfahren haben. Dafür gibt es zwei wesentliche Gründe: Zum einen ist die grundlegende Vereinbarkeit der Institutionen der Europäischen Gemeinschaft/Union mit den politischen Systemen der Mitgliedstaaten eine elementare Voraussetzung für die europäische Integration. Bereits Ernst Haas hat unterstellt, dass nationale Entwicklungen hin zu pluralistischen Gesellschaften, inkrementellen Entscheidungsprozessen und instrumentellem Verhalten in kongruenten Prozessen auf europäischer Ebene reproduziert würden (Haas 1971: 36). Zum anderen ist auch die Übertragung spezifischer Elemente der eigenen politischen Systeme auf die europäischen Institutionen als Strategie zur Minimierung von Anpassungskosten und Schaffung von Wettbewerbsvorteilen lange bekannt: „Die Ideologien, die nationale Gruppen verteidigen, werden wahrscheinlich die Werte und die Ideologie der Mitarbeiter der neuen Institution beeinflussen und diese vielleicht sogar prägen. Sicherlich wird keine Möglichkeit ausgelassen, um den Versuch zu machen, einen prägenden Einfluss auszuüben. Allerdings kann auch davon ausgegangen werden, dass ein umgekehrter Prozess in Gang kommt, der allmählich die nationalen Ideologien durchdringt" (Haas 1968: 19).

(2) Europäisierungsstudien konzentrieren ihre Analyse auf die nationale Anpassung an die Europäische Integration. Dabei kann zwischen Kongruenz- und Kompatibilitätserfordernissen Europäischer Integration unterschieden werden. *Kongruenzmodelle* gehen davon aus, dass die europäische und die nationale Situation weitgehend deckungsgleich sein müssen. Andernfalls treten Anpas-

sungszwänge auf. Der Grad der Diskongruenz bestimme das Ausmaß, in dem nationale Institutionen „would have to change in order to comply with European rules and policies" (Risse et al. 2001: 7). Diese Überlegung setzt voraus, dass es *klare und verbindliche EU-Vorgaben* gibt, an die sich die Mitgliedstaaten anpassen. Sie ist damit vor allem in Studien zur Implementation europäischer Politik plausibel. Die Transposition europäischer Regeln in nationales Recht und ihre Befolgung kann sich auf einen i.d.R. konsensual gefassten Beschluss auf EU-Ebene, auf formale Regeln und die – wenngleich begrenzte – Sanktionsmacht der EU-Institutionen stützen. Allerdings stößt dieses Kongruenzmodell selbst in Implementationsstudien auf erhebliche Schwierigkeiten.

Oft kombinieren die EU-Richtlinien Regelungsaspekte aus verschiedenen Mitgliedstaaten, die sich widersprechen können (Héritier 1997). Auch differieren die Steuerungsinstrumente der Richtlinien – sie formulieren institutionelle Vorgaben oder quantitative Standards, setzen Anreize oder versuchen Überzeugungs- oder Wettbewerbsprozesse in Gang zu bringen (Knill/Lenschow 2000). Ferner enthalten die Richtlinien häufig Flexibilisierungselemente (Übergangs- und Ausnahmeregeln, Wahlmöglichkeiten, unbestimmte Rechtsbegriffe, Ermessensspielräume), die den Mitgliedstaaten erhebliche Implementationsspielräume gewähren (Eising 2000). All dies trägt dazu bei, dass die Anforderungen europäischer Richtlinien nicht immer in allen Einzelheiten klar ist, und dass ihre Umsetzung in den Mitgliedsstaaten variiert.

Zur Illustration kann eine Vorgabe der EU-Richtlinie zur Liberalisierung der Stromversorgung herangezogen werden. Diese sieht vor, dass die Mitgliedstaaten drei unterschiedliche Modi der Regulierung des Netzzugangs einführen können: Alleinabnehmer, regulierter Netzzugang, verhandelter Netzzugang. Europäisierung gewinnt deshalb in verschiedenen Mitgliedstaaten eine unterschiedliche inhaltliche Bedeutung. Während Deutschland beispielsweise eine Mischung aus verhandeltem Netzzugang und Alleinabnehmer eingeführt hat, ist der Netzzugang in Großbritannien reguliert. Die nationale Implementation der Richtlinie unterscheidet sich demnach erheblich, auch wenn beide Mitgliedstaaten die EU-Richtlinie in nationales Recht umgesetzt haben, sie befolgen und damit vollständig europäisiert sind. Der Ländervergleich illustriert, dass selbst die vollständige Umsetzung einer Richtlinie in allen Mitgliedsländern nicht auch die Deckungsgleichheit der konkreten Implementation in den Mitgliedsstaaten einschließt. Eine strikt relationale Betrachtung der Europäisierung wird in der Forschungspraxis deshalb zumeist aufgegeben. In Policy- und Implementationsstudien wird lediglich nach den Veränderungen auf nationaler Ebene gefragt: nach der Transposition der Richtlinie in nationales Recht, nach der Befolgung der europäischen Vorgaben und nach weitergehenden Konsequenzen für nationale Akteure, Strukturen und Prozesse.

Allerdings gibt es häufig genug keine Kongruenzerfordernisse europäischer Vorgaben, sondern lediglich *Kompatibilität*serfordernisse. In diesen Fällen gibt es keine formalen Regeln, die die Mitgliedstaaten dazu verpflichten, europäische Maßnahmen und Praktiken auf nationaler Ebene umzusetzen. Die strukturellen Verknüpfungen und kausalen Interdependenzen zwischen den Ebenen sind schwächer ausgeprägt (vgl. Olsen 2000: 8). Die Diskongruenz zwischen europäischer und nationaler Situation korreliert in solchen Fällen nicht unbedingt mit einem Druck zur nationalen Veränderung. Die nationale Situation kann sich durchaus von der europäischen Situation unterscheiden, sie muss lediglich mit ihr vereinbar sein, sodass es eine große Bandbreite verschiedener Lösungen in unterschiedlichen nationalen Umgebungen geben kann.

Als Beispiele können die Muster des Parteienwettbewerbs und der Interessenvermittlung genannt werden. Die Europäische Union hatte bislang nur geringe Auswirkungen auf die nationalen Parteiensysteme und den nationalen Parteienwettbewerb (Mair 2000: 28). Nach Peter Mair sind zwischen 1960 und 1998 in den EU-Staaten zwar mehr als 140 Parteien neu entstanden, allerdings könnten nur drei davon als Resultat der Europäischen Integration betrachtet werden. Diese Parteien waren in den nationalen Wahlen nur wenig erfolgreich: auf sie entfielen im Durchschnitt nur ca. 1,5% der abgegebenen Stimmen. Peter Mair (2000: 38) führt die geringen Konsequenzen der EU darauf zurück, dass es kein wirkliches europäisches Parteiensystem gebe und dass die nationalen Parteien auch weiterhin die „principal gatekeepers within the European electoral arena" seien. Die EU hat stärkere Effekte auf die nationalen Muster der Interessenvermittlung, weil sie nationalen Interessengruppen – anders als nationalen Parteien – direkte Anlaufstellen für die Interessenverfolgung eröffnet, so dass diese so-

wohl in EU-spezifischen Verbänden organisiert sind als auch alleine ihre Interessen gegenüber den in die EU-Politik eingebundenen politischen Institutionen auf nationaler und europäischer Ebene vertreten. Allerdings hatte die EU bislang nur begrenzte Rückwirkungen auf die nationalen Muster der Interessenvermittlung. So
hat weder die Zahl der politischen Proteste in den Mitgliedstaaten
nennenswert zugenommen (Imig/Tarrow, in diesem Band), noch
haben sich die Praktiken der nationalen Interessenvermittlung
stark verändert: Auf der Ebene der Europäischen Union hat sich
eine netzwerkartige Form der Interessenvermittlung herausgebildet
(vgl. Kohler-Koch/Eising 1999), während auf nationaler Ebene
weiterhin die klassischen Muster des Korporatismus, Pluralismus
und Etatismus identifizierbar sind. Nationale Akteure passen sich
also entlang etablierter Praktiken an die Europäische Union an.

Aufgrund des Unterschiedes zwischen Kongruenz- und Kompatibilitätserfordernissen ist es wenig überraschend, dass die stärksten Veränderungen auf nationaler Ebene – und damit auch die
stärkste Konvergenz zwischen den Mitgliedstaaten – bislang in
den politischen Programmen identifiziert wurden (vgl. Lenschow
1999) und nicht in Institutionen oder Praktiken. Die EU hatte nur
moderate Rückwirkungen auf nationale Parlamente (Raunio/Hix
2000: 143) und war auch keine wichtige Triebkraft des Wandels
der nationalen Exekutiven (Goetz 2000: 225).

(3) Untersuchungen der Europäisierung haben bislang einen
stark explorativen Charakter. Nur wenige Studien problematisieren
die Wahl der Untersuchungszeitpunkte oder -periode, selbst wenn
sie auf den zeitlichen Vergleich zurückgreifen, um Europäisierung
als Prozess zu untersuchen. Klaus H. Goetz (2000: 223) verlangt
deshalb, dem Zeitpunkt (time), der Sequenz (timing) und der Geschwindigkeit (tempo) von Europäisierung erheblich mehr Aufmerksamkeit zu schenken, um ein besseres Verständnis dieses
Prozesses zu gewinnen. Der *Zeitpunkt* der Untersuchung kann eine
wichtige Rolle bei der Erklärung von Europäischer Integration und
nationalen Veränderungen spielen, weil er auf wichtige Variablen-
konstellationen zu diesem Zeitpunkt verweist. Die Durchsetzung
marktschaffender Reformen in hoch regulierten Wirtschaftssektoren wie der Telekommunikation, der Stromwirtschaft oder dem
Transportsektor erfolgte beispielsweise erst, als die wesentlichen
Grundlagen für die Wiederbelebung des Binnenmarktprogramms

bereits gelegt waren. Zehn Jahre zuvor – zu neo-keynesianischen Hochzeiten – wären solche Liberalisierungen undenkbar gewesen. Die *Sequenz* von Europäischer Integration und Europäisierung muss beachtet werden, weil erstere den Veränderungen auf nationaler Ebene vorangehen oder wenigstens parallel zu ihnen erfolgen muss, damit diese überhaupt als Fälle von Europäisierung charakterisiert werden können. Die *Geschwindigkeit* der Europäisierung kann z.B. Aufschluss darüber geben, wie reformfähig die Mitgliedstaaten sind (vgl. auch Héritier et al. 2001), wie stark Reform- oder oppositionelle Koalitionen sind oder welches Beharrungsvermögen nationalen Institutionen inne wohnt.

Da der Integrationsprozess bereits über ein halbes Jahrhundert andauert, ist es allerdings nicht immer einfach, seine Auswirkungen auf die nationalen Systeme für bestimmte Perioden zu isolieren. Dies gilt auch für die Isolierung seines Einflusses von anderen internationalen oder nationalen Entwicklungen in Situationen der *Multikausalität* oder der „historischen *Multikollinearität*" (Bartolini 1993: 157-160).[8] *Multikausalität* verweist darauf, dass mehrere Faktoren zu den Veränderungen nationaler Akteure, Strukturen und Prozesse beitragen. Für Zeitgenossen der europäischen Integration ist dies ein lange diskutiertes und nicht geklärtes Problem: Sind z.B. die ökonomischen Veränderungen in den Mitgliedstaaten (Wirtschaftswachstum, Differenzierung der Arbeitsteilung und ökonomische Verflechtungen zwischen den EU-Staaten) auf den gemeinsamen Markt zurückzuführen oder nicht? Policy-Analysen betonen regelmäßig dieses Problem. So versucht Volker Schneider (2001) für die Liberalisierung der Telekommunikation in den EU-Staaten Deutschland, Großbritannien, Frankreich und Italien den spezifischen Einfluss der Europäischen Union von dem der wirtschaftlichen Globalisierung in diesem Sektor abzugrenzen. Andrea Lenschow (1999) ordnet die Transformation der Umweltpolitik in der EU und deren Wirkung auf die vier Mitgliedstaaten Spanien, Großbritannien, Deutschland und Niederlande in die Veränderung globaler umweltpolitischer Diskurse um eine „nachhaltige Entwicklung" ein. Klaus Goetz (2000: 219) grenzt den Einfluss der Europäischen Integration auf die mittelosteuropäischen Staaten

---

8   Die folgenden Ausführungen stützen sich auf Bartolini (1993), der die Veränderung von Staatlichkeit und Partizipation im 19. Jahrhundert diskutiert.

von der „Liberalisierung, Pluralisierung und Demokratisierung"
während der Transformation dieser postkommunistischen Staaten
in liberale Demokratien mit marktwirtschaftlicher Wirtschaftsordnung ab.

Historische Multikollinearität verweist darüber hinaus darauf,
dass die verschiedenen Faktoren über die Zeit zusammenhängen.
Die vermeintliche Europäisierung erfolgt also nicht nach der Europäischen Integration, sondern kann gleichzeitig mit dieser einsetzen und sie fördern. Sie setzt nicht erst mit der Implementation
von EU-Politiken ein, sondern läuft während des gesamten Policy-
Zyklusses ab. Die stetige Präsenz der europäischen Institutionen
bedingt die permanente Europäisierung der nationalen Systeme,
ohne dass diese immer einem bestimmten Ereignis zugerechnet
werden könnte. Damit wird es schwierig, Europäische Integration
und Europäisierung voneinander abzugrenzen.

Mehr noch: Wenn Europäische Integration lediglich einen
Aspekt der Transformation und Modernisierung der kapitalistischen Industriegesellschaften und Demokratien Europas verkörpert, ist es kaum möglich, ihr eine eigenständige kausale Bedeutung für Europäisierungsprozesse zuzuschreiben: „In diesem Fall
ist es offensichtlich riskant, die Modernisierung eines Aspektes
(Entscheidungsprozess, Staat, Protest, Parteien, Regierungsaktivi-
täten, usw.) mit der Modernisierung seiner ‚Umgebung' zu erklären. ... Die parallele Entwicklung aller Faktoren im beschleunigten
Prozess der Modernisierung macht es daher schwierig, die kausalen Beziehungen zwischen den vielen möglichen Verbindungen
festzustellen" (Bartolini 1993: 158-159). Die Relevanz des Problems der Multikollinearität für die EU-Forschung kommt besonders darin zum Ausdruck, dass die Europäische Union mitsamt ihrer Mitgliedstaaten zunehmend als Mehrebenengefüge betrachtet
wird und die Analyseperspektive von der lokalen Ebene bis zur
Unionsebene reicht (vgl. den Beitrag von Arthur Benz in diesem
Band). In dieser Sichtweise sind alle Ebenen Teil des EU-Mehrebenensystems und per Definition europäisiert und integriert.

4 Das Design von Europäisierungs-Studien

Damit stellt sich die Frage, inwieweit Entwicklungen auf der Ebene der EU in die Erklärung von Wirkungen auf der nationalen Ebene einbezogen werden müssen. In vielen Europäisierungsstudien werden die Interdependenzen und Rückkopplungen zwischen nationaler und europäischer Politik bewusst vernachlässigt (vgl. die Kritik von Kohler-Koch 2000: 12). „Um die Wirkung der Europäischen Integration auf nationale Systeme zu verstehen, ist es nicht ausschlaggebend, ob die Delegation [von politischen Befugnissen auf die EU-Institutionen, R.E.] durch die Präferenzen nationaler Regierungen bestimmt, durch transnationale ökonomische Akteure vorangetrieben oder durch supranationale Akteure ‚kultiviert‘ wird" (Hix/Goetz 2000: 3). Europäische Integration wird damit einfach als unabhängige Variable gesetzt. In Abhängigkeit vom Untersuchungsgegenstand kann so eine Schlagseite in der Einschätzung der Art und Stärke von kausalen Effekten und Kausalmechanismen erzeugt werden. Vertreter dieser Auffassung beschreiben, *ob* und, wenn ja, *welche* Veränderungen die Europäische Integration auf der nationalen Ebene nach sich zieht und *wie* der Veränderungsprozess verläuft. Eine solche Vereinfachung ist in jedem Fall unzulässig, wenn erklärt werden soll, *warum* es zu solchen Veränderungen in dem gegebenen Umfang kommt, und die Beantwortung dieser Frage nicht logisch darauf reduziert wird, dass es europäische Vorgaben gab, sondern die Gründe für diese Vorgaben auch berücksichtigt. Vor allem in Fallstudien mit erklärendem Anspruch sollten sowohl Europäische Integration als auch Europäisierung analysiert werden,[9] in quantitativen Studien dürfte es schwieriger sein, die relevanten Daten für beide Prozesse zu erhalten.

Um dem Problem der Multikausalität gerecht zu werden, müssen in der Untersuchung der Europäisierung systematisch *konkurrierende Erklärungen* berücksichtigt werden, so dass das relative Gewicht der Europäischen Integration als erklärende Variable besser eingeschätzt werden kann. Um dem Problem der Multikollinearität zumindest ansatzweise gerecht zu werden, sollte das Studium der Eu-

---

9 Zu diesem Vorgehen vgl. die Policy Analysen von Haverland 1999; Lenschow 1999.

ropäisierung *international vergleichend* erfolgen, um eine größere
Kontrolle über generalisierende Aussagen zu gewinnen. Dabei kann
der Vergleich mit Nichtmitgliedern der EU Hinweise darauf liefern,
ob Europäische Integration für die Veränderungen in den Mitgliedstaaten einen notwendigen oder hinreichenden Status hatte. Da der
Rückgriff auf *Querschnittsdaten* zu einem bestimmten Zeitpunkt
nicht unbedingt den Schluss auf Entwicklungstrends erlaubt, sollten
Längsschnittdaten erhoben werden, um eine genaue Einschätzung
der Veränderungen über die Zeit und damit der möglichen kausalen
Effekte zu erreichen. Da allerdings ein- und dieselben Daten das Ergebnis unterschiedlicher Faktoren sein können, sollten auch die
Transitionsprozesse zwischen diesen Zeitpunkten in die Erklärung
miteinbezogen werden. Durch die Methode des *process tracing*
(Bennett/George 1997) lassen sich so genauer die Kausalmechanismen der Europäisierung identifizieren.

Ein solches Forschungsdesign wird sich in der Regel nur in internationalen Forschungsverbünden durchführen lassen. Zur Illustration einer Annäherung an dieses Design soll meine Studie zur
Liberalisierung der europäischen Stromwirtschaft dienen (Eising
2000, 2002): Empirische Untersuchungen haben plausibel gemacht, dass Lernprozesse in Verhandlungen auf EU-Ebene nationale Akteure dazu bewegen können, ihre Präferenzen über die
Ziele oder Instrumente nationaler politischer Programme freiwillig
zu ändern. Informationen über die Situation in den anderen Mitgliedstaaten und die genaue Bewertung der eigenen Strukturen im
Lichte von Kommissionsvorschlägen bedingen vielfach Neuein-
schätzungen der Leistungsfähigkeit nationaler Arrangements. Die
These, dass Lernprozesse die Veränderung mitgliedstaatlicher Präferenzen über die Organisation der Stromwirtschaft bewirkt haben,
wurde systematisch mit konkurrierenden Erklärungen verglichen.
Europäische und nationale Reformen wurden im Kontext wirtschaftlicher Globalisierung und neoliberaler Leitideen untersucht,
um den Einfluss dieser Faktoren zu identifizieren. Im Rahmen der
EU-Reform wurde geprüft, ob nicht Lernprozesse, sondern der
Druck des europäischen Wettbewerbsrechts oder intergouvernementaler Verhandlungen die Mitgliedstaaten dazu bewogen, ihre nationalen Sektoren zu liberalisieren – nachdem die große Mehrzahl
von ihnen einer solchen Reform anfänglich sehr kritisch gegenüber stand.

Um die Lernprozesse in einem harten Test nachzuweisen, wurden für den intensiven internationalen Vergleich diejenigen Mitgliedstaaten ausgewählt, die im Intergouvernementalismus eine zentrale Rolle einnehmen: Deutschland, Frankreich und Großbritannien. Das Verhalten der anderen Mitgliedstaaten wurde zusätzlich berücksichtigt. Mit der Stromwirtschaft wurde ein Sektor ausgewählt, in dem die Mitgliedstaaten bis in die Mitte der 1980er Jahre ihre nationale Souveränität nicht Preis geben wollten. Die Liberalisierung der europäischen Elektrizitätsversorgung wurde von der Agendagestaltung bis zur Umsetzung der EU-Richtlinie in nationales Recht analysiert. Dieses *process tracing* ermöglichte es, die Präferenzen der drei großen Mitgliedstaaten in jeder Phase des Entscheidungsprozesses nachzuvollziehen und Präferenzänderungen als Indikator für Lernprozesse zu identifizieren. Das Ausmaß der Umsetzung der EU-Richtlinie in den Mitgliedstaaten bildete einen weiteren Indikator dafür, ob die nationalen Reformen als Ergebnis von Lernprozessen oder eher als Ergebnis von Verhandlungszwängen oder des europäischen Wettbewerbsrechts anzusehen waren. Der Umfang der nationalen Reform wurde in Relation zu den Vorgaben der EU-Richtlinie, zu den anfänglichen Sektorstrukturen und zu den anfänglichen Präferenzen der Mitgliedstaaten betrachtet.

Wenn das Ausmaß der nationalen Reform über die Vorgaben der EU-Richtlinie hinausging und die anfänglichen Sektorstrukturen und Präferenzen der Mitgliedstaaten nicht darauf hingedeutet hatten, war es unwahrscheinlich, dass der Druck zwischenstaatlicher Verhandlungen oder des europäischen Wettbewerbsrechts die Mitgliedstaaten zu nationalen Reformen bewogen hatten, die weitaus umfassender waren als erfordert. Neun von fünfzehn Mitgliedstaaten gehen in ihren nationalen Reformen zum Teil erheblich über die Anforderungen der EU-Reform hinaus, obwohl sie dieser Reform anfänglich skeptisch gegenüber standen und ihre nationalen Sektoren monopolartig organisiert waren. Fünf von ihnen liberalisieren ihre nationalen Sektoren sogar vollständig oder nahezu vollständig (Deutschland, Spanien, Irland, Niederlande, Dänemark). Für diese Mitgliedstaaten hat die lerntheoretische Erklärung ein hohes Maß an Plausibilität.

Dagegen hatten drei Mitgliedstaaten ihre Sektoren bereits liberalisiert oder planten dies, als die EU-Reform in Gang kam, so

dass die EU höchstens eine marginale Wirkung auf diese nationalen Reformen ausgeübt hat (Großbritannien, Finnland, Schweden).
Drei Mitgliedstaaten schließlich setzen nur die Mindestanforderungen der EU-Reform um und übten während des gesamten Re-
formprozesses erheblichen Widerstand gegen die Liberalisierung
des Sektors aus (Griechenland, Frankreich, Portugal), sodass ihre
nationalen Reformen eher als Ergebnis europäischen Wettbewerbsrechts, welches die Verhandlungspositionen dieser Mitgliedstaaten verschlechterte und intergouvernementaler Verhandlungen,
welche das Mindestniveau der Marktöffnung fixierten, zu werten
sind.[10]

Das Beispiel zeigt, dass der Einfluss der EU nicht nur von anderen internationalen oder nationalen Entwicklungen abgegrenzt
werden muss, sondern dass innerhalb der EU auch unterschiedliche kausale Mechanismen in ein und demselben Fall unterschieden werden müssen. Es demonstriert ebenfalls, dass Europäisierung manchmal nur schwer von Europäischer Integration zu unterscheiden ist. In diesem Fall setzten die Präferenzänderungen der
nationalen Akteure in Entscheidungsprozessen auf europäischer
Ebene ein und waren Voraussetzung für die Europäische Integration.

5   Schlussfolgerungen

Europäisierung ist kein alter Wein in neuen Schläuchen, aber auch
keine fundamentale konzeptionelle Innovation. Die Vertreter des
Europäisierungskonzeptes schließen in mancherlei Hinsicht an
Elemente des Neofunktionalismus an. Sie werfen allerdings dessen
teleologische Komponenten über Bord, verankern ihre Untersuchungen ausdrücklicher in institutionellen Theorien, betonen stärker die Komplexität politischer Steuerung und widmen der systematischen Untersuchung von Transmissionsmechanismen zwischen europäischen und nationalen Entwicklungen erheblich mehr
Aufmerksamkeit. Sie betonen hier die Interessenverfolgung im

---

10 Susanne K. Schmidt (1998) misst dem Einsatz des Wettbewerbsrechts größere
   Bedeutung für den Ausgang der Verhandlungen bei.

Rahmen geänderter Opportunitätsstrukturen ebenso wie Diffusions-, Lern- und Sozialisationsprozesse.

Sie leiten politische Dynamiken in hohem Maße aus Diskongruenzen zwischen der europäischen und der nationalen Ebene ab. Kongruenzmodelle nehmen an, dass die europäische und die nationale Situation deckungsgleich sein müssen. Sie leiten aus den Diskongruenzen *per se* Anpassungszwänge für die nationale Ebene ab. Diese Annahme ist vor allem für Policy-Analysen plausibel, weil sich die nationale Implementation europäischer Verordnungen und Richtlinien auf formale Vorgaben und in der Regel konsensual gefasste europäische Beschlüsse stützen kann. Die stärksten nationalen Veränderungen finden sich regelmäßig in politischen Programmen und in den Instrumenten zu ihrer Umsetzung. In Kompatibilitätsmodellen besteht dagegen keine Verpflichtung, europäische Vorgaben auf nationaler Ebene umzusetzen. Strukturelle Verknüpfungen und kausale Abhängigkeiten sind weniger ausgeprägt: die Diskongruenzen bedingen nicht unbedingt einen Zwang zur nationalen Anpassung. Die nationale Situation muss lediglich mit der europäischen Situation vereinbar, nicht aber deckungsgleich mit ihr sein. Kompatibilitätsmodelle treffen eher auf die Beziehungen zwischen den allgemeinen Strukturen und Praktiken auf europäischer und nationaler Ebene zu. Hier sind die nationalen Veränderungen in der Regel geringer als in der Umsetzung europäischer Politiken. Die EU hatte bislang nur schwache bis moderate Auswirkungen auf nationale Parteiensysteme, Parlamente, Exekutiven und Verwaltungen sowie Muster der Interessenvermittlung.

Europäisierung bleibt dabei notwendigerweise ein sehr abstraktes Konzept. Wegen seines prozessualen und relationalen Charakters ist es kaum als operationales Konzept zu verwenden, so dass die meisten Studien lediglich die Veränderungen auf nationaler Ebene als Folge der Europäischen Integration untersuchen. Aufgrund des komplexen und eingebundenen Charakters von Europäischer Integration und Europäisierung benötigen Europäisierungsstudien zudem ein anspruchsvolles Design, wenn sie die kausalen Aussagen über Mechanismen, Sequenzen und Wirkungen der Europäisierung kontrollieren wollen.

Literatur

Bartolini, Stefano 1993: On Time and Comparative Research, in: Journal of Theoretical Politics 5: 2, 131-167.

Bennett, Andrew/George, Alexander L. 1997: Process Tracing in Case Study Research, Paper presented at the MacArthur Foundation Workshop on Case Study Methods, Belfer Center for Science and International Affairs (BCSIA), Harvard University, October 17-19, 1997.

Börzel, Tanja 2000: Europäisierung und innerstaatlicher Wandel, in: Politische Vierteljahresschrift 41, 225-250.

Eising, Rainer 2000: Liberalisierung und Europäisierung. Die regulative Reform der Elektrizitätsversorgung in Großbritannien, der Europäischen Gemeinschaft und der Bundesrepublik Deutschland, Opladen.

Eising, Rainer 2002: Policy Learning in Embedded Negotiations: Explaining EU Electricity Liberalization, in: International Organization 56, 85-120.

Flora, Peter 2000: Externe Grenzbildung und interne Strukturierung – Europa und seine Nationen. Eine Rokkan'sche Forschungsperspektive, in: Berliner Journal für Soziologie 2, 151-166.

Goetz, Klaus H. 2000: European Integration and National Executives: A Cause in Search of an Effect?, in: Goetz, Klaus H./Hix, Simon (Hrsg.): Europeanised politics? European Integration and National Political Systems (West European Politics. Special Issue 23), 211-231.

Haas, Ernst B. 1968: The Uniting of Europe. Political, Social and Economic Forces, 1950-1957, 2.Auflage, Stanford.

Haas, Ernst B. 1971: The Study of Regional Integration. Reflections on the Joy and Anguish of Pretheorizing, in: Lindberg, Leon L./Scheingold, Stuart A. (Hrsg.): Regional Integration. Theory and research, Cambridge, 3-42.

Haverland, Markus 1999: National Autonomy, European integration, and the politics of packaging waste, Amsterdam.

Héritier, Adrienne 1997: Die Koordination von Interessenvielfalt im europäischen Einigungsprozess. Regulative Politik als ‚patchwork', in: Benz, Arthur/Seibel, Wolfgang (Hrsg.): Theorieentwicklung in der Politikwissenschaft – Eine Zwischenbilanz, Baden-Baden, 261-279.

Héritier, Adrienne, et al. 2001: Differential Europe. The European Union Impact on National Policymaking, Lanham et al.

Hix, Simon/Goetz, Klaus H. 2000: Introduction: European Integration and National Political Systems, in: Goetz, Klaus H./Hix, Simon (Hrsg.): Europeanised Politics? European Integration and National Political Systems (West European Politics. Special Issue 23: 4), 1-26.

Jachenfuchs, Markus/Kohler-Koch, Beate 1996: Einleitung: Regieren im dynamischen Mehrebenensystem, in: dies. (Hrsg.): Europäische Integration, Opladen, 15-44.

Knill, Christoph/Lenschow, Andrea (Hrsg.) 2000: Implementing EU Environmental Policy. New Directions and Old Problems, Manchester/New York.

Kohler-Koch, Beate 2000: Europäisierung: Plädoyer für eine Horizonterweiterung, in: Knodt, Michèle/Kohler-Koch, Beate (Hrsg.): Deutschland zwischen Europäisierung und Selbstbehauptung, Frankfurt a.M./New York, 11-31.

Kohler-Koch, Beate/Eising, Rainer (Hrsg.) (1999): The Transformation of Governance in the European Union, London/New York.

Ladrech, Robert 1994: Europeanization of Domestic Politics and Institutions: The Case of France, in: Journal of Common Market Studies 32, 69-88.

Lenschow, Andrea 1999: Transformation in European Environmental Governance, in Kohler-Koch, Beate/Eising, Rainer (Hrsg.): The Transformation of Governance in the European Union, London/New York, 39-60.

Lindberg, Leon 1963: The Political Dynamics of European Economic Integration, Stanford/London.

Lindberg, Leon 1971: Political Integration as a Multidimensional Phenomenon Requiring Multivariate Measurement, in: Lindberg, Leon L./Scheingold, Stuart A. (Hrsg.): Regional Integration. Theory and Research, Cambridge, 47-127.

Lindberg, Leon L./Scheingold, Stuart A. (Hrsg.) 1971: Regional Integration. Theory and Research, Cambridge.

Mair, Peter 2000: The Limited Impact of Europe on National Party Systems, in: Goetz, Klaus H./Hix, Simon (Hrsg.): Europeanised Politics? European Integration and National Political Systems (West European Politics. Special Issue 23: 4), 27-51.

March, James G./Olsen, Johan P. 1989: Rediscovering Institutions: The Organizational Basis of Politics, New York.

Mayntz, Renate 1991: Modernisierung und die Logik von interorganisatorischen Netzwerken, in: Journal für Sozialforschung 32, 19-32.

Olsen, Johan P. 2000: Organising European Institutions of Governance. A Prelude to an Institutional Account of Political Integration, Oslo: ARENA Working Paper 00/2.

Popper, Karl 1989: Logik der Forschung, 9.Auflage, Tübingen.

Radaelli, Claudio M. 2000 Whither Europeanization? Concept Stretching and Substantive Changes, in: European Integration Online Papers 4: 8.

Raunio, Tapio/Hix, Simon 2000: Backbenchers Learn to Fight Back: European Integration and Parliamentary Government, in: Goetz, Klaus H./Hix, Simon (Hrsg.): Europeanised Politics? European Integration and National Political Systems (West European Politics. Special Issue 23: 4), 142-168.

Risse, Thomas/Cowles, Maria Green/Caporaso, James A. 2001: Europeanization and Domestic Change: Introduction, in: Cowles, Maria Green/Caporaso, James A./Risse, Thomas (Hrsg.): Transforming Europe. Europeanization and Domestic Change, Ithaca, 1-20.

Sartori, Giovanni 1984: Guidelines for Concept Analysis, in: Sartori, Giovanni (Hrsg.): Social Science Concepts. A Systematic Analysis, Beverly Hills et al., 15-85.

Scharpf, Fritz W. (2000): Notes toward a Theory of Multilevel Governing in Europe, in: Max-Planck-Institut für Gesellschaftsordnung Discussion Paper 00/5.

Schmidt, Susanne K. 1998: Liberalisierung in Europa. Die Rolle der Europäischen Kommission, Frankfurt a.M./New York.

Schmidt, Vivien 1999: National Patterns of Governance under Siège: The Impact of European Integration, in: Kohler-Koch, Beate/Eising, Rainer (Hrsg.): The Transformation of Governance in the European Union, London/New York, 155-172.

Schneider, Volker 2001: Institutional Reform in Telecommunications: The European Union in Transnational Policy Diffusion, in: Cowles, Maria Green/Caporaso, James A./Risse, Thomas (Hrsg.): Transforming Europe. Europeanization and Domestic Change, Ithaca, 60-78.

Burkard Eberlein/Edgar Grande

Die Europäische Union als Regulierungsstaat: Transnationale Regulierungsnetzwerke und die Informalisierung des Regierens in Europa[1]

1 Der Aufstieg des Regulierungsstaats Europa

Die Europäische Union als „policy-making state" (Richardson 1996) zeichnet sich dadurch aus, dass der Schwerpunkt ihrer Aktivitäten nicht im Bereich der distributiven und redistributiven Politik liegt, sondern bei der regulativen Politik. Die beachtlichen Ausgaben für den Agrarhaushalt, die Regionalförderung und die Forschungs- und Technologiepolitik können nicht darüber hinweg täuschen, dass das Budget der EU und ihre finanziellen Handlungskapazitäten trotz der fortschreitenden Integration im Vergleich zu ihren Mitgliedstaaten sehr gering geblieben sind. Dagegen konnte die EU ihre Rolle in der regulativen Politik in den letzten zwanzig Jahren beständig ausweiten.

Diese Feststellung trifft auch dann zu, wenn unter Regulierung nicht die gesamte Bandbreite staatlicher Aktivitäten verstanden wird, wie dies in der angelsächsischen Literatur häufig der Fall ist (so u.a. Dyson 1992), sondern lediglich eine *spezifische* Form staatlichen Handelns, nämlich die staatliche Aufsicht und Kontrolle über private Wirtschaftsunternehmen und das Marktgeschehen.[2] Regulierung in diesem engeren Sinne unterscheidet sich sowohl von der staatlichen Rahmensetzung als auch von ad-hoc-

1 Der vorliegende Beitrag basiert auf Ergebnissen eines noch laufenden Forschungsprojektes zum Thema „Regulierungsstaat und Infrastruktur", das von der Deutschen Forschungsgemeinschaft im Rahmen des Schwerpunktprogrammes „Regieren in Europa" gefördert wird. Wir möchten uns insbesondere bei David Coen, Ute Hartenberger, Markus Jachtenfuchs und Olivia van Riesen für Informationen, Anregungen und Kommentare bedanken.
2 Der Begriff der „Regulierung" findet sich in der Literatur in zahlreichen Varianten (Baldwin/Cave 1999; Mitnick 1980; Noll 1985). Die engere Variante des Begriffs, wie sie in diesem Beitrag verwendet wird, ist insbesondere in der US-amerikanischen Regulierungsforschung gebräuchlich.

Interventionen. Sie lässt sich allgemein charakterisieren als eine externe, dauerhafte und einzelfallbezogene Kontrolle des Marktgeschehens durch staatliche Akteure, die in einem formellen Verfahren Regeln im „öffentlichen Interesse" festlegen und anwenden (vgl. Selznick 1985).

Auch in diesem engeren Sinne ist das Wachstum der europäischen Regulierung und ihr aktueller Umfang beachtlich. Das ist beileibe keine Folge der „Regelungswut" europäischer „Bürokraten", wie in der europakritischen Diskussion immer wieder unterstellt wird. Zum Ausbau europäischer Regulierung haben mindestens drei Entwicklungen beigetragen. Zum einen ist er Ausdruck einer typischen Asymmetrie des europäischen Integrationsprozesses. Im Zuge der Kompetenzerweiterung der EU in den vergangenen zwanzig Jahre wurden zwar immer größere Bereiche der Sozialpolitik europäisiert, zu diesem Zweck wurden aber keine Umverteilungsprogramme auf supranationaler Ebene etabliert; europäische Sozialpolitik erfolgt im Wesentlichen in der Form „sozialregulativer" Politik (Majone 1996). Hinzu kommt, dass in einer Reihe von risikobehafteten Politikbereichen Schutznormen eine größere Bedeutung erhalten haben. Dazu zählen insbesondere die Arbeits- und Gesundheitspolitik, sowie der Verbraucher- und Umweltschutz. Schließlich hat aufgrund der Privatisierung öffentlicher Unternehmen und der Liberalisierung von Märkten die Kontrolle von Marktmacht einen größeren Stellenwert bekommen. Durch diese Entwicklungen ist der Bedarf an staatlicher Regulierung insgesamt erheblich angestiegen – und hiervon hat auch die EU profitiert.

Einen besonders starken Regulierungsschub brachte die Privatisierung öffentlicher Unternehmen und die Liberalisierung von Märkten. Dies war in den vergangenen zwanzig Jahren zweifellos eine der wichtigsten neueren Entwicklungen in der politischen Ökonomie westlicher Industriegesellschaften. Umfangreiche Privatisierungen und Liberalisierungen haben inzwischen in allen europäischen Ländern stattgefunden und es scheint kaum einen Bereich zu geben, der hiervon ausgenommen wurde. Besonders bemerkenswert ist diese Entwicklung im Bereich der Infrastruktur- und Versorgungsleistungen (Telekommunikation, Strom und Gas, Eisenbahnen, Wasser), in dem traditionell aus verschiedensten Gründen (natürliches Monopol, öffentliche und meritorische Güter, externe Effekte) davon ausgegangen wird, dass der Markt keine geeignete Form der wirtschaftlichen Koordination darstellt und in dem deshalb die Bereitstellung von Leistungen durch den Staat und der Ausschluss von Wettbewerb als unverzichtbar angesehen wurde.

In Europa wurde die Liberalisierung staatlicher Monopole und die Privatisierung öffentlicher Versorgungsunternehmen durch die Schaffung eines einheitlichen Marktes stark begünstigt. Einzelne Mitgliedstaaten mit neoliberal orientierten Regierungen wie Großbritannien hatten die „Deregulierung" der Wirtschaft zwar zuvor schon und aus eigener Initiative zum Programm erhoben, das Projekt der „negativen Integration" (Scharpf in diesem Band) des europäischen Binnenmarktes mit seiner Betonung von Marktöffnung und Wettbewerbsgleichheit verlieh diesen Marktreformen jedoch zusätzliche Schubkraft. Insbesondere in jenen Ländern, in denen Marktreformen blockiert wurden, spielte die europäische Ebene eine wichtige Rolle bei der Überwindung innenpolitischer Widerstände (vgl. Schmidt 1998; Eising 2000; Cowles et al. 2001; Héritier et al. 2001).

Die Privatisierung öffentlicher Unternehmen und die Liberalisierung von Märkten hat allerdings nicht zu einem Rückzug des Staates aus seiner Aufgabenverantwortung und zu einer vollständigen „Deregulierung" der Wirtschaft geführt. Vielmehr hatten diese Reformen, scheinbar paradoxerweise, vielfach sogar eine Zunahme staatlicher Regeln und staatlicher Regulierungstätigkeit zur Folge (Majone 1990, 1994, 1999; Grande 1993, 1997; Vogel 1996). Besonders deutlich wurde dies in Großbritannien, wo die umfassende Privatisierung staatlicher Unternehmen einher ging mit dem Aufbau zahlreicher staatlicher Regulierungsbehörden und einer weitreichenden staatlichen Regulierungstätigkeit (z.B. Thatcher 1998). Dieser Befund wurde in der politikwissenschaftlichen Literatur zu der *These* zugespitzt, dass die Privatisierung und Liberalisierung der Wirtschaft einen *Funktionswandel* des Staates zur Folge habe. Der „Leistungsstaat" alter Prägung werde durch einen neuen Staatstypus ersetzt, für den sich in der Literatur inzwischen der Begriff des „Regulierungsstaats" (regulatory state) weitgehend durchgesetzt hat (vgl. Majone 1994, 1996, 1999, 2000; Grande 1994, 1997; Grande/Eberlein 2000; Scott 2000; Moran 2002). In seiner neuen Funktion sei der Staat zwar nicht mehr direkt für Bereitstellung öffentlicher Güter zuständig, aber er sei nach wie vor – als Regulierungsstaat – für ihre Bereitstellung durch Private verantwortlich.

Diese Regulierungsstaats-These, die in der politik- und rechtswissenschaftlichen Literatur inzwischen eine breite Rezeption erfahren hat, besitzt einen *funktionalen* und einen *territorialen* Aspekt. In der *funktionalen Dimension* behauptet die Regulierungsstaats-These, dass die staatliche Aufsicht und Kontrolle der Wirtschaft mittels Regulierung kein Übergangsphänomen auf dem Weg zum neoliberalen Minimalstaat darstellt, sondern eine *notwendige* und *dauerhafte* staatliche Aufgabe bleiben wird. Hierfür werden in der Literatur insbesondere zwei Gründe genannt (vgl. Grande 1997; Schuppert 1997). Zum einen hat sich gezeigt, dass es zur Schaffung von Wettbewerb im Infrastrukturbereich mit dem Abbau von Marktzutrittsbarrieren alleine nicht getan ist. Es bedarf darüber hinaus ständiger staatlicher Eingriffe in das Marktgeschehen, um die Bedingungen für funktionierenden Wettbewerb überhaupt erst zu schaffen und die Erhaltung von Wettbewerbsmärkten dauerhaft zu sichern. Die erste Aufgabe von Regulierung besteht also darin, funktionsfähige Wettbewerbsmärkte zu schaffen und zu erhalten (marktschaffende Regulierung).[3] In diesem Fall geht es vor allem darum, den Missbrauch von Marktmacht (z.B. den Missbrauch „natürlicher Monopole" in leitungsgebundenen Industrien wie der Strom- und Gaswirtschaft) zu unterbinden. Zum anderen ist es Aufgabe von Regulierung, im Sinne eines politisch definierten Verständnisses von Gemeinwohl die unerwünschten Ergebnisse oder Folgen funktionierender Märkte zu korrigieren oder zu kompensieren (marktkorrigierende Regulierung). So soll mittels Regulierung sichergestellt werden, dass auch private Anbieter, die dem Wettbewerb ausgesetzt sind, Infrastrukturdienstleistungen (z.B. flächendeckende Versorgung) erbringen.

Die Regulierungspraxis hat gezeigt, dass sich diese beiden Funktionen der Regulierung, die Korrektur von Marktversagen einerseits und die Korrektur von Marktergebnissen andererseits,

---

3   Dies darf nicht mit „negativer Integration" im Sinne Scharpfs verwechselt werden. In der Logik seiner Unterscheidung würde die Regulierungsstaats-These behaupten, dass auch die Schaffung funktionsfähigen Wettbewerbs einer „positiven" Regelsetzung bedarf.

zwar analytisch klar trennen lassen, dass sie aber häufig in einem Spannungsverhältnis zueinander stehen. Dies ist einer der Gründe, weshalb sich Umfang und Inhalt staatlicher Regulierung nicht einfach aus ökonomischen oder technischen Notwendigkeiten ermitteln lassen, sondern *politisch* bestimmt werden müssen. Der „Regulierungsstaat" ist also keinesfalls politisch substanzlos und die bisherigen Erfahrungen haben auch gezeigt, dass der Übergang vom „Leistungsstaat" zum „Regulierungsstaat" keinem geräuschlosen Automatismus folgt, sondern von erheblichen politischen Spannungen und Konflikten geprägt ist.

Im Mittelpunkt des folgenden Beitrags steht jedoch nicht die funktionale, sondern die *territoriale Dimension* des Regulierungsstaats. Die politischen Konflikte um den Auf- und Ausbau des Regulierungsstaates wurden in Europa dadurch akzentuiert und intensiviert, dass der Übergang vom „Leistungsstaat" zum „Regulierungsstaat" dort in einem politisch-institutionellen Kontext erfolgte, der sich erheblich von den bis dahin bekannten Bedingungen nationaler Regulierung unterschied. In Europa musste der Regulierungsstaat unter den Bedingungen eines ausgeprägten Mehrebenensystems des Regierens etabliert werden, wodurch die Antwort auf die Frage „Wer soll regulieren?" erheblich kompliziert wurde. Politisch umstritten war – und ist! – nicht nur, in welchem Umfang und auf welche Weise Märkte reguliert werden sollen, sondern auch, auf welcher territorialen Ebene der neue Bedarf an staatlicher Regulierung befriedigt und in welcher institutionellen Form die neuen Regulierungsaufgaben organisiert werden sollen.

Im Folgenden werden wir zeigen, welche Antworten auf diese Fragen bislang in Theorie und Praxis gefunden wurden. In Auseinandersetzung mit den in der politikwissenschaftlichen Literatur dominierenden Thesen zur Notwendigkeit und zu den Grenzen regulativer Politik in der EU wollen wir herausarbeiten, dass der Regulierungsstaat in Europa mit einem folgenreichen Dilemma konfrontiert ist. Die Mehrzahl der formalen Kompetenzen und der institutionelle Schwerpunkt der Regulierungsaktivitäten ist nach wie vor auf der nationalen Ebene angesiedelt, und der politische Widerstand der Mitgliedstaaten ließ einen weitergehenden Transfer von Regelungskompetenzen an einen supranationalen Regulierungsstaat bislang nicht zu. Die nationalen Regulierungsregime sind zwar in ein europäisches Regelwerk eingebettet – der Bedarf an einheitlichen europäischen Regeln kann dadurch jedoch nicht gedeckt werden. Unsere *These* lautet nun, dass die daraus resultierende Regulierungslücke teilweise von neuartigen informellen Institutionen, den *transnationalen Regulierungsnetzwerken*, geschlossen wird. Diese Regulierungsnetzwerke bieten unter gewissen Bedingungen einen Schleichweg zur *informellen* Europäisierung staatlicher Regulierung.

2 Die Organisation des Regulierungsstaats in Europa

2.1 Politikwissenschaftliche Thesen

Wie ist der Regulierungsstaat in Europa organisiert? Finden wir ihn vor allem auf der europäischen oder auf der nationalen Ebene? Die Antwort auf diese Fragen ist nicht nur politisch umstritten, sondern auch in der Politikwissenschaft. Die politikwissenschaftliche Literatur zur territorialen Verortung und institutionellen Ausgestaltung von Regulierung in Europa kann inzwischen zu *drei konkurrierenden Thesen* gebündelt werden: einer Europäisierungsthese, einer Nationalisierungsthese und einer Differenzierungsthese.

Die *Europäisierungsthese* wurde in den vergangenen Jahren insbesondere von Giandomenico Majone (1990, 1994, 1996, 1997, 2000) vertreten. Majone behauptet, dass mit dem Übergang vom „Leistungsstaat" zum „Regulierungsstaat" gleichzeitig ein Transfer staatlicher Kompetenzen von der nationalen auf die europäische Ebene verbunden ist. Der „Regulierungsstaat" ist nicht der Nationalstaat, diese Aufgaben würden vor allem von europäischen Institutionen wahrgenommen. Regulierung und Europäisierung sind nach dieser These zwei sich positiv verstärkende Entwicklungen.

Für den Transfer regulativer Kompetenzen auf die europäische Ebene werden von Majone eine Reihe von Gründen angeführt. Zunächst behauptet er, dass die regulative Politik nicht den gleichen Restriktionen unterliege wie distributive und redistributive Programme. Da Geld ein knappes Gut ist, das von den Mitgliedstaaten kleinlich kontrolliert wird, werde die regulative Politik zu einem bevorzugten Einfallstor und Expansionsfeld der Europäischen Kommission. Deren Bemühungen um eine Erweiterung ihrer Domäne werden unterstützt durch transnationale Unternehmen, die im europäischen Binnenmarkt zunehmend über die nationalen Grenzen hinweg operieren und deshalb ein Interesse an einheitlichen europäischen Regeln besitzen. Aber auch nicht-ökonomische Interessen, die im durchlässigen Interessensystem der EU (s. Kohler-Koch, in diesem Band) mitunter recht erfolgreich von „politischen Unternehmern" artikuliert werden können, fragen europäische Regulierung (z.B. im Umweltschutz) nach. Hinzu komme, dass eine Verlagerung von Regulierung auf die europäische Ebene auch aus der Sicht der Mitgliedstaaten durchaus sinnvoll sein könne, da die Alternative hierzu, eine zwischenstaatliche Abstimmung nationaler Regulierungen, sehr voraussetzungsvoll und aufwändig ist. Sie werde neben den hohen Überwachungs- und Durchsetzungskosten vor allem durch das Misstrauen belastet, dass einzelne Länder Marktregulierungen zur opportunistischen Verfolgung nationaler Interessen auf Kosten der Anderen und der (europäischen) Allgemeinheit einsetzen könnten. Schließlich hat, so Majone, eine Delegation von Regulierungsfunktionen auf die europäische Ebene den Vorzug, dass sie weniger anfällig für politischen Druck sei und auf eine größere Glaubwürdigkeit bei den Adressaten stoße. Dies trage dazu bei, dass europäische Regulierung effektiver sei als eine nationale Regelsetzung. Die Europäisierung regulativer Politik wird nach dieser These deshalb im Wesentlichen positiv beurteilt. Empirisch wird der „Aufstieg" des „europäischen Regulierungsstaates" (Majone 1994) insbesondere an der Gründung unabhängiger Regulierungsbehörden auf europäischer Ebene und der Stärkung der Kompetenzen der Europäischen Kommission in diesem Bereich festgemacht.

Die Gegenthese hierzu, die *Nationalisierungsthese*, bestreitet zwar nicht die Notwendigkeit einer Regulierung von Märkten, sie behauptet aber, dass diese vor allem auf der nationalen Ebene stattfindet – und stattfinden muss. Diese Annahme wird in der Regulierungsliteratur zwar oftmals nicht explizit formuliert, sie leitet implizit aber einen Großteil der Arbeiten, die sich mit der Entwicklung regulativer Politik in den Mitgliedsländern der EU beschäftigen. Im Zentrum dieser Analysen stehen nationale Aktivitäten und nationale Politiken, die europäische Ebene wird nahezu vollständig ausgeblendet (vgl. u.a. Lane 1997; König/Benz 1997, Müller/Sturm 1998). Zwar wird in diesen Arbeiten konzediert, dass die Liberalisierung der Märkte – insbesondere in den Infrastruktursektoren – vielfach auf Entscheidungen der europäischen Ebene zurückgeht; aber es wird behauptet, dass die daran anschließende Regulierung dieser Märkte im Wesentlichen durch die Mitgliedstaaten und auf der Ebene der Mitgliedstaaten erfolge. Nach dieser These wäre der „Regulierungsstaat" primär der Nationalstaat. Empirisch wird dies vor allem an der Einrichtung von nationalen Regulierungsinstitutionen in den privatisierten und liberalisierten Sektoren festgemacht. Begründet wird dies nicht nur mit den Eigeninteressen der Mitgliedstaaten am Erhalt ihrer Kompetenzen, sondern auch mit der Unfähigkeit der europäischen Politik zur „positiven Integration", d.h. zur Einigung auf marktkorrigierende Regelungen.

Die theoretische Begründung für die begrenzte Regulierungsfähigkeit der EU hat insbesondere Fritz W. Scharpf (1996, 1999) geliefert. Sie beruht auf den strukturellen Interessen der Mitgliedstaaten einerseits, den institutionellen Bedingungen der Entscheidungsfindung in der EU andererseits. Demnach kann eine Marktöffnung („negative Integration") von den supranationalen Institutionen (insbesondere der Kommission und dem Europäischen Gerichtshof) „gewissermaßen hinter dem Rücken der Politik ... vorangetrieben werden" (Scharpf 1996: 114). Maßnahmen zur Marktregulierung („positive Integration") dagegen bedürfen der expliziten politischen Legitimation durch die Mitgliedstaaten. Da der Konsensbedarf für solche Maßnahmen auch bei qualifizierten Mehrheitsabstimmungen sehr hoch ist, und die Interessen der Mitgliedstaaten häufig stark divergieren, sind einer positiven „Re-Regulierung" auf europäischer Ebene enge Grenzen gesetzt. Aus diesem Grund wäre zu erwarten, dass die Europäisierung regulativer Politik eher zu einem „Deregulierungsstaat" führt, als zu einem „europäischen Regulierungsstaat".

Dies bedeutet nicht, dass jeder Versuch der Marktregulierung auf europäischer Ebene zum Scheitern verurteilt ist. Eine Regulierung von Märkten gelingt nach dieser These jedoch nur dann, wenn es sich um „produkt- oder mobilitätsbezogene" Regelungen handelt, die „funktional gesehen in der Nähe der negativen Integration angesiedelt sind" (Scharpf 1996: 119). Dies gilt für weite Teile der sozialpolitischen Regulierungen. Sie dienen eher der

Marktöffnung und Marktschaffung als der Marktkorrektur und fallen damit noch in den Bereich der verteilungsneutralen Regulierung. Bei „produktions- oder standortbezogenen" Regelungen hingegen, also dem ganzen Bereich der ökonomischen Regulierung, stünden aufgrund des starken ökonomischen Gefälles zwischen den Mitgliedstaaten „die divergierenden Interessen typischerweise so sehr im Vordergrund, dass gemeinsame Standards entweder blockiert werden, oder nur durch teure Ausgleichzahlungen oder Koppelgeschäfte konsensfähig gemacht werden können" (Scharpf 1996: 117).

Vor diesem Hintergrund wurde in den vergangenen Jahren in der politikwissenschaftlichen Literatur eine dritte Position entwikkelt, die man als *Differenzierungsthese* bezeichnen könnte. Diese These behauptet, dass aufgrund der Gleichzeitigkeit von Europäisierung, Privatisierung, Liberalisierung und Regulierung eine – noch keineswegs abgeschlossene – horizontale und vertikale Differenzierung von Regulierungsinstitutionen stattfinde (vgl. Begg 1996; Coen/Doyle 2000; Eberlein/Grande 2000). Dies habe zur Folge, dass die neuen Regulierungsfunktionen auf mehrere staatliche Handlungsebenen zugleich verteilt werden. Der „Regulierungsstaat" wäre nach dieser These weder der Nationalstaat, noch die supranationale Ebene allein, er wäre vielmehr integriert in das europäische Mehrebenensystem, das sich aus nationalen (sowie gegebenenfalls subnationalen) und supranationalen Akteuren und Institutionen konstituiert. Bei dieser These bleibt allerdings noch offen, in welcher institutionellen Form und auf welcher Handlungsebene die Regulierungsaufgaben in den verschiedenen Sektoren wahrgenommen werden; und es ist auch noch weitgehend unklar, auf welche Weise die verschiedenen Ebenen bei der Ausübung von Regulierungsaufgaben zusammenwirken.

2.2 Empirische Befunde

Wie ist es um den empirischen Gehalt dieser Thesen bestellt? Welche institutionelle Form weist der Regulierungsstaat in Europa tatsächlich auf? Um diese Fragen zu beantworten, werden wir im Folgenden die empirischen Befunde prüfen, die für die einzelnen Thesen ins Feld geführt werden. Dabei wird sich zeigen, dass kei-

ne der drei Thesen in der vorliegenden Form voll überzeugen
kann.

2.2.1 Die Europäisierungsthese

Die Europäisierungsthese scheint auf den ersten Blick empirisch
gut begründet zu sein. Das Wachstum und der Umfang europäischer Regulierung lässt sich, gemessen an der Zahl der Rechtsakte,
eindrucksvoll belegen. Während die Brüsseler Behörden 1970 im
Jahresdurchschnitt 25 Richtlinien und 600 Verordnungen vorleg-
ten, wurden 1991 insgesamt 1.564 Rechtsakte (Richtlinien und
Verordnungen) erlassen. Dies war mehr als etwa der französische
Gesetzgeber im selben Zeitraum (1.417 Rechtsakte) auf den Weg
brachte (Majone 1996: 57). Gleichzeitig wurden nach 1993 auf europäischer Ebene eine Reihe neuer, unabhängiger Regulierungsbehörden eingerichtet (vgl. Kreher 1997; Chiti 2000; Vos 2000;
Yataganas 2001: 22-26). Derzeit zählen dreizehn Einrichtungen
zur Gruppe der sogenannten „Agenturen" (agencies), zwei weitere
befinden sich in Gründung.[4] Als spezialisierte administrative Körperschaften zeichnen sie sich dadurch aus, dass sie unabhängig
von den supranationalen Institutionen und außerhalb der Europäischen Verträge auf dem Weg einer Verordnung des Rates konstituiert wurden. Sie nehmen ihre spezifischen, technisch-
wissenschaftlich geprägten Zuständigkeiten (Beobachtung, Analyse, Informationsverbreitung) oder Verwaltungsaufgaben unter
Leitung eines Aufsichtsgremiums wahr, das sich im Wesentlichen
aus Vertretern der Mitgliedstaaten und der Kommission zusammensetzt und von wissenschaftlichen Ausschüssen unterstützt
wird. An der Spitze einer Agentur steht ein Direktor, der entweder
vom Ministerrat oder dem jeweiligen Aufsichtsgremium ernannt
wird.

Die europäischen Agenturen decken ein heterogenes Spektrum
von Aufgabenfeldern ab, das von der Berufsausbildung über die
Arzneimittelzulassung und den Umweltschutz bis hin zu Überset-
zungsdiensten und der Beobachtung von Rassismus und Fremden-
feindlichkeit reicht. Während eine erste Gruppe von Agenturen der
Entwicklung gemeinsamer Standards im Binnenmarkt dient (z.B.

---

4   Eine aktuelle Liste findet sich unter http://europa.eu.int/agencies/index_de.htm.

Arzneimittelagentur), besteht die Hauptaufgabe einer zweiten Gruppe darin, in Kooperation mit nationalen Partneragenturen Informationen zu sammeln und zu verbreiten sowie als Koordinator transnationaler Netzwerke zu wirken (z.B. Umweltagentur). Bei einer dritten Gruppe steht neben Information und Vernetzung die Aufgabe im Vordergrund, den sozialen Dialog zwischen Arbeitgebern und Gewerkschaften zu fördern (z.B. Berufsbildung), während eine vierte Gruppe spezialisierte europäische Programme ausführt (z.B. Wiederaufbau im Kosovo und in Ex-Jugoslawien).

Ein genauerer Blick auf die Organisation, die Kompetenzausstattung und die Aufgabenfelder der europäischen Agenturen zeigt jedoch, dass die Europäisierungsthese zwei gravierende empirische Schwachstellen aufweist. Zunächst ist auffällig, dass die europäischen Agenturen, soweit sie überhaupt regulative Aufgaben wahrnehmen, bei weitem nicht über die Kompetenzen (Regelsetzung, Durchsetzung, Konfliktschlichtung) verfügen, die für klassische unabhängige Regulierungsbehörden etwa in den USA charakteristisch sind. Die Europäische Umweltagentur beispielsweise ist schon qua Statut auf die Informationssammlung und Verbreitung beschränkt; und selbst die Europäische Arzneimittelagentur (EMEA), die dem Modell einer Regulierungsbehörde noch am nächsten kommt, trifft keine eigenständigen Entscheidungen über die Zulassung von Arzneimitteln, sondern gibt nur Entscheidungsempfehlungen in Form von Stellungnahmen an die Kommission. Die endgültige Entscheidung liegt in diesem Fall bei den mit Vertretern der Mitgliedstaaten besetzten Regelungsausschüsse für Human- bzw. Tierarzneimittel. Die bescheidene Kompetenz- und Ressourcenausstattung der europäischen Agenturen zeigt darüber hinaus, dass diese nicht darauf angelegt sind, im Sinne eines „europäischen Regulierungsstaates" an die Stelle der entsprechenden nationalen Einrichtungen zu treten. Sie können allenfalls in Ergänzung und in Kooperation mit mitgliedstaatlichen Regulierungsaktivitäten wirksam werden. Insofern sind die europäischen Agenturen weit davon entfernt, den institutionellen Kern eines neuen „Regulierungsstaates" zu bilden.

Die Europäisierungsthese besitzt jedoch noch einen zweiten empirischen Schwachpunkt. Die empirische Analyse der europäischen Agenturen lässt erkennen, dass die Institutionalisierung von Regulierung auf europäischer Ebene eine eigentümliche Asymmetrie aufweist: Alle europäischen Agenturen sind dem Bereich der sozialen Regulierung zuzuordnen. Dies entspricht durchaus der Schwerpunktbildung europäischer Regulierung in bestimmten Politikfeldern. So ist es in Bereichen wie dem Umwelt-, Arbeits-, Gesundheits- und Verbraucherschutz in der Tat zu quantitativ und qualitativ signifikanten europäischen Regulierungsaktivitäten gekommen. Dabei wurden oft nicht nur niedrige Standards auf dem „kleinsten gemeinsamen Nenner" vereinbart, sondern durchaus hohe Regulierungsniveaus erreicht (Eichener 1996; Héritier et al. 1994). Ganz anders verhält es sich jedoch im Bereich der ökonomischen Regulierung. Dort ist es bislang nicht zu einem vergleichbaren Aufbau von europäischen Regulierungseinrichtungen gekommen, in diesem Bereich gibt es keine unabhängigen europäischen Regulierungsbehörden, die den durch die Privatisierung oder Liberalisierung entstandenen Regulierungsbedarf decken. Dies gilt auch für Sektoren wie die Telekommunikation und die Elektrizität, in denen die europäische Ebene bei der Liberalisierung nationaler Märkte eine entscheidende Rolle gespielt hat. Sofern der Auf- und Ausbau staatlicher Regulierungsfunktionen hier überhaupt zur Einrichtung neuer Institutionen geführt hat, fand die Institutionenbildung auf der nationalen, und teilweise auf der subnationalen Ebene statt. Dies lässt sich am Beispiel der Regulierungsinstitutionen zeigen, die im Bereich der Infrastruktur- und Versorgungsdienstleistungen entstanden sind (vgl. Coen/Thatcher 2001). So sind inzwischen in allen Mitgliedstaaten der EU unabhängige Regulierungsbehörden für den Telekommunikationssektor zu finden; und mit Ausnahme Deutschlands gilt dies auch für die Elektrizitätswirtschaft. Besonders eindrucksvoll ist die Institutionenbildung in Großbritannien, wo im Zuge der konservativen Privatisierungspolitik zahlreiche neue Regulierungsbehörden eingerichtet wurden.

2.2.2 Die Nationalisierungsthese

Insgesamt kann festgehalten werden, dass der Regulierungsstaat auf der europäischen Ebene institutionell bislang weit schwächer entwickelt ist, als die Europäisierungsthese dies behauptet und dass seine Institutionalisierung weitgehend auf den Bereich der sozialen Regulierung beschränkt geblieben ist. All dies scheint zugleich die Nationalisierungsthese mit ihrer Fokussierung auf die nationale Ebene der Regulierung zu bestätigen. Für die Nationalisierungsthese spricht außerdem, dass der nationale Regulierungsstaat noch weit über die neu eingerichteten Regulierungsbehörden hinausgeht. Außerdem besitzen in den Mitgliedstaaten in der Regel auch staatliche Ministerien und allgemeine Wettbewerbsbehörden formale Regulierungskompetenzen, so etwa bei der Lizenzierung neuer Dienstanbieter oder bei der Genehmigung von Unternehmenszusammenschlüssen. Weitere wichtige Akteure sind die Parlamente und die Gerichte. Die Parlamente besitzen teilweise unmittelbare Regulierungskompetenzen. So sind in der deutschen Telekommunikationspolitik Bundestag und Bundesrat an der Definition von Universaldienstleistungen beteiligt. Außerdem hat, wie nach den US-amerikanischen Erfahrungen mit dem Regulierungsstaat zu erwarten war, in einigen Ländern die Bedeutung der Gerichte deutlich zugenommen. So mussten in Deutschland die Gerichte sowohl im Telekommunikationssektor als auch in der Elektrizitätswirtschaft zahlreiche Rechtsstreitigkeiten zwischen den etablierten Netzbetreibern und neuen Anbietern schlichten. In föderalen Systemen wie Deutschland ist schließlich zu beobachten, dass auch die Länder und Länderregierungen unmittelbar in die Regulierung einbezogen sind. Dies gilt im deutschen Fall nicht nur für den Bereich der Massenkommunikation (Rundfunkhoheit), in dem die Regulierungskompetenzen im Wesentlichen bei den Ländern liegen. Auch im Eisenbahnwesen nehmen die Länder aufgrund der Regionalisierung des Schienenpersonennahverkehrs im liberalisierten Markt spezifische Regulierungsfunktionen wahr; und im Elektrizitätssektor verblieben nach der Marktöffnung wichtige Regulierungsfunktionen, wie z.B. die Preisregulierung, bei den Landeswirtschaftsministerien (vgl. Eberlein 2000b).

Die vorliegenden empirischen Analysen lassen deutlich erkennen, dass in allen europäischen Ländern als Folge der Privatisierung und Liberalisierung höchst komplexe und differenzierte *Regulierungsregime*[5] entstanden sind. Aus diesem Grund erweist sich eine ausschließliche Fokussierung auf (neu eingerichtete) Regulie-

---

5 Unter einem Regulierungsregime verstehen wir die Gesamtheit der Akteure, Institutionen, Verfahren, Instrumente, Normen und Regeln, die für den Verlauf und das Ergebnis staatlicher Regulierung in einem Sektor von Bedeutung sind.

rungsbehörden als ungeeignet, um die institutionelle Architektur des Regulierungsstaates in Europa vollständig in den Blick zu bekommen. Mit dem Ansatz des Regulierungsregimes ist zu erkennen, dass auch „unabhängig" verfasste Regulierungsbehörden über je unterschiedlich ausgelegte Beziehungsmuster mit anderen Institutionen und Akteuren verknüpft werden. Dabei sind überlappende Domänen, Kooperationszwänge, aber auch administrativer Wettbewerb charakteristische Muster der Verknüpfung.

2.2.3 Die Differenzierungsthese

Die Tatsache, dass der Schwerpunkt der Regulierungsaktivitäten und Regulierungsinstitutionen auf der nationalen Ebene liegt, bedeutet freilich nicht, dass der Regulierungsstaat in Europa auf den Nationalstaat beschränkt ist – und damit wird auch die Nationalisierungsthese nicht ohne weiteres bestätigt. Betrachtet man die Rolle der europäischen Ebene unter dem konzeptionellen Blickwinkel des Regulierungsregimes, und vermeidet damit den ausschließlichen Fokus auf unabhängige Regulierungsbehörden oder Agenturen, dann lässt sich erkennen, dass die jeweiligen Regulierungsregime nicht nur innerhalb der Nationalstaaten eine ausgeprägte Binnendifferenzierung aufweisen, sondern auch deutlich über die Nationalstaaten hinausreichen. Regulierungskompetenzen sind nicht mehr oder weniger exklusiv auf der nationalen Ebene angesiedelt, wie dies die Nationalisierungsthese behauptet, sie sind aber auch nicht überwiegend auf die europäische Ebene übertragen worden, wie dies die Europäisierungsthese behauptet. Regulierung umfasst, wie im Folgenden noch ausführlich zu zeigen sein wird, beide Ebenen. Dies bestätigt offensichtlich die Annahmen der Differenzierungsthese, aber damit ist noch nicht viel über die Organisation des Regulierungsstaates im europäischen Mehrebenensystem und seine Leistungsfähigkeit gesagt. Die Differenzierung von Regulierungsinstitutionen und Regulierungsebenen und ihre Interaktion und Integration kann dort auf ganz unterschiedliche Weise erfolgen.

Neben der Etablierung unabhängiger europäischer Regulierungsbehörden, von denen bereits die Rede war, sind die formalen Kompetenzen der Europäischen Kommission zweifellos ein weiterer wichtiger Aspekt der Europäisierung staatlicher Regulierung.

Die Kommission ist bekanntlich auf zweifache Weise in die Regulierung von Infrastruktursektoren eingebunden. Zunächst ist zu bedenken, dass auch die wettbewerbsrechtlichen Kompetenzen der Kommission regulative Wirkungen entfalten. Das europäische Wettbewerbsrecht gibt der Kommission bekanntlich „außergewöhnlich weitreichende Befugnisse gegenüber den Mitgliedstaaten" (Schmidt 1998: 56). Die Generaldirektion Wettbewerb kontrolliert als europäische Wettbewerbsbehörde die nationale Einhaltung bzw. Umsetzung europäischer Wettbewerbsregeln. Diese richten sich zum einen gegen wettbewerbswidrige Praktiken privater Akteure (Kartellbildung, Missbrauch von Marktmacht), zum anderen aber auch gegen die von den Mitgliedstaaten verursachten Wettbewerbsverzerrungen (Staatsbeihilfen, Verleihung besonderer Rechte an öffentliche Unternehmen). Für unseren Zusammenhang wichtig ist, dass diese wettbewerbsrechtlichen Kompetenzen regulativ tief in einzelne Wirtschaftssektoren hineinreichen. So wurden etwa in der Elektrizitätswirtschaft nationale Instrumente zur Förderung erneuerbarer Energien (Stichwort Stromeinspeisung) unter Beihilfegesichtspunkten von der Kommission geprüft. Auch die Kontrolle über Fusionen von gemeinschaftsweiter Bedeutung, die der Kommission obliegt, kann als regulatorischer Hebel zur Gestaltung von Marktordnungen genutzt werden. So verband die Generaldirektion Wettbewerb (in enger Abstimmung mit dem deutschen Bundeskartellamt) die Fusion von Veba und Viag (bzw. ihrer Stromtöchter PreussenElektra und Bayernwerk) zur neuen Gruppe Eon mit detaillierten Auflagen für den deutschen Strommarkt. Darüber hinaus üben auch die sektoral zuständigen Generaldirektionen der Kommission, wenn auch in weniger formalisierter Form, Marktaufsichtsfunktionen (monitoring) aus. So verfolgen die entsprechenden Stellen die nationale Umsetzung europäischer Richtlinien z.B. in Form bilateraler „follow-up-groups" oder durch die kritische Evaluation nationaler Umsetzung in Kommissionsmitteilungen an den Rat und an das Parlament.

Regulierung in Europa, sei sie marktschaffend, sei sie marktkorrigierend, umfasst also beide Ebenen, ist national und europäisch. Der institutionelle Schwerpunkt hierbei liegt zweifellos auf der nationalen Ebene, aber die nationalen Regulierungsregime sind eingebettet in ein europäisches Regelwerk. Dieses Arrangement lässt sich am besten als „state-centered multi-level governance"

(Levi-Faur 1999: 201) bezeichnen. Für die Beziehungen zwischen der nationalen und der europäischen Ebene der Regulierung ist dabei eine Form der Arbeitsteilung typisch, bei der auf der europäischen Ebene lediglich Rahmenregelungen formuliert werden, während ihre Konkretisierung und Implementation den nationalen Regulierungsinstanzen vorbehalten bleibt („two-tier regulation"; McGowan/Wallace 1996). Diese sind direkt mit den Adressaten der Regulierung, seien dies Unternehmen oder Bürger, befasst, während die europäischen Instanzen vor allem die nationalen Regulierungsbehörden „regulieren".

In der Praxis heißt dies, dass eine europäische Richtlinie, ergänzt durch das europäische Wettbewerbsrecht, einen mehr oder weniger eng gesteckten Rahmen festlegt, der z.B. bei der Gestaltung liberalisierter Telekommunikationsmärkte gewisse Mindestanforderungen an die Regulierung des Netzzuganges definiert. Dies erlaubt es den nationalen Behörden, zwischen verschiedenen Wegen der Zielerreichung zu wählen und eine spezifische nationale Lösung gegenüber den im nationalen Markt agierenden Adressaten zu vertreten. Damit verbleiben den nationalen Institutionen auch in europäisch geregelten Politikbereichen weitreichende Handlungsspielräume für den Aufbau unterschiedlicher nationaler Regulierungsregime. Die Existenz eines nationalen Gestaltungsspielraums und sein Umfang ist oft die entscheidende Voraussetzung dafür, dass die Mitgliedstaaten einer europäischen Regelung im Rat überhaupt zustimmen bzw. dafür, dass eine europäische Entscheidung im Konsens getroffen werden kann. Besonders deutlich wird dies bei der Liberalisierung der Elektrizitätswirtschaft, die eher moderat ausfiel und große Spielräume für national unterschiedliche Wege der Regulierung beließ (Eberlein 2000a; Eising 2000).

Dieses Strukturmuster des europäischen Regulierungsstaates – die europäische Rahmensetzung bei national variabler Ausführung – besitzt jedoch eine gravierende Schwachstelle, die man als „Dezentralisierungsproblem" bezeichnen könnte. Durch das Gewähren nationaler Gestaltungsspielräume entsteht die Gefahr, dass die verschiedenen nationalen Regelungen und Institutionen nicht aufeinander abgestimmt sind und dies kann zu Asymmetrien bei der nationalen Implementation europäischer Normen führen. Dadurch droht das übergeordnete Ziel *europäischer* Regulierung, nämlich

über die Durchsetzung gemeinsamer Standards Wettbewerbsgleichheit im Binnenmarkt zu schaffen, verfehlt zu werden. Die
naheliegende Lösung für dieses Problem bestünde in der stärkeren
Zentralisierung von Regulierungskompetenzen. Dies war allerdings aufgrund der bekannten strukturellen Grenzen einer Re-
Regulierung auf europäischer Ebene politisch bislang nicht durch-
setzbar. Der Widerstand der Mitgliedstaaten gegen die Abgabe
von Regulierungskompetenzen, zumal an eine der politischen
Kontrolle entzogene europäische Agentur, war bislang zu groß.[6]
Diese Vorbehalte waren im Bereich der ökonomischen Regulierung besonders ausgeprägt, da es dort um politisch hoch sensible
und „staatsnahe" Wirtschaftssektoren geht, für die der Nationalstaat gegenüber seinen Bürgern traditionell eine besondere Verantwortung (Daseinsvorsorge) übernommen hat. Aber wie die nähere Betrachtung der neu gegründeten Agenturen im Bereich der
sozialen Regulierung gezeigt hat, kann auch dort von einer Zentralisierung keine Rede sein. Mächtige, unabhängige Regulierungsbehörden mit weitreichender Regelungskompetenz suchen
wir hier vergebens; und auch die Kommission verfügt weder über
besonders weitreichende noch über exklusive Eingriffsmöglich-
keiten.

3   Regulierung im europäischen Mehrebenensystem: Transnationale Netzwerke als Agenten informeller Harmonisierung?

Der europäische Regulierungsstaat befindet sich offensichtlich in einem Dilemma, das sich wie folgt beschreiben lässt: Trotz eines stei-
genden Bedarfs an einheitlichen europäischen Regeln fehlen der europäischen Ebene noch immer die formalen Kompetenzen und die
institutionellen Kapazitäten, um entsprechende Regeln zu setzen und
deren Einhaltung und Umsetzung in den Mitgliedstaaten zu überwa-
chen und durchzusetzen. Ihr wichtigstes Regulierungsinstrument ist

---

6 Dies hat zum Beispiel die schon längere Zeit diskutierte Einrichtung einer unabhängigen europäischen Regulierungsbehörde für die Telekommunikation
bislang verhindert.

nach wie vor die Wettbewerbspolitik, die allerdings nur einen Teil
der regelungsbedürftigen Bereiche abdeckt. Da die funktional naheliegende Lösung für dieses Problem, die stärkere Zentralisierung
formaler Kompetenzen, bislang politisch versperrt war, entstand eine
Regulierungslücke, die die Leistungsfähigkeit des Regulierungsstaates in Europa empfindlich zu schwächen drohte.

Es mussten daher alternative Wege beschritten werden, um eine
materielle Europäisierung von Regulierungsaktivitäten zu erreichen und unsere *These* lautet nun, dass die bestehende Regulierungslücke von neuartigen informellen Institutionen, den *transnationalen Regulierungsnetzwerken*, geschlossen wird. Diese haben
sich zu einer immer wichtigeren Form der europäischen Koordination und der informellen, sanften Harmonisierung mitgliedstaatlicher Regulierungsaktivitäten entwickelt. Der entscheidende Vorzug dieser regulativen Netzwerke oder Foren besteht darin, dass es
ihnen gelingt, die Defizite zu starker Dezentralisierung zu beseitigen, ohne dabei jedoch auf eine formale Zentralisierung angewiesen zu sein (vgl. Dehousse 1997; Coen/Doyle 2000; Eber-
lein/Grande 2000; Majone 2000).

Transnationale Netzwerke der Regulierung setzen sich zusammen aus Experten und Vertretern der nationalen Regulierungsinstanzen, die sich, angeleitet oder unterstützt von europäischen
Stellen, untereinander abstimmen. Hinzu treten fallweise die
Marktteilnehmer bzw. die betroffenen Regulierungsadressaten.
Auf informeller Basis entwickeln diese Netzwerke gemeinsame
„best-practice"-Regeln und Verfahren für die Regulierung in ihrem Sektor. Diese Gremien sind dann besonders einflussreich,
wenn sie Vorentscheidungen für die formal zuständigen Organe
wie etwa den Fachministerrat treffen. Auf diesem Weg wird, ohne
dass dabei nationale Prärogativen angetastet würden, eine faktische Koordination oder gar Harmonisierung regulativer Praxis erzielt. Der wichtigste Nachfrager nach dieser informellen Harmonisierung ist zweifellos die Europäische Kommission. Sie versucht
daher auch aktiv, die Entstehung transnationaler Regulierungsnetzwerke und die Emergenz gemeinsamer Regulierungskonzepte
und „best-practice"-Lösungen zu fördern.

Ein gutes Beispiel für diese Strategie ist das sogenannte Europäische Forum der Elektrizitätsregulierung, das von der Generaldirektion Energie und Verkehr (TREN) eingerichtet wurde, um die

nationale Implementation der europäischen Richtlinie zur Öffnung der Elektrizitätsmärkte (96/92/EG) zu begleiten. Dieses informelle Gremium tagt halbjährlich und versammelt neben den nationalen Regulatoren und den zuständigen Ministerien auch die einschlägigen Marktakteure: die Netzbetreiber und die Vertreter der Elektrizitätswirtschaft sowie die Industriekunden und Stromhändler. Seitens der federführenden Kommission nehmen auch Vertreter der Wettbewerbsdirektion teil. Unterstützt durch aktives „agendasetting" durch die Binnenmarktabteilung der Generaldirektion TREN ist es dem Forum gelungen, ein gemeinsames Verständnis der regulatorischen Bedarfe, Konzepte, und Verfahren zu entwikkeln, das zumindest in wichtigen Punkten von allen Mitgliedstaaten getragen wird. Auf dieser Basis erarbeitet das Forum, unterstützt durch regelmäßig tagende, spezialisierte Arbeitsgruppen, operative Lösungen für Regulierungsprobleme im europäischen Binnenmarkt. Im Mittelpunkt stehen dabei Regeln für den grenzüberschreitenden Handel und die Nutzung der Übertragungsnetze. Wichtig ist, dass die vom Forum erarbeiteten Lösungen üblicherweise vom formal zuständigen Energieministerrat als Grundlage der eigenen Entscheidungen aufgenommen werden.

Beispiele für diese Formen der „sanften Harmonisierung" finden sich auch im Telekommunikationssektor. Die Generaldirektion Wettbewerb sowie die sektoral zuständige Generaldirektion Informationsgesellschaft hatten dort z.B. die Einrichtung des ONP (Open Network Provison) Committee unterstützt, das nationale Regulatoren und Ministerien, Ständige Vertreter der Mitgliedstaaten und die Kommission zu Fragen der Lizenzierung und Implementation in zweimonatigem Abstand zusammenführte und zunehmend eine wichtige Regulierungsrolle wahrnahm. Im Kontext der neuen Rahmenrichtlinie für elektronische Kommunikationsnetze und –dienste vom 7. März 2002 (2002/19/EG) richtete die Kommission nun eine beratende „Gruppe Europäischer Regulierungsstellen" ein, die als „Schnittstelle zwischen den nationalen Regulierungsbehörden und der Kommission" angelegt ist und „zur einheitlichen Anwendung des neuen Rechtsrahmens" beitragen soll (Beschluss der Kommission 2002/2874/EG vom 29.7. 2002). Eine entsprechende „Gruppe für Frequenzpolitik" soll ähnliches für die Koordination der Frequenznutzung im Binnenmarkt leisten.

Die wichtigste Ressource der informellen Koordination durch Netzwerke ist nicht das Recht oder Geld, sondern *Information*. Gerade im Bereich der regulativen Politik, in dem es sich überwiegend um wissensbasierte, technisch spezialisierte Regulierungsgebiete handelt, erweist sich die Verfügbarkeit und die Verbreitung von glaubwürdigen, professionellen Fachkriterien entsprechenden Informationen als wirksamstes Instrument der sanften Steuerung. Hier liegt auch die Stärke der formal schwachen europäischen Regulierungsagenturen im Bereich der sozialen Regulierung. Sie machen gewissermaßen aus ihrer Not eine Tugend und setzen, statt auf „command and control", auf die Steuerungsressource Information (Majone 1997). Mangels formaler Kompetenz fungieren die europäischen Agenturen nicht als Instanzen der Entscheidung, sondern vielmehr als Informationsbroker, die die verschiedenen nationalen Agenturen miteinander vernetzen (Dehousse 1997: 257). Durch diese Einbindung in europäisch orchestrierte Netzwerke werden nationale Vertreter von „locals" zu „cosmopolitans" (Gouldner 1957, 1958) sozialisiert und ebnen so einer gewissen Konvergenz nationaler Regulierungen den Weg (vgl. Majone 2000: 295f.). Gemeinsame Grundlage und Maßstab der Regulierungspraxis sind dann wissenschaftliche Expertise und einschlägige Fachstandards, deren Einhaltung den nationalen Regulatoren Reputation und Glaubwürdigkeit sichert. Die europäische Ebene ihrerseits erschließt sich durch die Etablierung handlungsleitender Ideen und Diskurse neue, legitime Räume der Vergemeinschaftung (vgl. Kohler-Koch/Edler 1998).

Transnationale Regulierungsnetzwerke dürfen jedoch nicht einfach als Instrument der Kommission verstanden werden. Die Einbindung in professionelle „regulatory communities", die über Europa hinaus in die gesamte OECD-Welt reichen, kann dazu führen, dass nationale Regulierungsbehörden sich auf Basis ihrer expertokratischen Logik nicht nur im nationalen Regimekontext, sondern auch gegenüber den „sanften" Steuerungsversuchen der Kommission emanzipieren und einen eigenen Regulierungskurs einschlagen. So hat sich im Telekommunikationssektor außerhalb des Gemeinschaftsrahmens eine „Gruppe der unabhängigen Regulierer" gebildet, die aus den Treffen der Präsidenten der verschiedenen nationalen Regulierungsbehörden hervorgegangen ist. Diese Gruppe, die auch international aktiv und vernetzt ist, lehnte auch im neuen supranationalen Rechtsrahmen für Kommunikationsnetze und- dienste Versuche der Kommission ab, ihre Koordinationstätigkeit in das Gemeinschaftsgefüge einzubinden. Im Elektrizitäts- und Gassektor hat sich im März 2000 ein „Rat der Europäischen Energieregulatoren" (Council of European Energy Regulators, CEER) konstituiert, der sich als unabhängiger Zusammenschluss der nationalen Regulierungsbehörden versteht und im Rahmen der Europäischen Foren der Elektrizitäts- und der Gasregulierung „best-practice"-Vorschläge für die europäische Sektorregulierung unterbreitet. Auch diese intergouvernementale Variante informeller Koordination entzieht sich teilweise dem Einfluss der Kommission, aus der Perspektive europäischer Regulierung gilt sie aber wenigstens als „second-best solution", die der Nicht-Koordination nationaler Regulierungen vorzuziehen ist.

Es scheint, als ob sowohl die auf europäischer Ebene geförderte transnationale Netzwerkbildung als auch die intergouvernementale Vernetzung zwischen nationalen Regulierungsbehörden einen wichtigen Beitrag dazu leistet, das skizzierte Dilemma zwischen einer funktional notwendigen Harmonisierung und einer politisch versperrten Zentralisierung zumindest zu entschärfen. Eine erfolgreiche Koordination europäischer Regulierung durch informelle regulative Netzwerke ist allerdings an eine Reihe von internen und externen Bedingungen gebunden. Nach innen ist die wichtigste Voraussetzung, dass ein hohes Maß an Vertrauen und Kooperationsbereitschaft zwischen den vernetzten Regulierungsinstanzen besteht. Nur dann können Informationen offengelegt und ausgetauscht werden. Diese Kooperationsbereitschaft ist beispielsweise dann besonders stark ausgeprägt, wenn sich alle beteiligten Instanzen an ähnlichen professionellen Standards orientieren und eine gemeinsame Regulierungsphilosophie teilen (vgl. Majone 2000: 297).

Nach außen können regulative Netzwerke ihre Koordinationsfunktion nur unter der Voraussetzung wahrnehmen, dass den Teilnehmern ein gewisses Maß an Unabhängigkeit und an faktischem Entscheidungsspielraum zugestanden wird. Eine nationale Regulierungsbehörde etwa, die über keine signifikanten Handlungsmöglichkeiten im nationalen Regimekontext verfügt, kann sich kaum wirkungsvoll in transnationale Netzwerke einbringen, weil ihr die Bindungsfähigkeit gegenüber den Partnern fehlt. Die politische Bereitschaft, faktische Regulierungskompetenz an informelle Netzwerke abzutreten, dürfte dabei auch davon abhängen, inwiefern der Regelungsgegenstand gegenläufige Interessen zwischen den Mitgliedstaaten berührt. Treten Verteilungskonflikte zwischen Mitgliedstaaten zu Tage, dann kann dies auch die Leistungsfähigkeit informeller Harmonisierung beeinträchtigen. So war z.B. das Europäische Forum der Elektrizitätsregulierung sehr erfolgreich bei der Herstellung gemeinsamer regulativer Konzepte und Lösungsansätze, für die spezialisiertes technisches Wissen notwendig war und noch wenige Erfahrungen vorlagen. Als jedoch im Laufe des Prozesses die Verteilungswirkungen der sich abzeichnenden Regulierungslösung deutlich wurden, verhinderte der Konflikt zwischen Transitländern und Handelsländern zunächst eine Einigung über angemessene Nutzungstarife für den Gebrauch von Übertragungsnetzen.

Dieses Beispiel macht deutlich, dass regulative Netzwerke keine jederzeit verfügbare Patentlösung für das europäische Regulierungsdilemma darstellen. Sie bleiben anfällig für eine „Repolitisierung" und den Rückfall in die Blockade durch divergierende mitgliedstaatliche Interessen, die Scharpf bereits als zentrales Hindernis für eine formale europäische Re-Regulierung identifiziert hat. Eine durchgehende „Entpolitisierung" und „Rationalisierung" der Entscheidungsfindung ist im europäischen Regulierungsstaat offensichtlich nicht möglich. Staatliche Regulierung steht auch dort unvermeidlich im Spannungsfeld politisch konfligierender Interessen; und auch formal unabhängige Regulierungsorgane und regulative Netzwerke können nicht vollständig von politischer Einflussnahme abgeschirmt werden, um so ihren eigenständigen, durch professionelle Standards bestimmten Kurs halten zu können.

4   Transnationale Regulierungsnetzwerke und die Informalisierung des Regierens in der EU

Regulierung als eine spezifische Form der staatlichen Aufsicht und Kontrolle über Marktprozesse gewinnt in Europa in Folge von Privatisierung, Liberalisierung und Binnenmarktintegration zunehmend an Bedeutung. Europa befindet sich in der Tat auf dem

Weg zum Regulierungsstaat. Der Aufbau des Regulierungsstaates hat sich dort bislang aber als weit schwieriger erwiesen, als die Europäisierungsthese Majones dies nahegelegt hat – und er hat zu Ergebnissen geführt, die so nicht gewollt waren. In der EU scheint die supranationale Ebene zwar in besonderer Weise geeignet, zur bevorzugten Ebene staatlicher Regulierung zu werden, da ihr Tätigkeitsschwerpunkt und ihr Instrumentarium im Bereich der regulativen Politik angesiedelt sind und vielfach ein Bedarf an einheitlichen europäischen Regeln besteht. Andererseits stehen auch hier divergierende mitgliedstaatliche Interessen einer weitergehenden Übertragung regulativer Kompetenzen auf die europäische Ebene entgegen, so dass die Chancen einer „positiven" Re-Regulierung der negativen Marktintegration begrenzt sind. Dies hatte zur Folge, dass die formalen Kompetenzen der EU und ihre institutionellen Kapazitäten bislang unterentwickelt geblieben sind. Europäische Regulierung erstreckt sich vor allem auf den Bereich der sozialen Regulierung (z.B. Umwelt- und Verbraucherschutz), die im Wesentlichen komplementär zur Binnenmarktschaffung angelegt ist. Im Bereich der ökonomischen Regulierung von Marktmacht hingegen spielt europäische Regulierung eine weit geringere Rolle. Der Schwerpunkt der Regulierungsaktivitäten liegt hier eindeutig auf der mitgliedstaatlichen Ebene.

Dies ist jedoch nur teilweise eine Bestätigung der Nationalisierungsthese. Unsere Analyse hat gezeigt, dass die europäische Ebene des Regulierungsstaates eine weit wichtigere Rolle spielt, als dies die formalen Kompetenzen und die institutionellen Kapazitäten der EU vermuten ließen – und dies gerade auch im Bereich der ökonomischen Regulierung, in dem eine positive Integration als besonders schwierig und unwahrscheinlich gilt. Dies liegt daran, dass der Aufbau des europäischen Regulierungsstaates zumindest teilweise auf andere Weise erfolgt, als dies zu erwarten war. Der regulativen Politik ist es zum Teil gelungen, die bestehenden politischen Blockaden zu umgehen und einen Schleichweg zur Europäisierung staatlicher Regulierung zu finden. Eine Schlüsselrolle spielen hierbei die transnationalen Regulierungsnetzwerke, die in den vergangenen Jahren auf europäischer Ebene entstanden sind. Diese Netzwerke, die Experten nationaler Regulierungsinstanzen und europäische Stellen miteinander verbinden, entwickeln auf informeller Basis gemeinsame „best-practice"-Regeln und Verfahren für die Regulierung in einem Sektor. Durch fachbezogenen, an professionelle Standards orientierten Informationsaustausch und Vernetzung wird eine faktische Koordination oder gar Harmonisierung regulativer Praxis erzielt, ohne nationale Prärogativen anzutasten. Diese transnationalen Regulierungsnetzwerke sind dafür verantwortlich, dass wir im Bereich der regulativen Politik trotz des bestehenden Regulierungsdilemmas ein relativ hohes Maß an materieller Europäisierung beobachten können, und das auch in solchen Bereichen, in denen die Hindernisse für eine europäische Re-Regulierung besonders hoch sind. Allerdings steht dieser Schleichweg zur sanften Harmonisierung von Regulierung nicht immer zur Verfügung. Insbesondere bei politisch brisanten Verteilungskonflikten droht der Rückfall in die Blockade durch divergierende mitgliedstaatliche Interessen.

Der Bereich der regulativen Politik bestätigt damit nicht nur jene allgemeinere Vermutung, wonach ein wesentliches Merkmal der Veränderung von Staatlichkeit in Europa in der Herausbildung netzwerkförmiger Arten des Regierens besteht (Kohler-Koch 1999; Ansell 2000). In diesem Bereich zeigt sich auch eine eigentümliche und unseres Erachtens politisch höchst folgenreiche Problemverschiebung, die von der Europaforschung bislang übersehen wurde. Die Herausbildung informeller Regulierungsnetzwerke ist ein Beispiel dafür, dass die Blockade positiver Integration und der Verzicht auf eine weitere Übertragung formaler Kompetenzen auf die europäische Ebene durchaus auch kontraproduktiv sein könnten. Denn auf diese Weise wurden zwar die supranationalen Institutionen geschwächt und ihr Aktionsradius begrenzt, aber davon haben die Mitgliedstaaten nicht in gleichem Umfang profitieren können. Sie haben zwar ihre formalen Kompetenzen behalten, sie konnten aber nicht verhindern, dass die europäische Ebene der Regulierung an Bedeutung gewonnen hat. In jenen Fällen, in denen der Ausweg der Informalisierung offen stand, hat dies lediglich dazu geführt, dass der Regulierungsstaat in Europa eine andere Form angenommen hat, als dies erwartet (oder befürchtet) worden war.

Die Informalisierung politischer Entscheidungsprozesse, wie sie von uns im Bereich der regulativen Politik beobachtet wurde, ist beileibe keine Besonderheit der EU. In modernen Verfassungsstaaten gelten informelle Formen des Regierens generell als unverzichtbar (vgl. Schulze-Fielitz 1998: 48) und es spricht vieles für die Annahme, dass sie mit der Herausbildung von „Verhandlungsdemokratien" mit ihrer großen Bedeutung konsensorientierter Entscheidungsfindung noch an Bedeutung gewonnen haben (vgl. Mayntz 1998). Angesichts dessen dürfte die EU, deren Entscheidungsprozesse mehr noch als die ihrer Mitgliedstaaten durch nicht-hierarchische, verflochtene Verhandlungssysteme mit zahlreichen Vetopositionen und stark divergierenden Interessen charakterisiert sind, in besonderer Weise auf Auswege oder Schleichwege jenseits der formalen Institutionen und Verfahren angewiesen sein, um nicht in Entscheidungsblockaden gefangen zu bleiben oder um deren Kosten aufzufangen (vgl. Héritier 1999). Die hohen Hürden für die Etablierung formaler Entscheidungsstrukturen und ihre Rigiditäten drängen dort geradezu nach informellen Ausweichstrategien. Nicht von ungefähr hat sich die EU als besonders fruchtbares Terrain für das Wachstum von Politiknetzwerken unterschiedlichster Art erwiesen (vgl. Ansell 2000) und es überrascht auch wenig, dass aufgrund der komplizierten Abstimmungsverfahren zwischen Rat, Kommission und Parlament im Gesetzgebungsverfahren zahlreiche informelle Institutionen entstanden (Farrell/Héritier 2002). Es ist zwar nicht auszuschließen, dass diese informellen Institutionen immer wieder eine Formalisierung von Verfahren und eine Stärkung formaler Institutionen nach sich ziehen, aufgrund der gegebenen Strukturmerkmale des europäischen Mehrebenensystems kann jedoch vermutet werden, dass informelle Formen des Regierens dort auch weiterhin eine große Rolle spielen werden.

Was ist von dieser Informalisierung des europäischen Politikprozesses zu halten? Informelle Formen des Regierens müssen unter zwei Gesichtspunkten bewertet werden: ihrer Funktionalität und ihrer Legitimität. Ihre *Funktionalität* wird in der politikwissenschaftlichen Literatur generell „durchweg positiv" beurteilt: „Die Informalität der Entscheidungsprozesse sichert ein tatsächlich problemlösendes Ergebnis bzw. verhindert zumindest eine völlige Blockade" (Mayntz 1998: 56).[7] Dies gilt auch für den von uns untersuchten Bereich der regulativen Politik. Dort tragen sie ganz

---

7 Differenzierter ist die Position der Verfassungsrechtler, die informale Regeln als ambivalent qualifizieren (vgl. Schulze-Fielitz (1998).

wesentlich dazu bei, dass auf europäischer Ebene trotz unterentwickelter supranationaler Kompetenzen die bestehenden Regulierungslücken geschlossen werden. Dieser Befund wird bestätigt durch weitere Fallstudien zur Problemlösungsfähigkeit der EU, die gezeigt haben, dass gerade informelle Arrangements im Kleinen häufig dazu beitragen, dass das europäische Mehrebenensystem funktioniert (vgl. Grande 2000: 24).

Die Sorge um die Effektivität europäischen Regierens darf allerdings nicht den Blick auf die Konsequenzen informellen Regierens für die demokratische *Legitimation* des politischen Entscheidungsprozesses verstellen. Informalisierung privilegiert bekanntlich „entscheidungsrelevante" oder „verhinderungsmächtige" Interessen, andere werden hingegen ausgeschlossen. Der Zugang zu informellen Entscheidungsgremien wie den von uns untersuchten transnationalen Regulierungsnetzwerken ist notwendig selektiv und unterliegt keiner klassisch-demokratischen Kontrolle. Ihre Effektivität beruht oftmals geradezu darauf, dass Entscheidungswege und Einflussnahmen nicht offengelegt werden. Unter dem Gesichtspunkt der demokratischen Legitimität müssen informelle Formen des Regierens folglich als zweifelhaft angesehen werden (vgl. Greven 2002).

In der rechts- und politikwissenschaftlichen Literatur wurden bislang vor allem zwei Lösungen für dieses Problem vorgeschlagen. Die eine Möglichkeit besteht darin, dem Wirken informaler Gremien eine neue Form „deliberativer" demokratischer Legitimation zuzusprechen, wie dies insbesondere von Christian Joerges und Jürgen Neyer (1998) vorgeschlagen wurde. Dieser Vorschlag basiert auf der Annahme, dass gerade die Abgeschlossenheit informeller Gremien „wahrheitsorientierte" Diskurse begünstige und alternative Formen der demokratischen Legitimation ermögliche. Es ist allerdings fraglich, ob auf diese Weise das Spannungsverhältnis zwischen der Delegation faktischer Entscheidungskompetenzen an Regulierungsnetzwerke und dem Gebot demokratischer Verantwortlichkeit (accountability) aufgelöst werden kann.

Ein zweiter Vorschlag stammt von Giandomenico Majone (1999, 2000). Er empfiehlt, auf eine demokratische („majoritäre") Legitimation europäischer Regulierungsentscheidungen zu verzichten und ihre Legitimationsdefizite statt dessen durch „nichtmajoritäre" Formen der Legitimation zu beseitigen. Es kann hier

dahingestellt bleiben, ob dieser Vorschlag auf realistischen Annahmen basiert,[8] informale Formen der Entscheidungsfindung lassen sich auf diese Weise in keinem Fall legitimieren. Die Überlegung, im Bereich der regulativen Politik Entscheidungskompetenzen an politisch unabhängige Regulierungsagenturen zu delegie-
ren, die sich durch die fachliche Qualität ihrer Entscheidungen legitimieren, ist an die Bedingung geknüpft, dass das Handeln dieser
Agenturen hochgradig formalisiert ist. Es muss nicht nur rechtlichen Geboten der Entscheidungsbegründung genügen, sondern
auch gewissen Standards prozeduraler Transparenz entsprechen.
Letztes zumindest ist in den von uns untersuchten informellen Regulierungsnetzwerken nicht der Fall, so dass auch anspruchsvollere Formen der „nicht-majoritären" Legitimation dort versagen.

Die Legitimation des europäischen Regulierungsstaates bleibt
mithin ein offenes Problem – und dieses Problem ist mit der Informalisierung seiner Institutionen und Verfahren noch größer
geworden. Aus diesem Grund ist nicht auszuschließen, dass der
Schleichweg des informellen Regierens in einer Sackgasse endet.

Literatur

Ansell, Chris 2000: The Networked Polity: Regional Development in Western
Europe, in: Governance 13, 303-333.

Baldwin, Robert/Cave, Martin 1999: Understanding Regulation. Theory,
Strategy, and Practice, Oxford.

Begg, Ian 1996: Introduction: Regulation in the European Union, in: Journal
of European Public Policy 3, 525-535.

Chiti, Edoardo 2000: The Emergence of a Community Administration: The
Case of European Agencies, in: Common Market Law Review 37, 309-
343.

Coen, David/Doyle, Chris 2000: Designing Economic Regulatory Institutions
for European Network Industries, in: Current Politics and Economics of
Europe 9, 455-476.

---

8 Majone unterstellt bei seinem Vorschlag, dass sich politisch unstrittige, sach-
orientierte Regulierung eindeutig von politisch strittigen Verteilungsfragen
trennen lasse. Während erstere sich durch die Qualität der Entscheidung
(„nicht-majoritär") legitimiere, bedürfe letztere einer expliziten demokratischen („majoritären") Legitimation.

Coen, David/Thatcher, Mark (Hrsg.) 2001: Utilities Reform in Europe, New York.

Cowles, Maria Green/Caporaso, James/Risse, Thomas (Hrsg.) 2001: Transforming Europe: Europeanization and Domestic Change, Ithaca.

Dehousse, Renaud 1997: Regulation by Networks in the European Community: The Role of European Agencies, in: Journal of European Public Policy 4, 246-261.

Dyson, Kenneth 1992: Theories of Regulation and the Case of Germany: A Model of Regulatory Change, in: ders. (Hrsg.): The Politics of German Regulation, Aldershot, 1-28.

Eberlein, Burkard 2000a: Configurations of Economic Regulation in the European Union: The Case of Electricity in Comparative Perspective, in: Current Politics and Economics of Europe 9, 407-425.

Eberlein, Burkard 2000b: Institutional Change and Continuity in German Infrastructure Management: The Case of Electricity Reform, in: German Politics 9, 81-104.

Eberlein, Burkard/Grande, Edgar 2000: Regulation and Infrastructure Management. German Regulatory Regimes and the EU Framework, in: German Policy Studies/Politikfeldanalyse 1, 39-66.

Eichener, Volker 1996: Die Rückwirkungen der europäischen Integration auf nationale Politikmuster, in: Jachtenfuchs, Markus/Kohler-Koch, Beate (Hrsg.): Europäische Integration, Opladen, 249-280.

Eising, Rainer 2000: Liberalisierung und Europäisierung. Die regulative Reform der Elektrizitätsversorgung in Großbritannien, der Europäischen Gemeinschaft und der Bundesrepublik Deutschland, Opladen.

Farrell, Henry/Héritier, Adrienne 2002: Formal and Informal Institutions under Codecision: Continuous Constitution Building in Europe. Preprint No. 55/2002, Max Planck Project Group – Common Goods: Law, Politics, and Economics, Bonn.

Gouldner, Alvin W. 1957: Cosmopolitans and Locals: Toward an Analysis of Latent Social Roles – pt. I, in: Administrative Science Quarterly 2, 281-306.

Gouldner, Alvin W. 1958: Cosmopolitans and Locals: Toward an Analysis of Latent Social Roles – pt. II, in: Administrative Science Quarterly 3, 444-479.

Grande, Edgar 1993: Entlastung des Staates durch Liberalisierung und Privatisierung? Zum Funktionswandel des Staates im Telekommunikationssektor, in: Voigt, Rüdiger (Hrsg.): Abschied vom Staat – Rückkehr zum Staat?, Baden-Baden, 371-392.

Grande, Edgar 1994: The New Role of the State in Telecommunications: An International Comparison, in: West European Politics 17, 138-157.

Grande, Edgar 1997: Vom produzierenden zum regulierenden Staat: Möglichkeiten und Grenzen von Regulierung bei Privatisierung, in: König, Klaus/Benz, Angelika (Hrsg.): Privatisierung und staatliche Regulierung. Bahn, Post und Telekommunikation, Rundfunk, Baden-Baden, 576-591.

Grande, Edgar/Eberlein, Burkard 2000: Der Aufstieg des Regulierungsstaates im Infrastrukturbereich. Zur Transformation der politischen Ökonomie der Bundesrepublik Deutschland, in: Czada, Roland/Wollmann, Helmut (Hrsg.): Von der Bonner zur Berliner Republik (Leviathan-Sonderheft 19), Opladen, 631-650.

Grande, Edgar 2000: Multi-Level Governance: Institutionelle Besonderheiten und Funktionsbedingungen des europäischen Mehrebenensystems, in: ders./Jachtenfuchs, Markus (Hrsg.): Wie problemlösungsfähig ist die EU? Regieren im europäischen Mehrebenensystem, Baden-Baden, 11-30.

Greven, Michael Th. 2002: Informalization of Transnational Governance: A Threat to Democratic Government. Paper prepared for the conference „The Re-Constitution of Political Authority in the 21st Century", Munk Centre for International Studies, Toronto, March 15-16, 2002.

Héritier, Adrienne 1999: Policy-Making and Diversity in Europe. Escape from Deadlock, Cambridge.

Héritier, Adrienne/Mingers, Susanne/Knill, Christoph/Becka, Martina 1994: Die Veränderung von Staatlichkeit in Europa. Ein regulativer Wettbewerb: Deutschland, Großbritannien, Frankreich in der Europäischen Union, Opladen.

Héritier, Adrienne/Kerwer, Dieter/Knill, Christoph/Lehmkuhl, Dirk/Teutsch, Micheal/Douillet, Anne-Cécile 2001: Differential Europe. The European Union Impact on National Policymaking, Lanham.

Joerges, Christian/Neyer, Jürgen 1998: Vom intergouvernementalen Verhandeln zur deliberativen Politik: Gründe und Chancen für eine Konstitutionalisierung der europäischen Komitologie, in: Kohler-Koch, Beate (Hrsg.): Regieren in entgrenzten Räumen (PVS-Sonderheft 29), Opladen, 207-233.

König, Klaus/Benz, Angelika (Hrsg.) 1997: Privatisierung und staatliche Regulierung. Bahn, Post und Telekommunikation, Rundfunk, Baden-Baden.

Kohler-Koch, Beate 1999: The Evolution and Transformation of European Governance, in: Kohler-Koch, Beate/Eising, Rainer (Hrsg.): The Transformation of Governance in the European Union, London, 14-35.

Kohler-Koch, Beate/Edler, Jakob 1998: Ideendiskurs and Vergemeinschaftung: Erschließung transnationaler Räume durch europäisches Regieren, in: Kohler-Koch, Beate (Hrsg.): Regieren in entgrenzten Räumen (PVS-Sonderheft 29), Opladen, 167-206.

Kreher, Alexander/Mény, Yves (Hrsg.) 1997: European Agencies, Special Section, in: Journal of European Public Policy 4, 225-291.

Kreher, Alexander 1997: Agencies in the European Community: A Step towards Administrative Integration in Europe, in: Journal of European Public Policy 4, 225-245.

Lane, Jan-Erik (Hrsg.) 1997: Public Sector Reform. Rationale, Trends and Problems, London.

Levi-Faur, David 1999: The Governance of Competition: The Interplay of Technology, Economics, and Politics in European Union Electricity and Telecom Regimes, in: Journal of Public Policy 19, 175-207.

McGowan, Francis/Wallace, Helen 1996: Towards a European Regulatory State, in: Journal of European Public Policy 3, 560-576.

Majone, Giandomenico (Hrsg.) 1990: Deregulation or Re-Regulation? Regulatory Reform in Europe and the United States, London.

Majone, Giandomenico 1994: The Rise of the Regulatory State in Europe, in: Müller, Wolfgang C./Wright, Vincent (Hrsg.): The State in Western Europe: Retreat or Redefinition?, Ilford, 77-101.

Majone, Giandemenco 1996: Regulating Europe, London.

Majone, Giandomenico 1997: The New European Agencies: Regulation by Information, in: Journal of European Public Policy 4, 262-275.

Majone, Giandomenico 1999: The Regulatory State and its Legitimacy Problems, in: West European Politics 22, 1-24.

Majone, Giandomenico 2000:The Credibility Crisis of Community Regulation, in: Journal of Common Market Studies 38, 273-302.

Mayntz, Renate 1998: Informalisierung politischer Entscheidungsprozesse, in: Görlitz, Axel/Burth, Peter (Hrsg.): Informale Verfassung, Baden-Baden, 55-66.

Moran, Michael 2002: Understanding the Regulatory State, in: British Journal of Political Science 32, 391-413.

Mitnick, Barry M. 1980: The Political Economy of Regulation: Creating, Designing, and Removing Regulatory Reforms, New York.

Müller, Markus/Sturm, Roland 1998: Ein neuer regulativer Staat in Deutschland? Die neuere Theory of the Regulatory State und ihre Anwendbarkeit in der deutschen Staatswissenschaft, in: Staatswissenschaft und Staatspraxis 9, 507-534.

Noll, Roger G. 1985: Government Regulatory Behaviour. A Multidisciplinary Survey and Synthesis, in: Noll, Roger G. (Hrsg.): Regulatory Policy and the Social Sciences, Berkeley, 9-63.

Richardson, Jeremy 1996: Policy-Making in the EU: Interests, Ideas and Garbage Cans of Primeval Soup, in: ders. (Hrsg.): European Union: Power and Policy-Making, London, 3-23.

Scharpf, Fritz W. 1996: Politische Optionen im vollendeten Binnenmarkt, in: Jachtenfuchs, Markus/Kohler-Koch, Beate (Hrsg.): Europäische Integration, 1. Auflage, Opladen, 109-140.

Scharpf, Fritz W. 1999: Regieren in Europa. Effektiv und demokratisch?, Frankfurt.

Schmidt, Susanne K. 1998: Liberalisierung in Europa. Die Rolle der Europäischen Kommission, Frankfurt a.M.

Schulze-Fielitz, Helmuth 1998: Das Verhältnis von formaler und informaler Verfassung, in: Görlitz, Axel/Burth, Peter (Hrsg.): Informale Verfassung, Baden-Baden, 25-53.

Schuppert, Gunnar F., 1997: Vom produzierenden zum gewährleistenden Staat: Privatisierung als Veränderung staatlicher Handlungsformen, in: König, Klaus/Benz, Angelika (Hrsg.): Privatisierung und staatliche Regulierung, Baden-Baden, 539-575.

Scott, Colin, 2000: Accountability in the Regulatory State, in: Journal of Law and Society 27, 38-60.

Selznick, Philip 1985: Focusing Organizational Research on Regulation, in: Noll, Roger G. (Hrsg.): Regulatory Policy and the Social Sciences, Berkeley, 363-367.

Thatcher, Mark 1998: Institutions, Regulation, and Change: New Regulatory Agencies in the British Privatised Utilities, in: West European Politics 21, 120-147.

Vogel, Steven K. 1996: Freer Markets, More Rules: Regulatory Refom in Advanced Industrial Countries, Ithaca.

Vos, Ellen 2000: Reforming the European Commission: What role to play for EU Agencies?, in: Common Market Law Review 37, 1113-1134.

Yataganas, Xénophon 2001: Delegation of Regulatory Authority in the European Union (Harvard Jean Monnet Working Paper 03/01, Havard Law School), Cambridge.

Kenneth Dyson[1]

Die Wirtschafts- und Währungsunion als Prozess der Europäisierung: Konvergenz, Unterschiede und Unvorhersehbarkeit

1 Rationalistische und konstruktivistische Ansätze: Die Bedeutung von Ideen

Dass die Wirtschafts- und Währungsunion (WWU) zu tiefgreifenden Veränderungen in den Mitgliedstaaten führt, ist inzwischen eine Binsenweisheit (Cobham/Zis 1999). In diesem Kapitel soll nun geprüft werden, welche Veränderungen die WWU bewirkt, auf welche Weise diese erreicht werden und wer von ihnen betroffen ist. Die Antworten auf diese Fragen sollen zeigen, wie und in welchem Maße die WWU die Staaten der EU „europäisiert".

Um die Wirkung der WWU zu ermessen, sollen Richtung, Reichweite und Tiefe der durch sie ausgelösten Veränderungen erfasst werden. Die Richtung ist bestimmt durch das Leitbild einer stabilitätsorientierten Währungs- und Finanzpolitik, einer Präferenz für neoliberale Reformstrategien, dem Trend zu konditionsgebundener Vergabe von Sozialleistungen und der Flexibilisierung der Arbeitsmärkte. In Folge dessen befindet sich der europäische Wohlfahrtsstaat in einem schwierigen Prozess der Umgestaltung. Dabei wird die Europäisierung „von oben" durch eine Europäisierung „von unten" ergänzt. Nationale Eliten nehmen auf die Gestaltung der WWU Einfluss, indem sie auf die jeweils spezifischen nationalen Ordnungssysteme zurückgreifen und diese auf die EU-Ebene zu übertragen suchen.

Die Reichweite der durch die WWU bewirkten Veränderungen ist hinsichtlich der Wahrnehmung öffentlicher Aufgaben, z.B. in der Haushalts-, Lohn-, Arbeitsmarkt- und Sozialpolitik leichter zu

---

1 Dieses Kapitel stützt sich auf eine durch die British Academy geförderte Forschungsarbeit für das vom Autor herausgegebene Buch „European States and EMU" (Oxford University Press, 2001).

erkennen als ihre Auswirkungen auf nationale Politikstrukturen, wie z.B. die Parteiensysteme der Mitgliedstaaten (vgl. Radaelli 2000). Jedoch kann ein Paradigmenwechsel in der Politik mit der Institutionalisierung eines Leitbildes einhergehen, das langfristig auch strukturelle Folgen nach sich zieht. In diesem Zusammenhang sind besonders die Stärkung der Führungsrolle der Exekutive und der zunehmende Einfluss der Technokraten in Finanzministerien und Zentralbanken zu nennen (Dyson 1997). Aber selbst wenn die formalen Strukturen stabil bleiben, kann die WWU erhebliche Veränderungen in den Mitgliedstaaten in Gang setzen, die sich in gewandelten Problemwahrnehmungen, Politikpräferenzen und nationalen Rollenzuschreibungen niederschlagen (Giuliani 1999).

Die Frage nach der Tiefenwirkung der WWU muss in engem Zusammenhang mit der Frage nach der Art und Weise, wie die Veränderungen herbeigeführt werden, gesehen werden. Dieses Kapitel diagnostiziert eine strategische und eine kognitive Komponente der Europäisierung.

Ein rationalistischer Ansatz verbindet die WWU mit materiellen Veränderungen der Rahmenbedingungen staatlichen Handelns.[2] So verursachen integrierte Finanzmärkte, Preistransparenz und der Verlust bestimmter Politikinstrumente, wie z.B. die Möglichkeit einer autonomen Währungs- oder Geldpolitik, Verhaltensänderungen bei staatlichen und privaten Akteuren. Ein konstruktivistischer Ansatz betont dagegen die Wirkung der WWU auf die kognitive Dimension.[3] *Eine sichtbare Wirkung des Leitbilds der WWU ist,*

---

2 Rationalistische Ansätze identifizieren einen schwachen kausalen Zusammenhang bei der Reaktion nationaler Eliten auf neue Anreize und Einschränkungen, die durch die Normen und Regeln der WWU vorgegeben werden. So verfolgen diese zwar weiterhin ihre exogen bestimmten, vornehmlich egoistischen Interessen, versuchen jedoch sich durch einen Wechsel ihrer Strategien an die neuen Gegebenheiten anzupassen. Solche Kurskorrekturen können in Richtung „Anpassung" („accomodation"), „Änderung" („transformation"), „Vermeidung" („evasion") und „Rückzug" („retrenchment") gehen (Dyson 2000b).

3 Konstruktivistische Ansätze betonen die Tiefenwirkungen der WWU auf staatliche Wesensmerkmale. So wandeln sich mit der Art und Weise elitärer Identitätsformierung und der Interessendefinition auch die Legitimitätsbemühungen der Eliten. Diese versuchen durch die Vorgabe von Interpretationsmustern, welche sachliche und politische Wünschbarkeit unterstreichen, sowohl der europäischen Integration im Allgemeinen als auch konkreten Politiken Le-

dass bestimmte Strategien, wie die Liberalisierung der Märkte und fiskalpolitische Disziplin, gegenüber anderen, wie direkte staatliche Leistungen und aktive Nachfragepolitik, vorgezogen werden. Des Weiteren ist zu beobachten, dass versucht wird, den politischen Diskurs in einen bestimmten Interpretationsrahmen einzupassen, um die Öffentlichkeit für die WWU zu gewinnen (vgl. Schmidt 1999). Im Ergebnis wird dadurch die Position einiger Akteure gestärkt (vor allem die der Finanzministerien und Zentralbanken), während andere geschwächt werden (wie z. B. Gewerkschaften und wohlfahrtsstaatliche Einrichtungen) (Dyson 1997).

Der analytische Wert einer solchen theoriegeleiteten Unterscheidung geht jedoch verloren, wenn man beide Ansätze als miteinander unvereinbar betrachtet.[4] Dies hätte zur Folge, dass das komplexe, ineinander verschlungene und interdependente Verhältnis zwischen Akteursstrategien und diskursiver Konstruktion nicht adäquat analysiert werden könnte. Die WWU wirkt sowohl unmittelbar auf Marktgegebenheiten ein und legt damit der Politik Handlungsrestriktionen auf, als auch mittelbar über die Verarbeitung von Informationen und Wissen, wobei sich beide Prozesse empirisch nur schlecht voneinander trennen lassen. So war zum Beispiel der Versuch, Griechenland und Italien „fit" für die WWU zu machen ein Unternehmen, das realitätsgerecht nur entschlüsselt werden kann, wenn man das höchst komplexe Zusammenspiel von soziologischen, ideenbezogenen Mechanismen und ökonomischen Zwängen analysiert (Featherstone et al. 2000).

Der Import von konstruktivistischen Analyseansätzen in die wissenschaftliche Debatte um die WWU kann als nützliche Ergän-

---

gitimität zu verschaffen (Wendt 1999: 366). Aus konstruktivistischer Perspektive wird die Europäisierung als Prozess der Verinnerlichung von Werten und Zielvorstellungen der europäischen Integration und der Übernahme von Leitbildern europäischer Politik betrachtet. Durch Internalisierungen von Werten, Zielen und Leitbildern verändern sich auch auf nationaler Ebene die politischen Diskurse und selbst die Definition von Werten, Zielen und Leitbildern. Die wesentliche Frage für eine Untersuchung ist damit, wie die verschiedenen nationalen Akteure die WWU diskursiv konstruieren und ob bzw. in welcher Form dies den Wandel in den Mitgliedstaaten erleichtert oder blockiert.

4 Dies wäre der Fall, würde man die Unterscheidung von Rationalismus und Konstruktivismus zu einem ontologischen Dualismus des Positivismus und des Post-Positivismus erheben.

zung oder gar als Gegengewicht zur einschlägigen Literatur dienen, in der rationalistische Erklärungen dominieren. Der Konstruktivismus erweitert unser Verständnis davon, was im Rahmen
einer Analyse der Folgen der WWU berücksichtigt werden muss.
Großes Gewicht liegt auf der Frage, wie staatliche Interessen,
Macht und Identitäten konstruiert werden. Ein übergreifender Ansatz betont das komplexe Zusammenspiel und die gegenseitige
Abhängigkeit, die zwischen Materiellem und Ideellem besteht.
Dabei lautet die zentrale Frage nicht mehr, unter welchen Umstän-
den die Bedeutung von Ideen größer als die von Interessen ist,
sondern wie es dazu kommt, dass Interessen auf eine ganz bestimmte Art und Weise definiert werden. Ein solcher Ansatz erfasst Institutionen nicht nur als ein Raster spezifischer Anreize und
Beschränkungen, sondern ist auch für den Einbezug bestimmter
Ideen empfänglich. Ferner berücksichtigt er die Bedeutung von
Kultur, hier verstanden als allgemein anerkannte Ideen, kollektives
Wissen und historisches Bewusstsein. Ein derartiger Analysean-
satz führt zwar zu weniger Klarheit und größerer Komplexität
beim Nachdenken über das Verhältnis zwischen Ideen und Interessen und zwischen Ideen und Institutionen – was den eher geradlinig denkenden Rationalisten missfallen dürfte. Dafür gewinnt man
aber ein dynamischeres Verständnis von den verschiedenen Wir-
kungszusammenhängen der WWU.

Die Kernfrage dieses Kapitels ist, ob die WWU ein makro-kulturelles Phänomen darstellt, das sich durch bestimmte Grundeigen-
schaften und vom Kontext unabhängige, generalisierbare Auswirkungen „von oben" auf Identitäten und Interessen auszeichnet oder
ob sie auf sehr unterschiedliche Weise diskursiv konstruiert wird
und dabei die institutionellen Unterschiede nationaler Wirtschaftssysteme widerspiegelt.[5] Zwei Einschränkungen der Analyse müs-

---

5   Auf der einen Seite wird die Existenz einer vom Kontext unabhängigen, gene-
    rellen Wirkung der WWU hervorgehoben. Dies bedeutet jedoch nicht, dass der
    individuelle nationale Kontext und die einzelnen Vorgänge in den Mitglied-
    staaten vernachlässigt werden können. Auf der anderen Seite wird keine uner-
    bittliche Logik der Konvergenz der politischen Maßnahmen, Ergebnisse und
    Prozesse unterstellt. Die unterschiedlichen Weisen, in denen nationale Eliten,
    eingebettet in ihre jeweiligen institutionellen Kontexte, ihre Identität in Bezug
    auf die WWU konstruieren und dieser Konstruktion politische Bedeutung ver-
    leihen, führt vielmehr zu Vielfalt (Schmidt 1997) und differenzierten Antwor-

sen an dieser Stelle erwähnt werden. Zum einen versucht dieses Kapitel weder die Ursprünge der WWU als makro-kulturelles Phänomen zu erklären, noch die Entstehung und Durchsetzung des Leitbildes einer stabilitätsorientierten Währungs- und Finanzpolitik nachzuzeichnen (s. hierzu Dyson 1994). Statt dessen liegt der Schwerpunkt auf der Frage, wie sich die WWU als eine ordnungspolitische Philosophie auf die Mitgliedstaaten auswirkt und das Verständnis der Eliten von ihrer eigenen Rolle, die sie in der EU spielen, prägt. Zum anderen teilt die vorliegende Analyse die rationalistische Auffassung, dass die WWU nachhaltig die wirtschaftlichen Rahmenbedingungen ändert und sich dabei sowohl auf die Märkte als auch auf die Verfügbarkeit wirtschaftlicher Instrumente auswirkt. Gleichwohl wird die These vertreten, dass Form und Bedeutung des materiellen Wandels auch durch Ideen und ihre diskursive Konstruktion geprägt werden. Erst durch Veränderungen in der materiellen Realität der europäischen Wirtschaft, wie der Freizügigkeit von Kapital und der wirtschaftlichen Konvergenz, wurde die WWU möglich. Diese Veränderungen hätten jedoch nicht ihre Wirkung entwickeln können, hätte es kein starkes politische Engagement für die Vertiefung der europäischen Integration in den wichtigsten Hauptstädten Europas, besonders in Paris und Bonn, gegeben (Featherstone et al. 2000). Historisches Bewusstsein spielte hier eine elementare Rolle.

Auf welche Art wirken nun Ideen? Ideen sind nicht nur Abbild materieller Realitäten. Indem sie bewirken, dass bestimmte Argumente, Ausdrucksformen und Handlungsmuster gegenüber anderen vorgezogen werden, entwickeln sie eine eigenständige, „reale" Wirkung. In diesem Sinne ist die Verinnerlichung des Leitbildes einer „harten" Währung im Rahmen der WWU sowohl in diskursiver wie auch in strategischer Hinsicht ein selektiver Prozess. Ideen strukturieren Debatten, lenken die Entwicklung von Politik in bestimmte Richtungen und liefern Rechtfertigungsformeln, mit Hilfe derer bestimmte Handlungen verteidigt werden können. Mit der Verankerung in bestimmten Institutionen können Ideen auch über lange Zeiträume wirken.

---

ten (Dyson 2000a; Héritier/Knill 2000) die man nur aus diesem Blickwinkel erfassen kann.

2   Der Kontext

Die WWU begann nicht erst mit dem 1. Januar 1999, sondern bereits mit der Geburt des Europäischen Währungssystems (EWS) im Jahre 1979. Somit hatten die Mitgliedstaaten 20 Jahre Zeit, ein gemeinsames Währungsregime zu entwickeln und sich auf dessen zentrale Prinzipien und Normen einzustellen. Vor allem das Prinzip einer stabilitätsorientierten Währungs- und Finanzpolitik war bereits im Wechselkursmechanismus des EWS festgelegt (Dyson 1994). Wenn auch mit Rückschlägen und nicht immer geradlinig, wirkte das europäische Wechselkursregime doch zugunsten von Politiktransfer und wechselseitigem Lernen. Die deutsche Politik der Währungsstabilität wurde in den 1980er Jahren zum Leitmodell für die europäische Währungspolitik. Das EWS sorgte für eine Sozialisation der Eliten, wobei den europäischen Zentralbankgouverneuren eine konzeptionelle Führungsrolle zukam (Marcussen 1998). Die Wechselkursdisziplin des EWS war der Übungsplatz für die spätere WWU und die deutsche Bundesbank spielte die Rolle des Gruppentrainers. Nach und nach passten dann die einzelnen europäischen Staaten ihre Währungs- und Finanzpolitik dem europäischen Leitbild an. So wurde die währungs- und finanzpolitische Wende in Dänemark in den Jahren 1979-82 vollzogen, in Frankreich 1983, in Italien 1992 und 1996 und in Griechenland in der Zeit nach 1997. Damit ist offensichtlich, dass es Unterschiede bezogen auf den Zeitpunkt und das Tempo der Anpassung gab (vgl. Goetz 2000).

Der Einfluss, den die WWU auf die Mitgliedstaaten hat, lässt sich allerdings nur schwer von anderen Einflüssen wie der Globalisierung, dem europäischen Binnenmarkt und dem raschen technologischen Wandel trennen. Ob die WWU als ausschlaggebende, unabhängige Variable betrachtet werden kann oder lediglich die Wirkung anderer Faktoren verstärkt, bedarf der genaueren empirischen Prüfung. Offenkundig ist zunächst nur, dass all diese Einflüsse mit einem diskursiven Wandel verknüpft waren, welcher das europäische Sozialmodell in die Defensive drängte. Dabei ging es vor allem um die Reform der Arbeitsmärkte und Sozialsysteme, um eine forcierte Deregulierung und Privatisierung sowie um die Schaffung neuer Institutionen der Marktregulierung und der Absicherung wirtschaftlicher Stabilität. Nach 1999 hat die Europäischen Zentralbank (EZB) eine aktive Rolle zur Durchsetzung der weiteren Öffnung der Märkte sowie der Flexibilisierung der Lohnpolitik gespielt (Dyson 2000a). Nicht zuletzt förderte die Euro-Zone die Entwicklung neuer Instrumente der politischen Koordination, die über Prozesse wie „Benchmarking" und Berichtspflichten auf die freiwillige Übernahme von wirtschaftspolitischen Standards setzen, was auf dem Lissaboner Gipfels von 2000 zur offiziellen Politik erklärt wurde. Dieser Prozess steht im Einklang mit einer breiteren Literatur zur EU, in der aufgezeigt wird, wie die EU als Plattform für Politiktransfers und Lernen fungiert und welche dynamische Rückwirkung sie auf nationale Politiken hat (z.B. Radaelli 1999). In diesem Fall ist die EZB mit Unterstützung der Generaldirektion „Wirtschaft und Finanzen" der Kommission der politische Unternehmer, der dem neo-liberalen Paradigma zum Durchbruch verhalf.

3 Welche Auswirkungen hat die WWU auf die europäischen Staaten? Die WWU als kontingenter Prozess

Verblüffender Weise werden die Auswirkungen der WWU ganz unterschiedlich gedeutet. Erstens wird je nach Standort eine „Aushöhlung", die „Rettung" oder – im konstruktivistischen Verständnis – eine „Neudefinition" des Staates vorhergesagt.[6] Ebenso kontrovers wird zweitens die Frage beurteilt, ob nun die WWU zu einer Konvergenz der europäischen Politik beiträgt oder nicht.[7]

---

6 Mit anderen Worten, es gibt keinen Konsens darüber, ob der Staat seine zentrale Stellung als wichtigste Handlungs- und Analyseeinheit verliert, ob die WWU zu einer Stärkung ihrer Mitgliedstaaten beiträgt oder ob sie bewirkt, dass Staaten ihre wirtschaftspolitische Rolle unter den gegebenen neuen Rahmenbedingungen aktiv umgestalten.

7 Während die einen die wirtschaftliche Angleichung erwarten, sehen andere in der WWU den Vorboten einer stärker intergouvernementalen Union. Wenn auf europäischer Ebene die Währungspolitik rein technokratisch betrieben wird, fällt die Aufgabe der politischen Legitimation verstärkt den Staaten zu. Da sie ihre währungs- und wechselkurspolitischen Instrumente verloren haben, werden sie wirtschaftspolitische Strategien entwickeln, die ihre spezifischen insti-

Drittens fügt sich die WWU einerseits gut in das uns bekannte Muster staatlicher Ordnungspolitik (neo-liberal, dirigistisch, korporatistisch) ein, andererseits stellt sie die uns geläufige Einordnung der Staaten in Frage. So scheint es, dass Griechenland und Italien die mit der WWU verbundenen strukturellen Wirtschafts- und Finanzreformen effektiver durchsetzen konnten als Deutschland.

Die drei eben beschriebenen Wirkungsdimensionen der WWU bedürfen einer genaueren Betrachtung.

3.1   Aushöhlung, Rettung oder Neudefinition von Staatlichkeit?

Die Kompetenz der Mitgliedstaaten wird vor allem in zwei Bereichen „ausgehöhlt". Die währungspolitischen Kompetenzen wurden auf das Europäische Zentralbankensystem übertragen und es wurde eine Europäischen Zentralbank als supranationale Institution mit weitreichenden exekutiven Vollmachten etabliert. Im Bereich der Fiskalpolitik sind staatliche Kompetenzen durch den Stabilitätspakt beschränkt, der Verfahren und Sanktionen vorsieht, welche die Mitgliedstaaten zu einer ausgeglichenen Haushalts- und Finanzpolitik anhalten (Artis/Winkler 1997). Somit wurde in zwei zentralen Bereichen die traditionelle staatliche Souveränität beschnitten, indem entweder den Staaten die Kompetenzen ganz entzogen (Zinssätze und Wechselkurse) oder deutlich eingeschränkt (Fiskalpolitik) wurden. Es ist aber trotzdem falsch, einseitig die „Aushöhlung" des Staates zu betonen. Der Nationalstaat ist immer noch ein wichtiger Akteur in der Wirtschaftspolitik, vor allem weil die Steuerhoheit ausschließlich bei den Mitgliedstaaten der EU liegt. Auch die Sozial-, Arbeitsmarkt- und Beschäftigungspolitik ist weitgehend in der Verantwortung der Nationalstaaten geblieben und kollektive Tarifverhandlungen finden immer noch auf staatlicher bzw. regionaler Ebene statt. Die europäische

---

tutionellen Stärken zum Tragen bringen (Marsh 1999). Danach würde die WWU zu einer größeren Vielfalt und zur Konkurrenz von Politikansätzen führen (vgl. Héritier/Knill 2000) und einen Prozess der Europäisierung „von unten" in Gang setzen.

Wirtschafts- und Währungsunion ist asymmetrisch konstruiert: Im Währungsbereich ist sie eindeutig hoheitlich organisiert, während im Wirtschaftsbereich Formen der „weichen" bzw. „offenen" Koordinierung vorherrschen (Dyson 2000a).

Positiv betrachtet ist der Nationalstaat gar Nutznießer der Währungsunion, weil diese die Mitgliedstaaten aus ihrer vormaligen Abhängigkeit und Verletzlichkeit gegenüber den globalen Finanzmärkten befreit hat (vgl. Milward 1992). Die Währungsunion hat die Situation der Mitgliedstaaten strukturell verbessert, denn die Handelsabhängigkeit der Euro-Zone ist sehr viel geringer als früher. Dementsprechend können die Mitgliedstaaten ihre Wirtschaftspolitiken unter sehr viel sichereren, stabileren und voraussagbaren Rahmenbedingungen betreiben und unterliegen nicht mehr den Zwängen der Wahrung des Zahlungsbilanzgleichgewichts und der Wechselkursstabilität. Ob allerdings diese strukturellen Veränderungen sich im Sinne einer „Rettung" des Staates auswirken oder nicht, hängt davon ab, wie die Staaten ihre Rolle in der Wirtschaftspolitik unter den neuen Rahmenbedingungen wahrnehmen.

Eine konstruktivistische Analyse zeigt ein umfassenderes Bild der Auswirkungen der Währungsunion auf die europäischen Nationalstaaten. Gerade weil sie der Zinssatz- und Wechselkursänderung als Instrument ihrer Politik beraubt sind, müssen die Staaten ihre Rolle in der Wirtschaftspolitik neu definieren (Marsh 1999). Sie greifen nun stärker zu Instrumenten der mikro-ökonomischen Steuerung (z.B. Reformen im Steuer- und Sozialwesen), versuchen aktiv auf die wirtschaftspolitische Meinungsbildung einzuwirken und fördern gezielt Prozesse der Modernisierung und Umstrukturierung. In enger Zusammenarbeit mit Arbeitgebern und Gewerkschaften versuchen sie auf moderate Lohnabschlüsse hinzuwirken und für Zustimmung zu notwendigen Sozialstaatsreformen zu werben. Diese Neubestimmung staatlicher Aufgaben zeigt sich beispielhaft an der Ausbreitung von „Sozialpakten". Tripartistische, d.h. zwischen Staat, Arbeitgeber- und Arbeitnehmerseite ausgehandelte Paketlösungen belohnen Lohnmäßigung und eine Flexibilisierung des Arbeitsrechts, wodurch die Arbeitskosten re-

duziert werden sollen, mit Zugeständnissen in der Steuer- und Sozialpolitik (Ebbinghaus/Hassel 2000).[8]

3.2   Konvergenz oder Divergenz?

Häufig wird behauptet, dass die WWU zu einer Konvergenz der
Politik und realen Entwicklung vor allem im Bereich der Lohn-,
Arbeitsmarkt- und Sozialpolitik führen wird. Der Angleichungs-
prozess wird zwei Faktoren zugeschrieben, zum einen der erhöh-
ten wirtschaftlichen Abhängigkeit der Staaten untereinander und
zum anderen der Attraktivität einer stabilitätsorientierten Wäh-
rungs- und Finanzpolitik. Erstens reduziert die Währungsunion
Transaktionskosten, in dem sie das Wechselkursrisiko ausschließt
und Preis- und Kostentransparenz schafft. Das Ergebnis ist ein
verstärkter Wettbewerb, eine Zunahme des Binnenhandels, ein
steigender Anpassungsdruck auf weniger wettbewerbsfähige Sektoren und Firmen und eine Empfindlichkeit gegenüber widersprüchlichen politischen Maßnahmen der Mitgliedstaaten (Dyson
2000a). Das Risiko, dass die Mitgliedstaaten unvereinbare wirtschaftliche Politiken verfolgen oder auch die Politik der EU nicht
optimal angepasst ist, wirft die Frage nach der Einrichtung eines
starken politischen Zentrums zur Koordinierung der Wirtschaftspolitik, sozusagen einer europäischen „Wirtschaftsregierung", auf.
Beispielsweise ist es nach der Einführung der WWU nicht mehr
möglich, ein nationales Wirtschaftssystem, wie etwa das der sozialen Marktwirtschaft gegen Ausbeutung durch Dritte zu schützen. Stattdessen wird der Idee des Shareholder-Kapitalismus weiter Vorschub geleistet. Auch der zweite Faktor, das Leitbild einer
stabilitätsorientierten Währung, legt die Schlussfolgerung nahe,
dass die Staaten unter dem Europäisierungsdruck „von oben" ihre
Politik aneinander annähern werden.

---

8   Der Staat verknüpft in seiner neuen Rolle also Maßnahmen zur Förderung der
    Modernisierung und der Umstrukturierung (einschließlich Deregulierung, Pri-
    vatisierung und Sozialstaatsreformen) mit Anstrengungen, den sozialen Kon-
    sens in der Gesellschaft dadurch aufrecht zu erhalten, dass der Wandlungspro-
    zess ausgehandelt wird. Die Regierungen versuchen dabei, auch die potentiel-
    len Verlierer in den Reformprozess einzubinden.

Paradoxerweise schiebt aber gerade das Leitbild einer harten Währung einer umfassenden Europäisierung „von oben" einen Riegel vor, denn die Entwicklung einer gemeinschaftlichen Wirtschafts- und Währungspolitik wird als eine Bedrohung der Unabhängigkeit der Europäischen Zentralbank eingestuft. Eben deshalb gibt es auch keine europäische „Wirtschaftsregierung". Die Europäisierung „von oben" ist zudem durch die institutionelle Vielfalt der nationalen Wirtschaftssysteme in Europa und durch die Art und Weise, in der nationale Akteure die WWU begreifen und ihre Politik danach ausrichten, beschränkt. Hieraus ergeben sich auch Implikationen für Fragen der politischen Legitimität. Wenn die Währungspolitik in der Union rein technokratisch gehandhabt wird, werden die Nationalstaaten für die Sicherung der demokratischen Legitimität wichtiger. Im Gegensatz zur deutschen „Krönungstheorie", nach der die Währungsunion am Ende eines marktwirtschaftlichen Konvergenzprozesses und einer politischen Vergemeinschaftung gestanden hätte, fehlt der heutigen Währungsunion die wirtschaftspolitische Einbettung, die ihr eine EU-weite demokratische Legitimität verleihen könnte (Dyson 1994: 66). Das Problem ist nun, wie mit einer Politisierung der WWU umgegangen werden soll, wenn ihre Auswirkungen für den Einzelnen spürbar werden. Da auf supranationaler Ebene ein demokratisches Defizit besteht, bleibt der Nationalstaat notwendiger Weise die wichtigste Arena, in der politische Auseinandersetzungen um die WWU demokratisch legitim bearbeitet werden können. Diese Arbeitsteilung lässt sich auch politisch durchhalten, weil die Fiskal-, Arbeitsmarkt-, Beschäftigungs- und Lohnpolitik in nationalstaatlicher Kompetenz verblieben ist und weil deren Verteilungseffekte für den Einzelnen sehr viel augenfälliger und spürbarer sind als die der Währungspolitik.

Von diesem Standpunkt aus betrachtet hat die WWU zwei Europäisierungsprozesse zur Folge. Zum einen gibt es eine Europäisierung „von oben", die vor allem durch die Vorgabe der europaweiten Preisstabilität durch die Europäische Zentralbank, den Einsatz ihrer Politikinstrumente und das diesen Maßnahmen zugrunde liegende wirtschaftspolitische Leitbild bewirkt wird. Zum anderen gibt es eine Europäisierung „von unten", die sich in strukturellen Wirtschaftsreformen im Bereich der Arbeitsmärkte, der Tarifvereinbarungen und der Sozialleistungen äußert. Bei der Durchführung dieser Reformen setzen die Mitgliedstaaten zunehmend auf Koordinierung in Form von „Benchmarking", Politiktransfer und Politiklernen. Sie konkurrieren somit untereinander um das beste Politikkonzept. Dabei können Staaten ihren Status und Einfluss in der EU steigern, wenn sie andere Mitgliedstaaten dazu bringen, sich ihr Konzept anzueignen. Diese „weiche" Form der Koordinierung durch indirekte Europäisierung entspricht den Legitimitätserfordernissen von Wirtschaftspolitiken, die im Kontext einer technokratisch definierten Währungsunion entstehen.

3.3   Wandel staatlicher Ordnungspolitik

Die Auswirkungen der WWU lassen eine historische Pfadabhängigkeit erkennen, bei der die institutionellen Besonderheiten der nationalen Wirtschaftsmodelle deutlich zum Ausdruck kommen. Die WWU führt nicht zu einer Vermischung der Unterschiede, sondern akzentuiert kulturelle und geschichtliche Variationen. Großbritannien verkörpert das neo-liberale Ordnungsmodell und dementsprechend zögert die Regierung Blair auch die anstehenden Reformen mit Hilfe der „Sozialpartnerschaft" durchzusetzen.[9] In Frankreich ging es für die sozialistische Regierung Jospin dagegen um die vom Staat – und im weiteren Sinne die EU – „regulierte" und „kontrollierte" Globalisierung (Jospin 1999). So kommt auch im Umgang mit der WWU das für Frankreich typische Verständnis von „Voluntarismus" und „Dirigismus" zum Tragen. Im Unterschied dazu streben die Dänen, Niederländer, Iren, Italiener und Deutschen nach einem breiten Konsens, der auf „Sozialpartnerschaft" und Dialog baut (Ebbinghaus/Hassel 2000).

Allerdings versteckt sich hinter dieser vordergründig glatten Oberfläche oft eine komplexere und widersprüchliche Wirklichkeit. Beispielsweise erwies sich der Versuch der deutschen Regierung, die wirtschaftlichen Strukturreformen mit den Sozialpartnern in den Jahren 1995-96 und erneut 1998 auszuhandeln, als ausge-

---

9   Selbst eine Labour geführte Regierung denkt nicht daran, den politischen Wandel mit den Gewerkschaften auszuhandeln. Im britischen Fall wird die WWU demnach lediglich als ein Mechanismus zur weiteren Beschleunigung des wirtschaftlichen Strukturwandels gesehen, der ohnehin nach der neo-liberalen Logik der Globalisierung unausweichlich ist.

sprochen schwierig und frustrierend. Auch ließ die deutsche Fiskalpolitik nach der Wiedervereinigung wenig von der Disziplin und Ordnung erkennen, die sonst als Markenzeichen des Landes gilt. Im Gegensatz dazu war der italienische Versuch, Reformen des Arbeitsmarktes, der Tarifstrukturen und der Sozialleistungen im Rahmen nationaler Sozialpakte zu vereinbaren, von Erfolg gekrönt. Die griechischen und italienischen Regierungen – normalerweise wenig effektiv und von einem stark politisierten öffentlichen Dienst und einer eher reformunwilligen Bevölkerung behindert – waren in der Umsetzung der Strukturreformen leistungsfähiger als ihre deutschen Kollegen (Cobham/Zis 1999). Die WWU zeigte also einige überraschende Ergebnisse.

Die unterschiedlichen Reaktionen der Mitgliedstaaten auf die Herausforderungen der WWU können durch drei Variablen erklärt werden. (1) Wichtig ist die Passfähigkeit zwischen dem Leitbild einer „harten" Währung einerseits und den nationalen Politikvorstellungen mit den sie tragenden Institutionen andererseits. (2) Ebenfalls bedeutend sind die nationalen Vorstellungen über politische Handlungsfähigkeit und die allgemeine Bereitschaft politische Führung zu akzeptieren und die technokratische Vereinnahmung bestimmter Politiken für gut zu befinden. (3) Nicht zuletzt spielt es eine Rolle, ob sich an europäischer Politik eine Legitimitätsdebatte entzündet, oder ob die Eliten sich auf einen breiten proeuropäischen Konsens stützen können (Radaelli 2000). Je weniger umstritten der allgemeine Führungsanspruch und je breiter der Europa-Konsens ist, umso leichter fällt die Anpassung an die WWU. In Deutschland, Griechenland und Italien gab es eine breite Zustimmung zur europäischen Integration. Aber nur in Deutschland konnte man, zumindest zu Anfang, der Auffassung sein, dass die WWU mit den nationalen Institutionen und Politikvorstellungen sehr gut harmoniert und man folglich alles beim Alten lassen könnte. In Griechenland und Italien dagegen gab es offenkundige Widersprüche. Diese wurden von den Technokraten dazu genutzt, eine politische Debatte über die WWU als willkommenen Anlass für den notwendigen Wandel staatlicher Ordnungspolitik und den allgemeinen politischen Diskurs zu nehmen.

Die Unterschiede in den nationalen Reaktionen zeigen, dass die Erklärung der Wirkungsmechanismen der WWU als ein rein makro-kulturelles Phänomen zu kurz greift. In dieser Perspektive wird die WWU zu sehr als Europäisierung „von oben" verstanden, die sich durch kognitive Lernprozesse, „erzwungenen" Politik-transfer und eine Mediatisierung des nationalen Diskurses durchsetzt. In der Praxis ist das Ineinandergreifen von nationalen und europäischen Ideen und Institutionen jedoch weitaus komplexer. Die Art und Weise, in der nationale Akteure die WWU konstruieren, wird nicht nur durch ihre Einbindung in die Strukturen der WWU geprägt, sondern auch durch die Institutionen der nationalen Wirtschaftssysteme und innenpolitisch wichtige Akteure, die dem wirtschaftspolitischen Diskurs eine neue Richtung geben können. Der gesamte Wandlungsprozess ist begleitet von Spannungen, Konflikten und manchmal unerwarteten Konsequenzen. Die Auswirkungen der WWU lassen sich folglich nicht genau vorhersagen. Sie sind Ergebnis eines politischen Prozesses und folgen nicht einer mechanistischen Logik von Konvergenz oder nationaler, institutioneller Pfadabhängigkeit. Die Politikwissenschaft lässt sich allzu leicht zu einer vereinfachenden Sicht der Zusammenhänge verleiten.

4   Wie beeinflusst die WWU die Mitgliedstaaten? Die kulturelle Dimension

Die Frage, wie die Wirkung der WWU auf die Mitgliedstaaten erfasst werden kann, ist von zentraler Bedeutung. Rationalistische Ansätze erschließen dabei wesentliche Zusammenhänge, was den Einfluss der WWU auf die Nationalstaaten angeht.[10] Probleme er-

---

10 Aus Sicht des „Rational Choice"-Ansatzes setzt die WWU neue Anreize und Handlungsbeschränkungen, innerhalb derer staatliche Akteure ihre individuellen Eigeninteressen verfolgen können (vgl. Scharpf 1999; Tsebelis 1999). Aus neorealistischer und neoliberaler Sicht werden die Eigeninteressen der Akteure durch die nationalen Gegebenheiten und innenpolitischen Prozesse vorgegeben. Daraus ergibt sich das Bild der europäischen Integration als ein aus den Nationalstaaten heraus gesteuerter Prozess, bei dem Regierungen eifersüchtig auf Souveränität achten (vgl. Moravcsik 1998). Nach neoliberaler Auffassung spielen Ideen eine ergänzende Rolle, die das durch Eigeninteresse geleitete Verhalten der Akteure Beschränkungen unterwerfen und unter bestimmten Umständen helfen, Probleme kollektiven Handelns zu überwinden (vgl. McNamara 1998). Jedoch ändert sich das Grundverständnis dadurch wenig: die

geben sich aber daraus, dass die kulturelle Dimension in diesen Ansätzen unterentwickelt ist. Das bedeutet allerdings nicht, dass Kultur im Rationalismus keinen Stellenwert habe. Vielmehr wird die europäische Integration als ein Prozess verstanden, der in eine Locke'sche Kultur eingebettet ist, die sich durch eigennützige Konkurrenz zwischen den Staaten auszeichnet, die durch den gegenseitigen Respekt von Souveränitätsrechten und die Norm der „Nicht-Einmischung", besonders im Bereich von Fiskal-, Beschäftigungs-, Sozial- und Arbeitsmarktpolitik, gemäßigt wird (Wendt 1999). Jedoch setzt Kultur nach diesem Verständnis dem Verhalten der Akteure nur äußerliche Schranken, denen die beteiligten Akteure bei der erstbesten Möglichkeit zu entkommen suchen, zum Beispiel durch eine Lockerung der fiskalpolitischen Vorgaben des Stabilitätspaktes. Bei einer solchen Betrachtung fehlt der Blick für die WWU als makro-kulturelles Phänomen, das die Akteure und ihr Verhalten auf gewisse Weise selbst „konstruiert", in dem es die Art und Weise prägt, in der Akteure ihre Interessen definieren, ihre Identität bilden und Macht ausüben. Die Auswirkungen der WWU gehen tiefer und sind nachhaltiger, wenn die Akteure gewisse Standards sozial angemessenen Verhaltens verinnerlichen und die einschlägigen Ideen und Institutionen Verbreitung finden. Die Folge ist, dass zwar die nationalen Akteure weiterhin als Rationalisten agieren, die nach den gleichen Spielregeln wie zuvor ihre Eigeninteressen verfolgen, dass sich aber die Standpunkte, aus denen heraus sie ihre Interessen definieren, verändert haben.

Als ein makro-kulturelles Phänomen verkörpert die WWU ein Set gemeinsamer Vorstellungen darüber, was ein „Staat" ist, was „Souveränität" bedeutet, was unter dem Schlagwort „die Euro-Zone zu einem Erfolg machen" zu verstehen ist und wie „Macht" ausgeübt werden soll. Ohne Berücksichtigung dieser kulturellen Dimension ist es nicht möglich, die konstitutive Art und Weise, in der die WWU auf die Mitgliedstaaten einwirkt, vollständig zu erfassen. Die Akteure, die die WWU politisch steuern, teilen eine gemeinsame Erfahrung. Sie fühlen sich alle dem Leitbild einer

---

einzelnen Staaten, deren Interessen exogen feststehen, stehen zueinander in Konkurrenz und versuchen mit all ihrer Macht, für sich selbst einen materiellen Vorteil zu erzielen.

„harten" Währung verbunden, weil sie sich alle gut an den Schaden erinnern können, den vergangene Währungskrisen im EWS angerichtet haben. Diese Erinnerungen wirken langfristig nach und prägen die Haltung in wichtigen Fragen wie der Steuerpolitik oder der Reform des Wohlfahrtsstaates und des Arbeitsmarktes.

5   Die WWU als transnationale Politikgemeinschaft: Auf wen wirkt sich die WWU aus ?

Eine weitere wichtige Frage ist, wer die Kernideen der WWU in den nationalen Kontext einbringt und ob die WWU den Einfluss dieser Akteure stärkt. Die WWU ist in höchstem Maße technokratisch angelegt und lebt davon, dass der Leitidee einer „harten" Währung oberste Priorität eingeräumt wird. Deshalb kommt der „Glaubwürdigkeit" der Währungspolitik ein so hoher Stellenwert zu und ist die institutionelle Unabhängigkeit der Zentralbank so unerlässlich (Alesina/Gatti 1995). „Glaubwürdigkeit" als zentraler Wert ist tief in der Zentralbankkultur verankert und durch dessen erneute Betonung trägt die WWU dazu bei, den Einfluss der europäischen Währungshüter zu vergrößern (Blinder 1999). Für die Europäische Zentralbank sind Fragen der politischen Verantwortlichkeit und Transparenz – Kernpunkte der Debatte um das europäische „Demokratiedefizit" – gegenüber der Frage der „Glaubwürdigkeit" von zweitrangiger Bedeutung (Issing 1999).[11] So betrachtet heißt Verantwortlichkeit und Transparenz, dass die währungspolitischen Entscheidungen gut begründet sind (Majone 1999). Die WWU entspricht damit einem Modell „post-parlamentarischen" Regierens, bei dem es nicht um die Mehrheitsfähigkeit einer Politik, sondern um deren sachliche Qualität geht (Radaelli 1999).

---

11 Dementsprechend werden keine Protokolle von Sitzungen des EZB-Rates veröffentlicht und Meinungsdifferenzen werden nicht publik gemacht. Nach dem wirtschaftspolitischen Paradigma der WWU geht es hier weder um demokratische Legitimität noch um Rechenschaft gegenüber repräsentativen Institutionen. Vielmehr geht es um technokratische Legitimität, d.h. es geht darum, institutionelle Mechanismen zu verankern, welche die wirtschaftliche Stabilität Europas garantieren.

Traditionell ist die WWU eine Domäne der Exekutive, die nur eine sehr kleine Gruppe von Akteuren, vornehmlich aus dem Finanzministerium und der Zentralbank, umfasst. Gemessen am Einfluss und Ansehen gewinnen sie am meisten von der WWU. Bereits vor 1999 waren die Vertreter der nationalen Finanzministerien und Zentralbanken im Währungsausschuss der EG vertreten und die Zentralbankchefs im Europäischen Währungsinstitut (bis 1994 Ausschuss der EG-Zentralbankchefs). Die Zusammenarbeit in diesen beiden Ausschüssen, die seit 1979 das gemeinsame Währungssystem zu managen hatten, formte eine enge „Fachbruderschaft". Der Delors-Bericht zur WWU von 1989 und die Aufgabe, sich nach dem Maastrichter Vertrag auf die letzte Stufe der WWU vorzubereiten, verstärkte den Zusammenhalt. Seit 1999 ist der zentrale Bezugspunkt die EZB, wobei die Chefs der nationalen Zentralbanken als Teil des Europäischen Systems der Zentralbanken (ESZB) nun verpflichtet sind, die Entscheidungen der EZB umzusetzen, an welchen sie allerdings aufgrund ihrer Mitgliedschaft im EZB-Rat auch selbst mitwirken. Ein weiterer Anker der gemeinsamen Arbeit ist der Wirtschafts- und Finanzausschuss, in dem ebenfalls die Vertreter der Mitgliedstaaten und der EZB zusammenkommen. Der Wirtschafts- und Finanzausschuss leistet Vorarbeit für die Eurogruppe, dem informellen Forum der Wirtschafts- und Finanzminister, sowie dem Rat der Wirtschafts- und Finanzminister (ECOFIN), der für Währungsfragen, Haushaltskoordinierung und Strukturreform in den Mitgliedstaaten zuständig ist. Die Stellung des ECOFIN wurde durch die WWU noch zusätzlich aufgewertet, da die Finanzminister zusammen mit den Regierungschefs nunmehr auch im Europäischen Rat für WWU-Angelegenheiten sitzen.

Dieser kleine, privilegierte Kreis hat über die einzelnen Entwicklungsetappen der WWU noch enger zusammengefunden und seine gemeinsame Identität gestärkt. So verwaltete sie gemeinsam den Wechselkursmechanismus, bereitete die dritte Stufe der WWU vor und strukturiert nach 1999 ihre Beziehungen rund um die EZB-zentrierte Euro-Zone herum. Ferner haben sie ein gemeinsames Interesse daran, den Einfluss des Europäischen Rates in diesem Politikbereich möglichst klein zu halten. Ihre kollektive Identität wurde nicht zuletzt durch die Einführung des Beschäftigungskapitels im Amsterdamer Vertrag gestärkt, galt es doch eine Aufwertung des Rates für Arbeit und Soziales und des neugeschaffenen Beschäftigungsausschusses abzuwehren. Die Gemeinschaft der Währungshüter musste sich nun den Herausforderungen des „Luxemburger Prozesses" – mit seinen jährlichen beschäftigungspolitischen Richtlinien und nationalen Aktionsplänen – sowie des „Kölner Prozesses" – mit dem neuen Europäischen Beschäftigungspakt und der neuen Dialogstruktur – stellen. Diese Entwicklungen veränderten zwar den Akteurskreis des Politikbereiches und öffneten die Tür für neue Positionen im politischen Dialog der WWU. Was aber die Leitidee der „harten" Währung und einer „soliden" Finanzpolitik anbetrifft, blieben die Positionen erstaunlich stabil. Der ECOFIN und der Wirtschafts- und Finanzausschuss konnten erfolgreich ihren Anspruch verteidigen, dass sie das geeignete Forum sind, um die Beschäftigungsrichtlinien und die wirtschaftspolitische Koordinierung festzulegen. Es wurde sehr deutlich gemacht, dass die beschäftigungspolitischen Leitlinien den wirtschaftspolitischen Richtlinien, für die der ECOFIN verantwortlich ist, unterzuordnen sind.

So zeigt sich das Bild einer auf die WWU eingeschworenen Fachbruderschaft, die sich dem Leitbild einer stabilitätsorientierten Währungs- und Finanzpolitik verpflichtet fühlt und sich auf die privilegierte Stellung, die die Mitgliedschaft im europäischen Zentralbanksystem einigen ihrer Mitglieder gewährt, stützen können. Sie sind gleichzeitig Akteure und Begünstigte dieser Politik. Ähnlich wie der Binnenmarkt, der zu einer Zentralisierung der politischen Regulierung auf EU-Ebene führte, hat auch die WWU zu einer Konzentration der Stabilisierungsabsprachen auf EU-Ebene geführt. Technokratisch betrachtet ist die EU nun nicht mehr nur eine „regulative", sondern zunehmend auch eine „stabilisierende" Ordnungsmacht. Sie hat sich der Aufgabe verschrieben, die wirtschaftliche Leistungsfähigkeit der EU durch die Gewährleistung wirtschaftlicher Stabilität sicherzustellen (Dyson 2000a). Dieser kleine und exklusive Kreis definiert die Inhalte und Grenzen der EU als „stabilisierende Ordnungsmacht".

6 Die langfristigen Auswirkungen der WWU auf die Mitgliedstaaten

Obwohl es sich um einen eng begrenzten Politikbereich handelt, ist der Einfluss der WWU auf die Mitgliedstaaten umfassend. Im Interesse gesamtwirtschaftlicher Stabilität greift sie in die Fiskal-, Sozial-, Arbeitsmarkt- und Lohnpolitik ein. Vordergründig geht es um die Wahl der geeigneten Instrumente stabilitätsorientierter Wirtschaftspolitik. In Wirklichkeit sind jedoch so grundlegende Fragen berührt wie nationale Vorstellungen über Form und Inhalt angemessenen Regierens. Die Verpflichtung auf das Motto „die WWU zu einem Erfolg machen" hat Auswirkungen auf den Gehalt von Souveränität, insbesondere auf die als richtig erachteten Verhaltensnormen des zwischenstaatlichen Umgangs. Trotz ihres technokratischen Ursprungs und Ethos ist die WWU ein makro-kulturelles Phänomen, dessen Auswirkungen den Kern von Staatlichkeit berühren. Worin aber bestehen diese Auswirkungen genau?

6.1 Relativierung von Souveränität

Die WWU hat zunächst grundlegende Auswirkungen auf den Umgang mit dem Prinzip der Souveränität (Sørensen 1999). Bereits zuvor hat die europäische Integration die Spielregeln verändert (Caporaso 1996; Jackson 1999; Linklater 1998). So wurde das Prinzip der Nichteinmischung stark relativiert und die Frage nach der Gerechtigkeit wird nicht mehr lediglich unter dem Gesichtspunkt der zwischenstaatlichen Ressourcenverteilung beantwortet. Vielmehr weiß man sich in ein transnational integriertes Wirtschaftssystem eingebunden, in dem wirtschaftspolitisches Fehlverhalten des einen zu Wohlfahrtsverlusten aller führen kann. Die EU ist darüber hinaus eine Erinnerungsgemeinschaft, die nicht nur die Weltkriege als offensichtliches Versagen des Staatensystems im Gedächtnis hat, sondern auch die Erinnerung an die Krisenanfälligkeit der europäischen Währungen und die Verwundbarkeit durch globale Finanzmarktentwicklungen teilt. Der Zusammenbruch des Bretton-Woods Systems und die späteren EWS Krisen waren nicht nur wirtschaftlich nachteilig, sondern für die europäischen Staaten auch politisch demütigend.

Die WWU ist somit wirtschaftlich und politisch bedeutsam. Sie trägt zu einem neuen Bewusstsein europäischer Identität bei und erlaubt den staatlichen Führungseliten mit dem Appell an dieses neue Bewusstsein festgefahrene Interessenstandpunkte aufzuweichen und Reformen in Angriff zu nehmen. Dieser Prozess verläuft im Bereich der Währungs- und Budgetpolitik keineswegs synchron, aber die beiden Kernaussagen treffen gleichermaßen zu: Zum einen ist kollektive Identität nicht mehr ausschließlich an den Nationalstaat gebunden und zum anderen wirkt die Europäische Zentralbank als Katalysator für die Identitätsbildung.

Das bringt zweierlei Auswirkungen für die Mitgliedstaaten mit sich. Erstens haben sie eine Souveränitätsbeschränkung durch die EZB hinzunehmen, weil diese „unverantwortliches" Verhalten mit höheren Zinssätzen bestrafen kann und weil sie die Glaubwürdigkeit der EZB auch im eigenen Interesse nicht beschädigen dürfen.[12] Zweitens kommt es zu einer vertieften wirtschaftspolitischen Zusammenarbeit der Mitgliedstaaten.[13]

---

12 Infolgedessen ist die EZB sehr viel freier, ihren Ansichten über dringend nötige staatliche Strukturreformen der Wirtschaft Ausdruck zu verleihen als die Mitgliedstaaten, wenn diese Kritik an der Währungspolitik äußern oder eventuell gar mit einer Austrittsdrohung die EZB zu einer Kursänderung bringen wollen. Der „Fall" Lafontaine, nämlich die Kritik des deutschen Finanzministers an der EZB, hat die politischen Eliten schnell gelehrt, wie wichtig öffentliche Zurückhaltung und eine geschlossene Haltung in Fragen der Wirtschafts- und Währungsunion ist. Der Lernprozess war dabei keineswegs einseitig. Lafontaines Kritik führte der EZB vor Augen, dass sie ihre Rolle stärker politisch definieren muss. Insgesamt aber dokumentierte der Vorfall die asymmetrische Verteilung politischer Macht im Euro-Raum.

13 Schritt für Schritt haben sie auf Gipfelkonferenzen und im Amsterdamer Vertrag eine engere Zusammenarbeit vereinbart. Die Verfahren die hinter den Namen Luxemburger, Cardiffer und Kölner „Prozess" und „Beschäftigungspakt" firmieren, zielen alle auf vermehrte Anstrengungen zur wirtschafts- und beschäftigungspolitischen Konvergenz. Die Wahl der Mittel ist den Staaten freigestellt, doch das politische Ziel ist durch gemeinschaftliche Beschlüsse vorgegeben. Sie alle orientieren sich an dem Leitbild einer „harten" Währung und der EZB als Stabilitätsanker.

6.2 Staaten als vornehmliche Handlungs- und Analyseeinheit

Trotz der eingeschränkten Souveränität der Mitgliedstaaten ist Politik in der Euro-Zone weiterhin staatszentriert. In all den Fragen, die im weitesten Sinne zur Wirtschaftspolitik zählen, bleiben die Mitgliedstaaten die dominanten Akteure und Handlungsräume. Die Art und Weise, in der die Nationalstaaten wirtschaftspolitisch aktiv sind, ist dabei allerdings durch die Einbindung in die transnationale Politikgemeinschaft der WWU bestimmt. Die fortschreitende Institutionalisierung der WWU, die mit der Einrichtung des EWS einsetzte, hat nationale Politiker und vor allem Zentralbanker und Finanzminister nachhaltig sozialisiert. Es ist nicht so, dass sie sich nur einfach auf neue Handlungsrestriktionen eingestellt haben. Vielmehr haben sie bestimmte Normen angemessenen wirtschaftlichen Verhaltens verinnerlicht. Kurz gefasst beinhaltet dies ein Bekenntnis zur Verantwortung und Verpflichtung gegenüber einem größeren Ganzen. Die Nationalstaaten mögen zwar weiterhin die vorrangige Bezugsebene für Politik sein. Doch diejenigen, die im Namen des Staates für Währungs- und Fiskalpolitik Verantwortung übernehmen, definieren ihr Eigeninteresse und ihre Identität in einem größeren Verbund. Mit anderen Worten, die Europäisierung dringt tief in die nationale Politikgestaltung ein. Die Frage ist, auf welche Weise dies passiert.

6.3 Europäisierung und der Wettbewerb um geistige Führung

Die WWU führt zu einer Europäisierung über einen Prozess dynamischer Wechselwirkungen. Europäisierung „von oben" geht in erster Linie von der Europäischen Zentralbank aus. Diese beansprucht unter Berufung auf das kollektive Interesse an wirtschaftlicher Stabilität die währungspolitische Richtlinienkompetenz. Der Europäisierungsprozess „von unten" betrifft weite Bereiche der Wirtschafts-, Arbeitsmarkts-, Lohn- und Sozialpolitik. Dabei werden zum einen bereitwillig anderswo erprobte Konzepte aufgegriffen, um zu optimalen Ergebnissen zu gelangen. Zum anderen wird zum Zweck der politischen und wählerwirksamen Profilierung danach gestrebt, eine konzeptionelle Vorreiterrolle im Bereich der Wachstums- und Beschäftigungspolitik einzunehmen. Die Europäisierung schöpft ihre Dynamik vornehmlich aus diesen Veränderungsprozessen „von unten", was der Natur der EU als „Staatenverbund" auch voll entspricht.[14] Verfolgt man die Reformbemühungen der einzelnen Mitgliedstaaten in Bereichen der Besteuerung, des Sozialstaats, des Arbeitsmarktes und der Lohnpolitik, so sind diese Prozesse deutlich zu erkennen. Über diese Reformstrategien versuchen die Mitgliedstaaten auch sich nach außen hin zu profilieren und ihren nationalen Lösungswegen Modellcharakter zu verleihen.

Die Anpassung an „Benchmarking", Politiktransfer und Politiklernen verläuft allerdings nicht reibungslos, weil ordnungspolitische, institutionelle und historische Unterschiede zwischen den Mitgliedstaaten bestehen (Dolowitz/Marsh 1996). Entsprechend ist die Empfänglichkeit für bestimmte Ideen in manchen Staaten größer als in anderen. So kann zum Beispiel das niederländische Wachstums- und Beschäftigungsmodell in Schröders Deutschland weitaus leichter zur Nachahmung anregen als in Jospins Frankreich. Politiktransfer und -lernen sind zudem keine Einbahnstraße, wodurch einmal mehr deutlich wird, dass die Antwort auf die WWU nur sehr differenziert ausfallen kann.

Dieser Trend, der mit dem Schlagwort von „mehreren Europas" innerhalb der Euro-Zone bzw. der in sich differenzierten Euro-Zone treffend charakterisiert wird (vgl. Héritier/Knill 2000), relativiert den Eindruck einer übermächtigen EZB, die der Motor struktureller Reformen zur Durchsetzung einer „harten" Währung ist und damit die Mitgliedstaaten zur Anpassung zwingt. Die fort-

---

14 So ist es nicht zufällig, dass seit dem Europäischen Gipfel von Lissabon im März 2000 die Ziele der WWU mit der als „weich" eingestuften Strategie der „offenen" Methode der Politik-Koordinierung verfolgt werden, die darauf Rücksicht nimmt, dass die politische Hauptverantwortung in wirtschafts- und sozialpolitischen Fragen weiterhin bei den Nationalstaaten liegt. Die eingesetzten Instrumente wie „Benchmarking", der Abgleich von „best practice", von Politiktransfers und Politiklernen (Dyson 2000a) verleihen den Reformen vor Ort die nötige Legitimität, um auf nationaler Ebene Veränderungen zu fordern. Damit tragen sie zu einer möglichen Machtverschiebung innerhalb und zwischen nationalen Institutionen bei.

dauernden Unterschiede rühren nicht zuletzt daher, dass die Reformen der Arbeitsmarkt-, Lohn- und Sozialpolitik zu verschiedenen Zeitpunkten und mit jeweils eigenen Geschwindigkeiten stattfinden. Aber auch wenn das institutionelle Beharrungsvermögen der einzelnen nationalen Wirtschaftssysteme deutlich zum Tragen kommt, so wird doch durch die von der WWU geförderte transnationale Koalition zwischen EZB, multinationalen Unternehmen und den globalen Finanzmärkten, die alle der neoliberalen Wirtschaftsidee verpflichtet sind, ein Druck hin zu mehr Konvergenz ausgeübt. Die schwierige empirische Frage ist, ab welchem Punkt diese Koalition nicht mehr nur strukturelle Anpassungsmaßnahmen innerhalb der nationalen institutionellen Arrangements einfordert, sondern grundlegend die Art und Weise, in der nationale Regierungen ihre Interessen und Identitäten definieren, beeinflusst und unter den europäischen Eliten schließlich eine Verinnerlichung des neo-liberalen Paradigmas bewirkt. Unsere Analyse hat gezeigt, dass der politische Siegeszug der WWU als Verkörperung neoliberaler Ordnungspolitik keineswegs unausweichlich ist.

7   Zusammenfassung: Konvergenz, fortdauernde Unterschiede und Wettbewerb

Das Hauptanliegen dieses Beitrags ist, die Komplexität der Europäisierung der Mitgliedstaaten durch die WWU zu verdeutlichen, weswegen wir nicht nur deren materielle Auswirkungen, sondern auch die Art und Weise, in der diese konstruiert werden, betrachten.

Erstens beinhaltet die WWU einen starken Konvergenzdruck „von oben". Dieser Druck ist materieller Natur und stützt sich auf die Beseitigung wichtiger Schutzbedingungen der verschiedenen Ökonomien, nämlich die Möglichkeit der Währungsabwertung, der Anpassung von Zinssätzen sowie national organisierte Finanzmärkte. Als ein makro-kulturelles Phänomen gibt die WWU den nationalen Politikern eine bestimmte Richtung vor. Diese Richtung bezieht sich sowohl auf die Inhalte, den diskursiven Rahmen und die Legitimation von bestimmten Politiken als auch auf die positive Bewertung bestimmter Strategien und die Hervorhebung der Position der Finanzministerien und Zentralbanken.

Zweitens hängt die mögliche Konvergenz von Politik und Politikergebnissen in der Praxis entscheidend davon ab, welche unvorhersehbare Dynamik sich zwischen Europäisierung „von oben" und den von den jeweiligen institutionellen Strukturen und Kulturen geprägten Anpassungsstrategien der Mitgliedstaaten entwickelt. Dabei spielen folgende Unterschiede eine Rolle. Erstens fällt die ideologische Vereinbarkeit sehr unterschiedlich aus. Zweitens ist die Fähigkeit zur politischen Führung bzw. zur technokratischen Vereinnahmung der Politik sehr unterschiedlich ausgeprägt. Drittens können sich die Mitgliedstaaten in sehr unterschiedlichem Maße auf einen politischen Konsens bei der Durchsetzung einer WWU-konformen Politik stützen. Folglich ist zu erwarten, dass die Wirkung der WWU bezogen auf die einzelnen Staaten deutlich variiert.

Drittens ist die Umsetzung der WWU nur als komplexes und dynamisches Zusammenspiel von Europäisierungsprozessen „von oben" und „von unten" zu begreifen. Dabei erfährt sie eine Umdeutung, die in drei unterschiedliche Richtungen gehen kann. So wird die WWU einmal als Hebel zur Durchsetzung von wirtschaftlichen Strukturreformen begriffen, die durch die Globalisierung unumgänglich geworden sind. Sie wird aber auch als Garant politischer Gestaltungsfähigkeit in einer zunehmend globalisierten Wirtschaft und als Sicherung des europäischen Sozialstaatsmodells gesehen. Nicht zuletzt wird sie als optimaler Handlungsrahmen eingeschätzt, um politischen Wandel im Wege des gesellschaftlichen Dialogs voranzutreiben.

Viertens werden die unterschiedlichen Wirkungen der WWU auch in den jeweiligen Strategien deutlich, mit denen staatliche Akteure den Anforderungen der WWU zu entsprechen suchen (Dyson 2000b). Die „Anpassungsstrategie" baut auf die diskursive Vermittlung von politisch „notwenigen" Maßnahmen, die so gefasst sein müssen, dass zumindest entscheidende Teile der Öffentlichkeit überzeugt werden. Dies gelang eindeutig in Deutschland vor 1996 unter der Regierung Kohl. Die „Transformationsstrategie" setzt auf die Fähigkeiten politischer Unternehmer, die aus der Regierung oder der Privatwirtschaft kommen können – wie beispielsweise der französische Arbeitgeberverband „Medef" bei der

Reform der französischen Arbeitslosenversicherung –, innenpolitische Reformen auszuhandeln und durchzusetzen. Griechenland, Italien und Spanien lieferten in den 1990er Jahren hierfür gute Beispiele. Die „Vermeidungsstrategie" verlangt die Fähigkeit, die politische Diskussion in andere politische Foren zu verlagern, um eine Präferenzänderung zu erwirken. Als Beispiel sei auf die französische Politik verwiesen, die über die Verlagerung auf die europäische Ebene der Beschäftigungs- und Wirtschaftspolitik einen neuen Inhalt zu geben vermochte, oder auf die Bemühungen Lafontaines, eine internationale Wechselkurskoordinierung zu erreichen. Der geringe Erfolg der „Vermeidungsstrategie" beispielsweise im Falle Lafontaines zeigt, wie stark das Leitbild einer harten Währung wirkt. Die „Beharrungsstrategie" schließlich spiegelt die Beharrungskraft von nationalen Institutionen gegenüber der Herausforderung der WWU wider und setzt auf die Mobilisierung von Widerstand. Beispiele hierfür sind das Scheitern der Rentenreformen in Griechenland und Italien und die fehlende Bereitschaft in Deutschland, Arbeitsmarktreformen entschlossen anzugehen. Die „Beharrungsstrategie" wird ihrerseits, selbst wenn sie erfolgreich ist, als Schwäche gewertet.

Die WWU spielt fünftens nicht nur bei der Zusammenarbeit, sondern auch bei Konflikten zwischen Mitgliedstaaten eine Rolle. Die Staaten bringen ihre individuellen Charakteristika in die WWU ein und in manchen Fällen – wie z.B. im Fall Großbritanniens – lassen sich diese Eigenheiten nur schwer mit den Wesensmerkmalen der WWU vereinbaren. Interessant ist hierbei, in welcher Art und Weise die Charakteristika staatlicher Individualität in Auseinandersetzung mit der WWU neu definiert werden und sich dann wieder – wie bereits oben dargestellt – in einer spezifisch nationalen Auffassung vom Wesen der WWU niederschlagen.

Ein unterschiedliches nationales Selbstverständnis geht mit einer jeweils eigenen Antwort auf die Herausforderungen der WWU einher. In Großbritannien spielte die WWU besonders nach 1988 eine bedeutende Rolle bei der Neubestimmung britischer Identität, die sich zunehmend zu einer englischen Identität verkürzte und in deutlicher Abgrenzung zu Europa definiert wurde. Im Gegensatz dazu bestärkte die WWU das staatliche Selbstverständnis Deutschlands, weil es dem währungspolitischen Modell Deutschlands nachgebildet war. Allerdings übernahm die WWU nicht die wirtschaftspolitische

Philosophie. So trug die WWU indirekt dazu bei, dass das Modell der sozialen Marktwirtschaft mit seiner Betonung von sozialer Verantwortung und der engen Abstimmung zwischen den Sozialpartnern zumindest teilweise durch die Unternehmensphilosophie von „shareholder value" verdrängt wurde, die von Unternehmen wie Allianz, Deutsche Bank und Daimler Benz mit aller Entschlossenheit verfolgt wurde. Somit hatte die WWU eine recht zwiespältige Auswirkung auf die Definition dessen, was als spezifisch deutsches Wirtschaftsmodell zu gelten hat. Konflikte, die sich an der Kontroverse über die zukünftige Gestalt des deutschen Wirtschaftssystems entzündeten, lösten in Deutschland einen Reformdruck aus, den vor 1991 niemand in diesem Umfang vorausgesehen hatte. Die Ambivalenz in der rhetorischen und strategischen Orientierung der Regierung Schröder ist Ausdruck dieser Spannungen und Konflikte. In Griechenland und Italien war die WWU dagegen Auslöser für eine radikale Neubestimmung der ordnungspolitischen Orientierung. Sie stärkte den Reformwillen und die Reformfähigkeit staatlicher Politik im Sinne der wirtschafts- und währungspolitischen Disziplinierung. Es wäre allerdings zu kurz gegriffen, die WWU dabei lediglich als externe Handlungsrestriktion zu begreifen (vgl. Dyson/Featherstone 1996), denn wesentlich für ihren Erfolg war, dass ihre Werte von den zentralen Akteuren verinnerlicht wurden. Gerade der Ländervergleich macht deutlich, dass die europäischen Staaten die WWU in sehr unterschiedlicher Weise erfahren und auf sie reagiert haben.

Prozesse, in deren Verlauf Interessen neu definiert und kollektive Identitäten geformt werden, führen stets zu neuen Spannungen und Konflikten. Dabei ist das Konfliktpotenzial insbesondere dann groß, wenn sich eine Kluft zwischen den Überzeugungen und Einstellungen der Eliten einerseits und der Haltung der breiten Öffentlichkeit andererseits auftut (Schmidt 1997, 1999). Die zentrale Frage ist, wer durch die Werte der WWU sozialisiert wird. Gerade weil die Folgen der WWU ungleichmäßig verteilt sind, ist ihre Legitimierung nicht einfach. Erschwerend kommt hinzu, dass die WWU eine Angelegenheit für Experten ist und ihre Debatten sich außerhalb der breiten Öffentlichkeit vollziehen. In Ländern wie Italien waren die an die WWU geknüpften politischen Reformen wie die Privatisierungen und die Renten- und Arbeitsmarktreformen zutiefst umstritten. Nach 1999 haben italienische Eliten deshalb versucht, die WWU aus der öffentlichen Reformdebatte herauszuhalten und statt dessen die Reformmaßnahmen mit rein innenpolitischen Argumenten, wie beispielsweise dem fairen Generationenausgleich bei der Rentenreform, zu rechtfertigen. Damit wurde versucht, eine Rechtfertigungsgrundlage zu finden, die das Projekt Europa nicht gefährden würde. Die Schwierigkeit mit der beispielsweise auch Frankreich konfrontiert ist, besteht darin, einen legitimierenden Diskurs zu führen, der die mit der WWU verbundenen Werte und Veränderungen nicht unterminiert (Cole/ Drake 2000).

Sechstens stellt die Mitgliedschaft in der WWU das traditionelle Verständnis von Souveränität in Frage, nachdem Staaten – wie von John Locke beschrieben – als egoistische Rivalen um materielle Vorteile konkurrieren. Man könnte die EU als eine auf friedliche Zusammenarbeit gerichtete Staatengemeinschaft im Sinne Immanuel Kants verstehen, auch wenn diese gemeinschaftliche Kultur bisher nur unvollkommen ausgebildet ist. Das öffentliche Plädoyer „die Euro-Zone zu einem Erfolg machen", beschleunigt diesen kulturellen Wandlungsprozess. Es ist zu erwarten, dass dabei neue Konflikte hervorgerufen und vorhandene Konflikte verschärft werden. Eine mögliche Folge ist der Aufschwung des populistischen Nationalismus, der seit Anfang der 1990er Jahre im rechten Meinungsspektrum zu verzeichnen ist und die Parteien der rechten Mitte vor das Problem stellt, wie sie ohne Einbindung der extremen Rechten mehrheitsfähige Regierungen bilden können. Die politische Kräfteverschiebung im bürgerlichen Lager verleiht der öffentlichen Auseinandersetzung um die Vor- und Nachteile der WWU und die Notwendigkeit flankierender Reformen erst ihre politische Brisanz.

Schließlich führt die WWU zu einem Wettstreit der Mitgliedstaaten um Macht und Ansehen als jene politisch-ideelle Führungskraft, deren Politikmodelle Nachahmung finden. Innerstaatlich versprechen sich die Regierungen von dieser Führungsrolle einen Gewinn an politischer Glaubwürdigkeit, größeren Zuspruch bei Wahlen, eine höhere Anziehungskraft für ausländische Investitionen und eine Stärkung ihrer politischen Legitimität. Der Schlüssel zu diesem Verhalten liegt allerdings nicht in der Entstehung der Euro-Zone, sondern in der schwindenden Überzeugungskraft des deutschen Modells der sozialen Marktwirtschaft in den 1990er Jahren was die Sicherung von Wachstum, Beschäftigung und Arbeitsplätzen anbetrifft. Zwar übernahm die EU mit der WWU die währungspolitische Orthodoxie der Deutschen, nicht aber ihr neo-korporatistisches Wirtschaftsmodell. Unter diesen neuen Bedingungen können andere Staaten ihre wirtschaftliche Leistungsfähigkeit, gemessen an Wachstum und Arbeitsplätzen, nutzen, um ihren wirtschaftspolitischen Ordnungsvorstellungen Nachdruck zu verleihen und eine politisch-ideelle Führungsrolle einzunehmen. Im Ergebnis können so kleinere Mitgliedstaaten wie z.B. Dänemark und die Niederlande Einfluss auf größere Mitgliedstaaten wie Deutschland ausüben (vgl. Bundesfinanzministerium 2000).

Übersetzung: Diana Panke

Literatur

Alesina, Alberto/Gatti, Roberta 1995: Independent Central Banks: Low Inflation at No Costs, in: American Economic Review 85, 196-200.

Artis, Michael/Winkler, Bernhard 1997: The Stability Pact: Safeguarding the Credibility of the ECB, in: CEPR Working Paper 1688, London.

Blinder, Alan 1999: Central Bank Credibility: Why Do We Care?, Paper for ASSA meetings, January 1999.

Bundesfinanzministerium 2000: Jahreswirtschaftsbericht 2000, Berlin.

Caporaso, James 1996: The European Union and Forms of State: Westphalian, Regulatory or Post-Modern?, in: Journal of Common Market Studies 34, 29-52.

Cobham, David/Zis, George (Hrsg.) 1999: From EMS to EMU: 1979 to 1999 and Beyond, London.

Cole, Alistair/Drake, Helen 2000: The Europeanization of the French Polity: Continuity, Change and Adaptation, in: Journal of European Public Policy 7, 26-43.

Dolowitz, David/Marsh, David 1996: Who Learns What From Whom: A Review of the Policy Transfer Literature, in: Political Studies 44, 343-57.

Dyson, Kenneth 1994: Elusive Union: The Process of Economic and Monetary Union in Europe, London.

Dyson, Kenneth 1997: La France, l'union économique et monétaire et la construction européenne. Renforcer l'executif, transformer l'Etat, in: Politiques et Management Public 15, 57-77.

Dyson, Kenneth 2000a: The Politics of the Euro-Zone, Oxford.

Dyson, Kenneth 2000b: Creativity and Constraint in Politics. The Case of EMU, präsentiert auf der Conference on Ideational Institutionalism, University of Birmingham, June 2000.

Dyson, Kenneth/Featherstone, Kevin 1999: The Road to Maastricht. Negotiating Economic and Monetary Union, Oxford.

Ebbinghaus, Bernhard/Hassel, Anke 2000: Striking Deals: Concertation in the Reform of Continental European Welfare States, in: Journal of European Public Policy 7, 44-62.

Featherstone, Kevin/Kazamias, Andreas/Papadimitriou, Dimitris 2000: The Limits of Empowerment. EMU, Technocracy and the Reform of the Greek Pension System, Workshop on Europeanization, University of Bradford, May.

Giuliani, Massimo 1999: Europeanization and Italy, Paper to the 6th Conference of the European Community Studies Association, Pittsburg, 2-5 June.

Goetz, Klaus 2000: Europeanizing the National Executive?, Paper to the UACES 30th Annual Conference, Budapest, 6-8 April.

Héritier, Adrienne/Knill, Christoph 2000: Differential Responses to European Policies. A Comparison, Max Planck Projektgruppe Recht der Gemeinschaftsgüter, Bonn.

Issing, Otmar 1999: The Eurosystem. Transparent and Accountable or „Willem in Euroland", in: CEPR Policy Paper 2, London.

Jackson, Robert 1999: Sovereignty in World Politics. A Glance at the Conceptual and Historical Landscape, in: Political Studies 47, 431-456.

Jospin, Lionel 1999: Modern Socialism, London.

Linklater, Andrew 1998: The Transformation of Political Community, Oxford.

Majone, Giandomenico 1999: The Regulatory State and its Legitimacy Problems, in: West European Politics 22: 1, 1-24.

Marcussen, Martin 1998: Ideas and Elites. Danish Macro-Economic Policy Discourse in the EMU Process, Ph.D. thesis, Aalborg University.

Marsh, Ian 1999: The State and the Economy. Opinion Formation and Collaboration as Facets of Economic Management, in: Political Studies 47, 837-856.

McNamara, Kathleen 1998: The Currency of Ideas. Monetary Politics in the European Union, Ithaca.

Milward, Alan 1992: The European Rescue of the Nation State, London.

Moravcsik, Andrew 1998: The Choice for Europee. Social Purpose and State Power from Messina to Maastricht, London etc.

Radaelli, Claudio 1999: Technocracy in the European Union, London.

Radaelli, Claudio 2000: Whither Europeanization? Concept Stretching and Substantive Change; in: European Integration Online Papers 4: 8, http://eiop.or.at/eiop/texte/2000-008a.htm.

Scharpf, Fritz 1999: Governing in Europe. Effective and Democratic?, Oxford.

Schmidt, Vivien 1997: Discourse and (Dis)integration in Europe. The Cases of France, Germany, and Great Britain, in: Daedalus 126, 167-97.

Schmidt, Vivien 1999: Discourse and the Legitimation of Economic and Social Policy Change in Europe, Association Française de Science Politique, 6è Congrès, Rennes, 28-31 September.

Sørensen, Georg 1999: Sovereignty. Change and Continuity in a Fundamental Institution, in: Political Studies 47, 590-604.

Tsebelis, George 1999: Contribution to ECSA Review Forum on Approaches to the Study of European Politics, in: ECSA Review, Spring, 4-6.

Wendt, Alexander 1999: Social Theory of International Politics, Cambridge.

Gerda Falkner[1]

Zwischen Gestaltungslücke und integrativen Kooperationseffekten: Wohlfahrtsstaat und Integration aus Sicht des historischen Institutionalismus

1 Einleitung

Die Europäische Union (EU) hat den Mitgliedstaaten die Sozialpolitik, die durch ihre Bedeutung für die konkreten Lebensbedingungen der Wählerschaft ein praktisch und legitimatorisch bedeutsamer Bereich ist, nicht aus der Hand genommen. Sie hat sich jedoch in zunehmendem Maße in die wohlfahrtsstaatlichen Belange involviert, und zwar über Regulierung, finanzielle Anreizsetzung und jüngst auch die „offene Koordinierung".[2] Der Beitrag erläutert diese Instrumente mit ihren praktischen Anwendungsfeldern (1).[3] Er widmet sich in der Folge der Frage nach einer „sozialpolitischen Gestaltungslücke" im europäischen Mehrebenensystem und analysiert die punktuelle Entstehung von EU-Sozialstandards (2). Hauptanliegen ist die Erweiterung sowohl der empirischen Kenntnis als auch der bestehenden Erklärungsangebote im Hinblick darauf, wie es trotz divergierender Wirtschaftsinteressen zu teils un-

1 Für hilfreiche Kommentare danke ich den Herausgebern sowie Philipp Genschel, Miriam Hartlapp, Simone Leiber, Myriam Nauerz (auch redaktionelle Unterstützung), Michael Nentwich, Fritz W. Scharpf, Emmerich Tálos und Oliver Treib.
2 Neben der inhaltlichen wird heute auch die (hier aus Platzgründen nicht behandelte) prozedurale Ebene von Sozialpolitik durch die europäische Integration beeinflußt. Über den sogenannten „sozialen Dialog" sowie über Elemente in sozialpolitischen Richtlinien (z.B. Ausnahmen nur bei nationaler Sozialpartnerzustimmung) werden Abkommen zwischen Arbeitgeber- und Arbeitnehmerseite auf europäischer (Falkner 1998) wie nationaler Ebene (Falkner 2000b) gefördert.
3 Aus Platzgründen konnten weder eingehende Ausführungen zu einzelnen Teilgebieten der EG-Sozialpolitik (siehe Leibfried/Pierson 1998b) noch breite Literaturverweise gemacht werden (z.B. Kowalsky 1999; Keller 1997).

erwartet hohen Gemeinschaftsstandards im Arbeitsrecht kommen
konnte (3).

2 Instrumente und Aktivitäten europäischer Sozialpolitik

Dieser Abschnitt gibt einen zusammenfassenden Überblick über
die verschiedenen Aktivitäten der EU im Bereich der Sozialpolitik.
Dies sind Regulierung (1.1), finanzielle Fördermaßnahmen (1.2)
und offene Koordinierung (1.3).

2.1 Regulierung

Dieser Unterabschnitt bietet einen Überblick über die vier wichtigsten Felder regulativer EU-Sozialpolitik: die Sozialversicherungs-
koordinierung, die Geschlechtergleichbehandlung, den technischen Arbeitsschutz sowie die Arbeitsbedingungen. Neben der
thematischen Kategorisierung geht es dabei auch um die Möglichkeit weitergehender analytischer Unterscheidungen innerhalb der
Menge von EG-Sozialrechtsakten. Jede wissenschaftliche Studie
beruht ja unter anderem auch auf Kategorisierungen. Deren Erfolg
bemisst sich einerseits nach ihrer Erklärungskraft in Verbindung
mit spezifischen Hypothesen, andererseits aber auch nach der
Trennschärfe der einzelnen Kategorien. Die hier eingangs (sogleich folgend) vorgestellte gängige Unterscheidung zwischen
„positiver" und „negativer" Integration kann zwar auf allgemeiner
Ebene den unterschiedlich erfolgreichen Fortgang von Integrati-
onsbestrebungen plausibel machen (siehe Scharpf, in diesem
Band). Im Sinne der Trennschärfe ist sie jedoch bei der Charakte-
risierung einzelner sozialpolitischer Maßnahmen weniger hilfreich
als die hier vorgeschlagene, jeweils eigenständige Kategorisierung
nach Rechtsschaffungsart, Wettbewerbsfunktion sowie Eingriffsform.

Die Diskussion der regulativen EU-Politik wurde traditionell
von der Unterscheidung zwischen positiver und negativer Integration geprägt. Maßnahmen der „negativen Integration" zielen ge-

mäß gängiger Begriffsverwendung[4] auf die Beseitigung von Behinderungen des freien Wettbewerbs ab (oft als Marktschaffung diskutiert), zum Beispiel durch die Beseitigung von Zöllen sowie von quantitativen oder qualitativen Beschränkungen des Freihandels. Unter „positiver Integration" versteht man dagegen die kreative Ausübung von Kompetenzen auf europäischer Ebene (meist als Marktgestaltung bezeichnet), was zumeist über Beschlüsse des EU-Ministerrates geschieht und dort (je nach Vertragsgrundlage mehr oder weniger leicht) blockiert werden kann. Die negative Integration gilt als „hauptsächlicher Nutznießer des supranationalen europäischen Rechts" (Scharpf 1999b: 53), weil Regeln etwa zum freien Marktzugang oftmals schon in den Gründungsverträgen der Europäischen Gemeinschaften enthalten waren und ihnen in der Folge die Europäische Kommission (Vertragsverletzungsklagen und Wettbewerbskontrolle) und die Gerichte (Vorabentscheidungsverfahren beim Europäischen Gerichtshof, EuGH) fallweise auch gegen den Widerstand von Regierungen zum Durchbruch verhelfen konnten.

Wie die folgende Matrix verdeutlicht, ist die gängige Unterscheidung von positiver versus negativer Integration allerdings nur in zwei von vier Feldern trennscharf.

---

4   Dies folgt der klarsten Definition von Fritz Scharpf (in diesem Band), der auch auf die Schwierigkeit der Zuordnung einzelner EG-Rechtsakte hinweist. Die Unterscheidung geht auf eine wenig trennscharfe Passage bei Tinbergen (1968, 239) zurück, wo die Abschaffung bestimmter wirtschaftspolitischer Mittel als „die extreme Form negativer Integration" bezeichnet wird, und die Einkommensübertragung von einem Land an ein anderes als Beispiel für positive Integration aufgeführt wird.

Abbildung 1: Traditionelle Begriffsverwendung von positiver und
negativer Integration (mit Beispielen aus der Sozialpolitik)

| | | Funktion für Wettbewerb | |
		Marktschaffung	*Marktkorrektur*
Art der Rechts-schaffung	*Rechts-setzung*	(1) Einrichtung z.B. der Arbeitnehmerfreizügigkeit per Verordnung	(2) Richtlinie zur Regulierung z.B. der Arbeitszeit (= POSITIVE INTEGRATION)
	Rechts-fortbildung	(4) Anwendung oder Interpretation bestehenden Rechts (durch EuGH oder Kommission) im Sinne der Marktfreiheit: z.B. Marktzutritt für „Billigmatrosen"[5] (= NEGATIVE INTEGRATION)	(3) Anwendung oder Interpretation bestehenden Rechts im Sinne sozialer Gestaltung: z.B. Beurteilung der Benachteiligung von Teilzeitarbeit als mittelbare Frauendiskriminierung[6]

Der historisch erste Hauptbereich der EG-Sozialpolitik, die *Freizügigkeit* und ihre soziale Absicherung, verdeutlicht dies. Zu den
Marktfreiheiten der 1957 eingerichteten Europäischen Wirtschaftsgemeinschaft (EWG, seit dem Maastrichter Vertrag EG[7]) gehört
nicht nur der freie Verkehr von Gütern, Dienstleistungen und Ka-

---

5 In Rs. C-72+73/91, Sloman Neptun Schifffahrts AG, schob der EuGH der Praxis, Staatsangehörige aus Drittstaaten zu schlechteren Vergütungs- und Sozial-
   schutzbedingungen als Deutsche auf deutschen Schiffen zu beschäftigen (im
   konkreten Fall erhielten philippinische Seeleute unter „Heimatlandheuer" weniger als 20% der deutschen Tariflöhne), keinen Riegel vor, obwohl die EG-
   rechtliche Vereinbarkeit mit Art. 91 Abs. 1 sowie Art. 117 EWGV in Frage
   stand und obwohl die deutsche Regierung offen argumentierte, § 21 Absatz 4
   Flaggenrechtsgesetz (zweites Schiffsregister) ziele auf Verbesserung der internationalen Wettbewerbsfähigkeit der deutschen Seeschifffahrt durch Personal-
   kostensenkung ab.
6 Gemäß ständiger Rechtsprechung des EuGH gilt als mittelbare Diskriminierung, wenn die Benachteiligung Ergebnis der Anwendung eines scheinbar
   neutralen Kriteriums ist (wie etwa das Ausmaß der Arbeitszeit), welche
   gleichwohl im Endergebnis ein Geschlecht ungleich stärker trifft.
7 „EG" wird hier verwendet, wenn der allgemeinere Ausdruck EU (seit Maastricht für alle drei Gemeinschaften eingeführt) aus historischen oder juristischen Gründen unpassend ist (z.B. wenn sozial motivierte Richtlinien von Eu-
   ratom nicht mitgemeint sind).

pital. Auch die freie Bewegung und Betätigung von Arbeitskräften darf nicht mehr willkürlich behindert werden. Schon seit den 1960er Jahren können sich (vorbehaltlich möglicher Beschränkungen aus Gründen der öffentlichen Ordnung, Sicherheit oder Gesundheit) EG-BürgerInnen gleichberechtigt in allen Mitgliedstaaten um angebotene Arbeitsplätze bewerben. Im Sinne der politikwissenschaftlichen Einordnung der genannten Maßnahmen ist anzumerken, dass die Arbeitnehmerfreizügigkeit im EWG-Vertrag selbst zwar angekündigt war, jedoch erst mit einer Ratsverordnung effektiv eingerichtet wurde. Man kann hier also von positiver Kompetenzausübung auf supranationaler Ebene sprechen, die aber zugleich zur Schaffung eines freien Arbeitsmarktes beitrug (Feld 1, Abbildung 1). Problematisch im Sinne der traditionellen Definition von *positiver* bzw. *negativer Integration* sind auch jene Fälle unter den 611 einschlägigen Urteilen[8] zur Freizügigkeit und deren versicherungstechnischen Absicherung (dazu sogleich), in denen der EuGH sozialen Anliegen gegenüber dem freien Walten der Marktkräfte den Vorrang einräumte (Feld 3 der Matrix oben).

Dies legt nahe, die beiden prinzipiell eigenständigen Dimensionen, Rechtsentstehungsart (Akteursdimension) und Funktion im Sinne des Wettbewerbs (Marktdimension), besser gesondert zu analysieren. Anders formuliert spricht gegen die Verwendung des gebräuchlichen, zweidimensionalen Begriffs *positive* bzw. *negative Integration*, dass die Frage nach der Rechtsentstehung nicht immer konkludent mit jener der Wettbewerbsfunktion einer Regulierung verknüpfbar ist.

Aber auch innerhalb der Wettbewerbsdimension birgt die gängige Unterscheidung Grauzonen. So ist die Unterscheidung zwischen *marktschaffend* und *marktkorrigierend* etwa bei dem ersten der vier sozialpolitischen Felder, den Sozialversicherungsfragen, problematisch. Zur Verwirklichung des EWG-vertraglichen Ziels der Sicherstellung von Ansprüchen und Leistungen aus der Sozialversicherung für WanderarbeitnehmerInnen (Artikel 42 EGV, früher 51) wurden mehrere Verordnungen beschlossen. Zentrale Bedeutung nimmt die komplexe und bis Ende 2001 43mal veränderte oder weiter spezifizierte Verordnung 1408/71 ein. Sie regelt die Anwendung der Systeme der sozialen Sicherheit auf Arbeit-

---

8 Quelle: Celex, Ende 2000.

nehmer und ihre Familien, die innerhalb der Gemeinschaft zu- und abwandern. Es werden alle Versicherungszeiten zusammengerechnet, die nach den innerstaatlichen Rechtsvorschriften der einzelnen EG-Länder für den Erwerb und die Aufrechterhaltung des Leistungsanspruchs sowie für die Berechnung und Gewährung von Leistungen[9] zu berücksichtigen sind. Außerdem wird der Export von Sozialleistungen garantiert, da WanderarbeitnehmerInnen unabhängig von ihrem Arbeitsplatz und Wohnort auch dann in den Genuss der Leistungen der sozialen Sicherheit kommen sollen, wenn der bisherige Aufenthaltsstaat leistungszuständig bleibt (für eine eingehende Darstellung vgl. z.B. Scheuer 1999).

Hier gestaltete die EG im Rahmen der ihr verliehenen Regelungskompetenzen also in mühevoller Kleinarbeit ein Regime für den zwischenstaatlichen Transfer von Ansprüchen. Allerdings dienen diese Maßnahmen de facto erst der Realisierung des gemeinsamen Arbeitsmarktes (marktschaffende Wirkung), denn ohne sie wäre Arbeitsmigration zwischen den Ländern mit dem Verlust der sozialen Absicherung verbunden. Ein Nichtexport von Sozialversicherungsleistungen mancher Länder käme einer extremen EU-internen Wettbewerbsverzerrung gleich und würde die Freizügigkeit praktisch unterbinden. Da im konkreten Fall „Marktschaffung durch Marktkorrektur" erfolgt, scheint die Unterscheidung zwischen diesen beiden Kriterien wenig sinnvoll. Die Unterscheidung zwischen „Marktöffnung" (im Sinne von: Marktzutrittsliberalisierung) einerseits und „Marktgestaltung" andererseits bietet hier eine klarere Abgrenzung (ersteres erfolgte im Vertrag und den Freizügigkeitsverordnungen, zweiteres in den Sozialversicherungsverordnungen). Die politische Gestaltung des Marktes (z.B. durch den Export von erworbenen Sozialversicherungsansprüchen) schließt die Beseitigung von Wettbewerbshürden ebenso ein wie die Gestaltung von Verhältnissen, die unstrittig nicht (oder nicht primär) wettbewerbsrelevant sind. So erübrigt sich die Einstufung eines Sachverhalts als wettbewerbsverzerrend (und damit seine Aufhebung als marktschaffend) oder nicht (in diesem Fall wäre die Aufhebung klar marktkorrigierend im Sinne von rein politisch ge-

---

9   V.a. im Fall von Krankheit, Mutterschaft, Invalidität, Alter und Tod, Arbeitsunfall und Berufskrankheit, Arbeitslosigkeit sowie Familienleistungen und -beihilfen.

wollter Gestaltung), was letztlich oft eine wissenschaftlich nicht entscheidbare Wertungsfrage darstellt.[10]

Jedenfalls ist festzuhalten, dass im Sozialbereich eine Kategorisierung von Politikfeldern, oder sogar von einzelnen Rechtsakten, im Sinne ihrer Wettbewerbsfunktion oft unmöglich ist. Viele Richtlinien setzen als Grundlage für die in ihnen enthaltene Marktöffnung auch gemeinschaftliche (Mindest-)Standards (z.B. im Bereich der gegenseitigen Anerkennung von Hochschuldiplomen). Die Problematik bei Politikfeldern zeigt das Beispiel der *Gleichbehandlung von Frauen und Männern*, das zweite hier vorzustellende Feld sozialpolitischer EU-Aktivität. Der Grundsatz der Lohngleichheit (Artikel 119 EWGV, jetzt verändert in 141 EGV) wurde ursprünglich infolge wettbewerbspolitischer Bedenken Frankreichs aufgenommen, wo die gesetzliche Lohngleichheit für Männer und Frauen 1957 schon eingeführt worden war. Vom Anliegen her stand also die Abschaffung von Wettbewerbsverzerrungen innerhalb des schon als frei konzeptualisierten EWG-Marktes für Arbeitskräfte im Vordergrund (Falkner 1994). Oft wurde die Gleichstellungspolitik jedoch als negative Integration verstanden, weil letztlich der EuGH die Lohngleichheit durchsetzte, nachdem die Regierungen sich fast zwanzig Jahre lang nicht an ihre Verpflichtung gehalten hatten. In der Folge weiteten aber wiederum die Regierungen im Rahmen aktiver Politikgestaltung den Grundsatz der Geschlechtergleichbehandlung über die Entgeltgleichheit hinaus auf die Nichtdiskriminierung bei den Arbeitsbedingungen (1976), die gesetzlichen (1978) sowie die betrieblichen Sozialversicherungssysteme (1986) und die selbständige Erwerbstätigkeit (1986) aus. In Abbildung 1 wäre also die formale, aber vorerst wirkungslose Garantie der Entgeltgleichheit 1957 in Feld 2 anzusiedeln, deren Durchsetzung durch den EuGH in den 1970er Jahren in Feld 3, und die thematische Ausdehnung seither wieder in Feld 2.

Die Unterscheidung zwischen Marktöffnung und Marktgestaltung ist auch in diesem Fall klarer möglich als eine Einstufung als

---

10 Diese Problematik kann auch durch die eingehende Darstellung der zu entgegengesetzten Ergebnissen kommenden ökonomischen Schulen nicht behoben werden. Zur Debatte zwischen „Interventionisten" und „Neoliberalen" siehe Nelhans (1975).

marktschaffend oder marktkorrigierend. Konkret wurde im Gleichbehandlungsfall argumentiert, dass die Diskriminierung von Frauen etwa bei den Rentenbeiträgen die Produktionskosten in manchen EG-Ländern künstlich senke und daher den freien Markt behindere. Allerdings bestanden (und bestehen) ohnehin so große Unterschiede in den Arbeitskosten zwischen den EG-Ländern, dass dieser Eingriff auch als rein politische Entscheidung für Marktzähmung angesehen werden kann. Eindeutig fällt er jedenfalls unter „Marktgestaltung".

Schließlich ist im Rahmen der Analyse der regulativen EU-Sozialpolitikmaßnahmen auch noch die Frage nach der jeweiligen *konkreten Eingriffsform* zu diskutieren, und zwar vorzugsweise unabhängig von anderen Klassifikationskriterien. Es sind zwei grundverschiedene Aktivitäten innerhalb der regulativen Intervention der EU im Sozialbereich zu unterscheiden: Koordinierung und Harmonisierung. Etwa im Bereich der Nichtdiskriminierung von weiblichen Arbeitskräften wurden keine konkreten materiellen Vorschriften zur Anwendung in den Mitgliedstaaten formuliert, sondern man garantierte „nur" die Gleichbehandlung der Geschlechter. Was die spezifischen Standards betrifft (z.B. Lohnhöhe, Nettoersatzraten bei Sozialversicherungsleistungen, Leistungsvoraussetzungen), so bleiben weiterhin die Mitgliedstaaten verantwortlich. Es handelt sich also um eine Koordinierung der Systeme in Hinblick auf den Gleichbehandlungsaspekt, nicht um die Harmonisierung materieller Rechte.

Eine Angleichung von Standards, konkret allerdings oftmals in Form von (nach oben offenen) Mindeststandards, erfolgte demgegenüber in zahlreichen arbeitsrechtlichen Fragen. Darunter fallen zwei weitere zentrale Bereiche der EG-Sozialpolitik, nämlich der *technische Arbeitsschutz* (bis Ende 2000: 26 Richtlinien, beispielsweise zu Arbeitsstoffen und Unfallverhütung) sowie die Regulierung allgemeiner *Arbeitsbedingungen* (18 Richtlinien zu Themen wie Massenentlassung; Betriebsübergang; Zahlungsunfähigkeit des Arbeitgebers; Arbeitsvertragsbedingungen; Arbeitszeit; Europäische Betriebsräte; Elternurlaub; Teilzeitarbeit; Betriebsrenten; befristete Arbeitsverträge; Schutz schwangerer, in andere Länder entsandter, atypischer oder jugendlicher Arbeitskräfte).

Unter Einbeziehung dieser Differenzierung ergeben sich insgesamt drei Unterscheidungskriterien für regulative EU-Aktivität im wohlfahrtsstaatlichen Bereich, die jeweils getrennt voneinander diskutiert werden sollten.

Abbildung 2: Drei voneinander unabhängige Kategorisierungs-
möglichkeiten regulativer EU-Politik

Unterscheidung nach:	jeweilige Kategorien	
Rechtsschaffungsart	Rechtssetzung (durch Vertragsparteien, Ministerrat oder Sozial-partner)	Rechtsfortbildung (durch den EuGH oder die Kommission)
Wettbewerbsfunktion	Marktöffnung	Marktgestaltung
Eingriffsform	Koordinierung	Harmonisierung

Der Stellenwert der einzelnen Kriterien (die prinzipiell alle aussa-gekräftig sind) ergibt sich aus der jeweiligen Forschungsfrage. In-sofern eruiert werden soll, wer Fortentwicklungen im Rahmen der europäischen Integration primär in der Hand hat, bietet sich die Frage nach Richterrecht versus politisch gesetztem Recht an. Wenn es um die Abschätzung geht, inwieweit Märkte nicht nur geöffnet, sondern auch gestaltet werden, liegt die Unterscheidung nach der Wettbewerbsfunktion nahe. Schließlich lenkt die Frage nach der Eingriffsform den Blick darauf, wie detailliert und wie (un-)mittelbar die EU in die Systeme ihrer Mitgliedstaaten ein-greift und wie groß die nationalen Spielräume bleiben, wenn sich „Europa" erst einmal „einmischt". Hier kann auf keine dieser Fra-gen detailliert eingegangen werden, die Kurzdarstellung der vier Hauptfelder europäischer Sozialpolitik in diesem Kapitel bot je-doch einen knappen Überblick.

2.3 Finanzielle Zuschüsse

Lange galt als unstrittig, dass die EU im wohlfahrtsstaatlichen Be-reich im Wesentlichen nur regulativ tätig ist (Majone 1993). Die Bedeutung distributiver Politik nahm allerdings im Zeitverlauf deutlich zu. Dabei spielte eine wichtige Rolle, dass über Finanzie-rungszuschüsse zu Sozialprojekten auch die wohlhabenderen Mit-gliedstaaten Mittel aus dem Gemeinschaftshaushalt „zurückerhal-ten" konnten (Falkner 1994).

Schon mit dem ursprünglichen EWG-Vertrag 1957 wurde der Europäische Sozialfonds (ESF) eingerichtet. Im Zeitraum 2000-2006 fördert der ESF unter dem Titel „Entwicklung der Humanressourcen" (sogenanntes Ziel 3 der EU-Strukturfondspolitik) schwerpunktmäßig Projekte für arbeitssuchende Jugendliche, Langzeitarbeitslose, sozial benachteiligte Gruppen sowie für die Gleichstellung der Frauen auf dem Arbeitsmarkt. Die vom ESF vergebenen Mittel stiegen kontinuierlich an: 1970 lagen sie bei 1,1% des EG-Haushalts, 1980 bei 4,4%, 1990 bei 7,3% und 2000 bei immerhin 8,6% des Gesamthaushalts oder 7.675 Mio. Euro (Berechnung nach Haushaltsvademekum 2000).

Die von der EU ausgeübten arbeitsmarktpolitischen Steuerungseffekte sind noch stärker, als diese Zahlen erkennen lassen (die erstens *Teil*finanzierungen darstellen und zweitens nur die wirklich verfügbaren Gelder). Der praktische Einfluss der EU-Kriterien für Projektförderungen wird noch dadurch verstärkt, dass sich auch die nationalen Budgets mit ihren (Rest-)Finanzierungen an der EU orientieren, nicht zuletzt, um die nationalen Mittelrückflüsse zu steigern. Überdies richten sich nicht nur jene arbeitsmarktpolitischen Projektanträge an den EU-Regeln aus, welche wirklich ESF-Mittel erhalten, sondern auch viele, die letztlich entweder aus anderen Quellen finanziert werden oder aber nicht durchgeführt werden können.

Insgesamt ist damit festzuhalten, dass EU-Politik im Sozialbereich mittlerweile stärker auf den Einsatz finanzieller Mittel baut als zumeist angenommen.

2.4   Offene Koordinierung

Eine wichtige jüngere Entwicklung im Rahmen sozialgestaltender EU-Politik ist die „offene Koordinierung" (zur Regulierungsform der verbindlichen Koordinierung etwa des Leistungstransfers zwischen den Sozialversicherungssystemen, siehe schon oben 1.1). Damit nimmt die EU eine neuartige Rolle als Motor und zugleich Korsett im Zuge der Umgestaltung der nationalen Systeme ein.

Die Grundzüge für diese neue Funktion der EU wurden im Bereich der Beschäftigungspolitik entwickelt, wo in der Folge des Europäischen Rats von Essen (1994) sukzessive ein Koordinations- und Monitoringsystem eingerichtet und schließlich im Amsterdamer Vertrag primärrechtlich verankert wurde. Es geht dabei nicht um die „Vergemeinschaftung" dieses Politikfeldes im Sinne einer Verschiebung von legislativen Kompetenzen auf die Unionsebene, sondern um die Auslösung, Evaluierung und Förderung von dezentralen Reformprozessen. Auf EU-Ebene werden jährlich Leitlinien beschlossen, deren Umsetzung im Detail zwar der nationalen Ebene überlassen wird. Allerdings müssen die Mitgliedstaaten regelmäßig Berichte vorlegen, deren Begutachtung durch die Europäische Kommission und Diskussion im Rat Gruppendruck (*peer pressure*) entstehen lässt, der als disziplinierender Faktor nationale Reformprozesse erleichtern soll (Platzer 1999).

Angesichts dessen, dass die aktuelle Situation der einzelnen europäischen Wohlfahrtsstaaten heute bei gestiegenem Reformbedarf (aus internen wie externen Gründen) oftmals durch politische Reformunfähigkeit geprägt ist, wird dieses Modell zunehmend als vielversprechend betrachtet. So fasste der Europäische Rat von Lissabon im März 2000 ähnliche Vorgangsweisen auch für die Bereiche Sozialversicherung, Kampf gegen die Ausgrenzung sowie Bildung ins Auge.

Der Erfolg der Methode der offenen Koordinierung ist zum gegenwärtigen Zeitpunkt nicht abzusehen. Selbst im Beschäftigungsbereich ist bislang noch ungeklärt, ob es erstens zu mehr als kosmetischen Konsequenzen kommt und ob zweitens die konkreten Reformen tatsächlich zu einer Senkung der Arbeitslosigkeit führen. Plausibel scheint jedoch, dass der intendierte Effekt einer demonstrativen „gemeinschaftlichen Selbstbindung" der Regierungen zumindest partiell wirkt, und dass nationale Reformen leichter durchgesetzt werden können.[11] Auf inhaltlicher Ebene ist darauf hinzuweisen, dass eine Gefahr für hohe Sozialstandards entstehen könnte, wenn Regierungen ihr zusätzliches Gewicht einseitig für die Kostendämpfung einsetzen.[12] Ob die offene Koordi-

---

11 Allerdings wird der Nettoeffekt dessen schwer messbar sein, denn der Ausgang derselben Bemühungen ohne offene EU-Koordinierung bleibt eine unbekannte Größe.

12 Das könnte letztlich erleichtern, dass redistributive Sozialpolitiken durch einen „*supply-side egalitarianism*" (Streeck 1999) ersetzt werden, welcher anstelle von mehr Gleichheit im Ergebnis, nämlich den konkreten Lebensbedingungen,

nierung letztlich zu einer Angleichung der nationalen Sozialpolitiken führen wird, hängt auch davon ab, wie weit bzw. eng die jeweiligen EU-Vorgaben definiert werden. Nationale Reformen, die ja von unterschiedlichen Startpunkten ausgehen und individuelle Schwerpunkte sowie Strategien beinhalten können, müssen im Fall relativ allgemein gehaltener EU-Zielsetzungen nicht unbedingt zu einer Annäherung der konkreten einzelstaatlichen Modelle führen. Während so in manchen Bereichen Spielraum für gegensätzliche politische Optionen bestehen bleiben könnte, ist insgesamt von einer möglicherweise zunehmend starken Steuerungsfunktion der EU im Bereich nationaler Sozialreformen auszugehen.

3   Entwicklung und Beurteilung der „sozialen Dimension"

Aus dem ersten Abschnitt ging hervor, dass die „soziale Dimension" der europäischen Integration heute eine Vielzahl von Interventionsformen aufweist, wodurch die regulative Ebene weniger dominiert. Die Bedeutung finanzieller Maßnahmen des Europäischen Sozialfonds ist, obwohl im Vergleich zu den nationalen Sozialausgaben in absoluter Höhe gering, im Kontext des EU-Haushalts keineswegs mehr unbeträchtlich. Die klassische Rechtssetzung im Sinne verbindlicher Vorschriften steht heute aber auch wegen der neuen Form der vergleichsweise unverbindlichen, offenen Koordinierung weniger im Vordergrund. Diese brachte zusätzliche Themen auf die Tagesordnung der Union, die nach regulativem Muster infolge der zu unterschiedlichen nationalen Systeme und Problemlagen praktisch nicht bearbeitbar gewesen waren.

Im zweiten Teil dieses Beitrags geht es nunmehr um die – durchaus nicht einfache – Einschätzung und Beurteilung der bisherigen wohlfahrtsstaatlichen EU-Politik, vor allem auf regulativer Ebene. Die *konkrete* Problemlösungsfähigkeit der diversen EU-Richtlinien und Verordnungen kann leider zum gegenwärtigen

---

nur mehr Chancengleichheit in den Marktbeziehungen bietet (also bestenfalls formale Gleichheit am Ausgangspunkt anstrebt).

Zeitpunkt nicht systematisch abgeschätzt werden, da aussagekräftige Vergleichsstudien über die Wirkung der einzelnen Sozialvorschriften in den verschiedenen Mitgliedstaaten ausstehen.[13] Möglich ist aber immerhin die Betrachtung der Entwicklung der wohlfahrtsstaatlichen EU-Politik im Zeitverlauf und ihre Konfrontation mit wissenschaftlichen Erwartungen.

Die Gestaltungskapazität und die konkrete Aktivität der EU im wohlfahrtsstaatlichen Bereich stiegen nur inkrementell und vor allem zeitverzögert im Vergleich zur Realisierung des gemeinsamen Binnenmarktes. Diese Diskrepanz deutete eine seit Ende der 1980er Jahre vieldiskutierte „sozialpolitische Gestaltungslücke" an: Während die EG in vielen relevanten Bereichen nicht handlungsbefugt und/oder nicht politisch entscheidungsfähig war, standen die Mitgliedstaaten infolge offener Wirtschaftsgrenzen im verschärften ökonomischen Wettbewerb und konnten überdies eine Reihe von Instrumenten aufgrund des EG-Wettbewerbsrechts nicht mehr zum Einsatz bringen. Damit bestand die Gefahr (Tálos 1989; Streeck 1991), dass sie unilateral dem Kostendruckargument nachgeben und Sozialabbau betreiben würden, um ihre Marktposition zu verbessern.[14] Dieses Szenario eines wohlfahrtsstaatlichen Unterbietungswettbewerbs wurde auch mit dem (allerdings uneinheitlich verwendeten) Begriff des *sozialen Dumpings* bezeichnet (Falkner 1993), und vergleichbare Entwicklungen wurden beispielsweise für die Umwelt- und Verbraucherschutzpolitik befürchtet.

---

13 Möglich ist lediglich, den legislativen Output an verschiedenen aus der politischen Diskussion bekannten Maßstäben für die Beschlusskraft und die Maßnahmenbreite zu messen (Falkner 2000a). Es zeigt sich, dass die „soziale Dimension" bei Anwendung von inhaltlich vergleichsweise eng definierten Ansprüchen mittlerweile besser abschneidet, als oft erwartet wurde. Akute arbeitsrechtliche Lücken infolge des Binnenmarktprogramms wurden behoben, und die große Kluft zwischen (vielen) Kommissionsvorschlägen und (wenigen) Ratsbeschlüssen hat sich in den vergangenen Jahren geschlossen. Noch tut die Union allerdings wenig, um marktinduziertem Druck auf soziale Standards in den Mitgliedstaaten gemeinschaftlich offensiv entgegenzuwirken, und eine gestaltend-reformerische Sozialpolitik im weiteren Sinne etwa eines „Euro-Keynesianismus" wurde noch nicht einmal eingehend diskutiert.

14 „(D)ie einen können nicht (mehr so), die anderen dürfen (noch?) nicht – oder sind (selbst-)blockiert ... Die heutige Wirklichkeit der EU ist mit diesem Modell noch am besten getroffen", argumentierte Leibfried (1996).

Dieser aus abstrakten Überlegungen und der Beobachtung tagespolitischer Debatten gewonnene Befund einer „Gestaltungslücke" wurde allerdings gegen Mitte der 1990er Jahre teils mit gegenläufigen empirischen Einzelergebnissen konfrontiert. In einer Reihe von sozial-, aber auch umweltpolitischen Vorschriften zeigte sich die EU nämlich erstens handlungsfähig und zweitens im Vergleich zu den Mitgliedstaaten[15] sogar fortschrittlich.[16] Ende 2000 gab es insgesamt 51 EG-Sozialrichtlinien[17], davon stammen 57% aus den 1990er Jahren. Wie in der Neo-Voluntarismusthese Wolfgang Streecks vorausgesagt (1995), enthalten viele dieser Richtlinien Bestimmungen mit bloßem Empfehlungscharakter, Ausnahmemöglichkeiten, lange Umsetzungszeiträume, Abweichungsmöglichkeiten und Sonderfristen für Problemfälle, sowie oftmals Standards, welche die zuvor schon existierenden in den meisten Mitgliedstaaten nicht überschreiten. Allerdings ergeben Detailstudien[18], dass der Anpassungsbedarf des nationalen Sozialrechts an die EU-Vorschriften nicht immer vernachlässigbar ist. Überdies sind es nicht nur ökonomisch weniger entwickelte oder besonders wirtschaftsliberale Mitgliedstaaten, die ihre nationalen Standards quantitativ oder qualitativ (z.B. in Hinblick auf die Gleichbehandlung der Geschlechter) adaptieren müssen. Zudem gibt es in einigen Bereichen, die unbestreitbar produktionskostenerhöhend und damit wettbewerbsrelevant sind, mittlerweile EG-Arbeitsrecht. Signifikanter Anpassungsbedarf[19] bestand etwa bei Arbeitszeit- und Urlaubsregelungen (sogar Deutschland musste seinen gesetzlichen Mindesturlaub von drei auf vier Wochen erhö-

---

15 Zumindest den Vorschriften nach. Die praktische Realisierung bleibt, wie gesagt, zu untersuchen.

16 Zur Sozialpolitik siehe unten. Für weitere Bereiche siehe Scharpf (1999b).

17 Ohne Änderungsrichtlinien und geographische Ausdehnung bestehender Richtlinien; davon betrafen 26 Sicherheit und Gesundheitsschutz am Arbeitsplatz, acht die Geschlechtergleichstellung und allgemeine Nichtdiskriminierung sowie 17 sonstige Arbeitsbedingungen (Quelle: Celex).

18 Eine Untersuchung von sechs arbeitsrechtlichen Richtlinien der 1990er Jahre und ihrer Wirkung in allen 15 Mitgliedstaaten wird soeben am Max-Planck-Institut für Gesellschaftsforschung erarbeitet (http://www.mpi-fg-koeln.mpg. de/fo/multilevel_de.html#Proj5).

19 Diese Informationen stammen aus von Miriam Hartlapp, Simone Leiber und Oliver Treib durchgeführten Länderinterviews. Es bleibt noch zu klären, inwieweit der praktische Anpassungsbedarf teils geringer als der rechtliche ist.

hen und die Referenzperiode für zulässige Überstunden verkürzen), Teilzeitarbeit (in Frankreich waren Arbeitsverhältnisse zwischen 32 und 39 Stunden zuvor aus Definitionsgründen aus den Schutzregelungen gefallen), Jugendarbeitsschutz (Dänemark musste die Altersgrenze von 10 auf 13 Jahre anheben), Mutterschutz (viele Länder mussten teure arbeitsmedizinische Untersuchungen einführen) und Elternurlaub[20] (der z.B. in Luxemburg neu eingeführt werden musste). Erst kürzlich wurden – zuvor von der Arbeitszeitrichtlinie ausgeschlossene – Gruppen wie Ärzte in der Ausbildung und Transportarbeiter einbezogen, was (zumindest nach den teils langen Übergangsfristen) laut Pressemeldungen sieben Millionen zusätzlichen Arbeitskräften das wöchentliche Maximum von 48 Stunden (inklusive Überstunden) garantiert (Agence Europe 22.5.2000).

Solch *punktuelle* Regulierung auf europäischer Ebene kann zwar die Gestaltungslücke allein nicht vollständig schließen (detaillierte empirische Untersuchungen über mögliche nationale Abbautendenzen bei anderen Standards wären wünschenswert). Trotzdem ist diese Entwicklung theoretisch erklärungsbedürftig, nicht zuletzt, um zu prüfen, ob es sich dabei um ein zumindest unter bestimmten Umständen verallgemeinerbares und damit sozialpolitisch vielversprechendes Phänomen handelt. Darum soll es im dritten Teil des Beitrags gehen.[21]

---

20 Da die EG-Richtlinie keine Bezahlung durch den Arbeitgeber vorsieht, kann dieser Kostenteil zwar z.B. auf die Sozialversicherung ausgelagert werden. Allerdings wird schon die Freistellung und dann fällige Suche und Einarbeitung einer Ersatzkraft dem Arbeitgeber immer Kosten verursachen.

21 Im Unterschied zu Héritier (1999) und Eichener (2000) geht es hier nicht darum, generell mögliche Auswege aus EU-Entscheidungsblockaden zu analysieren, sondern um das spezifischere Anliegen der Erklärung jener unerwartet kostenträchtigen EU-Sozialstandards, die nicht über den EuGH oder in Paketverhandlungen durchgesetzt wurden.

4 Theoretische Erklärungsangebote für fortschrittliche EU-Sozialstandards

4.1 Produktbezogene vs. produktionsbezogene Regelungen

Mit seiner Differenzierung zwischen einzelnen Normengruppen mit jeweils unterschiedlichen Handlungsbedingungen für die Regulierung machte Fritz W. Scharpf mittlerweile die unerwarteten Fortschritte der regulativen EU-Sozialpolitik in wichtigen Teilbereichen plausibel. So können *produktbezogene Regelungen* dem Wettbewerbsdruck nach unten entgehen, insoweit sie als Zertifikat einer höheren Qualität vom Markt belohnt werden (Scharpf 1999b: 91). Vergleichsweise wettbewerbsanfälliger sind *produktionsbezogene Vorschriften* wie etwa Arbeitszeitregelungen. Sie erhöhen die Kosten und beeinträchtigen damit die Wettbewerbskraft, ohne sich unmittelbar positiv auf die Qualität der Produkte selbst auszuwirken. Zugleich scheint die autonome Aufrechterhaltung solcher Standards in den einzelnen Mitgliedstaaten besonders problematisch. Diese Kosten können oftmals nicht vom Staat übernommen werden. Nur solange sich die europäischen Wohlfahrtsstaaten aber aus Steuern oder Abgaben finanzieren, die nicht von den potentiell international mobilen Quellen stammen und nicht die Wettbewerbsfähigkeit schädigen,[22] sind ihre jeweilige Höhe an Sozialausgaben und das Ausmaß der Umverteilung auch im verschärften internationalen Wettbewerb weiterhin ohne gravierende ökonomische Nachteile autonom wählbar (Scharpf/Schmidt 2000: 336).

Aus dieser Analyse ergeben sich je nach Regulierungsgegenstand unterschiedliche Ansprüche an eine sozialverträgliche EU-Politik. Deren Gegenüberstellung mit der Praxis birgt eine interessante Überraschung: Die „soziale Dimension der Integration" er-

---

22 Der umverteilungspolitische „Pferdefuß" dieser Art von formalem „Wohlfahrts- *und* Wettbewerbsstaat" ist allerdings, dass die ihrer Höhe nach aufrechterhaltenen bzw. sogar potentiell ausgebauten Sozialausgaben zunehmend aus dem zuvor frei verfügbaren Einkommen der ArbeitnehmerInnen finanziert werden müssen. Umverteilung kann in dem Sinne nur mehr mit Mitteln geschehen, die nicht von international mobilen Unternehmen oder Kapitaleigentümern abgeschöpft werden, und kann immer weniger Umverteilung zwischen Kapital und Arbeit darstellen.

scheint weniger defizitär, als in der Debatte um die europäische Problemlösungsfähigkeit bislang oft angenommen wurde:

Da bei *Produktnormen* nicht unbedingt Abbaugefahr gesehen wird, kann ihre autonome Gestaltung auf nationaler Ebene teils auch im Binnenmarkt unproblematisch sein. Eine europäische Regulierung scheint vor allem bei starker Marktbehinderung durch unterschiedliche Vorschriften dringlich. Dann sollten allerdings alle Regierungen sowie grenzüberschreitend tätige Produzenten Interesse an einer gemeinschaftlichen Regulierung haben. Insoweit bessere Produktqualität auch am Markt Erfolg verspricht, müssten überdies die Hochstandardländer eine gute Verhandlungsposition haben.

Dazu passt, dass einschlägige EU-Regulierung häufig ist, und dass ihr fallweise durchaus hohes Niveau attestiert wurde (Hinweise in Scharpf 1999b: 99f.). Als produktbezogenes EU-Sozialrecht kann auf EU-Ebene beispielsweise die Maschinenrichtlinie (89/392/EWG) gelten, die neben zahllosen anderen Details auch für die Arbeitskräfte wichtige Sicherheitsstandards regelt. Andererseits können auch jene Einzelvorschriften im Bereich Sicherheit und Gesundheitsschutz am Arbeitsplatz darunter eingeordnet werden, die (anders als etwa Regeln zum manuellen Heben schwerer Lasten) weniger den Arbeitsprozess als im Endeffekt wiederum die im Arbeitsprozess verwendeten Geräte betreffen (z.B. Strahlungsgrenzen bei Bildschirmarbeit).

Im Hinblick auf jene arbeitsrechtlichen Standards, die den *Produktionsprozess* betreffen, ist auf Basis der dargelegten Argumente dagegen zu erwarten, dass ihre Aufrechterhaltung auf nationaler Ebene problematisch ist. Gleiches gilt jedoch für europäische Re-Regulierung, weil stark unterschiedliche ökonomische Ausgangssituationen sowie ideologische Präferenzen der Mitgliedstaaten bestehen (Scharpf 1999b: 103). Tatsächlich handelt es sich hier auch empirisch um den umstrittenen Kern der EU-Sozialpolitik, der bewirkte, dass die Richtlinienvorschläge der Kommission aus 1980-87 durchschnittlich fast 3000 Tage bis zur Verabschiedung brauchten.[23]

Seither kam es jedoch – entgegen vielfachen Erwartungen – auch zu einer Verabschiedung der zuvor langjährig umstrittenen

---

23 Eigene Berechnung nach Celex.

und einiger neuer Kommissionsvorschläge. Insoweit dabei auch fortschrittliche und teure Standards beschlossen wurden (siehe mehrere oben genannte Richtlinien), gilt es erst unter Rückgriff auf zusätzliche theoretische Argumente zu klären, welche Mechanismen dies bewirkt haben könnten.

Dabei bietet sich eine historisch-institutionalistische Sichtweise (z.B. Thelen 1999) an, die wie der akteurszentrierte Institutionalismus (Mayntz/Scharpf 1995) die Präferenzbildung von Akteuren nicht externalisiert. Denn neben den ohnehin bekannten[24] Praktiken zur Koordinierung vorgefundener Präferenzen der Mitgliedstaaten zur Erreichung einer Einigung (Paketverhandlungen, Tauschlösungen, kleinster gemeinsamer Nenner) gibt es auch Mechanismen, die eine Einigung trotz Opposition ermöglichen (*Kontrolllücken* der Regierungen über die EU-Politik) sowie *integrative Kooperationseffekte*, die sogar Präferenzwandel bewirken können (gemeinsames Lernen, Sozialisierung in Akteursnetzwerken).

4.2   Einigungsförderliche Mechanismen

Die detaillierte Betrachtung der historischen Entwicklung der „sozialen Dimension" ergibt Hinweise auf zusätzliche Erklärungsfaktoren für die Entstehung von EU-Sozialrecht. Die Unterscheidung zwischen „Kontrolllücken" der Mitgliedstaaten über den Integrationsprozess einerseits und „integrativen Kooperationseffekten" andererseits beruht auf *polity-*, *politics-* und *policy-*bezogenen Facetten, die der Schaffung von EU-Sozialrecht zugute kamen. Sie können die Verabschiedung auch jener Sozialrichtlinien plausibel machen, zu denen die bislang bestehenden Erklärungsangebote nicht passen.[25]

---

24 Und hier nicht näher diskutierten (siehe aber oben 1. für Beispiele aus der Sozialpolitik; abstrakt: Scharpf 1985; Gehring 2000).
25 Die Überprüfung, welcher Mechanismus welche der zahlreichen Einzelentscheidungen konkret erklärt, ist hier zwar nicht möglich, es werden aber viele einschlägige Beispiele präsentiert.

4.2.1 Kontrolllücken

Mängel in der Kontrolle der Regierungen über die Politikgestaltung der EU (siehe schon Leibfried and Pierson 1995; allgemein Pollack 1996) können aus zumindest vier Gründen entstehen: autonomer Einfluss supranationaler Institutionen, beschränkte Zeithorizonte der Regierungen, nichtintendierte Folgen von Entscheidungen und längerfristige Veränderungen der von aufeinanderfolgenden Staats- bzw. Regierungschefs im Ministerrat vertretenen Präferenzen. Dass einmal erkannte Kontrolllücken von den Regierungen nicht einfach wieder geschlossen werden können, führt Pierson (1996: 140ff.) auf drei Faktoren zurück. Erstens können supranationale Akteure wie die Kommission oder der EuGH Widerstand leisten.[26] Zweitens gibt es institutionelle Barrieren (schlimmstenfalls sind einstimmige und ratifikationspflichtige Vertragsreformen nötig). Drittens beruht der Mechanismus von „lock-ins" darauf, dass sich die Rechtsunterworfenen auf gegebene Regelungen einstellen, und dass eine Pfadumkehr immer teurer wird (nicht nur im finanziellen Sinne).

Tatsächlich lassen sich im Falle der EU-Sozialpolitik Beispiele für all diese Phänomene beschreiben. So war die Kommission bekanntlich beim Maastrichter Sozialprotokoll einflussreich, dessen Konstruktion im Dezember 1991 in einer Krisensituation des Europäischen Rats von Jacques Delors entwickelt und in kürzester Zeit beschlossen wurde (Ross 1995: 191). Ein unabhängiger und kausaler Einfluss europäischer Institutionen[27] kann aber noch klarer an anderen Beispielen belegt werden. Mitte der 1970er Jahre setzte der EuGH unmissverständlich in mehreren Urteilen dazu an, im Gegensatz zum reinen Wortlaut des EG-Vertrages[28] gleiche Bezahlung nicht nur für gleiche, sondern auch für gleichwertige Arbeit mit Hilfe der Direktwirkungsdoktrin durchzusetzen. Dies war ausschlaggebend dafür, dass dann auch zuvor über viele Jahre widerstrebende Regierungen die Entgeltgleichheitsrichtlinie (75/117/EWG) zur gleichen sowie gleichwertigen Arbeit akzeptierten (Falkner 1994).

---

26 Was für sich genommen kein ausreichender Grund ist, da die Mitgliedstaaten als letztes Mittel immer die EU-Verträge ändern können.

27 Dies ist nach Pollack (1997) das entscheidende Kriterium.

28 Hätte der Vertragstext dies schon ausgesagt, wäre die weitere Entwicklung demgegenüber als „nicht intendierte Folge" einzustufen.

Demgegenüber konnte zwar im Fall der europäischen Betriebsräte ohne Einigung des jahrelang blockierten Ministerrats keine Richtlinie geschaffen werden. Das Europäische Parlament und die Kommission finanzierten jedoch grenzüberschreitende Treffen in Hinblick auf die spätere Einrichtung von Euro-Betriebsräten und nahmen die Verabschiedung in gewissem Maße praktisch vorweg.[29]

Ein bekanntes Beispiel für die beschränkten Zeithorizonte von Regierungsstrategien ist John Majors *opt-out* Strategie bei den Maastrichter Sozialreformen. Damit gab er seine Möglichkeit zur Beeinflussung der Ausgestaltung jener künftigen sozialpolitischen EU-Institutionen auf, die (wenngleich erst nach Ende des Regierungshorizonts der Tories) auch sein Land prägen sollten. Wenige Jahre nachdem sich die britische Delegation in Maastricht so dagegen gesträubt hatte, akzeptierte Tony Blair ja die Ausweitung der Mehrheitsabstimmungen und sozialen EU-Kompetenzen (sowie überdies die inzwischen auf der neuen Rechtsgrundlage beschlossenen Direktiven), und band damit Großbritannien bleibend[30] an diese Regeln. Dieser Machtwechsel führt zugleich die Möglichkeit einer Veränderung der im Ministerrat durch wechselnde Regierungen vertretenen Präferenzen vor Augen. Eine einzige neue Regierung mit sich von der Vorgängerin im selben Land deutlich unterscheidenden Leitbildern kann bei geeigneter Konstellation auf Unionsebene viel verändern. Nichtintendierte Folgen von Entscheidungen entstanden schließlich (in der Sozialpolitik wie auch sonst) häufig durch extensive Vertragsinterpretationen sowie durch die Supranationalisierung des EG-Rechts, womit der EuGH vielen Bestimmungen ungeahnte Durchschlagskraft gegenüber nationalem Recht verlieh (Leibfried/Pierson 1998a).

Beispiele für Kontrolllücken im Sozialbereich (vgl. schon Pierson 1996) können jedoch nicht darüber hinwegtäuschen, dass solche Effekte allein (!) die Entwicklung der sozialen Dimension der europäischen Integration *nicht* zufriedenstellend erklären können. Diese war ja fallweise auch auf politisch gestaltende Entscheidungen unter Einstimmigkeitserfordernis zurückzuführen, oder sogar

---

29 1992-95: 31 Mio. ECU; Belege in Falkner (1998: 99).
30 Ein nachträgliches Ausscheiden aus beschlossenem EU-Recht ist demgegenüber nicht möglich, die beschränkten Zeithorizonte können also nur zugunsten eines Beitritts von zuvor abseits gebliebenen Ländern wirken.

auf Vertragsreformen mit Ratifikationserfordernis. So wurden bekanntlich mit den Verträgen von Amsterdam und Nizza die Kompetenzbestimmungen und Handlungsaufträge weiter ausgeweitet (siehe Artikel 13 und 136ff. EGV). Damit wurde Einigkeit dahingehend dokumentiert, dass neben den Mitgliedstaaten heute auch die Gemeinschaft für aktive Sozialpolitik zuständig sein soll.

Spätestens aus heutiger Perspektive ist auch widerlegt, dass die bedeutende Rolle der EU etwa im Bereich der Geschlechtergleichbehandlung einzig (!) ein unbeabsichtetes Nebenprodukt des ursprünglichen institutionellen Designs der EG darstellt. Denn seit der Durchsetzung der Entgeltgleichheit durch den EuGH, die für die Regierungen ein unbeabsichtigtes Ergebnis darstellte, wurden noch eine ganze Reihe weiterer Richtlinien im Ministerrat beschlossen (siehe schon oben), und ein frauenförderungshemmendes Urteil des EuGH zur Quotenfrage (Rs. Kalanke, C-450/93) wurde von den Regierungen im Amsterdamer Vertrag immerhin mit einer tendenziell gegenläufigen Formulierung quittiert (Artikel 141 Absatz 4). Selbst die bis in die zweite Hälfte der 1990er Jahre vielkritisierte Beschränkung der Gleichbehandlung auf das Erwerbsleben sowie das Einstimmigkeitserfordernis bei der Entscheidung über einschlägige Richtlinien wurden mit dem Vertrag von Amsterdam beendet (Griller et al. 2000: 556).

All dies legt nahe, dass wichtige Erklärungselemente für die Ausbildung der EU-Sozialpolitik und besonders für kostenträchtige EG-Arbeitsrechtsstandards nicht *nur* in Kontrolllücken, sondern *auch* im Bereich positiver Interaktionseffekte zu suchen sind. Dies wurde bislang selbst in historisch-institutionalistischen Darstellungen der „sozialen Dimension" oft vernachlässigt.[31]

4.2.2 *Integrative Kooperationseffekte*

Erst jüngst haben sich manche AutorInnen nicht nur mit Kontrolllücken, sondern auch mit einigungsförderlichen Dynamiken im Rahmen der europäischen Integration beschäftigt. Die einschlägigen Beiträge verwenden unterschiedliche theoretische An-

---

31 Pierson (1996) etwa erwähnt „altered circumstances" und „new information" sowie „role of policy experts in low politics environment" nur, ohne näher darauf einzugehen.

knüpfungspunkte sowie Terminologien. Als gemeinsamer Nenner kann jedoch gelten, dass hier *Lern- und Sozialisierungsprozesse* auf der europäischen Ebene in den Blick genommen werden. Durch Lernen können Lösungsmöglichkeiten von allseitigem Vorteil entdeckt und zuvor wahrgenommene antagonistische Interessengegensätze verringert oder aufgelöst werden. Dies, so das Kernargument im Sinne der Verhandlungstheorie (Héritier 1999: 23), kann dazu führen, dass in EU-Entscheidungsprozessen nicht nur das *Verhandeln* im engeren Sinne als Konsensbildungsmodalität zum Einsatz kommt, sondern auch das *Problemlösen* auf der Grundlage der Akteurswahrnehmung von gemeinsamen (anstelle von separaten) Anliegen. Aber auch Sozialisierungsprozesse scheinen die vorrangige Orientierung der Beteiligten auf gemeinsame Werte, Ziele und Interessen zu fördern.

Ein Wandel von Akteursorientierungen[32] ist demnach auf verschiedenen Ebenen denkbar. So stellt die EU eine neue *Bezugseinheit* dar, und manche Akteursgruppen halten sich auf dieser Ebene sogar überwiegend auf. Arbeitsgruppen-, Ausschuss- und sogar Ratsmitglieder vertreten zwar ihr Land, sie sind aber auch Teil eines Organs der nächsthöheren Ebene – ähnlich, wie das für die Ländervertreter im deutschen Föderalismus gilt. Probleme können dabei durchaus auch vom Blickwinkel der europäischen Ebene (anstelle der nationalen) angepackt werden. Der Spielraum dafür ist im Allgemeinen gegeben, denn die genaue Verhandlungssituation auf Unionsebene ist von nationaler Warte her nur selten kontrollierbar. Auch theoretische Überlegungen bestätigen übrigens, dass wohlfahrtsmaximierende Ergebnisse in internationalen Verhandlungen prinzipiell die Möglichkeit zur Abweichung von den ex-ante Präferenzen der einzelnen Bevölkerungen voraussetzen (Scharpf 1999a: 282).

Des Weiteren wird argumentiert, dass im europäischen Integrationsprozess die *Präferenzen* der Akteure auf der Ebene von normativen Rollenorientierungen, Identitäten und Interaktionsorientierungen in gewissem Ausmaß (um)formbar sind. Fallweise starkem normativen Gruppendruck ausgesetzt, kann die (wenngleich jüngere) Identität als „member state" gegenüber jener als „nation

---

32 Die Analyse folgt hier der Kategorisierung bei Scharpf (2000). Beispiele werden nur aus eigenen Forschungen zur Sozialpolitik knapp angeführt.

state" (Sbragia 1994) auch einmal vorangestellt werden. Die zentrale und meist sehr ernst genommene Funktion der Präsidentschaft rotiert unter den Delegationen, die zugunsten einer erfolgreichen Rollenerfüllung fallweise auch andere „nationale Interessen" unterordnen (z.B. Kerremans 1996: 229). Im Sozialbereich zeigte sich sogar die Tory-Regierung während einer Präsidentschaft nachgiebig und akzeptierte, dass die anderen Delegationen die Mutterschutzrichtlinie annahmen (Agence Europe 10. Oktober 1992: 8). Sie stimmte nicht gegen den Akt,[33] vor allem aber wurde nicht, wie zuvor stets angedroht, der EuGH angerufen. Dies geschah erst ein Jahr später im Fall der Arbeitszeitrichtlinie, womit ein beträchtlicher Zeitverlust im britischen Kampf gegen Mehrheitsabstimmungen (siehe unten zum Vertragsgrundlagenspiel) in Kauf genommen wurde. Im Fall der Jugendarbeitsrichtlinie wiederum hatte Griechenland noch gegen den Entwurf zum Gemeinsamen Ratsstandpunkt gestimmt, nach der Ratsbeschlussfassung dazu enthüllte der griechische Minister jedoch: „there was no vote, nor was there a unanimous decision. I am the president of the twelve Ministers of Labour and Social Affairs, therefore I cannot vote in the name of the Greek Government alone." (Agence Europe 21. April 1994: 12)

Auch die *kognitiven Orientierungen* der Akteure werden vom Integrationsprozess erfasst, da sich durch Argumentationsprozesse (Saretzki 1996) politikfeldspezifische Paradigmen, Kausalannahmen und Einstellungen ändern lassen (Scharpf 2000: 121f.). In diesem Kontext ist wichtig, dass viele EU-Entscheidungen *de facto* im Ausschuss der ständigen Vertreter fallen, wo starke Sozialisierungseffekte feststellbar sind (Lewis 1998). Aber auch auf niedrigerer Hierarchieebene bestehen durch die reguläre und intensive Interaktion in teils sogar abgeschlossenen Expertenzirkeln für Lern- und Sozialisierungsprozesse vergleichsweise gute Bedingungen, was alle genannten Autoren in der einen oder anderen Form unterstreichen (im Sozialbereich siehe v.a. Eichener 2000). Eine Reihe von Beiträgen zum Thema „Regieren im europäischen Mehrebenensystem" zielt überhaupt darauf ab, dass es auf Unionsebene heute im Wesentlichen um die Gewinnung neuer gemeinsamer Sichtweisen geht und kaum mehr um eine hierarchische

---

33 Was den Beschluss allerdings wohl nicht verhindert hätte.

Steuerung nach altem nationalstaatlichen Muster (Jachtenfuchs/ Kohler-Koch 1996; Kohler-Koch/Eising 1999; Kohler-Koch/Edler 1998; Edler 2000; Kohler-Koch 2000).

In der Sozialpolitik gibt es Belege für die erfolgreiche Überzeugungsarbeit der Kommission dahingehend, dass der EG-Binnenmarkt einer (wenngleich begrenzten) sozialen Dimension bedürfe (Falkner 1998: 63-68). Zwischen 1985 und 1989 konnte so Schritt für Schritt ein innovatives Paradigma institutionalisiert werden. Es baute auf zwei Grundpfeilern auf: punktuelle Mindeststandards (im Gegensatz zu Vollharmonisierungen, die infolge der zu disparaten nationalen Standards praktisch ausgeschlossen waren), sowie sozialer Dialog (also die Einbeziehung der Sozialpartner zur Legitimierung und inhaltlichen Optimierung von EG-Sozialpolitik). Dieser etablierte Grundkonsens erleichterte schließlich in Maastricht die Akzeptanz von Mehrheitsabstimmungen, die mit dem Amsterdamer Vertrag auf alle Mitgliedstaaten ausgeweitet und in Nizza für die Zukunft konditional[34] erweitert wurden.

All dies belegt, dass Einflüsse des Integrationsprozesses auf die Akteursorientierungen der Regierungen theoretisch und praktisch plausibel gemacht werden können. Dass sie noch nicht systematischer analysiert wurden, dürfte auch damit zu tun haben, dass sie schwer recherchier- und überprüfbar sind. Sie erfolgen meist inkrementell, die Informationen über nationale Reformen werden aber nur punktuell bei der entscheidenden Ratstagung publik gemacht. Überdies haben die Regierungen kein Interesse, solche Anpassungsprozesse bekannt zu machen, während das Pochen auf einzelstaatliche Traditionen und Interessen publikumswirksam verbreitet wird.

Allerdings ist auch zu berücksichtigen, dass diese integrationsförderlichen Dynamiken keineswegs immer ausschlaggebend sind. Vielfache Pattstellungen trotz langjähriger Kooperation in anderen Politikfeldern[35] stellen klar, dass weitere kausale Mechanismen als

---

34 Der Rat kann künftig einstimmig entscheiden, das Kodezisionsverfahren auf die Bereiche Schutz der Arbeitskräfte bei Beendigung ihres Arbeitsvertrags, Vertretung und kollektive Verteidigung der Interessen von Arbeitgebern und -nehmern inklusive der Arbeitnehmermitbestimmung, sowie Beschäftigungsbedingungen von Drittstaatsangehörigen auszudehnen (Artikel 137 Absatz 2 EGV).

35 Neben theoretischen Überlegungen (Scharpf 1985).

Gegenspieler wirken. Der nächste Abschnitt diskutiert daher jene Rahmenbedingungen, welche die praktische Wirksamkeit der erläuterten einigungsförderlichen Mechanismen in der EU-Sozialpolitik ermöglichten. Eine plausible Erklärung der unerwarteten Entwicklung der „sozialen Dimension" ist ja erst gegeben, wenn auch verständlich ist, warum in der Sozialpolitik integrative Kooperationseffekte vergleichsweise erfolgreich wirken konnten, die theoretisch auch in anderen Bereichen zur Verfügung standen, dort aber weniger oder nicht zum Tragen kamen (vgl. etwa Dehejia/ Genschel 1999 zu den Misserfolgen in der EU-Steuerpolitik, vor allem bei der Zinsbesteuerung).

4.3 Einzelne günstige Rahmenbedingungen im Sozial- bzw. Arbeitsrechtsbereich[36]

Hier sind Politikfeldcharakteristika auf europäischer (unklare bzw. anknüpfungsfähige Vertragsgrundlagen, Kostenstruktur), transnationaler (keine stabilen Koalitionen, unübersichtliche Informationslage) und nationaler Ebene (Nutzen/Kostenverteilung, hoher Reformdruck) zu nennen.[37]

4.3.1 Optimale Möglichkeit zum Vertragsgrundlagenspiel[38]

Kontrolllücken können u.a. entstehen, wenn Rechtsakte gezielt auf solche Vertragsbestimmungen gestützt werden, die EU-Intervention und Mehrheitsabstimmungen erlauben. Für diese Strategie gab es in der Sozialpolitik einen besonders idealen Anknüpfungspunkt. Margret Thatcher hatte bei den Verhandlungen zur Einheit-

---

36 Aus thematischen und Platzgründen nicht diskutiert werden hier die ohnehin bekannten, prinzipiell ungünstigen Rahmenbedingungen für EU-Sozialpolitik (v.a. große System- und Niveauunterschiede zwischen den Mitgliedstaaten, starke ökonomische Interessensgegensätze).

37 Diese Charakteristika sind zwar in der Sozialpolitik nicht einzigartig, ihre Präsenz in anderen Bereichen kann hier aber nicht systematisch untersucht werden. Vielmehr muss sich dieser Beitrag darauf beschränken, zu eruieren, welche Mechanismen teure EU-Sozialstandards erklären können. Die Steuerpolitik wird fallweise als Kontrast verwendet.

38 Rhodes 1998 (im englischen Original: „Treaty-base game").

lichen Akte darauf bestanden, dass von der mehrheitsfähigen Binnenmarktharmonisierung in Artikel 100a EWGV (heute 95 EGV) Steuern, Freizügigkeit sowie Rechte und Interessen der Arbeitnehmer ausgeschlossen wurden. Im Steuerbereich bedeutete dies, dass in der Folge nur auf die einstimmigkeitspflichtigen Artikel 100 (heute 94) oder 235 (heute 308) ausgewichen werden konnte. Nicht so im Sozialbereich, wo Thatcher eine kleine Konzession machte und Mehrdeutigkeit als Mittel zur Konsensfindung durchgehen ließ. Der 1986 eingefügte Artikel 118a (heute in Artikel 137 EGV enthalten und umformuliert) hielt fest, die Mitgliedstaaten würden sich bemühen, die Verbesserung „insbesondere" der Arbeitsumwelt zu fördern, um Sicherheit und Gesundheit der Arbeitnehmer zu schützen. So stellte sich die Frage, ob die Harmonisierung nur Sicherheit und Gesundheitsschutz am Arbeitsplatz betreffen sollte (dieser Bereich war unstrittig) oder aber die Arbeitsbedingungen im Allgemeinen. Letztere Lesart gab der EG rechtlich eine weitreichende Interventionskapazität im arbeitsrechtlichen Bereich und wurde zuerst vom Europäischen Parlament, dann auch von der Kommission vertreten. Auch politisch vergrößerte eine solche Deutung die Handlungsfähigkeit der Gemeinschaft beträchtlich, weil Artikel 118a erstmals in der Sozialpolitik eine mehrheitliche Beschlussfassung erlaubte. Anfang der 1990er Jahre setzte sich die weite Interpretation der umstrittenen Bestimmung durch. Unter anderem die Richtlinien zur Arbeitszeit und über den Schutz von jungen und von schwangeren Arbeitskräften wurden so gegen den Wunsch einzelner Regierungen beschlossen. Großbritannien klagte im ersten Fall vergeblich beim EuGH und unterlag damit im sozialpolitischen Vertragsgrundlagenspiel.

4.3.2 Verteilung der Kosten einer Einigung auf Unionsebene

Während schon auf nationaler Ebene eine gewisse politische Dynamik zugunsten des Wohlfahrtsstaates aus seinem konzentrierten Nutzen bei diffusen Kosten entsteht (siehe unten), kann auf europäischer Ebene ein Effekt ausgemacht werden, der die Kompromissfindung in arbeitsrechtlichen Fragen zusätzlich erleichtert: So sind die Kosten in den meisten Fällen nicht von den im Ministerrat entscheidenden Regierungen, sondern vielmehr von den Unternehmen oder allenfalls den Arbeitskräften zu tragen. Eine Maßnahme hat plausiblermaßen um so bessere Beschlusschancen, je weniger Kosten erstens überhaupt und zweitens unmittelbar für die konkret Entscheidungsbefugten anfallen.

4.3.3 Nach Einzelfall variierende Interessenpositionen zwischen den EU-Regierungen

Die arbeitsrechtlichen Systeme der Mitgliedstaaten divergieren häufig in Detailfragen. Es handelt sich weniger als etwa bei der Sozialversicherung um fundamental unterschiedliche und in sich jeweils kohärente Institutionenmodelle. Daher haben, soweit dies nachvollziehbar ist, im Zuge der Regulierung der Arbeitsbeziehungen auf Unionsebene die Koalitionen im Rat variiert. Bei den arbeitsrechtlichen Einzelstandards bestand (anders als etwa bei Fragen der Zinsbesteuerung) keine über viele Einzelthemen hinweg stabile Spaltung, z.B. in einen „fortgeschrittenen Norden" und „rückständigen Süden". Während etwa Spanien lange Zeit ohnehin ein extrem rigides Arbeitsrecht hatte und Italien gar gegen die Mutterschutzrichtlinie wegen zu niedriger Standards stimmte, mussten fallweise auch Länder wie Deutschland oder Luxemburg Anpassungen an einschlägige EG-Richtlinien vornehmen (ein Beispiel dafür ist der Elternurlaub). Großbritannien ist zwar in den meisten Fällen gegen EU-Regulierung (Ausnahme: Information über arbeitsvertragliche Bedingungen 1991), konnte aber seit den späten 1980er Jahren über Mehrheitsabstimmungen „ausgebootet" werden (siehe oben zum Vertragsgrundlagenspiel). Die wechselnden Interessenkonstellationen dürften eine günstige Ausgangsbedingung für Lern- und Anpassungsprozesse unter den Delegationen dargestellt und auch die Bedenken gegen die Einführung von Mehrheitsvoten verkleinert haben.

4.3.4 Unübersichtliche Informationslage

Während etwa die in Luxemburg im Ländervergleich so viel niedrigere Zinsertragssteuer weit bekannt und gut vergleichbar ist, und ähnliches durchaus auch für manche Bereiche der Sozialpolitik (wie etwa die institutionelle Grundstruktur der Sozialversicherung) gilt, haben arbeitsrechtliche Standards im Allgemeinen keinen über die Ländergrenzen hinausreichenden Bekanntheitsgrad. Viel-

mehr sind solche rechtlichen Details ohne juristische Spezial-
kenntnisse zumeist auch im Inland nicht leicht zu überblicken. Das
erhöht die Bedeutung der Europäischen Kommission und ihrer
Möglichkeiten, im europäischen Entscheidungsfindungsprozess als
Studienauftraggeber, Prozessmanager und Vermittler zwischen
den Delegationen Einfluss zu nehmen. Es bringt auch mit sich,
dass ein sehr hoher Expertisegrad zur Abschätzung der konkreten
nationalen Folgen einer arbeitsrechtlichen Änderung erforderlich
ist und die Verhandlungen deshalb tendenziell eher in Arbeitsgruppen und Spezialministerräten geführt werden. Die Behandlung als „low politics" erleichtert die Ausformung eines Experten-
konsenses und die Nachreihung von Kostenerwägungen.

4.3.5 *Interessen der Betroffenen und politisches Marketing*

Paul Piersons Untersuchung zu den Absichten Thatchers und Rea-
gans, einen Rückzug des Wohlfahrtsstaates zu erreichen, ergaben,
dass dies durch den Widerstand der betroffenen Gruppen im Wesentlichen unterbunden wurde. Begünstigend wirkte, dass die Sozialleistungen meist für klar definierte Gruppen unmittelbar spürbar sind, während die Kosten diffus und indirekt bleiben (Pierson
1994: 181).

Dieses Argument gilt auch für die Regulierung der Arbeitsbedingungen, wo zum Beispiel familienfreundlichere Elternurlaubs-
regelungen breitenwirksam angepriesen werden können, während
die Kosten dafür im großen Bündel der vom Arbeitgeber oder
auch über das Staatsbudget vom Steuerzahler zu tragenden Kosten
untergehen. Die positive Einstellung oft auch sehr großer Wähler-
gruppen gegenüber sozialen Standards fördert auch vergleichsweise starkes sozialpolitisches Engagement nationaler Parteien.[39]

---

39 Im Gegensatz dazu stößt etwa in der Steuerpolitik das politische Marketing der
Schließung von Regulierungslücken auch deshalb immer wieder auf Schwierigkeiten, weil Steuerflucht noch vielfach als Kavaliersdelikt gilt, und weil
staatliche Mehreinnahmen in den Budgets privater Einzelhaushalte nicht wie
Sozialleistungen direkt spürbar werden, auch wenn diese Steuern von anderen
bezahlt werden.

4.3.6   Veränderlichkeit und Reformdruck

Schließlich mag noch eine untergeordnete Rolle bei der Ermöglichung europäischer Einigungen gespielt haben, dass sich der Sozialbereich, und gerade auch das Arbeitsrecht, infolge fast ständiger Neuerungen und Anpassungen ohnehin im Fluss befinden. Der Reformdruck ist durch politik-externe Faktoren wie etwa den technologischen Fortschritt mit resultierenden Produktionsveränderungen oder den demographischen Alterungsprozess der Bevölkerungen in Europa vergleichsweise groß.

5   Ausblick

Dieser Beitrag verdeutlichte, dass die „soziale Dimension der europäischen Integration" auch nach der Jahrtausendwende noch eine Herausforderung für die Wissenschaft darstellt (ebenso wie für die Politik). Dies wurde schon bei der Kategorisierung der einschlägigen EU-Aktivitäten offensichtlich, wobei hier innerhalb der regulativen Interventionsformen zwischen Rechtsschaffungsart (Rechtssetzung, Rechtsfortbildung), Wettbewerbsfunktion (Marktzutrittsliberalisierung, Marktgestaltung) und Eingriffsform (Koordinierung, Harmonisierung) getrennt unterschieden wurde.

Im Zentrum stand die auch politisch entscheidende Frage nach einer möglichen Gestaltungslücke zwischen nationaler und europäischer Intervention. Sie kann allerdings beim heutigen Stand der Forschung nicht zufriedenstellend beantwortet werden, da es an empirischen Vergleichsstudien zu den nicht europäisch regulierten Bereichen sowie zur praktischen Wirkung[40] der bestehenden EU-Richtlinien in den einzelnen Mitgliedstaaten mangelt. Immerhin ist aber festzustellen, dass sich die EU in den vergangenen Jahren entscheidungsfähiger und inhaltlich teils fortschrittlicher zeigte, als erwartet worden war.

Um die Verabschiedung arbeitsrechtlicher Verfahrensvorschriften zu erklären, die zugleich produktionskostenerhöhend und

---

40 Z.B. könnten Implementationsmängel hohe Regulierungsstandards konterkarieren.

auf relativ hohem Niveau zu sein scheinen, wurden hier – auf bestehenden Erklärungsangeboten und eigener empirischer Forschung aufbauend – zusätzliche Differenzierungen erarbeitet und ergänzende Überlegungen zu den politikfeldspezifischen Rahmenbedingungen getroffen. Neben den ohnehin bekannten *Koordinationsmechanismen* (kleinster gemeinsamer Nenner, Gegengeschäfte) wurden als einigungsförderliche Mechanismen auch *Kontrolllücken* der Regierungen über die EU-Politik (autonomer Einfluss supranationaler Institutionen, beschränkte Zeithorizonte der Regierungen, nichtintendierte Folgen von Entscheidungen und längerfristige Veränderungen der von aufeinanderfolgenden Staats- bzw. Regierungschefs im Ministerrat vertretenen Präferenzen) sowie *integrative Kooperationseffekte* (die EU als neue Bezugsebene, gemeinsames Lernen, Sozialisierung in Akteursnetzwerken) beschrieben. Für sie bestanden in der Sozialpolitik einige, teils noch wenig diskutierte, günstige *Rahmenbedingungen* (z.B. betreffend Vertragsgrundlagenspiel, Varianz bei Interessengegensätzen, Kostenaspekte).

Abschließend muss allerdings festgehalten werden, dass die Sozialwissenschaft zwar interessante Mechanismen aufzeigen kann (wobei heute neben integrationshinderlichen zunehmend auch integrationsförderliche Effekte erfasst werden). Sie ist jedoch weit von einer Prognose über deren konkretes Wirksamwerden entfernt. In der Praxis bleibt daher die Gefahr bestehen, dass sich die hier beschriebenen einigungsförderlichen Mechanismen insgesamt doch nicht als effizient genug erweisen, um für die praktische Sozialpolitikentwicklung im Mehrebenensystem ein wirksames Gegengewicht zur Durchschlagskraft des Marktmechanismus darzustellen. Dies können letztlich nur (momentan noch nicht verfügbare[41]) empirische Untersuchungen klären.

---

41 Siehe aber z.B. den in Fußnote 18 beschriebenen Projektverbund.

Literatur

Dehejia, Vivek H./Genschel, Philipp 1999: Tax competition in the European Union, in: Politics & Society 27, 403-430.

Edler, Jakob 2000: Institutionalisierung europäischer Politik. Die Genese des Forschungsprogramms BRITE als reflexiver sozialer Prozess, Baden-Baden.

Eichener, Volker 2000: Das Entscheidungssystem der Europäischen Union. Institutionelle Analyse und demokratietheoretische Bewertung, Opladen.

Falkner, Gerda 1993: „Sozialdumping" im EG-Binnenmarkt: Betrachtungen aus politikwissenschaftlicher Sicht, in: Österreichische Zeitschrift für Politikwissenschaft 22, 261-277.

Falkner, Gerda 1994: Supranationalität trotz Einstimmigkeit? Entscheidungsmuster der EU am Beispiel Sozialpolitik, Bonn.

Falkner, Gerda 1998: EU Social Policy in the 1990s: Towards a Corporatist Policy Community, London.

Falkner, Gerda 2000a: EG-Sozialpolitik nach Verflechtungsfalle und Entscheidungslücke: Bewertungsmaßstäbe und Entwicklungstrends, in: Politische Vierteljahresschrift 41, 279-301.

Falkner, Gerda 2000b: Policy Networks in a Multi-level System: Converging Towards Moderate Diversity?, in: West European Politics 23: 4, 94-120.

Gehring, Thomas 2000: Die Bedeutung spezialisierter Entscheidungsprozesse für die Problemlösungsfähigkeit der Europäischen Union, in: Grande, Edgar/Jachtenfuchs, Markus (Hrsg.): Wie problemlösungsfähig ist die EU? Regieren im europäischen Mehrebenensystem, Baden-Baden, 77-112.

Griller, Stefan/Droutsas, Dimitri/Falkner, Gerda/Forgó, Katrin/Nentwich, Michael 2000: The Treaty of Amsterdam. Facts, Analysis, Prospects, in: Series of the Research Institute for European Affairs 15, Wien/New York.

Héritier, Adrienne 1999: Policy-Making and Diversity in Europe. Escape From Deadlock, Cambridge.

Jachtenfuchs, Markus/Kohler-Koch, Beate 1996: Einleitung: Regieren im dynamischen Mehrebenensystem, in: dies. (Hrsg.): Europäische Integration, 1. Auflage, Opladen, 15-44.

Keller, Berndt 1997: Europäische Arbeits- und Sozialpolitik, München.

Kerremans, Bart 1996: Do Institutions Make a Difference? Non-Institutionalism, Neo-Institutionalism, and the Logic of Common Decision-Making in the European Union, in: Governance 9, 217-240.

Kohler-Koch, Beate 2000: Framing: the Bottleneck of Constructing Legitimate Institutions, in: Journal of European Public Policy 7, 513-531.

Kohler-Koch, Beate/Edler, Jakob 1998: Ideendiskurs und Vergemeinschaftung: Erschließung transnationaler Räume durch europäisches Regieren, in: Kohler-Koch, Beate (Hrsg.): Regieren in entgrenzten Räumen (PVS-Sonderheft 29), Opladen, 169-206.

510   *Gerda Falkner*

Kohler-Koch, Beate/Eising, Rainer (Hrsg.) 1999: The Transformation of Go-
vernance in the European Union, London.
Kowalsky, Wolfgang 1999: Europäische Sozialpolitik, Opladen.
Leibfried, Stephan 1996: Wohlfahrtsstaatliche Perspektiven der Europäischen
Union. Auf dem Wege zu positiver Souveränitätsverflechtung?, in: Jach-
tenfuchs, Markus/Kohler-Koch, Beate (Hrsg.): Europäische Integration, 1.
Auflage, Opladen, 455-481.
Leibfried, Stephan/Pierson, Paul (Hrsg.) 1995: European Social Policy: Bet-
ween Fragmentation and Integration, Washington D.C.
Leibfried, Stephan/Pierson, Paul 1998a: Halbsouveräne Wohlfahrtsstaaten:
Der Sozialstaat in der Europäischen Mehrebenen-Politik, in: Leibfried,
Stephan/Pierson, Paul (Hrsg.): Standort Europa. Europäische Sozialpolitik, Frankfurt/Main, 58-99.
Leibfried, Stephan/Pierson, Paul (Hrsg.) 1998b: Standort Europa. Europäi-
sche Sozialpolitik, Frankfurt/Main.
Lewis, Jeffrey 1998: Is the „Hard Bargaining" Image of the Council Mislea-
ding? The Committee of Permanent Representatives and the Local Elections Directive, in: Journal of Common Market Studies 36, 479-504.
Majone, Giandomenico 1993: The European Community between Social Policy and Social Regulation, in: Journal of Common Market Studies 31,
153-175.
Mayntz, Renate/Scharpf, Fritz W. 1995: Der Ansatz des akteurzentrierten Institutionalismus, in: Mayntz, Renate/Scharpf, Fritz W. (Hrsg.): Gesellschaftliche Selbstregelung und politische Steuerung, Frankfurt/New York,
39-72.
Nelhans, Joachim 1975: Die Freizügigkeit der Arbeitnehmer in Europa, Baden-Baden.
Pierson, Paul 1994: Dismantling the Welfare State? Reagan, Thatcher, and
the Politics of Retrenchment, Cambridge.
Pierson, Paul 1996: The Path to European Integration: A Historical Institutionalist Analysis, in: Comparative Political Studies 29, 123-163.
Platzer, Hans-Wolfgang 1999: Die EU-Sozial- und Beschäftigungspolitik
nach Amsterdam: Koordinierte und verhandelte Europäisierung?, in: Inte-
gration 22, 176-190.
Pollack, Mark A. 1996: The New Institutionalism and EC Governance: The
Promise and Limits of Institutional Analysis, in: Governance 9, 429-458.
Pollack, Mark A. 1997: Delegation, Agency and Agenda Setting in the Euro-
pean Community, in: International Organization 51, 99-134.
Rhodes, Martin 1998: Das Verwirrspiel der „Regulierung": Industrielle Be-
ziehungen und „soziale Dimension", in: Leibfried, Stephan/Pierson, Paul
(Hrsg.): Standort Europa. Europäische Sozialpolitik, Frankfurt/Main, 100-
154.
Ross, George 1995: Jacques Delors and European Integration, Cambridge.
Saretzki, Thomas 1996: Wie unterscheiden sich Argumentieren und Verhandeln? Definitionsprobleme, funktionale Bezüge und strukturelle Differen-

zen von zwei verschiedenen Kommunikationsmodi, in: von Prittwitz, Volker (Hrsg.): Verhandeln und Argumentieren. Dialog, Interessen und Macht in der Umweltpolitik, Opladen, 19-39.

Sbragia, Alberta 1994: From „Nation-State" to „Member State": The Evolution of the European Community, in: Lützeler, Michael (Hrsg.): Europe after Maastricht – American and European Perspectives, Oxford, 69-87.

Scharpf, Fritz W. 1985: Die Politikverflechtungsfalle, Europäische Integration und Deutscher Föderalismus im Vergleich, in: Politische Vierteljahresschrift 26, 323-357.

Scharpf, Fritz W. 1999a: Legitimacy in the Multi-Actor European Polity, in: Egeberg, Morten/Lægreid, Per (Hrsg.): Organizing Political Institutions. Essays for Johan P. Olsen, Oslo etc., 261-288.

Scharpf, Fritz W. 1999b: Regieren in Europa, Effektiv und demokratisch? New York.

Scharpf, Fritz W. 2000: Interaktionsformen. Akteurzentrierter Institutionalismus in der Politikforschung, Opladen.

Scharpf, Fritz W./Schmidt, Vivien A. 2000: Conclusions, in: Scharpf, Fritz W./Schmidt, Vivien A. (Hrsg.): Welfare and Work in the Open Economy. Volume I. From Vulnerability to Competitiveness, Oxford, 310-336.

Scheuer, Alexander 1999: Die Arbeitskräfte, in: Lenz, Carl Otto (Hrsg.): EG-Vertrag Kommentar, Köln, 401-469.

Streeck, Wolfgang 1991: More Uncertainties: German Unions Facing 1992, in: Industrial Relations 30, 317-349.

Streeck, Wolfgang 1995: Neo-Voluntarism: A New European Social Policy Regime? in: European Law Journal 1, 31-59.

Streeck, Wolfgang 1999: Competitive Solidarity: Rethinking the „European Social Model"; 11th Annual Meeting on Socio-Economics of the Society for the Advancement of Socio-Economics (SASE) (1999-06-08 – 11), Madison.

Tálos, Emmerich 1989: EG und Arbeitslosigkeit, in: Österreichische Zeitschrift für Politikwissenschaft 18, 231-243.

Thelen, Kathleen 1999: Historical Institutionalism in Comparative Politics, in: Annual Review of Political Science 2, 369-404.

Tinbergen, Jan 1968: Wirtschaftspolitik, Freiburg.

Hans-Jürgen Bieling/Frank Deppe

Die neue europäische Ökonomie und die Transformation von Staatlichkeit[*]

1 Einleitung

Die Reorganisation des Staates und der Wandel politischer Regulationsformen ist kein spezifisch europäisches Phänomen. Institutionelle und politisch-regulative Transformationsprozesse lassen sich in allen entwickelten kapitalistischen Gesellschaften beobachten. Im Kontext der Globalisierung und auf der Grundlage tiefer gesellschaftlicher Umbrüche – neuen Technologien, veränderten Formen der Produktions- und Arbeitsorganisation oder dem Wandel der Sozialstruktur – verändern sich die staatlichen Organisationsformen wie auch die Ziele, Kriterien und Mechanismen der staatlichen Intervention. Dies zeigt sich nicht nur durch die allgemeine Ausrichtung der Wirtschafts-, Geld- und Finanzpolitik, auch viele andere Bereiche – so z.B. die Arbeits- und Sozialpolitik oder die Forschungs-, Technologie- und Infrastrukturpolitik – werden unter dem Einfluss wettbewerbspolitischer Zielsetzungen seit den 80er Jahren neu zugeschnitten. Fast allerorts geht es um die Förderung dynamischer Märkte und die Sicherung monetärer Stabilität, d.h. um Inflationsvermeidung und stabile Wechselkurse. Dabei gibt es nach wie vor gravierende nationale Unterschiede, die sich aus den spezifischen institutionellen Ausgangsbedingungen, der politischen Kultur und den gesellschaftlichen Kräfteverhältnissen wie Akteurskonstellationen erklären lassen (vgl. Bieling/Deppe 1997). Gleichwohl fügen sich diese Besonderheiten in eine allgemeine Reorganisationsdynamik ein, die als Übergang vom „keynesianischen Wohlfahrtsstaat" zum „nationalen Wettbewerbsstaat" (vgl. Hirsch 1995; Cerny 1997) zu beschreiben ist.

---

[*] Für die kritische Kommentierung einer ersten Fassung danken wir Beate Kohler-Koch und Markus Jachtenfuchs.

Oftmals wird die Rolle, die der EU in diesen Prozessen zukommt, unterschätzt oder aber zu eng gefasst. Der Unterschätzung
entspricht ein dichotomisches Analysekonzept, das der Entgegensetzung von Weltmarkt und Nationalstaat bzw. von ökonomischer
Globalisierung und staatlicher Reorganisation verhaftet bleibt. Die
verengte Sichtweise hingegen interpretiert die EU allein als „Libe-
ralisierungsmaschine", ohne deren staatliche Kapazitäten – und die
durch sie organisierte Geltungskraft kollektiv bindender Entscheidungen – hinreichend zur Kenntnis zu nehmen. Gegen solche zu
einfach angelegten Analysekonzepte soll die Transformation von
Staatlichkeit nachfolgend als ein supra- und transnationaler Prozess erörtert werden. In dieser Perspektive generiert der Integrationsprozess zum einen die Entstehung einer fragmentierten Staatlichkeit im Mehrebenensystem, strukturiert darüber hinaus zum
anderen aber auch maßgeblich die Reorganisation der nationalstaatlichen Regulation.

Dieser doppelte Transformationsprozess wird im folgenden aus
der Perspektive eines neo-gramscianisch erweiterten Regulations-
ansatzes rekonstruiert. Dieser befasst sich insbesondere mit der je
spezifischen – hegemonialen – Artikulation von ökonomischen,
(zivil-)gesellschaftlichen und politischen Prozessen. Als materielle
Verdichtung und Objektivierung sozialer Verhältnisse konstituiert
der Staat eine von der kapitalistischen Ökonomie formal und institutionell getrennte politische Arena (vgl. Poulantzas 1978:
114ff), die unter Einwirkung und Beteiligung von (zivil-)gesell-
schaftlichen Akteuren in der politischen Öffentlichkeit identifi-
zierte Probleme und Konflikte bearbeitet. Über die Operationsweise wie auch die Transformation von Staatlichkeit wird demzufolge
nicht allein im politischen System entschieden, sondern auch in
der Zivilgesellschaft, in der – als Moment des „erweiterten" bzw.
„integralen" Staates – um kulturelle Hegemonie und politische Definitionsmacht gerungen wird (vgl. Gramsci 1991ff: 783). Der
Wandel staatlicher Strukturen, Institutionen und Regulationsformen ist in diesem Sinne doppelt rückgebunden: an die – nationalen
und europäischen – Kompromissstrukturen und zivilgesellschaftlichen Definitionskämpfe wie auch an den Reproduktionsmodus der
europäischen Ökonomie. Aus beidem erklärt sich, warum die
„Staatswerdung Europas" sich nicht einfach analog zur Herausbil-

dung des Nationalstaats vollzieht und nur sehr fragmentarisch und selektiv voranschreitet (vgl. Bornschier 2000).

Die grundlegende Handlungslogik der staatlichen Transformation bildet ein Modus der kooperativen bzw. koordinierten Wettbewerbsmodernisierung. Diese wird durch unterschiedliche Gestaltungsmechanismen politisch konstituiert und fortwährend ausgestaltet. Dabei lassen sich vor allem zwei Dimensionen unterscheiden: erstens ein neuer Konstitutionalismus, der über die vertragliche, institutionelle und regulative Verankerung der ökonomischen Kernprojekte der europäischen Integration – EWS, EG-Binnenmarkt, WWU und zuletzt die Finanzmarktintegration – den Wettbewerbsdruck und die wirtschaftliche Disziplinierung gleichsam auf Dauer stellt und einer demokratischen Kontrolle tendenziell entzieht (2.); und zweitens die regulative und koordinierende Absicherung des europäischen Wirtschafts- und Sozialraumes durch eine Vielzahl regulativer Bestimmungen und prozeduraler Arrangements, über die die neue europäische Makroökonomie stabilisiert, zugleich aber auch dynamischer gemacht werden soll (3.). Die Dynamisierung stützt sich vor allem auf die regulative Politik der Marktintegration, aber auch auf das Verfahren einer wettbewerbsorientierten Koordination, das darauf hinwirken soll, die nationale Wirtschafts-, Sozial- und Beschäftigungspolitik zu modernisieren. Darüber hinaus enthält das Koordinations-Verfahren mit Blick auf die WWU zugleich eine stabilisierungspolitische Dimension. Es ist gleichsam Bestandteil eines Stabilisierungskonzeptes, das nach den Konvergenzkriterien und dem Stabilitätspakt auch die Grundzüge der Wirtschaftspolitik, den neuen Policy-Mix, Absprachen in der EURO-12-Gruppe und den makroökonomischen Dialog umschließt. Diese Zunahme von Aktivitäten im europäischen Raum läuft im Kern darauf hinaus, die regulative Staatlichkeit durch Elemente einer stabilisierenden und koordinierenden europäischen Staatlichkeit zu ergänzen und zu erweitern. Die angestrebte Stabilisierung und Koordination bleibt jedoch in dem Maße fragil, wie die disziplinierenden Effekte der Wettbewerbsmodernisierung soziale und intergouvernementale Konflikte stimulieren (4.).

2   Die politische Ökonomie des neuen Konstitutionalismus: auf dem Weg zu einer „europäischen Gesellschaftsformation"

Die Entstehung einer fragmentierten europäischen Staatlichkeit ist in der EU maßgeblich das Produkt eines „neuen Konstitutionalismus". Als Verdichtung gesellschaftlicher wie zwischenstaatlicher Aushandlungsprozesse zielt der neue Konstitutionalismus auf die vertragsrechtliche, regulative und institutionelle Errichtung, Absicherung und Transformation einer europäischen Wirtschaftsverfassung. Die über ihn geschaffene autoritative Regulierungskapazität lässt sich dabei strukturell wie auch institutionell bestimmen. Stephen Gill (1998: 5) bezieht sich in erster Linie auf die strukturelle Dimension und begreift den neuen Konstitutionalismus als internationalen Governance-Rahmen: „It seeks to separate economic policies from broad political accountability in order to make governments more responsive to the discipline of market forces and correspondingly less responsive to popular-democratic forces and processes. New constitutionalism is the politico-legal dimension of the wider discourse of disciplinary neoliberalism. Central objectives in this discourse are security of property rights and investor freedoms, and market discipline on the state and on labour to secure ,credibility' in the eyes of private investors, e.g. those in both the global currency and capital markets." Über diese strukturellen Bestimmungen hinaus umschließt der neue Konstitutionalismus aber auch eine spezifische institutionelle Dimension einer fragmentierten und zugleich entpolitisierten Staatlichkeit (vgl. Dehousse 1997). Thomas Hueglin (1997: 95) spricht in diesem Zusammenhang von einem „komplex institutionalisierten Gefüge autonomisierter Regierungstätigkeit", dessen rechtssetzende Kompetenzen durch die Ausweitung von Mehrheitsentscheidungen und die Entscheidungsmacht weisungsungebundener Institutionen – so z.B. der EZB – zuletzt deutlich erweitert wurden.

Der hier verwandte Begriff des „neuen Konstitutionalismus"[1] ist vor allem politökonomisch bestimmt. Er bezeichnet das bestim-

---

1   Zu unterscheiden von dieser Begriffsverwendung ist die rechtswissenschaftliche Interpretation, die den „europäischen Konstitutionalismus" – d.h. das su-

mende Moment einer neuen europäischen Governance-Struktur, die eine markt- und wettbewerbsorientierte Restrukturierung rechtlich und institutionell absichert, auf Dauer stellt und dem Einfluss demokratischer Kontrollorgane tendenziell entzieht. Er unterscheidet sich demnach deutlich vom „alten Konstitutionalismus" der Römischen Verträge, dessen Wirkung weitgehend auf die Handelsliberalisierung und wachstumsstimulierende Absicherung der nationalen wirtschaftlichen Entwicklungspfade begrenzt blieb (vgl. Bieling/Deppe 1996: 488ff). Diese alte Komplementaritätsbeziehung von europäischer Integration und nationaler Regulation wird durch den neuen Konstitutionalismus neu definiert. Seine spezifische Qualität äußert sich formell in weitreichenden Kompetenzübertragungen an die supranationale Ebene und einer hierdurch gestärkten Regulationskapazität sowie inhaltlich in der Konstruktion eines durch marktliberale und monetaristische Rahmenvorgaben geprägten europäischen Wirtschaftsraumes. Er konkretisiert sich nicht zuletzt in der vertraglichen und institutionellen Verankerung der zentralen europäischen Kernprojekte (vgl. Bieling/Steinhilber 2000):

– Das 1979 gegründete Europäische Währungssystem (EWS) sollte die extern – durch die Abwertung des US-Dollars – induzierten Wechselkursschwankungen und die hiervon ausgehenden negativen Konsequenzen für die innereuropäische Wirtschafts- und Handelspolitik auffangen. Der kooperative Charakter dieses Systems fester, aber anpassungsfähiger Währungsrelationen gründete sich jedoch auf eine fundamentale Asymmetrie: Das Gewicht der deutschen Ökonomie und die starke Rolle der D-Mark als „Ankerwährung" ermöglichten es der deutschen Bundesbank, die geldpolitischen Standards zu setzen, wodurch die Anpassungsleistungen ungleich, d.h. zu Lasten der Schwachwährungsländer, verteilt blieben (vgl. Tsoukalis 1997: 138ff). Zugleich benutzten deren Regierungen das neue Arrangement zum Teil aber auch bewusst als Hebel, um eine umstrittene restriktive Geld- und Finanzpolitik in Kombination mit

---

pranationale Vertrags- bzw. Verfassungsrecht wie auch die regulative Rechtssetzung – auf seine normativen Geltungs- und nationalen Verfassungsgrundlagen hin diskutiert (vgl. Joerges 1996; Weiler 1997).

einer angebotsorientierten Wirtschafts-, Arbeitsmarkt- und Sozialpolitik gesellschaftlich zu legitimieren und sich der „deutschen Stabilitätskultur" anzunähern (vgl. McNamara 1998: 129ff).

– Diese Konvergenz der Geld-, Finanz-, Wirtschafts- und Wettbewerbspolitik war eine wesentliche Voraussetzung für das Binnenmarkt-Projekt. Man erwartete sich von ihm nicht nur einen intensivierten grenzüberschreitenden Wettbewerb, „economies of scale" und damit einhergehende Produktivitätssteigerungen, sondern auch zusätzliche Investitionen, ein stärkeres Wirtschaftswachstum, eine gebremste Inflation und zusätzliche Beschäftigungseffekte (vgl. Cecchini 1988). Zugleich sollte vermieden werden, dass Europa in der Triade-Konkurrenz noch weiter hinter Japan und die USA zurückfiel. Daher einigte man sich in der Einheitlichen Europäischen Akte (EEA) auf die Abschaffung aller nicht-tarifären Handelshemmnisse, die Einführung qualitativer Mehrheitsentscheidungen und die umfassende Anwendung des Prinzips der wechselseitigen Anerkennung nationaler Regulierungsstandards. Ungeachtet aller flankierenden Maßnahmen – von der Forschungs- und Technologiepolitik über die Regional- und Strukturpolitik bis hin zu einer ökologie- sowie arbeits- und sozialpolitischen Mindestregulierung – gerieten nachfolgend, gleichsam als Konsequenz des grenzüberschreitenden Wettbewerbs, die nationalen Organisationsformen der „mixed economy" unter einen starken Modernisierungs- und Anpassungsdruck (vgl. Tsoukalis/Rhodes 1997: 29f).

– Die Wirtschafts- und Währungsunion (WWU) ist unter anderem eine Reaktion auf die im Rahmen des EG-Binnenmarktes vollzogene Kapitalmarktliberalisierung, da die hierdurch geförderte Kapitalmobilität und die Gefahr spekulativer Attacken es immer schwieriger macht, den bisherigen Wechselkursmechanismus aufrecht zu erhalten (vgl. McNamara 1998: 159ff). Außerdem zielt die WWU auf eine stärkere (wirtschafts-)politische Einbindung Deutschlands, eine Effektivierung der Marktintegration durch entfallende Transaktionskosten, eine größere Markttransparenz und bessere Kalkulationsbedingungen oder auch ein größeres Gewicht der EU in der globalen Währungskonkurrenz. Ihre Konsequenzen sind weitreichend: Zum einen orientiert sich ihr Design – der autonome Status der Europäischen Zentralbank, die Konvergenzkriterien und zuletzt der Stabilitätspakt – stark am Vorbild der deutschen Bundesbank und dem von ihr durchgesetzten Primat geldpolitischer Stabilität; zum anderen geraten – ohne einen größeren EU-Haushalt, d.h. ohne eine umfassendere Infrastruktur- und Transferpolitik – nach dem Wegfall der Wechselkurse die nationalen Lohn- und Tarifbeziehungen unter einen strukturellen Anpassungsdruck (vgl. Martin 1999).

– Seit Ende der 90er Jahre ist die Finanzmarktintegration auf die politische Agenda gerückt. Nachdem die grenzüberschreitende Liberalisierung im Bankensektor, im Versicherungswesen, vor allem aber im Bereich der Wertpapiermärkte an ihre Schranken stieß,[2] unternimmt die Kommission mit Unterstützung der nationalen Regierungen nun einen neuen Anlauf, um den Übergang von liberalisierten zu wirklich integrierten Finanzmärkten zu vollziehen. Angesichts der Erfolge der US-Ökonomie in den 90er Jahren soll durch EU-weit verbesserte Bedingungen der Kapitalbeschaffung das Eigenkapital der Unternehmen erhöht und deren Investitions- und Anlagemöglichkeiten erweitert werden, um die Innovationsdynamik, das Wirtschaftswachstum und die Beschäftigung zu steigern. So bildet der Aktionsplan für Finanzdienstleistungen (vgl. Europäische Kommission 1998) die Grundlage der in Lissabon vereinbarten Strategie, die EU „zum wettbewerbsfähigsten und dynamischsten wissensbasierten Wirtschaftsraum der Welt zu machen" (Europäischer Rat 2000). Zuletzt ist von einem Expertengremium (vgl. Ausschuss der Weisen 2001) vorgeschlagen worden, zwei Ausschüsse – einen EU-Wertpapierausschuss und einen Ausschuss der EU-Wertpapierregulierungsbehörden – einzurichten, um im Rahmen eines erweiterten Komitologieverfahrens das Rechtssetzungsverfahren zu beschleunigen und die Kontroll- und Einflussmöglichkeiten des Europäischen Parlaments zu umgehen.

---

2 Offensichtlich waren hierbei die vereinbarten Richtlinien zu schwach konzipiert, um die Anerkennung des Ursprungsland-Prinzips wirksam sicherstellen zu können (vgl. Story/Walter 1997: 250ff).

Der „neue Konstitutionalismus" prägt in hohem Maße die entstehende europäische Staatlichkeit. Die Vertragsreformen – die EEA sowie die Verträge von Maastricht und Amsterdam – wie auch die neuen Institutionen und Verfahren richten sich primär auf die Vertiefung und Festigung der Markt- und Währungsintegration. Aber auch angrenzende Politikfelder bleiben von der Integrationsdynamik nicht unberührt. Die relativ umfangreiche Struktur- und Regionalpolitik, eine Vielzahl von Programmen im Bereich der Forschungs- und Technologiepolitik, die Ausweitung arbeits- und sozialpolitischer Kompetenzen bis hin zur Aufnahme des Sozialprotokolls in den EU-Vertrag, die intensivere Kooperation im Rahmen der Gemeinsamen Außen- und Sicherheitspolitik (GASP) sowie der Innen- und Justizpolitik, aber auch die Kompetenzerweiterung des Europäischen Parlaments und die Einbeziehung von zivilgesellschaftlichen Akteuren – von organisierten Interessen, Think Tanks oder Expertenzirkeln – in den politischen Entscheidungsprozess verdeutlicht, dass sich die EU dem Ziel von Jacques Delors, einen „organisierten europäischen Raum" zu schaffen (vgl. Ross 1995: 107ff), deutlich angenähert hat. Infolge der intensivierten ökonomischen Integration, der Herausbildung von supra- und transnationalen Regulationsformen wie auch einer zumindest in Ansätzen erkennbaren europäischen Zivilgesellschaft scheint es gerechtfertigt, von einer in vielen Bereichen zwar noch national fragmentierten, in den Grundzügen jedoch bereits konstituierten „europäischen Gesellschaftsformation" zu sprechen.

Der Begriff der „Gesellschaftsformation" bezeichnet dabei – im Sinne der Regulationstheorie – ein historisches „Entwicklungsmodell", das vor allem durch die Artikulation zweier komplementärer, aber nicht voneinander ableitbarer Reproduktionsmuster bestimmt ist: Das Akkumulationsregime beschreibt die makroökonomischen Regelmäßigkeiten und die sozioökonomischen Charakteristika der materiellen Reproduktion. Als „Modus systematischer Verteilung und Reallokation des gesellschaftlichen Produktes" (Lipietz 1985: 120) umschließt es die Produktionsbedingungen – Technologien, Formen der Produktions- und Arbeitsorganisation, Branchenstruktur –, ebenso aber auch die spezifische Organisation der Lohn-, Waren-, Geld- und Kapitalverhältnisse. Hierin sind vielfältige Widersprüche, Krisen und Konflikte eingelagert, die durch die Formen der politisch-institutionellen und rechtlichen Regulation aufgefangen und ausbalanciert werden. Die Regulationsweise lässt sich von daher als ein komplexes Ensemble von Institutionen, Organisationen, Rechtsformen, Normen, Werten, Weltbildern und Verhaltensweisen begreifen, die – zumindest dann, wenn sich ein relativ beständiges Entwicklungsmodell etabliert hat – den kapitalistischen Verwertungsprozess abstützen (vgl. Hirsch 1995: 48ff). Wie sich das Akkumulationsregime und die Regulationsweise konkret entwickeln und ausprägen, ist nicht funktionalistisch determiniert, sondern immer auch das kontingente Resultat von – in der Ökonomie, in den Staatsapparaten wie auch in der Zivilgesellschaft ausgefochtenen – sozialen und politischen Kämpfen.

Die Regulationstheorie hat diesen Prozess – vor allem mit Blick auf die Formationen im Fordismus – bislang immer als Herausbildung und Transformation unterschiedlicher nationaler Entwicklungsmodelle und Entwicklungspfade untersucht. Diese Unterschiede werden im Fortgang der europäischen Integration zwar nicht aufgehoben, so doch aber die nationalen Modelle durch supranationale Arrangements überformt und strukturiert. Für die Annahme einer „europäischen Gesellschaftsformation" sprechen vor allem folgende Entwicklungen und Indikatoren:

Zentrale Aspekte der Waren-, Kapital- und Kreditverhältnisse, d.h. des Akkumulationsregimes in der EU, sind inzwischen über Verordnungen und Richtlinien angeglichen worden, um eine wechselseitige Kompatibilität innerhalb eines gemeinsamen Operationsraumes herzustellen. Noch weiter reicht – von Großbritannien, Schweden und Dänemark einmal abgesehen – die Vergemeinschaftung des Geldverhältnisses durch die WWU, obgleich die redistributiven Komponenten der makro-ökonomischen Reproduktion – die Sozial- und Tarifpolitik – noch immer primär durch die nationalen Systeme bestimmt sind. Die Angleichung der regulativen Operationsbedingungen materialisiert sich unter anderem darin, dass der intra-EG-Handel an Gewicht gewonnen hat und von 56,2 (1983) auf 62,3 Prozent (1997) angestiegen ist (vgl. Lintner 2001: 40). In vielen Sektoren sind zudem transnationale bzw. europäische Unternehmensverbünde entstanden, deren Produktionsketten unter Einschluss von Zuliefer- und Vertriebsunternehmen oft mehrere europäische Standorte miteinander vernetzen.

Darüber hinaus haben die Direktinvestitionen – zumeist Fusionen und Übernahmen –, in zwei Wellen, zunächst in der zweiten Hälfte der achtziger Jahre mit dem Binnenmarkt-Projekt und dann ab Mitte der neunziger Jahre, stimuliert durch die WWU, sprunghaft zugenommen (vgl. Europäische Wirtschaft 1996; 1999). Die erste Welle konzentrierte sich noch auf den industriellen Sektor. Die zweite Welle erfasst hingegen mehr und mehr Dienstleistungsunternehmen – unter anderem Banken und Versicherungen, deren Fusionierungsstrategien allerdings noch vorwiegend im nationalen Rahmen verbleiben (vgl. Huffschmid 1999: 72ff). Mit der Finanzmarktintegration werden grenzüberschreitende Fusionen und Übernahmen noch weiter an Bedeutung gewinnen. Schon jetzt werden fast zwei Drittel der weltweit getätigten Direktinvestitionen – mit jährlichen Wachstumsraten von 20 bis über 30 Prozent – von Unternehmen in der EU getätigt (vgl. UNCTAD 2000: XXI); etwa 60 Prozent der ausländischen Direktinvestitionen, die in die EU fließen, entstammen aus der EU selbst (vgl. UNCTAD 1999: 40f).

Ungeachtet der globalen Einbindung Europas hat sich demnach die innereuropäische Arbeitsteilung weiter intensiviert. Das neue transnationale Akkumulationsregime ist in hohem Maße finanzmarktgetrieben. Hierauf verweisen nicht nur die Mega-Fusionen und die grenzüberschreitende Kapitalmobilität, sondern auch Veränderungen in den Corporate-Governance-Systemen (vgl. Rhodes/van Apeldoorn 1998) und die allgemeine „financialisation" und „securitarisation" des Wirtschaftsgeschehens (vgl. Boyer 2000: 116). Michel Aglietta (2000: 142) spricht von einem „Regime der Vermögensbesitzer", in dem das Wachstum nunmehr abhängig ist „von der Kapitalwirtschaft im Dienste der Maximierung des durch Aktien erzielten Profits. Die Investitionen in die Unternehmensorganisation senken Kosten und verringern die von der Produktion benötigten Lagerbestände. Die Produktinnovationen schaffen Profite, die es erlauben, Dividenden auszuschütten, und die den Anstieg der Börsenkurse ankurbeln. Die Entwicklung der Kapitalbeteiligung der Arbeitnehmerschaft erhöht das Vermögen der Haushalte. Die Wirkungen des Vermögens und der Einkommen aus Vermögen verbinden sich mit der Preissenkung, um den Konsum anzuregen." Ob sich ein solches Regime in der EU fest etablieren wird, ist keineswegs gewiss. Die gemeinsame Währung und die vorgesehene Finanzmarktintegration weisen jedoch unverkennbar in diese Richtung.

Für eine Regulationsweise, die diese Entwicklung vorantreibt und zugleich absichert, ergeben sich hieraus unzählige neue Anforderungen. Robert Boyer (2000: 116) erwähnt die Förderung von Arbeitsmarktflexibilität, Preisstabilität, die Entwicklung von High-Tech-Sektoren, dynamische Aktienmärkte sowie die Begünstigung eines expansiven Konsums und optimistischer Zukunftserwartungen der Unternehmen. Viele der sich hierauf beziehenden Reorganisationsstrategien – im Bereich der Arbeitsmarktentwicklung, der Industrie- und Infrastrukturpolitik, der sozialen Sicherungssysteme oder der Corporate Governance – fallen nach wie vor primär in den Kompetenzbereich der Nationalstaaten. Gleichwohl verdeutlichen die ökonomischen Kernprojekte, dass die europäische Ebene die Ausprägung des Akkumulationsregimes konstitutionell und regulativ ebenfalls beeinflusst. Schon die Liberalisierung des Kapitalverkehrs und die mit dem Binnenmarkt-Programm stimulierten Deregulierungs- und Privatisierungsstrategien wirkten in diese Richtung. Danach dynamisierte sich im Zuge der Realisierung des Dreistufenplanes zur Einführung des Euro die grenzüberschreitende Verflechtung der Kapitalmärkte (vgl. Pozen 2001). Derzeit zielen die im Aktionsplan für Finanzdienstleistungen vorgesehenen Richtlinien darauf ab, durch die Errichtung eines einheitlichen regulativen Rahmens diese Entwicklung weiterzutreiben und zu komplettieren. Noch orientieren sich die Entscheidungen der nationalen und europäischen Institutionen – so z.B. der EZB – nicht so unmittelbar wie in den USA an der Entwicklung auf den Wertpapiermärkten. Die Operationsweise des EU-Systems, einschließlich des europäischen Geflechts von Institutionen und Organisationen, wird jedoch mehr und mehr auf einen durch die Kapital- und Finanzmärkte bestimmten Modus der europäischen Wettbewerbsregulation zugeschnitten.

Trotz der wachsenden Bedeutung der europäischen Regulationsebene ist diese nach wie vor von zwischenstaatlichen Spannungen durchzogen. Diese ergeben sich daraus, dass – wie auf der nationalen Ebene – zwar auch die Formen der europäischen Regulation und Staatlichkeit als materielle Verdichtung sozialer Verhältnisse zu begreifen sind, dieser Verdichtungsprozess sich jedoch wesentlich über die Vermittlung der Nationalstaaten vollzieht. So verfügen supranationale Institutionen wie die Kommission, das Parlament, der EuGH und die EZB inzwischen über weitreichende, zum Teil relativ autonome Kompetenzen. Zugleich werden die meisten politischen Entscheidungen letztlich noch immer von den nationalen Regierungen getroffen. Zwischen diesen besteht zwar ein Basis-Konsens über die Vorteile eines integrierten europäischen Wirtschaftsraumes; gleichwohl sind die Vorstellungen über dessen konkrete Funktionsweise keineswegs deckungsgleich. Selbst im Bereich der Markt- und Währungsintegration kommt es immer wieder zu Konflikten, die sich einerseits aus den gegebenen nationalen Institutionen, Rechtsformen und materiellen Anpassungslasten speisen, andererseits aber auch aus der tradierten politischen Kultur sowie aus den sozialen Interessenlagen und nationalen Bündniskonstellationen.

Dieses Spannungsverhältnis zwischen einer umfassenden ökonomischen und relativ weitreichenden konstitutionellen und regulativen Vergemeinschaftung auf der einen und noch immer bedeutenden nationalen Kompetenzen und Interessenlagen auf der anderen Seite durchzieht auch die Transformation der Zivilgesellschaft. Diese wird hier – anders als im liberalen und republikanischen Diskurs – nicht als Gegenpol zur staatlichen Macht, d.h. als ein offener Diskursraum zur demokratischen Kontrolle von politischen Machtzentren und Entscheidungsstrukturen verstanden, sondern – im gramscianischen Sinne – als ein institutionell und diskursiv vermachtetes Terrain der gesellschaftlichen Konsensgenerierung (vgl. Kebir 1991). Als Moment einer „integralen" europäischen Staatlichkeit ist die europäische Zivilgesellschaft grundsätzlich ambivalent bestimmt: So trägt sie einerseits dazu bei, die europäischen Reorganisationsstrategien legitimatorisch abzusichern; andererseits geschieht dies jedoch nicht in einem hermetisch abgeschlossenen Raum. Sie bildet vielmehr ein Terrain, auf dem grundsätzlich auch alternative Diskurse und Projekte in die Diskussion eingebracht werden können. Die europäische Zivilgesellschaft repräsentiert daher beides zugleich: eine hegemonial vermachtete Arena zur Absicherung von Herrschaftsstrukturen, aber auch ein Kampffeld, von dem aus sich die staatlichen Institutionen und Regulationsformen kritisieren und verändern lassen (vgl. Demirovic 2000).

Die Keimformen einer europäischen Zivilgesellschaft entwikkeln sich mit dem neuen Konstitutionalismus und der wachsenden Bedeutung supranationaler Regulationsformen. Unzählige Netzwerkstrukturen und Informationskanäle umgeben inzwischen das EU-System. Dessen Akteure versprechen sich hiervon nicht nur das nötige Fach- und Spezialwissen, sondern auch zusätzliche Legitimationsressourcen, da die von den nationalen Regierungen abgeleitete Legitimation immer weniger hinreicht. Angesichts der bürokratischen und intransparenten – daher eher selektiven und wenig demokratischen – Strukturen und Entscheidungsverfahren bleiben solche Möglichkeiten der Legitimationssteigerung freilich beschränkt.[3] Gleichwohl ist die Partizipation bzw. Einbindung von politischen Organisationen – Parteien, Verbänden, Gewerkschaften oder NGO's – sowie von Wissenschaftlern, Think Tanks und Expertengemeinschaften seit Ende der 80er Jahre zu einem zentralen Charakteristikum der europäischen Governance-Struktur geworden (vgl. Greenwood 1997). Zumindest in diesem Sinne hat sich auf europäischer Ebene das Ensemble zivilgesellschaftlicher Kommunikationsforen und Handlungsarenen deutlich erweitert. Deren inhaltlicher Zuschnitt ist allerdings sehr eingeengt. Im Zeichen des dominanten Diskurses über die Verbesserung der „Wettbewerbsfähigkeit" erfasst die Verallgemeinerung des Benchmarking-Verfahrens immer mehr Bereiche; und gleichsam komplementär hierzu fördert der „Subsidiaritäts-Diskurs" eine Abwehrhaltung, die die nationalen Kulturmuster und (re-)distributiven Kompetenzen gegen eine weitergehende Vergemeinschaftung verteidigen möchte.

---

3 Bislang ist nicht absehbar, ob und wie durch die Überlegungen zu „New Governance", d.h. zur organisatorischen und prozeduralen Reform des erweiterten EU-Systems (vgl. Europäische Kommission 2001), die Legitimationsprobleme nachhaltig behoben und eine wirkliche Öffnung auch zu anderen zivilgesellschaftlichen Akteuren – und deren Interessen – eingeleitet wird.

3 „European Governance" und die Reorganisation der nationalstaatlichen Regulationsweisen

Die Herausbildung einer europäischen Gesellschaftsformation ist nicht einfach das Resultat einer subjektlosen, allein systemisch ablaufenden Entwicklung. Die Markt- und Währungsintegration und die konstitutionelle, institutionelle und regulative Fortentwicklung des EU-Systems werden ungeachtet aller internen Differenzen und Konflikte vielmehr durch eine transnationale Allianz sozialer und politischer Kräfte unterstützt und vorangetrieben (vgl. Röttger 1997: 145ff). Hierzu zählen unter anderem die transnationalen Konzerne im Industrie- und Finanzsektor, eine Vielzahl organisierter Interessen, Consulting-Agenturen, Journalisten, Ökonomen, Juristen, Werbe- und Marketingfachleute, Wissenschaftler, einige NGOs und natürlich auch die nationalen Regierungen und Staatsadministrationen. Über den neuen Konstitutionalismus etabliert sich dabei eine „wettbewerbsstaatliche Integrationsweise" (Ziltener 2000: 88ff) mit weitreichenden Folgen für die institutionelle, organisatorische und operative Struktur des Systems der nationalen Staatsapparate: Über die Marktintegration greift die regulative Politik der EU – durch Verordnungen, Richtlinien und Entscheidungen – nicht nur unmittelbar in die nationalen Regulationsweisen ein. Sie erhöht zugleich den Druck zur politischen, regulativen und administrativen Modernisierung. Daher müssen sich auch die nicht oder gering vergemeinschafteten Politikbereiche und regulativen Arrangements im Rahmen eines europäischen Regime-Wettbewerbs behaupten und reorganisieren. Durch die Währungsintegration werden solche Tendenzen noch bestärkt. Sie schafft außerdem einen makroökonomischen Handlungsrahmen, in dem die Geldpolitik der EZB auf eine stabilitätsorientierte Finanz-, Sozial- und Tarifpolitik angewiesen bleibt. Hieraus ergeben sich intergouvernementale Koordinationszwänge und – sofern Anliegen der Sozialpartner berührt sind – Anreize zu einer engeren gesellschaftlichen Kooperation.

3.1 Reorganisation durch Marktintegration: regulative Wettbewerbsmodernisierung

Die Binnenmarkt-Konzeption, mit der die Marktintegration über das Stadium der Zollunion hinausgetrieben wird, vollzieht gleichsam den Übergang von einer quantitativen (tarifäre Handelshemmnisse) zur qualitativen Liberalisierung (nicht-tarifäre Handelshemmnisse), nachdem sich die Mitgliedstaaten im Sinne des neuen Konstitutionalismus auf prozedurale Änderungen im Entscheidungsprozess und einen gänzlich neuen Regulationsansatz verständigt haben: Die prozeduralen Änderungen zielen auf die Entlastung und Beschleunigung des politischen Entscheidungsprozesses durch den Verzicht auf das nationale Veto-Recht und die Vereinbarung von regulativen Übereinkommen auf der Grundlage qualitativer Mehrheitsabstimmungen. Der neue Regulationsansatz konzentriert sich gänzlich darauf, die für die Marktintegration unabdingbaren Mindestanforderungen europäisch zu regulieren, ansonsten aber das Prinzip der wechselseitigen Anerkennung der nationalen Regulierungsstandards zur Anwendung kommen zu lassen (vgl. Lintner 2001: 57ff). Für die nationalen Regulationssysteme ergeben sich hieraus weitreichende Implikationen:

- Erstens müssen im Umsetzungsprozess bzw. in der Anwendung von Verordnungen, Richtlinien und Entscheidungen die bestehenden nationalen Regulationssysteme ergänzt, verändert und angepasst werden. Das gestaltet sich dann besonders schwierig, wenn die europäischen von den nationalen Regulierungsformen stark abweichen.
- Zweitens bezieht sich der regulative Marktöffnungsprozess nicht allein auf die Waren- und Kapitalmärkte. Die Schaffung europaweit vergleichbarer Wettbewerbsbedingungen, also die Beseitigung von diskriminierenden Praktiken und nationalen Vorrechten bei der staatlichen Auftragsvergabe oder der Abbau staatlicher Subventionen und Beihilfen, ist äußerst folgenreich, da in diesem Prozess das öffentliche Beschaffungswesen und weite Teile der öffentlichen Infrastruktur und Dienstleistungsversorgung wie z.B. der Energie-, Transport- oder der Telekommunikationssektor liberalisiert werden (vgl. Armstrong/Bulmer

1998: 344f). Zuletzt kam der Europäische Rat von Lissabon (2000) überein, die Liberalisierung der Gas- und Stromversorgung, der Postdienste oder auch des Luftverkehrs weiter zu beschleunigen.

– Drittens bleiben von der regulativen Vereinheitlichung viele Aspekte ausgenommen. Vor allem die unterschiedlichen Formen der Produktionsregulation wie auch die Instrumente und das Niveau der redistributiven Politik lassen sich nur schwer angleichen (vgl. Scharpf 1999: 91ff). Hier fördert die wechselseitige Anerkennung der nationalen Standards entweder einen „regulativen Wettbewerb" (Sun/Pelkmanns 1995) oder, wenn ganze Komplexe der nationalen Regulation und (Re-)Distribution betroffen sind, eine Regime-Konkurrenz, die mitunter in einen Prozess der „kompetitiven Deregulierung" münden kann (vgl. Ziltener 1999: 139ff).

Gleichwohl ist in der EU empirisch bislang weder in Bezug auf die Ökologie- oder die Arbeits- und Sozialstandards noch in Bezug auf die Steuerpolitik ein „race to the bottom" beobachtbar (vgl. Eichener 2000). Dies ist nicht zuletzt darauf zurückzuführen, dass auf der supranationalen Ebene die regulative Marktöffnung durch eine flankierende Politik ergänzt wird, die über eine im engen Sinne (neo-)liberale Marktordnung hinausweist. So wird die regulative Wettbewerbsmodernisierung von einer weiter gefassten Kompromissstruktur getragen, die über regulative Mindeststandards hinaus auch Formen der regulierten Selbstregulierung – Stichwort: „Sozialer Dialog" –, redistributive Politikinstrumente – die Regional- und Strukturfonds –, eine europäische Forschungs- und Technologiepolitik oder auch eine engere zwischenstaatliche Koordination im Rahmen der europäischen Beschäftigungsstrategie ermöglicht hat. Die Reichweite der flankierenden europäischen Kooperation und Koordination ist allerdings mit Blick auf die nationalstaatlichen Modernisierungspfade begrenzt. Sie fängt den Druck zur Deregulierung der nationalen Regulationsgefüge zwar partiell auf, ohne jedoch die Strukturen und die Funktionsweise der nationalen Sozialsysteme dem zwischenstaatlichen Wettbewerb zu entziehen. Die flankierenden Politiken bewegen sich vielmehr selbst noch innerhalb des Paradigmenwechsels von einer marktkorrigierenden zu einer marktfördernden Regulierung (vgl.

Tömmel 1995). Sie vermögen daher nicht zu verhindern, dass sich infolge der Marktintegration und regulativen Wettbewerbsmodernisierung die nationalstaatlichen Organisationsformen und Regulationsweisen grundlegend transformieren: z.B. durch Privatisierungsprogramme und den Abschied von der alten „mixed economy", durch die wettbewerbspolitische Modernisierung von Arbeitsmärkten, durch die Erosion kollektivvertraglicher Arrangements, d.h. die Dezentralisierung und Flexibilisierung der Tarifverhandlungssysteme, oder auch durch die Schwächung des universalistisch konzipierten Wohlfahrtsstaates und die Reform der sozialstaatlichen Sicherungssysteme gemäß des neuen Leitbilds des „aktivierenden Staates".

3.2 Reorganisation durch Währungsintegration: Stabilisierung und Koordinierung

Seit einiger Zeit erweitert sich das Instrumentarium, über das die EU den nationalstaatlichen Reorganisationsprozess strukturiert. Über die regulative Politik im engeren Sinne hinaus gewinnen die Formen einer kooperativen und koordinierenden Wettbewerbsmodernisierung weiter an Bedeutung. Dies gilt vor allem für die europäische Beschäftigungspolitik, in der über die Festlegung von Leitlinien, die Definition von Indikatoren und Benchmarks, die Umsetzung der Leitlinien in nationale Aktionsprogramme und die anschließende gemeinsame Überwachung und Bewertung dieses Prozesses, die nationalen politischen Strategien enger verzahnt und aufeinander abgestimmt werden (vgl. Tidow 1998). Auf dem Gipfel in Lissabon haben die Regierungen dieses Verfahren – nun als „offene Methode der Koordination", d.h. unter Einschluss einer Vielzahl zivilgesellschaftlicher Akteure – auf eine Reihe zusätzlicher Politikfelder ausgeweitet, so z.B. auf die Modernisierung des Sozialschutzes, die Bekämpfung der sozialen Exklusion, den Übergang in die Informationsgesellschaft, Bildungspolitik, Forschungs- und Entwicklungspolitik sowie auf Fragen der Unternehmenspolitik und Wirtschaftsreformen (vgl. Europäischer Rat 2000).

In der umfassenderen Anwendung des Koordinations-Verfahrens reflektiert sich zum einen das Bemühen der neuen Mitte-

Links-Regierungen seit dem Sieg von New Labour unter Tony Blair, wichtige Aspekte der Konzeption des „Dritten Wegs" auf europäischer Ebene zu thematisieren: Den nationalen Reformprogrammen soll über die Ermittlung von „best practices" und wechselseitige Lernprozesse sowie durch einen hierdurch stimulierten Policy-Transfer zusätzlicher Schub gegeben und die Modernisierung des europäischen Gesellschaftsmodells vorangetrieben werden (vgl. Aust 2001). Zum anderen ist die Koordination aber auch stabilisierungspolitisch motiviert. Sie ist makroökonomisch insofern relevant, als es in vielen Bereichen – so z.B. bei der Modernisierung des Sozialschutzes – auch um die Begrenzung bzw. den Abbau der öffentlichen Verschuldung geht. Im Koordinationsverfahren reflektiert sich mithin, dass der Währungsintegration – zumindest mittel- und langfristig – eine expansive Dynamik zugrunde liegt. Mehr und mehr Politikfelder, vor allem die Arbeitsmarkt-, Tarif- und Sozialpolitik, werden in einen gemeinsamen wirtschafts- und finanzpolitischen Kontext gestellt (vgl. Schürz 2000). Wenn die konjunkturelle Entwicklung im Gleichklang mit der übergeordneten Zielsetzung des nach innen (Inflationsrate) wie außen (Wechselkurs) stabilen Geldes bleiben soll, müssen auch diese makroökonomisch relevanten Prozesse mit ins Kalkül gezogen werden. In Bezug auf die Währungsintegration lassen sich somit zwei komplementäre Komponenten unterscheiden:

– Auf der einen Seite wurden in Maastricht und Amsterdam top-down die „harten" Anforderungen und Vorgaben für die Geld- und Finanzpolitik in Gestalt der Konvergenzkriterien und des Stabilitätspaktes klar definiert. Obwohl die Vereinbarungen über Anhörungen, Diskussionen und Absprachen im Rahmen des Rates der Wirtschafts- und Finanzminister (ECOFIN), der EURO-12-Gruppe oder auch im makroökonomischen Dialog konkretisiert werden, obliegen die geldpolitischen Entscheidungen letztlich allein der EZB. Diese übt also – wie Kenneth Dyson (2000: 657) hervorhebt – eine regulierende Funktion aus: „What emerges is a picture of an EMU policy community bound together by a sound money paradigm and of the privileged role of EU central bankers within the community as the bearers and beneficiaries of the paradigm. Just as the construction of the single European market centralized the regulatory function at the EU level, so EMU has centralized the economic stabilization function at the EU level. Seen in technocratic terms, the EU is no longer just a regulatory state. It is an emergent stabilization state, dedicated to improving the economic efficiency of Europe by establishing and safeguarding economic stability."

- Auf der anderen Seite erschöpft sich die WWU keineswegs in den Stabilisierungsvorgaben durch die EZB, den ECOFIN und die EURO-12-Gruppe. Es gibt auch einen bottom-up Prozess, der sehr viel „weicher" angelegt und weniger eindeutig definiert ist. Er setzt im Prinzip darauf, dass die nationalen Akteure, in erster Linie die Regierungen und die Tarifpartner, die Empfehlungen der EU in Bezug auf die Arbeitsmarkt- und Beschäftigungspolitik, die Reform der Sozialsysteme, die Steuerpolitik wie auch die Tarifpolitik von sich aus befolgen und die Stabilisierungsanforderungen der WWU gleichsam internalisieren. Dabei handelt es sich um Themen, die fast ausschließlich in den Kompetenzbereich der Nationalstaaten fallen. Die supranationalen Akteure sind in ihren Bemühungen, die WWU zu stabilisieren, unverkennbar auf die Gefolgschaft der nationalen Akteure angewiesen. Um diese zu sichern, bleibt neben den „harten" top-down Vorgaben im Prinzip nur das Verfahren einer „weichen", aber möglichst effektiven Koordination (vgl. Schürz 2000).

Für die Ausgestaltung der neuen europäischen Makroökonomie spielt die beschäftigungspolitische Koordination aufgrund ihrer arbeitsmarkt-, sozial- und tarifpolitischen Implikationen eine wichtige Rolle (vgl. Teague 1999). In Verbindung mit dem neuen Policy-Mix, den Grundzügen der Wirtschaftspolitik und dem makroökonomischen Dialog erfolgt diese Ausgestaltung und die Bearbeitung des zusätzlichen supra- und transnationalen politischen Gestaltungsaufwands, der mit der WWU entsteht, vor allem diskursiv. Dabei rücken drei Aspekte in den Vordergrund: Erstens sollen auf der Grundlage einer soliden Finanzpolitik und moderater Tarifabschlüsse – unterhalb der Produktivitätssteigerungen – zusätzliche Ressourcen für produktive Investitionen mobilisiert werden. Zweitens sollen auf diese Weise inflationäre Gefahren vermieden werden, um eine weniger restriktive, wachstumsfördernde Geldpolitik der EZB zu ermöglichen. Und drittens soll durch eine wettbewerbsorientierte Arbeits-, Sozial- und Tarifpolitik auch nach dem Wegfall des Wechselkursmechanismus eine regional ungleichgewichtige wirtschaftliche Entwicklung ausbalanciert werden.

4   Widersprüche und Konflikte im Prozess der „Wettbewerbsmodernisierung"

Der Übergang zu einem finanzmarktgetriebenen Akkumulationsregime impliziert nicht nur eine veränderte Qualität der Markt- und Währungsintegration, sondern auch eine qualitativ neue Form der politischen Regulation und Wettbewerbsmodernisierung. Unter den Bedingungen global liberalisierter und europäisch integrierter Finanzmärkte gewinnen die internationalen Finanzmarktakteure – Groß- und Investmentbanken, institutionelle Anleger wie Versicherungen, Investment- und Pensionsfonds oder auch Rating-Agenturen – an Gewicht und Definitionsmacht (vgl. Harmes 1998; Huffschmid 1999). Für die Stabilisierung der ökonomischen Reproduktion – und damit auch für die Formen der politischen Regulation – verschieben sich wichtige Handlungsparameter (vgl. Grahl 2001): Die nationalen Regierungen sind zur Haushaltskonsolidierung angehalten, um über einen stabilen Kurs der Staatsanleihen die Entwicklung auf den Wertpapiermärkten zu fördern und günstige Kredit- und Investitionsbedingungen zu ermöglichen. Die institutionell unabhängigen Zentralbanken versuchen mit ihrer Politik der Geldwertsicherung – in Bezug auf die Inflation und den Wechselkurs –, diesen Prozess zu flankieren, sind zugleich aber kaum noch zu einer expansiv oder kontraktiv ausgerichteten Steuerung des Konjunkturverlaufs in der Lage. Und auch die politische Reorganisation der nationalen Corporate Governance Systeme orientiert sich – z.B. bei den Kriterien für die Börsenzulassung, den Formen der Rechnungslegung, dem Insiderhandel oder der Auflösung von Überkreuzbeteiligungen – an den Interessen der international operierenden Vermögensverwalter und dem von ihnen propagierten Konzept des Shareholder Value.

In der EU vermittelt sich dieser veränderte Zuschnitt der politischen Handlungsparameter maßgeblich über die neuen Formen einer supranationalen Staatlichkeit. Die konstitutionalistischen Projekte der WWU und der Finanzmarktintegration, aber auch der mit ihnen einhergehende Modus einer regulativen und koordinierenden Wettbewerbsmodernisierung spielen dabei eine zentrale Rolle. Beide Elemente werden von einer transnationalen, hegemonialen Kompromiss- und Diskursstruktur getragen, die vor allem folgende Aspekte umschließt: a) die prinzipielle Anerkennung einer (neo-)liberalen markt- und stabilitätsorientierten Währungsintegration; b) eine möglichst enge Koordination der Modernisierung der nationalen regulativen und (re-)distributiven Arrangements; c) die politische Bearbeitung der ökonomischen Wettbewerbsimperative im Rahmen eines durch die EU organisierten „Benchmarking"-Verfahrens; sowie d) die Bewältigung der in diesem Kontext aufbrechenden gesellschaftlichen Interessen- und Verteilungskonflikte durch den „nationalen Wettbewerbsstaat". Vor allem die letzten drei Aspekte lassen erkennen, dass die Wettbewerbsmodernisierung auf der europäischen wie auf der nationalen Ebene durch verschiedene Elemente konkretisiert und ausgestaltet wird. Allerdings sind die Formen der Koordination und Kooperation vielfältigen – gesellschaftlichen wie intergouvernementalen – Spannungen und Konflikten ausgesetzt.

Dem finanzmarktgetriebenen Akkumulationsregime ist eine Dynamik der sozioökonomischen Disziplinierung eingeschrieben, der zufolge die früher noch politisch und kulturell relativ geschützten Gesellschaftsbereiche – wohlfahrtsstaatliche Institutionen, der öffentliche Sektor und auch Teile der Reproduktionssphäre – unmittelbarer dem kapitalistischen Verwertungsprozess einverleibt werden (vgl. van der Pijl 1998: 43ff). Daraus speisen sich vielfältige gesellschaftliche Konflikte. Die Disziplinierung beschränkt sich nämlich nicht allein auf eine veränderte Operationsweise der nationalstaatlichen Regulation, d.h. auf eine Stärkung der repressiven bzw. kontrollierenden Ordnungsfunktionen und die gleichzeitige Schwächung der integrationsfördernden sozialen Ausgleichs- und Kohäsionsfunktionen. In Gestalt einer expansiven „Kultur des Marktes" (Gill 1995) durchdringt sie ebenso die Arenen der (zivil-)gesellschaftlichen Reproduktion – den Freizeitbereich und die öffentlichen Kommunikationsräume – wie auch die

Reorganisation des Arbeitsprozesses und der Arbeitsorganisation auf der Ebene der Unternehmen selbst (vgl. Dörre 2001). Neue Rationalisierungsstrategien sollen nicht allein Kosten senken und die Produktivität steigern, sondern im Zugriff „auf den ganzen Menschen" – durch die „Entgrenzung" bzw. Deregulierung der traditionellen Regulationsformen des Arbeitsverhältnisses: Arbeitszeit, Entlohnung, Bindung der Arbeitskraft an den Betrieb etc. – neue Voraussetzungen für die Reproduktion der Hegemonie des Kapitals „von unten" sowie im Bewusstsein der Menschen selbst schaffen (vgl. Voß/Pongratz 1998; Deppe 2000). Disziplinierung umschließt von daher immer auch die partielle Internalisierung und konsensuale Akzeptanz der Modernisierungsimperative. In dem Maße, wie diese Akzeptanz jedoch unvollständig bleibt und politische Akteure – Gewerkschaften, Parteien oder soziale Protestbewegungen – sich durch Streiks oder Demonstrationen gegen die Disziplinierung zur Wehr setzen, erodiert oder verändert sich auch in der EU die Kompromissstruktur der wettbewerbspolitischen Kooperation.

Die intergouvernementalen Konflikte werden durch die gesellschaftlichen Kräfteverhältnisse, Widersprüche und Ordnungsvorstellungen grundlegend strukturiert, nicht aber vollkommen bestimmt. Die Regierungen und staatlichen Akteure sind aufgrund ihrer spezifischen Funktionen und institutionellen Eigeninteressen in der Bestimmung und Ausschöpfung ihrer politischen Optionen relativ autonom. Durch die europäische Ebene wird diese Autonomie in dem Maße verstärkt, wie die staatlichen Akteure das EU-System dazu nutzen, (unpopuläre) Entscheidungen durch den Verweis auf externe Restriktionen – Vertragsgrundlagen oder Verhandlungszwänge – der öffentlichen Diskussion zu entziehen und zu entpolitisieren. Diese „Autonomisierung" der Politik ist der Herausbildung einer intergouvernementalen Kompromissstruktur zweifelsohne zuträglich gewesen. Sie erklärt zumindest teilweise, warum sich in Bezug auf die Markt- und Währungsintegration die nationalstaatlichen Reorganisations- und Modernisierungsstrategien in den letzten Jahrzehnten deutlich angeglichen haben.[4] Die in-

---

4 Dies gilt freilich nicht für alle Politikfelder. Mit Blick auf die großen Problemkomplexe der Osterweiterung und institutionellen Reform, die Fortentwicklung des EU-Haushalts – Finanzierung, Volumen und Struktur – sowie die Perspek-

tergouvernementalen Konflikte in diesem Bereich richten sich fast nur noch auf jene regulativen und koordinierenden Politikelemente, die für die Flankierung und Stabilisierung der Markt- und Währungsintegration zwar grundsätzlich erforderlich sind, die den Nationalstaaten konkret jedoch erhebliche – regulative oder fiskalische – Anpassungsleistungen abverlangen.

Wie diese gesellschaftlichen und intergouvernementalen Konflikte im Rahmen der regulativen, kooperativen und koordinierten Wettbewerbsmodernisierung weiterhin ausbalanciert werden, ist keineswegs eindeutig vorherbestimmt. Harte Auseinandersetzungen und Diskussionen über den sozialen Charakter der europäischen Integration sind bislang ausgeblieben. Dennoch verweisen die Schwierigkeiten bei der Ratifizierung des EU-Vertrags, eine – auf nationaler wie auf europäischer Ebene – stark nachlassende Wahlbeteiligung und auch die Daten des Eurobarometers (vgl. Europäische Kommission 2000b) auf eine diffuse gesellschaftliche Unzufriedenheit über den Fortgang der europäischen Integration und deren Implikationen für die nationalstaatlichen Mechanismen des sozialen Ausgleichs und gesellschaftlicher Kohäsion. Die regulative und koordinierende Abstimmung bzw. Komplementarität zwischen den europäischen und nationalen Staatsfunktionen ist also durchaus spannungsgeladen.

Unter den Bedingungen ernsthafter Finanzmarktkrisen oder einer weltwirtschaftlichen Rezession dürften sich diese Spannungen noch verschärfen – vor allem dann, wenn große Teile der abhängig Beschäftigten und der Gewerkschaften der Abwälzung wirtschaftlicher Probleme und Ungleichgewichte auf die Lohn- und Sozialpolitik Widerstand entgegensetzen, wenn sich also in den Mitgliedstaaten soziale Konflikte zuspitzen oder sich nationale Regierungen für divergierende Strategien der Krisenüberwindung entscheiden. Eine erste Variante, diesen Spannungen im europäischen Kooperations- und Koordinationsgefüge zu begegnen, könnte auf eine deutlichere Akzentuierung „nationaler Interessen" hinauslaufen.

---

tiven der Gemeinsamen Außen- und Sicherheitspolitik, sind zuweilen recht festgefahrene intergouvernementale Konfliktkonstellationen erkennbar, die sich zum Teil auch aus geo- und machtpolitischen Überlegungen speisen.

Da dies jedoch das WWU-Projekt gefährden könnte, bietet sich eine zweite Variante an, in der das intergouvernementale wie gesellschaftliche Konfliktpotential durch weitere Integrationsschritte entschärft wird: z.b. über die wirtschaftspolitische Flankierung der Markt- und Währungsintegration durch eine „europäische Wirtschaftsregierung", die mit fiskalpolitischen Kompetenzen und einem europäischen Budget für eine gemeinschaftliche Struktur-, Beschäftigungs- und Infrastrukturpolitik den Wettbewerbs- und Disziplinierungsdruck abschwächen könnte. Letztlich wird jedoch eine solche Variante nur dann bestandsfähig sei, wenn mit ihr zugleich die Demokratisierung des EU-Systems – durch eine vitale europäische Öffentlichkeit, gestärkte europäische Parteistrukturen, die Entwicklung einer gemeinsamen politischen Kultur und die Stärkung demokratischer Kontrollorgane – substanziell vorangetrieben wird.

Literatur

Aglietta, Michel 2000: Ein neues Akkumulationsregime. Die Regulationstheorie auf dem Prüfstand, Hamburg.

Armstrong, Kenneth/Bulmer, Simon 1998: The Governance of the Single European Market, New York.

Ausschuss der Weisen 2001: Schlussbericht des Ausschusses der Weisen über die Regulierung der europäischen Wertpapiermärkte, Brüssel.

Aust, Andreas 2001: The Party of European Socialists (PES) and European employment policies: From „Eurokeynesianism" to „Third Way policies"? Paper presented at the ECPR Joint Sessions in Grenoble, 6-11. April.

Bieling, Hans-Jürgen/Deppe, Frank 1996: Internationalisierung, Integration und politische Regulierung, in: Jachtenfuchs, Markus/Kohler-Koch, Beate (Hrsg.): Europäische Integration, Opladen, 481-511.

Bieling, Hans-Jürgen/Deppe, Frank (Hrsg.) 1997: Arbeitslosigkeit und Wohlfahrtsstaat in Westeuropa. Neun Länder im Vergleich, Opladen.

Bieling, Hans-Jürgen/Steinhilber, Jochen (Hrsg.) 2000: Hegemoniale Projekte im Prozeß der europäischen Integration, in: dies. (Hrsg.): Die Konfiguration Europas – Dimensionen einer kritischen Integrationstheorie, Münster, 102-130.

Bornschier, Volker (Hrsg.) 2000: State-building in Europe. The Revitalization of Western European Integration, Cambridge.

Boyer, Robert 2000: Is a Finance-led Growth Regime a Viable Alternative to Fordism? A Preliminary Analysis, in: Economy and Society 29, 111-145.

Cecchini, Paolo 1988: Europa'92. Der Vorteil des Binnenmarktes, Baden-Baden.

Cerny, Philip G. 1997: Paradoxes of the Competition State: The Dynamics of Political Globalization, in: Government and Opposition 32, 251-274.

Dehousse, Renaud 1997: European Integration and the Nation-State, in: Rhodes, Martin/Heywood, Paul/Wright, Vincent (Hrsg.): Developments in West European Politics, New York, 37-54.

Demirovic, Alex 2000: Erweiterter Staat und europäische Integration. Skizzenhafte Überlegungen zur Frage, ob der Begriff der Zivilgesellschaft zur Analyse der Veränderung von Staatlichkeit beitragen kann, in: Bieling, Hans-Jürgen/Steinhilber, Jochen (Hrsg.): Die Konfiguration Europas – Dimensionen einer kritischen Integrationstheorie, Münster, 51-72.

Deppe, Frank 2000: Sozialpartnerschaft ohne Alternative? Anmerkungen zur neueren Debatte über die industriellen Beziehungen, in: Klitzke, Udo/Betz, Heinrich/Möreke, Mathias (Hrsg.): Vom Klassenkampf zum Co-Management? Perspektiven gewerkschaftlicher Betriebspolitik, Hamburg, 179-213.

Dörre, Klaus 2001: Gibt es ein nachfordistisches Produktionsmodell? Managementprinzipien, Firmenorganisation und Arbeitsbeziehungen im flexiblen Kapitalismus, in: Candeias, Mario/Deppe, Frank (Hrsg.): Ein neuer Kapitalismus?, Hamburg, 83-107.

Dyson, Kenneth 2000: EMU as Europeanization: Convergence, Diversity and Contingency, in: Journal of Common Market Studies 38, 645-666.

Eichener, Volker 2000: Das Entscheidungssystem der Europäischen Union. Institutionelle Analyse und demokratietheoretische Bewertung, Opladen.

Europäische Kommission 1998: Finanzdienstleistungen: Abstecken eines Aktionsrahmens, KOM (98) 625 endg.

Europäische Kommission 2000: Eurobarometer. Die öffentliche Meinung in der Europäischen Union, Bericht Nr. 53, Brüssel.

Europäische Kommission 2001: Europäisches Regieren. Ein Weißbuch, KOM (2001) 428.

Europäischer Rat 2000: Schlussfolgerungen des Vorsitzes. Europäischer Rat vom 23. und 24. März, Lissabon.

Europäische Wirtschaft 1996: Fusionen und Übernahmen. Wirtschaftsanalysen, Nr. 7, Brüssel.

Europäische Wirtschaft 1999: Fusionen und Übernahmen. Wirtschaftsanalysen, Nr. 2, Brüssel.

Gill, Stephen 1995: Globalisation, Market Civilisation, and Disciplinary Neoliberalism, in: Millennium, 339-423.

Gill, Stephen 1998: European Governance and New Constitutionalism: Economic and Monetary Union and Alternatives to Disciplinary Neoliberalism in Europe, in: New Political Economy 3, 5-26.

Grahl, John 2001: Globalized Finance. The Challenge to the Euro, in: New Left Review. Second Series, No. 8, 23-47.

Gramsci, Antonio 1991ff: Gefängnishefte, Kritische Gesamtausgabe, 10 Bände, Hamburg.

Greenwood, Justin 1997: Representing Interests in the European Union, Houndmills/London.

Harmes, Adam 1998: Institutional Investors and the Reproduction of Neoliberalism, in: Review of International Political Economy 5, 92-121.

Hueglin, Thomas O. 1997: Regieren in Europa als universalistisches Projekt, in: Wolf, Klaus Dieter (Hrsg.): Projekt Europa im Übergang? Probleme, Modelle und Strategien des Regierens in der Europäischen Union, Baden-Baden, 91-107.

Huffschmid, Jörg 1999: Politische Ökonomie der Finanzmärkte, Hamburg.

Hirsch, Joachim 1995: Der nationale Wettbewerbsstaat. Staat, Demokratie und Politik im globalen Kapitalismus, Berlin/Amsterdam.

Joerges, Christian 1996: Das Recht im Prozeß der europäischen Integration. Ein Plädoyer für die Beachtung des Rechts durch die Politikwissenschaft und ihre Beteiligung an rechtlichen Diskursen, in: Jachtenfuchs, Markus/Kohler-Koch, Beate (Hrsg.): Europäische Integration, Opladen, 73-108.

Kebir, Sabine 1991: Gramscis Zivilgesellschaft. Alltag – Ökonomie – Kultur – Politik, Hamburg.

Lintner, Valerio 2001: The Development of the EU and the European Economy, in: Thompson, Grahame (Hrsg.): Governing the European Economy, London etc., 37-72.

Lipietz, Alain 1985: Akkumulation, Krisen und Auswege aus der Krise: Einige methodische Überlegungen zum Begriff „Regulation", in: Prokla 15: 1, 109-137.

Martin, Andrew 1999: Wage Bargaining Under EMU: Europeanization, Re-Nationalization, or Americanization? ETUI Discussion and Working Papers 01.03, Brüssel.

McNamara, Kathleen R. 1998: The Currency of Ideas. Monetary Politics in the European Union, Ithaca/London.

Pozen, Robert C. 2001: Continental Shift. The Securitization of Europe, in: Foreign Affairs 80: 3, 9-14.

Poulantzas, Nicos 1978: Staatstheorie. Politischer Überbau, Ideologie, Sozialistische Demokratie, Hamburg.

Rhodes, Martin/van Apeldoorn, Bastiaan 1998: Capital Unbound? The Transformation of European Corporate Governance, in: Journal of European Public Policy, 5, 406-427.

Ross, George 1995: Jaques Delors and European Integration, Cambridge.

Röttger, Bernd 1997: Neoliberale Globalisierung und eurokapitalistische Regulation. Die politische Konstitution des Marktes, Münster.

Scharpf, Fritz W. 1999: Regieren in Europa. Effektiv und demokratisch?, Frankfurt a.M./New York.

Schürz, Martin 2000: Wirtschaftspolitische Problemlösungsfähigkeit in der Wirtschafts- und Währungsunion, in: Grande, Edgar/Jachtenfuchs, Markus (Hrsg.): Wie problemlösungsfähig ist die EU? Regieren im europäischen Mehrebenensystem, Baden-Baden, 209-227.

Sun, Jeanne-May/Pelkmans, Jacques 1995: Regulatory Competition in the Single Market, in: Journal of Common Market Studies 33, 67-89.

Teague, Paul 1999: Reshaping Employment Regimes in Europe: Policy Shifts Alongside Boundary Change, in: Journal of Public Policy 19, 33-62.

Tidow, Stefan 1998: Europäische Beschäftigungspolitik. Die Entstehung eines neuen Politikfeldes: Ursachen, Hintergründe und Verlauf des politischen Prozesses, FEG-Arbeitspapier Nr. 18, Marburg.

Tömmel, Ingeborg 1995: Die europäische Integration: ökonomische Regulierung und Politikgestaltung zwischen Staat und Markt, in: Jessop, Bob et al.: Europäische Integration und politische Regulierung – Aspekte, Dimensionen, Perspektiven, FEG-Studie Nr. 5, Marburg, 49-63.

Tsoukalis, Loukas 1997: The New European Economy Revisited, 3. Auflage, Oxford.

Tsoukalis, Loukas/Rhodes, Martin 1997: Economic Integration and the Nation-State, in: Rhodes, Martin/Heywood, Paul/Wright, Vincent (Hrsg.): Developments in West European Politics, New York, 19-36.

UNCTAD 1999: World Investment Report. Foreign Direct Investment and the Challenge of Development, New York und Genf.

UNCTAD 2000: World Investment Report. Cross-border Mergers and Acquisitions and Development, New York and Genf.

van der Pijl, Kees 1998: Transnational Classes and International Relations, London/New York.

Voss, Günter G./Pongratz, Hans J. 1998: Der Arbeitskraftunternehmer. Eine neue Grundform der Ware Arbeitskraft?, in: Kölner Zeitschrift für Soziologie und Sozialpsychologie 50, 131-158.

Weiler, Joseph H. H. 1997: The Reformation of European Constitutionalism, in: Journal of Common Market Studies 35, 97-131.

Ziltener, Patrick 1999: Strukturwandel der europäischen Integration. Die Europäische Union und die Veränderung von Staatlichkeit, Münster.

Ziltener, Patrick 2000: Die Veränderung von Staatlichkeit in Europa – regulations- und staatstheoretische Überlegungen, in: Bieling, Hans-Jürgen/Steinhilber, Jochen (Hrsg.): Die Konfiguration Europas – Dimensionen einer kritischen Integrationstheorie, Münster, 73-101.

Frank Schimmelfennig

Osterweiterung: Strategisches Handeln und kollektive Ideen

1 Einleitung

Die Osterweiterung ist einer der weitreichendsten Veränderungs-
prozesse in der Geschichte der Europäischen Union. Zum einen ist
es die größte Erweiterung, die die Gemeinschaft[1] jemals in Angriff
genommen hat: Die Beitrittsverhandlungen mit acht mittel- und
osteuropäischen Ländern (MOEL), Malta und Zypern sind abgeschlossen. Nimmt man das prinzipielle Beitrittsangebot an weitere
Balkanstaaten und die Türkei hinzu, könnte die EU nach Abschluß
der Osterweiterung ihre gegenwärtige Mitgliedschaft von 15
Staaten verdoppelt haben. Zum anderen hat die Osterweiterung
gravierende Auswirkungen auf das institutionelle Gefüge und die
zentralen Politikfelder der Gemeinschaft. Die harten Verhandlungen, die die Mitgliedstaaten seit einigen Jahren über die Agrar-
und Strukturpolitik, den Gemeinschaftshaushalt und die institutionellen Reformen führen, stehen in unmittelbarem Zusammenhang
mit den Folgen der Osterweiterung für die Entscheidungsfähigkeit
und Ausgabenentwicklung der EU.

Ich werde zunächst die wichtigsten Entscheidungen im Prozess
der Osterweiterung beschreiben und dann zeigen, wie und warum
es zu diesen Entscheidungen kam. Ich beginne mit einer Analyse
der mitgliedstaatlichen Interessen, deren Konstellation zwar die
Assoziation der MOEL, nicht aber die Entscheidung zur Aufnahme von Beitrittsverhandlungen erklären kann. Die Entscheidung
zur Erweiterung und die Auswahl der Beitrittskandidaten läßt sich
vielmehr auf die institutionalisierte Identität der Gemeinschaft und
deren strategische Verwendung durch die an der Erweiterung in-

---

1 Ich verwende „EU" und „Gemeinschaft" synonym. Für konkrete Ereignisse,
die vor Inkrafttreten des Vertrags über die Europäische Union abgeschlossen
waren, beziehe ich mich auf die „EG".

teressierten Akteure zurückführen. Die Beitrittsverhandlungen selbst werden nicht Gegenstand dieses Beitrages sein.

2   Der Osterweiterungsprozess

Unmittelbar nach Einsetzen des Systemwechsels in Osteuropa begann die EG damit, ihre Beziehungen zu den MOEL auszubauen und Unterstützung für die Transformation von Politik und Wirtschaft zu leisten. Bereits 1988 nahm sie diplomatische Beziehungen mit dem damals noch bestehenden Rat für Gegenseitige Wirtschaftshilfe auf und schloß ein erstes Handels- und Kooperationsabkommen mit Ungarn ab. Ein Jahr später begann die Europäische Kommission mit der Koordination der Wirtschaftshilfe der in der G24-Gruppe vereinten westlichen Staaten und legte das ökonomisch-technische Unterstützungsprogramm PHARE auf, das zunächst für Polen und Ungarn galt, bald aber auf weitere MOEL ausgedehnt und schließlich um ein ähnliches Programm für die Nachfolgestaaten der Sowjetunion (TACIS) ergänzt wurde. Im April 1991 wurde schließlich die Europäische Bank für Wiederaufbau und Entwicklung (EBRD) gegründet.[2]

Ebenfalls unmittelbar nach dem Systemwechsel begannen die neuen Regierungen der MOEL, von der EG eine Beitrittsperspektive zu fordern. Dieses Anliegen stieß bei der Gemeinschaft jedoch zunächst überwiegend auf Ablehnung. Stattdessen bot die EG den MOEL die Assoziation an. Die ersten „Europa-Abkommen" wurden im Dezember 1991 mit Polen, Ungarn und der Tschechoslowakei unterzeichnet. Sie sahen im wesentlichen die Errichtung einer Freihandelszone für Industriegüter und die Angleichung der handelsrelevanten Gesetzgebung der MOEL an EG-Normen sowie einen regelmäßigen „politischen Dialog" zu allen Fragen der Außenpolitik vor. Allerdings blieben Handelsbeschränkungen für Kohle und Stahl sowie für Agrar- und Textilprodukte bestehen, und die EG gestand nach zähen Verhandlungen lediglich zu, dass

---

2   Einen ausführlichen Überblick über den Prozess der Osterweiterung bieten Sedelmeier/Wallace (1996; 2000). Siehe auch Friis (1998a; 1998b) sowie Friis/Murphy (1999).

der EG-Beitritt als Wunsch der MOEL, nicht aber als Ziel der Gemeinschaft, in die Assoziationsverträge aufgenommen wurde.

Bereits im Juni 1993 stellte der Europäische Rat in Kopenhagen jedoch den MOEL die Mitgliedschaft grundsätzlich in Aussicht – unter der Bedingung, dass sie stabile demokratische Institutionen, eine funktionierende Marktwirtschaft und die Fähigkeit ausbildeten, dem Wettbewerbsdruck im Binnenmarkt standzuhalten und den *acquis communautaire* umzusetzen. Außerdem müsse die Gemeinschaft zunächst die Voraussetzungen dafür schaffen, weitere Mitglieder ohne Gefährdung des Integrationsprozesses aufzunehmen. Im Dezember 1994 beschloss der Europäische Rat in Essen eine Beitrittsvorbereitungsstrategie. Die wichtigsten Elemente waren die multilaterale Erweiterung des „Dialogs", also gemeinsame Treffen aller assoziierten MOEL mit den Mitgliedstaaten, und die Vorbereitung der Beitrittskandidaten auf die Teilnahme am Binnenmarkt. Dazu erstellte die Kommission 1995 ein umfangreiches „Weißbuch" mit detaillierten Schritten und Zielen der Übernahme von Gemeinschaftsregeln und zur Schaffung der notwendigen administrativen Infrastruktur in den MOEL. Außerdem wurde für 1996 eine Regierungskonferenz einberufen, die unter anderem zur Aufgabe hatte, die Institutionen und Entscheidungsregeln der Gemeinschaft entsprechend den Kopenhagener Kriterien so zu verändern, dass die Erweiterung nicht zu Lasten der Entscheidungsfähigkeit und Vertiefung der Gemeinschaft gehen würde.

Konkrete Schritte zur Aufnahme von Beitrittsverhandlungen mit den MOEL verabredete der Europäische Rat im Dezember 1995 in Madrid. Zum einen forderte er die Kommission auf, nach Abschluss der Regierungskonferenz Stellungnahmen zu den Beitrittskandidaten abzugeben und eine Studie über die Folgen der Erweiterung für die zentralen Politikfelder und die Haushaltsplanung der Gemeinschaft anzufertigen. Zum anderen stellte er den MOEL den Beginn von Beitrittsverhandlungen sechs Monate nach Abschluss der Regierungskonferenz in Aussicht. Die Regierungskonferenz endete mit dem Vertrag von Amsterdam, der allerdings die zentralen Fragen der Anpassung der Entscheidungsregeln in einer erweiterten EU (Stimmengewichtung im Rat, Ausdehnung von Mehrheitsentscheidungen und Zahl der Kommissare je Mitgliedstaat) ausklammerte. Obwohl die Gemeinschaft damit ihr Kopenhagener Kriterium noch nicht erfüllt hatte, ging der Erweiterungsprozess planmäßig weiter: Im Juli 1997 veröffentlichte die Kommission die „Agenda 2000" und ihre Stellungnahmen zu den Beitrittsanträgen der mittlerweile zehn assoziierten MOEL. Auf deren Basis empfahl sie die Aufnahme von Beitrittsverhandlungen mit fünf MOEL (Estland, Polen, Slowenien, Tschechische Republik und Ungarn). Mit der symbolischen Korrektur, dass der Beitrittsprozess zwar formal mit allen zehn MOEL eröffnet wurde, konkrete Verhandlungen jedoch nur mit den vorgeschlagenen fünf, bestätigte der Europäische Rat im Dezember 1997 in Luxemburg diese Empfehlung.

Unter dem Eindruck des Kosovo-Krieges entwickelte die EU 1999 neue Politikinitiativen für den Balkan. Neben dem Stabilitätspakt bot sie den südosteuropäischen Ländern Stabilisierungs- und Assoziierungsabkommen (SAA) an – 2001 wurden die ersten SAA mit Mazedonien und Kroatien unterzeichnet; Verhandlungen mit Albanien laufen – und stellte ihnen grundsätzlich den Beitritt in Aussicht. Im Dezember 1999 entschied der Europäische Rat in Helsinki, Beitrittsverhandlungen mit den übrigen assoziierten MOEL (darunter die Balkanstaaten Bulgarien und Rumänien, außerdem Lettland, Litauen und die Slowakei) aufzunehmen. Des Weiteren machte sich die EU daran, die notwendigen Anpassungen der Gemeinschaftspolitik vorzunehmen. Auf dem „Haushaltsgipfel" von Berlin im März 1999 wurde die Finanzplanung bis 2006 verabschiedet, und der Gipfel von Nizza im Dezember 2000 entschied über die institutionellen Reformen, vor allem die Neugewichtung der Stimmen im Ministerrat (einschließlich derer der Beitrittskandidaten). In beiden Fällen erzielten die Mitgliedsregierungen nach äußerst mühsamen und konfliktreichen Verhandlungen Ergebnisse, die nach gängiger Meinung weder die tatsächlichen Kosten der Osterweiterung abdecken noch die Entscheidungseffizienz einer erweiterten EU sicherstellen dürften. Doch stellten die Regierungs- und Staatschefs fest, daß der Weg zur Osterweiterung nunmehr frei sei. Im April 2003 wurden die Beitrittsverträge mit acht der zehn MOEL (außer Bulgarien und Rumänien) unterzeichnet.

Diese knappe Beschreibung des Osterweiterungsprozesses wirft eine Reihe von Fragen auf, die ich in der nachstehenden Analyse zu beantworten suchen werde: Warum lehnte es die Gemeinschaft zunächst ab, den MOEL den Beitritt in Aussicht zu stellen? Und wie kam es, dass sie sich 1993 doch grundsätzlich für die Osterweiterung entschied? Warum lud sie 1997 nur die Hälfte der assoziierten MOEL zu Beitrittsverhandlungen ein? Und wie kam es, dass sie zwei Jahre später die Verhandlungen auf alle Kandidaten ausdehnte? Schließlich: Wie ist zu erklären, dass der Osterweiterungsprozess – trotz harter zwischenstaatlicher Verhandlungen und offensichtlich unzureichender Entscheidungen über die institutionelle und materielle Anpassung der Gemeinschaft – auf Kurs und weitgehend im Zeitplan blieb?[3]

3   Interessen und Verhandlungsmacht

Die *Osterweiterungspräferenzen der EU-Mitgliedstaaten* divergierten in doppelter Hinsicht: Zum einen war umstritten, ob die Gemeinschaft sich überhaupt zur Osterweiterung verpflichten und diese zielstrebig vorbereiten solle. Mit dieser Entscheidung war nicht nur die Erweiterung des Binnenmarktes um die MOEL verbunden; ein Beitritt implizierte darüber hinaus das Recht zur Teilhabe an der ausgabenintensiven Agrar- und Strukturpolitik der Gemeinschaft und zur Mitsprache in der Gemeinschaft einschließlich der Entscheidungen über die künftige Gestalt der Union. Mit Blick auf die generelle Frage des Beitritts lassen sich die Mitgliedstaaten in „Vorreiter" und „Bremser" unterteilen. Zum anderen wurde der Umfang der Osterweiterung debattiert. In dieser Frage plädierte eine Gruppe von Staaten für eine begrenzte (erste) Erweiterungsrunde mit Schwerpunkt Ostmitteleuropa, während andere eine inklusive Vorgehensweise befürworteten. Tabelle 1 zeigt, wie diese Präferenzen unter den Mitgliedstaaten verteilt waren.[4]

---

3 Die folgende Analyse stützt sich weitgehend auf Schimmelfennig (2001).
4 Vgl. Friis/Murphy (1999: 225); Grabbe/Hughes (1998: 4-6); Holvêque (1998); IEP/TEPSA (1998). Die Präferenzen hinsichtlich der generellen Entscheidung zur Osterweiterung wurden vor dem Kopenhagener Gipfel von 1993 bestimmt (außer für die Staaten, die erst 1995 beigetreten sind), diejenigen hinsichtlich der Kandidatenauswahl vor dem Luxemburger Gipfel von 1997.

Tabelle 1: Osterweiterungspräferenzen der Mitgliedstaaten

	Begrenzte Erweiterung	Inklusive Erweiterung
Vorreiter	Deutschland, Finnland, Österreich	Dänemark, Großbritannien, Schweden
Bremser	Belgien, Luxemburg, Niederlande	Frankreich, Griechenland, Irland, Italien, Portugal, Spanien

Die Präferenzverteilung entspricht weitgehend der geographischen Lage der Mitgliedstaaten. Abgesehen von Griechenland und Italien waren die Nachbarländer der MOEL die Vorreiter der Osterweiterung, und abgesehen von Großbritannien gehörten die weiter entfernten Mitgliedstaaten zu den Bremsern. Die Staaten der „Zentralregion" der EU befürworteten eine zunächst begrenzte Erweiterung, während die „Nordstaaten" (mit Ausnahme von Finnland) und die „Südstaaten" eine inklusive Vorgehensweise bevorzugten. Wie lässt sich dieser Zusammenhang erklären?

Im Allgemeinen wächst die *internationale Interdependenz* mit der geographischen Nähe. Mitgliedstaaten an der Ostgrenze der Gemeinschaft sind daher zum einen von negativen Entwicklungen in den MOEL – wie etwa ökonomische Krisen, Kriege, Migration und Umweltbelastungen – stärker betroffen als andere (negative Interdependenz). Die Erweiterung ist aus ihrer Sicht ein Instrument zur Stabilisierung der MOEL und zur Kontrolle negativer Externalitäten. Zum anderen aber verbessert die geographische Nähe die Voraussetzungen für Handel und Investitionen, indem sie unter anderem die Kosten für Transport und Kommunikation verringert. Die Nachbarländer der MOEL unter den Mitgliedstaaten profitieren daher in besonderem Maße von der Öffnung der ost- und mitteleuropäischen Märkte (positive Interdependenz).[5] Schließlich sind die Mitgliedstaaten aus denselben Gründen besonders am Beitritt derjenigen

---

5 Deutschland allein bestreitet über 40% der EU-Exporte in die MOEL (bei einem Anteil am EU-Bruttoinlandsprodukt von etwas mehr als einem Viertel). Auch Finnland und Österreich exportieren weit mehr in die MOEL, als ihrem Anteil an der EU-Wirtschaftskraft entspräche. Umgekehrt ist es bei den weiter entfernten Mitgliedstaaten: Frankreichs Anteil an der EU-Wirtschaftskraft von etwa 17,8% steht ein Ostexportanteil von lediglich 7,4% gegenüber; für Großbritannien sind die entsprechenden Anteile 13,4% und 5,6%. (Eigene Berechnungen für das Jahr 1996 auf der Basis von Eurostat-Daten und „EU trade in goods with CEECs", Weekly Europe Selected Statistics 1047, 23 March 1998).

Staaten interessiert, an die sie grenzen oder in deren Nähe sie liegen. Das erklärt, warum die Staaten in der „Zentralregion" der EU mit dem Vorschlag der Kommission, die Beitrittsgespräche zunächst auf die mitteleuropäischen Staaten (plus Estland) zu begrenzen, einverstanden waren, während die „Südstaaten" insbesondere auf die Einbeziehung der südosteuropäischen Länder (Bulgarien und Rumänien) drangen und die „Nordstaaten" Dänemark und Schweden sich für die baltischen Staaten verwendeten.

Allerdings lassen sich die mitgliedstaatlichen Präferenzen aus der unterschiedlichen Verteilung der aus der Osterweiterung resultierenden Interdependenzgewinne nicht vollständig herleiten. In diesem Fall würden wir lediglich einen unterschiedlich hohen Nutzen und damit ein unterschiedlich starkes positives Interesse an der Osterweiterung beobachten. Um zu erklären, warum die meisten Mitgliedstaaten, einschließlich der MOEL-Nachbarländer Italien und Griechenland, sich als Bremser betätigten, müssen potentielle Kosten der Erweiterung in den Blick genommen werden.

Die Verteilung dieser Kosten ergibt sich in erster Linie aus der unterschiedlichen *sozio-ökonomischen Struktur* der Mitgliedstaaten. Infolge von Handels- und Haushaltskonkurrenz drohte die Osterweiterung besonders hohe Kosten für die ärmeren und stärker von landwirtschaftlicher und „Low-tech"-Produktion geprägten Mitgliedstaaten zu erzeugen. Zum einen fürchteten diese Mitgliedstaaten einen verschärften wirtschaftlichen Wettbewerb, weil sie auf die gleichen Produktionssektoren spezialisiert waren wie die MOEL (Landwirtschaft, Textil- und Lederwaren, Metallverarbeitung). Zum anderen war absehbar, dass die MOEL zu Nettoempfängern des Gemeinschaftshaushalts werden würden. Bei einer im EU-Vergleich überdurchschnittlich hohen landwirtschaftlichen Produktion und zugleich unterdurchschnittlich geringen Wirtschaftskraft würden die MOEL das Anrecht auf hohe Transfers aus den Strukturfonds der Gemeinschaft und aus der Gemeinsamen Agrarpolitik erwerben, die zusammen etwa 80% des Haushalts ausmachen. Modellrechnungen zeigten, dass – je nach unterstelltem Szenario – der Haushalt um 20% bis zwei Drittel hätte wachsen müssen (vgl. z.B. Baldwin 1994: 161-179; Baldwin/Francois/ Portes 1997: 152-166; Weise et al. 1997: 258). Da eine Haushaltserhöhung auf den entschiedenen Widerstand der Nettozahler traf, erschienen Reformen unumgänglich, von denen zu erwarten war, dass sie die Transfers an die bisherigen Nettoempfänger (Spanien, Griechenland, Portugal und Irland) verringern würden. So wird verständlich, dass diese vier Staaten zu den Bremsern gehörten und sich dagegen wandten, die Osterweiterung auf der Basis der bestehenden Haushaltsobergrenzen der Gemeinschaft zu finanzieren.[6]

Schließlich spielten auch *geopolitische Interessen* eine Rolle. Insbesondere Frankreichs Skepsis wird weithin der Sorge zugeschrieben, dass sich im Zuge der Osterweiterung die Machtbalance der Gemeinschaft zugunsten Deutschlands, des wichtigsten Wirtschaftspartners der MOEL, verschieben würde (vgl. z.B. Grabbe/Hughes 1998: 5; Holvêque 1998: 515). Die italienische Regierung fürchtete, dass die Osterweiterung zu Lasten der Mittelmeerregion gehen würde, der ihre besondere Aufmerksamkeit galt (Bardi 1996: 163-165), und Griechenland konzentrierte seine Bemühungen auf den Beitritt Zyperns.

Fazit: Die an die MOEL angrenzenden Länder des Nordens und der Mitte der EU konnten nicht nur die höchsten Sicherheits- und Wohlfahrtsgewinne aus der Osterweiterung erwarten, sondern waren auch von der Handels- und Haushaltskonkurrenz mit den MOEL wenig betroffen. Dass hingegen Griechenland und Italien trotz ihrer Grenzlage zu den Bremsern gehörten, kann ihren besonderen geopolitischen Interessen im Mittelmeerraum, ihrer Spezialisierung auf traditionelle Industrien und (im Fall Griechenlands) der Nettozahlerposition zugeschrieben werden. Die Anreize zur Osterweiterung waren für diejenigen Mitgliedstaaten am geringsten, die keine Interdependenzgewinne, dafür aber Kosten durch Handels- und Haushaltskonkurrenz zu erwarten hatten. Die Beneluxländer befanden sich in einer Mittelposition, weil sie durch die Osterweiterung weder viel zu verlieren noch viel zu gewinnen hatten. Nur die britischen Osterweiterungspräferenzen bleiben in dieser Perspektive rätselhaft, weil die MOEL für Großbritannien weder geographisch nah noch wirtschaftlich von Bedeutung sind. Der frühe und starke britische Einsatz für die Osterweiterung wird generell der „Europhobie" der konservativen Regierungen Thatcher und Major zugeschrieben, deren Kalkül es gewesen zu sein scheint, dass eine ausgedehnte Erweiterung der

---

6   Financial Times, 15.9.1997, 2; IEP/TEPSA (1998).

Gemeinschaft deren Vertiefung einen Riegel vorschieben oder sogar das erreichte Integrationsniveau verwässern würde (vgl. z.B. Hayward 1996: 148; Grabbe/Hughes 1998: 5).

Die Vorreiter der Osterweiterung befanden sich unter den Mitgliedstaaten der Gemeinschaft nicht nur in der Minderheit, sondern verfügten auch über eine geringere *Verhandlungsmacht* als die Bremserkoalition. Selbst für Deutschland, den wohl größten Nutznießer der Osterweiterung unter den Mitgliedstaaten, sind die MOEL ökonomisch wie politisch von weit geringerer Bedeutung als die EU-Partner. Unter diesen Umständen konnten die Vorreiter im Fall einer Blockierung der Osterweiterung nicht glaubwürdig mit Alternativen zur EU (etwa einer nordosteuropäischen Wirtschaftsgemeinschaft) drohen.

Auch die MOEL waren nicht in der Lage, die Osterweiterung zu erzwingen. Aufgrund der hochgradig asymmetrischen Interdependenz zwischen Ost und West reichte ihre Verhandlungsmacht dazu nicht aus: Während die EU für die MOEL der wichtigste und unverzichtbare Wirtschaftspartner ist, mit dem sie weit mehr als die Hälfte ihres Außenhandels abwickeln, ist die ökonomische Bedeutung der MOEL für die EU mit etwa 5% des Außenhandels gering. Außerdem fließt Kapital fast ausschließlich in West-Ost-Richtung. Jede Drohung der MOEL, ihre Märkte für die EU zu schließen, wäre daher unglaubwürdig gewesen. Die MOEL besaßen lediglich eine gewisse „negative Macht", weil die EU-Mitglieder die Folgen einer Destabilisierung im Osten Europas (z.B. illegale Migration und organisierte Kriminalität) fürchteten. Zum einen jedoch war diese negative Macht nur bedingt strategisch einsetzbar, weil die beitrittswilligen Regierungen ein Eigeninteresse an stabilen Verhältnissen in ihren Ländern hatten, und zum anderen hat sich die EU sehr wohl als fähig erwiesen, ein Übergreifen osteuropäischer Instabilität (etwa in Ex-Jugoslawien) auf Westeuropa wirksam zu kontrollieren. Die geringe Verhandlungsmacht instabiler MOEL (wie z.B. Albanien) zeigt sich auch daran, dass sie das Schlusslicht unter den Beitrittskandidaten bilden.

Schließlich lässt sich die Entscheidung zur Osterweiterung auch nicht auf innenpolitischen Druck in den Mitgliedstaaten zurückführen. Die „Eurobarometer"-Umfragen zeigen zum einen, dass die Osterweiterung für die Bürgerinnen und Bürger der Mitgliedstaaten nur eine geringe Bedeutung hat – noch 1999 waren weniger als 30%

der Meinung, dass die Erweiterung eine vorrangige Aufgabe für die EU sein solle.[7] Zum anderen war die Unterstützung für die Osterweiterung (etwa im Gegensatz zur EFTA-Erweiterung von 1995) kontinuierlich gering.[8] Anders gesagt: Keine Bremser-Regierung musste wegen ihrer erweiterungsskeptischen Position um ihre Wiederwahl bangen (vgl. auch Sedelmeier/Wallace 2000: 457).

Auf der Basis dieser Analyse der Konstellation der Präferenzen und der Verhandlungsmacht in der EU lässt sich plausibel erklären, warum die Gemeinschaft der Forderung der MOEL nach einer konkreten Beitrittsperspektive zunächst ablehnend gegenüberstand und ihnen statt dessen die Assoziation anbot. Für die Mitgliedstaaten war die Assoziation die effizienteste Form der institutionellen Beziehungen zu den MOEL. Auf der einen Seite ermöglichte sie es den potentiellen Gewinnern der ökonomischen Integration der MOEL, im Zuge der Errichtung einer Freihandelszone für Industriegüter und der regulativen Angleichung an die Gemeinschaft, ihr ökonomisches Engagement in den MOEL auszubauen. Auf der anderen Seite boten die Assoziationsverträge den potentiellen Verlierern der ökonomischen Integration der MOEL unter den Mitgliedstaaten die Gewähr, dass sie Verluste aus der Handels- und Budgetkonkurrenz vermeiden konnten: Zwar wurde in den Assoziationsverträgen eine asymmetrische Marktöffnung zugunsten der MOEL vereinbart, doch schloss diese Öffnung landwirtschaftliche Produkte aus und sah für Produktgruppen wie Textil- und Lederwaren, Kohle und Stahl Schutzklauseln und Anti-Dumping-Verfahren vor. Damit war der Marktzugang der MOEL gerade bei denjenigen Gütern behindert, bei denen ihre Konkurrenzfähigkeit am größten war. So ist es nicht weiter verwunderlich, dass die MOEL seit Abschluss der Assoziationsverträge Jahr für Jahr ein Handelsdefizit mit der EU in Kauf nehmen mussten. Als assoziierte Staaten haben die MOEL außerdem kein Anrecht auf Leistungen aus den Strukturfonds und der Gemeinsamen Agrarpolitik. Da die MOEL nicht die Verhandlungsmacht besaßen, um die Osterweiterung der EU durchzusetzen und sich durch eine Ablehnung der Europa-Abkommen schlechter gestellt hätten als

---

7 Vgl. Standard Eurobarometer 52/2000, zitiert nach http://europa.eu.int/comm/ dg10/epo/eb/eb52/highlights. html.
8 Vgl. Standard Eurobarometer 38/1992 (Abb. 5.2); 42/1994; (Abb. 6.2); 45/1996, (Abb. 4.4 und 4.5); 48/1998 (Abb. 4.4); 52/2000 (Abb. 3.9).

durch ihre Ratifizierung, war die Assoziation aber auch aus ihrer Sicht die unter den Umständen beste Lösung.[9] Da sich zwischen den Assoziationsverhandlungen und dem Kopenhagener Gipfel weder an den staatlichen Präferenzen noch an deren materieller Verhandlungsmacht substantielle Veränderungen ergeben hatten, bleibt jedoch die Frage, wie es angesichts dieser stabilen Konstellation dazu kommen konnte, dass die EU sich für die Osterweiterung entschied und von diesem Ziel trotz heftiger Interessenkonflikte nicht wieder abgerückt ist. Um sie zu beantworten, muss die Erklärung auf ideelle Faktoren zurückgreifen.

4   Kollektive Identität und moralischer Druck

Die *kollektive Identität* der Europäischen Union, ihr institutionalisiertes Selbstverständnis, ist das einer Gemeinschaft europäischer, liberaldemokratischer Staaten. „Europa" bezeichnet zunächst die regionale Ausdehnung dieser Gemeinschaft, wobei die geographischen Grenzen vor allem im Osten keineswegs eindeutig bestimmt und innerhalb der Gemeinschaft durchaus umstritten sind (siehe die Diskussion über den Status der Türkei als Beitrittskandidat). Die „liberale Demokratie" kennzeichnet die ideologische Ausrichtung der Gemeinschaft, die grundlegenden politischen Werte, auf die die Staaten der Gemeinschaft den Legitimitätsanspruch ihrer Herrschaft gründen: die liberalen Menschenrechte und darauf aufbauend gesellschaftlicher Pluralismus, Rechtsstaatlichkeit, Demokratie, Privateigentum und Marktwirtschaft. Diese kollektive Identität spiegelt sich in den Mitgliedschaftsregeln der Gemeinschaft wider. Während der ursprüngliche Art. 237 EGV noch einfach allen europäischen Staaten des Recht zusprach, sich um die Mitgliedschaft in der EG zu bewerben, haben die späteren Verträge der Gemeinschaft und die Erweiterungspraxis präzisere Kriterien etabliert (vgl. Richter 1997). Zunächst müssen die Mitgliedstaaten Demokratien und Rechtsstaaten sein, die die Menschenrechte anerkennen und respektieren (Prä-

---

9   In spieltheoretischer Terminologie handelte es sich um ein „Rambo-Spiel" (Zürn 1992: 209-211), bei dem der Spieler mit der geringeren Verhandlungsmacht die dominante Strategie besitzt, mit dem „Rambo" zu dessen Bedingungen zu kooperieren.

ambeln zur Einheitlichen Europäischen Akte und zum Vertrag über die Europäische Union, Art. 6 und 49 EUV). Zweitens sind die Mitgliedstaaten „dem Grundsatz einer offenen Marktwirtschaft mit freiem Wettbewerb verpflichtet" (Art. 3a EGV). Und schließlich müssen neue Mitglieder den gesamten Rechtsbestand der EU, den *acquis communautaire*, übernehmen.

In der Anfangsphase der europäischen Integration am Ende des Zweiten Weltkriegs schloss diese kollektive Identität die MOEL ausdrücklich ein. Die Föderalistenkongresse der späten 1940er Jahre richteten ihre Einigungsappelle an alle europäischen Völker, lehnten die Teilung Europas ab und akzeptierten die Integration Westeuropas nur als Vorstufe.[10] Im Vertrag über die Gründung der EWG von 1958 schien diese paneuropäische Mission noch in der Präambel auf, in der sich die Gründungsmitglieder darauf verpflichteten, „die Grundlagen für einen immer engeren Zusammenschluss der europäischen Völker zu schaffen", und die „anderen Völker Europas, die sich zu dem gleichen hohen Ziel bekennen", dazu aufriefen, „sich diesen Bestrebungen anzuschließen". Auch später beriefen sich führende Repräsentanten der Gemeinschaft in zeremoniellen Reden immer wieder auf die gesamteuropäische Orientierung der Gemeinschaft. So beschwor Kommissionspräsident Hallstein 1968 das „Gefühl einer gesamteuropäischen Solidarität"[11], und der französische Präsident Mitterrand (später der prominenteste Erweiterungsskeptiker unter den europäischen Staats- und Regierungschefs) bekannte, „was wir Europa nennen ist eine zweitbeste Lösung, die allein nicht die gesamte europäische Geschichte, Geographie und Kultur repräsentieren kann" (zit. nach Sedelmeier 2000: 168). Von praktischer Bedeutung waren diese Bekenntnisse in der Ära des Ost-West-Konflikts zwar nicht, doch stellten sie neben den vertraglichen Regelungen eine weitere Ebene der, wenn auch weitgehend rhetorischen, gesamteuropäischen Selbstverpflichtung der Gemeinschaft dar.[12]

---

10 Vgl. z.B. die Resolution des Kongresses von Montreux der Union Européenne des Fédéralistes (UEF), August 1947, in Schwarz (1980: 55).

11 Rede vor der „Europäischen Bewegung", 20.1.1968, zit. nach Schwarz (1980: 415).

12 Zur Rolle von „Versprechungen" aus der Zeit des Ost-West-Konflikts im Erweiterungsprozess vgl. auch Fierke/Wiener (1999).

Ganz im Geiste der institutionalisierten und ritualisierten Gemeinschaftsidentität fielen auch die ersten Reaktionen der EG auf den Wandel in den MOEL aus. So erklärten die Staats- und Regierungschefs beim Europäischen Rat vom Dezember 1989 in Straßburg: „Wir wissen uns im Einklang mit den Gefühlen aller Menschen in der Gemeinschaft, wenn wir unserer tiefen Freude über die Veränderungen, die sich jetzt vollziehen, Ausdruck verleihen. ... Diese Veränderungen berechtigen zu der Hoffnung, dass die Teilung Europas überwunden werden kann."[13] Durch den Wandel im östlichen Europa war die gesamteuropäische Berufung der Gemeinschaft jedoch nicht mehr nur ein zeremonielles, identifikations- und legitimationsstiftendes Instrument: Die MOEL verlangten nicht nur eine massive Unterstützung ihrer liberaldemokratischen Transformation, sondern interpretierten die „Überwindung der Teilung Europas" als das Beitrittsversprechen, das in keiner der EG-Erklärungen zum Ende des Ost-West-Konflikts ausdrücklich enthalten war.

Die Frage ist nun, wie es dazu kam, dass sich die identitätskonforme Politik gegen die mit überlegener Verhandlungsmacht ausgestattete Bremser-Koalition unter den Mitgliedstaaten durchsetzen konnte. Schließlich kam aufgrund der Abwesenheit starker, erweiterungsfreundlicher Interessengruppen oder Wählerorientierungen in den Bremserstaaten gesellschaftlicher Druck als Ursache nicht in Frage. Und auch die formalen Entscheidungsprozeduren der EU boten keine Handhabe: Die Entscheidung zur Erweiterung muss zunächst einstimmig von Mitgliedsregierungen gefasst werden. Das Europaparlament muss zwar seine Zustimmung geben, kann aber eine Erweiterung nicht gegen den Rat erzwingen; die Europäische Kommission nimmt lediglich Stellung zu den Beitrittsanträgen; und vor dem Europäischen Gerichtshof lässt sich ein Beitritt nicht einklagen.

Unter diesen Umständen setzten die MOEL und die Befürworter der Osterweiterung unter den Mitgliedstaaten auf moralischen Druck durch die öffentliche Einforderung identitätskonformen und die öffentliche Bloßstellung identitätswidrigen Verhaltens. Die Effektivität moralischen Drucks hängt davon ab, dass der angeprangerte Akteur zu der Gemeinschaft gehört oder gehören will, für die die fragliche Identität konstitutiv ist, und dass er sich öffentlich zu dieser Identität

---

13 Bulletin der EG 12/1989, 15.

bekannt hat – sei es aus aufrichtiger Überzeugung oder aus instrumentellen Erwägungen. Wenn dieser Akteur in einer spezifischen Situation aus Eigeninteresse vom identitätskonformen Verhalten abweicht, können die übrigen Gemeinschaftsmitglieder die Inkonsistenz zwischen seinen früheren Bekenntnissen und seinem aktuellen Verhalten offenlegen und anprangern. Angesichts des moralischen Drucks überkommt den Akteur dann entweder ein aufrichtiges Gefühl der Scham, das ihn zu einer regelkonformen Korrektur seines Verhaltens veranlasst, oder er sorgt sich um seine Glaubwürdigkeit als Gemeinschaftsmitglied und die Nachteile, die eine beschädigte Reputation für seine zukünftige Durchsetzungsfähigkeit in der Gemeinschaft bringen könnte. Moralischer Druck führt nicht notwendig dazu, dass der angeprangerte Akteur von der Richtigkeit regelkonformen Verhaltens überzeugt wird und seine Präferenzen ändert, sondern führt in erster Linie zu angepasstem Verhalten.[14]

Diesen Mechanismus nutzten die MOEL und die Erweiterungsbefürworter unter den Mitgliedstaaten, denen jeweils ein Eigeninteresse an der Osterweiterung unterstellt werden kann und die daher den moralischen Druck opportunistisch ausübten. Angesichts der Schwäche ihrer Verhandlungsmacht, das heißt der Unglaubwürdigkeit von Drohungen gegenüber der Bremserkoalition, setzten sie auf die Stärke von Argumenten, die auf den allgemein anerkannten und grundlegenden Gemeinschaftswerten und -normen beruhten. Durch den strategischen Einsatz von Begriffen und Argumenten verknüpften sie den Verteilungskonflikt über den Nutzen und die Kosten der Osterweiterung mit der Frage der Identität, Legitimität und Glaubwürdigkeit der Gemeinschaft („framing") und durch den so erzeugten moralischen Druck („shaming") kehrten sie die Machtasymmetrie zwischen Bremsern und Vorreitern um.[15]

Die Argumentationsstrategie der MOEL bestand im Wesentlichen darin, sich als Teil des Kollektivs zu präsentieren, auf das sich die Identität der EU bezog, die Erweiterung als eine Prinzipien- und Wertefrage zu konstruieren und die Ablehnung der Oster-

---

14 Zu den Mechanismen des moralischen oder sozialen Drucks siehe Johnston (2001).

15 Vgl. Elster (1989: 215) zur Wirkung von Normen auf kollektive Verhandlungsprozesse und -ergebnisse; Elster (1992) zum strategischen Gebrauch von Argumenten und dem Zwang zur Konsistenz; und Snow et al. (1986) zum strategischen „framing".

weiterung als einen Verrat an diesen Prinzipien und Werten anzuprangern. In einem ersten Schritt beriefen die MOEL sich auf die paneuropäische, liberale kollektive Identität der Gemeinschaft und behaupteten, diese Identität zu teilen. Sie argumentierten, traditionell Teil der europäischen Staatengemeinschaft gewesen zu sein, in der Zeit der „künstlichen" Teilung des Kontinents stets zum Westen gehört haben zu wollen und ihre Orientierung an den liberalen Werten und Normen in und nach der osteuropäischen Revolution von 1989-91 unter Beweis gestellt zu haben (vgl. Neumann 1998). Die „Rückkehr nach Europa" wurde zum Schlachtruf fast aller MOEL. Diese Identitätsbehauptung verknüpften die Vertreter der MOEL dann mit den Mitgliedschaftsregeln der EU und dem Anspruch auf Aufnahme in die Gemeinschaft.

In einem zweiten Schritt definierten Vertreter der MOEL die Erweiterung als eine Frage des Wesens und der Werte der Gemeinschaft, die aus diesem Grund nicht nach individuellen staatlichen Interessen oder Kosten-Nutzen-Gesichtspunkten entschieden werden dürfe. So beriefen sie sich auf die Vorstellungen der „Gründungsväter" der europäischen Integration und den „Geist von Jean Monnet" und verlangten, dass die Mitgliedstaaten ihre Erweiterungsentscheidungen an politischen Kriterien und am langfristigen Interesse an Frieden, Stabilität und Wohlfahrt in Europa ausrichteten (vgl. z.B. Saryusz-Wolski 1994: 23). In diesem Sinne argumentierte auch der polnische Delegationschef in den Assoziationsverhandlungen: „Der ‚technokratische Ansatz' reicht in diesen Verhandlungen nicht aus, die ein historisches Ziel haben: Europa Polen zurückzugeben und Polen Europa."[16]

Schließlich warfen die Vertreter der MOEL der EU vor, inkonsistent zu handeln und die grundlegenden Werte und Normen der europäischen Staatengemeinschaft zu verraten, falls sie die Erweiterungsfrage weiterhin aus der Warte des individuellen Interessenkalküls betrachteten und sich einer Unterstützung und Aufnahme der MOEL verweigerten. Erstens machten sie die EU dafür verantwortlich, durch ihre abweisende Haltung die mittel- und osteuropäischen Gesellschaften dem Westen und der Demokratie zu entfremden und forderten in Umkehrung der EU-Konditionalität, dass ein rascher Beitritt das beste Mittel sei, die liberaldemokratische Transformation

---

16 Agence Europe 5456, 21.3.1991, 4.

der MOEL zu gewährleisten. Zweitens entwarfen sie für den Fall der weiteren Blockierung der Osterweiterung das Szenario des Untergangs der liberalen Staatengemeinschaft – keiner fand dafür stärkere Worte als der tschechische Präsident Havel in seiner Rede vor dem Europäischen Parlament 1994:

> „[W]enn die zukünftige europäische Ordnung nicht aus einer sich erweiternden Europäischen Union resultiert, die sich auf die besten europäischen Werte gründet und bereit ist, diese zu vermitteln und zu verteidigen, könnte die Gestaltung der Zukunft in die Hände einer Bande von Verrückten, Fanatikern, Populisten und Demagogen fallen, die auf ihre Chance warten, die schlechtesten europäischen Traditionen zu fördern."[17]

Drittens appellierten sie an das „schlechte historische Gewissen" des Westens, indem sie die harte Haltung der EG in den Assoziationsverhandlungen und in der Erweiterungsfrage als neues „Jalta" oder einen neuen „Eisernen Vorhang" denunzierten (vgl. z.B. Saryusz-Wolski 1994: 20-21).

Viertens und letztens argumentierten sie, dass die EU Versprechen breche, ihren Worten keine Taten folgen lasse und beitrittswillige europäische Staaten ungleich behandle. Regierungsvertreter der MOEL wiesen wiederholt auf die fehlende Übereinstimmung zwischen den politischen Deklarationen (wie der von Straßburg) und dem tatsächlichem Verhalten der EU (wie Protektionismus und Vertagung der Entscheidung zur Erweiterung) hin (vgl. z.B. Saryusz-Wolski 1994: 23). Außerdem verlangten sie, genauso behandelt zu werden wie Beitrittskandidaten in früheren Erweiterungsrunden. Sie verwiesen beispielsweise auf die Assoziationsverträge mit Griechenland und der Türkei, in denen eine Beitrittsklausel enthalten war, und sie brachten vor, dass für den Beitritt Spaniens und Portugals politische Kriterien wie die Demokratieförderung und nicht ökonomische Nutzenkalküle ausschlaggebend gewesen seien (vgl. z.B. Ham 1993: 196-198; Inotai 1998: 159).

Diese Argumentationsstrategie wurde von den Befürwortern der Osterweiterung unter den Mitgliedstaaten unterstützt. Bundespräsident von Weizsäcker brachte in seiner Rede vor dem Europa-Kolleg von Brügge 1990 zunächst den Gründungsmythos der europäischen Integration und die Ideen von Schuman und Monnet in Erinnerung und appellierte an die Europäer, ihrem Beispiel zu fol-

---

17 Zit. nach Agence Europe, Documents 1874, 16.3.1994, 3.

gen. Wie Havel argumentierte er, Europa habe damals wie heute vor einer klaren Alternative gestanden – Integration oder nationalistische und autoritäre Destabilisierung.[18] Im gleichen Jahr verlangte die britische Premierministerin Thatcher in ihrer Aspen-Rede, „die Gemeinschaft sollte unmissverständlich erklären, dass sie bereit sei", die MOEL aufzunehmen und gründete diese Forderung auf die Identität der Gemeinschaft und den Zwang zur Konsistenz: „Wir können nicht in einem Atemzug sagen, dass sie Teil Europas sind und daß unser EG-Club so exklusiv ist, dass wir sie nicht aufnehmen werden."[19]

In gleicher Weise übten Vertreter des Europäischen Parlaments und der Kommission moralischen Druck aus. Der Vorsitzende des auswärtigen Parlamentsausschusses DeClerq kritisierte die Blockaden im Erweiterungsprozess mit den Worten, er habe gedacht, die Gemeinschaft würde die MOEL „als europäische" Länder behandeln.[20] Kommissionspräsident Delors appellierte an die Regierungen, ihren Sonntagsreden Taten folgen und die MOEL nicht im Unklaren über die Erweiterung zu lassen; er warf ihnen vor, es sei nicht ausreichend, „ermutigende Signale zu senden".[21] Außerdem gaben Vertreter der supranationalen Organe zu bedenken, dass das Verhalten der Gemeinschaft ihre „Glaubwürdigkeit in Osteuropa unterminiere".[22]

Der systematischste und formal bedeutendste Versuch der Festlegung der Gemeinschaft auf die Osterweiterung war der Bericht der Kommission mit dem Titel „Die Erweiterung Europas: eine neue Herausforderung" an den Europäischen Rat von Lissabon im Juni 1992. Der Bericht legte zunächst dar, dass die ursprüngliche gesamteuropäische Vision der Gemeinschaft spezifische Verpflichtungen für die gegenwärtige Situation impliziere: „Die Gemeinschaft war niemals ein geschlossener Klub und darf sich jetzt der historischen Aufgabe, die Verantwortung für den gesamten Kontinent zu übernehmen und zur Entwicklung einer politischen und wirtschaftlichen

---

18 Bulletin 114, 27.9.1990, 1193-1197.

19 Financial Times, 6.8.1990, 3.

20 Agence Europe 5566, 13.9.1991, 13.

21 Agence Europe 5549, 21.8.1991, 2; Ham (1993: 198); Torreblanca Payá (1997: 14).

22 So das EP im Oktober 1993 (Agence Europe 6094, 27.10.1993, 10); vgl. auch Agence Europe 5564, 11.9.1991, 10.

Ordnung für ganz Europa beizutragen, nicht entziehen." (Europäische Kommission 1992: 10) Außerdem hob der Bericht die Wertegemeinschaft mit den MOEL hervor, definierte die Erweiterung als eine Maßnahme zur Demokratieförderung und setzte diejenigen Mitgliedstaaten, die die europäische Idee ihrem kurzfristigen Eigeninteresse unterordneten, unter moralischen Druck: „Die anderen Länder Europas sehen in [der Gemeinschaft, FS] den Garanten von Stabilität, Frieden und Wohlstand und warten auf die Gelegenheit, gemeinsam die Integration Europas ins Werk zu setzen. Für die neuen Demokratien bleibt Europa eine attraktive Idee, Sinnbild der grundlegenden Bestrebungen, die ihre Völker in langen Jahren der Unterdrückung bewahrt haben. Die Konsolidierung der neu gewonnenen Freiheit und die Stabilisierung ihrer Entwicklung liegen im beiderseitigen Interesse."[23]

Welche Belege haben wir dafür, dass diese Argumente wirkten? Welchen Einfluss hatten sie auf den Entscheidungsprozess? Der Prozessverlauf legt nahe, dass die Erweiterungsbefürworter zwar die grundlegenden Osterweiterungspräferenzen der Bremser nicht veränderten, diese aber durch moralischen Druck wirksam daran hinderten, der Erweiterung und ihrer allmählichen Umsetzung in EU-Politik offen entgegenzuwirken.

Für die Bremser war es schwierig, die Argumente der Befürworter mit identitätskonformen Gegenargumenten in Frage zu stellen. Keiner von ihnen wagte es, die Erweiterung aus Kostengründen oder Eigeninteresse öffentlich rundheraus abzulehnen. Legitim war jedoch die Sorge, die Erweiterung könne zu Lasten der Vertiefung der Gemeinschaft gehen – und diese Sorge äußerten die Bremser-Regierungen regelmäßig. Im September 1997 formulierten Belgien, Frankreich und Italien in einer Erklärung zum Amsterdamer Vertrag, dass die weitere institutionelle Stärkung der EU eine „unverzichtbare Voraussetzung der Erweiterung" sei.[24] Während dieses normgestützte Gegenargument eventuell die britischen oder dänischen Erweiterungsziele kompromittiert haben könnte, lief es jedoch z.B. bei der deutschen Regierung oder der Kommission ins Leere, die stets

---

23 Europäische Kommisson (1992: 20). Zu den argumentativen Taktiken der Kommission (einschließlich „framing" und „co-optive justification") vgl. auch Tallberg (1999: 230-232).

24 Agence Europe 7058, 15/16.9.1997, 2.

die Verknüpfung von Erweiterung und Vertiefung gefordert hatten (vgl. z.B. Europäische Kommission 1992: 2). Außerdem schien der moralische Druck 1997 schon Wirkung gezeigt zu haben: Die Unterzeichner der Erklärung waren bemüht, den Verdacht auszuräumen, die Erweiterung zu blockieren, und andere Staaten zögerten, sich der Erklärung anzuschließen, um nicht als Erweiterungsgegner zu erscheinen.[25] Auch das Argument, die MOEL seien noch nicht beitrittsreif, griff nicht, weil es den Befürwortern nicht um den unmittelbaren Beitritt, sondern um eine konkrete Beitrittsperspektive ging: Die Kommission argumentierte, die historische Aufgabe der EU sei „nur mit einer Strategie zu bewältigen, die sich nicht nur auf praktische Erwägungen des in naher Zukunft Möglichen, sondern auf eine Vision eines erweiterten Europas stützt, das langfristig konzipiert und vorbereitet werden muss. Daher schlägt die Kommission vor, ... anderen [gemeint sind die MOEL, FS], die vielleicht später hinzukommen, den Weg zu ebnen." (1992: 20).

Immer wieder konfrontierten die Erweiterungsbefürworter die Bremser damit, vorgeschlagene Schritte in Richtung Osterweiterung entweder nolens volens zu akzeptieren oder sich durch Opposition in eine schwierige argumentative Lage zu begeben. Diese Schritte waren gewöhnlich inkrementeller Natur oder verursachten keine unmittelbaren Kosten und waren daher um so schwerer abzulehnen. Allerdings wuchsen mit jedem Schritt die Glaubwürdigkeitskosten der Nicht-Erweiterung. Schon während der Assoziationsverhandlungen ging die Kommission über ihre Direktiven hinaus und fügte in die Vertragsentwürfe einen Passus ein, demzufolge die Europa-Abkommen einen eventuellen Beitritt vorbereiten helfen. Keiner der Mitgliedstaaten widersprach diesem unautorisierten Schritt (siehe Sedelmeier 2000: 175). In ähnlicher Weise präsentierte der schon mehrfach erwähnte Kommissionsbericht an den Gipfel von Lissabon die Osterweiterung so, als sei sie schon eine beschlossene Sache (Mayhew 1998: 25). Die Tatsache, dass dieser Bericht kommentarlos „den Schlussfolgerungen des Europäischen Rats beigefügt" (Europäische Kommission 1992: 24), beim Gipfel von Edinburgh im gleichen Jahr „kaum diskutiert" und auch bei den Verhandlungen, die zum Kopenhagener Bekenntnis zur Osterweiterung führten, nicht in Frage gestellt wurde,

---

25 Agence Europe 7058, 15/16.9.1997, 2.

zeigt die Wirksamkeit des moralischen Drucks (Mayhew 1998: 25-27; vgl. Sedelmeier/Wallace 2000: 440).

Dieser Prozess wurde durch institutionelle Eigenheiten der EU befördert. So ermöglichten ihre Initiativkompetenzen es der Kommission, die intergouvernementale Debatte begrifflich vorzustrukturieren und die Regierungen unter Entscheidungsdruck zu setzen. Die rotierende Ratspräsidentschaft wiederum gab den Vorreiter-Regierungen die Gelegenheit, ihren Themensetzungsspielraum zugunsten der Osterweiterung zu nutzen. So ist es wenig verwunderlich, dass die wichtigsten Anfangsentscheidungen zur Osterweiterung in Kopenhagen (1993) und Essen (1994) getroffen wurden, als die Präsidentschaft bei Dänemark und Deutschland, zwei entschiedenen Erweiterungsbefürwortern, lag.

Die Bremser-Regierungen konnten so nur versuchen, in den begleitenden Verhandlungen über die institutionellen und policy-Reformen der EU ihre Osterweiterungskosten zu dämpfen. So kam es zu einem der charakteristischen Züge des Entscheidungsprozesses über die Osterweiterung – „während es wenig Diskussion oder Streit über das gemeinsame Ziel des Beitritts gab, waren schon geringe Handelszugeständnisse schwer zu vereinbaren" (Mayhew 1998: 164). Allerdings sorgte der moralische Druck dafür, dass der Erweiterungsprozess trotz harter Verhandlungen und unerledigter Reformaufgaben nicht in Frage gestellt oder erheblich verzögert wurde, sondern ein Zwang zur Reform und zur Einigung bestand. Jedes andere Ergebnis wäre mit hohen Glaubwürdigkeitskosten für die Gemeinschaft verbunden gewesen (vgl. Sedelmeier/Wallace 2000: 453).

5   Die Kandidatenauswahl

Wenn die liberaldemokratische Identität der Gemeinschaft tatsächlich die entscheidende Ursache und Bedingung der Osterweiterung war, dann sollte auch die Auswahl der Beitrittskandidaten durch sie gesteuert gewesen sein. Konkret wäre zu erwarten, dass die fünf MOEL, die 1997 zu Beitrittsverhandlungen eingeladen wurden, die liberaldemokratischen Grundnormen der Gemeinschaft nicht nur etwa so gut erfüllten wie die Altmitglieder, sondern auch besser als die anderen MOEL. Außerdem sollte die Ausdehnung der Beitrittsverhandlungen auf die übrigen assoziierten MOEL 1999 mit einer verbesserten Erfüllung der liberaldemokratischen Grundnormen in diesen Ländern einhergegangen sein. Eine Analyse auf der Basis der Menschenrechtsindikatoren der US-amerikanischen nicht-staatlichen Organisation *Freedom House* bestätigt diese Erwartung mit Einschränkungen (Tabelle 2).[26]

Zunächst zeigt die Tabelle, dass mit Ausnahme der Slowakei 1997 die Gruppe der „freien" MOEL mit der Gruppe der der EU assoziierten MOEL deckungsgleich ist. Schon auf dieser mittleren Stufe der Integration besteht also eine weitgehende Übereinstimmung zwischen dem Grad der Befolgung liberaldemokratischer Grundnormen und der Intensität institutioneller Beziehungen zur Gemeinschaft. Die detaillierteren Werte für die Verwirklichung politischer und bürgerlicher Rechte und Freiheiten für 1997 zeigen außerdem Unterschiede zwischen den für Beitrittsverhandlungen ausgewählten MOEL und den übrigen assoziierten MOEL. Alle Länder der engeren Auswahl erreichen die Note 1 für politische Rechte und 2 für bürgerliche Freiheiten, während Bulgarien, Lettland, Rumänien und die Slowakei mit 2 für politische Rechte und 2 und schlechter für bürgerliche Freiheiten weniger gut abschneiden. Lediglich die Tatsache, dass Litauen nicht schon 1997 zu Beitrittsverhandlungen eingeladen wurde, ist auf der Basis dieser Daten nicht zu erklären. Schließlich decken sich Werte für die „besten" MOEL weitgehend mit den Werten für die EU-Mitglieder, die eine 1 für politische Rechte und 1 oder 2 für bürgerliche Freiheiten erzielen.[27]

---

26 Laut Diamond (1996: 24) sind die Freedom House Indikatoren „the best available empirical indicator[s] of ‚liberal democracy'"; sie weisen außerdem eine hohe Korrelation mit POLITY auf, einem ebenfalls häufig für die Messung von „Demokratie" verwendeten Datensatz. Mit Hilfe dieser unabhängigen Indikatoren lassen sich der normative Gehalt und die normative Konsistenz der EU-Entscheidungen gut überprüfen, weil sie, anders als EU-interne Evaluationen nicht im Verdacht stehen, zur Rationalisierung dieser Entscheidungen zu dienen.

27 Nur die bürgerlichen Freiheiten in Griechenland wurden 1996-97 mit 3 bewertet.

Tabelle 2: Kandidatenauswahl 1997/1999[28]

	FI 1997	PR	BF	FI 1999	PR	BF
Beitrittsverhandlungen seit 1998						
Estland	Frei	1	2	Frei	1	2
Polen	Frei	1	2	Frei	1	2
Slowenien	Frei	1	2	Frei	1	2
Tschechische Republik	Frei	1	2	Frei	1	2
Ungarn	Frei	1	2	Frei	1	2
Beitrittsverhandlungen seit 2000						
Bulgarien	Frei	2	3	Frei	2	3
Lettland	Frei	2	2	Frei	1	2
Litauen	Frei	1	2	Frei	1	2
Rumänien	Frei	2	3	Frei	2	2
Slowakei	Teilweise frei	2	4	Frei	2	2
Keine Assoziation						
Albanien	Teilweise frei	4	4	Teilweise frei	4	5
Belarus	Unfrei	6	6	Unfrei	6	6
Bosnien-Herzegowina	Teilweise frei	5	5	Teilweise frei	5	5
Jugoslawien	Unfrei	6	6	Unfrei	6	6
Kroatien	Teilweise frei	4	4	Teilweise frei	4	4
Mazedonien	Teilweise frei	4	3	Teilweise frei	3	3
Moldawien	Teilweise frei	3	4	Teilweise frei	2	4
Russland	Teilweise frei	3	4	Teilweise frei	4	4
Ukraine	Teilweise frei	3	4	Teilweise frei	3	4

---

28 Die Daten sind erhältlich unter http://www.freedomhouse.org/ratings/index. htm. Die Daten für die Kandidatenauswahl 1997 stammen aus dem Berichtszeitraum 1996-97, die für 1999 aus dem Berichtszeitraum 1998-99. FI steht für den Freiheitsindex, einen Indikator, der aus der Kombination von PR (Politische Rechte) und BF (Bürgerliche Freiheiten) gewonnen wird und die Kategorien „frei", „teilweise frei" und „unfrei" umfasst. Die Werte für PR und BF rangieren von 1 (bestmöglicher Wert) bis 7.

Weniger gut lässt sich auf der Basis dieser Daten die Entscheidung der EU von 1999 nachvollziehen, die Beitrittsverhandlungen auf alle weiteren assoziierten MOEL auszudehnen. Zwar widerspricht diese Entscheidung nicht der Hypothese, dass die EU nur mit Staaten verhandelt, in denen die liberaldemokratischen Grundnormen weitgehend respektiert werden – alle Verhandlungspartner gelten als „frei" –, und außerdem hatten Lettland, Rumänien und die Slowakei ihre Werte seit 1997 verbessert. Allerdings zeigen die Indikatoren PR und BF, daß die Kandidaten 1999 weniger strikt bewertet wurden als 1997. Während Lettland und Litauen den Standard von 1997 erfüllten, blieben Bulgarien, Rumänien und die Slowakei dahinter zurück.

Diese externe Evaluation der MOEL deckt sich weitgehend mit der Bewertung ihrer politischen Beitrittsreife in den Stellungnahmen der Europäischen Kommission (Tabelle 3).

Tabelle 3: Stellungnahmen der Europäischen Kommission zu den MOEL[29]

Land	Politische Kriterien	Wirtschaftliche Kriterien	Übernahme des Acquis
Stellungnahmen 1997			
Estland	Ja, aber Einbürgerung beschleunigen	Ja, aber noch nicht voll wettbewerbsfähig	Beträchtlicher Fortschritt
Polen	Ja	Ja	Ja
Slowenien	Ja	Ja	Große Anstrengungen erforderlich
Tschechische Republik	Ja	Ja	Ja
Ungarn	Ja	Ja	Ja
Bulgarien	„auf dem Weg"	Begrenzter Fortschritt/ nicht wettbewerbsfähig	Nein
Lettland	Ja, aber Einbürgerung beschleunigen	Beträchtlicher Fortschritt/ ernsthafte	Einige Fortschritte

29 Die Stellungnahmen von 1997 basieren auf Europäische Kommission, Agenda 2000, DOC/97/6 und DOC/97/8, abrufbar unter http://europa.eu.int/comm/ enlargement/opinions/intro/index.htm. Der Fortschrittsbericht von 1999 ist erhältlich unter http://europa.eu.int/comm/enlargement/report_10_99/intro/index. htm. Die wirtschaftlichen Kriterien sind „funktionierende Marktwirtschaft" und (nach dem Schrägstrich) „Wettbewerbsfähigkeit".

Land	Politische Kriterien	Wirtschaftliche Kriterien	Übernahme des Acquis
Litauen	Ja	Probleme Beträchtlicher Fortschritt/ ernsthafte Probleme	Einige Fortschritte
Rumänien	„auf dem Weg"	Beträchtlicher Fortschritt/ ernsthafte Probleme	Nein
Slowakei	Nein	Ja, aber mangelnde Transparenz	Ja
Fortschrittsbericht 1999			
Bulgarien	Ja, aber Stärkung des Rechtsstaats	Weitere Fortschritte/ noch nicht wettbewerbsfähig	Entschiedene Bemühungen
Lettland	Ja	Ja	Bedeutende Fortschritte
Litauen	Ja	Weitere Fortschritte/ auf dem Weg	Fortschritte auf den meisten Gebieten
Rumänien	Noch ja	Nein	Teilweise Fortschritte
Slowakei	Ja	Nahe dran	Bedeutende Fortschritte

Die vorrangige Stellung der politischen Kriterien für die Entscheidung der Kommission lässt sich zum einen daran ablesen, dass die Slowakei nicht in den Kreis der erstrangigen Beitrittskandidaten aufgenommen wurde, obwohl sie hinsichtlich der wirtschaftlichen Kriterien und der Übernahme des *acquis* keineswegs hinter diesen zurückstand. Zum anderen scheinen weder die Wettbewerbsfähigkeit, die ohnehin erst „mittelfristig" gegeben sein muss, noch die Übernahme des *acquis* harte Bedingungen für den Beginn von Beitrittsverhandlungen gewesen zu sein: Ansonsten hätten weder Estland noch Slowenien den Sprung in die erste Gruppe der MOEL schaffen dürfen. Diese Gewichtung der Kriterien bestätigt sich im Fortschrittsbericht von 1999: Zum einen waren die unverzichtbaren politischen Kriterien nach Ansicht der Kommission zu diesem Zeitpunkt auch bei allen Staaten der zweiten Gruppe erfüllt. Zum anderen fiel die Bewertung der wirtschaftlichen Kriterien und der Übernahme des *acquis* – trotz deutlicher Fortschritte seit den Stellungnahmen zwei Jahre zuvor – durchweg schlechter aus als für die Vorreitergruppe von 1997.

Der Schlüssel zur Erklärung der großzügigeren Interpretation der Beitrittskriterien ist der Kosovo-Konflikt: Er setzte die EU unter Druck, etwas für die Stabilisierung des Balkans zu tun und Bulgarien und Rumänien für ihre Unterstützung der NATO zu belohnen, und er gab Vorreiter-Regierungen – vor allem der Bundesregierung, die zu dieser Zeit die Ratspräsidenschaft innehatte – die Gelegenheit, die Erweiterungsperspektive für Südosteuropa in der EU durchsetzen (Friis/Murphy 2000). Schließlich dürfte die Tatsache, dass der Beitrittsprozess 1998 mit allen assoziierten MOEL eröffnet worden war, eine gewisse institutionelle Eigendynamik zugunsten des Beginns konkreter Verhandlungen ausgeübt haben.

6 Schluss

Welche integrationstheoretischen Schlussfolgerungen lassen sich aus dieser Analyse der Osterweiterung ziehen? Der liberale Intergouvernementalismus, der für sich in Anspruch nimmt, die fundierteste Erklärung der bedeutendsten Integrationsentscheidungen der Gemeinschaft zu bieten, stößt bei der Osterweiterung an Grenzen. Er postuliert, dass die mitgliedstaatlichen Präferenzen in erster Linie durch internationale Interdependenzen, den Nutzen und die Kosten internationalen ökonomischen Austauschs und die dominanten ökonomischen Interessen in den Mitgliedstaaten bestimmt werden, während die substantiellen Integrationsergebnisse die relative Verhandlungsmacht der Mitgliedstaaten widerspiegeln (Moravcsik 1998: 3-9, 26). Zwar kann der liberale Intergouvernementalismus auf dieser Basis den anfänglichen Prozess der Osterweiterung plausibel rekonstruieren; der Wandel von der Assoziations- zur Erweiterungspolitik ist aber aus Sicht dieser Theorie rätselhaft, da er nicht auf einen Wandel der mitgliedstaatlichen Interessenkonstellation oder Machtverhältnisse zurückgeführt werden kann.

Die Osterweiterung zeigt vielmehr die Relevanz von kollektiven Ideen (Identitäten, Werten und Normen) für die europäische Integration. Die institutionalisierte kollektive Identität der EU als eine Gemeinschaft europäischer Demokratien ist die fundamentale Ursache der Osterweiterung – sie legitimierte die Forderungen nach Mitgliedschaft der MOEL wirksam und definierte das zentrale Auswahlkriterium für die Beitrittskandidaten.[30] Allerdings ergab die Analyse auch, dass diese Wirkung der kollektiven Identität nicht etwa auf der Internalisierung der Gemeinschaftsregeln durch die zentralen Akteure der EU beruht. Sie weist vielmehr mit dem strategischen „framing", „arguing" und „shaming" auf eine Ideenverwendung und -wirkung jenseits von Lernen, Überzeugung und Internalisierung hin, die eventuell auch bei Debatten und konstitutiven Entscheidungen über die „Vertiefung" zu beobachten ist (vgl. z.B. Kohler-Koch 2000).

Literatur

Baldwin, Richard E. 1994: Towards an Integrated Europe, London.

Baldwin, Richard E./Francois, Joseph F./Portes, Richard 1997: The Costs and Benefits of Eastern Enlargement: the Impact on the EU and Central Europe, in: Economic Policy 24, 125-176.

Bardi, Luciano 1996: Italy and EU Enlargement, in: Kaiser, Karl/Brüning, Martin (Hrsg.): East-Central Europe and the EU: Problems of Integration, Bonn, 155-166.

Diamond, Larry 1996: Is the Third Wave Over?, in: Journal of Democracy 7: 3, 20-37.

Elster, Jon 1989: The Cement of Society: A Study of Social Order, Cambridge.

Elster, Jon 1992: Arguing and Bargaining in the Federal Convention and in the Assemblée Constituante, in: Malnes, Raino/Underdal, Arild (Hrsg.): Rationality and Institutions. Essays in Honour of Knut Midgaard, Oslo, 13-50.

Europäische Kommission 1992: Die Erweiterung Europas: eine neue Herausforderung (Bulletin der Europäischen Gemeinschaften, Beilage 3/92), Luxemburg.

Fierke, Karen/Wiener, Antje 1999: Constructing Institutional Interests: EU and NATO Enlargement, in: Journal of European Public Policy 6, 721-742.

Friis, Lykke 1998a: Approaching the „Third Half" of EU Grand Bargaining – the Post-Negotiation Phase of the „Europe Agreement" Game, in: Journal of European Public Policy 5, 322-338.

---

30 Eine signifikante Korrelation zwischen „Demokratie" und „Mitgliedschaft" existiert im übrigen für den gesamten Erweiterungsprozess der EU, der NATO und des Europarats (vgl. Schimmelfennig 2002).

Friis, Lykke 1998b: „The End of the Beginning" of Eastern Enlargement – Luxembourg Summit and Agenda-Setting, in: European Integration Online Papers 2: 7 (http://www.eiop.or.at/eiop/texte/1998a-007.htm).

Friis, Lykke/Murphy, Anna 1999: The European Union and Central and Eastern Europe: Governance and Boundaries, in: Journal of Common Market Studies 37, 211-232.

Friis, Lykke/Murphy, Anna 2000: „Turbo-Charged Negotiations": the EU and the Stability Pact for South Eastern Europe, in: Journal of European Public Policy 7, 767-786

Grabbe, Heather/Hughes, Kirsty 1998: Enlarging the EU Eastwards (Chatham House Papers), London.

Ham, Peter van 1993: The EC, Eastern Europe, and European Unity. Discord, Collaboration and Integration Since 1947, London.

Hayward, Jack 1996: Britain and EU Enlargement, in: Kaiser, Karl/Brüning, Martin (Hrsg.): East-Central Europe and the EU: Problems of Integration, Bonn, 147-154.

Holvêque, Stéphanie 1998: L'Union européenne s'ouvre à l'est, in: Revue du Marché Commun et de l'Union Européenne 421, 514-523.

Inotai, András 1998: The CEECs: From the Association Agreements to Full Membership, in: Redmond, John/Rosenthal, Glenda G. (Hrsg.): The Expanding European Union. Past, Present, Future, Boulder, 157-176.

Institut für europäische Politik (in cooperation with Trans European Policy Studies Association) 1998: Enlargement/Agenda 2000 – Watch, Pilot Issue (http://www.tepsa.be).

Johnston, Alastair Iain 2001: Treating International Institutions as Social Environments, in: International Studies Quarterly 45, 487-516.

Kohler-Koch, Beate 2000: Framing: The Bottleneck of Constructing Legitimate Institutions, in: Journal of European Public Policy 7, 513-531.

Mayhew, Alan 1998: Recreating Europe. The European Union's Policy towards Central and Eastern Europe, Cambridge.

Neumann, Iver B. 1998: European Identity, EU Expansion, and the Integration/Exclusion Nexus, in: Alternatives 23, 397-416.

Richter, Pascal 1997: Die Erweiterung der Europäischen Union. Unter besonderer Berücksichtigung der Beitrittsbedingungen, Baden-Baden.

Saryusz-Wolski, Jacek 1994: The Reintegration of the „Old Continent". Avoiding the Costs of „Half Europe", in: Bulmer, Simon/Scott, Andrew (Hrsg.): Economic and Political Integration in Europe: Internal Dynamics and Global Context, Oxford, 19-28.

Schimmelfennig, Frank 2002: Liberal Community and Enlargement: An Event-History Analysis, in: Journal of European Public Policy 9, 598-626.

Schimmelfennig, Frank 2001: The Community Trap: Liberal Norms, Rhetorical Action, and the Eastern Enlargement of the European Union, in: International Organization 55, 47-80.

Schwarz, Jürgen (Hrsg.) 1980: Der Aufbau Europas. Pläne und Dokumente 1945-1980, Bonn.

Sedelmeier, Ulrich 2000: Eastern Enlargement: Risk, Rationality, Role-Compliance, in: Cowles, Maria Green/Smith, Michael (Hrsg.): Risks, Reforms, Resistance, and Revival (The State of the European Union 5), Oxford, 164-185

Sedelmeier, Ulrich/Wallace, Helen 1996: Policies Toward Central and Eastern Europe, in: Wallace, Helen/Wallace, William (Hrsg.): Policy-Making in the European Union, 3. Aufl., Oxford, 353-387.

Sedelmeier, Ulrich/Wallace, Helen 2000: Eastern Enlargement. Strategy or Second Thoughts, in: Wallace, Helen/Wallace, William (Hrsg.): Policy-Making in the European Union, 4. Aufl., Oxford, 427-460.

Snow, David A. et al. 1986: Frame Alignment Processes, Micromobilization, and Movement Participation, in: American Sociological Review 51, 464-481.

Torreblanca Payá, José Ignacio 1997: The European Community and Central Eastern Europe (1989-1993): Foreign Policy and Decision-Making, Madrid.

Weise, Christian et al. 1997: Ostmitteleuropa auf dem Weg in die EU – Transformation, Verflechtung, Reformbedarf (Deutsches Institut für Wirtschaftsforschung, Beiträge zur Strukturforschung 167), Berlin.

Zürn, Michael 1992: Interessen und Institutionen in der internationalen Politik. Grundlegung und Anwendung des situationsstrukturellen Ansatzes, Opladen.

Wolfgang Wagner und Gunther Hellmann

Zivile Weltmacht? Die Außen-, Sicherheits- und Verteidigungspolitik der Europäischen Union

1 „Innen-" und „Außen"politik in der Europäischen Union

Die europäische Zusammenarbeit in der Außen-, Sicherheits- und Verteidigungspolitik lässt die durch die ökonomische Integration ohnehin problematisch gewordene Grenze zwischen „Innen"- und „Außen"politik weiter verschwimmen. Die Möglichkeit, zwischen „Innen"- und „Außen"politik eine klare Grenze zu ziehen, ist eng an das Modell des souveränen Staates gebunden. Entgrenzung bedeutet zwar nicht, dass der Nationalstaat als zentrales Bezugssystem für die Formulierung von „Außen"politik (im Sinne der Verfolgung „nationaler Interessen" innerhalb wie außerhalb der EU) verschwunden ist. Allerdings ist das Gefüge für die Ermöglichung und Herstellung kollektiv bindender „außen"politischer Entscheidungen[1] durch die europäische Zusammenarbeit in diesem Bereich noch vielschichtiger geworden. In der Tendenz macht die europäische Außenpolitik auf Seiten der Mitgliedstaaten nun auch den diplomatischen Kern klassischer Außenpolitik zu einem weiteren Teil europäischer Innenpolitik. Darüber hinaus muss sich gerade auch die europäische Außenpolitik der Frage stellen, inwiefern sie nicht europäische oder gar nationalstaatliche Innenpolitik ist (vgl. Krippendorff 1963). Gerade in seinen Anfängen war das Projekt der europäischen Integration vor allem ein nach innen gerichtetes Friedensprojekt. Im Gegensatz zu den Vorstellungen der Föderalisten bestand die „Methode Monnet" darin, zunächst durch die Vergemeinschaftung rüstungspolitisch bedeutsamer Wirtschaftszweige sowohl den gemeinsamen ökonomischen Nutzen zu mehren wie auch zur Aussöhnung zwischen ehemaligen Kriegsgegnern

---

1 Zu diesem Politikbegriff vgl. Luhmann 1984: 103.

(Deutschland und Italien auf der einen Seite, Frankreich und die Benelux-Staaten auf der anderen Seite) beizutragen. Aus US-amerikanischer Sicht sollten die Gründungsmitglieder der EGKS durch die Bündelung wirtschaftlicher und politischer Ressourcen zwar auch einen Beitrag zur Stärkung des westlichen Lagers im sich zuspitzenden Ost-West-Konflikt leisten, die primäre Zielsetzung des europäischen Integrationsprojektes war jedoch anfänglich nach innen gerichtet. Das frühe Scheitern der Europäischen Verteidigungsgemeinschaft (EVG) im August 1954 besiegelte auch die weitreichenden Pläne für eine Europäische Politische Gemeinschaft (EPG), die unter anderem eine „Koordinierung der Außenpolitik der Mitgliedstaaten"[2] erreichen sollte.

Die Frage, auf welche Weise Binnen- und Außendimension außenpolitischen Handelns miteinander interagieren, stellt sich angesichts der Erweiterung der Gemeinsamen Außen- und Sicherheitspolitik um eine verteidigungspolitische Dimension von neuem. In diesem Beitrag sollen diese Entwicklungen vor dem Hintergrund einschlägiger Theorieangebote aus dem Bereich der Internationalen Beziehungen und Integrationsforschung näher beleuchtet werden. In einem ersten Schritt werden die institutionelle Verortung und Regulierung europäischer Außenpolitik im Geflecht der umfassenderen Außenbeziehungen der Union beschrieben (Abschnitt 2) und das komplexe Profil europäischer Außen-, Sicherheits- und Verteidigungspolitik im Spannungsfeld zwischen institutionellen Strukturen („polity") und operativer Politik („policy") herausgearbeitet (Abschnitt 3). Die Union erscheint dabei als ein zunehmend kohärenter auftretender „Akteur", der in den vergangenen zehn Jahren trotz verbleibender Defizite (vor allem hinsichtlich einer unübersichtlichen Kompetenzverteilung zwischen nationalen, intergouvernementalen und supranationalen Institutionen und Akteuren) an Handlungsfähigkeit gewonnen hat. Das normative Leitbild der 1970er und 1980er Jahre, als die Europäische Gemeinschaft angesichts ihrer wirtschaftlichen Potenz und ihrer begrenzten politisch-militärischen Möglichkeiten als „Zivilmacht" beschrieben wurde, hat sich im Zuge der stärkeren politischen und

---

2 „Entwurf eines Vertrages über die Satzung der Europäischen Gemeinschaft/ Europäische Politische Gemeinschaft (EPG)", abgedruckt in: Schwarz 1980: 24-264, hier: S. 242.

neuerdings auch militärischen Profilbildung zugunsten eines international handlungsfähigen Akteurs verschoben, der auf das gesamte Spektrum außenpolitischer Instrumente zurückgreifen kann. Wie sich diese Entwicklung im Lichte gängiger Theorien der Internationalen Beziehungen und der Integrationsforschung beschreiben und erklären lässt, wird im vierten Abschnitt diskutiert. Dabei wird deutlich, wie stark das Feld europäischer Außenpolitik nicht nur von Theorien aus dem Bereich der Integrationsforschung (z.B. Neofunktionalismus), sondern auch von klassischen IB-Theorien (z.B. rationalistische Kooperationstheorie und Neorealismus) vernachlässigt wurde. Erst in jüngster Zeit ist eine deutliche Zunahme der theoretischen Beschäftigung mit europäischer Außenpolitik zu beobachten, wobei insbesondere von liberalen und sozialkonstruktivistischen Ansätzen neue Impulse ausgingen. Der Beitrag schließt mit einer Diskussion der Frage, wie neuere Forschungen zum demokratischen Frieden für die durchaus ambivalenten Entwicklungen der Gegenwart fruchtbar gemacht werden können und welche Perspektiven sich für die Entwicklung europäischer Außenpolitik und ihrer Theoretisierung ergeben.

2 Außenbeziehungen und europäisches Regieren im Bereich der Außenpolitik

In ihrer Gesamtheit zeichnet sich die Regierungstätigkeit der EU im Bereich der Außenbeziehungen durch einen Flickenteppich verschiedener Rechtsgrundlagen und Entscheidungsregeln, beteiligter Akteure und Instrumente aus (vgl. auch Müller-Brandeck-Bocquet 2000: 30). Gemessen an ihrem Einfluss auf die internationale Politik, erscheint die europäische Außenpolitik in Form der Gemeinsamen Außen- und Sicherheitspolitik (GASP)[3] als ein ver-

---

3 Die Gemeinsame Außen- und Sicherheitspolitik (GASP) löst mit dem Inkrafttreten des Maastrichter Vertrages 1993 die Europäische Politische Zusammenarbeit (EPZ) ab, die 1970 durch den Luxemburger Bericht konstituiert wurde. Auf den Treffen des Europäischen Rates 1999 und 2000 in Köln, Helsinki, Feira und Nizza ist die GASP um eine Gemeinsame Europäische Sicherheits- und Verteidigungspolitik (GESVP) erweitert worden. Für die verschiedenen Grundlagendoku-

gleichsweise schwacher Teilbereich. Gegenüber den mittel- und osteuropäischen Staaten ist die Perspektive des EU-Beitritts ein ungleich wirksameres Instrument, mit dessen Hilfe die EU auf das gesamte Spektrum „innerer Angelegenheiten" Einfluss nehmen kann. Bereits vor Eröffnung der Beitrittsverhandlungen hatte die Kommission in ihrer Funktion, die Hilfsleistungen der G24 zu koordinieren, eine herausragende Stellung eingenommen (vgl. Nuttall 2000). Auch im Bereich der Außenhandelspolitik hat die Delegation der Verhandlungsführung dazu geführt, dass die Europäische Kommission die mitgliedstaatlichen Ressourcen effektiv bündeln und anstelle einzelner Mitgliedstaaten als Verhandlungspartner auftreten kann. Dagegen zeichnet sich die außenpolitische Zusammenarbeit durch ein mit den EG-Institutionen zwar verknüpftes, aber weitgehend eigenständig gebliebenes System der Entscheidungsfindung aus.

Obwohl die verschiedenen Bereiche der Außenbeziehungen in der Wahrnehmung von Drittstaaten eng zusammenhängen, sorgen nebeneinander bestehende Rechtsgrundlagen und die daraus resultierende Konkurrenz zwischen Akteuren und Verfahren der EG einerseits und der GASP andererseits dafür, dass die Kohärenz europäischer Außenbeziehungen innerhalb der EU als großes Problem wahrgenommen wird (vgl. Schmalz 1997; Nuttall 2000). Schließlich entscheidet sich im Bereich der Außenbeziehungen, ob die Kommission oder die Mitgliedstaaten der legitimen Aktivität des jeweils anderen Grenzen ziehen.

Da sich europäische Außenpolitik an Akteure außerhalb der EU und nur mittelbar (beispielsweise bei wirtschaftlichen Sanktionen) an die Gesellschaften der Mitgliedstaaten richtet, kann und muss sie auf das Instrumentarium von Richtlinien, Verordnungen und Entscheidungen verzichten, das Regieren vor allem im ersten Pfeiler der EU kennzeichnet. Dieser im wesentlichen nichtlegislative Charakter außenpolitischer Regierungstätigkeit schränkt den Kreis interessierter und beteiligter Akteure drastisch ein und hat der GASP den Charakter eines eigenständigen „Clubs von Diplomaten für Diplomaten" verliehen, den sie trotz der Heranfüh-

---

mente vgl. die Dokumentation des Auswärtiges Amtes (1998); für eine Darstellung der Entwicklung vgl. Nuttall 1992 und 2000.

rung der außenpolitischen Zusammenarbeit an die Europäische Gemeinschaft weitgehend bewahrt hat.

So haben die EU-Institutionen im Rahmen der GASP kaum mehr als das Mindestmaß an Kompetenzen erhalten, das zur Gewährleistung der Kohärenz europäischer Außenbeziehungen notwendig ist: Die Kommission ist zwar an den Beratungen beteiligt, besitzt seit dem Maastrichter Vertrag ein Initiativrecht und ist seit dem Amsterdamer Vertrag auch Teil der reformierten Troika, doch fehlt ihr jenes Monopol an Initiative und Außendarstellung, das sie etwa im Bereich der Außenwirtschaftsbeziehungen genießt. Das Europäische Parlament wiederum steht zwar mit der Präsidentschaft im Dialog und kann über sein Budgetrecht auf die GASP Einfluss nehmen, bleibt aufgrund des nicht-legislativen Charakters europäischer Außenpolitik jedoch dauerhaft seines wirkungsvollsten Instruments, dem Vetorecht im legislativen Verfahren, beraubt. Für den Europäischen Gerichtshof schließlich ist nicht einmal vorstellbar, wie ein dem Binnenmarkt-Bereich vergleichbares Streitschlichtungsmonopol in einem Bereich aussehen könnte, dessen Aufgabe die schnelle und flexible Reaktion auf auswärtige Ereignisse darstellt.[4]

Gleichzeitig haben die Mitgliedstaaten eine Reihe neuer Institutionen ins Leben gerufen, die einen Teil der traditionell auf supranationale Institutionen übertragenen Funktionen wahrnehmen sollen. Um die Kontinuität europäischer Außenpolitik zu verbessern, wurde zunächst die „Troika" und schließlich ein eigenes ständiges Sekretariat ins Leben gerufen. Die Einheitlichkeit der Außenrepräsentation soll mit dem neu geschaffenen Hohen Repräsentanten und der Ernennung verschiedener Sondergesandter für einzelne Regionen erhöht werden. Die mit dem Amsterdamer Vertrag ins Leben gerufene Planungs- und Analyseeinheit schließlich soll zu jener Entscheidungsvorbereitung und Implementationskontrolle beitragen, die dem ersten Pfeiler der Kommission vorbehalten bleibt. Gemeinsam ist diesen institutionellen Innova-

---

4 Der niederländische Vertragsentwurf vom September 1991 wollte dem EuGH die Kompetenz übertragen, über die Legitimation der Rechtsgrundlage zu entscheiden, doch fand dieser Vorschlag keine Unterstützung (Vertragsentwurf der niederländischen Präsidentschaft vom 24. September 1991 – „Auf dem Weg zur Europäischen Union", abgedruckt in Weidenfeld 1994: 305-347).

tionen, dass sie stärker unter der Kontrolle der Mitgliedstaaten stehen (beispielsweise indem sie aus Diplomaten der Mitgliedstaaten anstelle von EU-Beamten zusammengesetzt sind).

Zum weitgehend intergouvernementalen Charakter der GASP passt die Dominanz des Einstimmigkeitsprinzips. Zwar sind „Qualifizierte Mehrheitsabstimmungen" (QMA) mittlerweile nicht nur für Implementationsentscheidungen, sondern auch für Gemeinsame Standpunkte (Art. 15 EUV) und Gemeinsame Aktionen (Art. 14 EUV) auf der Grundlage einstimmig verabschiedeter Gemeinsamer Strategien (Art. 13 EUV) möglich, doch kann jeder Mitgliedstaat unter Berufung auf wichtige Gründe nationaler Politik Mehrheitsabstimmungen verhindern. Für Entscheidungen mit verteidigungspolitischen Bezügen bleibt es bei Einstimmigkeit.

Die Regierungstätigkeit im Bereich europäischer Außenpolitik ist in der Regel jedoch nicht nur mit den supranationalen Institutionen lose verbunden, sondern auch den Partizipationsansprüchen gesellschaftlicher Gruppen stärker entzogen. Zwar ist auch Außenpolitik kein von Verbänden, Nichtregierungsorganisationen und öffentlicher Meinung abgeschotteter Bereich, doch bleiben Fälle wie der hohe öffentliche Druck auf die europäische Politik im Allgemeinen und die deutsche Regierung im Besonderen, Slowenien und Kroatien als souveräne Staaten anzuerkennen, die Ausnahme (vgl. Crawford 1996; Nuttall 2000).

3 Das Profil europäischer Außen-, Sicherheits- und Verteidigungspolitik

Reflektiert die institutionelle Verfasstheit der GASP die Besonderheiten außenpolitischen Handelns, so spiegelt die europäische Außenpolitik (im Sinne von policy) wiederum die Besonderheiten einer Außenpolitik wider, die nicht von einem Nationalstaat, sondern einer Staatengruppe ausgeführt wird. Auffälligstes Merkmal ist zweifellos die Vielstimmigkeit europäischer Außenpolitik, bei der der rotierenden Präsidentschaft, der Troika oder dem „Hohen Repräsentanten" zwar eine herausgehobene Stellung zukommt, die mitgliedstaatlichen Politiken dadurch jedoch nicht – wie in der Außenhandelspolitik – ersetzt werden. Diese „komplexe Akteursstruktur" führt zu einer geringen „Sichtbarkeit des EU-Außenhandelns" (Schubert/Müller-Brandeck-Bocquet 2000: 283).

Die Bemühungen um eine substantielle Bestimmung europäischer Außenpolitik haben sich am Begriff der Zivilmacht abgearbeitet (vgl. Duchêne 1973), der von Anfang an die doppelte Funktion besaß, einerseits das außenpolitische Profil der EU inhaltlich zu bestimmen und andererseits ein normatives Leitbild europäischer Außenpolitik zu entwerfen. Es war sicherlich kein Zufall, dass diese Begriffsschöpfung in der Hochzeit der Entspannungspolitik entstand, denn die damalige Lockerung des bipolaren Zwangssystems erlaubte den Westeuropäern erstmalig, eine eigenständige Stimme zu Gehör zu bringen, so zaghaft sie auch immer ausfiel. Für Duchêne hatten Interdependenz und Entspannungspolitik zu einem Bedeutungsverlust militärischer Mittel geführt. Die Europäer als „eine zivile Ländergruppe mit weitreichender wirtschaftlicher und verhältnismäßig begrenzter militärischer Macht" müssten „daran interessiert sein, die zwischenstaatlichen Beziehungen – sowohl zwischen ihren eigenen Mitgliedern wie auch mit dritten Ländern – so weit wie möglich zu *domestizieren.* Es muss versucht werden, das Gefühl für gemeinsame Verantwortung und für vertragliches Vorgehen, das sich bisher ausschließlich auf die ‚heimischen' und nicht auf die ‚fremden' Angelegenheiten, auf die ‚Innen-' und nicht auf die ‚Außenpolitik' bezog, auch in den internationalen Bereich einzuführen." (Duchêne 1973:34).

Tatsächlich hat sich die Europäische Union in den ersten Jahrzehnten ihrer gemeinsamen Außenpolitik in erster Linie auf zivile Instrumente gestützt: Das lange Zeit ausschließlich und immer noch mit Abstand am häufigsten verwendete Instrument sind gemeinsame Stellungnahmen und Positionen, die in der Regel durch die Präsidentschaft bekanntgegeben werden.

Charakteristisch für die GASP ist ferner ein „kooperativer Multilateralismus" (Schubert/Müller-Brandeck-Bocquet 2000), der ein dichtes Netz institutionalisierter „politischer Dialoge" mit Drittstaaten und regionalen Organisationen umfasst (vgl. Monar 1997). Ein wesentliches Kennzeichen europäischer Außenpolitik ist dabei, Konfliktparteien ihrerseits zu Dialog und zur Bildung multilateraler Institutionen zu ermutigen und dabei zu unterstützen (vgl. bspw. für den Stabilitätspakt für Südosteuropa Calic 2001). Auch gegenüber Staaten, die von den USA als „rogue states" tituliert und mit umfassenden Sanktionen belegt wurden, haben die EU-Staaten einen „kritischen Dialog" bevorzugt. Im Bereich jener Beziehungen der EU, die durch formelle Abkommen geschlossen wurden, hat das Europäische Parlament seine Zustimmungspflicht dazu genutzt, auf eine stärkere Konditionalisierung zu drängen und Suspensionsklauseln im Falle schwerer Menschenrechtsverletzungen einzufügen.

Auch die operative Politik, die erst in den achtziger Jahren neben die deklaratorische Politik getreten ist, weist charakteristische Züge auf, die mit dem Zivilmachtskonzept umschrieben werden können. Schon bevor durch den Maastrichter Vertrag das Instrument der Gemeinsamen Aktion neu eingeführt wurde, war die EPZ über eine rein deklaratorische Politik hinausgegangen. Zum einen griffen die EG-Staaten bereits in den 1980er Jahren auf das Instrument wirtschaftlicher Sanktionen zurück, unter anderem gegenüber der Sowjetunion, Südafrika oder Argentinien. Zum anderen versuchte die GASP durch eine Reihe „positiver Maßnahmen" auf Kooperation, Demokratie und die Einhaltung von Menschenrechten zu drängen. In diese Kategorie gehört die Entsendung von Wahlbeobachtern (bspw. nach Russland) ebenso wie die Finanzhilfen zur Unterstützung der palästinensischen Gebiete[5] und die zivile Verwaltung von Mostar. Im Zuge der Vertragsrevision von Amsterdam ist zudem das Instrument der Gemeinsamen Strategie geschaffen worden, das sowohl im Binnen- wie auch im Außenverhältnis eine stärkere Koordinierung der Grundlinien nationaler Außenpolitiken ermöglichen und den Akteurscharakter der Union hervorheben soll. Prozedurale Bestimmungen, die die jeweilige Präsidentschaft anhalten, in ihren Arbeitsprogrammen darzulegen, welche Maßnahmen sie im Rahmen einer beschlossenen Gemeinsamen Strategie ergreifen will, erzwingen eine politische Abstimmung zwischen den einzelnen Regierungen, die sich letzten Endes auch auf die nationalen Positionen hinsichtlich der bilateralen Beziehungen auswirken. Anhand der ersten Gemeinsamen Strategien der Union gegenüber Russland, der Ukraine und der Mittelmeer-

---

5   Die EU hat 54% der von der internationalen Gebergemeinschaft insgesamt in Aussicht gestellten 2,8 Mrd. Dollar von 1993-97 übernommen (Behrendt 1998: 255).

region lässt sich dieser Effekt bereits nachweisen (vgl. Kohler-Koch/Conzelmann/Knodt 2002).

Als normatives Konzept wurde der Zivilmachtsbegriff schon früh kritisiert (Bull 1983), doch erst seit dem Ende des Ost-West-Konflikts gewinnen jene Stimmen auch innerhalb der EU die Oberhand, die im Verzicht auf militärische Mittel das bedeutendste Defizit europäischer Außenpolitik sehen. Die zivilmachtskritische Position behauptet, dass der Verzicht auf militärische Mittel nur zur Zeit des Kalten Krieges möglich gewesen sei, in der die Westeuropäer als Konsumenten von Sicherheit aufgetreten seien. Die Kriege im ehemaligen Jugoslawien lassen sich dann als Beleg für die doppelte Aufwertung militärischer Gewalt einerseits und europäischer Eigenverantwortung für regionales Konfliktmanagement auf der anderen Seite anführen.

Mit ihren Bemühungen um eine *Gemeinsame Sicherheits- und Verteidigungspolitik* haben die EU-Staaten jedenfalls die Erweiterung ihres Instrumentariums um eine militärische Dimension ins Auge gefasst. Bis zum Jahr 2003 sollen die EU-Staaten in der Lage sein, mindestens ein Jahr lang eine bis zu 60.000 Soldaten umfassende Militäroperation im Einsatz zu halten, um die so genannten Petersberg-Aufgaben wahrzunehmen, die von der Evakuierung von Zivilisten bis zu friedensschaffenden Maßnahmen reichen. Parallel dazu soll das Instrumentarium nicht-militärischer Krisenprävention ausgebaut werden. Mit diesen Beschlüssen wird sich die Gestalt der EU verändern. Zwar bestehen angesichts begrenzter Mittel noch immer Zweifel, ob die politischen Willensbekundungen angesichts fehlender Haushaltsmittel im vorgesehenen Zeitrahmen auch umgesetzt werden (R. Wolf 2000), wenn man dies aber unterstellt, wird die Europäische Wirtschaftsgemeinschaft der sechziger und siebziger Jahre im neuen Jahrtausend auch zu einer militärischen Macht, so rudimentär sie sich im Moment auch ausnehmen mag. Die Abkehr von der NATO-Entscheidung von 1996, lediglich eine „trennbare, aber nicht getrennte" Europäische Sicherheits- und Verteidigungsidentität (ESVI) innerhalb der Strukturen des nordatlantischen Bündnisses zu entwikkeln,[6] ist jedenfalls nicht zu übersehen. Beim Kölner Gipfeltreffen

---

6   Erklärung der Staats- und Regierungschefs des Nordatlantikpaktes, abgegeben zum Abschluss ihrer Tagung am 10. und 11. Januar 1994 in Brüssel, in: Bulle-

im Juni 1999 hat der Europäische Rat beschlossen, „autonome Handlungsfähigkeiten" zu schaffen, „die sich auf glaubwürdige militärische Fähigkeiten und geeignete Beschlussfassungsgremien stützen".[7] Sechs Monate später wurde beim Gipfeltreffen in Helsinki zwar ausdrücklich festgehalten, dass die Fähigkeit „EU-geführte militärische Operationen einzuleiten und durchzuführen ... nicht die Schaffung einer europäischen Armee" impliziere. Gleichzeitig wurden allerdings weitreichende Beschlüsse gefasst, die sowohl die institutionelle Struktur wie auch die bürokratische Praxis der Europäischen Union verändern. Im Rahmen der vertraglichen Bestimmungen zur GASP (d.h. ohne eine weitere Veränderung des Vertrages über die Europäische Union) wurden in Helsinki „innerhalb des Rates" drei neue Organe geschaffen: ein ständiges Politisches und Sicherheitspolitisches Komitee (PSK), das sich aus nationalen Vertretern auf der Ebene hoher Beamter bzw. Botschafter zusammensetzt und im Falle eines Petersberg-Einsatzes „unter Aufsicht des Rates" die politische Kontrolle und die strategische Leitung wahrnehmen soll; ein Militärausschuss (MA), der sich aus den Stabschefs bzw. militärischen Vertretern zusammensetzt und den APS in militärischen Fragen beraten soll; und ein Militärstab (MS), der sich mit der Frühwarnung, der Lagebeurteilung und der strategischen Planung im Hinblick auf die Ausführung von Petersberg-Aufgaben befasst.[8] In den Worten hoher Kommissionsbeamter kam der Einzug uniformierter Experten in die Brüsseler Dienstgebäude der EU einem „Kulturschock" gleich, der nicht nur das äußere Bild, sondern auch die bürokratischen Praktiken der EU-Behörden veränderte, da insbesondere aufgrund des Drängens der Amerikaner neue Vorschriften für den

---

tin des Presse- und Informationsamts der Bundesregierung Nr. 3 vom 17. Januar 1994.

7 Vgl. den Abschnitt „Leitprinzipien" im „Bericht des Vorsitzes über die Stärkung der gemeinsamen europäischen Sicherheits- und Verteidigungspolitik", „Schlussfolgerungen des Vorsitzes", Europäischer Rat (Köln), 3./4. Juni 1999, abgedruckt in: Internationale Politik 54: 10, 135f.

8 Vgl. Anlage I zu Anlage IV der „Schlussfolgerungen des Vorsitzes", Europäischer Rat (Helsinki), 10./11. Dezember 1999, abgedruckt in: Internationale Politik 55: 2, 97-102.

Austausch geheimer Informationen zwischen EU und NATO erforderlich wurden.[9]

Nicht minder heikel sind die bislang noch nicht gelösten Fragen der Koordination westlicher Sicherheitspolitik im institutionellen Rahmen von NATO und EU. Die Vereinigten Staaten drängen nach wie vor darauf, dass die neuen europäischen Strukturen vor allem der Stärkung der militärischen Fähigkeiten der NATO zugute kommen, dass die europäischen NATO-Mitglieder, die nicht zugleich Mitglieder der EU sind (Türkei, Norwegen, Island, Polen, Ungarn und Tschechische Republik), vollständig an den militärischen Planungen der EU beteiligt werden, und dass europäische Einsätze nur dann durchgeführt werden, wenn die NATO als Ganzes sich nicht beteiligen möchte. Vor allem in Frankreich stoßen diese Forderungen auf offene Ablehnung, weil die Herstellung autonomer militärischer Handlungsfähigkeiten gerade auch dazu dienen soll, Europa dem direkten oder auch indirekten US-amerikanischen Einfluss zu entziehen. Dies widerspricht allerdings nicht nur britischen, sondern auch deutschen Präferenzen, die zudem viel stärker den nichtmilitärischen Teil internationaler Krisenbewältigung betonen. Zusammenfassend kann daher festgehalten werden, dass die Europäische Union seit dem Ende des Kosovo-Krieges beträchtliche und für viele Beobachter überraschende Fortschritte in der Zusammenarbeit auf militärischem Gebiet gemacht hat, die Form der neuen Gemeinsamen Europäischen Sicherheits- und Verteidigungspolitik aber noch keine hinreichend klaren Konturen gewonnen hat.

4 Theorieangebote[10]

Sowohl in der integrationstheoretischen Diskussion als auch in den Debatten der Internationalen Beziehungen hat die außenpolitische Zusammenarbeit der EU-Staaten lange Zeit eine nur marginale Rolle gespielt. Während sie den staatszentrierten Theorien der In-

---

9 Vgl. Nikolaus Blome, EU streitet über den Status geheimer Akten, in: Die Welt, 21. Oktober 2000.

10 Für eine frühere Diskussion von Theorieangeboten für die GASP vgl. Weiler/Wessels 1989 und Wessels 1993.

ternationalen Beziehungen als vergleichsweise substanzlose und eher unbedeutende internationale Institution erschien, eignete sich die außenpolitische Zusammenarbeit aus der Perspektive der lange Zeit dominierenden Integrationstheorie, des Neofunktionalismus, nur wenig, um die Rolle wichtiger Akteure, den supranationalen Institutionen und gesellschaftlichen Verbänden, zu analysieren. Die außen- und sicherheitspolitischen Aktivitäten der Europäischen Union erschienen daher vielen nicht erklärungsbedürftig. Dies hat sich erst in den 1990er Jahren geändert, als der Schritt von der Europäischen Politischen Zusammenarbeit (EPZ) zur Gemeinsamen Außen- und Sicherheitspolitik (GASP) sowie von einer Europäischen Sicherheits- und Verteidigungspolitischen „Identität" (ESVI) zu einer Gemeinsamen Europäischen Sicherheits- und Verteidigungs„politik" (GESVP) gemacht wurde. Da die rationalistische Kooperationstheorie für Neorealismus, Neofunktionalismus und Konstruktivismus einen Ausgangspunkt darstellt, an dem diese sich kritisch abarbeiten, soll die Darstellung der Theorieangebote mit ihr beginnen.

4.1 Rationalistische Kooperationstheorie

Die rationalistische Kooperationstheorie[11] betrachtet die GASP als internationale Institution, die Staaten als Instrument zur besseren Verwirklichung ihrer Ziele einsetzen. Ihr Fortbestehen und die anhaltenden Bemühungen zu ihrer Stärkung verweisen darauf, dass die GASP für ihre Mitgliedstaaten Funktionen erfüllt, deren Nutzen die mit der außenpolitischen Zusammenarbeit verbundenen Kosten in Form einer Einschränkung der eigenen Autonomie übertreffen.

Als bedeutendste Funktion der GASP werden die Skaleneffekte gemeinsamen Handelns angesehen (vgl. Ginsberg 1989, Gordon 1997). Danach ist die Zusammenlegung ihrer Ressourcen für die EU-Staaten mit einem Maß an Einfluss verbunden, das die Summe

---

11 Für die hier als „Rationalistische Kooperationstheorie" bezeichneten Ansätze finden sich verschiedene Bezeichnungen, bspw. auch Regimetheorie, (neoliberaler) Institutionalismus (Keohane 1989), rationalistischer Institutionalismus (Keck 1997: 37) und Spieltheorie.

der einzelstaatlichen Einflussmöglichkeiten deutlich übersteigt. Nur gemeinsam, so das Argument, könne „Europa" eine Rolle in der internationalen Politik spielen und gemeinsame Ziele wie die Stabilisierung angrenzender Regionen erreichen. Von diesen Skaleneffekten profitieren insbesondere die kleineren, weniger mächtigen Mitgliedstaaten. Die GASP eröffnet ihnen den Zugang zu Informationen, die ihnen aufgrund eines kleineren Netzes an Botschaften sonst fehlten, und bietet ihnen vor allem während der sechsmonatigen Präsidentschaft Möglichkeiten der internationalen Präsenz, die ihnen aufgrund ihrer geringen internationalen Bedeutung sonst verschlossen blieben (vgl. Tonra 1997). Staaten mit großem unilateralem Handlungsspielraum wie Frankreich und Großbritannien hingegen profitieren von den Skaleneffekten gemeinsamen Handelns weniger und stehen einer Übertragung außenpolitischer Kompetenzen daher skeptischer gegenüber (Moravcsik 1998: 428).[12] Indem die außenpolitische Zusammenarbeit institutionalisiert wird, werden die Transaktionskosten der Kooperation gesenkt und die Erwartungsverlässlichkeit erhöht. Die GASP bildet aus der Perspektive der rationalistischen Kooperationstheorie somit einen Rahmen, der zwar keine Gemeinsamkeit der Interessen schaffen kann, in dem aber vorhandene gemeinsame Interessen erkannt und effektiver verfolgt werden können.

Aus einer liberalen Perspektive, die sich für die innerstaatliche Verteilung von Kooperationsgewinnen interessiert, lässt sich zudem eine weitere Funktion ergänzen. Danach kann die Einbindung in internationale Institutionen Regierungen als Strategie dafür dienen, ihre innerstaatlichen Handlungsspielräume, etwa gegenüber dem Parlament oder Verbänden, zu vergrößern (vgl. K. D. Wolf 2000; Moravcsik 1997). Die möglichen Autonomiegewinne fallen im nicht-legislativen Bereich der außenpolitischen Zusammenarbeit jedoch geringer aus als in Bereichen traditioneller Innenpolitik, denn im Bereich der Außenpolitik besitzen Regierungen bereits privilegierte Möglichkeiten des Agendasettings und Informationsvorsprünge, während die Mitwirkung innerstaatlicher Akteure ohnehin eingeschränkt ist. Allerdings ist auch der GASP eine „Alibi- und Schutzschirmfunktion" zugeschrieben worden (de la Serre 1989: 245), die Regierungen unpopuläre Positionen oder Po-

---

12 Für eine kritische Diskussion dieser These vgl. Wagner 2002, Kap. 3.

sitionswechsel mit dem Verweis auf „Brüssel" erleichtert. Gerade
die Bundesrepublik hat von dieser „Alibi- und Schutzschirmfunktion" etwa in ihrer Ostpolitik und ihrer Politik gegenüber Israel
stark profitiert.

4.2 Neorealismus

Gegenüber der rationalistischen Kooperationstheorie nimmt der
Neorealismus generell eine kooperationsskeptischere Perspektive
ein. Ihm zufolge sind Staaten nicht nur generell an der Wahrung
eigenständiger Handlungsspielräume interessiert. Sie verzichten
unter Umständen sogar auf die Vorteile, die die Zusammenarbeit
mit anderen Staaten mit sich bringt, wenn gemeinsame Gewinne
überproportional zu Gunsten der Kooperationspartner verteilt sind.
Für den Bereich der außen-, sicherheits- und verteidigungspolitischen Kooperation führt jedoch gerade die Betonung von solchen
relativen Gewinnen zu widersprüchlichen Erwartungen: Auf der
einen Seite verweist der Neorealismus auf die fortbestehende
Konkurrenz unter den europäischen Nationalstaaten, die Stanley
Hoffmann als „logic of diversity" bezeichnet hat (Hoffmann
1966). Danach besitzen die nationalen Interessen der EU-Staaten
wenig Gemeinsamkeiten, weshalb mit starken Widerständen gegen
jegliche Souveränitätsbeschränkung im Bereich der Außen-, Si-
cherheits- oder gar Verteidigungspolitik zu rechnen ist. Nach dem
Ende des Ost-West-Konflikts, währenddessen die EU-Staaten lediglich „Konsumenten von Sicherheit" waren und „relative gains"-
Überlegungen in den Hintergrund treten konnten (Waltz 1979:
70), ist aus dieser Perspektive entweder mit einer Verschärfung
der innereuropäischen Konkurrenz oder aber einer stärkeren Abgrenzung nach außen sowie Gegenmachtbildung insbesondere gegenüber den USA zu rechnen (Waltz 1993: 69-70).

Auf der anderen Seite betont eine neorealistische Perspektive
den Kontext der globalen Machtstrukturen (Pijpers 1990), innerhalb derer die Westeuropäer als Gruppe mit den USA konkurrieren
(Falke 2000). Danach hatte die sicherheitspolitische Abhängigkeit
von den USA während des Ost-West-Konflikts einerseits die wirtschaftliche Zusammenarbeit erst ermöglicht, gleichzeitig aber eine
sicherheits- oder gar verteidigungspolitische Kooperation ausge-

schlossen (van Staden 1994: 147). Mit dem Ende des Ost-West-Konflikts und der sicherheitspolitischen Abhängigkeit der Europäer wäre dann mit einer Zunahme der amerikanisch-europäischen Konkurrenz zu rechnen, weshalb Neorealisten die Europäische Union in ihrer Gesamtheit als Kandidat einer künftigen Supermacht handeln (vgl. Waltz 2000: 30). Die Zielsetzung einer gemeinsamen Verteidigungspolitik kann bislang zwar angesichts der fehlenden materiellen Untermauerung des politischen Willens kaum als Gegenmachtbildung der Europäer, wohl aber als ein erster Schritt in Richtung größerer Eigenständigkeit verstanden werden.

Der neorealistische Beitrag zur GASP-Forschung bleibt somit höchst unbestimmt oder gar widersprüchlich, weil die Verwirklichung der verteidigungspolitischen Kooperation, die zur „Emanzipation" Europas gegenüber den USA geboten erscheint, die Überwindung jener innereuropäischen Konkurrenz voraussetzt, die aus eben dieser Perspektive schwer möglich erscheint. In den neorealistisch inspirierten Szenarien kommt dem vereinigten Deutschland häufig eine Schlüsselrolle zu, weil die weitere Zusammenarbeit zwischen den EU-Staaten in Abhängigkeit davon gesehen wird, ob Deutschland eine Führungsrolle mithilfe der EU auf globaler Ebene oder aber eine eigenständige Rolle in Europa spielen wird (vgl. Waltz 1993).

4.3 Neofunktionalismus

Die wohl bedeutendste Integrationstheorie, der Neofunktionalismus, hat sich nur am Rande mit der außen- und sicherheitspolitischen Zusammenarbeit beschäftigt. Neben der auch vom Neofunktionalismus anerkannten Arbeitsteilung, derzufolge die „high politics" der Außen- und Sicherheitspolitik das Gebiet realistischer bzw. intergouvernementalistischer Ansätze darstellen, hat zu dieser Vernachlässigung auch beigetragen, dass die für die neofunktionalistische Theoriebildung zentralen Akteure auf der supra- wie subnationalen Ebene im Bereich der GASP marginalisiert waren (vgl. Ohrgaard 1997).

Zur GASP-Forschung kann der Neofunktionalismus allerdings einen bedeutenden Beitrag leisten, weil seine Kernthese des „spill-overs" Kooperationsanreize identifizieren kann, die der rationalistischen Kooperationstheorie entgehen und die sich aus dem bereits erreichten Kooperationsniveau in anderen Politikfeldern ergeben. Aus dieser Perspektive gibt es einerseits zwischen der vergemeinschafteten Außenhandelspolitik und der außenpolitischen Zusammenarbeit sowie zwischen Außen-, Sicherheits- und Verteidigungspolitik „sachlogische Verknüpfungen", die dazu führen, dass die Erreichung gemeinsamer Ziele in einem Bereich von der Zusammenarbeit in anderen Bereichen abhängig ist (vgl. Soetendorp 1994).

Diese sachlogischen Verknüpfungen zwischen Politikfeldern erfassen jedoch lediglich die funktionale Dimension des spill-over Prozesses. Dass es im Bereich der außenpolitischen Zusammenarbeit nicht zu einer stärkeren Integration gekommen ist, kann der Neofunktionalismus damit erklären, dass die Prozesse des politischen sowie des kultivierten spill-overs[13] in diesem Bereich nur eine unbedeutendere Rolle spielen (können). Weil im Bereich der Außenpolitik kaum Verbände und Interessengruppen, die für die Verwirklichung ihrer Ziele nach effektiveren Institutionen suchen, am Entscheidungsprozess beteiligt sind, fehlen die Prozesse des politischen spill-overs, denen im Bereich der ökonomischen Integration eine entscheidende Rolle zugeschrieben wird. Weil der europäischen Außenpolitik schließlich starke supranationale Institutionen fehlen, kann auch ein „kultiviertes spill-over", bei dem die supranationalen Akteure für Initiativen zur Ausweitung der Kooperation werben und Unterstützung mobilisieren, kaum erwartet werden. Mit seiner Externalisierungshypothese hat Phillippe Schmitter allerdings eine weitere Variante des spill-overs identifiziert, die gerade für den Bereich der außenpolitischen Zusammenarbeit zusätzliche Kooperationsanreize schafft: Unter den EU-Mitgliedern vereinbarte Maßnahmen, beispielsweise der Marktliberalisierung, wirken sich auch auf Nicht-Mitglieder aus, die die EU daher mit Forderungen konfrontieren werden. Um ihre intern vereinbarten Ziele zu realisieren, sehen sich die Mitgliedstaaten zu

---

13 Die Differenzierung von funktionalem, politischem und kultiviertem spill-over ist in den Schriften von Haas, Nye und Schmitter bereits angelegt und wurde von Tranholm-Mikkelsen (1991) nochmals systematisiert.

gemeinsamen Positionen gegenüber Nicht-Mitgliedern gezwungen (Schmitter 1969: 165).

Die Fixierung der neofunktionalistischen Theoriebildung (bzw. ihrer Rezeption) auf das (funktionale) spill-over-Konzept hat dazu geführt, dass weitere Prozessmechanismen, die im „revisionistischen Neofunktionalismus" (vgl. Nye 1971; Schmitter 1971) eine Rolle spielten, in Vergessenheit geraten waren, bevor sie von Vertretern konstruktivistischer Ansätze (allerdings ohne Anerkennung dieser Vorgänger) wieder aufgegriffen wurden.

4.4 Konstruktivismus

Der (Sozial-)Konstruktivismus hat in jüngster Zeit das Interesse an der Wirkung von (informellen) Normen und Sozialisationsprozessen auf die Entscheidungsfindung und Präferenzbildung wiederbelebt, das sich zwar schon in den frühen neofunktionalistischen Arbeiten findet,[14] dort aber im Schatten formalisierter (supranationaler) Institutionen und funktionaler Sachlogik blieb (oder doch zumindest als nachrangig rezipiert wurde). Mit dem Neofunktionalismus teilt der (Sozial)Konstruktivismus die Auffassung, dass sich die Wirkung von Institutionen nicht auf die Einschränkung von Handlungsoptionen beschränkt, sondern darüber hinaus Auswirkungen auf die Interaktionsprozesse und Interessendefinitionen der Akteure hat.

Aus sozialkonstruktivistischer Perspektive entstehen gemeinsame Wahrnehmungen und Identitäten aus einer gemeinsamen Praxis bzw. aus den normgeleiteten Interaktionen zwischen den beteiligten Akteuren. Angesichts der seit dreißig Jahren zunehmenden normgeleiteten Interaktionen, insbesondere zwischen den Außenministerien der Mitgliedstaaten, erscheint die Herausbildung von gemeinsamen Wahrnehmungen und Identitäten im Bereich der GASP wahrscheinlich. Auf allen Ebenen hat die Zahl der Tref-

---

14 Bereits Haas hatte beobachtet, dass „[i]dentification with the purpose of the organisation, dedication to an informal code of conduct among the members impose a reluctance to exercise the right to veto" (1968: 522), und Nye hatte angenommen, dass die Kooperation von Politikern und Bürokraten zu persönlichen Bindungen zwischen diesen führen und ein Gemeinschaftsgefühl entstehen lassen wird (Nye 1971: 203).

fen und Kontakte erheblich zugenommen (Jørgensen 1999) und übertrifft mittlerweile die Zahl der Kontakte mit Kabinettskollegen bzw. anderen nationalen Bürokratien (Forster/Wallace 2000: 466). Die über das vertrauliche COREU-Netz ausgetauschten Nachrichten sind von ca. 2000 Anfang der 1970er Jahre auf ca. 9000 Ende der 1980er Jahre angestiegen (ebda.).

Bei der Analyse der Wirkungen dieser gestiegenen Interaktionsdichte können sozialkonstruktivistische Untersuchungen an die Selbsteinschätzungen der Beteiligten anknüpfen, denen zufolge der regelmäßige Austausch nicht nur zu verbessertem gegenseitigem Verständnis, sondern auch zu einem „esprit de corps" bzw. einer gemeinsamen Identität geführt hat (Tonra 1997: 186). Wichtigster Ausdruck dieses Gemeinschaftsgefühls ist der sogenannte „Koordinierungsreflex":

„Notably, the co-ordination triggered by the reflex is *habitual*. It hence refers to a permanent inclination of diplomacies that is not captured by the utilitarian counting of benefits controlling negotiation processes within realist and intergovernmentalist theory. In other words, within EPC, coordination is not a deliberately chosen means of pursuing preferences; it is, rather, a naturally ‚done thing'" (Glarbo 1999: 644; vgl. auch Regelsberger 1989: 32).

Mit dem Koordinationsreflex sind Interaktionsformen verbunden, die sich auf die gemeinsame Problemlösung konzentrieren (M. E. Smith 2000a; vgl. für die Osteuropapolitik der EU auch K. Smith 1999). Inwieweit die durch zahlreiche Kontakte ermöglichten Sozialisations- und Europäisierungsprozesse tatsächlich zu einer Konvergenz mitgliedstaatlicher Politiken geführt haben (und das heißt Einfluss auf die Interessendefinition einzelner Mitgliedstaaten hatten), wie in konstruktivistischen Analysen behauptet wird (vgl. etwa M.E. Smith 1998: 306), gehört weiterhin zu den bedeutendsten Desideraten der GASP-Forschung.[15]

Integrationstheoretisch sind diese konstruktivistischen Untersuchungen gerade auch deshalb von Bedeutung, weil sie den Blick auf Europäisierungsprozesse freigeben, die außerhalb supranatio-

---

15 Michael Smith nennt als Beispiele für den Einfluss der GASP auf die Außenpolitiken von Mitgliedstaaten die britische Annäherung an eine härtere Sanktionspolitik gegenüber Südafrika sowie die dänische und deutsche Annäherung an eine israelkritischere Nahostpolitik (Smith 2000b). Für eine Diskussion des Europäisierungskonzepts vgl. außerdem Kohler-Koch 2000.

naler Institutionen stattfinden. Das führt allerdings auch dazu, dass sich die Europäisierungsprozesse aus konstruktivistischer Sicht nicht notwendig an den EU-Institutionen ausrichten. David Allen hat daher für die zunehmende Interaktionsdichte zwischen Außen- und Sicherheitspolitikern der Mitgliedstaaten, die sich nicht mehr auf den EU-Rahmen beschränkt, sondern darüber hinaus auch im NATO- und WEU-Rahmen stattfindet, den Begriff „Brusselisation" (1998: 42) vorgeschlagen.

4.5 GASP und GESVP als Externalisierung interdemokratischer Kooperation

Den bisherigen theoretischen Ansätzen ist gemein, dass sie in erster Linie am Kooperationsniveau, jedoch weniger an der Substanz europäischer Außen- und Sicherheitspolitik interessiert sind. Dabei legt es die Ausweitung des europäischen Integrationsprozesses auf die Bereiche der Außen-, Sicherheits- und Verteidigungspolitik nahe, theoretische Ansätze aus dem Bereich der Friedens- und Konfliktforschung zu rezipieren. Weil die europäische Integration ein friedenspolitisches Projekt zwischen Demokratien darstellt, kommt der Forschung zu Sicherheitsgemeinschaften (vgl. Adler/Barnett 1998) und zum demokratischen Frieden (vgl. Russett 1993; Chan 1997; Elman 1997) eine besondere Bedeutung zu. Sie kann zur Beantwortung der Frage dienen, ob die Gewaltbereitschaft von Staatengemeinschaften, die sich ausschließlich aus Demokratien zusammensetzen, Besonderheiten aufweist, die auf den demokratischen Charakter der Mitgliedstaaten und die Besonderheiten interdemokratischer Kooperation zurückzuführen sind.

In der klassischen Definition von Karl Deutsch handelt es sich bei Sicherheitsgemeinschaften um „a group of people which has been ,integrated'. By integration we mean the attainment, within a territory, of a ,sense of community' and of institutions and practices strong enough and widespread enough to assure ... dependable expectations of ,peaceful change' among its population" (Deutsch et al. 1957: 5). Ein sich herausbildender „Gemeinschaftssinn" befriedet jedoch nicht nur die Beziehungen zwischen den Staaten, die einer solchen Gemeinschaft angehören, sondern verstärkt auch die gemeinsame Abgrenzung nach außen. Insofern kann argumen-

tiert werden, dass eines der bekanntesten Erklärungsangebote für
den Befund des demokratischen Friedens – die Aussage, dass Demokratien innerstaatlich gültige Normen des gewaltfreien Kon-
fliktaustrags auf ihr Verhältnis zu anderen Demokratien übertragen
(vgl. Russett 1993, Weart 1994) – nicht nur für einzelne Demokratien, sondern auch für Zusammenschlüsse bzw. Gemeinschaften von Demokratien gelten kann. Aus dieser Perspektive wäre zu
erwarten, dass die Inhalte europäischer Außenpolitik die innerhalb
der Europäischen Union anerkannten Verhaltensnormen wieder-
spiegeln. Die Politik der Erweiterung der Europäischen Union, die
an die Übernahme des gemeinschaftlichen Regelwerkes (und insofern auch an die Beachtung demokratischer Grundprinzipien) gekoppelt und vom Vertrauen auf ihre Realisierbarkeit geprägt ist,
kann genauso als Beispiel dieser Externalisierung eingeübter interdemokratischer Handlungsmuster interpretiert werden wie das
Bemühen um institutionalisierte regionale Dialoge, die auf einen
kooperativen Prozess der Politikkoordinierung setzen.

Abgestufte Formen der Öffnung bzw. Abgrenzung nach außen
zeigen sich jedoch auch in der Art und Weise, wie die EU nach
außen auftritt. Auch wenn dies bislang nur wenig systematisch
untersucht wurde, sprechen einige Hinweise dafür, dass hier ein
Zusammenhang zwischen der Qualität solcher Beziehungen (Kooperation vs. Konfrontation) und der Herrschaftsstruktur der beteiligten Partner (Demokratie vs. Autokratie) besteht (vgl. Dem-
binski/Hasenclever 2001). Eine sehr hohe und zugleich wenig
formalisierte Interaktionsdichte charakterisierte etwa im vergangenen Jahrzehnt die Beziehungen zwischen der EU auf der einen und
den USA bzw. Nordamerika auf der anderen Seite (vgl. Risse-
Kappen 1996). Die politische Einschätzung der Europäer, dass die
transatlantischen Beziehungen als eine umfassende Sicherheitsge-
meinschaft westlicher Demokratien zu verstehen waren, führte dazu, dass diese Beziehungen bewusst nicht als Gegenstand der
GASP definiert wurden. Im Unterschied dazu wurden sowohl die
Beziehungen zu mehr oder weniger stark formalisierten regionalen
Gruppierungen von Staaten in Asien, im Mittelmeerraum oder auf
dem Balkan wie auch zu wichtigen einzelnen Staaten (wie Russland und Ukraine) Gegenstand einer gemeinsamen Politik im
Rahmen der GASP. Die Betonung von Offenheit bzw. Abgrenzung gegenüber diesen Akteuren spiegelte dabei gemeinsame und

divergierende materielle wie auch ideelle Interessen wieder. Die zunehmende Heftigkeit, mit der die Europäische Union im Laufe der 1990er Jahre gegen die Politik des Regimes von Slobodan Milosevic vorging, kann hierbei als Beleg für die These gewertet werden, dass Demokratien gegenüber nicht-demokratischen Regimen nicht nur nicht zu friedlichem, sondern möglicherweise sogar aus moralischen Motiven in besonders hohem Ausmaß zu aggressivem Verhalten neigen (vgl. Hasenclever 2001; Müller 2002).

5 Schlussfolgerungen

Für die Theoretisierung europäischer Außenpolitik ist dieser Befund insofern von Bedeutung als die zukünftige Entwicklung einer gemeinsamen europäischen Außen-, Sicherheits- und Verteidigungspolitik klassische Unterscheidungen zwischen realistischer, liberaler bzw. rationalistischer Theorie auf der einen und konstruktivistischer Theorie auf der anderen Seite insofern verwischen könnte, als die derzeit beobachtbaren Entwicklungstrends Belege für alle diese Theorieangebote liefern.

Das Ringen zwischen der EU und den USA um eine Definition der Zuständigkeiten und Kompetenzen von GESVP und NATO kann als Beleg interpretiert werden, dass im Sinne klassischer Gleichgewichtspolitik autonome europäische Handlungsmöglichkeiten jenseits des hegemonialen Einflusses der USA im nordatlantischen Bündnis geschaffen werden sollen (Waltz 1993). In ihrer Selbstwahrnehmung sind die Mitgliedstaaten der EU zwar auch heute noch an einer Präsenz der USA auf dem europäischen Kontinent interessiert, um den Unwägbarkeiten verbliebener Sicherheitsrisiken hinsichtlich Russlands vorzubeugen. Im traditionellen, auf die militärische Dimension beschränkten Sicherheitsverständnis hat sich jedoch die Sicherheit der EU signifikant verbessert. Die klare Bedrohung aus der Zeit des Ost-West-Konflikts ist gewichen und durch diffuse Sicherheitsrisiken ersetzt worden. Umso bemerkenswerter ist es, dass die frühere „Zivilmacht Europa" in einer Zeit, in der eine territoriale Bedrohung ihrer Mitgliedstaaten unwahrscheinlicher denn je erscheint, militärische Strukturen aufbaut, die einem klassischen Bündnis ähneln. Der „Zivilmacht"-

Charakter wird in diesen neuen Strukturen zwar dadurch hervorgehoben, dass die Petersberg-Aufgaben ganz im Sinne friedenserhaltender oder friedensschaffender Operationen definiert werden, dies ändert aber aus der Perspektive der von solchen Operationen betroffenen Staaten und Akteure nichts am offensiven Charakter des militärischen Potentials. Da die neuen Instrumente, sofern sie denn tatsächlich angeschafft werden, zudem vielseitig einsetzbar sind, birgt diese militärische Infrastruktur mittel- und langfristig auch die Möglichkeit für klassische militärische Aufgaben ausgebaut oder umfunktioniert zu werden.

Vor diesem Hintergrund erscheinen diskursive identitätsstiftende Verschiebungen, wie sie von konstruktivistischen Theoretikern betont werden, besonders wichtig. In einem größeren historischen Zusammenhang lässt sich nachweisen, dass die Herausbildung einer außen- und sicherheitspolitischen „Identität" wesentlich durch Prozesse der „Versicherheitlichung" („securitization") außenpolitischer Probleme befördert wurde (vgl. Wæver 1995). Aus (bloßen) Problemen wurden zuerst „Herausforderungen", dann „Risiken" und schließlich „Bedrohungen". Der Prozess der Herausbildung des neuzeitlichen Staatensystems liefert zahlreiche Belege dafür, wie Identitätsstiftung, Versicherheitlichung und Kriegsführung Hand in Hand gehen, wenn neue Akteure die Bühne der internationalen Politik betreten. Umgekehrt zeigen diskursive Verschiebungen im Sinne einer „Entsicherheitlichung" („de-securitization") – d.h. der Neuinterpretation bisheriger Bedrohungen als Risiken oder bloßen außenpolitischen Problemen – wie Grenzen verwischt werden können. Die friedensstiftende Binnenwirkung des Prozesses der europäischen Integration liefert Anschauungsmaterial zuhauf, wie aus ehemaligen Kriegsgegnern zuerst Kooperationspartner in ausgewählten „low politics" Feldern und schließlich im Kernbereich nationalstaatlicher Souveränität werden konnten.

Die Geschichte der europäischen Integration war bislang ein Prozess, der wesentlich zur Befriedung und Zivilisierung der zwischenstaatlichen und zwischengesellschaftlichen Beziehungen in Europa beigetragen hat. Dies betrifft nicht nur das Binnenverhältnis innerhalb der EU, sondern auch die Beziehungen zwischen der EU und Dritten sowie die Beziehungen dritter Staaten untereinander. Die Magnetwirkung einer zukünftigen Mitgliedschaft hat in Verbindung mit expliziten Verhaltenserwartungen seitens der EU im Rahmen des Stabilitätspaktes („Balladur-Plan") wesentlich dazu beigetragen, Minderheitenprobleme in Mittel- und Osteuropa zu entschärfen. Ob es bei einer Fortführung dieser zivilen und zivilisierenden Politik bleibt, ist allerdings offener als viele dies unterstellen. In der Selbstbeschreibung der Europäer sind die Zweifel sicherlich gering. Forderungen nach europäischer „Selbstbehauptung" und „Gleichberechtigung" neben der einzigen verbliebenen Weltmacht USA[16] sowie der Ausbau militärisch vielseitig einsetzbarer Strukturen geben allerdings zu denken, ob Zivilität in Zukunft anders definiert werden wird als in den Anfängen des Integrationsprojektes. Analogien mit den Anfängen der USA im 19. Jahrhundert verweisen darauf, dass einer Stabilisierung und Festigung politischer Strukturen im Innern eine expansive und keineswegs nur „zivile" Politik nach außen folgen kann, selbst wenn demokratische Strukturen außer Zweifel stehen (Deudney 2001).

Die Umgehung (oder zumindest strittige Auslegung) völkerrechtlicher Normen im Kosovo-Krieg deutet darauf hin, dass auch die Mitgliedstaaten der EU verstärkt zur Durchsetzung eigener moralischer Vorstellungen mit militärischer Gewalt neigen, wenn die machtpolitischen Verhältnisse dies zulassen. (Der Kontrast im Verhalten der Union gegenüber Serbiens Gewaltanwendung im Kosovo und Russlands Vorgehen gegenüber Tschetschenien war hier besonders augenfällig). Darin könnte sich eine bedenkliche Widersprüchlichkeit des „demokratischen Friedens" andeuten. Eine wirtschaftlich und politisch starke Union könnte, ergänzt durch entsprechende militärische Potenziale in Zukunft noch mehr geneigt sein, im „Vorgriff auf einen künftigen kosmopolitischen Zustand" (Habermas 1999) ihrer nicht-demokratischen Umwelt ihre eigenen Normen und Konfliktlösungsmechanismen aufzuzwingen. Gerade weil die eigenen Normen als höherwertig eingeschätzt werden, könnten Zwangsmaßnahmen, die den völkerrechtlichen Regeln einer nicht nur aus Demokratien bestehenden Staatengemeinschaft widersprechen, nicht nur als legitim, sondern geradezu als geboten erscheinen – und dies umso mehr, je größer die nor-

---

16 Vgl. hierzu die Übernahme des französischen Konzeptes einer „Europe Puissance" durch Bundeskanzler Gerhard Schröder in seiner Rede vor der französischen Nationalversammlung am 30. November 1999, in: Bulletin (Presse- und Informationsamt der Bundesregierung), Nr. 83 (6. Dezember 1999), S. 784.

mative Distanz zwischen den Demokratien und ihrer nicht-
demokratischen Umwelt ist.

Die Unterscheidung zwischen Innen und Außen wird ein wesentliches Kennzeichen nicht nur der Politik von Staaten, sondern
auch der Politik der Europäischen Union bleiben. Das außenpolitische Profil und die institutionelle Struktur der EU haben in den
vergangenen Jahrzehnten Formen angenommen, die im größeren
historischen Maßstab eine neue Entwicklung darstellen. Dies bedeutet nicht, dass die Theorieangebote der Internationalen Beziehungen keine Anwendung mehr finden, aber es bedeutet, dass
theoretische Innovation eine zentrale Aufgabe der Forschung über
die Außenpolitik und die Außenbeziehungen der Europäischen
Union bleiben wird.

Abschluß des Manuskripts Juni 2001

Literatur

Adler, Emanuel/Barnett, Michael (Hrsg.) 1998: Security Communities, Cambridge.

Allen, David 1998: Who speaks for Europe? The Search for an Effective and
Coherent External Policy, in: Peterson, John/Sjursen, Helen (Hrsg.): A
Common Foreign Policy for Europe? Competing Visions on CFSP, Lon-
don, 41-58.

Auswärtiges Amt 1998: Gemeinsame Außen- und Sicherheitspolitik der Europäischen Union, Bonn.

Behrendt, Sven 1998: Nahost- und Mittelmeerpolitik, in: Weidenfeld, Wer-
ner/Wessels, Wolfgang (Hrsg.): Jahrbuch der Europäischen Integration
1997/98, Bonn, 253-258.

Bull, Hedley 1983: Civilian Power Europe: A Contradiction in Terms?, in:
Tsoukalis, L. (Hrsg.): The European Community: Past, Present and Future,
Oxford, 149-170.

Calic, Marie-Janine 2001: Der Stabilitätspakt für Südosteuropa. Eine erste
Bilanz, in: Aus Politik und Zeitgeschichte B 13-14, 9-16.

Chan, Steve 1997: In Search of Democratic Peace: Problems and Promise, in:
Mershon International Studies Review 41, 59-91.

Crawford, Beverly 1996: Explaining Defection from International Cooperation: Germany's Unilateral Recognition of Croatia, in: World Politics 48,
482-521.

de la Serre, Françoise 1989: Das Ausmaß nationaler Anpassung an die EPZ, in: Pijpers, Alfred/Regelsberger, Elfriede/Wessels, Wolfgang (Hrsg.): Die EPZ in den achtziger Jahren. Eine gemeinsame Außenpolitik für Westeuropa?, Bonn, 237-256.

Dembinski, Matthias/Hasenclever, Andreas 2001: Democracies, International Organization and Conflict. Another Way of Exploring the Democratic Peace. Paper Presented at the 42nd Annual Convention of the International Studies Association, Chicago.

Deudney, Daniel 2001: Publius versus Kant. Federal Republican Security versus Democratic Peace, Paper presented at the Annual Convention of the International Studies Association, Chicago.

Deutsch, Karl W. et al. 1957: Political Community and the North Atlantic Area, Princeton.

Duchêne, Francois 1973: Die Rolle Europas im Weltsystem. Von der regionalen zur planetarischen Interdependenz, in: Kohnstamm, Max/Hager, Wolfgang (Hrsg.): Zivilmacht Europa – Supermacht oder Partner?, Frankfurt/Main, 11-35.

Elman, Miriam Fendius (Hrsg.) 1997: Paths to Peace: Is Democracy the Answer?, Cambridge.

Falke, Andreas 2000: The EU-US Conflict over Sanctions Policy: Confronting the Hegemon, in: European Foreign Affairs Review 5, 139-164.

Forster, Anthony/Wallace, William 2000: Common Foreign and Security Policy. From Shadow to Substance?, in: Wallace, Helen/Wallace, William (Hrsg.): Policy-making in the European Union, Oxford, 461-491.

Ginsberg, Roy 1989: Foreign Policy Actions of the European Community: The Politics of Scale, Boulder.

Glarbo, Kenneth 1999: Wide-awake Diplomacy: Reconstructing the Common Foreign and Security Policy of the European Union, in: Journal of European Public Policy 6, 634-651.

Gordon, Philip H. 1997: Europe's Uncommon Foreign Policy, in: International Security 22:3, 74-100.

Haas, Ernst B. 1968: The Uniting of Europe. Political, Social, and Economic Forces 1950-1957, 2. Auflage, Stanford.

Habermas, Jürgen 1999: Bestialität und Humanität, in: Die Zeit, 29. 4. 1999.

Hasenclever, Andreas 2001: Die Macht der Moral in der internationalen Politik. Militärische Interventionen westlicher Staaten in Somalia, Ruanda und Bosnien-Herzegowina, Frankfurt/Main.

Hoffmann, Stanley 1966: Obstinate or Obsolete? The Fate of the Nation-State and the Case of Western Europe, in: Daedalus 95, 862-915.

Jørgensen, Knud Erik 1999: Modern European Diplomacy: A Research Agenda, in: Journal of International Relations and Development 2:1, 78-96.

Keck, Otto 1997: Der Beitrag rationaler Theorieansätze zur Analyse von Sicherheitsinstitutionen, in: Haftendorn, Helga/Keck, Otto (Hrsg.): Kooperation jenseits von Hegemonie und Bedrohung, Baden-Baden, 35-56.

Keohane, Robert O. 1989: Neoliberal Institutionalism. A Perspective on World Politics, in: (ders.): International Institutions and State Power. Essays in International Relations Theory, Boulder, 1-20.

Kohler-Koch, Beate 2000: Europäisierung: Plädoyer für eine Horizonterweiterung, in: Knodt, Michele/Kohler-Koch, Beate (Hrsg.): Deutschland zwischen Europäisierung und Selbstbehauptung (Mannheimer Jahrbuch für Europäische Sozialforschung 5), Frankfurt/New York, 11-31.

Kohler-Koch, Beate/Conzelmann, Thomas/Knodt, Michèle 2002: GASP – Die gemeinsame Außen- und Sicherheitspolitik, in: (dies.): Europäische Integration – Europäisches Regieren, FernUniversität-Gesamthochschule in Hagen, 278-302.

Krippendorff, Ekkehart 1963: Ist Außenpolitik Außenpolitik?, in: Politische Vierteljahresschrift 4, 243-266.

Luhmann, Niklas 1984: Staat und Politik. Zur Semantik der Selbstbeschreibung politischer Systeme, in: Udo Bermbach (Hrsg.): Politische Theoriengeschichte. Probleme der Teildisziplin der Politischen Wissenschaft (PVS-Sonderheft 15/1984), Opladen, 99-125.

Monar, Jörg 1997: Political Dialogue with Third Countries and Regional Political Groupings: The Fifteen as an Attractive Interlocutor, in: Regelsberger, Elfriede/de Schoutheete de Tervarent, Phillippe/Wessels, Wolfgang (Hrsg.): Foreign Policy of the European Union: From EPC to CFSP and beyond, Boulder, 263-274.

Moravcsik, Andrew 1997: Warum die Europäische Union die Exekutive stärkt: Innenpolitik und internationale Kooperation, in: Wolf, Klaus Dieter (Hrsg.): Projekt Europa im Übergang? Probleme, Modelle und Strategien des Regierens in der Europäischen Union, Baden-Baden, 211-269.

Moravcsik, Andrew 1998: The Choice for Europe. Social Purpose and State Power from Messina to Maastricht, Ithaca.

Müller, Harald 2002: Antinomien des Demokratischen Friedens, in: Politische Vierteljahresschrift 43, 46-81.

Müller-Brandeck-Bocquet, Gisela 2000: Die Mehrdimensionalität der EU-Außenbeziehungen, in: Schubert, Klaus/Müller-Brandeck-Bocquet, Gisela (Hrsg.): Die Europäische Union als Akteur in der Weltpolitik, Opladen, 29-44.

Nuttall, Simon 1992: European Political Cooperation, Oxford.

Nuttall, Simon 2000: European Foreign Policy, Oxford.

Nye, Joseph S. 1971: Comparing Common Markets: A Revised Neo-Functionalist Model, in: Lindberg, Leon N./Scheingold, Stuart A. (Hrsg.): Regional Integration: Theory and Research, Cambridge, 192-231.

Ohrgaard, Jakob 1997: Less Than Supranational, More than Intergovernmental: European Political Cooperation and the Dynamics of Intergovernmental Integration, in: Millenium 26, 1-29.

Pijpers, Alfred 1990: The Vicissitudes of European Political Cooperation: Towards a Realist Interpretation of the EC's Collective Diplomacy. Doctoral Thesis, Leiden.

Regelsberger, Elfriede 1989: Die EPZ in den achtziger Jahren: Ein qualitativer Sprung?, in: Pijpers, Alfred/Regelsberger, Elfriede/Wessels, Wolfgang (Hrsg.): Die Europäische Politische Zusammenarbeit in den achtziger Jahren. Eine gemeinsame Außenpolitik für Westeuropa?, Bonn, 21-70.

Risse-Kappen, Thomas 1996: Collective Identity in a Democratic Community: The Case of NATO, in: Katzenstein, Peter J. (Hrsg.): The Culture of National Security. Norms and Identity in World Politics, New York, 357-399.

Russett, Bruce 1993: Grasping the Democratic Peace. Principles for a Post-Cold War World, Princeton.

Schmalz, Uwe 1997: Kohärenz der EU-Außenbeziehungen? Der Dualismus von Gemeinschaft und Gemeinsamer Außen- und Sicherheitspolitik in der Praxis, (KAS Arbeitspapier), Sankt Augustin.

Schmitter, Philippe C. 1969: Three Neo-Functionalist Hypotheses about International Integration, in: International Organization 23, 161-166.

Schmitter, Philippe C. 1971: A Revised Theory of Regional Integration, in: Lindberg, Leon N./Scheingold, Stuart A. (Hrsg.): Regional Integration. Theory and Research, Cambridge, 232-264.

Schubert, Klaus/Müller-Brandeck-Bocquet, Gisela 2000: Die Europäische Union als Akteur der Weltpolitik. Ein Resümee, in: dies. (Hrsg.): Die Europäische Union als Akteur in der Weltpolitik, Opladen, 281-288.

Schwarz, Jürgen (Hrsg.) 1980: Der Aufbau Europas. Pläne und Dokumente 1945-1980, Bonn.

Smith, Karen E. 1999: The Making of European Union Foreign Policy: The Case of Eastern Europe, Basingstoke.

Smith, Michael E. 1998: Rules, Transgovernmentalism, and the Expansion of European Political Cooperation, in: Sandholtz, Wayne/Stone Sweet, Alec (Hrsg.): European Integration and Supranational Governance, Oxford/New York, 304-333.

Smith, Michael E. 2000a: Conforming to Europe: the Domestic Impact of EU Foreign Policy Co-operation, in: Journal of European Public Policy 7, 613-631.

Smith, Michael E. 2000b: Institutionalization, Policy Adaptation and European Foreign Policy Cooperation, unveröffentlichtes Manuskript.

Soetendorp, Ben 1994: The Evolution of the EC/EU as a Single Foreign Policy Actor, in: Carlsnaes, Walter/Smith, Steve (Hrsg.): European Foreign Policy. The EC and Changing Perspectives in Europe, London, 103-119.

Tonra, Ben 1997: The Impact of Political Cooperation, in: Jorgensen, Knud Erik (Hrsg.): Reflective Approaches to European Governance, London, 181-198.

Tranholm-Mikkelsen, Jeppe 1991: Neo-functionalism: Obstinate or Obsolete? A Reappraisal in the Light of New Dynamism of the EC, in: Millennium 20:1, 1-22.

van Staden, Alfred 1994: After Maastricht: Explaining the Movement towards a Common European Defence Policy, in: Carlsnaes, Walter/Smith, Steve

(Hrsg.): European Foreign Policy. EC and Changing Perspectives in Europe, London, 138-155.

Wagner, Wolfgang 2002: Die Konstruktion einer europäischen Außenpolitik. Deutsche, britische und französische GASP-Politiken im Vergleich, Frankfurt a.M..

Waltz, Kenneth N. 1979: Theory of International Politics, New York.

Waltz, Kenneth N. 1993: The Emerging Structure of International Politics, in: International Security 18:2, 44-79.

Waltz, Kenneth 2000: Structural Realism after the Cold War, in: International Security 25:1, 5-41.

Wæver, Ole 1995: Securitization and Desecuritization, in: Lipschutz, Ronnie D. (Hrsg.): On Security, New York, 46-86.

Weart, Spencer R. 1994: Peace among Democratic and Oligarchic Republics, in: Journal of Peace Research 31, 299-316.

Weidenfeld, Werner (Hrsg.) 1994: Maastricht in der Analyse. Materialien zur Europäischen Union, Gütersloh.

Weiler, Joseph/Wessels, Wolfgang 1989: Die EPZ: eine Herausforderung an die Theorie, in: Pijpers, Alfred/Regelsberger, Elfriede/Wessels, Wolfgang (Hrsg.): Die Europäische Politische Zusammenarbeit in den achtziger Jahren. Eine gemeinsame Außenpolitik für Westeuropa?, Bonn, 279-316.

Wessels, Wolfgang 1993: Von der EPZ zur GASP – Theorienpluralismus mit begrenzter Aussagekraft, in: Regelsberger, Elfriede (Hrsg.): Die Gemeinsame Außen- und Sicherheitspolitik der Europäischen Union. Profilsuche mit Hindernissen, Bonn, 9-30.

Wolf, Klaus Dieter 2000: Die Neue Staatsräson – Zwischenstaatliche Kooperation als Demokratieproblem in der Weltgesellschaft, Baden-Baden.

Wolf, Reinhard 2000: Finanzierungsprobleme der Europäischen Sicherheits- und Verteidigungspolitik unter den Bedingungen der Währungsunion, in: Aus Politik und Zeitgeschichte B47/2000, 31-38.

Notizen

Notizen